WAIC 2024世界人工智能大会 WORLD ARTIFICIAL INTELLIGENCE CONFERENCE | LAiW

人工智能
法律与政策

人工智能
法治应用

AI

人工智能法治
人物专访

人工智能
司法案件分析

LAW

人工智能
法治理论研究

人工智能法治发展
专题报告

人工智能法治
专题采访

The Blue Book of World Artificial Intelligence Rule of Law

2024

世界人工智能法治**蓝皮书**

学术顾问 张文显 薛 澜

编委会主任 姜 平

主 编 崔亚东

副主编 叶 青 刘晓红 黄开胜 施伟东

上海市法学会 浙江清华长三角研究院 华东政法大学 上海政法学院 编

上海人民出版社

编委会（编辑部）

前言

自2019年8月30日《世界人工智能法治蓝皮书（2019）》在当年世界人工智能大会上发布（国内外首创）迄今，《世界人工智能法治蓝皮书（2024）》（以下简称《蓝皮书（2024）》）已是本系列的第六部，为繁荣人工智能法学研究，推动人工智能法治体系构建，营造人工智能法治生态，为人工智能法治研究者和政策法律制定者在推动建立与人工智能创新发展相适应的立法规范、法律体系、政策体系和伦理规范，促进国家新一代人工智能发展战略落实，引领、规范、保障人工智能安全、可靠、可控、健康发展的研究上提供智力支撑。2022年9月，由德国施普林格（Springer）出版社出版的《蓝皮书》英文版发行。《蓝皮书》在国内外的影响力不断提升。

2023年是世界人工智能取得革命性发展的一年。随着生成式人工智能的发展，标志着人工智能新技术的应用和完善进入了前所未有的高速发展期，并开创了多模态生成式人工智能的新纪元。人们在惊叹新技术飞速发展的同时，对人工智能创新发展之路的担忧也在提升，尤其是人工智能的安全性、可靠性、伦理道德、责任等，在全球范围内已是人们关注研究的主题。《蓝皮书》创立的初心则是为研究者提供帮助，助力人工智能理论体系、法治体系建设，使人工智能更好地造福人类。为此，《蓝皮书》编写团队坚守初心、持续奋斗，《蓝皮书（2024）》与大家见面了。

《蓝皮书（2024）》的编写情况

编写过程。《蓝皮书（2024）》编写工作于2023年11月启动，于2024年5月完稿。《蓝皮书（2024）》延续《蓝皮书（2023）》编写体例，由前言、人工智能法治发展综述、人工智能法治发展指数（2023）和《中国人工智能法治发展评估报告（2023）》、2023世界人工智能大会法治论坛观点精粹、智慧法治学术影响力TOP100作品·作者·期刊（2024版）（计4个部分）：第一部分“人工智能法律与政策”、第二部分“人工智能法治理论研究”、第三部分“人工智能法治应用”、第四部分“人工智能司法案件分析”，专题报告（计6篇）：《通用人工智能语境下智能法律行为研究报告》《通用人工智能技术提供者义务研究报告》《生成式人工智能应用失范的法律规制研究报告》《论生成式人工智能的数据安全风险及回应型治理》《元宇宙中数据财产权的法律性质》《去中心化自治组织犯罪的形态剖析与治理对策》，人工智能法治人物专访、人工智能法治专题采访以及7个附件组成。

《蓝皮书（2024）》的综述、指数报告、分析报告（第一至第四部分），分别由林竹静、彭辉、郝作成、詹可、陈吉栋、吴涛负责执笔。人工智能法治发展专题报告（第五部分）分别由郭少飞、李彤、龙柯宇、钭晓东、姜程潇、林竹静等相关专业领域学者撰写。人工智能法治人物专访、人工智能法治专题采访（第六、第七部分），由赵玉成组织执笔，分别对张凌寒、贾开、张继红等专家进行访谈，并形成访谈报告（专题报告、专家访谈与专题采访基本保留作者及专家原有的观点，因篇幅所限对文字进行了压缩）。附件部分由吴大奎负责执笔。胡荣鑫、胡鹏、黄钰、顾媛雪、周巡、韩秀萍、于镜莹、王蕊、刘清源、种兆彤、赵芊蔚、龚思涵、李大容、岑佳静、牛平、王瑜敏、曹上、王雅静、姜宵、刘其瑶、严驰、丁智扬、李雯、何佳潞、徐艾敬、李嘉硕、魏媛媛、王旭华、祁小羽、熊刚等同志参与了本书书稿的研究和校对工作。在此，向所有参与《蓝皮书（2024）》编写及提出意见建议的专家、学者、工作人员表示衷心的感谢。

《蓝皮书（2024）》重点聚焦世界人工智能法治发展最新动态，搜集汇总各国有关人工智能法治发展的战略、政策、法律、理论研究、重大项目应用、典型司法案例等方面的最新资料，通过分析、评估，形成了较为客观、公正、准确、全面的分析报告。《蓝皮书（2024）》内容更加丰富、数据更加翔实。《蓝皮书（2024）》在延续上年蓝皮书的架构下，有以下新的变化：

一是修订《人工智能法治发展指数（2023）》（以下简称“指数2023”），根据人工智能领域最新发展和专家意见，调整修订了“指数2023”，并据此对2023年中国人工智能法治发展进行了评估，形成了《中国人工智能法治发展评估报告（2023）》。

二是加强了国外涉人工智能司法案例裁判经验的提炼。在第四部分“人工智能司法案件分析”中，使用英语、德语、日语、韩语等多种语言检索了上千个外国涉人工智能司法案件，基于数据、算法、算力三个方面选取了有创新性、示范性、典型性的新型案件，提炼有价值的裁判观点供国内理论研究以及司法实践参考。

三是在人工智能法治发展专题报告版块，围绕通用人工智能治理、生成式人工智能风险应对、元宇宙财产权法律性质、去中心化自治组织犯罪治理等人工智能法治前沿和热点问题展开研讨；在人工智能法治人物专访栏目，聚焦人工智能全球治理、人工智能地方立法等热点问题，邀请国内人工智能法学界、实务界专家学者发表见解。

四是数据来源。《蓝皮书（2024）》数据库建设、数据采集与管理工作由浙江清华长三角研究院法治与社会治理研究中心“人工智能法治数据库”提供支持。“人工智能法律与政策”数据主要源自中国全国人大网站、国务院及其各部门网站、地方人民政府网站，以及美国、欧盟等相关国家与地区的政府部门、组织机构网站公开内容、法律法规数据库及其他公开出版的研究报告等。“人工智能法治理论研究”数据源自 CNKI 中国知网数据库、Web of Science 数据库、中国法学创新网、中国学术会议在线、艾思学术会议、当当网、亚马逊网等图书销售网站、百度搜索、微信搜索，以及国家社科基金项目数据库、司法部官网、中国法学会官网以及教育部官网。“人工智能法治应用”数据源自全国人大、公安部官网、31 个省级人大官网、省级法院官网、省级检察院官网、省级政府官网、公安厅官网、司法厅官网、中国法院网、中国法律服务网、26 家主要人工智能企业的官方网站以及上述机构相对应的官方微信公众号，并辅以 Bing、Google 等搜索引擎检索和相关调研报告。“人工智能司法案件分析”数据源自中国裁判文书网、威科先行法律信息数据库，LexisNexis、Westlaw、相关国家政府网站，以及其他网络公开资料。

各位读者，《蓝皮书》编写已进入第六年，编写的水平与质量逐年提升，但人工智能法治仍是一个新生事物，且随着人工智能技术的飞速发展，法治需求也在不断增强，编写工作一直处于探索紧跟状态，加之编写人员能力水平有限，数据资料的搜集，尤其是对国外数据、资料的收集整理难度较大，在编写过程中，对数据、资料的分析以及文字等方面还存在疏漏或谬误，敬请各位读者批评指正，也欢迎大家对今后的编写工作提出更多更好的建议。

崔亚东

2024 年 7 月 1 日

目录

第三部分　人工智能法治应用

第四部分　人工智能司法案件分析

第五部分 人工智能法治发展专题报告

人工智能法治发展综述

人工智能作为新一轮科技革命的先锋力量，已深刻影响着全球的科技布局与产业发展。2023 年，大语言模型及生成式人工智能高速发展，3 月 15 日，美国人工智能研究公司 OpenAI① 发布 GPT-4 模型，相对 GPT-3.5，它的内核更强大；11 月 1 日，英国人工智能研究公司 DeepMind② 公布 AlphaFold 的最新版本，不仅使人工智能驱动的 AlphaFold 预测蛋白质结构的准确性大大提高，而且获得了预测 RNA 等新能力，新一代人工智能不仅在科学研究上取得突破，在行业落地与法治构建上同样有重大进展。在产业应用上，ChatGPT 之后系列大模型的继续演化，为人工智能的商业应用开辟了更为广阔的天地。ChatGPT 及相关周边产品的普及不仅改变了人们对人工智能的认知，更为传统产业的数字化转型注入了新动力。2023 年，人工智能驱动的自动驾驶技术迈向成熟，多个国家陆续开始商业部署，不断提升自动驾驶技术的安全性和普及率。

在全球范围内，2023 年是人工智能法治发展重要的一年。这一年，随着人工智能技术在社会各领域的深入广泛应用，所涉及的个人隐私权、数据安全、伦理责任等法律问题更加凸显。多国纷纷修订既有法律或制定新的法律，旨在建立起更加全面、

① OpenAI，是一家位于美国旧金山的人工智能研究公司，现由营利性公司 OpenAI LP 及非营利性母公司 OpenAI Inc. 组成。核心宗旨在于“创建造福全人类的安全通用人工智能（AGI）”。使命是建立安全有益的 AGL，确保通用人工智能造福全人类。See OpenAI. OpenAI about [EB/OL]. https://openai.com/about/，2024 年 5 月 10 日访问。

② DeepMind，位于英国伦敦，是由人工智能程序师兼神经科学家戴密斯·哈萨比斯（Demis Hassabis）等人联合创立的谷歌旗下前沿人工智能企业。其将机器学习和系统神经科学的最先进技术结合起来，建立强大的通用学习算法。See DeepMind. Build AI responsibly to benefit humanity [EB/OL]. https://deepmind.google/about/，2024 年 5 月 10 日访问。

合理的人工智能监管框架。法学界亦在人工智能领域取得新的理论进展，从技术、伦理、政策、法律等多层面审视人工智能，以求为人工智能的安全健康发展提供法律支持与引导。这些进展意味着，在未来的数字经济、数字社会时代，法治将成为推动人工智能与经济社会深度融合的重要基石，同时也是确保人工智能等新技术安全、可靠、可控、健康发展的关键要素。

一、人工智能发展

2023年是人工智能大模型的元年，人工智能，尤其是生成式人工智能（AIGC）技术的兴起，重新定义了自然语言处理和创意内容生成的领域，诸如OpenAI的GPT-4这样的模型在文本应用、编码及解决复杂问题上均表现出惊人的能力。在2023年，开源人工智能技术成为重构人工智能框架和模型的重要力量。例如，PyTorch 2.0的推出为研究者和开发者带来了强大的工具，Nvidia的Modulus和Colossal-AI等平台进一步加强了PyTorch框架，促进了全球范围内的协作创新。① 同时，微软和谷歌等行业巨头亦推动了人工智能技术的前进步伐，例如微软将ChatGPT集成到必应搜索中，而谷歌推出了其基于大型语言模型的聊天机器人Bard。②

随着人工智能技术的飞速发展，其在数字内容、金融信息服务、数字化零售、智慧医疗和智能制造等多个领域展示了巨大的产业价值。随着人工智能不断推动产业要素成熟，全世界范围内人工智能产业规模持续增长，成为推动全球经济发展和社会进步的关键驱动力。然而，人工智能是把“双刃剑”，其快速发展的同时也带来了相应

① 2023年3月，PyTorch 2.0正式发布。PyTorch是一个开源的机器学习框架，它提供了动态计算图的支持，让用户能够自定义和训练自己的神经网络，目前是机器学习领域中最受欢迎的框架之一。与前一版本相比，PyTorch2.0引入了一系列与AI编译相关的基础设施，使得AI编译器能够发挥的空间更大、用户的代码运行更快。See PyTorch. PyTorch 2.0 overview［EB/OL］. https://pytorch.org/get-started/pytorch-2.0/?ref=assemblyai.com，2024年5月10日访问。

② Bard是谷歌在大型语言模型基础上推出的聊天机器人。Bard基于谷歌的对话应用语言模型LaMDA的轻量级版本，使用更少的计算能力，使其能够扩展到更多的人，并提供额外的反馈。2023年3月21日，谷歌向公众开放Bard的访问权限。See Google. An important next step on our AI journey［EB/OL］. https://blog.google/technology/ai/bard-google-ai-search-updates，2024年5月10日访问。

的挑战和风险。“双刃剑”的特征更加凸显，特别是在安全、伦理和社会责任等方面越来越受到社会的关注。例如，人工智能生成模型引起的诸多问题，对开发过程透明度的需求日益增大以及数据隐私保护等问题日趋严重，与人工智能相关的刑事责任、产权归属、信息安全、隐私保护等方面法律法规亟待建立和完善。因此，必须坚持科技向善、伦理先行，建立并完善人工智能伦理准则、规范及问责机制，确保人工智能的发展符合道德标准、法律规范和社会责任，保证人工智能更好地为人类服务。

（一）中国人工智能发展

1. 人工智能产业蓬勃发展，国际影响力持续提升

2023 年，中国人工智能产业受益于国家政策的支持，以及资本的驱动和人才的支撑，已步入世界前列。据中国信通院发布的数据，2023 年中国人工智能核心产业规模达到 5784 亿元，同比增速为 13.9%，显示出持续的快速增长态势。行业投资事件有所下降但是融资规模有所上升，融资金额达到 2631 亿元。截至 2023 年 12 月 14 日，中国人工智能行业总计共有 10110 起投资事件发生，总计融资金额为 37762 亿元。其中投资事件主要集中在企业服务、先进制造和汽车交通领域，占比分别为 38%、31% 和 13%。①

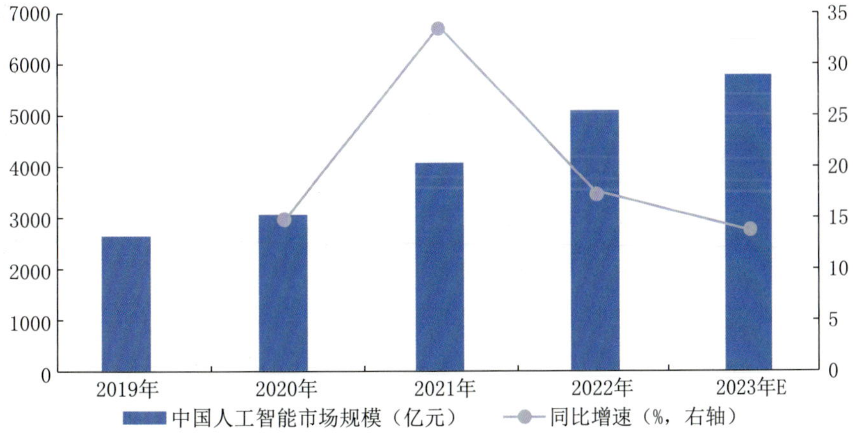

资料来源：中国信通院、前瞻产业研究院。

图 1　2019—2023 年中国人工智能产业规模及增速

① 参见前瞻产业研究院：《2024 年中国人工智能行业投融资现状及兼并重组分析投融资活动进入相对冷静期》，https://bg.qianzhan.com/trends/detail/506/231229-05288f4f.html，2024 年 5 月 10 日访问。

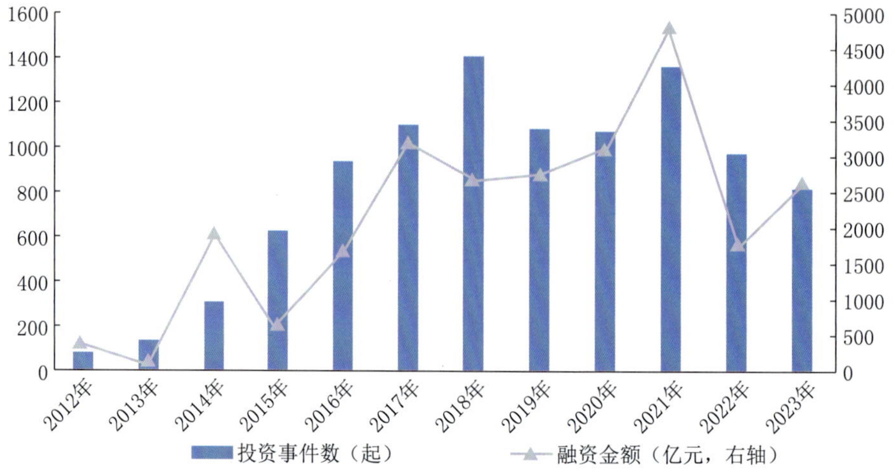

资料来源：IT 桔子、前瞻产业研究院。

图 2　2012—2023 年中国人工智能行业投融资情况

人工智能与中国经济的深度融合为新技术和新业态的发展打下了坚实的基础，这一点在数字化车间和智能工厂数量的快速增长中表现得尤为明显。这些工厂通过智能化改造，显著提升了生产效率、降低了不良品率，并在环保方面作出了显著贡献，减少了碳排放。中国在全球人工智能产业的影响力增强的一个重要方面是专利申请和工业创新。据统计，中国在人工智能领域的专利申请数量持续增长，① 多个领域如深度学习、自然语言处理、自动驾驶技术等方面表现出强劲的创新实力。此外，5G 基站的快速部署为人工智能应用提供了高速的数据传输环境，推动了边缘计算和物联网的发展，这些都是人工智能技术得以广泛应用和快速发展的关键基础设施。在国际交流与合作方面，2023 年，中国在全球人工智能产业中的影响力持续提升，在国际人工智能竞争与合作中扮演着越来越重要的角色。中国企业和研究机构在人工智能领域内的国际合作日益增多，中国的人工智能解决方案和产品越来越多进入全球市场并得到认可。例如，马来西亚引入阿里云“城市大脑”，将人工智能技术全面应用到交通治理、城市规划和环境保护等领域。② 中国电信在非洲 11 个国家建设了超过 5 万千米

① 据中国信通院发布的《全球数字经济白皮书（2023 年）》显示，从 2013 年到 2023 年第三季度，全球 AI 专利申请量累计达到 129 万件，全球 AI 专利授权量累计超过 51 万件。其中，中国 AI 专利申请量占全球 64%，位列世界第一。参见苏晓：《全球数字经济白皮书（2023 年）》，载《人民邮电报》2023 年 7 月 10 日。

② See Digital News Asia. Alibaba Cloud appointed as official cloud service provider to accelerate Malaysia’s digital transformation [EB/OL]. [2023-10-8][2024-5-10]. https://www.digitalnewsasia.com/business/alibaba-cloud-appointed-official-cloud-service-provider-accelerate-malaysias-digital.

的光纤骨干网，有效助力“智慧非洲”建设。① 同时，中国政府积极参与到全球人工智能治理的讨论中，与其他国家共同探讨负责任的人工智能使用、数据治理和隐私保护等关键议题，致力于在国际人工智能标准、规则的制定中发挥重要作用。2023 年 10 月，中国政府在第三届“一带一路”国际合作高峰论坛期间提出《全球人工智能治理倡议》，围绕人工智能发展、安全、治理三方面系统阐述了人工智能治理中国方案，呼吁增强发展中国家的代表性和发言权，确保各国人工智能发展与治理的权利平等、机会平等、规则平等，开展面向发展中国家的国际合作与援助，主张在充分尊重各国政策和实践差异性基础上，形成具有广泛共识的全球人工智能治理框架和标准规范。②

2. 创新载体与智能算力中心建设加速推进

2023 年，中国大力加强算力基础设施建设，制定实施《算力基础设施高质量发展行动计划》通过“东数西算”等一系列科学战略规划与算力资源布局，在构建创新载体和提升智能算力基础设施方面取得了重要进展。“东数西算”项目针对我国东部数据资源丰富和西部能源资源充足的地区特点，通过建设高效能的数据中心，优化两大资源的结合与发展，不仅实现了算力资源的合理分配，而且促进了中国西部经济的增长。随着人工智能、云计算等技术的飞速发展，智能算力中心已成为支持科研机构与企业创新的重要平台。2023 年 10 月，工信部等六部门对外发布《算力基础设施高质量发展行动计划》，提出到 2025 年，算力规模超过 300EFLOPS，智能算力占比达到 35%，东西部算力平衡协调发展。存储总量超过 1800EB，先进存储容量占比达到 30% 以上，重点行业核心数据、重要数据灾备覆盖率达到 100%。③ 国家信息中心的《智能计算中心创新发展指南》指出，“十四五”期间，在智能算力中心实现 80% 应用水平的情况下，城市对智能算力中心的投资可带动人工智能核心产业增长 2.9 至 3.4 倍，带动相关产业增长 36 至 42 倍。截至 2023 年 3 月，国内超过 30 个城市正在建设或提出建设智能计算中心。④ 智能算力中心提供的服务，如人工智能模型训练和

① See Ikenna Emewu. Africa Telecoms Week shows how Chinese telcos power Africa’s digital economy [EB/OL]. [2023-9-15][2024-5-10]. https://africachinapresscentre.org/2023/09/15/africa-telecoms-week-shows-how-chinese-telcos-power-africas-digital-economy/.

② 参见中华人民共和国互联网信息办公室：《全球人工智能治理倡议》。

③ 工业和信息化部等六部门《关于印发〈算力基础设施高质量发展行动计划〉的通知》（工信部联通信〔2023〕180 号）。

④ 参见刘洁：《发挥高效赋能效果　全国超 30 城市在建或筹建智算中心》，https://news.cctv.com/2023/01/12/ARTIQQKiaiNnaNGegIp1EBqt230112.shtml，2024 年 5 月 10 日访问。

科学研究计算，成为推动中国在全球科技竞争中取得有利位置的关键。同时，智能算力中心的建立也对城市智慧治理及城市竞争力提升产生了深远影响。智能算力中心可通过对大量数据的超高速分析，同步响应城市治理需求，包括交通拥堵的优化、公共安全的提升、环境保护的精准治理等。这些举措显著提升了城市治理的科学性和精准性，增强了城市的整体竞争实力。

3. 人工智能领域企业发展与技术实力不断增强

2023年，中国人工智能行业企业已超过4300家，以北京、上海和深圳为中心，形成了三大人工智能产业集聚区。这些区域集中了大量的研发资源与人才，为人工智能技术的创新提供了良好的生态环境。通过加大技术研发投入，持续推动智能产品的创新能力，这些企业在语音识别、图像识别、自然语言处理、机器学习等关键领域取得了诸多突破性进展。如自动驾驶方面，2023年11月，工信部、公安部、住建部、交通部联合发布《关于开展智能网联汽车准入和上路通行试点工作的通知》，其中明确提出在智能网联汽车道路测试与示范应用基础上，遴选具备量产条件的L3及L4级别自动驾驶汽车开展准入试点。① 目前，中国企业已经开始在国内外多个城市进行路测，并与汽车制造商合作推动产业链的成熟发展。在服务机器人领域，中国企业生产的机器人已广泛应用于餐饮、医疗、家政等服务行业，显示了良好的市场接受度。同时，中国人工智能企业在算法优化、数据处理以及云计算等基础设施构建方面也取得了重要进展。通过构建大数据平台、优化算法模型，企业大幅提升了数据的处理能力和精准度，有力支撑了智能决策等各类应用场景的推广。

4. 人工智能政策、法规与治理体系持续优化

2023年，中国政府出台了多项新政策措施，人工智能相关法律框架和治理体系的完善为行业的持续健康发展提供了坚实的制度基础。2月27日，中共中央、国务院印发《数字中国建设整体布局规划》，指出要“以数字化驱动生产生活和治理方式变革，为以中国式现代化全面推进中华民族伟大复兴注入强大动力”，强调以数字技术赋能国家治理体系和治理能力现代化。人工智能的快速发展推动经济社会的深刻变革，尤其以ChatGPT等大语言模型为代表的新一代人工智能的发展成为现象级事件，

① 工业和信息化部、公安部、住房和城乡建设部、交通运输部《关于开展智能网联汽车准入和上路通行试点工作的通知》（工信部联通装〔2023〕217号）。

为整个社会的治理方式、治理理念带来巨大转变，对国家治理的影响不容忽视。一方面，新一代人工智能的发展和应用为国家治理带来新思路和新机遇，推动了国家治理能力和效率的提升；另一方面，也带来了数据治理技术、科技治理规范、经济治理能力、社会意识形态安全等一系列新挑战，需要对其可能带来的伦理、法律和安全风险进行约束和监管。通过这些举措，中国正在构建一个既能促进人工智能创新发展，又能有效进行风险预防和管理的治理体系。这为人工智能行业的健康、持续和有序发展提供了坚实的支撑，同时也为全球人工智能治理提出了中国方案。随着人工智能技术的不断进步和应用的日益广泛，这些政策和法规将持续发挥关键作用，推动人工智能向着更加可靠、安全和有利于社会发展的方向前进。

（二）国外部分国家及地区人工智能发展

1. 美国：人工智能突飞猛进却风险凸显

2023 年，OpenAI 的生成式人工智能产品 ChatGPT 火遍全球，美国主要科技公司纷纷聚焦生成式人工智能领域，带动新一轮爆发式发展。微软公司持续“押宝”OpenAI，2023 年初宣布对其战略投资上百亿美元。ChatGPT 推出 2 个月后的月活用户数就突破 1 亿，成为史上用户增长速度最快的消费级应用。生成式人工智能技术应用带动经济增长、生活便利的同时，也引发人们对其监管问题的深刻思考，甚至是对该技术失控的担忧。2023 年 12 月 27 日，《纽约时报》起诉 OpenAI 和微软公司，指控其未经许可使用该报数百万篇文章帮助训练人工智能技术，要求停止这种行为并销毁相关数据。① 这是美国首家媒体机构提起此类诉讼。过去一年，美国人工智能爆发式发展，由此引发的伦理、监管等风险和担忧也愈加凸显。

2. 欧盟：就《人工智能法案》达成协议

2023 年 6 月，欧洲议会通过了《人工智能法案》的谈判授权草案，并修订了原始提案。② 欧盟虽然没有直接参与中美人工智能竞赛，但对全球人工智能标准产生了

① See CNN Business The New York Times sues OpenAI and Microsoft for copyright infringement [EB/OL]. [2023-12-27][2024-05-10]. https://edition.cnn.com/2023/12/27/tech/new-york-times-sues-openai-microsoft/index.html.

② See European Parliament EU AI Act: first regulation on artificial intelligence [EB/OL]. [2023-12-19][2024-05-10]. https://www.europarl.europa.eu/topics/en/article/20230601STO93804/eu-ai-act-first-regulation-on-artificial-intelligence.

重大影响，努力在创新与隐私和人权之间取得平衡。欧盟《人工智能法案》强调了人工智能的伦理和监管，重点是权利和责任。2023 年 12 月 8 日，欧洲议会、欧洲理事会和欧盟委员会三方就《人工智能法案》达成协议，法案规定了对人工智能领域的全面监管。① 从总体上看，《人工智能法案》在欧盟建立起人工智能开发、使用的道德和法律框架，并辅以《人工智能责任指令》确保落地执行。

3. 俄罗斯：将批准新版人工智能发展战略

2023 年 11 月，俄罗斯总统普京在出席 2023 年国际人工智能与机器学习大会全体会议时表示，近期将签署总统令，批准新版国家人工智能发展战略。② 鉴于技术的飞速发展，该文件将作出一系列重大修改，将目标和任务具体化，扩大生成式人工智能和大型语言模型领域的基础和应用研究，并要求政府、人工智能联盟和俄科学院制定一种机制，确保俄科学家能够访问俄罗斯现有和正在建造的超级计算机。普京表示，俄罗斯超级计算机的现有算力应当至少提高一个数量级，这对于生成式人工智能的进一步发展至关重要。

4. 英国：成立英国人工智能安全研究所（AISI）

2023 年 11 月，英国召开首届人工智能安全峰会，英国政府宣布成立英国人工智能安全研究所（AISI）。③AISI 的目标是通过开发最先进的安全相关能力评估，推动人工智能领域的前沿发展。AISI 专注于为公众利益提供先进的人工智能安全标准，并对各公司开发的先进人工智能系统进行评估。先进的人工智能的安全测试和评估是一门新兴科学，几乎没有既定的最佳实践标准。因此，AISI 的评估并不是对人工智能系统安全性的全面评估。自此次峰会以来，AISI 已建立了一支由 20 多位研究人员组成的顶尖团队，并且与 22 家机构建立了合作伙伴关系，以实现对先进的人工智能系统

① See European Parliament News Artificial Intelligence Act: deal on comprehensive rules for trustworthy AI [EB/OL]. [2023-12-9] [2024-05-10]. https://www.europarl.europa.eu/news/en/press-room/20231206IPR15699/artificial-intelligence-act-deal-on-comprehensive-rules-for-trustworthy-ai.

② See CTV News Putin to boost AI work in Russia to fight a Western monopoly he says is "unacceptable and dangerous" [EB/OL]. [2023-11-24] [2024-05-10]. https://www.ctvnews.ca/world/putin-to-boost-ai-work-in-russia-to-fight-a-western-monopoly-he-says-is-unacceptable-and-dangerous-1.6659316.

③ See CSO Online UK Prime Minister announces world's first AI Safety Institute [EB/OL]. [2023-10-26] [2024-05-10]. https://www.csoonline.com/article/657279/uk-prime-minister-announces-worlds-first-ai-safety-institute.html.

进行评估。

5. 德国：发布《人工智能行动计划》

2023 年 11 月，德国 BMBF 发布《人工智能行动计划》，该计划规划了 11 项具体行动领域。①BMBF 正在推动 50 项以人工智能研究、技术和基础设施发展为重点的可行措施，该计划将在此基础上新增 20 项额外的人工智能举措，并在本届政府任期内实现投入超过 16 亿欧元，助力德国在国家和欧洲层面促进人工智能的发展，从而推动欧盟与已经占据人工智能主导地位的国家竞争。

6. 法国：为 AI 产业创新参与者提供支持

法国国家信息和自由委员会（Commission nationale de l'informatique et des libertés Abbreviation, CNIL）最早成立于 1978 年，2017 年 CNIL 发布算法与人工智能伦理问题报告，开始关注人工智能问题，并提出一系列潜在问题、发展原则和监管建议。2023 年 1 月，CNIL 创建人工智能部门，5 月发布《人工智能行动计划》(AI Action Plan)，明确了 CNIL 的基本职能主要为监管和创新的二元结合，其将促进和指导人工智能在发展中充分尊重个人数据保护，同时为法国和欧洲人工智能产业中的创新参与者提供支持。6 月，法国欧洲科技创新展览会“科技万岁”(Viva Tech) 在巴黎举行。法国总统马克龙在接受媒体专访中表示，法国是欧洲大陆人工智能的第一大国，未来还要加速这一技术的发展步伐。②

7. 加拿大：推动负责任的人工智能发展

加拿大已经在国际人工智能研究领域中崭露头角。为了推动负责任的人工智能发展，加拿大政府承诺在全国范围内进行投资。具体而言，他们通过加拿大第一卓越研究基金于 2023 年 6 月向蒙特利尔大学投资了超过 1.24 亿加元。③在加拿大国内，一些顶级人工智能公司非常活跃，包括 LLM 供应商 Cohere、生成式人工智能扩展平台 AI，以及 AI 搜索供应商 Coveo。

---

① See Digital Watch Observatory Germany's ambitious AI action plan aims to challenge US and China dominance [EB/OL]. [2023-11-08] [2024-5-10]. https://dig.watch/updates/germanys-ambitious-ai-action-plan-aims-to-challenge-us-and-china-dominance.

② 参见赵昊:《马克龙野心藏不住了？法国争当欧洲大陆的 AI 中心》，https://www.cls.cn/detail/1382697，2024 年 5 月 10 日访问。

③ 参见江海博览:《2023 年 AI 技术领先国家：全球丨大 AI 强国展望》，http://www.360doc.com/content/23/1219/11/170868_1108072087.shtml，2024 年 5 月 10 日访问。

8. 日本：成立“AI 战略小组”

2023 年 4 月，日本政府就包括 ChatGPT 在内的生成式人工智能的使用，召开了“AI 战略小组”的首次会议。该小组以内阁府为中心，参与的机构包括经济产业省、总务省、文部科学各省、数字信息厅以及个人信息保护委员会。作为一个跨部门、跨行业的国家级决策机构，“AI 战略会议”成员包括精通 AI 技术的学者和研究人员、法律相关领域的专家及负责 AI 业务的政府公务人员等，并在内阁府网页中设有单独页面。2023 年 5 月至 2023 年底，“AI 战略会议”共召开了 7 次会议。在 2023 年 12 月的第七次“AI 战略会议”上，经济产业省和总务省提交了《AI 运营商指南》草案，后根据会议内容进行了修正。①

9. 以色列：成为人工智能驱动型组织的首选驻地

以色列的科技产业已经在人工智能领域站稳脚跟，成为全球发展最前沿的国家之一。根据 Ctech 的统计数据，截止到 2023 年，以色列已经拥有了 144 家专注于生成式人工智能相关的初创企业，整个行业的总投资达到了 23 亿美元。为了进一步推进希伯来语和阿拉伯语人工智能应用程序的开发，以色列政府还计划投资 800 万美元。这个国家已经成为许多成熟的人工智能驱动型组织的首选落脚点，其中包括以人工智能为基础的网络安全平台 Deep Instinct、智能写作助手 Wordtune 的创始者 AI21 Labs，以及企业级安全 AI 供应商 SentinelOne。②

二、人工智能法治进展

（一）中国人工智能法治

1. 人工智能立法迈向细化实施

2023 年国家相关职能部门和地方政府相继出台了一系列有关人工智能的法律、

① 見る首相官邸 .AI 戦略会議［EB/OL］.［2023-12-21］［2024-05-10］. https://www.kantei.go.jp/cn/101_kishida/actions/202312/_00029.html.

② See Kyle Wiggers. Generative AI startup AI21 Labs lands $155M at a $1.4B valuation［EB/OL］.［2023-08-31］［2024-05-10］. https://techcrunch.com/2023/08/30/generative-ai-startup-ai21-labs-lands-155m-at-a-1-4b-valuation/.

规章、政策、标准，促进人工智能产业发展、规制人工智能技术风险隐患。

一是发展与安全同步、促进与规制兼顾。2023年1月10日，国家互联网信息办公室、工业和信息化部、公安部联合出台的《互联网信息服务深度合成管理规定》施行，从训练治理、安全评估、内容安全和责任承担等方面对利用深度学习、虚拟现实等生成合成类算法提供的互联网信息服务进行规制，并重申了算法相关的管理制度、技术保障以及信息内容安全等要求。2023年8月15日，国家网信办联合国家发展改革委、教育部、科技部、工业和信息化部、公安部、广电总局七部门出台的《生成式人工智能服务管理暂行办法》正式施行，该办法坚持发展和安全并重、促进创新和依法治理相结合的原则，在采取有效措施鼓励生成式人工智能创新发展的同时，也提出了对生成式人工智能服务实行包容审慎和分类分级监管的思路和要求，从训练治理、内容安全、安全评估、算法备案和责任承担等方面对生成式人工智能进行规范。

二是加强伦理审查，确保发展可靠可控。2023年9月7日，科技部牵头发布《科技伦理审查办法》，划定科技伦理审查主要范围，明确科技伦理责任主体及审查流程、标准、监管办法，规定从事相应科技活动单位需建立科技伦理（审查）委员会。针对涉及数据和算法的科技活动，办法要求：数据的收集、存储、加工、使用等处理活动以及研究开发数据新技术等符合国家数据安全和个人信息保护等有关规定，数据安全风险监测及应急处理方案得当；算法、模型和系统的设计、实现、应用等遵守公平、公正、透明、可靠、可控等原则，符合国家有关要求，伦理风险评估审核和应急处置方案合理，用户权益保护措施全面得当。

三是落实科技伦理治理，规范人工智能应用。各级地方政府出台政策规范，加强人工智能治理。例如，2023年5月9日，广东省人民政府发布《加强科技伦理治理的实施方案》，对涉及人工智能等重点领域的省级科技计划项目，要求项目负责人和项目负责单位签订科技伦理承诺书。6月26日，辽宁多部门联合印发《关于加强科技伦理治理的实施意见》，有效预防人工智能等新兴科技存在的科技伦理风险和挑战。6月28日，浙江省科学技术厅发布《关于加强省级科技计划项目科技伦理监管的通知》，旨在加强省级科技计划项目的科技伦理监管。同时，北京、上海、深圳等地发布推动人工智能发展相关规范性文件，提出加强算力资源统筹供给能力，探索营造包容审慎的监管环境，推动国产人工智能芯片实现突破，支持民营企业广泛参与数据、算力等人工智能基础设施建设。

2. 人工智能法治理论研究持续深化

2023年，人工智能法治理论研究更加关注数据要素发挥作用、新质生产力发展、风险防范以及大模型治理等问题，以实现公正可持续的数据要素治理模式，并建立健全人工智能法治体系，推动人工智能发展与法治相结合，防范风险并完善风险治理体系。

一是更加关注人工智能领域数据要素作用的发挥。2023年，自国务院发布一系列与规制数据要素相关的文件以来，学界对于需要对数据要素财产保护、正确认识数据要素财产权的性质、立法上进行制度安排等问题展开全方位探讨。① 学界认为数据要素的保护和利用需要对数据要素进行合理分级，根据数据要素具体使用的情形进行场景驱动的治理，在数据跨境的过程中避免信息泄露，综合考虑个人权益、企业利益和社会公共利益，平衡数据要素的保护和利用，以实现更加公正和可持续的数据要素治理模式。

二是更加关注在人工智能法治轨道上推进新质生产力发展。2023年，人工智能领域更加关注法治建设如何适应新质生产力的发展、法治如何为新质生产力提供有力保障等问题。研究表明，要以法治助推新质生产力发展，人工智能是核心驱动力。必须建立健全涵盖立法、执法、司法、守法等关键领域的人工智能法治体系，发挥法治对人工智能健康发展的引领和保障作用，加强法治对新技术新应用的有效保护和综合治理，让人工智能优先在金融、交通、医疗等重点领域得到规范应用，推动人工智能技术与产业场景的深度融合，为新质生产力发展提供优质动能。

三是更加关注人工智能领域的风险防范。2023年，人工智能法治理论研究更加关注人工智能应用中的风险防范，统筹安全与发展成为主流共识。② 相关研究认为应当加强对人工智能潜在风险的研判和防范，对人工智能技术本身所致的内生安全、人工智能应用中的衍生安全以及影响和决定人工智能前景的发展安全问题进行系统性治理，完善相关法律、法规和标准体系，平衡管理和规范与发展创新之间的关系，对人

---

① 张新宝认为应当将数据财产权确立为与物权、知识产权相并列的第三类具有对世性的财产权利，参见张新宝：《论作为新型财产权的数据财产权》，载《中国社会科学》2023年第4期；宁园认为数据财产权益的配置应以数据的“生产—流通”为分析框架，分别进行数据生产环节的数据控制权配置和数据流通环节的数据利用权配置，以统筹数据流通与利用中的秩序目标和效率目标，参见宁园：《从数据生产到数据流通：数据财产权益的双层配置方案》，载《法学研究》2023年第3期。

② 钭晓东认为应当革新生成式人工智能数据安全治理范式，实现从单一安全到总体安全、从网络主权到数据主权、从绝对安全到相对安全的理念转变，并在此基础上进行回应型治理，参见钭晓东：《论生成式人工智能的数据安全风险及回应型治理》，载《东方法学》2023年第5期。

工智能服务实行包容审慎和分类分级监管，从而促进人工智能长远健康发展。

四是更加关注人工智能大模型的治理问题。2023年，人工智能法治理论研究更加关注人工智能大模型的风险治理问题。①2023年被称为“大模型元年”，大模型促进了生成式人工智能的蓬勃发展，它通常作为通用生成式人工智能的技术底层发挥作用。相关研究认为在生成式人工智能的规制层面，应当基于包容审慎监管、分层治理、深度治理和敏捷治理的路径，对于大模型的知识产权风险、垄断风险以及数据泄漏风险等问题，开展谨慎、灵活的探索性制度实践，从而逐步完善生成式人工智能的风险治理体系。

3. 人工智能法治应用技术驱动型发展

2023年，中国人工智能法治应用在立法、司法、执法、法律服务领域研发并应用新兴技术，推动技术发展与实践需求的进一步融合。

一是人工智能立法应用的创新性增强。各地进一步完善“智慧人大”平台功能，创新应用Spring Cloud微服务架构、多端访问与数据库共享等技术，实现多主体、多路径联动，提高立法工作的透明度。②同时，运用生成式人工智能技术提升法律文本草拟质量，探索动态化立法快速响应机制，在关注人工智能辅助立法安全风险的基础上进一步提升立法工作效率。

二是人工智能司法应用实现技术与需求的深度融合。在智慧裁判领域，依托数字机器人建立的电子卷宗数据链条、“易策”审判辅助决策系统等为裁判文书辅助生成、执行工作提供了技术支持。在智慧检察方面，各地检察机关结合业务需求充分研发大数据法律监督模型，并将其运用于知识产权与自然资源保护等场景，探索智慧监督方

---

① 支振锋认为大模型的逻辑推理能力以及对人类的“理解能力”极大提升，不仅成为人类生产创意性信息内容的强大工具，也可能极大地改变网络信息内容生态，带来劣质信息泛滥、初始信源被污染和冲击社会伦理等信息内容风险，需要平衡发展与安全，探寻激励相容的治理之道。参见支振锋：《生成式人工智能大模型的信息内容治理》，载《政法论坛》2023年第4期；郭少飞认为对于主体可知的智能法律行为，区分独立型、参考型、依赖型智能体，厘清智能体与背后之人的关系，根据行为相对方是否知道或应知，确定效力判定要素。参见郭少飞：《通用人工智能语境下智能法律行为的定位与效力探析》，载《东方法学》2023年第5期。

② 成都市人大常委会借助互联网、大数据和人工智能等技术，构建了以服务常委会和人大代表依法履职为中心、以提高人大工作水平为重点的信息化平台——成都智慧人大。《“智慧人大”的成都实践》，中国人大网，http://www.npc.gov.cn/npc/c2/c30834/202107/t20210713_312348.html，2024年5月7日访问。

式，强化履职能力。

三是人工智能执法应用的场景更为丰富。公安部第三研究所研发“海盾虚拟加密货币研判分析设备”，打击虚拟货币犯罪；上海市浦东新区运用数字孪生技术优化水利管理系统；福建省莆田市推出“放射卫生在线监测预警平台”，实现对医疗场景的实时监管；上海市海事局建设“船载外贸集装箱危险货物大数据 AI 预检系统”，排查外贸场景中的安全隐患，进一步拓宽人工智能执法应用的广度与维度。

四是人工智能法律服务的功能集成化发展。在公共法律服务方面，各地依托一体化数字资源系统推出“互联网无人律所”、数字法治综合应用，集合法律援助、司法鉴定、文书生成、纠纷调解等多个应用场景。在企业法律服务方面，开源模式促进行业技术进一步共享，“熊猫 AI 法律服务平台”“企业智检 4.0”等应用针对用户实际需求，提供全方位的智能法律服务与企业法律风险防控。

4. 人工智能司法案例出现新发展态势

2023 年，中国人工智能司法案件在案发地域、诉讼主体、诉讼标的、案件类型等方面呈现以下新特点：

一是涉人工智能案件来源的地域分布受人工智能技术发展地域差异的影响明显。其中，上海涉人工智能案件数量增幅明显；由 2022 年的 7104 件，占比全国同类案件量的 6.02% 激增至 2023 年的 15223 件，占比全国案件量的 16.73%，反映出人工智能产业在上海的强劲发展态势。

地域	案件数	占比	地域	案件数	占比
上海	15223	16.73%	广东	17787	15.07%
广东	13304	14.62%	北京	12242	10.37%
湖北	7297	8.02%	湖南	9456	8.01%
北京	5998	6.59%	山东	8863	7.51%
辽宁	5132	5.64%	辽宁	7413	6.28%
山东	4866	5.35%	陕西	7201	6.1%
浙江	4320	4.75%	湖北	7164	6.07%
陕西	4094	4.5%	上海	7104	6.02%
湖南	3236	3.56%	浙江	4806	4.07%
河南	2875	3.16%	江苏	4597	3.89%

图 3　2022 年、2023 年中国涉人工智能司法案件地域分布图（前十名）

二是涉人工智能案件以民事案件为主，类型多元。2023 年全国涉人工智能案件民事、行政、刑事、执行占比分别为 84.34%、0.70%、8.95%、6.02%。其中，民事案件以合同类、侵权责任类、知识产权与竞争类纠纷最为典型。案件数量最多的是合同与准合同纠纷，其后依次为侵权责任纠纷、知识产权与竞争纠纷。行政案件主要涉及知识产权和政府信息公开。刑事案件主要集中于对数据、算力资源的不当获取。此外，我国法院对新型社会问题也作出了审慎判断。例如关于涉及公共利益的原始、公开数据赋权问题①、关于流量经济中的自媒体账号权属纠纷问题②、关于死者个人信息权益保护问题③等。

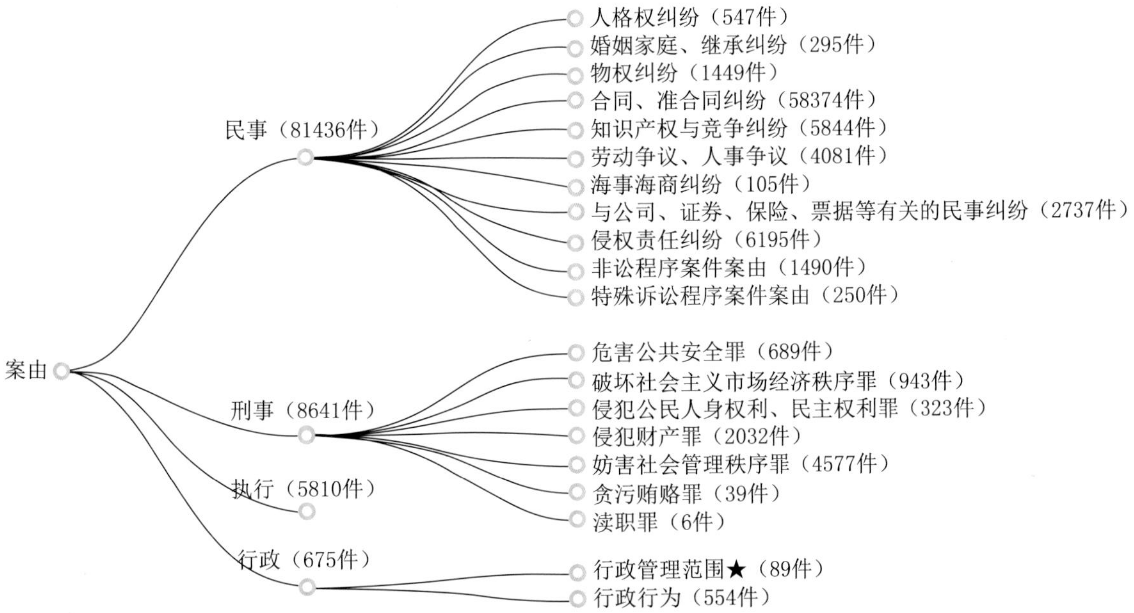

图 4　涉人工智能司法案件案由分布图

三是涉人工智能案件以中基层法院管辖为主，标的额集中于 50 万元以下区间，据统计，2023 年涉人工智能司法案件中共有 79.65% 由基层人民法院受理，占比最大。中级人民法院受理的案件数量占比约 16.61%。中基层法院对案件的大量受理，有利于推进形成涉人工智能司法案件的类型化裁判规则，需要统筹进行总结和归纳，

① 广东省深圳市中级人民法院（2022）粤 03 民终 4682 号民事判决书。

② 最高人民法院司法案例研究院：《离婚时，拥有大量粉丝的自媒体账号归谁？》，https://www.chinacourt.org/article/detail/2023/07/id/7408804.shtml，2024 年 5 月 7 日访问。

③ 北京互联网法院（2021）京 0491 民初 47643 号民事判决书。

进一步在实践中为人工智能应用提供法律支撑和保障，提供明确的预期和指引。

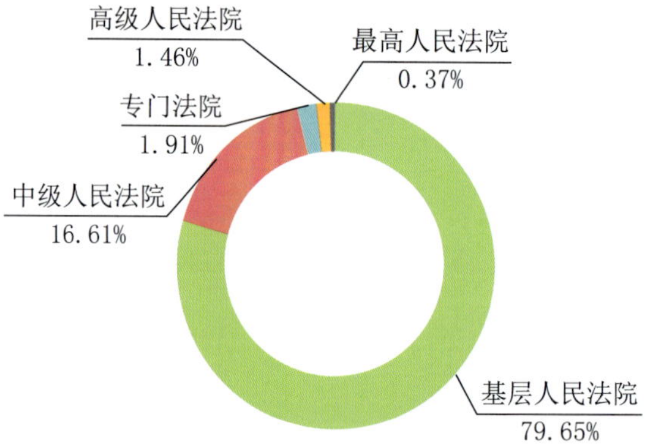

图 5　涉人工智能司法案件法院级别分布图

四是涉人工智能案件服判息诉率较高。2023 年，我国涉人工智能司法案件中约有 73.15% 的案件适用一审程序，16.82% 适用二审程序。这表明大部分涉人工智能司法案件都能够查清案件事实，正确适用法律。

五是涉人工智能案件诉讼主体多元化趋势明显。2023 年中国涉人工智能诉讼案件中，自然人与法人之间的纠纷比重为 63.56%，法人与法人之间的纠纷比重为 18.53%，自然人与自然人之间的纠纷比重为 16.91%，并且存在个体工商户参与少量诉讼的情况，体现出诉讼主体多元化的趋势。

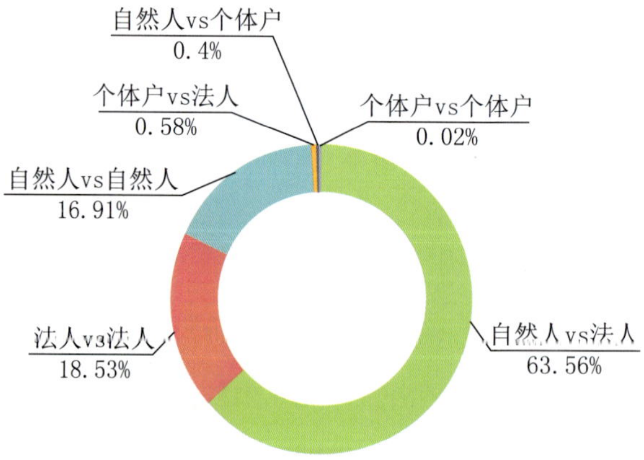

说明：本图中个体户为个体工商户的简称，法人为法人及其他组织的简称。

图 6　涉人工智能司法案件诉讼主体类型

5. 中国人工智能法治人才培养

2023 年，中国人工智能法学学科建设聚焦服务国家战略，以基础研究与人才培养为重点，创新人工智能法学专业人才培养新模式，逐步实现人工智能与法学的深度融合。在人工智能法治人才培养方面具有以下显著特点：

一是注重多学科交叉。培养人工智能法治人才需要跨越不同学科领域，包括计算机科学、法学、伦理学、哲学等，以确保学生具备跨学科的综合素养。2023年，跨学科的人工智能课程大量开设，为了让学生能够获得更全面的人工智能知识，一些高校开始在不同学科领域之间开设跨学科课程。如上海政法学院，继续保持计算机科学、心理学、哲学、经济学和法学等学科结合的趋势，为学生提供全面的人工智能课程。西南政法大学人工智能法学院同时开设了“卓越法治人才（人工智能法学方向）实验班”，培养合规实务方向法律硕士研究生，创新人才培养模式。同时开展人工智能法律研究，以组织学术交流和培养人工智能法律人才等方式，不断推动人工智能法学的发展和应用。

二是强调实践教育。注重实践教育，通过案例分析、模拟法庭、法律文书撰写等方式，让学生了解人工智能在法律实践中的应用，并提高其实际操作能力。2023年，中国人工智能法治教育坚持需求导向、应用驱动，服务国家战略。如西南政法大学人工智能法学院招收人工智能法实务方向法律硕士研究生，着力于培养服务于智慧公安、智慧检务、智慧司法、智慧律所等建设目标的人工智能技术类的实务型法律人才，为智慧法治建设和法律科技企业蓬勃发展提供人才支撑。

三是全球化视野。培养具有国际化背景和视野的法治人才。同时，加强与国际高校、研究机构的合作，引进优秀教育资源，提高教学质量和水平。2023年，各高校积极与国际接轨，例如中国人民大学法学院未来法治研究院邀请加州大学洛杉矶分校法学院Eugene Volokh教授与师生开展线上学术交流，进行了一场以“首席机器人大法官”为主题的讲座。[①] 上海政法学院人工智能法学院举办了由人工智能法学院讲师黄一帆主持、意大利布雷西亚ZAGLIO-ORIZIO E ASSOCIATI（扎格里奥·奥里齐奥）国际律师事务所创始合伙人暨上海政法学院人工智能法学院兼职教授Matteo Piccinali

① 参见中国人民大学法学院未来法治研究院：《加州大学洛杉矶分校法学院Eugene Volokh教授“首席机器人大法官”讲座顺利举办》，http://lti.ruc.edu.cn/sy/xwdt/rgznyfz/af9da4a73ded41deb898eb6da8a7ef91.htm，2024年5月10日访问。

先生主讲的“Cyber-security legislation”主题讲座。①

（二）国外人工智能法治

1. 国外人工智能法治发展

2023年，生成式人工智能大模型突飞猛进，国外部分国家和地区相继制定或修订法律法规，在促进竞争优势的同时，也兼顾风险防范治理。

一是传统数据隐私保护与技术滥用风险规制兼顾。一方面，生物识别、ChatGPT引发的隐私泄露和偏见歧视等问题面临新的监管挑战，如公共场所使用生物识别技术用于执法目的、人机交互数据的使用等；另一方面，伴随AGI应用于千行百业，开源模型广泛滥用风险突出，全球对AGI应用于生物、化学、核能、关键基础设施等领域的不可控风险关注度显著提升，也成为主要经济体达成《布莱切利宣言》的重要原因。

二是各国立法聚焦透明度，将其作为监管的制度工具。2023年，欧盟持续谈判并达成协议的《人工智能法案》形成初步共识，该法案规定了披露训练目的、训练数据、重大事故报告、能耗、版权信息等多重透明度义务；2023年10月，美国白宫政府发布《关于安全、可靠和值得信赖的人工智能的相关行政令》，要求训练算力超过10^{26}的大模型的主体，应向政府披露红队测试结果和相关信息。技术工具方面，水印标识也成为白宫自愿承诺、各国实现互操作性的重点问题，有利于实现用户知情和源头追溯。②

三是通用人工智能成为人工智能安全治理关注焦点。2023年，通用人工智能、生成式人工智能、基础模型、前沿人工智能等概念相继出现在英国AI峰会、美国《关于安全、可靠和值得信赖的人工智能的相关行政令》、欧盟《人工智能法案》等重要国际合作或国内立法政策中，是否监管、谁来监管、如何监管成为各方争议焦点。11月，在欧盟人工智能法案谈判的最后阶段，法国、德国和意大利就如何监管通用人工智能基础模型达成共识，支持通用人工智能基础模型“通过行为准则进行强制性自我

---

① 参见上海政法学院人工智能法学院：《海外讲坛“Cyber-security legislation”在线讲座举办》，https://www.shupl.edu.cn/rgznfxy/2023/0707/c1693a123459/page.htm，2024年5月10日访问。

② THE WHITE HOUSE. Executive Order on the Safe, Secure, and Trustworthy Development and Use of Artificial Intelligence.（2023）Retrieval from: https://www.whitehouse.gov/briefing-room/presidential-actions/2023/10/30/executive-order-on-the-safe-secure-and-trustworthy-development-and-use-of-artificial-intelligence/.

监管”，以期对本国正处于发展之中的人工智能公司予以保护。

2. 国外人工智能法治理论研究

2023 年，随着人工智能技术的不断进步和广泛应用，涉人工智能立法、执法、司法与法律服务的全面普及，人工智能法治理论研究得到各国学界的普遍重视。

一是大数据模型领域的竞争与合作。在人工智能法治研究中，关键之一就是对大数据模型的研究。大数据模型通常涉及对数据资源的收集、加工和利用，因此各个大模型企业之间产生了对数据的竞争和合作。研究强调平衡各方利益，扩大总体利益，通过市场监管和法律规制，平衡大模型领域企业间的竞争和合作。

二是大数据冲击之下各国对隐私保护的重视与协调。在人工智能法治理论研究中，隐私保护问题是一个重要的议题。各国学界普遍认为，对数据的收集和利用需要遵守不侵犯个人隐私的底线，有关部门应当完善个人知情权、更正权、删除权等与个人隐私保护相关的法律建构，加大对企业侵犯个人隐私的惩罚，营造合规利用数据的市场氛围。

三是各国对于人工智能商业运用的场景研究更加关注和创新。各国学界在人工智能法治理论研究中，普遍以鼓励创新发展作为研究导向，强调技术发展推动商业运用进步，推动人工智能赋能经济发展，为新时代各国商业发展注入更多生机活力，利用高科技产品抢占全球商业市场高地。

3. 国外人工智能法治应用

2023 年，国外部分国家和地区在立法、司法、执法、法律服务领域进一步提升人工智能的参与程度，但也面临较多争议。

一是人工智能立法应用发展和风险并存。一方面，机器学习、3D 模型等技术的应用，能够较为充分地模拟出相关法律政策的实施效果，促使法律规范的审查更加细致化，进一步提升议会决策的透明度与科学性。另一方面，各国通过采取盘点高风险自动决策、披露人工智能技术应用情况、评估人工智能技术应用影响等措施，尽可能降低人工智能辅助立法的安全风险。

二是人工智能司法应用的自主化决策程度提高。Harvey AI、RoboLawyer、Blue J Legal 等系统依托生成式人工智能技术，能够实现法律检索、提供法律建议、进行数据预测等功能。同时，人工智能系统对案件提供的智能回复，已初步在实际审判中运用，例如美国哥伦比亚的法官运用 ChatGPT 撰写关于支付医疗保险费用的判决①、印度法院在裁决被告人保释申请时参考了 ChatGPT 的结论。②但是，所谓的“人工智能法官”面临较大争议，仍待漫长的实践检验。

三是人工智能执法应用在质疑中发展。一方面，新兴技术的应用使得警方打击犯罪更加便利化，例如美国运用 Digidog、StarChase 跟踪器等智能设备辅助执法，迪拜推出自动驾驶巡逻车 Robocop，利用嵌入式 AI 技术精准检测和分析可疑行为。③另一方面，由于人脸识别技术和智能化监控技术存在侵犯公民权利的可能性而存在较大争议，政府和议会通过审查使用情况、出台法案等方式审慎推进人工智能技术在执法过程中的应用。

四是人工智能法律服务应用的精细度提升。各国法律服务公司不断测试和更新法律大语言模型，提升了法律服务的准确度与精细度。例如美国 LexisNexis 研发的 Lexis+ AI 可在对话过程中实现法律文件的起草；加拿大 Thomson Reuters 推出的 Ask Practical Law AI 可针对问题提供法律意见和相关支撑材料；英国 Luminance 开发的 Luminance Autopilot 能够代替律师完全自主地协商、谈判、审查合同，无需人工参与。④

4. 国外涉人工智能司法案例

2023 年，国外涉人工智能案件的焦点通常集中于对科技风险与责任归属的论证，审查人工智能等技术对自然人权利的侵犯程度，从后果出发并结合主观和客观方面综

① See CBS NEWS. Colombian judge uses ChatGPT in ruling on child’s medical rights case [EB/OL]. [2023-02-02][2024-5-10]. https://www.cbsnews.com/news/colombian-judge-uses-chatgpt-in-ruling-on-childs-medical-rights-case/.

② See THE TIMES IF INDIA. Punjab and Haryana high court uses Chat GPT to decide bail plea [EB/OL]. [2023-03-28][2024-5-10]. https://timesofindia.indiatimes.com/india/in-a-first-punjab-and-haryana-high-court-uses-chat-gpt-for-deciding-upon-bail-plea/articleshow/99070238.cms.

③ See PBS. Robotic police dog “Digidog” rejoins NYPD [EB/OL]. [2023-04-12][2024-5-10]. https://www.pbs.org/newshour/nation/robotic-police-dog-digidog-rejoins-nypd. See Arabian Business. Dubai Police robocop patrol detects crime, uses facial recognition tech and has detachable drone [EB/OL]. [2023-10-16][2024-5-10]. https://www.arabianbusiness.com/culture-society/dubai-police-robocop-patrol-detects-crime-uses-facial-recognition-tech-and-has-detachable-drone.

④ See BBC. Can AI cut humans out of contract negotiations? [EB/OL]. [2023-11-07][2024-5-10]. https://www.bbc.com/news/business-67238386.

合判断责任的归属。

一是算法可归责性。相关案例侧重对行为目的以及行为方式合法性的审查，刺破技术外衣实质审查相关技术应用行为的正当性。例如使用生成式人工智能撰写论文将无法申请硕士课程结业；在公共职权领域应用智能算法需要基于明确的法律授权；通过算法自动拦截广告的程序，不构成对原告版权的侵犯。

二是数据处理正当性。相关案例侧重对处理活动的必要性展开论证，并基于数据处理与权益保护之间的利益平衡关系判断责任归属。例如在涉及公共部门职权时，重点审查数据处理的合宪性基础；① 数据持有者需要履行安全保障义务，阻止非法访问行为，避免个人数据泄露；② 对电子信息客体应当采取规范目的性扩张解释，围绕法规范的宗旨予以判断；③ 对个人唯一标识的行政管理不违反个人信息保护制度。④

三是算力使用合理性。相关案例侧重对生产要素投入的权利基础判断，以及资源分配依据的实质性审查。例如算力等支持性服务在考虑市场竞争的同时需要兼顾服务

---

① 在德国个人反对配备无线电模式电子水表进行远程抄表，对运营公共供水系统的市特殊目的协会提起的诉讼。拜罗伊特行政法院认为，基于管理公共供水设施的法规，行为符合公共利益的任务，没有侵犯《德意志联邦共和国宪法》规定的信息自决权或家庭不可侵犯的基本权利，构成对个人数据的合法处理。参见 https://gdprhub.eu/index.php?title=VGH_M%C3%BCnchen_-_4_ZB_23.1056。

② 在对“美国利宝相互保险公司”的诉讼案［Vonbergen v. Liberty Mut. Ins. Co., No. CV 22-4880, 2023 WL 8569004（E.D. Pa. Dec. 11, 2023）］中，原告声称，被告使用会话回放、会话追踪软件拦截电子通信并传输给外部供应商。法院目前认为，会话回放、会话追踪软件构成窃听法中的“设备”，将个人信息输入 Liberty Mutual 网站的行为并不必然意味着个人同意第三方记录该信息。数据持有者对第三方记录个人活动具有披露义务，应当保障必要的安全。

③ 在斯洛文尼亚数据保护机构命令公司停止在卫生间和走廊等场所装置视频监控的案件中，公司表明监视是根据《个人数据保护法》第 75 条和第 77 条进行的，确保合法利益保护财产和人员安全。数据保护机构认为，对于控制者要使用“合法利益”的法律依据，他们必须进行初步的平衡测试，以评估所追求的目标是否合法，以及处理是不是实现这些目标的适当和必要的方式，根据法所实现的目的宗旨进行利益的衡量。参见 https://gdprhub.eu/index.php?title=IP_（Slovenia）_-_0611-182/2021/23。

④ 在数据主体被指控犯有刑事犯罪的案件中，其拒绝保加利亚警方收集基因和生物识别数据（照片和指纹）以创建档案记录，警方请求法院授权强制收集。欧盟法院裁定，只要警察当局处理生物识别和基因数据符合欧盟指令第 10（a）条有关处理特殊类别个人数据的规定，那么这种处理是被允许的。参见 https://gdprhub.eu/index.php?title=CJEU_-_C-205/21_-_Ministerstvo_na_vatreshnite_raboti。

的稳定性；① 基于算力的加密货币收益需要缴纳所得税，加密货币交易平台需要符合税务审计的要求；② 加密货币投资辅助行为如果属于好意施惠，则不承担民事责任。③

5. 国外人工智能法治人才培养

2023 年，人工智能技术的快速发展对法学法律界提出了新的挑战和需求，因此各国都在积极推进人工智能法治人才的培养，完善人工智能法治人才培养体系。

一是营造良好的人工智能法治人才培养环境。国外部分国家和地区通过资金扶持、研发投资以及平台建设等措施支持人工智能法治人才培养，如英国内阁办公厅部长杰里米·金恩透露，作为提高公务员技术技能的激进计划的一部分，来自私营部门的数码专家将跳槽到政府部门。④ 菲律宾正在制定现代数据管理和健全数据治理战略，该战略旨在增强菲律宾人工智能数据管理，并培养人工智能法治人才，共同制定国家人工智能法规、法律、标准和政策。⑤

二是注重人工智能法治教学的国际化与应用性。发达国家在人工智能法治人才培

---

① 如韩国大法院以滥用市场支配地位之由对美国芯片制造商高通作出终审裁决［대법원 2023. 4. 13. 선고 2020 두 31897 판결］，维持韩国反垄断监管机构公正交易委员会的决定。公正委认为，高通将调制解调器芯片组的供应和生产手机所必需的移动通信标准必要专利权挂钩，规定不交专利费就无法使用“高通芯”，限制了专利权的使用。还向手机厂商收取专利授权费用，甚至将芯片和专利许可“捆绑销售”，构成不公平限制竞争的行为，严重阻碍芯片行业稳定及产业链的创新发展。

② 在美国“Oyster Protocol 与 Bruno Block 逃税案”［UNITED STATES of America, v. Amir ELMAANI, 131 A. F. T. R. 2d 2023-1308（20 Cr. 661（CM）］中，被告 Bruno Block 利用智能合约中的漏洞，私自铸造了大量的新 PRL 代币，并利用加密货币平台在市场上抛售。美国政府指控，被告从他铸造的名为 Pearl 代币的新型加密货币中获得的收入，却通过伪造、未提交纳税申报表等手段逃避缴纳所得税。最终，因税务犯罪被判处四年监禁。

③ 在美国“加密货币所有者集体诉讼 Coinbase Global 案”（Underwood v. Coinbase Global, Inc., 654 F. Supp. 3d 224, 2023 U.S. Dist. LEXIS 17201）中，客户提出的集体诉讼中的索赔要求，声称 Coinbase 向他们出售了未注册的证券，并且没有注册为经纪自营商。美国地方法院法官驳回了加密货币交易所“法定卖方”理论，认为 Coinbase 为客户提供加密货币投资辅助行为，并不是用户的“直接卖方”。若要追究被告责任，必须证明其直接、积极参与了立即销售的招揽，但原告购买和出售代币难以证明是因 Coinbase 的招揽而产生的，很大程度上认为是一种服务的提供。

④ See HM Government. Whitehall set to bring in AI and data experts under plans to turbocharge productivity［EB/OL］.［2023-07-19］［2024-5-10］. https://www.gov.uk/government/news/whitehall-set-to-bring-in-ai-and-data-experts-under-plans-to-turbocharge-productivity.

⑤ See Opengov Asia. Strengthening Citizen Services Through Advanced Data Governance: Enhancing Privacy And Efficiency［N/OL］.［2023-09-15］［2024-5-10］. https://opengovasia.com/events/strengthening-citizen-services-through-advanced-data-governance-enhancing-privacy-and-efficiency/.

养中注重通过与国外高校、研究机构的合作，引进优质的教育资源，促进学生的跨文化交流和全球化视野的拓展。如 2023 年 5 月，耶鲁大学举办“法律与人工智能”课程。该课程面向毕业生、博士生、博士后研究人员以及来自公共和私营部门的从业者开放，要求学生思考人工智能如何影响我们的当下与未来，研究这些技术如何影响、挑战，乃至重塑我们的社会与法律。如 2023 年 1 月，荷兰马斯特里赫特大学举办了法律与人工智能课程，旨在帮助参与者从以下几个方面提升专业水平，例如：人工智能使法律实践更加高效和有效的方法；人工智能让重复的任务成为过去，帮助学生专注于知识建设、决策和真正的咨询。①

三是重视人工智能法治人才生态系统建设。加强产学研协同培养人工智能法治人才。将高校作为人工智能法治人才培养的主体，重视人工智能法治教师队伍建设，加强人工智能法治学科专业建设和课题体系设计；如 2023 年 9 月 21 日塔尔图大学跨国治理学院联合促进法治中心组织了一起在线讨论会议，以确定未来信息、数据、保护的产学研发展进程。相当多法学院开设人工智能法短期课程，包括佛罗伦萨跨国治理学院于 2023 年 10 月 16 日至 10 月 18 日在线举办的人工智能与偏见——算法公平之路课程，意大利佛罗伦萨欧洲大学法学院于 2023 年 9 月 5 日至 9 月 10 日主办的人工智能：道德操守、政策和治理挑战课程等。②

三、人工智能法治发展展望（2024）

随着人工智能技术的迅猛发展，全球对于在法治框架下推进新一代人工智能可持续发展的呼声不断高涨。数据显示，2023 年以来，人工智能市场继续保持强劲增长势头，逐步渗透到诸如教育、司法、国防等多个社会关键领域。在这一背景下，人工智能的法治化建设成为全球范围内的共识，并在 2024 年显现出新的动向和特点。总

① See Brightlands Institute for Smart Society. Law and Artificial Intelligence Course.[EB/OL].[2023-01-14][2024-5-10]. https://www.biss-institute.com/education/course-law-artificial-intelligence.

② See European University Institute. REDemocracIA | AI, data protection and regional integration.[EB/OL].[2023-09-21][2024-5-10]. https://www.eui.eu/events?id=562851.

体上，2024年人工智能法治发展呈现出伦理化、多元化和国际化的趋势。

1. 关注人工智能伦理规范的实践及监管

伴随着人工智能伦理规范的建立和完善，2024年，各国纷纷将伦理规范的实践落实视作重要任务，重点关注人工智能技术发展过程中的利益冲突、潜在歧视和非法用途等问题。监管机构开始提出对人工智能实施伦理审计的方案，以确保人工智能的发展符合公共利益和社会价值。同时，针对生成式人工智能等新兴技术形态，各国亦致力于更新相关的监管框架，以适应技术进步带来的新挑战。

2. 关注深化算法透明度和可解释性

在人工智能法治发展中，算法的透明度和可解释性已成为公众关注的热点问题。2024年，相关研究和实践不断深入，为人工智能技术的透明运行和决策过程的可审核性提供了更多实践案例和理论支撑。相关立法机构和监管部门推行严格的算法审计要求，以及算法影响评估机制，以确保人工智能技术的透明性和公正性。对于人工智能系统的内部机制、决策依据和潜在偏见，社会各界与利益相关者要求更高程度的公开和解释。

3. 推动个人数据权利和隐私保护立法进程

面对人工智能技术对大数据的依赖性，个人数据权利和隐私保护成为法治发展的关键领域。在2024年，越来越多的国家采纳或更新了其数据保护法律，提供了更为严格的个人信息保护措施，并明确了人工智能技术在处理个人数据时的限制和责任。同时，公众对数据所有权与人工智能应用之间的关系有了更深层次的认识，推动了数据治理的立法和标准化进程。

4. 加强跨国界人工智能法律合作

2024年人工智能的跨国应用和国际服务模式更加普遍，诸如人工智能驱动的跨境数据流动、国际人工智能合作项目等现象日益增多。国际社会开始对人工智能全球治理提出更加迫切的需要，各国政府、国际组织和非政府机构相继推动建立国际人工智能法律框架，促进法律规范的国际协调和统一。国际条约与协议开始考虑包含人工智能运用的相关规定，力图在保障各国主权的同时，形成全球人工智能发展的共同规则。

人工智能法治发展指数（2023）

《世界人工智能法治蓝皮书》专家组[①]

2024年3月15日

2023年是全面贯彻落实党的二十大精神，也是人工智能高速发展的一年。党和国家高度重视人工智能的发展，2023年4月28日，在中共中央政治局会议上，习近平总书记指出："要重视通用人工智能发展，营造创新生态，重视防范风险。"2023年9月4日，习近平主席向2023中国国际智能产业博览会致贺信中指出："当前，人工智能、区块链等新技术深刻演变，产业数字化、智能化、绿色化转型不断加速，智能产业、数字经济蓬勃发展，极大改变全球要素资源配置方式、产业发展模式和人民生活方式。中国愿同世界各国一道，把握数字时代新趋势，深化数字领域国际交流合作，推动智能产业创新发展。"2023年10月18日，习近平主席在第三届"一带一路"国际合作高峰论坛开幕式主旨演讲中提出："愿同各国加强交流和对话，共同促进全球人工智能健康有序安全发展。"这些均为我国人工智能高质量发展指明了方向。

---

① 专家组：崔亚东（时任上海市法学会会长、上海市高级人民法院原党组书记、院长、二级大法官）、张文显（中国法学会学术委员会主任、教授、博士生导师）、薛澜（清华大学苏世民学院院长、人工智能国际治理研究院院长、教授、博士生导师）、叶青（华东政法大学校长、教授、博士生导师）、刘晓红（上海政法学院校长、教授、博士生导师）、王涛（浙江清华长三角研究院院长、教授、博士生导师）、刘宪权（华东政法大学教授、博士生导师）、刘学尧（上海大学教授）、施伟东（上海市法学会党组副书记、专职副会长）、彭辉（上海社科院法学所研究员、博士）、林竹静（上海市人民检察院检察官、博士）、赵玉成（上海市教育报刊总社编辑部副主任）。

人工智能的发展，离不开法治作保障。为推动人工智能法治体系建设，客观、准确、全面反映我国人工智能法治发展状况，引领、推进人工智能法治研究，促进、保障人工智能安全、可靠、可控发展，《世界人工智能法治蓝皮书》编委会专家组于2020年首次构建了《人工智能法治发展指数》(以下简称《指数》),《指数》的构建得到了张文显、薛澜等著名专家学者支持，提出了宝贵的意见，并根据我国人工智能发展趋势，逐年对指数体系进行了修改完善，先后形成了《人工智能法治发展指数2.0》《人工智能法治发展指数3.0》和《人工智能法治发展指数4.0》，并据此对我国当年人工智能法治发展状况进行了评估。形成了《中国人工智能法治发展评估报告（2019）》《中国人工智能法治发展评估报告（2020）》《中国人工智能法治发展评估报告（2021）》和《中国人工智能法治发展评估报告（2022）》，先后在当年世界人工智能大会上发布，推动了我国人工智能法治研究。随着人工智能在国内外战略地位的不断强化、技术的飞速发展以及规制进程的需要，2024年度的评估，人们将更加关注人工智能法治的战略谋划、理论深度以及实际成效。为了做好本年度的评估，组委会专家组对《指数》体系进行了小幅修改，将二级指标B15“论坛关注”替换为“理论关注”，并对各项一级指标权重进行了微调，形成了《人工智能法治发展指数2023》(以下简称指数2023)，修改后的《指数》体系如下：

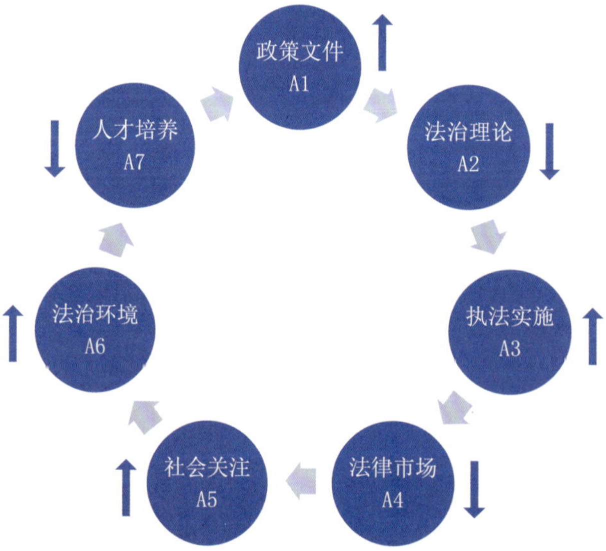

图1　人工智能法治发展评估指标体系2023图

一、调整指数 2023 的主要考量因素

（1）将一级指标“社会关注 A5”下原二级指标 B15“论坛关注”替换为“理论关注”。第一，原测评指标“论坛关注”涵盖的范围较为有限，而且从此前的问卷回收情况来看，基于信息获取等原因，一般公众对专业论坛的关注受到诸多限制。将“论坛关注”替换为“理论关注”后，信息收集范围扩大，此项指标的有效性增强。第二，通过引入“理论关注”作为新的二级指标，可以更全面地考察社会对人工智能法治理论的关注程度和深度，进一步提升评估体系的准确性和适应性。此外，作为主观指标的“理论关注”能够和“法治理论 A2”下的各项客观指标形成联动，对人工智能法治理论的发展与传播进行多维度的考察。第三，为了保持整体权重平衡，指数 2023 相应地下调了“法治理论 A2”的权重，将一部分关注和数据收集转向新的二级指标“理论关注”。

（2）指数 2023 上调了“政策法规 A1”和“社会关注 A5”的权重。政策法规是人工智能法治的基础，2023 年是人工智能政策法规制定和落实的又一关键年份，中央和地方都进一步加大了对人工智能法律政策的制定和落实力度，因此我们希望通过提高政策法规 A1 的权重，更加充分地反映政策法规的最新进展和效果。2023 年也是人工智能更深入地渗透公众工作与生活的一年。因此，配合政策法规的大量出台和新加入的二级指标“理论关注”，指数 2023 上调了“社会关注 A5”的权重，能够更好地反映社会对人工智能法治的态度和反馈，检验政策法规和理论研究在公众传播方面的进展，进一步提升评估体系的全面性和体系性。

（3）指数 2023 上调了“执法实施 A3”和“法治环境 A6”的权重。2023 年，是人工智能法治从高速发展转向高质量发展的关键阶段，执法实施对政策法规的有效落实，以及法治环境对人工智能发展的充分培育是人工智能法治高质量发展的关键支撑。随着人工智能技术的广泛应用，执法机关在处理与人工智能相关的案件和问题时面临着新的挑战和需求。同时，法治环境在法律体系的完善、司法公正和法治文化的营造等方面发挥着重要作用。为了更好地反映执法实施和法治环境对人工智能法治的影响与贡献，同时继续直面这两个方面的不足（“执法实施 A3”2022 年得分 84.7，“法治环境 A6”得分 86.3），指数 2023 提高了它们的权重，以便更准确地评估人工智能法治的实际状况。

（4）指数 2023 下调了“法律市场 A4”和“人才培养 A7”的权重。第一，从此前的评测结果来看，这两项得分居中，并且其实际影响均属于需要长时期考察的对象。短期内企业的数量和盈利以及人才数量等的增减对人工智能法治整体的影响相对有限。指数 2023 出于 2023 年度测评重点的考虑，上调了其他多项一级指标的权重，为平衡体系整体权重，对此两项一级指标进行下调不会误导整体评测结果。第二，“法律市场 A4”和“人才培养 A7”两项一级指标下均只包含两项二级指标，相应二级指标本身占据整体的权重已经较高，下调相应权重，使得各二级指标的权重更加均衡，有利于提升评估体系的稳健性。

考虑到人工智能法治进入高质量发展阶段，为了动态反映各项指标的发展和变化，提升指标对人工智能法治发展的贡献，专家组对权重作出了上述调整。

表 1　人工智能法治发展评估指标体系（2023）及权重

一级指标	二级指标	主客观	测试点	评分标准	变迁
政策文件 A1（17.85%）	法规政策 B1（36.72%）	客观	法规政策颁布量	以人工智能为主要内容的与内容涉及人工智能的法规政策数量增减幅度	19.45%（1.0）→ 17.25%（2.0）→ 16.05%（3.0）→ 17.25%（4.0）→ 17.85%
	判决裁决 B2（34.04%）	客观	涉人工智能司法案件量	涉人工智能司法案件增减幅度	
	战略认知 B3（29.24%）	主观	政策定位感知度	公众对政策文件中的人工智能定位感知	
法治理论 A2（12.88%）	国家级课题 B4（29.54%）	客观	国家级课题数	国家社科基金法学类增减幅度（国家社科基金法学类）	13.58%（1.0）→ 12.48%（2.0&3.0）→ 13.68%（4.0）→ 12.88%
	省部级课题 B5（22.23%）	客观	省部级课题项目数	人工智能法治省部级项目增减幅度（司法部、科技部、教育部和中国法学会）	
	论坛研讨决策咨询 B6（21.74%）	客观	论坛数（次数）	人工智能法治论坛增减幅度	
	期刊发文 B7（26.49%）	客观	期刊发文量（篇）	法学等综合性刊物上人工智能法治论文增减幅度	
执法实施 A3（17.49%）	政策运用 B8（33.12%）	主观	政策文件实施效果	人工智能发展政策性、法律性文件实施效果满意度	19.09%（1.0）→ 16.09%（2.0&3.0）→ 16.89%（4.0）→ 17.49%
	软件运行 B9（29.07%）	主观	软件运用实施效果	人工智能法治应用是否经常出现软件运行错误感受度；是否经常出现算法歧视感受度	
	智慧司法 B10（37.81%）	主观	司法应用水平	人工智能司法应用感受度	

（续表）

一级指标	二级指标	主客观	测试点	评分标准	变迁
法律市场 A4（12.69%）	企业数量 B11（45.72%）	客观	企业数量增减幅度	以“人工智能＋法治”为核心业务企业数量	17.09%（1.0）→15.09%（2.0&3.0）→13.49%（4.0）→12.69%
	营收能力 B12（54.28%）	客观	营收能力增减幅度	以“人工智能＋法治”为核心业务企业营业能力	
社会关注 A5（13.65%）	立法关注 B13（35.14%）	主观	立法先行迫切度	从国家层面出台规制利用人工智能实施违法犯罪活动和针对人工智能系统实施违法犯罪活动的文件	17.35%（1.0）→15.35%（2.0）→14.65%（3.0）→13.05%（4.0）→13.65%
	政策关注 B14（33.19%）	主观	政策文件关注度	对人工智能发展的政策性、法律性文件关注度	
	理论关注 B15（31.67%）	主观	人工智能法治研究关注度	对学界提出的人工智能法治理论以及以“世界人工智能大会法治论坛”为代表的相关论坛关注度	
法治环境 A6（14.92%）	包容态度 B16（33.56%）	主观	人工智能包容度	人工智能发展包容度	13.44%（1.0）→12.42%（2.0）→14.32%（3.0&4.0）→14.92%
	法律规制 B17（32.09%）	主观	人工智能包容度	法律对人工智能发展的规制情况	
	应用感受 B18（34.35%）	主观	人工智能感受度	人工智能应用带来感受度	
人才培养 A7（10.52%）	学生人数 B19（54.27%）	客观	科技类法律学生人数	高校科技、知产法律专业学生人数	无（1.0）→11.32%（2.0—4.0）→10.52%
	课程设置 B20（45.73%）	客观	课程开设数量	高校人工智能法律相关专业设置、研究机构、课程开设数量	

二、人工智能法治发展评估指标体系（2023）的特点

1. 全面涵括人工智能法治发展的不同维度

指数 2023 的体系框架包含政策、理论、执法、市场、社会、环境、人才 7 个层面，覆盖面已经比较完备，尤其是在指数 2.0 增加“人才培养 A7”之后，能够较好地反映人工智能法治发展的整体面貌。同时，出于体系稳定性和评估可比较性的考虑，指数 2023 维持了指数 2.0 至 4.0 整体的一级指标框架，仅对少数二级指标及权重进行

了调整。

2. 全方位构建人工智能法治评价的综合体系

指数2023以政策和实施为根基，以环境、理论和市场作中坚，以关怀和人才谋未来。通过对各一级指标权重的重新分配，政策文件A1继续成为占比最大的一级指标，紧随其后的是执法实施A3，二者构成第一梯队，体现了指数2023对人工智能法治的基础支撑以及实施情况的重点关注。第二梯队是法治环境A6、社会关注A5和法治理论A2，分别体现人工智能法治的环境保障、公众参与和理论引领，是人工智能法治发展的中坚力量。第三梯队是法律市场A4与人才培养A7，前者反映人工智能法治的市场活力，后者为其人才储备，保障人工智能法治行稳致远。

3. 全链条考察人工智能法治的发展过程

在指数4.0新增二级指标“战略认知B3”后，二级指标总数变为20，主客观指标各占10项。主客观指标达成平衡后，也更能从主观和客观相对比的方式反映更多人工智能法治的细节，更加有效地指引人工智能法治发展的具体方向。指数2023的再次调整将“论坛关注”替换为“理论关注”后，形成了从政策到实施再到环境、从理论研究到理论关注、从人才培养到法律市场的人工智能法治发展全链条的完整考察，增强了指标体系的体系性和融贯性。

中国人工智能法治发展评估报告（2023）

《世界人工智能法治蓝皮书》专家组评估团队①

2024年3月15日

自2020年以来，《世界人工智能法治蓝皮书》编委会组建专家组，连续四年对我国人工智能法治发展情况进行评估，并形成了评估报告，分别在当年的世界人工智能大会上发布，受到了社会各界的广泛关注。2023年，以大语言模型为代表的生成式人工智能，掀起了全球人工智能技术发展的新浪潮，机遇与风险并存。《生成式人工智能服务管理暂行办法》公布并施行，划定了生成式人工智能法律监管和健康发展的基本框架。中国发布《全球人工智能治理倡议》，围绕人工智能发展、安全、治理三方面系统阐述了人工智能治理的中国方案，彰显了大国责任与担当。各地持续探索适合自身的人工智能发展道路，发布了大量人工智能产业的支持性政策。人工智能法治高速发展的同时面临精细化和高质量发展要求。为了持续反映人工智能法治发展的现实状况，推动人工智能法治研究，助力人工智能健康发展，根据《人工智能法治发展指数（2023）》设定的指标体系和评估办法，专家组对2023年我国人工智能法治发展状况进行了评估。

在本次评估中，我们综合采用了问卷调查和客观测评两种方法。基于对前三次评

① 专家组评估团队执行主任：彭辉（上海社科院法学所研究员、博士）；评估团队成员：叶青（华东政法大学校长、教授、博士生导师）、刘晓红（上海政法学院校长、教授、博士生导师）、刘学尧（上海大学教授）、董立武（上海市法学会秘书长）、杨寅（上海政法学院教授）、林竹静（上海市人民检察院检察官、博士）、赵玉成（上海教育报刊总社编辑部副主任）、上海社科院法学所研究生团队、上海政法学院研究生团队。

估的深入反思与经验总结，我们在问卷设计和数据处理方面进行了优化，旨在提升评估的针对性、时效性和准确性。

（1）强化问卷设计的用户导向性。为确保问卷更加贴近被调查者的实际需求和认知，对问卷设计进行了大幅优化，特别注重问题的用户导向性。例如，如果调查对象在身份选项中选择了“法官”，相比其他身份，后续问题会增设“从您自身的审判工作经验出发，您认为人工智能技术在法院审判工作中能起到的帮助有多大？”等问题，引导被调查者直接表达其在人工智能法治领域的实际体验和看法。

（2）增加开放性问题比例。为更全面地收集被调查者的观点，我们在此前问卷的基础上增加了开放性问题的比例。这类问题在提供预设选项的同时，允许被调查者自由表达意见，如“您认为人工智能法治的发展需要解决哪些具体问题？”。这种设计有助于获取更广泛、更深入的信息。

（3）关注人工智能法治的发展动态。鉴于人工智能法治领域的快速变化，我们在问卷中特别加入了与最新法规、政策或司法案例相关的问题。这不仅保持了问卷的时效性，还有助于我们准确把握被调查者对这些发展的实际态度和看法。例如，本次问卷新增了对《生成式人工智能服务管理暂行办法》的相关问题。

（4）数据分类策略的动态调整。我们密切关注新兴研究方向，并根据其发展情况对数据进行分类。这样做的目的是确保我们的评估结果能够准确反映人工智能法治领域的最新动态，并具备对未来发展的预测能力。

（5）建立积极的参与者反馈机制。为持续优化问卷设计和评估方法，我们引入了一个更加积极的参与者反馈机制。通过鼓励被调查者提出宝贵建议，我们不仅能够及时了解问卷存在的不足，还能够确保其更加贴近实际需求，为后续评估的持续优化奠定基础。

一、测评数据分析

1. 主观数据

主观数据来源。主观数据采集对象主要聚焦于人工智能技术人员、研究者、人工智能法律产品使用者、其他类四类社会群体。采集方式主要采用问卷调查，2024年初，上海市法学会向各省区市法学会以及部分高校发出调查问卷协助函，截止到2024年5月16日回收有效问卷2975份进行数据处理。本次问卷调查呈现以下变化和特点：

（1）青年和学生占比上升。一方面，他们的观点和态度能够反映未来对人工智能法治发展的期望和需求，另一方面随着开放性问题的增加，有助于收集更加敏锐的反馈和创新的想法，帮助政策制定者更好地了解当前和未来的趋势。（2）信息回收的专业性显著提升。在增强问卷设计的用户导向性后，问卷调查获得的信息明显更加具体和专业。比如有法官反馈认为：目前人工智能在实际审判中发挥的作用仍然有限，智能笔录和检索等更具潜力的领域还有待市场开发。（3）意见分布更加多样化，有助于丰富对人工智能法治主观方面的深度考察。一方面得益于开放性问题完成率的提高，另一方面在于调查对象身份的扩展和均衡，此次问卷在固定选项外收集到了更加多元的意见和信息。

2. 客观数据

为了更精准地反映我国人工智能法治领域的实际进展和动态，本次评估对数据的收集与处理进行了全面升级。具体体现在以下两个方面：

一是数据来源的多元化扩展。在确保数据权威性和专业性的基础上，我们进一步拓宽了数据收集渠道，形成了更为完善的数据资源体系。此次新增的数据来源主要包括：（1）元典智库：作为国内新兴的法律信息服务平台，元典智库提供了大量与人工智能相关的实务案例和专业解读，能够实现多源知识的一体呈现，并通过知识图谱技术关联起更多的数据和信息。（2）各级政府公开信息：通过系统梳理各级政府及其职能部门在人工智能领域的政策文件、工作报告等公开信息，我们能够更加及时地捕捉到政策风向和行政动向。（3）国际组织及外国政府机构网站：为了借鉴国际先进经验，我们关注国际组织及外国政府的相关实践，通过收集和分析其发布的报告、指南等文献，拓宽了研究视野。（4）产业研究报告与市场调研数据：此次数据收集引入了知名机构发布的人工智能产业研究报告和市场调研数据，如艾瑞咨询发布的《中国人工智能产业研究报告》等，为评估提供了更翔实的市场分析和产业洞察。（5）科研机构与高校研究成果：广泛收集国内外科研机构与高校在人工智能法治领域的研究成果，包括学术论文、专利、课题报告等，以把握最新的研究动态和技术进展。

二是数据处理的精细化提升。在数据处理环节，我们注重提高数据的准确性和利用效率，具体做法如下：（1）数据清洗与校验：对所有收集到的数据进行严格的清洗和校验，去除重复、无效和错误数据，以确保数据质量。（2）文本挖掘与语义分析：利用自然语言处理技术对政策文件、法律文书等文本数据进行深入挖掘和语义分析，提取关键信息，揭示其内在逻辑和关联。（3）动态权重调整与综合评价：根据评估目标和重点，对各项指标进行动态权重调整，综合运用多种统计和分析方法，得出更为客观、全面的评价结果。在法治相关著作和论文方面，根据不同的级别和影响力，赋予了不同的权重，以更准确地反映学术界对人工智能法治问题的关注和研究水平。

二、总体得分

根据测评，2023 年中国人工智能法治发展评估总体得分 90.82，相较 2022 年提升 0.63 分，仍然处于初步“高”水平，较之前的得分增长有所下降，中国人工智能法治处在高水平发展的爬坡期阶段。

表 2　人工智能法治建设水平等级

人工智能法治建设	人工智能法治建设水平数范围	人工智能法治建设水平
Ⅰ	90 ＜ A ≤ 100	水平高
Ⅱ	80 ＜ A ≤ 90	水平较高
Ⅲ	70 ＜ A ≤ 80	水平一般
Ⅳ	60 ＜ A ≤ 70	水平较低
Ⅴ	0 ＜ A ≤ 60	水平很低

三、单项得分[①]

（一）一级指标、二级指标

与2022年相比，2023年绝大多数一级指标和二级指标都得到了提升，但是多数一级指标的提升均较为有限，部分此前得分本就不高的二级指标出现了不小的下滑。总体上，在稳步发展的整体局面下，人工智能法治发展的“好态势”与“老问题”和“新困难”并存。

1. 一级指标

（1）一级指标得分及变化。经综合评估，一级指标指数得分由高到低如下：政策文件A1（98.2）＞法治理论A2（95.7）＞人才培养A7（94.2）＞法律市场A4（92.9）＞法治环境A6（86.2）＞执法实施A3（85.8）＞社会关注A5（83.5）。与2022年相比，一级指标中除了“法治环境A6”略有下降，其他各项一级指标得分都得到了不同程度的提升。具体变化及原因分析如下：

第一，理论研究有效推进，法律市场持续繁荣。“法治理论A2”的大幅提升主要得益于各级别课题和期刊发文的全方位增长，表明学术界对人工智能法治问题的研究日益深入，重大课题攻坚克难，研究成果取得了有效突破，为人工智能法治提供了更为坚实的理论支持。得益于2022年以来各地支持性产业政策的大量出台，人工智能产业市场进一步繁荣，“法律市场A4”的显著提升主要是由于场景落地和政策保障共同推动了人工智能企业营收能力的有效改善，企业数量也稳步增长。然而总体上人工智能企业仍然长期面临着营收难题，与企业数量之间的得分差距依然较大。因此，提升核心竞争力和商业化有效落地仍旧是需要持续完善的方面。

第二，政策文件密集出台，执法实施趋于成熟。“政策文件A1”的进一步提升主要源于公众对人工智能战略地位认知的显著增长，表明在2023年，人工智能法

① 出于可比较性和直观性，评估报告将使用“占总分比例（乘以100）代替实际‘得分’”。

治领域在国家层面的认知和规划得到了明显加强，政策制定更加具有前瞻性和战略性。同时，中央和地方各级政府相继出台了一系列重要的政策法规，为人工智能的发展提供了更为具体和明确的指导，进一步健全了人工智能法律治理的整体框架。智慧司法的深入推广和软件运行的有效改善促使“执法实施 A3”得分整体提升，反映了人工智能在法律领域的实际运用中发挥了更为有效的作用。同时，司法机关在人工智能应用方面的经验积累和能力提升也是重要的推动因素。然而，政策运用方面的下滑需要引起关注，这可能对未来的政策实施和人工智能治理产生一定的阻力。

第三，社会关注和人才培养稳步提升，法治环境改善面临挑战，且都出现内部分化。2023 年，人工智能领域的一系列重要立法吸引了公众的广泛关注，从而推动了“社会关注 A5”的整体提升。然而，政策关注度却有所下降，还需要从内容和传播等多个方面发力，有效提高政策文件的公众感知度。“人才培养 A7”的提升主要来源于学生人数的持续增长，显示出人工智能专业的长期吸引力。然而，课程设置的得分却有所下降，需要进一步优化课程内容以适应法治需求，提升人工智能人才培养质量。“法治环境 A6”得分略微下降，尽管应用感受显著增强，但公众对人工智能的包容态度和法律规制感受均有较大下滑，反映了人工智能技术发展带来的便捷与风险并存，技术的飞速发展与法律的相对滞后性之间的张力仍然是人工智能法治领域的老问题。

表 3　人工智能法治评估一级指标得分及占总分比例

一级指标	得分	总分	占总分比例（%）
政策文件 A1	17.53	17.85	98.2
法治理论 A2	12.32	12.88	95.7
执法实施 A3	15.01	17.49	85.8
法律市场 A4	11.79	12.69	92.9
社会关注 A5	11.40	13.65	83.5
法治环境 A6	12.86	14.92	86.2
人才培养 A7	9.91	10.52	94.2

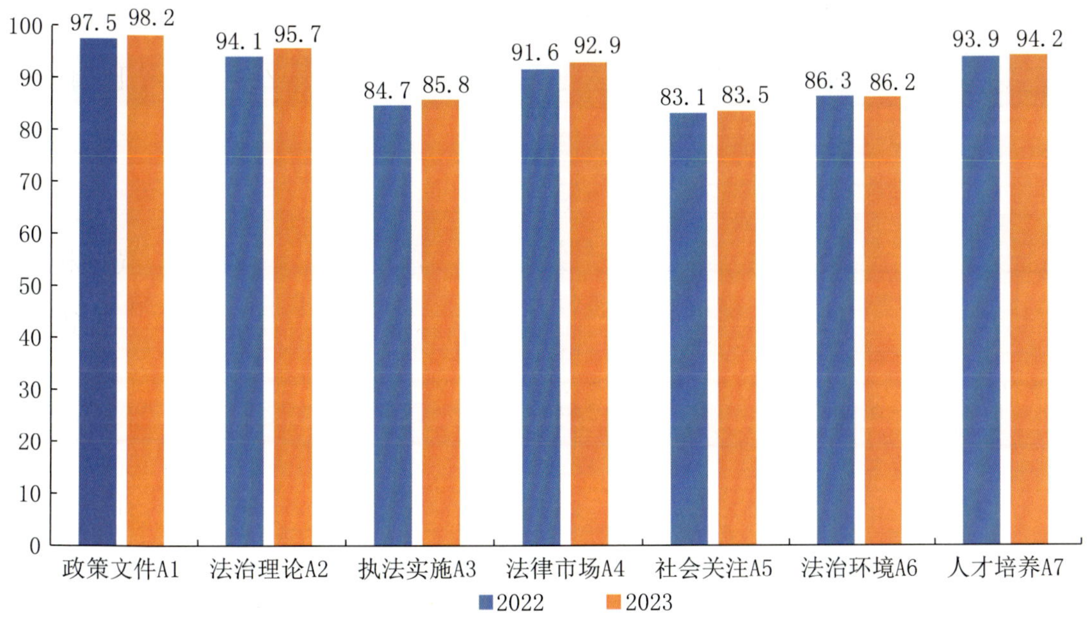

图 2　人工智能法治评估一级指标完成度（2022 年与 2023 年）

2. 二级指标

（1）二级指标得分情况。经综合评估，二级指标指数得分由高到低如下：

法规政策 B1（99.7）＞企业数量 B11（99.3）＞期刊发文 B7（99.1）＞判决裁决 B2（99.0）＞国家级课题 B4（96.9）＞战略认知 B3（95.4）＞学生人数 B19（95.1）＞论坛研讨决策咨询 B6（94.3）＞课程设置 B20（93.1）＞应用感受 B18（92.4）＞省部级课题 B5（91.3）＞政策运用 B8（90.7）＞软件运行 B9（89.0）＞政策关注 B14（88.1）＞营收能力 B12（87.5）＞包容态度 B16（85.2）＞立法关注 B13（84.4）＞法律规制 B17（79.5）＞智慧司法 B10（78.8）＞理论关注 B15（77.8）。

二级指标得分表明：法规政策密集出台，企业数量稳步增长，理论研究加速推进，司法审判高效运行，战略认知明显增强，学生人数持续增长，课程设置有待更新，论坛咨询有序开展，应用感受显著提升，政策运用面临困难，软件运行有效改善，政策关注有所下滑，立法关注逆势上升，营收能力收获机遇，包容态度遭遇冲击，法律规制感受面临挑战，智慧司法广泛应用，理论关注有待提升。

表 4　人工智能法治评估二级指标得分及占总分比例

二级指标	得分	总分	占总分比例（%）
法规政策 B1	6.53	6.55	99.7
判决裁决 B2	6.02	6.08	99.0
战略认知 B3	4.98	5.22	95.4
国家级课题 B4	3.69	3.81	96.9
省部级课题 B5	2.61	2.86	91.3
论坛研讨决策咨询 B6	2.64	2.80	94.3
期刊发文 B7	3.38	3.41	99.1
政策运用 B8	5.25	5.79	90.7
软件运行 B9	4.52	5.08	89.0
智慧司法 B10	5.35	6.61	78.8
企业数量 B11	5.76	5.80	99.3
营收能力 B12	6.03	6.89	87.5
立法关注 B13	4.05	4.80	84.4
政策关注 B14	3.99	4.53	88.1
理论关注 B15	3.36	4.32	77.8
包容态度 B16	4.22	5.01	85.2
法律规制 B17	3.81	4.79	79.5
应用感受 B18	4.74	5.13	92.4
学生人数 B19	5.43	5.71	95.1
课程设置 B20	4.48	4.81	93.1

（2）二级指标得分变化。第一，显著上升的指标：智慧司法广泛应用，应用感受有效改善，课题数量大幅增加，营收能力收获机遇，立法关注和软件运行显著增强。与 2022 年相比，得分显著提升的是（括号内为提升分数）：智慧司法 B10（2.9）、应用感受 B18（2.4）、省部级课题 B5（2.2）、营收能力 B12（2.1）、软件运行 B9（2.0）、立法关注 B13（2.0）、国家级课题 B4（1.9）。

智慧司法 B10 的大幅提升主要源于智慧司法在司法系统持续深入地推广和实质性的广泛应用。以上海为例，上海法院在 2023 年智慧法院建设的基础上大力推进数字法院建设。截至 2023 年 11 月 17 日，上海全市三级法院已经申报应用场景 2674 个，建立模型 636 个，并已有 88 个模型嵌入办案系统中，实现事前提示预警。应用场景目前在数助办案、数助监督、数助决策、数助政务等方面切实发挥了作用，上海数字法院建设成效初显。应用感受 B18 的提升一方面来源于人工智能技术更加深入地应用到公众日常生活当中；另一方面，人工智能技术应用场景更加丰富，以生成式人工智能为代表的人工智能技术运用更加便捷地为公众所获取。麦肯锡在 2023 年 4 月开展的一项调查显示，79% 的受访者都表示在工作中或工作之外接触过生成式人工智能。[①] 国家级课题 B4 与省部级课题 B5 得分的同步提升说明人工智能法治研究在国家和地方层面持续受到重点关注和大力支持。其中，2023 年度国家社科基金重大项目法学类 20 个立项项目中，有 4 个人工智能法治类项目，足见课题研究方面人工智能法治的热度。省部级课题数量的大幅增加说明地方和部委开始针对人工智能进行更加精细的谋划和布局。2023 年 7 月，由中国人民大学联合中国电子技术标准化研究院和华中科技大学等七家单位共同承担的国家科技创新 2030——“新一代人工智能”重大项目“可信人工智能立法制度建设研究”正式启动，该项目尤其体现了人工智能法治研究的跨学科属性和复杂性。

营收能力 B12 的有效提升一方面源于各地支持性产业政策的密集出台；另一方面在于人工智能技术的发展和数字化转型的推进，打开了更加广阔的市场空间和社会需求。根据工业和信息化部副部长徐晓兰在 2023 世界人工智能大会开幕式上公布的数据，我国人工智能产业核心产业规模达到 5000 亿元。代表性公司科大讯飞，2023 年实现营业收入超过 200 亿元，较上年增长约 7%。在大模型风靡全球的背景下，许多企业也纷纷投身这一领域，但是大模型的开发成本和训练成本都很高，当下在产业政策和市场热情下提升的营收能力能否维持仍然是各大企业必须思考的问题。软件运行 B9 的提升离不开 2022 年底最高人民法院发布的《关于规范和加强人工智能司法应用的意见》的加持，以及党的十九届四中全会“建立健全运用互联网、大数据、人工智能等技术手段进行行政管理的制度规则”等精神的有效落实。2023 年，司法和

① 参见 Michael Chui 等：《2023 年人工智能发展现状：生成式 AI 的突破之年》，《麦肯锡中国金融业 CEO 季刊》2023 年秋季刊，第 42 页。https://www.mckinsey.com.cn/wp-content/uploads/2023/09/ 生成式 AI 的突破之年 _2023- 金融季刊 GenAI0908.pdf。

行政系统持续优化人工智能技术在日常业务中的运用，提升了公众在办理业务时的智能体验。比如，2023 年福建泉州、山西高平等多地上线“AI 智能审批系统”，通过集合了高清拍摄、人脸识别、指纹采集、证照打印等多项功能的自助服务一体机，利用人脸识别技术进行验证，实现了从“人批”到“机批”的跨越，从而大大提高行政机关的审批效率。立法关注 B13 的提升一定程度上反映了国内立法对人工智能技术的高度关注和及时跟进，及时回应人工智能技术带来的社会法律问题是引起公众关注的关键所在。典型的例子是国家网信办等七个部门发布的《生成式人工智能服务管理暂行办法》。该办法坚持目标导向和问题导向，明确了促进生成式人工智能技术发展的具体措施，规定了生成式人工智能服务的基本规范。该办法的出台有效地回应了生成式人工智能传播虚假信息、侵害个人信息权益、数据安全和偏见歧视等社会问题。在鼓励生成式人工智能创新发展的同时，对生成式人工智能服务实行包容审慎和分类分级监管。

第二，稳定上升的指标：战略认知显著提高，论坛决策有序恢复，学生人数持续增加，期刊发文稳步增长。与 2022 年相比，得分稳定提升的有（括号内为提升分数）：战略认知 B3（1.6）、论坛研讨决策咨询 B6（1.4）、学生人数 B19（1.1）、期刊发文 B7（0.8）。

战略认知 B3 的提升主要得益于国家层面对人工智能发展的深刻认知和战略部署，以及在人工智能技术突破式发展的背景下公众对人工智能对人类社会产生重大影响的深切感知。2023 年 2 月 27 日，中共中央、国务院印发的《数字中国建设整体布局规划》指出，建设数字中国是数字时代推进中国式现代化的重要引擎，是构筑国家竞争新优势的有力支撑。加快数字中国建设，对全面建设社会主义现代化国家、全面推进中华民族伟大复兴具有重要意义和深远影响。2023 年 10 月 18 日，习近平主席在第三届“一带一路”国际合作高峰论坛开幕式主旨演讲中提出《全球人工智能治理倡议》，强调“以人为本”理念和“智能向善”的宗旨，提倡相互尊重、平等互利的原则，为全球人工智能治理提供了中国方案。此外，《自然》杂志公布 2023 年度科学人物，ChatGPT 因其给科学发展和进步带来的巨大改变而榜上有名，也是该杂志历史上第一次有非人类跻身科学人物排行榜，彰显了人工智能的深刻影响。论坛研讨决策咨询 B6 的增长表明，各类人工智能论坛恢复了举办条件，并涌现出新一批问题聚焦、研讨深入的高端论坛品牌。2023年7月7日，以“数字治理：生成式人工智能之法律回应”为主题的2023世界人工智能大会法治论坛在上海成功举办，各界代表500余名嘉宾现场参会，线上直播参与人数超35万名。2023年6月10日，由中国法学会网络与信息法学研究会、西南政法大学主办的“人工智能法治论坛”在西南政法大学举行，研讨会共设置一个主论坛和三个分论坛，以人工智能的创新法律治理为主题，参会学者就“自动驾驶的技术创新与法律治理”“人工智能的伦理风险与法律治理”“生成式人工智能的促进与法律治理”等主要问题和法律对策进行了深入探讨。此外，2023年8月8日下午及9月3日下午，中国人民大学未来法治研究院、中国人民大学法学院数字法学教研中心举办自动驾驶法律规制国际论坛系列会议，分别是“高度自动驾驶技术法律规制之道”和第四届中德自动驾驶法律规制论坛，高度聚焦自动驾驶这一关键领域。

学生人数B19的增长一方面来源于人工智能专业持续收获学生青睐，另一方面也在于人工智能专业的招生规模继续扩大。2023年，人工智能相关专业继续成为热门报考专业，根据夸克发布的《2023高考志愿报告》，计算机依然是最热门的专业，与人工智能相关的专业上升速度最快。此外，2023年4月，教育部网站公布2022年度普通高等学校本科专业备案和审批结果，显示2022年全国共有58所高校成功申报人工智能专业，迄今为止，全国拥有人工智能本科专业招生资格的高校已高达498所。期刊发文B7的提升源于人工智能法治领域研究者们的不懈努力和有效突破。2023年，人工智能法治理论研究重点围绕“数据确权”“数字治理”“生成式人工智能治理”等话题展开。2023年多家法学期刊组织数据治理、人工智能、数字法学等相关专题，集中研讨重大理论和实践问题。比如，《法学研究》在2023年第2期和第5期两度设置“数字法学”专题，还在第3期设置“构建数据基础制度”专题，持续推出理论突破的重磅文章。《中国法学》2023年第1期、第3期和第4期均设有“数字法治研究”专栏，该专栏全年共推出9篇人工智能法治相关论文，占到了该期刊2023年总发文量的10%。此外，最高人民法院主管、人民法院出版社主办的法学学术类期刊《数字法治》在2023年创刊，为人工智能法治的理论研究提供了新的专业平台。

第三，略微上升的指标：司法审判有序开展，法规政策大量出台，企业数量稳定增长，理论关注有待强化。与2022年相比，得分有所提升但并不显著的是（括号内为提升分数）：裁判裁决B2（0.4）、法规政策B1（0.3）、企业数量B11（0.3）、理论关注B15（0.1）。

裁判裁决B2的稳步提升说明司法系统在大量有关人工智能的案件涌现的情况下，有序地开展了审判活动，有效地回应了人工智能技术引发的各种社会关切。2023年12月30日，由中南大学法治实施研究中心评选的2023中国法治实施十大事件公布，北京互联网法院审理的首例AI生成图片著作侵权案入选，该案判决认为在创作中利用了人工智能技术的涉案图片具备独创性，可以被认定为作品，应受到著作权法保护。同时，杭州互联网法院审理的首例涉虚拟数字人知识产权侵权纠纷案入选《人民法院报》编辑部评选出的2023年度人民法院十大案件。该案判决明确了真人驱动型虚拟数字人在创建和使用过程中涉及的虚拟数字人本体、真人演员、虚拟数字人经营者等多方主体的著作权或邻接权。此外，该判决还否决了利用他人创作的虚拟数字人形象进行引流营销的虚假宣传行为，有力地打击了商业化趋势下低质引流和虚假宣传的网络乱象。这些典型案例不仅及时回应了科技创新背景下人工智能时代的司法保护新需求，及时高效地解决了相关纠纷；还对人工智能法治有关基本法律问题提供了初步的解答，为后续审判实践提供了指引，充分发挥了司法裁判的社会治理职能，有力维护和促进了网络生态健康发展。

法规政策B1得分的增长虽然不显著，但这一增长是在已经高得分基础上的提升，说明2023年中国人工智能法规政策体系持续完善，人工智能法律治理进入精细化阶段。国家层面，除了《生成式人工智能服务管理暂行办法》的出台，人工智能法草案已被列入国务院2023年立法工作计划，提请全国人大审议。更重要的是各部委以及有关部门出台了大量有关人工智能的政策文件，为人工智能的发展提供了更加清晰和精细的指引。2023年3月，科技部会同自然科学基金委启动“人工智能驱动的科学研究”，布局“人工智能驱动的科学研究”前沿科技研发体系，进一步加强对其创新工作的统筹指导、系统布局，充分发挥我国在人工智能方面的优势，加速科学研究范式变革和能力提升，推动人工智能走向高质量应用新阶段。2023年11月，国家药监局器审中心发布《人工智能辅助检测医疗器械（软件）临床评价注册审查指导原则》，进一步明确了人工智能辅助检测类医疗器械临床评价的要求和适用情形。

企业数量 B11 的增速降缓是市场热情和长期盈利瓶颈互动的结果。一方面，人工智能有着巨大的市场需求，吸引了大量创业者和投资者的关注；另一方面，面对巨大的前期投入和长周期的盈利回报，很多创业者和投资者心生顾虑，决策更加谨慎。根据工业和信息化部新闻发言人、运行监测协调局局长陶青 2023 年 10 月 20 日在国新办新闻发布会上公布的数据，我国人工智能企业数量超过 4400 家。相比前期人工智能企业数量的迅猛增加，这一时期新增企业数量明显下降。相反，拥有雄厚资金的很多头部科技企业大力开拓人工智能相关业务和投资人工智能企业，形成了一定的龙头效应，微软成为 ChatGPT 研发公司 OpenAI 的最大外部股东是最典型的例子。这种趋势可以解释为市场逐渐趋于成熟，早期创业公司数量的增长放缓，而头部企业通过资金和资源优势，加速了人工智能领域的发展。这些头部企业的投资和开拓行动进一步推动了人工智能技术的创新和应用。它们不仅在自身业务中广泛应用人工智能技术，而且通过投资和收购，扶持和培育新兴的人工智能企业，形成了一个相互促进的产业生态系统。

理论关注 B15 相较此前的“论坛关注”仅提升 0.1 分，一方面说明公众对人工智能法治相关理论研究与相关论坛的关注度没有较大的差距。另一方面也应该注意到，该二级指标的得分仍然相对较低，排名处于末位。这说明理论研究与公众之间存在较大的隔阂，尽管人工智能技术在各个领域的应用越来越广泛，但公众对于人工智能法治理论的关注度相对较低。这可能是因为人工智能法治理论相对复杂，涉及法律、伦理、社会等多个领域的知识，公众往往难以理解和接触到这些理论。此外，人工智能法治理论的传播渠道和方式也需要进一步改进，应当以更加贴近公众的方式进行理论传播。研究者们应该思考如何通过简明易懂的方式解释人工智能法治理论，将其与公众的生活和实际问题联系起来，增加公众对该领域的关注和理解。例如，可以通过开展普及教育活动、举办公众讲座、撰写通俗易懂的科普文章等方式，将理论知识传达给更广泛的受众群体。此外，政府、学术机构和社会组织也可以加强合作，共同推动人工智能法治理论的普及和传播工作。

第四，得分下降的指标：包容态度有所下滑，政策运用与法律规制面临挑战，政策关注出现回落，课程设置有待更新。与 2022 年相比，得分下降的是（括号内为下降分数）：包容态度 B16（1.7）、政策运用 B8（1.4）、法律规制 B17（1.2）、政策关注 B14（1.0）、课程设置 B20（0.7）。

包容态度 B16 的下滑是人工智能技术新老问题交织的结果。一方面，人工智能技术的突破式发展，尤其是生成式人工智能应用的大量涌现，一定程度引发了公众的不安情绪。人工智能系统的黑盒性质可能导致公众对其决策过程的不可解释性和不可预测性产生恐慌，例如自动化系统偏见、算法歧视等。这些因素加剧了对人工智能潜在风险的忧虑。另一方面，人工智能的广泛应用对就业市场和经济结构产生了重大影响。在 2023 年，出现了一些大规模的自动化替代工人的情况，导致许多人失去了工作机会，这引发了公众对人工智能对就业和经济的负面影响的担忧。世界经济论坛 2023 年 5 月 1 日发布的《2023 年未来就业报告》预计，未来五年人工智能将淘汰多达 2600 万个记录和行政职位，比如收银员、票务员、数据录入和会计。人工智能对低技能或中等技能职位的替代效应，可能会加剧就业极化和收入不平等的问题，必须引起高度重视。政策运用 B8 和政策关注 B14 得分的同时降低从问卷反馈来看，可能有两个方面的原因：一是政府在制定人工智能政策时，未能有效沟通和解释政策的细节、目的和预期效果，未能充分纳入各方利益相关者的意见和建议。这导致了社会的参与感不足，以及对政策内容和实施方案缺乏理解，进而降低了公众关注的兴趣并产生疑虑和不满。鉴于人工智能技术的复杂性和相关政策的专业性，为了提高公众的关注和认同感，政府需要更积极地与社会各界进行沟通，合理地吸纳各方建议，解释政策背后的考虑和长远目标，建立起社会共治的机制。二是相关政策的实施一方面需要较长的周期才能产生明显的成效，另一方面具有高度的专业性，公众的有效感知具有一定的困难。与此同时，这一方面显现的问题也对本测评的有效性提出了更高的要求。

法律规制 B17 的降低显然与人工智能技术在 2023 年诱发的新一轮法律问题高度相关。2023 年，AI 换脸、语音模拟等技术被广泛应用，但同时也潜藏着巨大的法律隐患。这些技术与社会各领域的交融使得法律规制的需求更为迫切。在这些人工智能技术深入社会生活方方面面的情况下，公众很容易产生法律规制不足的印象。特别是在换脸和语音模拟等领域，人工智能技术的滥用可能导致身份欺诈、虚假信息传播等问题。这给社会治安和公共安全带来了新的挑战，也使得公众对法律规制的要求更加迫切。同时，借助相关技术，电信网络诈骗的新套路不断涌现，作案对象更加精准，作案手段也更具迷惑性，为执法和监督带来了更加严峻的挑战。2023 年 5 月，包头市公安局电信网络犯罪侦查局发布一起使用 AI 技术进行电信诈骗的案件，被害人 10 分钟内被骗 430 万元，犯罪分子的诈骗手法就是通过“AI 换脸”和拟声技术佯装熟人。此外，从司法实践来看，目前已有不少因 AI 换脸生成短视频侵犯知识产权或人格权的案件进入诉讼程序。课程设置 B20 的降低源于学生人数迅速增长以及人工智能技术日新月异带来的配套课程设置和内容更新的压力。随着人工智能的蓬勃发展，越来越

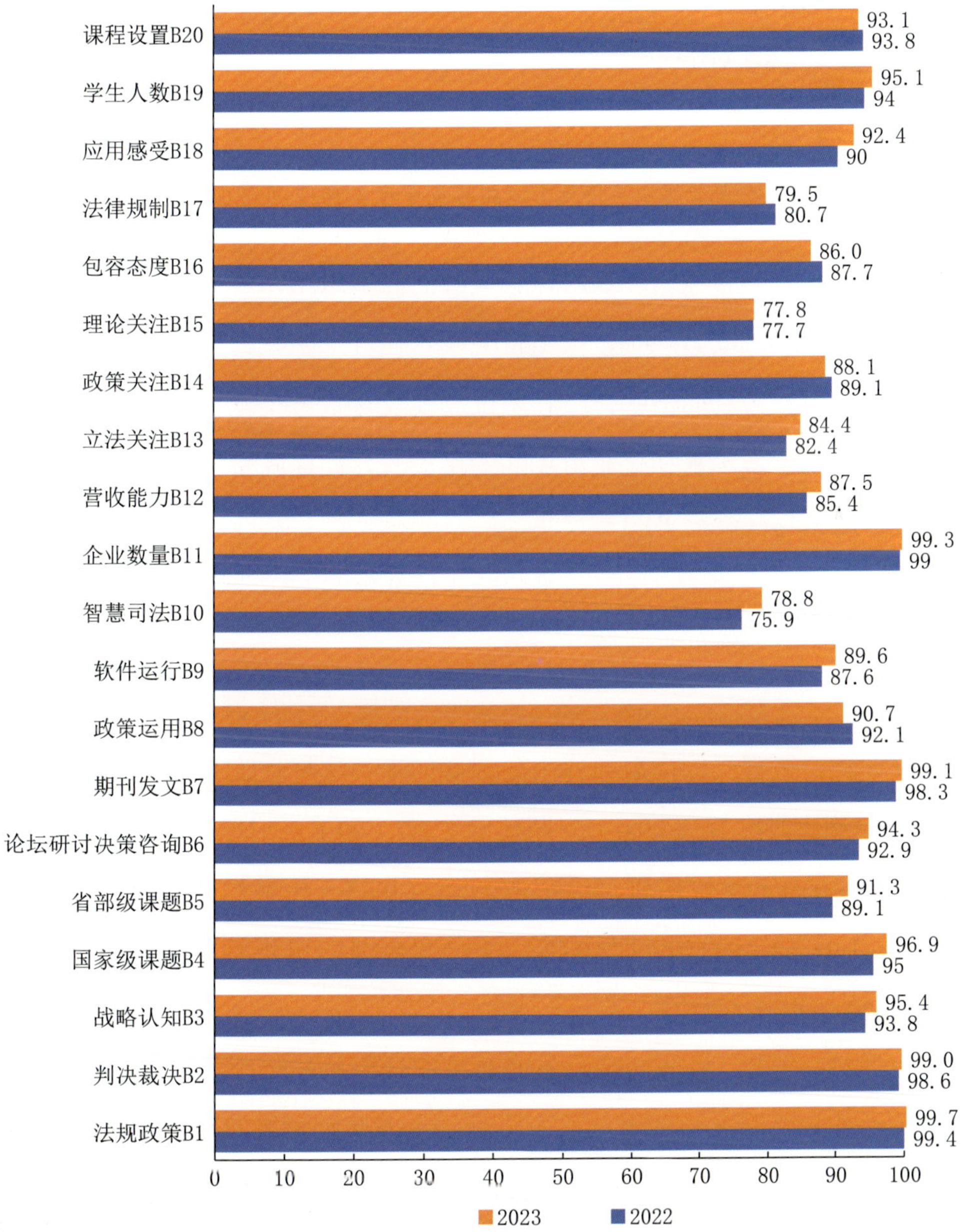

图 3　人工智能法治评估二级指标完成度（2022 年与 2023 年）

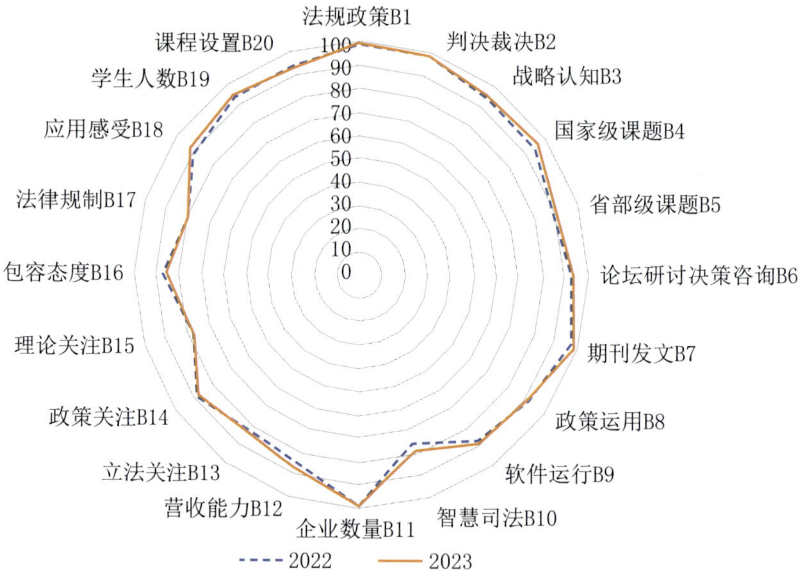

图 4　人工智能法治评估二级指标完成度（2022 年与 2023 年）

多的学生涌入各个学科领域，导致对课程资源的需求激增，各大高校面临着失衡的师生比例和资源分配的挑战。同时，人工智能技术在各个领域的广泛应用已经改变了许多行业的需求和就业市场的格局，培养单位需要及时跟进技术发展，更新课程设置和内容，以适应新的学术需求和就业市场的变化。一方面提高学生的竞争力，另一方面也有助于确保教育与社会需求的一致性。

（二）主观指标、客观指标

1. 客观指标得分

经综合评估，客观指标指数得分由高到低如下：法规政策 B1（99.7）＞企业数量 B11（99.3）＞判决裁决 B2（99.0）＞期刊发文 B7（99.1）＞国家级课题 B4（96.9）＞学生人数 B19（95.1）＞论坛研讨决策咨询 B6（94.3）＞课程设置 B20（93.1）＞省部级课题 B5（91.3）＞营收能力 B12（87.5）。客观指标指数（10 项）平均得分为 95.53，较 2022 年提升 1.02 分。

客观指标得分表明，法规政策与企业数量继续保持领先优势，营收能力收获重大机遇，人工智能相关案件得到妥善解决，期刊发文、课题数量与学生人数稳步增长，论坛决策有序恢复，课程设置需要配套完善。总体上，从雷达图来看，相较 2022 年，由于营收能力的显著增强，客观指标所形成的闭环圆圈饱满度有所提升，但仍然呈现出较大的不均衡局面。保持营收能力的稳健、加大省部级课题投入和优化课程设置是下一阶段客观指标均衡发展的重点任务。

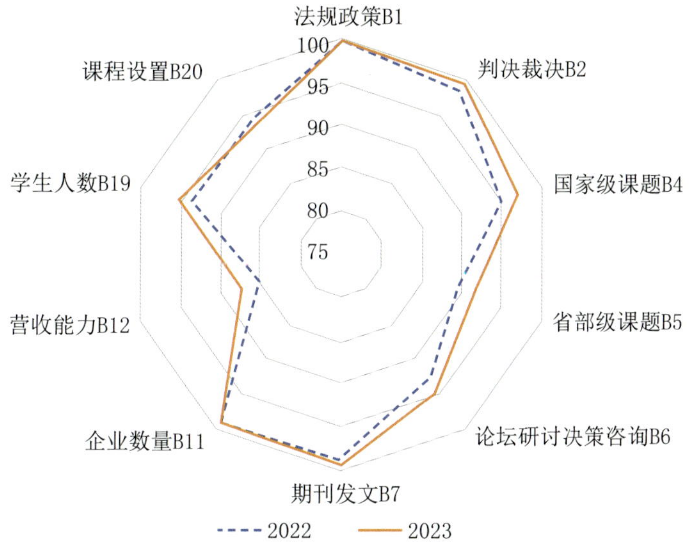

图 5　人工智能法治评估客观指标完成度（2022 年与 2023 年）

2. 主观指标得分

经综合评估，主观指标指数得分由高到低如下：战略认知 B3（95.4）＞应用感受 B18（92.4）＞政策运用 B8（90.7）＞软件运行 B9（89.6）＞政策关注 B14（88.1）＞包容态度 B16（86.0）＞立法关注 B13（84.4）＞法律规制 B17（79.5）＞智慧司法 B10（78.8）＞理论关注 B15（77.8）。主观指标（10 项）指数平均得分为 86.27，较 2022 年提升 0.57 分。

比较而言，客观指标指数平均得分比主观指标指数平均得分高出 9.26 分，这一差距较上一年度有所扩大（2022 年为 8.85），此前二者差距缩小的趋势被逆转。这主要是 2023 年度多项主观指标得分下降所致，此次评测 5 项得分下降的指标中，有 4 项均是主观指标，导致 2023 年主观指标的整体提升非常受限。2023 年整体得分提升有限也主要是受到主观指标得分不佳的影响。此次评测的主观指标中，有 3 项得分居于 80 以下，较上一年度增加 1 项，即“法律规制 B17”。表明主观指标内部也存在分化现象，战略谋划和应用设计持续优化，但法律规制和理论关注长期低迷，人工智能法治的理论普及和有效规制任重道远。

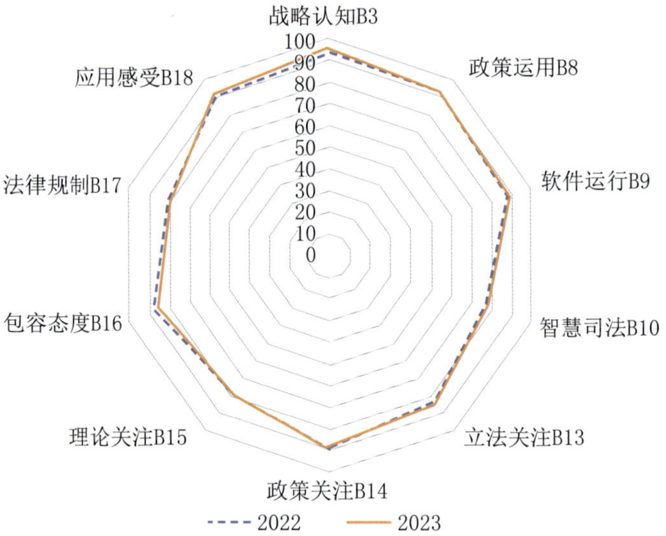

图 6　人工智能法治评估主观指标完成度（2022 年与 2023 年）

（三）多维指标分析

通过对一级指标与二级指标的纵向分析和对主观指标与客观指标的横向分析，可见 2023 年我国人工智能法治建设总体态势良好，政策、理论和市场等方面的提升为人工智能法治建设提供了有力支撑。然而，仍需关注执法实施、法治环境和人才培养中存在的老问题和遇到的新困难，以保障人工智能法治的全面健康发展。

从一级指标得分来看，人工智能相关立法和政策的制定与实施更加成熟和稳定，法规政策的持续优化和实施为人工智能技术的发展和应用提供了有力支持，为人工智能法治发展提供了坚实的政策基础。学术界对人工智能法律问题的研究不断深入，在基础问题方面有所突破，理论体系逐渐完善，为人工智能法治实践提供了有力的理论支撑。司法与行政部门积极探索人工智能技术在执法领域的应用，对人工智能技术的运用更加熟练和规范，提高了执法效率和公正性。随着人工智能技术的广泛应用和政策的大力支持，相关的市场需求和热情持续增长，同时也激发了市场活力和创新动力。社会各界对人工智能立法的关注度持续升温，对相关法律规则制定和实施起到了积极的推动作用。但是，相关政策制定和推行需要更加注重公众的参与和意见吸纳，切实解决社会出现的疑难问题，及时回应公众的核心关切，增强相关政策制定的社会基础，培育人工智能法治发展的良好环境。充足的人才储备为人工智能法治的长远发展提供了有力保障，但需要注重人才培养质量的提升。通过与产业界加强合作、共享资源和经验，可以更好地应对学生人数增长和人工智能技术快速发展带来的挑战，在提升教育质量的同时，推动产学研深度融合，实现教育、科技、人才一体推进的良性循环。

从二级指标得分来看，第一，评价指标所形成的闭环圆圈饱满度较高，周延性得到了一定的提升。在二级指标中，得 90 分以上的有 12 项，占据了绝大多数，得 80—90 分的有 5 项，得 70—80 分的有 3 项，虽然没有再次出现 75 分以下的指标，但是 80 分以下的指标数量增加。第二，从雷达图来看，周延性的提升主要表现为智慧司法 B10、省部级课题 B5、应用感受 B18 和营收能力 B12 这四项得分的提升，但在理论关注 B15 和法律规制 B17 两处仍然存在明显的缺陷。说明最高人民法院在 2022 年底发布的《关于规范和加强人工智能司法应用的意见》得到了有效落实，智慧司法得到了实质提升。但是公众对人工智能法治相关理论研究关注降低，对人工智能的法律规制状况存在一定不满。第三，相较此前差异化的发展趋势，部分相互联系的指标之间的分差总体呈现持续扩大的趋势。虽然企业数量 B11 与营收能力 B12 的分差缩减到 11.8 分（2022 年为 13.6 分），然而，法规政策 B1 与政策运用 B8 的分差扩大至 9 分（2022 年为 7.3 分），战略认知 B3 与包容态度 B16 的分差扩大至 9.4 分（2022 年为 6.1 分），学生人数 B19 与课程设置 B20 的分差扩大至 2 分（2022 年为 0.2 分）。

上述情况表明，人工智能法治面临的问题和挑战是多方面的。首先，人工智能法治仍然存在“老问题”，即数量和理论方面的进步超过了质量和感知方面的提升。尽管在人工智能法治领域，已经有大量的研究和理论探索，以及制定的法律框架和政策文件，但在实际执法和实施方面仍存在一定的滞后和不足。人工智能技术的快速发展和应用不断产生新问题，需要更加灵活和及时的法律与制度支持，确保法律框架和制度能够适应技术发展的需求。其次，人工智能法治也面临着一些“新困难”。人工智能技术的飞速发展和广泛应用给社会带来了深远的影响，涉及隐私保护、数据安全、算法偏见以及就业等多个方面。公众对这些问题的关注和担忧日益增加，人工智能法治需要及时回应公众的关切，通过制定严格的法律法规和政策措施来保障公众的合法权益，更加积极地推动人工智能的可解释性和公平性研究，增强公众对人工智能技术的信任感和接受度。最后，还需要关注人工智能法治的长远发展。人工智能技术的高速变动要求相应的法律体系能够对未来的挑战和机遇具有一定预见性，制定更加全面和前瞻性的法律法规，设定人工智能发展的基本法律框架，明确有关基础概念和基本原则，以及探索与人工智能技术相适应的价值理念和执行体系，是确保人工智能在法治保障下行稳致远的关键所在。

四、2023年人工智能法治发展的热点话题

1. 生成式人工智能向全场景渗透

2023年，随着ChatGPT的出现，生成式人工智能在全球范围内迅速风靡。在推出两个月后，其月活跃用户数达到了惊人的1亿，成为史上用户增长速度最快的消费级应用程序。ChatGPT的成功不仅展示了生成式人工智能的巨大潜力，也预示了未来人工智能的发展方向。生成式人工智能与传统的人工智能技术有着显著不同，传统的人工智能主要侧重于处理和分析海量信息，而生成式人工智能则更加注重新内容的创造和产出。这种技术不仅提升了内容生成的效率，还能激发创作主体的创造力，而且还能打通不同领域创作者之间的隔阂，丰富内容生产的多样性，开启了一个人机协同与领域协同创作的新时代，为内容创作领域带来了革命性的变革。

随着ChatGPT的崛起，各大科技公司纷纷开始涉足生成式人工智能领域。谷歌、百度、阿里巴巴和华为等巨头纷纷推出了自己的AI聊天机器人和大模型，Bard、文心一言、通义千问和盘古大模型3.0等接踵而来。这些应用和模型的推出不仅加速了生成式人工智能的发展，也为其在各个领域的广泛应用提供了可能。在生成式人工智能的助力下，各项细分领域的应用软件也应运而生。Midjourney和Disco Diffusion等生成图像的应用软件为用户提供了丰富的视觉体验；Moonvalley和DeepMind DVD-GAN等生成视频的应用软件极大程度地变革了视频创作流程；而Notion AI等对文字进行完善的应用软件则为用户提供了更加精准、高效的文字创作工具。这些应用软件的出现不仅丰富了生成式人工智能的应用场景，也为其在内容创作领域的广泛应用奠定了基础。

随着内容消费需求和个性定制需求的持续增长，生成式人工智能的应用场景也在

不断扩大，是本年度评测结果整体提升的核心来源。在这个背景下，生成式人工智能以更低成本、更高效率的方式生产内容，使得其经济效应愈发凸显。在创造性工作领域，生成式人工智能为激发灵感、辅助创作和验证创意提供了强大的支持。通过与创作者的紧密合作，生成式人工智能能够充分发挥其生成内容的优势，为创意产业注入新的活力。无论是广告投放的精准定位、游戏设计的独特创意还是艺术作品的个性化定制，生成式人工智能都能满足市场的多样化需求。

除了创造性工作领域，生成式人工智能在娱乐产业、新闻媒体、教育行业等领域也有着广阔的应用前景。在娱乐产业中，生成式人工智能可以为用户提供更加丰富、多元化的内容体验；在新闻媒体领域，生成式人工智能可以帮助媒体机构快速生成高质量的新闻报道；在教育行业中，生成式人工智能可以为学生提供个性化的学习资源和辅导服务。2023 年生成式人工智能的崛起不仅为内容创作领域带来了革命性的变革，也为各个行业的发展提供了新的机遇。随着技术的不断进步和应用场景的不断扩大，生成式人工智能有望成为推动产业创新的重要力量，为社会生活的方方面面带来颠覆性的改变。

2. 人工智能产业政策在各省市铺开

2023 年 2 月国务院国资委印发《关于做好 2023 年中央企业投资管理进一步扩大有效投资有关事项的通知》，提出加大新一代信息技术、人工智能等布局力度；促进数字经济和实体经济深度融合，加大对 5G、人工智能、数据中心等新型基础设施建设的投入，推动平台企业引领发展。在该文件精神的指引下，以及在 2022 年上海和深圳的率先引领下，2023 年全国各省市以及重点城市陆续发布当地的人工智能产业相关政策，因地制宜，有力地促进人工智能产业的创新发展，是本年度评测法律市场 A4 显著增长的关键原因。以北京为例，北京市在 2023 年年中密集出台四项有关人工智能产业发展的政策文件，分别涉及人工智能创新策源地建设、通用人工智能创新发展、人工智能产业创新伙伴计划和机器人产业创新发展，从宏观布局、关键技术、产业集群以及重点领域四个方面布局人工智能产业政策，体现了对人工智能产业创新发展的高度重视和细致谋划。

各省市以及重点城市在 2023 年发布的相关产业政策呈现出两个特点，一是集中关注通用人工智能大模型这一前沿动态；二是结合各地自身优势和整体产业布局进行人工智能产业发展谋划。北京、上海、广东、安徽、四川五个省市均发布了专门针对通用人工智能产业发展的政策文件，如《北京市促进通用人工智能创新发展的若干措施》《上海市推动人工智能大模型创新发展若干措施（2023—2025年）》《成都市加快大模型创新应用推进人工智能产业高质量发展的若干措施》等。此外，各地的宏观性人工智能产业政策也对通用人工智能着墨颇多。例如，《浙江省人民政府办公厅关于加快人工智能产业发展的指导意见》特别提出，要推动大模型技术开源与开放。推动人工智能大模型领域自主可控开源社区和开放创新平台建设，打造模型即服务（MaaS）新范式。支持自主开源深度学习框架研发攻关和代码托管镜像平台建设。制定推广开源领域相关标准和协议，推进人工智能领域开源软件的国际规则互认。

因地制宜是各省市2023年在出台人工智能产业政策时的突出特征，相关政策特别注重与自身优势和宏观产业战略相配套。例如，《广东省人民政府关于加快建设通用人工智能产业创新引领地的实施意见》依托区位和政策优势，提出打造大湾区可信数据融合发展区。探索打造“粤港澳大湾区数据特区”，建立湾区内数据流通规则体系和运营机制，构建高质量中文数据集，提升广东通用人工智能的数据规模和质量。《关于促进全国一体化算力网络国家（贵州）枢纽节点建设的若干激励政策》依托贵安数据中心集群，新建智算中心项目，打造人工智能算力高地。《成都市关于进一步促进人工智能产业高质量发展的若干政策措施（征求意见稿）》为配合“东数西算”战略，重点关注算法发展，提出了一系列鼓励算法工具源头创新、创新转化、首试首用以及应用平台建设的支持和奖励措施。

表5　全国各省市及重点城市2023年发布的人工智能产业政策文件

省市	时　间	政　策　文　件
北京市	2023年5月	《北京市加快建设具有全球影响力的人工智能创新策源地实施方案（2023—2025年）》
	2023年5月	《北京市促进通用人工智能创新发展的若干措施》
	2023年5月	《北京市通用人工智能产业创新伙伴计划》
	2023年6月	《北京市机器人产业创新发展行动方案（2023—2025年）》
上海市	2023年5月	《上海市加大力度支持民间投资发展若干政策措施》
	2023年11月	《上海市推动人工智能大模型创新发展若干措施（2023—2025年）》

（续表）

省市	时　间	政　策　文　件
江苏省	2023 年 11 月	《关于加快培育发展未来产业的指导意见》
	2023 年 2 月	《南京市加快发展新一代人工智能产业行动计划（2023—2025 年）》
	2023 年 3 月	《无锡市人工智能产业创新发展三年行动计划（2023—2025 年）》
	2023 年 5 月	《关于进一步支持国家新一代人工智能创新发展试验区、国家生物药技术创新中心、国家第三代半导体技术创新中心（苏州）的若干政策》
浙江省	2023 年 4 月	《浙江省元宇宙产业发展 2023 年工作要点》
	2023 年 2 月	《浙江省人民政府办公厅关于培育发展未来产业的指导意见》
	2023 年 12 月	《浙江省人民政府办公厅关于加快人工智能产业发展的指导意见》
	2023 年 6 月	《杭州市关于加快推进人工智能产业创新发展的实施意见（征求意见稿）》
	2023 年 3 月	《金华市促进人工智能产业发展十二条政策措施（征求意见稿）》
广东省	2023 年 11 月	《广东省人民政府关于加快建设通用人工智能产业创新引领地的实施意见》
	2023 年 5 月	《深圳市加快推动人工智能高质量发展高水平应用行动方案（2023—2024 年）》
	2023 年 12 月	《东莞市发展智能机器人产业行动计划（2023—2025 年）》
福建省	2023 年 9 月	《福建省促进人工智能产业发展十条措施》
	2023 年 10 月	《厦门市促进人工智能产业发展若干措施》
湖北省	2023 年 11 月	《湖北省推进人工智能产业发展三年行动方案（2023—2025 年）》
	2023 年 8 月	《武汉建设国家人工智能创新应用先导区实施方案（2023—2025 年）》
湖南省	2023 年 3 月	《湖南省“智赋万企”行动方案（2023—2025 年）》
安徽省	2023 年 10 月	《安徽省通用人工智能创新发展三年行动计划（2023—2025 年）》
	2023 年 8 月	《2023 年合肥市科技创新产业政策实施细则》
	2023 年 10 月	《打造通用人工智能产业创新和应用高地的若干政策》
山东省	2023 年 12 月	《山东省人民政府关于加快实施“十大工程”推动新一代信息技术产业高质量发展的指导意见》
	2023 年 2 月	《青岛市人工智能产业园发展若干政策》
河北省	2023 年 1 月	《加快建设数字河北行动方案（2023—2027 年）》
	2023 年 2 月	《廊坊市促进人工智能产业发展十三条措施》
重庆市	2023 年 7 月	《重庆市以场景驱动人工智能产业高质量发展行动计划（2023—2025 年）》
四川省	2023 年 9 月	《四川省元宇宙产业发展行动计划（2023—2025 年）》
	2023 年 8 月	《成都市加快大模型创新应用推进人工智能产业高质量发展的若干措施》
	2023 年 6 月	《成都市关于进一步促进人工智能产业高质量发展的若干政策措施（征求意见稿）》

（续表）

省市	时 间	政 策 文 件
贵州省	2023 年 11 月	《关于促进全国一体化算力网络国家（贵州）枢纽节点建设的若干激励政策》
云南省	2023 年 11 月	《昆明市加快人工智能产业发展若干措施（试行）》
江西省	2023 年 1 月	《江西省未来产业发展中长期规划（2023—2035 年）》
黑龙江省	2023 年 12 月	《黑龙江省加快推动制造业和中小企业数字化网络化智能化发展若干政策措施》
	2023 年 5 月	《哈尔滨市智能建造试点城市工作方案》
宁夏回族自治区	2023 年 8 月	《促进人工智能创新发展政策措施》
新疆维吾尔自治区	2023 年 4 月	《新疆维吾尔自治区虚拟现实和工业应用融合发展实施方案（2023—2026 年）》

3. 人工智能治理在国际层面展开

人工智能的发展已经超越了国界的限制，涉及全球范围内的技术、数据和资源流动。首先，人工智能的发展离不开大规模数据的收集和分析。在国际层面展开治理可以促进数据的跨境流动和共享，从而加速人工智能的创新和发展。然而，数据共享也带来了隐私和安全的风险，需要制定国际标准和协议来保护个人隐私和数据安全。其次，人工智能的广泛应用涉及一系列伦理和道德问题，如算法的公平性、透明度和责任问题。这些问题不仅影响到个体和社会的利益，也涉及不同国家和文化的价值观和法律制度。在国际层面展开治理可以促进各国之间的对话和合作，共同应对这些伦理和道德挑战。最后，人工智能在军事领域的应用已经成为国际安全的重要议题。自动化武器系统和军事情报的人工智能应用可能引发军备竞赛和冲突，对全球和平和稳定构成威胁。国际层面的治理可以帮助制定相关法律和规范，限制和监管军事领域中的人工智能应用。鉴于以上关切，2023 年人工智能治理在全球性国际组织、区域组织、多边平台以及双边合作等国际层面得到了高度关注和初步协调。

全球层面，2023 年 7 月 18 日，联合国安理会举行主题为“人工智能给国际和平与安全带来的机遇与风险”高级别公开会。这是安理会首次举行人工智能问题会议，联合国秘书长安东尼奥·古特雷斯呼吁设立一个全球监管机构来监督这项新技术。中方代表在会上提出了人工智能治理的五项原则：伦理先行、安全可控、公平普惠、开放包容和和平利用。10月26日，联合国秘书长古特雷斯宣布，正式组建一个新的人工智能咨询机构，以探讨这项技术带来的风险和机遇，并为国际社会加强治理提供支持。该咨询机构汇集了39名来自政府、私营部门、学术研究领域的专家，致力于探讨人工智能的国际治理、对风险和挑战的共同理解，以及利用人工智能加速实现可持续发展目标的关键机遇和推动因素。2023年12月1日，该咨询机构发布临时报告：《以人为本的人工智能治理》，倡议建立人工智能国际治理机构，并以“包容性”“公共利益”“数据治理的中心地位”“普遍性、网络化与多方利益攸关方”以及“国际法”为指导原则，开展包括定期评估人工智能的状况及其发展轨迹，协调标准、安全和风险管理框架，促进国际多方利益攸关方合作以赋能全球南方，监测风险和协调应急响应，以及制定具有约束力的问责制度等功能。

2023年10月18日，习近平主席在第三届“一带一路”国际合作高峰论坛开幕式主旨演讲中宣布中方将提出《全球人工智能治理倡议》(以下简称《倡议》)，同日，《倡议》全文正式发布。《倡议》围绕人工智能发展、安全和治理三个方面系统阐述了人工智能治理的中国方案，强调中方愿同各方就全球人工智能治理开展沟通交流、务实合作，推动人工智能技术造福全人类，并就新时期各方普遍关切的人工智能发展与治理问题提出了建设性解决方案，为相关国际讨论和规则制定提供了重要蓝本。《倡议》的构想和提出是中方积极践行人类命运共同体理念，落实全球发展倡议、全球安全倡议、全球文明倡议的又一举措，是全球人工智能治理历史进程中的重要里程碑。紧接着，2023年11月1日，首届全球人工智能安全峰会在英国布莱切利庄园拉开帷幕。在开幕式上，由包括中国在内的与会国共同达成的《布莱切利宣言》(以下简称《宣言》) 正式发表。这是全球第一份针对人工智能的国际性声明，旨在关注对未来强大人工智能模型构成人类生存威胁的担忧，以及对人工智能当前增强有害或偏见信息的担忧。来自非洲、中东、亚洲和欧盟等全球28个国家一致认为，目前迫切需要建立新的国际合作，了解并共同管理人工智能的潜在风险，确保用安全、负责任的方式开发和部署人工智能，以造福全球社会。《倡议》与《宣言》在以人为本、尊重他国主权、帮助发展中国家等多个方面相互呼应，体现了目前各国在人工智能国际治理层面的基本共识。

诸边与区域层面，七国集团2023年5月在日本广岛举行峰会，宣布“广岛人工智能进程”。10 月 30 日，七国集团发布《开发先进人工智能系统组织的国际行为准则》，该套行为准则共包含 11 项内容，旨在推广全球范围内的安全、可靠和可信的人工智能，并将为开发最先进的人工智能系统的组织提供自愿行动指南，包括最先进的基础模型和生成式人工智能系统。区域层面更具代表性的成果诞生在欧盟，2023 年 12 月 8 日，欧洲议会、欧盟成员国和欧盟委员会三方就《人工智能法案》达成协议，该法案将成为全球首部人工智能领域的全面监管法规。该法案首先考虑了监管“黑箱”技术的核心诉求，推动人工智能规范与欧盟社会价值观的融合。其次在作出更精确指引的同时创建严格的风险等级，对于高风险人工智能技术作出与之匹配的监管等级。该法案按照人工智能应用可能造成伤害的风险，对其进行分类和监管。欧盟的《人工智能法案》标志着欧洲在人工智能监管方面迈出了重要一步，在全球范围内树立了新的监管标准。

此外，在一些专业性多边平台上，也对涉及人工智能的相关问题展开了讨论。2023 年 5 月 30 日，防扩散安全倡议（PSI）20 周年高级别会议在韩国济州开幕。会议发布联合声明，决定携手探索应对新兴技术崛起和安全环境变化等全新挑战的方案。声明承诺在“PSI 拦截原则”的框架下考虑新兴技术和新扩散事例抬头将带来的影响及挑战、不断变化的安全环境。特别提出要警惕 3D 打印、人工智能、量子计算等核心新兴技术可引发额外的不扩散和防扩散相关挑战，并承诺讨论技术升级带来的影响及挑战问题。

双边层面，2023 年 3 月 22 日，中俄元首签署《关于深化新时代全面战略协作伙伴关系的联合声明》，提出双方将深化科技创新领域互利合作，在人工智能、物联网、5G、数字经济、低碳经济等技术与产业领域探索合作新模式。特别指明双方高度重视人工智能治理问题，愿就人工智能问题加强交流与合作。此外，2023 年 10 月 12 日，美国白宫宣布升级美国—新加坡战略技术伙伴关系。两国承诺发起新的双边倡议，并欢迎两国政府、产业界和学术界在人工智能、数字经济、生物技术等领域加强合作。在人工智能领域，双方承诺完成美国商务部国家标准与技术研究院的人工智能风险管理框架与新加坡资讯通信媒体发展管理局的人工智能验证之间的工作，以及建立一个双边人工智能治理工作组，扩大美国国家科学基金会和新加坡人工智能协会之间的合作，探索两国人工智能专业人员的互惠认证计划等举措。

五、总体评价与发展展望

2023 年我国人工智能法治的总体评价与发展展望可概括如下：

（1）人工智能立法紧跟技术发展，及时回应社会需求。2023 年是人工智能迅猛发展的一年，技术变化的日新月异向人工智能立法提出了严峻的挑战。2023 年，中国在人工智能相关领域的立法充分体现了立法工作与技术发展的紧密结合以及对社会需求的及时回应，通过一系列立法举措，为人工智能的健康发展提供了有力的法律保障。

2023 年人工智能领域的最大热门无疑是以 ChatGPT 为代表的生成式人工智能技术，随着该技术向更多的场景渗透，与之相伴的是新一轮的风险和挑战。首先，生成式人工智能的训练语料可能包含大量个人隐私和敏感信息。一旦这些数据落入不法分子之手，将对个人和社会造成不可估量的损害。其次，由于其训练数据来源于互联网，很多时候并未获得合法授权，因此潜藏着知识产权侵权风险。最后，生成式人工智能还可能对数据安全、网络安全和国家安全带来威胁。在人机交互过程中，如果防范措施不到位，可能导致数据泄露、篡改等安全问题，不法分子甚至可以利用生成式人工智能生成恶意代码或钓鱼邮件，对网络安全和国家安全构成严重威胁。[①] 上述风险以及侵权事件的发生引起了社会公众较大的忧虑，呼唤相应的法律规范予以回应。

国家网信办等七部门联合发布的《生成式人工智能服务管理暂行办法》是全球第一部关于生成式人工智能治理的专门法律规范。该办法强调了生成式人工智能服务中数据处理的特别要求。一是应当使用具有合法来源的数据和基础模型；二是涉及个人信息的，应当取得个人同意或者符合法律、行政法规规定的其他情形；三是采取有效措施提高训练数据质量，增强训练数据的真实性、准确性、客观性、多样性。生成式人工智能的崛起代表着人工智能从专用智能逐步迈向通用智能的新阶段，为众多领域带来了前所未有的变革和机遇。《生成式人工智能服务管理暂行办法》的出台，不仅顺应了这一新兴技术的发展趋势，更体现了中国在注重技术创新的同时，对安全和合规性的高度重视。

---

① 参见郭春镇：《促进人工智能治理法治化》，载中国社会科学网，https://www.cssn.cn/skgz/bwyc/202312/t20231221_5720255.shtml，2023 年 12 月 21 日访问。

除了专门针对人工智能技术的立法，在人工智能技术广泛扩散的背景下，新的立法及时跟进，对人工智能技术在未成年人保护、证券期货业网络和信息安全等方面进行规制，以及在区域层面进行先行先试。《未成年人网络保护条例》于2023年9月通过，自2024年1月起实施。该条例明确了智能终端制造商和销售商对未成年人的保护义务，强调个人信息处理者应遵循最小授权原则，并严格控制未成年人个人信息的知悉范围。同时，要求网络产品和服务提供者建立健全网络欺凌信息识别机制，利用人工智能和大数据技术加强监测。针对证券期货业，中国证券监督管理委员会于2023年2月27日公布了《证券期货业网络和信息安全管理办法》，自2023年5月1日起施行。该办法聚焦网络和信息安全管理，强化个人信息保护，为《网络安全法》《个人信息保护法》等相关法律法规在证券期货行业的有效实施提供明确路径和制度保障。

此外，《全面对接国际高标准经贸规则推进中国（上海）自由贸易试验区高水平制度型开放总体方案》于2023年11月公布并施行。该方案提出借鉴国际经验，研究建立人工智能技术的伦理道德和治理框架，并支持在医疗和自动驾驶等领域安全、负责任地使用人工智能技术。同时，鼓励上海自贸区探索数据交易服务，创建数据要素流通创新平台。

与此同时，人工智能技术的高效便捷也为传统领域的发展注入了新的活力，2023年人工智能立法的另一方面是对各大领域应用人工智能技术的鼓励。

2023年1月3日公布并施行的《工业和信息化部等十六部门关于促进数据安全产业发展的指导意见》，提出加快数据安全技术与人工智能、大数据、区块链等新兴技术的交叉融合创新，赋能提升数据安全态势感知、风险研判等能力水平。《无人驾驶航空器飞行管理暂行条例》于2023年5月31日公布，自2024年1月1日起施行，鼓励无人驾驶航空器科研创新及其成果的推广应用，促进无人驾驶航空器与大数据、人工智能等新技术融合创新。《应急管理行政裁量权基准暂行规定》于2023年10月7日公布，自2024年1月1日起施行，要求推进应急管理行政执法裁量规范化、标准化、信息化建设，充分运用人工智能、大数据、云计算、区块链等技术手段，将行政裁量权基准内容嵌入行政执法信息系统，为行政执法人员提供精准指引，有效规范行政裁量权行使。

2023年11月27日公布并实施的《住房城乡建设部关于全面推进城市综合交通

体系建设的指导意见》，要求加强物联网、大数据、人工智能等新一代信息技术在城市交通基础设施建设管理中的应用，提升设施信息化、智能化水平。2023年11月10日公布的《工业和信息化部关于健全中小企业公共服务体系的指导意见》，要求充分运用大数据、云计算、人工智能等技术，建立贯通国家、省、市、县各级中小企业公共服务机构的全国中小企业服务“一张网”，与政务服务平台加强互联互通，为中小企业提供“一站式”服务。

展望未来，随着人工智能技术的不断发展和应用场景的不断拓展，未来的人工智能立法将面临更加复杂和多样化的挑战。应当深化立法研究以及实施与反馈，同时促进技术创新与法治建设良性互动。

首先，中国应加强与国际社会的交流和合作，借鉴国际先进经验，推动人工智能立法的科学化、系统化和国际化。其次，立法不仅仅是制定法律，更重要的是确保法律的有效实施。中国应加强对已出台法律法规的实施情况的监督和评估，及时发现和解决问题，及时出台相关配套规则，确保法律法规的落地生根。最后，还应建立完善的反馈机制，及时收集社会各界的意见和建议，为未来的立法工作提供参考。在推动人工智能立法的同时，中国还应积极营造有利于技术创新和法治建设良性互动的环境。通过加强知识产权保护、优化创新政策等措施，激发企业和科研机构的创新活力，推动人工智能技术与法治建设的深度融合。

（2）人工智能发展寻求场景落地，全面引领产业变革。人工智能技术归根结底需要服务于人类生活与社会发展，需要和应用场景相结合，将高端的技术融入具体的实践当中。长期以来，人工智能技术虽然火热，但场景落地一直是人工智能发展的难点和痛点，也是本评测企业数量B11和营收能力B12得分差距一直较大的关键原因之一。2023年，以人工智能聊天机器人为代表的大模型成功商业化落地，人工智能进入了全新的发展窗口期。

2023年12月27日，国家发展和改革委员会公布《产业结构调整指导目录（2024年）》，强调推动制造业高端化、智能化、绿色化的政策导向，在人工智能项下新增了第4类“产业智能化升级”，包括智能家居、智能医疗、医疗影像辅助诊断系统、智能安防、视频图像身份识别系统等。同时，将原人工智能项下的智能制造关键技术装备等独立为新的产业类别“智能制造”，并极大丰富了相应的产业内容。此外，还新增了“网络安全”作为新的第五十类产业。这一调整表明，人工智能产业得到了极大丰富，并带动了相关产业的共同发展，成为产业变革的重要动力。

交通运输是人工智能技术的重要行业用户，在新一轮科技革命和产业变革中，交通运输也是新技术和新业态创新实践的热点领域。除了公众熟知的自动驾驶，人工智能技术在交通运输领域的运用已经得到了更加广泛的落实，比如交通信号灯智能控制和道路诊断。2023 年 11 月，全国首个 AI 智慧交通信号灯控制系统在兰州新区投入使用，该系统充分利用人工智能、视觉识别、边缘计算等先进技术手段，根据城市整体交通状况自动调节红绿灯，实现多路口交通信号灯的动态调度，有效解决城市交通拥堵难题，提升城市交通通行效率。2023 年 3 月，常州地铁电客车检修机器人“铁宝”在常州地铁 2 号线投入试运行，通过视觉导航和高精度成像算法等技术手段，实现列车在带电和无电状态下的机械结构全面检修。相比于之前的纯人工巡检，“铁宝”巡检一辆整车仅需 45 分钟左右，效率提升 40%，漏检率为 0，更好地保障了巡检质量。

医疗领域是人工智能运用的又一重要场景，此前主要应用在辅助诊断方面，2023 年人工智能技术在医疗领域的应用进一步拓宽，医疗人工智能的主要场景也由“辅助诊断”变为“辅助诊断与辅助治疗并行”。超声被认为是医疗人工智能下一个增长点，已在注册准入上迎来突破。2023 年 8 月，德尚韵兴甲状腺结节超声影像辅助诊断软件率先获得 NMPA 批准，医准智能、深至科技的人工智能超声解决方案也有望在后续逐步获批。此外，大模型和生成式人工智能也在医疗领域落地。深睿医疗将大模型技术引入医疗的垂直领域，对现有的影像人工智能和医疗大数据中台产品进行全线赋能，通过研发医疗数据的通用大模型，打造文本、影像等多模态数据的一站式人工智能平台，更好地支撑临床智能化的建设。

人工智能技术在教育领域的应用正在重构教育生态，推动未来教育的人性化、个性化和智能化。2023 年 11 月，首批 2023 年北京市智慧校园示范校名单公布，41 所学校入选。北京一零一中名列其中，基于大数据，该校通过“智能 + 教育”形成学生的数字化画像，对每个学生进行精准诊断，更好地为他们提供教育资源和课程。通过数据采集和相关技术，布置作业的过程变得更加个性化，同时实现作业书写过程中信息的同步传输。教师批改作业的环节也变得更加智能，在批改后还可以形成学生及整个班级的大数据，并可以通过由此形成的班级整体和学生个体的知识画像，助力老师在进行后续教学的过程有的放矢。

此外，在传统的农业和工业领域，人工智能技术也得到了进一步的推广。人工智能已经实现农作物生长监测、病虫害识别与防治、土壤肥力评估、农产品质量检测、精准农业管理等多维度的落地。位于北京市大兴区长子营镇的现代化水培植物工厂，应用百度视觉技术和深度学习算法，只需通过拍摄的图片就能判断蔬菜重量、健康度及能否采收，自动化识别效果准确率高达95%以上。人工智能用于工业质检已经从前几年的试点应用，走向规模化复制推广。2022年，工业人工智能质检已在通信和电子制造、汽车及零部件、消费品和原材料4个行业，合计占据了91.5%的市场空间。2023年，非标准场景被进一步攻破。传统的机器视觉解决方案在工业现场经常出现误判，仍然需要人工进行核查。百度智能云的人工智能质检解决方案，可以用人工智能算法去学习误判出现的特性，原有的外观检测机发现误判后，用人工智能的算法学习误判的特点，自动去除绝大多数误判，就能免去人工复核时大量的额外工作。

2023年，人工智能技术的落地应用取得了前所未有的显著进展，不仅在多个领域催生了新业态和新模式，还为产业变革和社会发展注入了新动力。这一技术的广泛应用，不仅展示了其巨大的商业价值，更揭示了其对未来社会发展的重要影响。展望未来，随着技术的不断进步和应用场景的不断拓展，人工智能有望在更多领域发挥更大的作用。随着算法的优化、计算能力的提升以及数据资源的日益丰富，人工智能技术将更加成熟和普及。我们应该积极拥抱这一变革，充分利用人工智能技术的优势，推动各领域的创新和发展。这不仅能够推动社会经济的持续发展和进步，还将为我们带来更加智能、便捷和高效的生活方式。

（3）人工智能治理坚持前瞻思维，持续推动体系完善。人工智能作为当今世界最具前沿性和发展潜力的技术领域之一，正以惊人的速度发展和应用，与之相伴的是一系列已经暴露和潜藏的伦理、法律和社会风险。为了预见未来的风险与挑战，引领人工智能技术发展方向，同时平衡创新与监管，并且增强国际竞争力以及提升公众认知与信任。2023年，中国人工智能治理体现出强烈的前瞻性思维，不仅关注当前人工智能技术的发展状况，更着眼于未来可能带来的社会变革和挑战，从宏观政策、技术规范、科技伦理和执法实施等方面持续推动人工智能治理体系的完善。

宏观政策为人工智能的发展提供了指导方向，能够优化资源配置，并促进产业融合和创新。2023年中共中央、国务院印发《数字中国建设整体布局规划》，该规划明确，数字中国建设要夯实数字基础设施和数据资源体系“两大基础”，推进数字技术与经济、政治、文化、社会、生态文明建设“五位一体”深度融合，强化数字技术创新体系和数字安全屏障“两大能力”，优化数字化发展国内国际“两个环境”。该规划指出，要通过打通数字基础设施大动脉、畅通数据资源大循环等夯实数字中国建设基础。其中提到，要系统优化算力基础设施布局，加强传统基础设施数字化、智能化改造。普及数字生活智能化，打造智慧便民生活圈、新型数字消费业态、面向未来的智能化沉浸式服务体验。2023年8月10日，工业和信息化部印发《电子信息制造业2023—2024年稳增长行动方案》。该方案提出，要培育壮大虚拟现实、先进计算等新增长点。在虚拟现实方面，提升虚拟现实产业核心技术创新能力，推动虚拟现实智能终端产品不断丰富，深化虚拟现实与工业生产、文化旅游、融合媒体等行业领域有机融合。在先进计算方面，推动先进计算产业发展和行业应用，加快先进技术和产品落地应用。鼓励加大数据基础设施和人工智能基础设施建设，满足人工智能、大模型应用需求。以上政策为企业和市场提供了明确的方向指引，确保人工智能技术的发展与社会需求和国家战略相契合，使得人工智能稳定地走在服务社会生活与经济发展的正确道路上。

技术规范为人工智能技术的研发和应用划定了明确的技术标准和要求，能够规范研发过程，确保技术的标准化、合规性和安全性。技术规范还能够促进人工智能技术的透明度与可解释性，增加公众信任进而推动人工智能技术与社会、经济、文化等各个领域的深度融合。2023年8月3日，工业和信息化部等四部门关于发布《新产业标准化领航工程实施方案（2023—2035年）》，提出要全面推进新兴产业标准体系建设，研制大数据、物联网、算力、云计算、人工智能、区块链、工业互联网、卫星互联网等新兴数字领域标准。全国信息安全标准化技术委员会也于2023年8月发布《网络安全标准实践指南——生成式人工智能服务内容标识方法》，该指南给出了针对文本、图片、音频和视频四类生成内容的标识方法，旨在指导生成式人工智能服务提供者提高安全管理水平。一系列精细化标准和可操作性指南的发布一方面规范了人工智能的发展路径，另一方面强化了该领域的统筹和协调，为相关技术的后续应用和推广扫清了阻碍。

科技伦理为人工智能治理提供了道德框架和伦理指南，确保技术与社会价值观相符，促进人工智能可持续发展，保护人权、隐私和尊严。科技部等 10 部门于 2023 年 9 月联合发布了《科技伦理审查办法（试行）》，旨在确保科技活动的伦理审查科学、独立、公正和透明。该办法明确了审查主体，规定了科技伦理审查的基本程序、标准和条件。该办法要求从事人工智能等科技活动的单位设立科技伦理（审查）委员会，将对人类主观行为、心理情绪和生命健康等具有较强影响的人机融合系统的研发，以及具有舆论社会动员能力和社会意识引导能力的算法模型、应用程序及系统的研发等 7 项科技活动列入需要开展伦理审查复核的清单。2023 年 4 月，工业和信息化部成立工业和信息化部科技伦理委员会、工业和信息化领域科技伦理专家委员会，重点关注人工智能等重点领域的伦理问题，提出了一系列提升伦理治理能力的措施。包括加强科技伦理审查和监管、制定审查规范和标准、开展敏捷治理、加强培训和宣传教育等，以全面提升科技伦理治理水平。

执法实施是确保人工智能各项立法和政策得到有效落实的关键保障，也是纠正人工智能技术不当发展方向的最后手段。2023 年，除了前述首例人工智能侵犯著作权等案件外，2023 年 6 月 9 日，杭州市萧山区人民检察院对一起利用“AI 换脸”技术侵犯公民个人信息的案件提起民事公益诉讼。杭州互联网法院经过审理后依法对该案作出判决，认定被告对于人脸深度合成技术的滥用行为损害了社会公共利益，依法判决其承担停止侵害、赔偿损失、赔礼道歉的民事责任。此外，针对“AI 换脸”导致群众被欺诈的问题，公安机关依托“净网”行动发起专项会战，截至 2023 年 8 月，已经侦破相关案件 79 起，抓获犯罪嫌疑人 515 名。2023 年 8 月中旬，江西警方成功打击了一起涉嫌违法制售游戏“AI 外挂”的案件，涉案资金高达 3000 万元，是全国首例全链条成功打击人工智能技术模式游戏“外挂”案件。以上案件的审理以及执法活动有力地震慑了不法分子利用人工智能侵犯合法权益的企图，正确适用法律有效地保护了公民的权利，为后续类似情况的处理提供了更加清晰的思路。

未来中国的人工智能治理应该继续以前瞻性思维为引领，加强系统布局和发展预判，不断完善宏观政策、技术规范、科技伦理和执法实施等方面的治理体系。通过加强顶层设计、优化资源配置、推动技术创新、加强监管执法、促进国际合作与交流等措施，确保人工智能技术的健康、有序和可持续发展，为经济社会发展提供有力支撑和坚强保障。

2023世界人工智能大会法治论坛观点精粹

2023年7月6日，“2023世界人工智能大会”在上海举行。7月7日，由世界人工智能大会组委会办公室主办，上海市法学会承办的“2023世界人工智能大会法治论坛”在上海世博中心举办（连续六年）。本次论坛得到了上海市委、市政府、市人大，最高人民法院、最高人民检察院、中国法学会的高度重视和大力支持，最高人民法院副院长杨万明，最高人民检察院副检察长张雪樵，中国法学会副会长兼秘书长张鸣起，中国法学会副会长、中国法学会网络信息法研究会会长姜伟等领导出席并致辞。上海市高级人民法院院长贾宇，上海市人民检察院检察长陈勇出席论坛。上海市法学会会长崔亚东主持论坛开幕式并发表主旨演讲。上海市政法相关单位主要负责人、相关部门负责人、市法学法律界、科技界的专家学者以及各法学院校、科研机构相关人员共500余人在现场参会，线上直播参与人数超35万名。本次论坛的主题为“数字治理：生成式人工智能之法律回应”。9位国内外法学法律、科技界及人工智能相关领域的专家学者，围绕论坛主题进行精彩演讲，发表深度见解，纵论数字法治未来。

观点之一：应加强生成式人工智能发展的法治引领与伦理规范。崔亚东认为，生成式人工智能的发展引发了人类社会对数字时代治理问题的更大关注，包括数据安全、伦理道德、知识产权保护、应用规范及相关法律、文明传承等问题。应当加强生成式人工智能发展的法治引领，健全完善伦理道德规范体系、法律法规体系、技术标准体系、数字治理机制等。对生成式人工智能予以结构化调整规制，打造生成式人工智能法学研究高地，以引领科技向善、趋利避害，保障人工智能等新技术安全、可控、可靠、可信、可持续发展。针对生成式人工智能的飞速发展和数字治理赤字凸显的态势，各国学术界和产业界应当努力形成更多全球共识，合力推动数字治理的全球共治。

观点之二：通过特别立法加强对生成式人工智能的法律规制。王利明认为，人工智能是未来新一轮科技革命和产业变革的核心力量，生成式人工智能具有更出色的生成能力和广泛的应用价值，但其产生的最大挑战是潜在的侵权纠纷。人工智能侵权在侵权客体、侵权主体、构成侵权的认定、侵权的责任承担方式等方面具有自身的特殊性。生成式人工智能对传统民法尤其是侵权法提出了新的挑战，但是生成式人工智能引发的侵权纠纷，没有完全超出《民法典》和《个人信息保护法》的相关规定，现行法的规定仍然可以作为处理和解决纠纷的依据。未来条件成熟时，还可以通过特别立法预防和处理生成式人工智能引发的各种风险，有效保障民事主体合法权益，促进人工智能产业的健康发展。

观点之三：尽快构建生成式人工智能安全使用的伦理规范。迈克尔·欧·康奈尔（Michael O’Connell）认为，如何确保生成式人工智能的安全使用存在着许多挑战，包括人工智能的定义一致性问题、监管机构的建立以及公众信任的获取等。需要建立一个全球性的、联合国式的人工智能监管机构，并制定相关规则，建立能够与之相匹配的道德规范，以确保人工智能的安全使用。当前犯罪迅速演变、高度复杂，不法分子和恐怖分子也越来越广泛地使用人工智能，这给警方带来了巨大的挑战。但警方若采用技术至上的方法会导致人工智能普遍应用的基础不确定，也导致公众和监管机构对其缺乏信任。应当考虑以责任为核心的方法，尊重人权和道德需求，维护法治原则，促进公众信任，以良好政策和有效程序为指导来影响技术选择，并增强公众信任和用户信心。

观点之四：生成式人工智能技术为公正司法增添科技动能。黄开胜认为，人工智能可以为司法发挥替代性和辅助性作用。司法系统用户多是不同专业的高知识水平人群，且司法数据结构化程度和逻辑性高，这些优势有助于构建专业化和通用化的机器学习模型，为公正司法增添科技动能。长三角研究院在人工智能领域已展开了布局与尝试，培育一批“人工智能＋司法”的领军企业，设立人工智能创新研究中心，积极配合清华大学开展国家重点研发项目“智能司法公开关键技术研究”等智能法治相关研究。

观点之五：生成式人工智能将在更高维度上赋能企业发展。周可璋认为，通过人工智能中心实现全生命周期的人工智能建设与管理，可以构建智能建造创新体系。随着大模型时代的到来，人工智能的发展已经由判别式人工智能向生成式人工智能过渡，生成式人工智能将在更高维度上赋能企业发展，带来企业管理模式的重塑，也让人们对伴随未来人工智能应用场景而来的法律问题有更多思考和疑惑，如人工智能与建筑领域知识产权保护、人工智能与建筑专业责任的界定、人工智能与数据安全等问题。

观点之六：认知大模型技术应用将颠覆传统商业模式。雍文渊认为，大模型在一定意义上实现了像人类一样触类旁通的能力，在未来两三年内将颠覆传统的堆时长、堆人力的商业模式。科大讯飞利用大模型技术在司法领域实现了更好的知识问答、法律文书生成、庭审笔录自动化等能力。但大模型技术也存在风险和挑战，需要保证数据训练和输出结果的安全可信。作为技术开发者，需要遵从人工智能法治体系和伦理道德，通过法治来规范、引领、保障和促进人工智能技术在司法领域安全、可靠、可控、健康发展，推动“可持续、负责任、有价值”的人工智能生态建设，进一步提高司法效率与公正性。

观点之七：生成式人工智能的合规挑战须积极应对。李臣认为，生成式人工智能目前仍在发展中，存在着隐私和数据安全、内容安全、竞争公平、知识产权保护等风险，技术和应用的安全性与真实性等问题尚待解决，这些新风险和挑战成为各国监管关注的新课题。虽然生成式人工智能的发展面临着风险与挑战，但其中很多并不是由于该技术而产生的新风险，也并非无法防控的难题，可以通过建立全生命周期的合规管理与监测机制，引入合规科技等技术手段，为生成式人工智能的技术发展与应用创新提供安全保障。人工智能领域的国际治理规制竞争与科技创新竞争一样日益激烈，建议我国积极参与国际相关标准、规则的制定，最大化凝聚人工智能治理的全球共识，不断提升在该领域的影响力。

观点之八：人工智能在仲裁领域应用前景广阔。陆春玮认为，仲裁作为国际通行的商事争端解决机制，需要应对人工智能发展所带来的下一轮变革和挑战。利用人工智能，可以优化仲裁程序、提升仲裁效率，包括：使用人工智能技术深度学习仲裁法、仲裁规则，制定更为严谨的系统操作指引，规范办案人员的操作流程和口径；依靠海量的大数据，通过对案件材料进行智能检索分析，协助案件繁简分流，促进纠纷多元化解；探索全流程无纸化审理模式、人工智能辅助外国法查明、大数据辅助仲裁员人选等新型审理模式和管理方法，提高办案质效；对于各领域专业程度高、审理难度大的案件，以大数据为支撑，将人工智能引入专家评审等。当前，尽管信息智能技术的发展能够给案件的审理带来支持和提效，人的价值和因素依然在体现法律公平正义上发挥着决定性作用。

观点之九：中美人工智能治理“和而不同”。陆凯（Karman Lucero）认为，美国的人工智能治理可以分为联邦层面、各州层面、社会与行业自律层面、自愿性规制层面，联邦层面包括白宫政策、联邦政府部门监管、联邦立法、联邦法院判例等治理机制，各州立法呈现多元化特征，而由大型科技公司及社会组织主导的伦理价值观、透明度、可问责性等行业自律和自愿性规制正在发挥显著的影响作用。中国的人工智能治理制度体系主要由相关政策法规、地方性立法、标准、行业自律规定等构成。中美在人工智能治理上“和而不同”，未来的世界将是一个由人工智能连接的“小世界”。

附：演讲嘉宾简介

1．**崔亚东**　上海市法学会会长，上海市高级人民法院原院长，二级大法官

演讲题目：《生成式人工智能与数字治理》

2．**王利明**　中国人民大学教授

演讲题目：《对生成式人工智能法律规制的几点思考》

3．**［英］迈克尔·欧·康奈尔**（Michael O’Connell）　联合国犯罪司法所人工智能与机器人中心高级执法专家

演讲题目：《生成式人工智能安全使用的伦理基础》

4．**黄开胜**　浙江清华长三角研究院院长

演讲题目：《生成式人工智能技术司法领域应用观察》

5．**周可璋**　中建八局董事长

演讲题目：《人工智能冲击下建筑领域面临的法律问题和思考》

6．**雍文渊** 科大讯飞副总裁、司法业务部总经理

演讲题目：《认知大模型技术进展及应用实践》

7．**李臣** 蚂蚁集团副总裁、首席合规官

演讲题目：《生成式人工智能的合规挑战与应对》

8．**陆春玮** 上海仲裁委员会副主任兼秘书长

演讲题目：《人工智能背景下仲裁的俱进与挑战》

9.［美］**陆凯**（Karman Lucero） 美国耶鲁大学法学院蔡中曾中国研究中心研究员

演讲题目：《人工智能管理制度中的中美比较研究》

智慧法治学术影响力 TOP 100 作品·作者·期刊（2024 版）

“智慧法治学术影响力 TOP 100”（2024 版）编制说明

一、遴选背景

近年来，随着数字经济的发展以及人工智能、元宇宙等新一代技术的广泛应用，我国智慧法治领域的理论和应用研究成果不断涌现，催生了一批具有法治精神、创新思维、全球视野和实践能力的“人工智能 + 法律”复合型人才。为鼓励优秀学术成果创作、发现人才、促进学术成果传播和学科繁荣发展，由一批大力推动智慧法治研究的核心学术期刊组成的“智慧法治学术共同体”（AITEAM）和中国知网·中国科学文献计量评价研究中心通力合作，依托中国知网数据资源，对智慧法治研究领域学术影响力处于前列的作品、作者和期刊进行遴选。

二、遴选对象和范围

（一）作品

作品需要同时满足以下条件：

1. 时间要求

在 2019 年 1 月 1 日至 2023 年 12 月 31 日期间发表。

2. 作品范围要求

在国内期刊公开发表的中文期刊学术论文，须同时满足下列两个条件：

（1）论文发表期刊为《中国学术期刊影响因子年报》（2023年）统计源期刊或被评价期刊，不包括旬刊、周刊、周二刊，且论文被中国知网《中国法律知识资源总库》专业法律数据库收录。

（2）论文限定在法学领域，且篇名、主题词或摘要中包含“智慧法治”相关词汇，与上两届榜单编制相比，新拓展了“个人信息”“数字法学”“数字经济”等关键词。

根据以上范围，经内容初步筛选，截至2024年5月8日，共检索出论文24483篇。

（二）作者

作者须是以上论文的第一作者或通讯作者，相关作者数量为19123名。

（三）期刊

期刊须是以上作品的发表期刊。符合该范围的期刊数量为1811种。

三、作品遴选方法

（一）指标说明

为计算论文的定量评分，考察论文以下7个指标：

1. 引证指标：他引频次，指所统计的论文截至统计日期，被中国知网收录的其他作者发表的期刊论文、博硕士学位论文和会议论文引用的频次。

2. 网络传播指标：下载频次，指所统计的论文截至统计日期，在中国知网（www.cnki.net）中心网站服务器、国内各镜像站点服务器上的所有下载日志所反映的累计下载频次。

3. 论文PCSI：论文引证标准化指数，是指将被引频次进行标准化处理后所得到的相对影响力评价指标，能够表征论文被“控制后统计源”引用的次数与同学科同年度论文平均水平的差距，该指标可以实现不同学科不同年度论文之间的比较。

4. 施引期刊的影响因子的平均值：代表了施引期刊学术影响力的平均水平。

5. 施引文献的被引频次之和：为二次引用，间接代表了参评论文的学术影响力。

6. 施引文献的下载频次之和：为二次下载，间接代表了参评论文受学者的关注程度。

7. 参考文献所属期刊的影响因子平均值：代表参评论文是否引用了质量较高的期刊。

（二）论文指标标准化

为使不同指标可以比较，对所有指标采用线性归一法进行标准化。以引证指标为例，对论文 x，他引频次为 $TC(x)$，所有参评论文他引频次的最大值为 $\max(TC)$，最小值为 $\min(TC)$，则他引频次标准化值 $P(x)$ 的计算公式为

$$P(x)=\frac{TC(x)-\min(TC)}{\max(TC)-\min(TC)}$$

其他各项指标计算方式与之类似。

（三）确定各指标权重

采用熵权法确定上述各指标的权重，第 i 个指标的权重为 w_i。

（四）计算论文定量评分

设第 i 个指标的标准化值为 $P(x)$，权重为 w_i。那么，对论文 x，其定量评分 $F(x)$ 的计算公式为

$$F(x)=\sum_{i=1}^{7}(P_i(x)\times w_i\times 100),\ x=1,2,\cdots,n \qquad n\text{ 为论文数量}$$

四、作者遴选方法

对作者 x，以第一作者或通讯作者发表的论文数量为 n，其中第 i 篇论文的定量评

分为 S_i，则该作者定量评分 $F(x)$ 的计算公式为

$$F(x)=\sum_{i=1}^{n}S_i(x),\ i=1,2,\cdots,n \qquad n\text{为作者}x\text{发表的论文数量}$$

（如一篇论文同时有第一作者和通讯作者，第一作者和通讯作者各得该论文定量评分的 0.5 倍分值。公布入选作者所在机构以其评价期间最后发表文献时所在机构为准。）

五、期刊遴选方法

对期刊 x，其刊登的论文数量为 n，其中第 i 篇论文的定量评分为 S_i，则该期刊定量评分 $F(x)$ 的计算公式为

$$F(x)=\sum_{i=1}^{n}S_i(x),\ i=1,2,\cdots,n \qquad n\text{为期刊}x\text{刊登的论文数量}$$

六、遴选过程

“智慧法治学术共同体”（AITEAM）和中国知网·中国科学文献计量评价研究中心共同商定遴选方案，确定遴选对象、范围和方法。由中国知网·中国科学文献计量评价研究中心遴选出符合要求的论文、作者及期刊，并进行定量评价，得到入围名单，之后“智慧法治学术共同体”（AITEAM）秘书处对入围名单进行核查，去除主题明显不是智慧法治研究领域的论文、不符合评选条件的作者，得到智慧法治学术影响力 TOP 100（作品）拟入选名单、智慧法治学术影响力 TOP 100（作者）拟入选名单、智慧法治学术影响力 TOP 100（期刊）拟入选名单，经专家审核后最终形成公布名单。

智慧法治学术影响力 TOP 100 作品

序号	篇名	作者	机构	中文刊名
1	论数据用益权	申卫星	清华大学法学院	中国社会科学
2	在分享和控制之间　数据保护的私法局限和公共秩序构建	梅夏英	对外经济贸易大学法学院	中外法学
3	个人信息国家保护义务及展开	王锡锌	教育部人文社会科学重点研究基地北京大学宪法与行政法研究中心	中国法学
4	数据共享与个人信息保护	王利明	中国人民大学法学院	现代法学
5	《民法总则》个人信息保护条文研究	张新宝	中国人民大学法学院	中外法学
6	民法典编纂视野下的个人信息保护	程　啸	清华大学法学院	中国法学
7	个人信息收集：告知同意原则适用的限制	张新宝	中国人民大学法学院、中国人民大学网络和信息法研究中心	比较法研究
8	论算法的法律规制	丁晓东	中国人民大学法学院、中国人民大学未来法治研究院	中国社会科学
9	个人信息保护的法律定位	周汉华	中国社会科学院法学研究所	法商研究
10	智慧社会背景下的“第四代人权”及其保障	马长山	华东政法大学	中国法学
11	算法权力的兴起、异化及法律规制	张凌寒	北京航空航天大学	法商研究
12	网络平台的公共性及其实现——以电商平台的法律规制为视角	刘　权	中央财经大学法学院	法学研究
13	个人信息权利的反思与重塑　论个人信息保护的适用前提与法益基础	丁晓东	中国人民大学法学院	中外法学
14	算法透明原则的迷思——算法规制理论的批判	沈伟伟	中国政法大学法学院	环球法律评论
15	数据到底属于谁？——从网络爬虫看平台数据权属与数据保护	丁晓东	中国人民大学法学院、中国人民大学未来法治研究院	华东政法大学学报
16	连接与反连接：互联网法则的摇摆	彭　兰	清华大学新闻与传播学院、清华大学新媒体研究中心	国际新闻界
17	大数据有限排他权的基础理论	崔国斌	清华大学法学院	法学研究
18	论个人信息法律保护的思想渊源与基本原理——基于“公平信息实践”的分析	丁晓东	中国人民大学法学院	现代法学
19	论我国民法典中个人信息权益的性质	程　啸	清华大学法学院	政治与法律
20	论反垄断法的重构：应对数字经济的挑战	杨　东	中国人民大学法学院未来法治研究院、中国人民大学民商事法律科学研究中心	中国法学

（续表）

序号	篇名	作者	机构	中文刊名
21	个人信息使用的合法性基础——数据上利益分析视角	高富平	华东政法大学法律学院	比较法研究
22	构建智能社会的法律秩序	张文显	中国法学会学术委员会、吉林大学、浙江大学国家制度研究院	东方法学
23	论个人信息保护的目的——以个人信息保护法益区分为核心	高富平	华东政法大学法律学院	法商研究
24	个人信息民法保护的模式选择	王　成	北京大学法学院	中国社会科学
25	大数据时代算法歧视的法律规制与司法审查——以美国法律实践为例	郑智航 徐昭曦	山东大学法学院	比较法研究
26	隐私政策中的告知同意原则及其异化	万　方	北京外国语大学法学院	法律科学（西北政法大学学报）
27	和而不同：隐私权与个人信息的规则界分和适用	王利明	中国人民大学民商事法律科学研究中心、中国人民大学法学院	法学评论
28	人工智能法学研究的反智化批判	刘艳红	东南大学法学院	东方法学
29	论个人信息权益的构造	张新宝	中国人民大学法学院	中外法学
30	企业数据的利用准则	姚　佳	中国社会科学院法学研究所	清华法学
31	数据确权的困境及破解之道	韩旭至	华东政法大学法律学院	东方法学
32	个人信息的双重属性与行为主义规制	丁晓东	中国人民大学法学院、未来法治研究院	法学家
33	个人信息权作为民事权利之证成：以知识产权为参照	吕炳斌	南京大学法学院	中国法学
34	算法偏见及其规制路径研究	刘友华	湘潭大学法学院	法学杂志
35	数据流通理论　数据资源权利配置的基础	高富平	华东政法大学法律学院、华东政法大学数据法律研究中心	中外法学
36	论企业数据权益的法律保护——基于数据法律性质的分析	丁晓东	中国人民大学法学院	法律科学（西北政法大学学报）
37	算法规制的谱系	苏　宇	中国人民公安大学法学与犯罪学学院	中国法学
38	个人信息处理中的“同意”与“同意撤回”	万　方	北京外国语大学法学院	中国法学

（续表）

序号	篇　名	作者	机　构	中文刊名
39	侵犯公民个人信息罪法益：个人法益及新型权利之确证——以《个人信息保护法（草案）》为视角之分析	刘艳红	东南大学法学院、东南大学人民法院司法大数据研究基地暨东南大学反腐败法治研究中心	中国刑事法杂志
40	ChatGPT 模型的法律风险及应对之策	邓建鹏 朱怿成	中央财经大学法学院、金融科技法治研究中心、北京大学法学院	新疆师范大学学报（哲学社会科学版）
41	敏感个人信息保护的基本问题——以《民法典》和《个人信息保护法》的解释为背景	王利明	中国人民大学民商事法律科学研究中心、中国人民大学法学院	当代法学
42	算法歧视挑战下平等权保护的危机与应对	崔靖梓	山东大学法学院	法律科学（西北政法大学学报）
43	个人信息保护法律体系的宪法基础	王锡锌 彭　錞	教育部人文社会科学重点研究基地北京大学宪法与行政法研究中心、北京大学法学院	清华法学
44	司法人工智能的重塑效应及其限度	马长山	华东政法大学	法学研究
45	个人信息保护的“同意”困境及其出路	吕炳斌	南京大学法学院	法商研究
46	论我国民法典中的个人信息合理使用制度	程　啸	清华大学法学院	中外法学
47	论数据权益：以“权利束”为视角	王利明	中国人民大学法学院	政治与法律
48	从“权利规范模式”走向“行为控制模式”的数据信托——数据主体权利保护机制构建的另一种思路	冯　果 薛亦飒	武汉大学法学院	法学评论
49	人脸识别的法律规制	邢会强	中央财经大学法学院	比较法研究
50	论我国个人信息保护法中的个人信息处理规则	程　啸	清华大学法学院	清华法学
51	数字人权时代人脸识别技术应用的治理	郭春镇	厦门大学法学院	现代法学
52	区块链技术的司法适用、体系难题与证据法革新	张玉洁	广州大学公法研究中心	东方法学
53	个人信息保护中“同意”规则的规范构造	陆　青	浙江大学光华法学院	武汉大学学报（哲学社会科学版）
54	论《个人信息保护法》的亮点、特色与适用	王利明 丁晓东	中国人民大学民商事法律科学研究中心；中国人民大学法学院	法学家

（续表）

序号	篇　名	作者	机　构	中文刊名
55	深度合成治理的逻辑更新与体系迭代——ChatGPT 等生成型人工智能治理的中国路径	张凌寒	中国政法大学数据法治研究院	法律科学（西北政法大学学报）
56	从算法危机到算法信任：算法治理的多元方案和本土化路径	张　欣	对外经济贸易大学法学院、对外经济贸易大学数字经济与法律创新研究中心	华东政法大学学报
57	数据确权的误区	周汉华	中国社会科学院法学研究所	法学研究
58	算法解释权与算法治理路径研究	张　欣	对外经济贸易大学法学院	中外法学
59	以“权利束”视角探究数据权利	闫立东	武汉大学法学院	东方法学
60	数据生产理论——数据资源权利配置的基础理论	高富平	华东政法大学法律学院	交大法学
61	论数据携带权的属性、影响与中国应用	丁晓东	中国人民大学法学院、中国人民大学未来法治研究院	法商研究
62	人工智能生成作品的著作权法之问	吴汉东	中南财经政法大学	中外法学
63	法益自决权与侵犯公民个人信息罪的司法边界	冀　洋	东南大学法学院、东南大学反腐败法治研究中心暨人民法院司法大数据研究基地	中国法学
64	论数字货币的法律属性	杨延超	中国社会科学院法学研究所	中国社会科学
65	论作为新型财产权的数据财产权	张新宝	中国人民大学法学院	中国社会科学
66	人工智能的法律规制路径：一个框架性讨论	汪庆华	北京师范大学法学院	现代法学
67	信息和数据概念区分的法律意义	梅夏英	对外经济贸易大学法学院	比较法研究
68	人工智能算法的伦理危机与法律规制	郑智航	山东大学法学院	法律科学（西北政法大学学报）
69	数据界权的关系进路	戴　昕	北京大学法学院	中外法学
70	生成式人工智能与法律的六大议题：以 ChatGPT 为例	於兴中 郑　戈 丁晓东	澳门大学法学院；上海交通大学凯原法学院；中国人民大学法学院	中国法律评论
71	数据权利：范式统合与规范分殊	许　可	对外经济贸易大学法学院	政法论坛
72	算法的法律性质：言论、商业秘密还是正当程序？	陈景辉	中国人民大学法学院、中国人民大学未来法治研究院	比较法研究
73	论个人信息的双重法律属性	彭诚信	上海交通大学凯原法学院	清华法学
74	大数据市场反垄断规制的理论逻辑与基本路径	殷继国	华南理工大学法学院	政治与法律

（续表）

序号	篇名	作者	机构	中文刊名
75	数据爬取的正当性及其边界	许　可	对外经济贸易大学法学院	中国法学
76	生成式人工智能的三大安全风险及法律规制——以 ChatGPT 为例	刘艳红	中国政法大学刑事司法学院	东方法学
77	个人数据的刑法保护模式	劳东燕	清华大学法学院	比较法研究
78	算法消费者价格歧视反垄断法属性的误读及辨明	喻　玲	江西财经大学法学院	法学
79	互联网生态“守门人”个人信息保护特别义务设置研究	张新宝	中国人民大学法学院、中国人民大学网络信息法中心	比较法研究
80	大数据时代的算法解释权：背景、逻辑与构造	张恩典	南昌大学法学院	法学论坛
81	大数据时代个人信息使用的合法利益豁免	谢　琳	中山大学法学院	政法论坛
82	数字经济背景下的 WTO 电子商务诸边谈判：最新发展及焦点问题	石静霞	对外经济贸易大学法学院	东方法学
83	数据主体的“弱同意”及其规范结构	蔡星月	中国政法大学	比较法研究
84	人工智能时代的隐私保护	郑志峰	西南政法大学民商法学院	法律科学（西北政法大学学报）
85	个人信息权益的三层构造及保护机制	王锡锌	北京大学法学院	现代法学
86	平行还是交叉　个人信息保护与隐私权的关系	周汉华	中国社会科学院法学研究所	中外法学
87	民法编纂背景下侵犯公民个人信息罪的保护法益：信息自决权——以刑民一体化及《民法总则》第 111 条为视角	刘艳红	东南大学法学院	浙江工商大学学报
88	大数据交易背景下个人信息财产权的分配与实现机制	邢会强	中央财经大学	法学评论
89	自由与安全：数据跨境流动的中国方案	许　可	对外经济贸易大学法学院	环球法律评论
90	算法自动化决策与行政正当程序制度的冲突与调和	张凌寒	北京科技大学文法学院	东方法学
91	个人信息保护中的企业隐私政策及政府规制	高秦伟	中山大学法学院	法商研究
92	论个人信息权的构建及其体系化	申卫星	清华大学法学院	比较法研究

（续表）

序号	篇　名	作者	机　构	中文刊名
93	论个人信息人格利益的隐私本质	房绍坤 曹相见	吉林大学法学院、吉林大学财产法研究中心；山东农业大学泰山法治研究院	法制与社会发展
94	用户画像、个性化推荐与个人信息保护	丁晓东	中国人民大学法学院	环球法律评论
95	论个人信息保护中的人格保护与经济激励机制	蔡培如 王锡锌	北京大学法学院；北京大学宪法与行政法研究中心	比较法研究
96	自动化行政的分级与法律控制变革	马颜昕	华南师范大学法学院、政府改革与法治建设研究院	行政法学研究
97	自动化行政的法律控制	胡敏洁	浙江大学法学院	行政法学研究
98	国家保护视野中的个人信息权利束	王锡锌	北京大学法学院	中国社会科学
99	人工智能算法黑箱的法律规制——以智能投顾为例展开	徐　凤	中国政法大学外国语学院	东方法学
100	作为算法的法律	蒋　舸	清华大学法学院	清华法学

智慧法治学术影响力 TOP 100 入围作者
（按姓氏拼音首字母排序）

作　者	机　构	作　者	机　构	作　者	机　构
包晓丽	北京理工大学	陈　兵	南开大学	陈吉栋	同济大学
陈景辉	中国人民大学	陈兴良	北京大学	程　啸	清华大学
崔国斌	清华大学	邓建鹏	中央财经大学	丁晓东	中国人民大学
冯晓青	中国政法大学	高富平	华东政法大学	郭春镇	厦门大学
郭少飞	河南师范大学	郭旨龙	中国政法大学	韩旭至	华东政法大学
胡　凌	北京大学	胡　铭	浙江大学	胡元聪	西南政法大学
季卫东	上海交通大学	冀　洋	东南大学	江　溯	北京大学
江海洋	山东大学	姜　涛	华东政法大学	蒋　舸	清华大学
柯　达	华东政法大学	孔祥俊	上海交通大学	孔祥稳	对外经济贸易大学
劳东燕	清华大学	李怀胜	中国政法大学	李晓宇	广东外语外贸大学
林洹民	中央财经大学	刘　强	中南大学	刘　权	中央财经大学
刘品新	中国人民大学	刘双阳	中国政法大学	刘宪权	华东政法大学
刘艳红	中国政法大学	刘友华	湘潭大学	马长山	华东政法大学
梅　傲	西南政法大学	梅夏英	对外经济贸易大学	宁　园	武汉大学
欧阳本祺	东南大学	裴　炜	北京航空航天大学	彭诚信	上海交通大学
皮　勇	同济大学	商希雪	中国政法大学	沈伟伟	中国政法大学

（续表）

作 者	机 构	作 者	机 构	作 者	机 构
申卫星	清华大学	石佳友	中国人民大学	苏 宇	中国人民公安大学
孙道萃	中国政法大学	唐林垚	中国社会科学院	唐要家	浙江财经大学
田 野	天津大学	万 方	北京外国语大学	汪庆华	北京师范大学
王 迁	华东政法大学	王 苑	东南大学	王华伟	北京大学
王利明	中国人民大学	王禄生	东南大学	王锡锌	北京大学
王先林	上海交通大学	王晓晔	中国社会科学院	吴汉东	中南财经政法大学
谢 琳	中山大学	谢登科	吉林大学	解正山	上海对外经贸大学
邢会强	中央财经大学	熊 波	华东政法大学	许 可	对外经济贸易大学
杨 东	中国人民大学	杨立新	中国人民大学	杨志琼	东南大学
姚 佳	中国社会科学院	叶 明	西南政法大学	殷继国	华南理工大学
于 冲	中国政法大学	喻海松	最高人民法院	袁 曾	上海大学
张 欣	对外经济贸易大学	张 勇	华东政法大学	张恩典	南昌大学
张吉豫	中国人民大学	张建文	西南政法大学	张凌寒	中国政法大学
张钦昱	中国政法大学	张守文	北京大学	张新宝	中国人民大学
张玉洁	广州大学	赵 磊	中国社会科学院	赵精武	北京航空航天大学
郑 曦	北京外国语大学	郑佳宁	中国政法大学	郑玉双	中国政法大学
郑志峰	西南政法大学	郑智航	山东大学	周汉华	中国社会科学院
左卫民	四川大学				

（本表“机构”为作者现服务机构；依据作者入选作品计算，不代表作者全部作品。）

智慧法治学术影响力 TOP 100 期刊

序号	中文刊名	论文数量	总他引频次	总下载频次
1	东方法学	161	10406	505413
2	比较法研究	106	8158	456022
3	法律科学（西北政法大学学报）	85	5130	288368
4	中国法学	51	5412	290210
5	中外法学	48	5236	229312
6	科技与法律（中英文）	204	3451	266433
7	华东政法大学学报	100	3771	233684
8	现代法学	71	4696	229193
9	政治与法律	81	4343	215118
10	法商研究	62	4363	190129

（续表）

序号	中文刊名	论文数量	总他引频次	总下载频次
11	法律适用	146	3489	248192
12	环球法律评论	63	3905	172934
13	法学论坛	76	3200	169641
14	法学杂志	81	3591	183806
15	法学研究	38	2798	179966
16	法学评论	58	3427	171135
17	行政法学研究	67	2900	164573
18	法学	62	3036	151344
19	政法论坛	51	2605	157285
20	财经法学	79	2057	125287
21	法治研究	66	2728	169405
22	电子知识产权	123	2300	133208
23	法制与社会发展	48	2385	132993
24	清华法学	34	2936	137867
25	中国应用法学	93	1931	120761
26	当代法学	55	2241	132469
27	中国法律评论	56	1607	129769
28	河北法学	82	2381	142160
29	国家检察官学院学报	60	2049	113388
30	知识产权	64	1796	124510
31	中国刑事法杂志	51	2166	111402
32	上海政法学院学报（法治论丛）	71	1332	91974
33	政法论丛	64	1903	125167
34	重庆邮电大学学报（社会科学版）	103	1388	96286
35	中国社会科学	12	2240	86005
36	法学家	30	1987	98091
37	重庆大学学报（社会科学版）	65	1682	127055
38	大连理工大学学报（社会科学版）	72	1474	109436
39	中国人民公安大学学报（社会科学版）	99	1291	128160
40	中国政法大学学报	69	1230	102115
41	北方法学	55	1428	97496
42	交大法学	32	1658	65984

（续表）

序号	中文刊名	论文数量	总他引频次	总下载频次
43	经贸法律评论	43	1121	59262
44	中国出版	80	1122	99873
45	探索与争鸣	42	1022	62870
46	北京航空航天大学学报（社会科学版）	53	726	69874
47	中南财经政法大学学报	32	711	81812
48	地方立法研究	41	673	47405
49	西安交通大学学报（社会科学版）	37	1024	73204
50	学术交流	64	581	52031
51	西南政法大学学报	54	889	60608
52	华中科技大学学报（社会科学版）	34	1067	63064
53	江西社会科学	42	990	60167
54	武汉大学学报（哲学社会科学版）	22	1276	54136
55	河南社会科学	40	970	50412
56	暨南学报（哲学社会科学版）	40	834	57070
57	人民论坛·学术前沿	55	615	61221
58	南京社会科学	37	694	69003
59	山东大学学报（哲学社会科学版）	28	990	71662
60	社会科学辑刊	32	826	63828
61	中国人民警察大学学报	146	527	73808
62	上海大学学报（社会科学版）	23	871	46586
63	江西财经大学学报	37	648	56759
64	苏州大学学报（哲学社会科学版）	32	766	47573
65	出版发行研究	59	639	57415
66	竞争政策研究	48	707	40858
67	社会科学	23	742	41296
68	广西社会科学	49	590	49006
69	河南财经政法大学学报	43	530	52096
70	青少年犯罪问题	44	430	38579
71	西北民族大学学报（哲学社会科学版）	34	884	56851
72	重庆理工大学学报（社会科学）	44	444	42532
73	兰州学刊	34	599	46610
74	学习与探索	34	353	39445

（续表）

序号	中文刊名	论文数量	总他引频次	总下载频次
75	上海财经大学学报	22	681	45763
76	江汉论坛	27	392	38809
77	安徽大学学报（哲学社会科学版）	20	653	39849
78	求是学刊	23	537	31869
79	东南大学学报（哲学社会科学版）	35	496	41005
80	浙江社会科学	23	494	36532
81	甘肃政法大学学报	29	511	32743
82	苏州大学学报（法学版）	25	474	31433
83	江淮论坛	22	411	36859
84	上海交通大学学报（哲学社会科学版）	18	526	36871
85	湖北社会科学	30	315	26787
86	社会科学家	40	337	44685
87	西北工业大学学报（社会科学版）	24	401	27807
88	社会科学战线	22	491	30741
89	西南民族大学学报（人文社会科学版）	25	530	33761
90	浙江工商大学学报	19	479	22940
91	中国人民大学学报	16	563	30010
92	山东社会科学	29	293	27722
93	南大法学	19	274	23510
94	上海师范大学学报（哲学社会科学版）	21	332	22413
95	理论探索	15	385	21956
96	吉林大学社会科学学报	18	355	31686
97	广东社会科学	15	441	33572
98	甘肃社会科学	20	303	25946
99	西北大学学报（哲学社会科学版）	13	463	29888
100	中南大学学报（社会科学版）	15	290	19845

第一部分　人工智能法律与政策

一、概　述

本部分收录的是 2023 年中国及世界部分国家和地区的人工智能法律与政策资料，[①] 并据此对 2023 年中国及世界（部分国家、地区）人工智能法律与政策的发展状况及趋势作分析。[②]

1. 中国基本情况

从立法层面看，过去 6 年中国陆续制定和修订的《中华人民共和国网络安全法》《中华人民共和国民法典》《中华人民共和国数据安全法》《中华人民共和国个人信息保护法》《中华人民共和国科学技术进步法》及相关的刑法修正案等构成了中国信息技术安全、数据隐私安全保护领域的基本法律框架。面对通用人工智能技术的快速发展，是否尽快制定出台专门的“人工智能法”针对性治理，理论界和实务界仍在探索中。

---

① 本部分所称“人工智能法律”是指各国家和地区的立法机关、行政机关，以及国际组织制定的有关人工智能的具有普遍约束力和强制力的法律、法案、条例、指令等规范性文件。在中国法域下，“人工智能法律”指广义的法律，包含中国各级人大和政府制定的具有法定效力的规范。本部分所称“人工智能政策”是指各国中央政府及其各部门，地方政府制定的有关人工智能的具有政策指导性的发展战略、实施方案等规范性文件，以及国际组织所发布的政策性建议。

② 本部分所称“法律与政策”是指涉及人工智能的“法律”与“政策”的统称。本部分所称“相关法律与政策”是指非以人工智能为主要内容但涉及了人工智能的“法律与政策”。本部分所称“专门法律与政策”是指以人工智能为主要内容的“法律与政策”。

从政策层面看，国家网信办等十六部门发布《关于促进数据安全产业发展的指导意见》，工信部等六部门发布《算力基础设施高质量发展行动计划》，交通运输部发布《自动驾驶汽车运输安全服务指南（试行）》，一系列政策措施助力培育数字产业、鼓励人工智能创新，激发数据产业活力、提升算力保障能力、扩大应用场景领域，推动数字化、智能化深入发展。同时，《互联网信息服务深度合成管理规定》《生成式人工智能服务管理暂行办法》《科技伦理审查办法（试行）》等多项规章的落地实施，加强科技伦理审查、开展模型监管，保障数据安全利用、人工智能技术安全发展。

2. 国外基本情况

从立法层面看，世界部分国家和地区对于人工智能治理的立法和政策取得重大进展，既有共性问题带来的共识，也有个性特点带来的分歧，伴随人工智能的快速迭代，不仅是传统的隐私保护引发公众焦虑，人工智能带来的安全威胁也正在引起人们的重视。在美国，无论是立法者，还是科技公司或公众，对人工智能监管都十分关注，但通过全面的人工智能立法仍具挑战。无论是实质内容还是程序，都没有达成共识，不同的成员群体通过不同的程序制定了自己版本的人工智能立法。在欧盟，2023年12月8日，欧盟各方就《人工智能法案》达成协议，标志着欧盟在监管人工智能方面迈出了重要一步，在创新需求与保护基本权利之间取得了平衡。

从政策层面看，世界部分国家和地区的关注点从传统隐私保护算法歧视等，向更基础的安全问题扩展，在鼓励技术创新的同时，也在推动安全保护落实。在美国，随着人工智能平台迅速扩展，政策制定者将关注的重点放在支持和监管两个方面。2023年10月30日，拜登政府发布了首份《关于安全、可靠和值得信赖的人工智能的相关行政令》，既宣示了美国引领新一代技术革命的“雄心”，又提出了多项加强人工智能规制的措施。欧盟及其成员国，以《通用数据保护条例》为基础，重点围绕人工智能在隐私和个人信息保护、算法合规性等方面，开展了一系列针对性的调查行动。在鼓励发展方面，德国、法国与丹麦等国家纷纷出台政策鼓励扶持人工智能产业发展，谋求竞争优势。在监管规制方面，德国、法国与意大利就如何监管通用人工智能基础模型达成共识，支持“通过行为准则进行强制性自我监管”加强对通用人工智能基础模型的监管。

二、中国人工智能法律与政策

（一）基本情况

2023 年 1 月 10 日，《互联网信息服务深度合成管理规定》正式施行。该管理规定明确了深度合成服务的定义、适用范围、监督管理职责、服务提供者责任、技术与数据管理规范、监督检查与法律责任等内容。规定深度合成服务提供者应当遵守法律法规，尊重社会公德和伦理道德，不得制作、复制、发布、传播违法信息或虚假新闻；强调必须落实信息安全主体责任，建立健全用户认证、内容审核等管理制度，对可能引起公众混淆的服务进行显著标识；明确违反规定的处罚措施，包括行政处罚、治安管理处罚甚至追究刑事责任。

2023 年 8 月 15 日，《生成式人工智能服务管理暂行办法》正式施行。该办法坚持发展和安全并重、促进鼓励创新和依法治理相结合的原则，旨在促进生成式人工智能健康发展和规范应用，中国成为世界范围内较早规范生成式人工智能技术的国家之一。该办法明确，中国支持生成式人工智能领域创新和国际合作，尤其是算法、框架、芯片和软件平台等基础技术方面合作；强调应用安全可信的芯片、工具、数据资源等。

2023 年 9 月 7 日，科技部等十部委联合发布《科技伦理审查办法（试行）》，对科技伦理审查的基本程序、标准、条件等提出统一要求，明确一要促进科技向善，防范科技活动可能带来的潜在风险，保证科技创新活动的正确方向；二要遵循科技规律，立足科技发展特点，推动科技创新与伦理的协同发展、良性互动；三要坚持问题导向，重点解决科技伦理审查职责不明确、程序不规范、机制不健全等问题。

2023 年 10 月 18 日，中国政府面向世界提出了《全球人工智能治理倡议》，并在首届全球人工智能安全峰会承诺愿以落实《全球人工智能治理倡议》为契机，同各方就人工智能全球治理开展沟通交流、务实合作，确保人工智能始终朝着人类文明进步的方向发展。

这些法规和政策的出台，坚持鼓励创新与风险治理双管齐下、齐头并进，针对重点场景和领域分级分类、有的放矢。一方面促进大模型迭代、场景应用拓展、开源开放合作，以人工智能深度应用和快速迭代，培育新质生产力，促进高质量发展；另一方面，紧盯科技创新应用带来的各种风险，及时出台有效的监管和治理措施，努力确保风险可控、安全可靠、可信合规。人工智能鼓励创新与监管治理协同并进已经成为全球智能社会治理的一种趋势。

本部分收录汇总了2023年国家和地方发布或生效的涉及人工智能的法律和政策。据公开资料统计，包含国家层面：国务院行政法规、国务院各部门行政规章、国家标准、党中央和国务院政策文件（见表1-2），国务院各部委部门政策（见表1-4），地方法规和地方政府规章（见表1-5），及地方政府政策文件（见表1-6）等。[①]2023年全年有关人工智能的法规、政策、技术标准、伦理准则等的出台，对鼓励人工智能技术创新应用、引领高质量发展，提供有力的政策支持；对防范人工智能技术带来的风险、确保科技健康有序发展、有效实施智能社会治理，提供了“软法”和“硬规”两个层面的制度支持。

图1-1梳理了自2017年以来，中国人工智能专门政策规范体系。随着人工智能技术快速迭代升级、通用人工智能效用日趋显现，国家出台的一系列政策鼓励人工智能相关领域的技术创新和广泛应用，不断提升这一领域的领先优势。同时，也在持续丰富人工智能治理的有效手段，通过制定出台部门规章、科技伦理审查办法等，对深度合成技术、生成式大模型、智能计算平台等实施针对性监管。伦理治理的弹性与规章的刚性协同，有利于营造健康有序、合规可信的治理环境。

（二）国家坚持创新发展与安全治理并进

2023年，中国的人工智能产业快速发展，鼓励科技创新引领人工智能产业发展的政策不断问世；人工智能治理的法规制度不断涌现，既有对法律法规的具体落实，也有针对新生事物的及时规制。然而，值得注意的是，尽管欧盟自2021年以来，全力推动人工智能治理的专门的法律文件《人工智能法案》通过，但是中国的人工智能法出台条件和时机尚未成熟。2023年5月31日发布的《国务院2023年度立法工作计划》中提及预备提请全国人大常委会审议人工智能法草案，但未能进入9月7日发布

① 部分规范文本尚未正式通过，这里收录最新版的草案或者征求意见稿。由于数量太多，这里主要统计省级人民政府及其工作部门发布的政策文件。

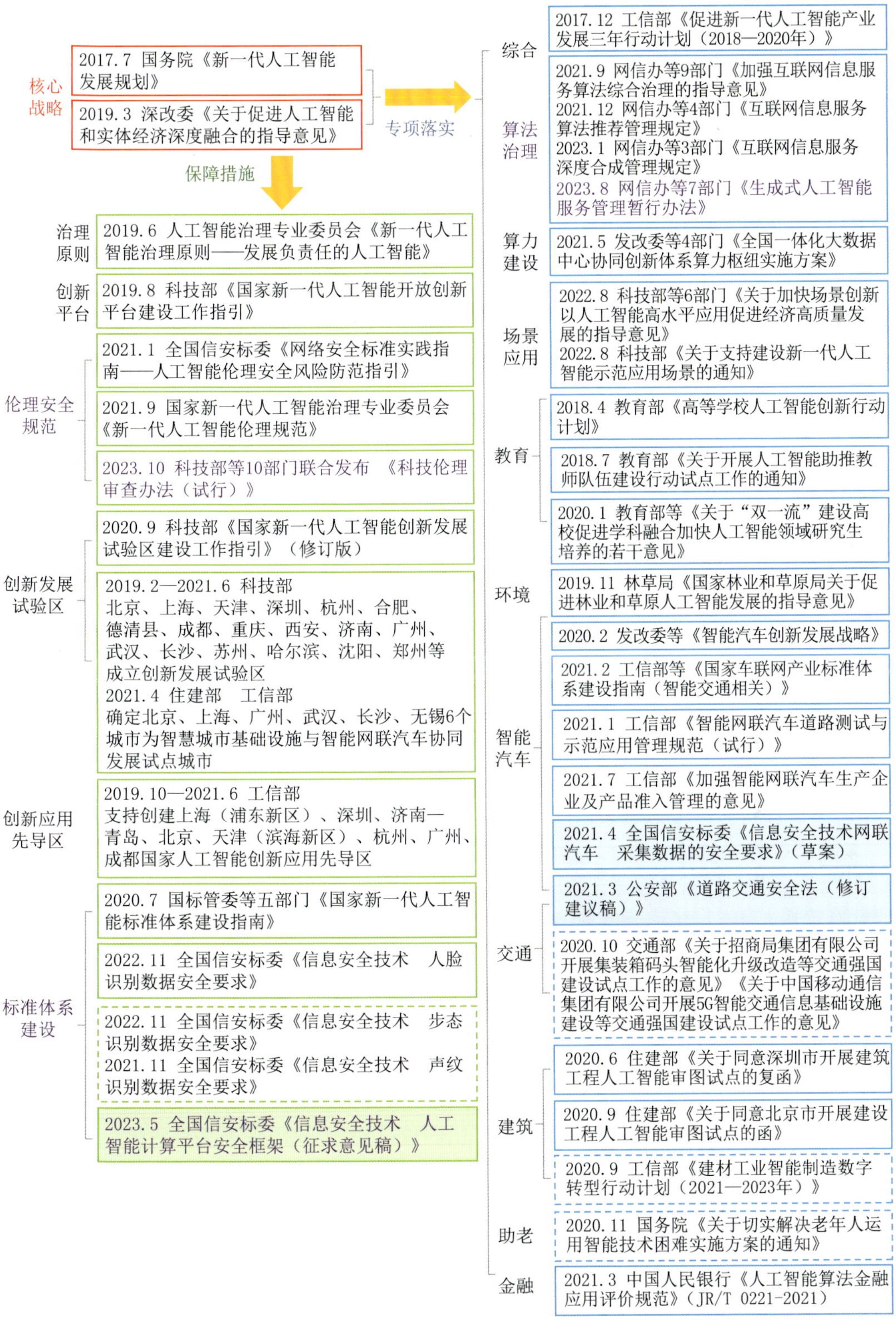

图 1-1 中国人工智能专门政策规范体系[①]

① 紫色字体为本次蓝皮书更新内容，虚线框表示推动智能化发展的人工智能辅助性规范。阴影背景表示该规范处于征求意见或者修订阶段，尚未正式生效。

的十四届全国人大常委会未来五年的立法规划，中国的人工智能立法仍在酝酿中。

1. 数字中国促进人工智能发展

2023 年 2 月 27 日，中共中央、国务院印发了《数字中国建设整体布局规划》，统筹发展和安全，强化系统观念和底线思维，加强整体布局，按照夯实基础、赋能全局、强化能力、优化环境的战略路径，全面提升数字中国建设的整体性、系统性、协同性，着力推动高质量发展，促进数字经济和实体经济深度融合，以数字化驱动生产生活和治理方式变革，为以中国式现代化全面推进中华民族伟大复兴注入强大动力。

数字中国建设按照“2522”的整体框架进行布局，即夯实数字基础设施和数据资源体系“两大基础”，推进数字技术与经济、政治、文化、社会、生态文明建设“五位一体”深度融合，强化数字技术创新体系和数字安全屏障“两大能力”，优化数字化发展国内国际“两个环境”。①

规划提出要夯实数字中国建设基础，具体从两个方面落实举措：一是打通数字基础设施大动脉。加快 5G 网络与千兆光网协同建设，深入推进 IPv6 规模部署和应用，推进移动物联网全面发展，大力推进北斗规模应用。系统优化算力基础设施布局，促进东西部算力高效互补和协同联动，引导通用数据中心、超算中心、智能计算中心、边缘数据中心等合理梯次布局。整体提升应用基础设施水平，加强传统基础设施数字化、智能化改造。二是畅通数据资源大循环。构建国家数据管理体制机制，健全各级数据统筹管理机构。推动公共数据汇聚利用，建设公共卫生、科技、教育等重要领域国家数据资源库。释放商业数据价值潜能，加快建立数据产权制度，开展数据资产计价研究，建立数据要素按价值贡献参与分配机制。

规划提出要从五个方面全面赋能经济社会发展（如图 1-2）：（1）做强做优做大数字经济，（2）发展高效协同的数字政务，（3）打造自信繁荣的数字文化，（4）构建普惠便捷的数字社会，（5）建设绿色智慧的数字生态文明。同时要强化数字中国关键能力。一方面要构筑自立自强的数字技术创新体系。健全社会主义市场经济条件下关键核心技术攻关新型举国体制，加强企业主导的产学研深度融合。强化企业科技创新主体地位，发挥科技型骨干企业引领支撑作用。加强知识产权保护，健全知识产权转化

① 中共中央、国务院印发《数字中国建设整体布局规划》，新华社，https://www.gov.cn/zhengce/2023-02/27/content_5743484.htm。

收益分配机制。另一方面要筑牢可信可控的数字安全屏障。切实维护网络安全，完善网络安全法律法规和政策体系。增强数据安全保障能力，建立数据分类分级保护基础制度，健全网络数据监测预警和应急处置工作体系。

（1）做强做优做大数字经济。

- 培育壮大数字经济核心产业，研究制定推动数字产业高质量发展的措施，打造具有国际竞争力的数字产业集群。推动数字技术和实体经济深度融合，在农业、工业、金融、教育、医疗、交通、能源等重点领域，加快数字技术创新应用。支持数字企业发展壮大，健全大中小企业融通创新工作机制，发挥“绿灯”投资案例引导作用，推动平台企业规范健康发展。

（2）发展高效协同的数字政务。

- 加快制度规则创新，完善与数字政务建设相适应的规章制度。强化数字化能力建设，促进信息系统网络互联互通、数据按需共享、业务高效协同。提升数字化服务水平，加快推进“一件事一次办”，推进线上线下融合，加强和规范政务移动互联网应用程序管理。

（3）打造自信繁荣的数字文化。

- 大力发展网络文化，加强优质网络文化产品供给，引导各类平台和广大网民创作生产积极健康、向上向善的网络文化产品。推进文化数字化发展，深入实施国家文化数字化战略，建设国家文化大数据体系，形成中华文化数据库。提升数字文化服务能力，打造若干综合性数字文化展示平台，加快发展新型文化企业、文化业态、文化消费模式。

（4）构建普惠便捷的数字社会。

- 促进数字公共服务普惠化，大力实施国家教育数字化战略行动，完善国家智慧教育平台，发展数字健康，规范互联网诊疗和互联网医院发展。推进数字社会治理精准化，深入实施数字乡村发展行动，以数字化赋能乡村产业发展、乡村建设和乡村治理。普及数字生活智能化，打造智慧便民生活圈、新型数字消费业态、面向未来的智能化沉浸式服务体验。

（5）建设绿色智慧的数字生态文明。

- 推动生态环境智慧治理，加快构建智慧高效的生态环境信息化体系，运用数字技术推动山水林田湖草沙一体化保护和系统治理，完善自然资源三维立体“一张图”和国土空间基础信息平台，构建以数字孪生流域为核心的智慧水利体系。加快数字化绿色化协同转型。倡导绿色智慧生活方式。

图 1-2 《数字中国建设整体布局规划》赋能经济的具体举措

为了优化数字化发展环境，促进数字领域创新发展与安全治理协同并进，规划提出了两个方面的发展思路。一是建设公平规范的数字治理生态。完善法律法规体系，加强立法统筹协调，研究制定数字领域立法规划，及时按程序调整不适应数字化发展的法律制度。构建技术标准体系，编制数字化标准工作指南，加快制定修订各行业数字化转型、产业交叉融合发展等应用标准。提升治理水平，健全网络综合治理体系，提升全方位多维度综合治理能力，构建科学、高效、有序的管网治网格局。净化网络空间，深入开展网络生态治理工作，推进“清朗”“净网”系列专项行动，创新推进网络文明建设。

二是构建开放共赢的数字领域国际合作格局。统筹谋划数字领域国际合作，建立多层面协同、多平台支撑、多主体参与的数字领域国际交流合作体系，高质量共建“数字丝绸之路”，积极发展“丝路电商”。拓展数字领域国际合作空间，积极参与联合国、世界贸易组织、二十国集团、亚太经合组织、金砖国家、上合组织等多边框架下的数字领域合作平台，高质量搭建数字领域开放合作新平台，积极参与数据跨境流动等相关国际规则构建。

此外，在助力产业发展方面，2023 年 1 月 4 日，国家药监局印发《关于进一步加强中药科学监管促进中药传承创新发展若干措施》，提出要推动医疗机构采用大数据、人工智能、虚拟现实研究等技术手段对医疗机构中药制剂开展研究，通过人工智能赋能产业发展，推动中药制剂品种向新药转化，努力促进中药产业长足发展。

2. 人工智能监管逐步落地细化

2023 年 1 月 10 日，《互联网信息服务深度合成管理规定》正式生效施行，系统规范深度合成服务，完善深度合成治理体系，筑牢科技治理安全屏障。该规定是我国首部针对深度合成服务的专门性部门规章，坚持安全与发展并重，针对深度合成技术带来的现实危害与潜在风险，提出科学化、精细化、体系化的治理要求，划定深度合成服务的“底线”和“红线”，推进深度合成技术依法依规有效利用。

规定针对深度合成技术覆盖面广的特点，明确了深度合成技术应用的管理范围，将深度合成技术界定为利用深度学习、虚拟现实等生成合成类算法制作文本、图像、音频、视频、虚拟场景等网络信息的技术。针对深度合成应用形式多样化的特点，从应用场景的角度，涵盖了文本撰写、问答对话、语音转换、音乐生成、人脸操控、视频编辑、数字人物合成等正在广泛应用或具有发展前景的典型场景，以及相关技术分支和产品形态。

规定对深度合成服务提供者主体责任进行了明确。一是不得利用深度合成服务制作、复制、发布、传播法律、行政法规禁止的信息，或从事法律、行政法规禁止的活动。二是应当落实信息安全主体责任，建立健全用户注册、算法机制机理审核、科技伦理审查、信息发布审核、数据安全、个人信息保护、反电信网络诈骗、应急处置等管理制度，具有安全可控的技术保障措施。三是制定和公开管理规则、平台公约，完善服务协议，依法依约履行管理责任，落实真实身份信息认证制度。四是加强深度合成内容管理，采取技术或者人工方式对输入数据和合成结果进行审核，建立健全用于识别违法和不良信息的特征库，记录并留存相关网络日志。五是建立健全辟谣机制，发现利用深度合成服务制作、复制、发布、传播虚假信息的，应当及时采取辟谣措施，保存有关记录，并向网信部门和有关主管部门报告。

规定坚持多元共治理念，营造深度合成向上向善生态。全面推动企业落实主体责任，明确企业责任承担要点，强化深度合成服务提供者、技术支持者等相关主体的道德伦理意识，严格落实事前、事中、事后各项监管规定，鼓励企业积极创新治理手段，勇于主动承担社会责任。鼓励相关行业组织加强行业自律，建立健全行业标准、行业准则和自律管理制度，督促指导深度合成服务提供者和技术支持者制定完善业务规范、依法开展业务和接受社会监督。加强宣传引导，提高深度合成安全防范意识，有效甄别违法违规合成内容，规避人身财产安全风险，形成全社会尊崇法治、践行法治的良好氛围。畅通用户投诉、举报渠道，确保以主流价值观为引领，形成全民共建共治共享的良好局面。

规定要求技术支持者从技术源头上加强数据和算法管理，确保训练数据客观公正、合成模型安全可控。一是加强训练数据管理。采取必要措施保障训练数据安全；训练数据包含个人信息的，应当遵守个人信息保护的有关规定；提供人脸、人声等生物识别信息显著编辑功能的，应当提示使用者依法告知被编辑的个人，并取得其单独同意。二是加强技术管理。定期审核、评估、验证生成合成类算法机制机理；提供具有对人脸、人声等生物识别信息或者可能涉及国家安全、国家形象、国家利益和社会公共利益的特殊物体、场景等非生物识别信息编辑功能的模型、模板等工具的，应当依法自行或者委托专业机构开展安全评估。

《生成式人工智能服务管理暂行办法》从治理原则、技术层面治理、服务层面治理、监管与责任等角度系统规范了生成式人工智能相关各主体在各阶段的权利、义务以及责任，从总则规范到治理设计整体坚持发展和安全并重、促进创新和依法治理相结合的原则。

《生成式人工智能服务管理暂行办法》补充完善了立法目的，在促进生成式人工智能健康发展和规范应用的基础上，还注重保护国家安全、公共利益，以及个人和组织的合法权益。上位法依据补充了《科学技术进步法》，体现了鼓励科技创新、突破关键核心技术，促进生成式人工智能发展的思路；同时细化落实《网络安全法》《数据安全法》《个人信息保护法》，为监管划定了红线，为生成式人工智能的发展框定了界限。

总则中明确了监管思路：一是区分应用场景及应用目的进行监管。对于利用生成式人工智能进行新闻出版、影视制作及文艺创作的依照内容相关法律法规进行监管，而对于行业组织、企业、教育和科研机构、公共文化机构、有关专业机构等研发、应用生成式人工智能技术，未向境内公众提供生成式人工智能服务的，则不适用该办法进行监管。二是提出分行业和分级分类两种监管方法。根据生成式人工智能服务的风险高低进行分类分级监管；根据生成式人工智能服务适用的不同领域进行行业部门监管。这两种监管政策相辅相成，共同促进对人工智能的系统化监管。

总则中明确了对于生成式人工智能治理坚持"发展与安全并重"。在"技术发展与治理"章节，明确支持创新应用，鼓励算法、框架、芯片及相关基础技术自主创新，并鼓励推动平台建设以及资源协同。在模型训练中，不要求对预训练数据的真实性、准确性、客观性、多样性提供保障，而是仅要求采取措施提高数据质量。

具体的管理办法中，对生成式人工智能的服务提供者设置了比较全面的规范要求，既鼓励人工智能技术发展，又同步加强人工智能应用的合规治理。

（1）在模型训练与优化阶段的合规义务。主要包括提供者应该使用具有合法来源的数据和基础模型；不得侵害他人依法享有的知识产权；涉及个人信息的，应当取得个人同意或者符合法律、行政法规规定的其他情形；应当采取有效措施提高训练数据质量，增强训练数据的真实性、准确性、客观性、多样性等要求。

（2）数据标注义务。对研发过程中，要求提供者应当制定符合要求的清晰、具体、可操作的标注规则；开展数据标注质量评估、抽样核验标注内容的准确性等；企业应当依法开展数据标注及质量评估工作。

（3）网络信息内容生产者责任。履行网络信息安全义务，在涉及个人信息时，应当依法承担个人信息处理者责任，履行个人信息保护义务。同时，该条还规定提供者应当与生成式人工智能服务的使用者签订服务协议，明确双方权利义务。

（4）未成年人的合规义务。要求提供者对生成式人工智能服务的用途场景进行明确，并采取有效措施防范未成年人用户过度依赖或者沉迷生成式人工智能服务。

（5）个人信息保护的合规义务。应当对使用者的输入信息和使用记录依法履行保护义务，不得收集非必要个人信息，不得非法留存能够识别使用者身份的输入信息和使用记录，不得非法向他人提供使用者的输入信息和使用记录。同时要求提供者应当依法及时受理和处理个人关于查阅、复制、更正、补充、删除其个人信息等的请求。

（6）标识义务和网络安全义务。提供者应当按照《互联网信息服务深度合成管理规定》对图片、视频等生成内容进行标识；应当在其服务过程中，提供安全、稳定、持续的服务，保障用户正常使用。

（7）违法内容整改的义务。提供者发现违法内容时，应当及时采取停止生成、停止传输、消除等处置措施，采取模型优化训练等措施进行整改，并向有关主管部门报告。发现使用者从事违法活动的，应当依法依约采取警示、限制功能、暂停或者终止向其提供服务等处置措施，保存有关记录，并向有关主管部门报告。

（8）建立与公众互通渠道的合规义务。提供者应当建立健全投诉、举报机制，设置便捷的投诉、举报入口，公布处理流程和反馈时限，及时受理、处理公众投诉举报并反馈处理结果。

（9）评估备案的合规义务。对于提供具有舆论属性或者社会动员能力的生成式人工智能服务的，应当按照国家有关规定开展安全评估，并按照《互联网信息服务算法推荐管理规定》履行算法备案和变更、注销备案手续。

此外，关于责任承担，在“监督检查与法律责任”章节，明确了网信、发展改革、教育、科技、工业与信息化、公安、广播电视、新闻出版等部门应根据各自职责加强对生成式人工智能的监管并制定相关分类分级监管规则。

3. 人工智能伦理监管深入落实

2023 年，随着科技伦理规范的不断完善，科技伦理规制作用日益加强，各种配套政策和规范也在不断落实。

2023 年 2 月 18 日，国家卫生健康委、教育部、科技部、国家中医药局联合发布了《涉及人的生命科学和医学研究伦理审查办法》，明确了机构与企业等其他机构合作开展涉及人的生命科学和医学研究或者为企业等其他机构开展涉及人的生命科学和医学研究提供人的生物样本、信息数据的，机构应当充分了解研究的整体情况，通过伦理审查、开展跟踪审查，以协议方式明确生物样本、信息数据的使用范围、处理方式，并在研究结束后监督其妥善处置。

2023年8月，网信办等7部门发布的《生成式人工智能服务管理暂行办法》明确了提供和使用生成式人工智能服务，应当尊重社会公德和伦理道德，从3个角度提出了原则性的规定：

一是从国家社会角度，第4条第1款规定“坚持社会主义核心价值观，不得生成煽动颠覆国家政权、推翻社会主义制度，危害国家安全和利益、损害国家形象，煽动分裂国家、破坏国家统一和社会稳定，宣扬恐怖主义、极端主义，宣扬民族仇恨、民族歧视，暴力、淫秽色情，以及虚假有害信息等法律、行政法规禁止的内容”，这是从最基本最宏观的角度对生成式人工智能服务进行规制。

二是从主体平等角度，第4条第2款规定在算法设计、训练数据选择、模型生成和优化、提供服务的过程中需采取有效措施防止产生民族、信仰、国别、地域、性别、年龄、职业、健康等歧视，第3款从反垄断和反不正当竞争的角度提出了要求。

三是从隐私安全角度，第4条第4款和第5款分别从肖像权、名誉权、荣誉权、隐私权和个人信息权益的保护和提升生成式人工智能服务的透明度，提高生成内容的准确性和可靠性这两方面对生成式人工智能的服务提供者和使用者进行规制。

2023年10月8日，科技部、教育部、工业和信息化部等10部门联合发布了《科技伦理审查办法（试行）》，全文包括总则、审查主体、审查程序、监督管理、附则共5章56条，旨在规范科学研究、技术开发等科技活动的科技伦理审查工作，强化科技伦理风险防控，促进负责任创新，为各领域科技伦理审查提供了综合性、通用性的规范。

《科技伦理审查办法（试行）》针对不同类型的科技活动，明确规定了科技伦理审查的重点内容和标准。其中，（1）对于涉及数据和算法的科技活动：数据的收集、存储、加工、使用等处理活动以及研究开发数据新技术等符合国家数据安全和个人信息保护等有关规定，数据安全风险监测及应急处理方案得当；算法、模型和系统的设计、实现、应用等遵守公平、公正、透明、可靠、可控等原则，符合国家有关要求，伦理风险评估审核和应急处置方案合理，用户权益保护措施全面得当。（2）涉及以人为研究参与者的科技活动，所制定的招募方案公平合理，生物样本的收集、储存、使用及处置合法合规，个人隐私数据、生物特征信息等信息处理符合个人信息保护的有关规定，对研究参与者的补偿、损伤治疗或赔偿等合法权益的保障方案合理，对脆弱人群给予特殊保护；所提供的知情同意书内容完整、风险告知客观充分、表述清晰易懂，获取个人知情同意的方式和过程合规恰当。

办法明确了科技伦理审查的三种程序：一般程序、简易程序和专家复核程序。三种程序在启动条件、审查人员组成、决议机制以及跟踪审查频度方面均有所不同（如表 1-1）。在专家复核阶段，复核专家组将对初步审查意见的合规性和合理性作重点复核，包括初步审查意见是否符合我国法律、行政法规、国家有关规定和科技伦理要求，是否对科技活动的潜在伦理风险和防控措施进行全面充分、恰当合理的评估等。该办法还针对突发公共事件等紧急状态设置了应急审查程序。应急审查程序为科技伦理审查的快速通道，一般在 72 小时内完成；但是，应急审查程序的启动不得降低科技伦理审查的标准。

表 1-1　科技伦理审查三种程序特点对比

	简易程序	一般程序	特殊程序（含专家复核）
启动条件	• 科技活动伦理风险发生的可能性和程度不高于最低风险 *； • 对已批准科技活动方案作较小修改且不影响风险受益比； • 前期无重大调整的科技活动的跟踪审查	除适用简易程序以外的科技活动	可能产生较大伦理风险挑战的新兴科技活动（由《需要开展伦理审查复核的科技活动清单》确定）
审查人员组成	由主任委员指定两名或两名以上的委员承担	由主任委员或其指定的副主任委员主持，到会委员应不少于 5 人，且应包括上文所列不同背景和资质的委员	初步审查：人员组成与一般程序一致 专家复核：5 人以上，不含本单位委员会成员
决议机制	一致同意，否则转为一般程序	到会委员的三分之二以上同意	初步审查：到会委员的三分之二以上同意 专家复核：全体复核专家的三分之二以上同意
跟踪审查频度	委员会可根据情况调整	一般不超过 12 个月	一般不超过 6 个月

* 最低风险：日常生活中遇到的常规风险或与健康体检相当的风险。

为了保障科技伦理治理活动的有效开展，除开展科技伦理审查外，办法还对单位设定了一系列合规义务，主要包括：（1）建立和完善科技伦理（审查）委员会管理制度、科技伦理应急审查制度，以及审查、监督、保密管理和档案管理制度等一系列制度，以确保科技伦理审查工作的规范化和制度化；（2）定期开展培训，包括对科技伦理（审查）委员会成员进行的业务培训（包括应急伦理审查培训），以及对科技人员进行的科技伦理知识培训，以提高他们在科技伦理方面的专业素养和应对能力。

4. 安全标准指引兼顾发展治理

2023 年 8 月 25 日，为贯彻落实《生成式人工智能服务管理暂行办法》中对生成内容进行标识的要求，全国信息安全标准化技术委员会指导有关单位利用生成式人工智能技术提供生成文本、图片、音频、视频等内容服务时对内容进行标识，全国信息安全标准化技术委员会组织编制了《网络安全标准实践指南——生成式人工智能服务内容标识方法》。该实践指南主要围绕文本、图片、音频、视频四类生成内容给出了内容标识方法，能够用于指导生成式人工智能服务提供者提高安全管理水平。

2023 年 5 月 15 日，全国信息安全标准化技术委员会发布国家标准《信息安全技术　人工智能计算平台安全框架（征求意见稿）》。重点面向人工智能计算平台提供方能够参考该标准设计、研发人工智能计算平台，保障人工智能计算平台自身安全，并提供相关安全功能及服务接口辅助人工智能计算平台使用方保障人工智能核心资产传输、存储、训练、推理全流程安全；人工智能计算平台使用方，包括数据提供方、模型提供方、应用开发方等，能够参考调用该标准定义的安全功能模块，加强对人工智能核心资产的安全保护。

在实用性方面，该框架针对金融、运营商、电力等诸多行业的主流人工智能应用场景，建立人工智能计算平台安全框架，包括安全功能、安全机制、安全模块和服务接口，指导人工智能计算平台的设计与实现，也为平台使用方应用人工智能计算平台安全功能提供参考。

在安全性方面，在该标准中分析了人工智能计算平台不同参与方的业务活动，识别其核心资产及安全需求，保障人工智能核心资产传输、存储、训练、推理全流程安全。规定了人工智能计算平台安全框架的安全功能、安全机制、安全模块以及服务接口。

2023 年 5 月 23 日，全国信息安全标准化技术委员会发布《网络安全标准实践指南——人脸识别支付场景个人信息保护安全要求（征求意见稿）》，针对室内外各区域中的人脸识别支付场景，为人脸识别支付的服务提供方及相关场所管理方提出了具体的个人信息保护要求。

该实践指南所针对的室内外区域中的人脸识别支付场景涉及场所管理方、服务提供方及用户三方主体：（1）场所管理方：决定人脸识别支付场景设置情况的组织或个人；（2）服务提供方：人脸识别支付服务的提供方；（3）用户：进行人脸识别支付的个人用户。

该实践指南的基本要求包括：（1）人脸识别数据安全，相关数据处理活动应满足 GB/T 41819-2022《信息安全技术　人脸识别数据安全要求》。该推荐性国家标准已于 2023 年 5 月 1 日起实施，除通用要求外，该标准对人脸识别数据的收集、存储、使用、传输、提供、公开、删除等全生命周期均提出了安全要求。（2）目的限制：人脸识别支付过程中，出于维护公共安全、金融安全等目的，按照有关管理部门明确要求处理的数据，应仅用于其所规定的目的，不应自行用于与其无关的活动。

指南所提出的个人信息保护安全要求多数针对服务提供方，对于服务提供方的安全要求，具体包括：（1）收集期间限制：要求服务提供方不应收集人脸识别期间之外的数据，并明确限制了数据收集行为开始和停止的时间点。（2）强制删除数据：人脸识别全部过程数据应在本次人脸识别结果产生后全部删除，但存在三个例外。（3）禁止人脸数据导出：不应支持导出人脸相关数据的功能。（4）具备检测运行环境安全状态的能力：发现不安全时，应采取充分的安全保护措施或停止运行。

对场所管理方的安全要求，主要集中在场所的网络环境及摄像头设置上，具体而言，为单一组织内部提供服务的人脸识别支付宜通过在该单位内部搭建局域网、不接入互联网的形式实现。

以上安全框架和安全标准实现指南方面，尽管还在征求意见阶段未正式生效，但是反映了治理的趋势和特点。有助于促进人工智能领域及使用人工智能技术的各行各业构筑安全的人工智能计算环境，夯实基础以提升人工智能应用系统的安全性；促进各领域人工智能技术的相关参与方保障其模型、训练数据集等人工智能核心资产安全。

此外，《生成式人工智能人工标注安全规范》《生成式人工智能预训练和优化训练数据安全规范》《深度合成安全规范》《生成式人工智能数据应用合规指南》等一系列相关标准仍在加紧制定中。

（三）地方探索发展新模式和治理新路径

2023年，中西部省份紧跟沿海省份的步伐（如山西、湖北、江西等），大力制定出台一系列政策，拥抱数字经济发展、鼓励技术创新应用，助力高质量发展。京津冀、长三角、珠三角等经济发展的引擎所在地区，政府仍在持续探索更新治理政策规范，落实治理措施，助力技术创新引领高质量发展。值得注意的是，香港和台湾地区，对于人工智能的监管也在不断丰富，伦理治理与鼓励创新有机结合，确保技术的领先优势。

1. 政策促进人工智能产业发展

2023年5月21日，北京市人民政府印发了《北京市加快建设具有全球影响力的人工智能创新策源地实施方案（2023—2025年）》，明确了五大类16项具体工作任

1. 着力突破人工智能关键技术，引领产业高水平发展

- （1）突破人工智能前沿基础理论创新。
- （2）引领人工智能关键核心技术创新。
- （3）强化可信人工智能关键技术创新。

2. 全力夯实人工智能底层基础，筑牢产业创新发展底座

- （4）推动国产人工智能芯片实现突破。
- （5）加强自主开源深度学习框架研发攻关。
- （6）提升算力资源统筹供给能力。
- （7）加强公共数据开放共享。

3. 加快构建人工智能产业方阵，全面提升产业发展能级

- （8）构建高效协同的大模型技术产业生态。
- （9）加强人工智能企业梯度培育。
- （10）强化人工智能企业多维服务。

4. 加快推动人工智能场景建设，牵引创新成果落地应用

- （11）探索人工智能应用场景赋能与开放。
- （12）支持人工智能赋能智慧城市建设。

5. 持续构建人工智能产业生态，营造国际一流发展环境

- （13）推动建设人工智能领域人才高地。
- （14）营造人工智能优质创新环境。
- （15）探索对人工智能产业实行包容审慎监管。
- （16）提升人工智能科技伦理治理能力。

图1-3 北京市人工智能创新策源地建设方案明确的具体任务

务（如图 1-3）。力争到 2025 年，北京市人工智能技术创新与产业发展进入新阶段，基础理论研究取得突破，原始创新成果影响力不断提升；人工智能创新要素高效配置，创新生态更加活跃开放，基本建成具有全球影响力的人工智能创新策源地。

2023 年 5 月 23 日，北京市人民政府办公厅印发了《北京市促进通用人工智能创新发展的若干措施》，充分发挥政府引导作用和创新平台催化作用，整合创新资源，加强要素配置，营造创新生态，重视风险防范，推动北京市通用人工智能实现创新引领和理性健康发展。措施针对性地提出提升算力资源统筹供给能力、提升高质量数据要素供给能力、系统布局大模型技术体系持续探索通用人工智能路径、推动通用人工智能技术创新场景应用、探索营造包容审慎监管环境五大方向，明确组织机制，提出 21 项具体措施（如下）。

1. 提升算力资源统筹供给能力

（1）组织商业算力满足紧迫需求。实施算力伙伴计划，与云厂商加强合作，提供多元化优质普惠算力。

（2）高效推动新增算力基础设施建设。高效推动新增算力基础设施建设加快北京人工智能公共算力中心、北京数字经济算力中心等项目建设，形成规模化先进算力供给能力。

（3）建设统一的多云算力调度平台。实现异构算力环境统一管理、统一运营。优化区域算力集群直连基础光传输网络，提高环京地区算力一体化调度能力。

2. 提升高质量数据要素供给能力

（4）归集高质量基础训练数据集。构建安全合规的开放基础训练数据集，建设高质量的预训练中文语料库，支持在依法设立的数据交易机构开展流通、交易。

（5）谋划建设数据训练基地。加快建设数据基础制度先行先试示范区，提升数据标注库规模和质量，探索基于数据贡献、模型应用的商业化场景合作。

（6）搭建数据集精细化标注众包服务平台。搭建数据集精细化标注众包服务平台建设数据集鼓励专业人员参与标注，研究平台激励机制。

3. 系统构建大模型等通用人工智能技术体系

（7）开展大模型创新算法及关键技术研究。探索基础模型架构创新，研究大模型高效并行训练技术和认知推理等调优方法，鼓励开源技术生态建设。

（8）加强大模型训练数据采集及治理工具研发。构建数据管理平台相关系统，研发数据清洗、标注、分类、注释及内容审查等算法及工具。

（9）建设大模型评测开放服务平台。建设大模型评测开放服务平台构建多模态多维度的基础模型评测基准及评测方法，研发评测算法及工具，建设自动评测开放服务平台。

（10）构建大模型基础软硬件体系。构建大模型基础软硬件体系支持研发分布式训练系统、编译器及人工智能芯片自动化评测系统，推动基础软硬件广泛适配。

（11）探索通用人工智能新路径。发展通用人工智能基础理论体系，探索通用智能体，具身智能和类脑智能等通用人工智能新路径。

4. 推动通用人工智能技术创新场景应用

（12）推动在政务服务领域示范应用。围绕政务咨询、政策服务、接诉即办、政务办事等工作，提升精准服务能力和系统智能化水平。

（13）探索在医疗领域示范应用。面向智能导诊、辅助诊断、智能治疗等场景需求，开发智能应用，提升诊断、治疗、预防及全病程管理的智能水平。

（14）探索在科学研究领域示范应用。探索在科学研究领域示范应用发展科学智能，支持相关实验室开展联合研发，加速人工智能技术赋能新材料和创新药物领域科学研究。

（15）推动在金融领域示范应用。聚焦智能风控、智能投顾、智能客服等环节，系统布局“揭榜挂帅”项目，推动金融机构开放应用场景。

（16）探索在自动驾驶领域示范应用。支持研发多模态融合感知技术，开放车路协同自动驾驶数据集，探索自动驾驶新技术路径。

（17）推动在城市治理领域示范应用。率先在城市大脑建设中应用大模型技术，为城市治理决策提供更加综合全面的支撑。

5. 探索营造包容审慎的监管环境

（18）持续推动监管政策和监管流程创新。鼓励创新主体采用安全可信的工具及资源开展技术创新，推动在中关村国家自主创新示范区核心区实行包容审慎监管试点。

（19）建立常态化服务和指导机制。开展常态化联系服务，指导创新主体加强安全检测，履行安全评估及算法备案流程。

（20）加强网络服务安全防护和个人数据保护。加强网络和数据安全管理，落实主体责任，强化安全管理制度建设，全面提升网络安全和数据安全防护能力。

（21）持续加强科技伦理治理。建设科技伦理治理公共服务平台，开展科技伦理审查及相关业务培训，构建良好人工智能科技伦理氛围。

2023年10月11日，北京市经济和信息化局发布《人工智能算力券实施方案（2023—2025年）》，明确要大力支持相关企业进行人工智能大模型训练和应用。

2023年5月17日，上海市服务企业联席会议办公室印发《上海市助力中小微企业稳增长调结构强能力若干措施》，提出要加大数字能力供给，支持中小企业使用线上会议软件、工业软件等“小快轻准”数字化解决方案和产品。2023年5月30日，上海市发展改革委发布《上海市加大力度支持民间投资发展若干政策措施》，提出要支持民营企业广泛参与数据、算力等人工智能基础设施建设。

2023年10月20日，上海市经济和信息化委员会等5部门联合发布《上海市推动人工智能大模型创新发展若干措施（2023—2025年）》，旨在深入贯彻国家发展新一代人工智能的战略部署，落实《上海市促进人工智能产业发展条例》，推动上海大模型创新发展，营造通用人工智能创新生态，加快打造世界级人工智能产业集群。文件从四个方面提出11项具体措施：

一是着力支持大模型创新能力。（1）实施大模型创新扶持计划。支持引进高水平创新企业，支持本市创新主体打造具有国际竞争力的大模型，鼓励形成数据飞轮，加速模型迭代，对取得重大成果的予以专项奖励。支持本市相关主体开展通用人工智能基础理论、科学智能、具身智能、城市大模型等前沿研究，研发下一代模型架构和训练方法。在战略性新兴产业、产业高质量发展、科技重大专项等市级专项中重点支持大模型创新。（2）建立大模型测试评估中心。聚焦性能、安全、伦理、适配等方面，建设国家级大模型测试验证与协同创新中心，并鼓励大模型创新企业依托中心开展相关测试评估。支持本市相关主体主导或参与国家大模型相关标准制订。

二是提升创新要素供给能级。（1）实施大模型智能算力加速计划。打造市级智能算力统筹调度平台，构建规模化先进算力调度和供给能力。对符合条件的智算中心，在能耗指标等方面予以绿色通道优先支持；加快临港、金山、松江等重点智算产业集聚区建设。（2）构建智能芯片软硬协同生态。面向大模型研发和应用，支持本市智能芯片企业开展规模化应用和验证。支持打造智能芯片软硬适配体系，降低企业适配成本。（3）语料数据资源共建共享。组建大模型语料数据联盟，鼓励多元主体共同推动高水平语料数据要素建设。建立语料数据知识产权保护框架，充分利用区块链等技术，深化以贡献为导向的激励机制和评估认证机制。

三是促进大模型创新应用。（1）实施大模型示范应用推进计划。重点支持在智能制造、生物医药、集成电路、智能化教育教学、科技金融、设计创意、自动驾驶、机器人、数字政府等领域构建示范应用场景，打造标杆性大模型产品和服务。推动大模型赋能产业互联网平台应用。（2）推进科学智能大模型应用。支持相关主体建设科学智能创新中心、算法创新基地等平台，协调算力资源和科研数据集，推动科学智能大模型在生命科学、工程计算、气象等领域应用，打造科学研究新范式。

四是营造一流创新环境。（1）打造企业、人才集聚的大模型创新高地。鼓励浦东新区、徐汇区等建立大模型生态集聚区；鼓励自贸区临港新片区探索大模型相关国际交流合作。优先推荐大模型创新重点人才纳入国家和本市相关高层次人才计划。组织企业、高校、科研机构联合培养跨学科大模型人才。（2）推进大模型应用生态建设。打造开源大模型行业应用创新生态空间，支持大模型开源社区和协作平台建设，引进培育大模型相关初创团队，加强行业大模型在垂直领域的深度应用，构建开放协同产业生态。（3）建立常态化服务机制。对由大模型驱动的具有舆论属性或社会动员能力的互联网信息服务，开展常态化联系服务，加强合规指导，推动相关主体按照规定履行安全评估、算法备案等相关程序。在相关集聚区内，探索创新监管机制。（4）加大投入力度。全方位推动大模型及相关领域发展，进一步做强人工智能产业基金，更好引导社会资本参与，加大对本市人工智能产业的资源投入力度。

2023年11月13日，广东省人民政府发布《关于加快建设通用人工智能产业创新引领地的实施意见》，目的是到2025年，智能算力规模实现全国第一、全球领先。具体措施包括以下几个方面：

一是构建全国智能算力枢纽中心。（1）打造通用人工智能算力生态。研发具有通用性、可编程性的高端训练、推理芯片，多模态多精度计算的算力芯片，探索可重构、算存一体的新型体系架构研究。（2）打造国家算力网络枢纽节点。做优广东省算力资源发布共享平台，在智能算力规模上形成显著优势，服务国家数字经济发展和"东数西算"重大战略。（3）打造与国际接轨的城市级算力平台。支持国家新一代人工智能公共算力开放创新平台建设，满足科学研究和创新需求。

二是强化通用人工智能技术创新能力。（1）加强大模型关键技术攻关。围绕基础架构、训练算法、调优对齐、推理部署等环节，研发千亿级参数的人工智能通用大模型，形成自主可控的大模型完整技术体系。（2）加强前沿及共性关键技术研究。支持前沿性、颠覆性技术研究，在群体智能、类脑智能、具身智能、人机混合智能等方向开展研究，加强无监督自然语言处理、群体自主无人智能技术、人工智能安全技术等共性关键技术研究，形成突破性原创性成果。（3）加强评测保障技术研究。鼓励开展通用人工智能内容生成、模型评测、风险评估和监测预警研究，研究适用通用人工智能的多维度评测方法，开展大模型可信安全性研究，确保大模型输出的准确性、创造性、鲁棒性和安全性。

三是打造大湾区可信数据融合发展区。（1）着力打造粤港澳大湾区数据特区。加快推进"数字湾区"建设，探索数据跨境双向流通机制。（2）着力构建高质量多模态中文数据集。鼓励在依法设立的数据交易机构开展数据流通、交易，促进跨领域、跨行业数据融合。（3）着力完善可信可控的数字安全体系。发挥数字政府基础能力安全可控、可预测的优势，健全数据监测预警和应急处置体系。

四是打造通用人工智能产业集聚区。（1）持续优化区域发展布局。高水平建设广州、深圳国家新一代人工智能创新发展试验区、国家人工智能创新应用先导区，以体制机制改革和创新应用为牵引，探索通用人工智能发展新模式、新路径，打造产业科技创新前沿阵地。（2）持续推动人工智能产业基地建设。加快大型产业集聚区和专业园区战略性、全局性布局，实现集群式发展。（3）持续培育具有国际竞争力的领军企业。支持龙头骨干企业围绕通用人工智能长远布局、做大做强，快速提升引领性产品研发水平和行业赋能能力，加快建设世界一流人工智能企业。（4）持续发挥人工智能平台载体引领作用。加强高水平创新研究院和新型研发机构建设，积极开展高端创新资源引进和布局工作，强化与港澳研发机构的联合创新。（5）持续支持软硬件产品创新。支持软件企业加强大模型插件研发，开发融合人工智能应用的商业软件，打造"智慧助手 + 软件"生态体系。（6）持续加快技术创新场景应用。加强技术与经济、社会、科学领域深度融合，打造一批示范性强、带动性广、显示度高的典型应用场景，推动相关企业、研究机构组建行业联盟。

五是打造通用人工智能创新生态圈。（1）强化科技金融支撑作用。支持各地市制定符合区域特色的人工智能专项扶持政策，发挥产业发展基金、创新创业基金等政策性基金的引导作用，统筹整合基金资源，打造千亿级人工智能基金群。（2）加大开放合作力度。发挥粤港澳大湾区独特优势，与香港、澳门共同探索项目联合支持、人才联合培养、资金联合投入创新模式，形成粤港澳新型创新联合体，在算力供给、技术互补等方面探索人工智能发展新模式、新路径。（3）建设算力算法交易平台。整合龙头企业商业数据中心算力资源，研究制定算力资源度量标准，分类分级制定算力产品目录。

此前，2023 年 5 月 31 日，深圳市人民政府也发布了《深圳市加快推动人工智能高质量发展高水平应用行动方案（2023—2024 年）》，指出要整合算力资源，实施人工智能软件应用示范扶持计划，同时开展包容审慎监管。

2. 政府持续加强科技伦理治理

2023 年 5 月 19 日，广东省人民政府发布《关于加强科技伦理治理的实施方案》，旨在贯彻落实《中共中央办公厅 国务院办公厅印发〈关于加强科技伦理治理的意见〉的通知》，健全科技伦理治理体系，有效防控科技伦理风险，推动科技向善、造福人类，实现高水平科技自立自强。方案结合广东科技创新实际，从构建完善治理体系、健全审查监管机制、加强违法违规行为查处、开展教育宣传和理论研究、强化治理保障等多个方面，提出了加强科技伦理治理的18条具体举措，主要包括以下内容：

（1）构建完善科技伦理治理体系。提出建立健全科技伦理工作协调机制，进一步落实高等学校、科研机构、医疗卫生机构、企业等创新主体科技伦理管理主体责任，推动科技类社会团体参与科技伦理治理，引导科技人员加强自律。

（2）建立健全科技伦理审查监管机制。提出坚持促进创新和防范风险相统一，推行开展科技活动前应进行科技伦理风险评估或审查，加强高风险科技活动伦理审查复核，完善科技伦理监管框架及制度，监测预警科技伦理风险，促进科技创新与科技伦理协调发展。

（3）切实加强科技伦理违法违规行为查处。明确科技伦理违法违规行为查处的责任主体和对科技伦理违法违规行为责任人给予的惩戒措施。其中，涉及财政科研项目的科技伦理违规行为，由项目管理部门负责组织调查处理。

（4）深入开展科技伦理教育宣传和理论研究。提出开展科技伦理学科教育和常态化培训，有效引导科技伦理宣传普及和舆论监督，支持科技活动单位及人员主动开展科技伦理理论研究，开展科技伦理治理试点示范，多措并举以全面提升广东省科技伦理意识和科技伦理治理水平。

（5）强化科技伦理治理保障。主要围绕统筹推进科技伦理治理工作开展，提出加强科技伦理治理工作的组织领导、指导监督和协同推进三方面保障措施。

2023年6月26日，辽宁省科技厅等13家省直部门联合印发了《关于加强科技伦理治理的实施意见》，旨在多措并举推动科技向善，为助力实现高水平科技自立自强和辽宁实施全面振兴新突破三年行动提供有力支撑。该意见将科技伦理治理作为全面推动科教人才支撑塑造发展新动能专项行动的重要抓手，不断优化全省创新生态。同时，坚持问题导向，重点规范涉及人的生命科学和医学研究伦理审查工作，有效预防人工智能等新兴科技存在的科技伦理风险和挑战，保障科技创新良性健康发展。

具体而言，包括健全科技伦理治理体制、强化科技伦理审查和监管、依法依规严肃查处科技伦理违法违规行为、深入开展科技伦理教育培训和切实抓好科技伦理理论研究及社会宣传5个方面，涉及优化完善辽宁省科技伦理委员会、压实创新主体科技伦理管理主体责任、加强事前科技伦理承诺和严格科技伦理审查等16项重点任务。

2023年6月28日，浙江省科学技术厅发布了《关于加强省级科技计划项目科技伦理监管的通知》，旨在加强省级科技计划项目科技伦理监管，推进科技伦理要求贯穿指南编制、项目申报、审批立项、过程管理、结题验收、监督评估等项目组织实施全过程，促进研发活动与科技伦理良性互动，实现负责任的创新。

通知要求，加强对重点领域项目指南编制的伦理风险评估。省级科技计划项目指南编制应当严格执行国家有关法律法规和伦理准则，注重防范科技伦理和科技安全风险。对涉及生命科学、医学、人工智能等领域和对社会、环境具有潜在风险的项目，应有计划地安排科技伦理专家参与指南编制论证，开展科技伦理风险评估，促进创新与防范风险相统一。

通知明确，要规范项目申报科技伦理审查。涉及以下研究内容的省级科技计划项目，申报前应开展科技伦理审查：（1）涉及人的科技活动，包括以人为研究参与者的测试、调查、观察性研究等，以及涉及使用人类基因、人类胚胎、人类生物样本、个人信息等；（2）涉及实验动物的科技活动；（3）不直接涉及人或实验动物，但可能在生命健康、生态环境、公共秩序、可持续发展等方面带来伦理风险挑战的科技活动。

同时，要强化项目实施过程的科技伦理监管。项目实施要严格执行科技伦理承诺要求，对涉及研究目的、研究方法、研究内容等实质修改的，可能增加研究风险等情况，项目负责人应及时向项目承担单位、科技伦理（审查）委员会和项目立项单位书面报告，获得批准后方可继续实施。科技伦理（审查）委员会跟踪审查一般不少于每年1次，涉及列入高风险清单管理或风险较大的跟踪审查不少于每年2次。

3. 香港地区运用伦理原则治理

2023年8月，参考其他国家和地区的人工智能治理趋势的最新发展，香港特区政府资讯科技总监办公室制定并发布了《人工智能伦理框架》，① 涉及指导原则、实践和评估模板等内容，供特区政府内部采用，以规范人工智能和大数据分析的应用。该

① Office of the Government Chief Information Officer. Ethical Artificial Intelligence Framework. https://www.ogcio.gov.hk/en/our_work/infrastructure/methodology/ethical_ai_framework/.

框架旨在协助特区政府内部各局或部门采用人工智能和大数据分析技术，并在规划、设计和实施信息技术项目或服务时加入道德元素，包括人工智能的道德原则、实践和评估。2023 年 10 月，又修改并发布该框架的特别版本，供机构在其信息技术项目中应用人工智能和大数据分析时参考。

《人工智能伦理框架》的目标是：（1）通过创建具有定义、实践和指南的人工智能伦理原则；以及在实施道德人工智能时定义组织的角色和责任等方式支持组织了解道德人工智能及其应用。（2）通过以下方式指导组织在组织中合乎道德地使用人工智能：描述人工智能生命周期所有阶段应涵盖的活动，以及应用合乎道德的人工智能所需的相应能力；为组织提供实用指南，以便在将人工智能纳入 IT 项目时遵守和应用，以确保合乎道德的应用。（3）通过提供人工智能应用影响评估模板，使组织能够根据实施人工智能伦理的一系列实际考虑因素，评估其人工智能应用。

《人工智能伦理框架》由以下两部分组成：

（1）量身定制的人工智能框架，包括：Ⅰ. 人工智能伦理原则定义了设计和开发人工智能应用进程时应遵循的原则。人工智能伦理原则适用于人工智能治理结构中定义的所有角色；Ⅱ. 人工智能治理结构根据《人工智能伦理框架》中规定的做法，定义了人工智能应用过程中的标准结构、角色和责任；Ⅲ. 人工智能生命周期定义了一个人工智能生命周期模型，用于构建《人工智能实践指南》中的实践布局和人工智能评估中的问题；Ⅳ.《人工智能实践指南》为人工智能生命周期的所有阶段定义了一套实践指南，指导实践源自人工智能伦理原则。

（2）人工智能评估由人工智能应用影响评估模板组成，该模板定义了目标读者在人工智能生命周期中各个阶段要回答的问题，以评估人工智能应用的影响，并确保考虑了人工智能伦理原则。

《人工智能伦理框架》借鉴了联合国《世界人权宣言》的相关内容。其中两项原则是“性能原则”：①透明度和可解释性，②可靠性、稳健性和安全性；必须实现这两项基本原则才能为其他原则的执行奠定基础。其他原则被归类为“一般原则”，包括①公平；②多样性和包容性；③人类监督；④合法性和合规性；⑤数据隐私；⑥安全性；⑦问责制；⑧有益的人工智能；⑨合作和开放；⑩可持续性和公正转型。

根据该伦理框架，人工智能治理是指管理和控制人工智能项目和应用进程的实践和方向；治理结构由以下内容组成（如图 1-4）。这三道防线也是许多组织中公认的治理概念。

第一道防线是项目团队	负责人工智能应用程序开发、风险评估、执行减轻已识别风险的行动和人工智能评估的文档。
第二道防线由项目指导委员会（“PSC”）和项目保证团队（“PAT”）组成	负责确保项目质量、定义人工智能应用的验收标准、提供独立审查和批准人工智能应用。在批准人工智能应用之前，应通过完成人工智能评估来确保满足人工智能伦理原则要求。
第三道防线涉及IT 董事会或首席信息官（“CIO”）	如果IT董事会没有到位，则可以选择由人工智能伦理委员会提供支持，该委员会可能由外部顾问组成。

图 1-4 香港特区政府人工智能伦理框架设置的三道防线

伦理人工智能委员会的目的是就伦理人工智能提供建议，并加强组织在采用人工智能方面的现有能力。第三道防线负责审查、建议和监控高风险的人工智能应用。

4. 台湾地区鼓励创新行业发展

台湾地区对人工智能监管采取相对不干预的态度，以鼓励创新和行业发展，目前主要依靠非约束性指导方针和行业自律来提供消费者保障。生成式人工智能的出现引发了人们对人工智能监管不足的担忧。2023 年，台湾当局原本计划起草《人工智能基本法》，为人工智能的使用和发展设定法律界限。然而，由于对新兴领域的过度监管存在不同看法和担忧，台湾当局在 2023 年并未完成法律起草。台湾当局对人工智能监管的优先事项包括与假新闻、欺诈和网络安全相关的问题。未来的人工智能法律预计将要求企业承担更大的责任，并在数据保护、人工智能的透明度和可解释性方面遵守要求。

2023 年 6 月 3 日，台湾地区行政管理机构科技政策办公室发布新政策“台湾人工智能行动计划 2.0”，旨在将台湾人工智能产业产值提升至 2500 亿新台币（81.6 亿美元）以上。行动计划从 2023 年开始实施到 2026 年，重点是培养人才、促进产业发展、改善工作环境和增强海外市场的技术影响力。该项目与“五加二”创新产业政策和前瞻基础设施发展计划相辅相成（“五加二”创新产业是指“亚洲硅谷”、生物医药技术、绿色能源、机器人、国防和航空、创新农业和循环经济）。

最新计划将研究人工智能如何影响社会，例如工作如何变化，以便政府更好地应对可能出现的政策变化。政府希望利用人工智能技术解决劳动力短缺、应对老龄化社会等问题，并实现温室气体净零排放等目标。

（四）中国积极参与和引领全球治理

作为人工智能大国，中国积极参与并发挥引领作用，与世界各方一道秉持共商共建共享理念，协力共同促进人工智能治理，推动全球治理体系变革朝着正确方向前进。

2023 年 5 月 25 日，中国外交部发布《中国关于全球数字治理有关问题的立场》文件，就制定“全球数字契约”向联合国提交意见。立场文件中，明确了中方将坚持团结合作、聚焦促进发展、促进公平正义、推动有效治理四项基本原则，提出了七项建设性的具体建议：（1）确保所有人接入互联网；（2）避免互联网碎片化；（3）保护数据；（4）保护线上人权；（5）制定针对歧视和误导性内容的问责标准；（6）加强人工智能治理；（7）数字公共产品。

中国呼吁各国应在普遍参与的基础上，通过对话与合作，推动形成具有广泛共识的国际人工智能治理框架和标准规范，确保人工智能安全、可靠、可控，更好赋能全球可持续发展。各国应坚持伦理先行，建立并完善人工智能伦理准则、规范及问责机制，明确人工智能相关主体的职责和权力边界，充分尊重并保障各群体合法权益。各国应禁止使用违背法律法规、伦理道德和标准规范的人工智能技术及相关应用，强化对已使用的人工智能产品与服务的质量监测和使用评估，研究制定应急机制和损失补偿措施。

各国应要求研发主体加强对人工智能研发活动的自我约束，避免使用可能产生严重消极后果的不成熟技术，确保人工智能始终处于人类控制之下。各国应要求研发主体努力确保人工智能研发过程的算法安全可控，不断提升透明性、可解释性、可靠性，逐步实现可审核、可监督、可追溯、可预测、可信赖；努力提升人工智能研发过程的数据质量，提升数据的完整性、及时性、一致性、规范性和准确性等。

2023年是习近平主席提出构建人类命运共同体理念十周年。2023年9月13日，外交部发布了《关于全球治理变革和建设的中国方案》，全面阐述了中方对全球安全治理、全球发展治理、全球人权和社会治理、全球新疆域治理、联合国核心作用等全球治理重点领域以及多边组织机构改革的立场和主张，呼吁国际社会共同落实全球发展倡议、全球安全倡议、全球文明倡议，推动构建人类命运共同体，展现了中国作为负责任大国在国际事务中的担当精神和建设性作用。《方案》明确：科技进步和发展丰富了国际和平与安全的内涵和外延，深海、极地、外空、网络和数字、人工智能等成为全球治理新疆域。人工智能的发展惠及各国，其全球治理也应由各国广泛参与。各方应秉持共商共建共享原则，发挥联合国主渠道作用，坚持以人为本、智能向善、注重发展、伦理先行等理念，增加发展中国家代表性和发言权，推动形成具有广泛共识的治理框架和标准规范，确保人工智能安全、可靠、可控，确保各国共享人工智能技术红利。

2023年10月18日，习近平主席出席第三届“一带一路”国际合作高峰论坛开幕式，并在主旨演讲中宣布中方将提出《全球人工智能治理倡议》，这是中方积极践行人类命运共同体理念，落实全球发展倡议、全球安全倡议、全球文明倡议的具体行动，也是在人工智能治理规范建构被西方国家垄断背景下代表广大发展中国家发出的呼吁，将会在全球人工智能发展与治理、人类命运共同体的愿景落实方面发挥积极作用。《倡议》涉及坚持“以人为本”、尊重他国主权、坚持“智能向善”、坚持平等互利、推动建立风险等级测试评估体系、逐步建立健全法律和规章制度、坚持公平性和非歧视性原则、坚持伦理先行、坚持广泛参与、协商一致、循序渐进的原则、积极发展相关技术开发与应用、增强发展中国家的代表性和发言权11项内容。

《全球人工智能治理倡议》具有三方面突出特点：一是强调人工智能发展必须坚持“以人为本”理念。倡议不同于西方过于强调人工智能工具性和武器化的倾向，而是更加强调人工智能技术的发展不仅需要尊重和维护个人权利，更应该以增进人类共同福祉为目标，确保人工智能始终朝着有利于人类文明进步的方向发展。二是强调世界各国的平等共治，反对治理规则的工具化、武器化。世界各国应坚持相互尊重、平等互利、广泛参与、协商一致、循序渐进的原则，各国无论大小、强弱，无论社会制度如何，都有平等发展和利用人工智能的权利。三是中国支持增强发展中国家在人工智能全球治理中的代表性和发言权。中方倡导确保各国人工智能发展与治理的权利平等、机会平等、规则平等，开展面向发展中国家的国际合作与援助，不断弥合智能鸿沟和治理能力差距。积极支持在联合国框架下讨论成立国际人工智能治理机构，协调国际人工智能发展、安全与治理重大问题。

此外，中方还提倡国际社会共同制定人工智能安全准则，以确保这一技术的安全和伦理使用，通过对话与合作，在尊重各国政策和实践差异的基础上，形成广泛共识；强调在以人工智能为主的新兴科技领域，各国应该秉持共同、综合、合作、可持续的安全观，并坚持发展和安全并重的原则，加强人工智能治理及其合作。

2023 年 9 月 26 日，国务院新闻办公室发布《携手构建人类命运共同体：中国的倡议与行动》白皮书，指出当今世界局势波诡云谲，和平、发展、安全、治理赤字不断加深扩大，世界正面临多重危机，智能社会治理领域、数字鸿沟日益扩大，人工智能治理缺位。白皮书为改革和完善国际治理体系提出了中国方案，即构建人类命运共同体。认为当前正在发生的以人工智能为标志的科技革命，将对新一轮经济全球化和人类社会发展产生难以估量的深刻影响。要探索建立相关规则和标准，既有利于科学技术的创新发展，又坚守人类安全底线，还要平衡照顾各国特别是发展中国家利益，确保技术创新在法治轨道和公认的国际准则基础上运行，由人类主导、为人类服务、符合人类价值观。

2023 年 10 月 10 日，国务院新闻办公室发布《共建“一带一路”：构建人类命运共同体的重大实践》白皮书，回顾过去十年的成果，促进“一带一路”惠及更多国家和人民。白皮书指出，共建“一带一路”坚持创新驱动发展，把握数字化、网络化、智能化发展机遇，探索新业态、新技术、新模式，探寻新的增长动能和发展路径，助力各方实现了跨越式发展。共建“一带一路”积极推进了亚洲基础设施投资银行等新型多边治理机制建设，加快与合作方共同推进深海、极地、外空、网络、人工智能等新兴领域的治理机制建设，丰富拓展了多边主义的内涵和实践。中国愿与各方一道，坚定信心、保持定力，继续本着共商、共建、共享的原则，推进共建“一带一路”国际合作、高质量发展，为构建人类命运共同体注入新的强大动力。

表 1-2 国家总体层面涉及人工智能的行政法规、行政规章、标准及国家政策规范（按发布日期序）

规范	序号	发布 / 施行日期	发布主体	规范名称	主要涉及领域（关键词）
	1	2023.08.25	全国信息安全标准化技术委员会	网络安全标准实践指南——生成式人工智能服务内容标识方法	人工智能
	2	2023.10.13	中国地震局	防震减灾领域人工智能发展研究专项规划（2023—2035 年）	人工智能
	3	2023.11.21	交通运输部办公厅	自动驾驶汽车运输安全服务指南（试行）	自动驾驶汽车、安全
国家标准	4	2023.03.24	中国国家标准化管理委员会	关于印发《2023 年全国标准化工作要点》的通知	智能社会、智能网联汽车
国家标准	5	2023.05.22	中国国家标准化管理委员会 工信部 商务部	关于印发《加强消费品标准化建设行动方案》的通知	消费品、信息技术
国家标准	6	2023.06.02	中国国家标准化管理委员会	关于加强计量数据管理和应用的指导意见	数据处理、智能化
国家标准	7	2023.08.24	中国国家标准化管理委员会等四部门	《新产业标准化领航工程实施方案（2023—2035 年）》	新能源、智能汽车
国家标准	8	2023.10.18	中国国家标准化管理委员会	关于加强证券期货业标准化工作的指导意见	人工智能
党中央和国务院发布国家政策	9	2023.02.17	国办	关于深入推进跨部门综合监管的指导意见	智能化、物联感知
党中央和国务院发布国家政策	10	2023.02.28	国办	关于印发中医药振兴发展重大工程实施方案的通知	医药学、智能控制、智能辨识
党中央和国务院发布国家政策	11	2023.06.06	国办	关于印发国务院 2023 年度立法工作计划的通知	人工智能法草案
党中央和国务院发布国家政策	12	2023.06.19	国办	关于进一步构建高质量充电基础设施体系的指导意见	电动汽车、智能设备
党中央和国务院发布国家政策	13	2023.08.29	国办	关于印发《河套深港科技创新合作区深圳园区发展规划》的通知	智能传感器、智能网联、数字产业
党中央和国务院发布国家政策	14	2023.09.04	国办	关于依托全国一体化政务服务平台建立政务服务效能提升常态化工作机制的意见	人工智能、智能问答
党中央和国务院发布国家政策	15	2023.10.11	国办	关于推进普惠金融高质量发展的实施意见	人工智能、大数据
党中央和国务院发布国家政策	16	2023.10.19	国办	关于印发《专利转化运用专项行动方案（2023—2025 年）》的通知	知识产权、人工智能

（续表）

规范	序号	发布 / 施行日期	发布主体	规范名称	主要涉及领域（关键词）
党中央和国务院发布国家政策	17	2023.11.23	国办	关于《支持北京深化国家服务业扩大开放综合示范区建设工作方案》的批复	物联感知、区块链
	18	2023.12.07	国办	关于印发《全面对接国际高标准经贸规则推进中国（上海）自由贸易试验区高水平制度型开放总体方案》的通知	智能伦理、自动化驾驶
	19	2023.12.11	国办	《关于加快内外贸一体化发展的若干措施》的通知	智能网联汽车、外贸一体化

附本书第一部分缩略词对照表

表 1-3　第一部分缩略词对照表

第一部分缩略词对照表			
缩略词	完整表述	缩略词	完整表述
中办	中共中央办公厅	国务院安委会	国务院安全生产委员会
工信部	工业和信息化部	国资委	国有资产监督管理委员会
国办	国务院办公厅	交通部	交通运输部
国新办	国务院新闻办公室	科技部	科学技术部
国标委	国家标准化管理委员会	人社部	人力资源和社会保障部
发改委	国家发展和改革委员会	生态部	生态环境部
国家网信办	国家互联网信息办公室	文旅部	文化和旅游部
国家减灾委	国家减灾委员会	民航局	中国民用航空局
国开行	国家开发银行	银保监会	中国银行保险监督管理委员会
食药监局	国家食品药品监督管理总局	住建部	住房和城乡建设部
市场监管总局	国家市场监督管理总局	广电总局	国家广播电视总局

表 1-4 国家各部委涉及人工智能的政策（分部门按日期序）

序号	发布 / 施行日期	发布主体	规范名称	主要涉及领域（关键词）
1	2023.08.01	发改委	关于实施促进民营经济发展近期若干举措的通知	人工智能、中小企业
2	2023.12.29	发改委	关于深入实施“东数西算”工程加快构建全国一体化算力网的实施意见	智能算力、智能无损网络
3	2023.12.29	发改委等 3 部门	关于推进污水处理减污降碳协同增效的实施意见	智能调控、智能检测、人工智能
4	2023.09.01	发改委等 7 部门	关于进一步加强水资源节约集约利用的意见	智能化、智能水表
5	2023.09.15	发改委等部门	关于印发《电力需求侧管理办法（2023 年版）》的通知	智能用电
6	2023.07.21	工信部	关于开展移动互联网应用程序备案工作的通知	移动互联网、信息
7	2023.08.10	工信部	关于印发电子信息制造业 2023—2024 年稳增长行动方案的通知	智能、虚拟现实
8	2023.08.22	工信部	新产业标准化领航工程实施方案（2023—2035 年）	信息技术、人形机器人
9	2023.08.29	工信部	元宇宙产业创新发展三年行动计划（2023—2025 年）	元宇宙、数字智能
10	2023.09.03	工信部	关于组织开展 2023 年新一代信息技术与制造业融合发展示范申报工作的通知	数字领航、信息技术、互联网平台
11	2023.09.27	工信部	关于印发钢铁行业智能制造标准体系建设指南（2023 版）	智能制造、数字化车间
12	2023.10.16	工信部	关于推进 5G 轻量化	物联网、5G 应用
13	2023.11.06	工信部	“5G+ 工业互联网”融合应用先导区试点工作规则	5G、互联网
14	2023.11.10	工信部	关于开展第四批智能光伏试点示范活动的通知	智能光伏
15	2023.11.17	工信部	关于开展智能网联汽车准入和上路通行试点工作的通知	智能网联汽车
16	2023.12.05	工信部	国家绿色数据中心评价指标体系	绿色数据、算力资源
17	2023.12.14	工信部	关于组织开展网络安全保险服务试点工作的通知	网络安全、信息技术
18	2023.12.17	工信部	促进数字技术适老化高质量发展工作方案	数字、人工智能

（续表）

序号	发布/施行日期	发布主体	规范名称	主要涉及领域（关键词）
19	2023.12.17	工信部	关于2024—2025年度乘用车企业平均燃料消耗量与新能源汽车积分管理有关事项的通知	新能源汽车、循环外技术
20	2023.12.19	工信部	工业领域数据安全标准体系建设指南（2023版）	数据安全
21	2023.12.20	工信部	民用无人驾驶航空器生产管理若干规定	电信设备、信息
22	2023.12.20	工信部	中华人民共和国工业和信息化部公告	数控技术、信息通信
23	2023.12.28	工信部	区块链和分布式记账技术标准体系建设指南	区块链、数字流通
24	2023.12.29	工信部	国家汽车芯片标准体系建设指南	汽车芯片、数据
25	2024.01.16	工信部	原材料工业数字化转型工作方案	数字、网络、智能
26	2024.01.16	工信部	制造业中试创新发展实施意见	数字、网络、智能
27	2024.01.17	工信部	关于开展智能网联汽车“车路云一体化”应用试点的通知	智能网联汽车、安全监管
28	2024.01.23	工信部	关于开展“信号升格”专项行动的通知	移动网络、信号升格
29	2023.07.18	工信部 国家标准化管理委员会	国家车联网产业标准体系建设指南（智能网联汽车）（2023版）	智能网联汽车、智慧交通
30	2023.04.06	工信部 文旅部	关于加强5G+智慧旅游协同创新发展的通知	智慧旅行、5G
31	2023.04.11	工信部 文旅部	关于加强5G+智慧旅游协同创新发展的通知	智慧旅游、5G、人工智能
32	2023.12.27	工信部等11部门	关于开展“信号升格”专项行动的通知	数字、移动网络
33	2023.01.03	工信部等16部门	关于促进数据安全产业发展的指导意见	数字经济、数据安全
34	2023.09.26	工信部等3部门	关于开展2023年智慧健康养老应用试点示范遴选及2017—2019年（前三批）试点示范复核工作的通知	智慧养老、互联网+
35	2024.01.15	工信部等5部门	关于开展智能网联汽车“车路云一体化”应用试点工作的通知	智能网联汽车、车路云一体化
36	2023.01.03	工信部等6部门	关于推动能源电子产业发展的指导意见	信息技术、科技、智能
37	2023.10.08	工信部等6部门	算力基础设施高质量发展行动计划	算力、数字经济
38	2023.02.21	工信部等7部门	智能检测装备产业发展行动计划（2023—2025年）	智能检测、智能制造

（续表）

序号	发布 / 施行日期	发布主体	规范名称	主要涉及领域（关键词）
39	2023.04.20	工信部等 8 部门	关于推进 IPv6 技术演进和应用创新发展的实施意见	互联网、数字中国、技术
40	2023.08.15	公安部	生成式人工智能服务管理暂行办法	生成式人工智能、算法
41	2023.09.14	广电总局等 3 部门	关于进一步加强车载音视频管理的通知	智能网联汽车、车载广播
42	2023.03.24	国家标准化管理委员会	关于印发《2023 年全国标准化工作要点》的通知	智能网联汽车
43	2023.05.22	国家标准化管理委员会等 3 部门	关于印发《加强消费品标准化建设行动方案》	消费品行业智能转型、智能产品
44	2023.10.07	国家标准委等 6 部门	关于印发《城市标准化行动方案》的通知	智能化治理
45	2023.08.22	国家金融监督管理总局	关于推进快速成长期科技型企业金融服务的指导意见	人工智能、信息技术
46	2023.11.10	国家金融监督管理总局	关于印发《银行保险机构涉刑案件风险防控管理办法》的通知	人工智能技术应用
47	2023.10.11	国家市场监管总局	关于全面深化长三角计量一体化发展的意见	智能网联汽车、智能计量
48	2023.03.14	国家铁路局	关于印发《国家铁路局 2023 年度铁路专用设备产品质量安全监管工作重点》的通知	新能源、智能化
49	2023.04.10	国家铁路局	铁路安全风险分级管控和隐患排查治理管理办法	智能化设备
50	2023.05.19	国家铁路局	铁路运输服务质量监督管理办法	智能化技术、铁路运输
51	2023.03.08	国家铁路局等 8 部门	关于进一步加强隧道工程安全管理的指导意见	智能设备、智能化
52	2023.05.26	国家文物局等 8 部门	关于印发《三峡文物保护利用专项规划》的通知	人工智能、互联网
53	2023.07.20	国家烟草专卖局	关于推动出口电子烟产品质量保证体系建设的指引的通知	智能化
54	2023.01.04	国家药监局	关于印发进一步加强中药科学监管促进中药传承创新发展若干措施的通知	人工智能
55	2023.06.13	海关总署	关于印发《跨境电子商务统计调查制度》的通知	智能产品、智能化
56	2023.09.09	交通部	关于推进公路数字化转型加快智慧公路建设发展的意见	公路数字、智慧公路

（续表）

序号	发布/施行日期	发布主体	规范名称	主要涉及领域（关键词）
57	2023.09.16	交通部	第二批智能交通先导应用试点任务领域	自动驾驶、道路智能
58	2023.11.24	交通部	关于加快智慧港口和智慧航道建设的意见	智慧港口、数字赋能
59	2023.12.05	交通部	自动驾驶汽车运输安全服务指南（试行）	自动驾驶汽车、信息监管
60	2023.12.08	交通部	快递市场管理办法	信息安全、数据
61	2023.12.15	交通部	关于修改《邮政业寄递安全监督管理办法》的决定	用户信息、数据
62	2023.12.17	交通部	铁路关键信息基础设施安全保护管理办法	信息安全、网络
63	2024.01.09	交通部	交通运输科技示范工程创建实施要点	智慧管控、人工智能、科技
64	2023.05.26	教育部	关于印发《基础教育课程教学改革深化行动方案》的通知	人工智能、智能教师
65	2023.04.17	教育部等17部门	关于印发《全面加强和改进新时代学生心理健康工作专项行动计划（2023—2025年）》的通知	人工智能
66	2023.05.26	教育部等18部门	关于加强新时代中小学科学教育工作的意见	人工智能、科学教育
67	2023.01.11	科技部	关于进一步鼓励外商投资设立研发中心若干措施的通知	科技创新、数据传输
68	2023.02.06	科技部	社会力量设立科学技术奖管理办法	科技奖、监督管理
69	2023.03.02	科技部	科学技术部行政处罚实施办法	
70	2023.05.26	科技部	人类遗传资源管理条例实施细则	基因数据、信息
71	2023.12.06	科技部	国家科学技术奖提名办法	科技、监督
72	2023.10.08	科技部等10部门	科技伦理审查办法（试行）	科技伦理、信息数据
73	2023.05.22	民政部	关于扩大内地居民婚姻登记“跨省通办”试点的通知	互联网+、数据融合
74	2024.01.18	民政部	生成式人工智能中的数据安全风险	生成式人工智能、数据
75	2024.01.24	民政部	民政信访工作办法	数据、信息
76	2023.10.26	民政部 中国残联	关于印发残疾人两项补贴部级数据核对与督导工作机制的通知	数据核对、监督
77	2023.10.23	民政部等10部门	关于加强低收入人口动态监测做好分层分类社会救助工作的意见	信息聚合共享、数据
78	2023.10.23	民政部等11部门	积极发展老年助餐服务行动方案	物流网、智能服务

（续表）

序号	发布/施行日期	发布主体	规范名称	主要涉及领域（关键词）
79	2023.01.03	民政部等3部门	中国残联关于开展“精康融合行动”的通知	信息、网络、数据
80	2023.02.08	民政部等3部门	养老和家政服务标准化专项行动方案	智慧养老、互联网家政
81	2023.03.15	农业农村部	关于全面实行家庭农场“一码通”管理服务制度的通知	信息、互联网、数据更新
82	2023.07.11	农业农村部	关于继续做好农产品产地冷藏保鲜设施建设工作的通知	网络、数字、智能
83	2023.07.31	农业农村部	关于开展第四批国家农业绿色发展先行区创建工作的通知	数字、智能、物联网
84	2023.08.17	农业农村部	关于加快推进无纸化出具动物检疫证明工作的通知	智慧监管、信息
85	2023.09.26	农业农村部	农村法治宣传教育基地建设指引	智能法律机器人、智能基地、互联网+
86	2023.10.20	农业农村部	农业绿色发展水平监测评价办法（试行）	数据信息、监管
87	2023.03.31	农业农村部 财政部	关于开展国家级海洋牧场示范区创建工作的通知	科技、信息化、智能终端
88	2023.03.31	农业农村部 财政部	关于开展国家级沿海渔港经济区建设试点的通知	智慧渔港、通信网络
89	2023.06.19	人社部	关于印发数字人社建设行动实施方案的通知	数字人社、数据融合
90	2024.01.10	人社部	关于加快推进社会保障卡居民服务	数字人社、信息
91	2023.10.25	人社部等4部门	关于开展基层劳动人事争议调解组织建设行动的通知	智能建设、网上办
92	2023.01.06	商务部等10部门	关于支持国家级经济技术开发区创新提升更好发挥示范作用若干措施的通知	智能化、实体经济
93	2023.04.17	生态环境部	生态保护红线监管数据互联互通接口技术标准规范	数据互联信息
94	2023.12.28	生态环境部	污染物自动监控（监测）系统数据技术要求	数据、信息
95	2024.01.08	生态环境部	一氯二氟甲烷生产设施副产三氟甲烷报告技术规范	智能、监测
96	2023.04.07	生态环境部 财政部 工信部	绿色数据中心政府采购需求标准（试行）	绿色数据

（续表）

序号	发布 / 施行日期	发布主体	规范名称	主要涉及领域（关键词）
97	2023.03.15	市场监管总局	关于进一步加强中央企业质量和标准化工作的指导意见	人工智能、互联网
98	2023.10.19	市场监管总局	关于计量促进仪器仪表产业高质量发展的指导意见	智能化、芯片
99	2023.05.30	水利部	关于推进数字孪生农村供水工程建设的通知	数字工程、智慧水利、信息化
100	2023.07.10	水利部	智能化小型水电站技术指南（试行）	数字孪生、人工智能
101	2023.08.30	水利部	深入贯彻落实质量强国建设纲要提升水利工程建设质量的实施意见	数据信息、数字赋能
102	2023.09.15	网信办	关于进一步加强网络侵权信息举报工作的指导意见	智能化
103	2023.04.24	网信办等 8 部门	《关于推进 IPv6 技术演进和应用创新发展的实施意见》	智能制造、智慧能源
104	2023.01.14	网信部等 16 部门	关于促进数据安全产业发展的指导意见	智能化、人工智能
105	2023.03.24	文旅部	关于推动在线旅游市场高质量发展的意见	人工智能、应用 5G
106	2023.11.13	文旅部	关于印发《国内旅游提升计划（2023—2025 年）》的通知	人工智能、智慧旅游
107	2023.08.08	文旅部 教育部等 5 部门	关于印发《用好红色资源　培育时代新人　红色旅游助推铸魂育人行动计划（2023—2025 年）》的通知	人工智能
108	2023.06.28	中国民用航空局	无人驾驶航空器飞行管理暂行条例	人工智能、无人驾驶系统
109	2023.07.03	中国民用航空局	关于印发落实数字中国建设总体部署加快推动智慧民航建设发展的指导意见	智能建造、智能部署、人工智能
110	2023.07.12	中国民用航空局	民用机场无人驾驶旅客登机桥技术要求	人工智能、智能决策
111	2023.05.25	住房建设部	建筑物移动通信基础设施工程技术标准	移动通信
112	2023.02.17	住建部	关于进一步加强隧道工程安全管理的指导意见	信息、科技、智能设备
113	2023.05.11	住建部	关于印发部 2023 年信用体系建设工作要点的通知	数据、信用平台

（续表）

序号	发布 / 施行日期	发布主体	规范名称	主要涉及领域（关键词）
114	2023.07.19	住建部	城市运行管理服务平台管理监督指标及评价标准	数据采集、监管
115	2023.09.06	住建部	关于进一步加强建设工程企业资质审批管理工作的通知	数据监管、遥感卫星
116	2023.09.22	住建部	城市信息模型数据加工技术标准	数据加工、信息模型
117	2023.09.22	住建部	智能家居自动控制设备通用技术要求（修订征求意见稿）	智能家居、自动设备
118	2023.10.24	住建部	关于开展工程建设项目全生命周期数字化管理改革试点工作的通知	数字化、信息共享
119	2023.11.03	住建部	住宅专项维修资金管理基础信息数据标准	数据、信息
120	2023.11.27	住建部	关于全面推进城市综合交通体系建设的指导意见	智能、网络交通
121	2023.12.01	住建部	住房城乡建设领域科技成果评价导则（试行）	科技、智能
122	2023.12.29	住建部	关于进一步加强全国建筑市场监管公共服务平台项目信息管理的通知	信息监管、数据
123	2023.04.16	住建部 发改委	关于做好 2023 年城市排水防涝工作的通知	信息共享、智能监测
124	2023.08.31	住建部 发改委	关于扎实推进城市燃气管道等老化更新改造工作的通知	物联网、云计算、大数据
125	2023.12.12	住建部等 3 部门	关于推进污水处理减污降碳协同增效的实施意见	智能监测、大数据
126	2023.02.10	自然资源部	国土空间规划城市时空大数据应用	大数据、空间规划
127	2023.03.09	自然资源部	涉密基础测绘成果提供使用管理办法	信息共享
128	2023.10.16	自然资源部	卫星导航定位基准站建设备案办法（征求意见稿）	数据安全、信息管理
129	2023.11.24	自然资源部	关于做好城镇开发边界管理成果数据汇交更新的函	数据、管理
130	2023.12.06	自然资源部	关于部署开展国土空间规划实施监测网络建设试点的通知	网络监测、数据
131	2023.01.12	自然资源部等 3 部门	关于强化业务协同 加快推进林权登记资料移交 数据整合和信息共享	数据、信息

表 1-5　人工智能相关地方法规与地方规章（分地域按日期序）

类型	序	发布 / 施行日期	发布主体	规范名称
地方法规	1	2023.12.28	安徽省人大	安徽省新能源汽车产业集群发展条例
	2	2024.01.25	北京市第十六届人民代表大会	北京国际科技创新中心建设条例
	3	2023.12.01	德州市人民代表大会及其常务委员会	德州市城乡供水条例
	4	2023.03.01	贵州省人民代表大会常务委员会	贵州省信息基础设施条例
	5	2023.11.29	贵州省人民代表大会常务委员会	贵州省高速公路管理条例
	6	2023.05.01	海南省人民代表大会常务委员会	海南自由贸易港促进种业发展若干规定
	7	2023.05.02	海南省人民代表大会常务委员会	海南省劳动保障监察若干规定
	8	2023.07.01	海南省人民代表大会常务委员会	海南省养老服务条例
	9	2023.12.02	菏泽市人民代表大会及其常务委员会	菏泽市地下管线管理条例
	10	2023.03.01	湖北省人民代表大会常务委员会	湖北省优化营商环境条例
	11	2023.11.29	江苏省人民代表大会常务委员会	关于促进车联网和智能网联汽车发展的决定
	12	2023.11.30	江西省人民代表大会常务委员会	江西省数据应用条例
	13	2023.09.01	内蒙古自治区第十四届人民代表大会常务委员会	内蒙古自治区建设国家重要能源和战略资源基地促进条例
	14	2023.01.01	陕西省人民代表大会常务委员会	陕西省革命文物保护利用条例
	15	2023.03.01	陕西省人民代表大会常务委员会	西安市气象灾害防御条例
	16	2023.06.01	陕西省人民代表大会常务委员会	陕西省乡村振兴促进条例
	17	2023.12.11	陕西省人民代表大会常务委员会	陕西省安全生产条例
	18	2023.08.29	苏州市人民代表大会常务委员会	苏州市智能车联网发展促进条例
	19	2023.09.21	河北省人民代表大会及其常务委员会	新能源发展促进条例
	20	2023.12.01	威海市人民代表大会及其常务委员会	威海市城乡供水安全条例
	21	2023.12.25	潍坊市人民代表大会及其常务委员会	潍坊市优化营商环境条例
	22	2023.01.31	无锡市人民代表大会常务委员会	无锡市车联网发展促进条例
	23	2023.09.14	阳泉市人民代表大会常务委员会	阳泉市智能网联汽车管理办法
	24	2023.12.06	淄博市人民代表大会及其常务委员会	淄博市房地产开发经营管理条例
地方规章	25	2023.10.11	北京市经济和信息化局	人工智能算力券实施方案
	26	2023.12.15	德州市人民政府	德州市城市停车场管理办法
	27	2023.12.30	东营市人民政府	东营市石油天然气管道保护办法
	28	2023.12.22	黑龙江省人民政府	黑龙江省加快推动制造业和中小企业数字化网络化智能化发展若干政策措施

（续表）

类型	序	发布 / 施行日期	发布主体	规范名称
地方规章	29	2023.01.30	江苏省人民政府	江苏省基础测绘管理办法（新）
	30	2023.12.29	临沂市人民政府	临沂市城市停车设施管理办法
	31	2023.12.28	青岛市人民政府	青岛市公共数据管理办法
	32	2023.10.20	上海市经济和信息化委员会	上海市推动人工智能大模型创新发展若干措施（2023—2025 年）
	33	2023.10.31	上海市经济信息化委 上海市商务委	推动区块链、大模型技术赋能生产性互联网服务平台发展实施方案
	34	2023.02.01	上海市浦东新区人民政府	促进无驾驶人智能网联汽车创新应用规定
	35	2023.12.27	烟台市人民政府	烟台市城市公共汽车客运管理办法
	36	2023.12.29	淄博市人民政府	淄博市人民政府规章制定程序规定

表 1-6　人工智能相关地方政策规范性文件（按发布日期序）

序	省 / 市	市 / 区	成文 / 发布日期	发布主体	规范名称
1	安徽省		2023.03.22	安徽省人民政府办公厅	关于印发以数字化转型推动制造业高端化智能化绿色化发展实施方案及支持政策的通知
2	安徽省		2023.04.03	安徽省卫生健康委	关于启动智慧医疗场景创新工作的通知
3	安徽省		2023.06.08	安徽省数据资源局	安徽省大数据产业园认定管理办法（试行）
4	安徽省		2023.10.08	安徽省科技厅	安徽省科技创新智库管理办法
5	安徽省		2023.10.25	安徽省科技厅	安徽省通用人工智能创新发展三年行动计划
6	安徽省		2023.11.07	安徽省人民政府	关于印发打造通用人工智能产业创新和应用高地若干政策的通知
7	安徽省		2023.12.15	安徽省数据资源局	安徽省数字基础设施建设发展三年行动方案（2023—2025 年）
8	安徽省		2023.12.28	安徽省人民代表大会	安徽省新能源汽车产业集群发展条例
9	北京市		2023.01.21	北京市人民政府	关于贯彻落实《质量强国建设纲要》的意见（2023 年 1 月 21 日）
10	北京市		2023.02.09	北京市交通委员会等 5 部门	北京市无人配送车道路测试与商业示范管理办法（试行）
11	北京市		2023.02.15	北京市经济和信息化局	北京市公共数据专区授权运营管理办法（试行）
12	北京市		2023.03.23	北京市住房和城乡建设委员会	北京市智能建造试点城市工作方案

（续表）

序	省 / 市	市 / 区	成文 / 发布日期	发布主体	规范名称
13	北京市		2023.03.28	北京市规划和自然资源委员会 北京市经济和信息化局	北京市智能网联汽车高精度地图试点工作指导意见
14	北京市		2023.05.10	北京市经济和信息化局	北京市关于加快打造信息技术应用创新产业高地的若干政策措施
15	北京市		2023.05.19	北京市发展改革委	北京市通用人工智能产业创新伙伴计划
16	北京市		2023.05.21	北京市人民政府	北京市加快建设具有全球影响力的人工智能创新策源地实施方案（2023—2025 年）
17	北京市		2023.05.23	北京市人民政府办公厅	北京市促进通用人工智能创新发展的若干措施
18	北京市		2023.05.30	北京市知识产权局等部门	北京市数据知识产权登记管理办法（试行）
19	北京市		2023.06.02	北京市城市管理委员会	北京市居住区新能源汽车充电“统建统服”试点工作方案
20	北京市		2023.06.16	北京市人民政府办公厅	北京市机器人产业创新发展行动方案（2023—2025 年）
21	北京市		2023.06.20	北京市人民政府	关于更好发挥数据要素作用进一步加快发展数字经济的实施意见
22	北京市		2023.06.29	北京市住房和城乡建设委员会等 12 部门	北京市推动智能建造与新型建筑工业化协同发展的实施方案
23	北京市		2023.10.11	北京市经济和信息化局	人工智能算力券实施方案（2023—2025 年）
24	北京市		2023.12.20	北京市民政局等部门	北京市“精康融合行动”实施方案（2023—2025 年）
25	北京市		2023.12.29	北京市住房和城乡建设委员会	关于加强房屋建筑和市政基础设施工程危险作业安全影像追溯管理的通知
26	北京市		2024.01.19	北京市经济和信息化局 北京市财政局	关于印发 2024 年北京市高精尖产业发展资金实施指南的通知
27	北京市		2024.01.25	北京市人民代表大会	北京国际科技创新中心建设条例
28	福建省		2023.01.03	福建省人民政府办公厅	关于印发进一步优化营商环境降低市场主体制度性交易成本实施方案的通知
29	福建省		2023.01.03	福建省人民政府办公厅	关于印发福建省贯彻落实“十四五”国民健康规划实施方案的通知
30	福建省		2023.01.12	福建省人民政府	关于全面实施标准化战略的意见

（续表）

序	省 / 市	市 / 区	成文 / 发布日期	发布主体	规范名称
31	福建省		2023.01.12	福建省人民政府办公厅	关于印发福建省数字政府改革和建设总体方案的通知
32	福建省		2023.05.26	福建省人民政府办公厅	关于印发2023年数字福建工作要点的通知
33	福建省		2023.06.19	福建省人民政府办公厅	关于印发深入推进跨部门综合监管改革工作方案的通知
34	福建省		2023.07.07	福建省人民政府办公厅	关于印发福建省新型基础设施建设三年行动计划（2023—2025年）的通知
35	福建省		2023.07.28	福建省人民政府办公厅	关于进一步推动职业教育服务经济社会发展十条措施的通知
36	福建省		2023.09.19	福建省人民政府办公厅	关于印发福建省促进人工智能产业发展十条措施的通知
37	福建省		2023.09.30	福建省人民政府办公厅	关于印发福建省一体化公共数据体系建设方案的通知
38	福建省		2023.10.10	福建省人民政府办公厅	关于印发福建省一体化公共数据体系建设方案的通知
39	福建省		2023.11.10	福建省人民政府办公厅	关于印发福建省进一步完善医疗卫生服务体系实施方案的通知
40	广东省		2023.11.13	广东省人民政府	关于加快建设通用人工智能产业创新引领地的实施意见
41	广西壮族自治区		2023.06.06	广西壮族自治区人民政府	关于印发广西贯彻落实《质量强国建设纲要》实施方案的通知
42	贵州省		2023.04.11	贵州省工业和信息化厅	关于印发推动全省工业领域数字化改造加快工业互联网创新发展导向目录（2023—2025年）（试行）的通知
43	贵州省		2023.10.26	贵州省人民政府办公厅	关于加快新能源汽车产业高质量发展推进“电动贵州”建设的指导意见（黔府办发〔2023〕18号）
44	海南省		2023.08.31	海南省人民政府办公厅	关于印发“技能自贸港”三年行动方案（2023—2025年）的通知
45	河北省	石家庄市	2023.10.26	石家庄市人民代表大会	石家庄市数字经济促进条例
46	黑龙江省		2023.01.20	黑龙江省人民政府	中国（同江）跨境电子商务综合试验区实施方案

（续表）

序	省 / 市	市 / 区	成文 / 发布日期	发布主体	规范名称
47	黑龙江省		2023.03.31	黑龙江省人民政府	黑龙江省开展国家标准化创新发展试点工作方案
48	黑龙江省		2023.06.13	黑龙江省人民政府办公厅	关于印发黑龙江省贯彻落实《交通强国建设纲要》和《国家综合立体交通网规划纲要》实施方案的通知
49	黑龙江省		2023.10.18	黑龙江省人民政府	关于印发推进职业教育与产业集群集聚融合服务龙江振兴发展实施方案的通知
50	黑龙江省		2023.12.11	黑龙江省人民政府	黑龙江省推进普惠金融高质量发展实施方案
51	黑龙江省		2023.12.22	黑龙江省人民政府	黑龙江省加快推动制造业和中小企业数字化网络化智能化发展若干政策措施
52	湖北省		2023.04.03	湖北省人民政府办公厅	关于更好服务市场主体推动经济稳健发展接续政策的通知
53	湖北省		2023.04.07	湖北省人民政府	关于进一步深化制造业重点产业链链长制实施方案的通知
54	湖北省		2023.04.19	湖北省人民政府办公厅	关于新时代进一步加强科学技术普及工作的实施意见
55	湖北省		2023.04.22	湖北省人民政府	关于加快推进湖北气象高质量发展的实施意见
56	湖北省		2023.05.05	湖北省人民政府办公厅	关于印发湖北省数字经济高质量发展若干政策措施的通知
57	湖北省		2023.07.07	湖北省人民政府办公厅	关于印发促进外资扩增量稳存量提质量若干措施的通知
58	湖北省		2023.07.13	湖北省人民政府办公厅	关于加快构建湖北省高质量充电基础设施体系的实施意见
59	湖北省		2023.08.02	湖北省人民政府办公厅	关于印发湖北省教育数字化战略行动计划（2023—2025年）的通知
60	湖北省		2023.08.27	湖北省人民政府办公厅	关于印发湖北省中医药振兴发展重大工程实施方案的通知
61	湖北省		2023.09.05	湖北省人民政府	关于印发加快“世界光谷”建设行动计划的通知
62	湖北省		2023.10.27	湖北省人民政府办公厅	关于印发湖北省汽车产业转型发展实施方案（2023—2025年）的通知

（续表）

序	省/市	市/区	成文/发布日期	发布主体	规范名称
63	吉林省		2023.05.04	吉林省政务服务和数字化管理局	关于进一步加强数字政府建设的若干举措
64	吉林省		2023.05.04	吉林省政务服务和数字化管理局	吉林省制造业智能化改造和数字化转型行动方案（2023—2025年）
65	吉林省		2023.05.04	吉林省政务服务和数字化建设管理局	吉林省大数据产业发展指导意见
66	吉林省		2023.11.27	吉林省建设标准化管理办公室	智慧工地平台信息共享交换数据标准
67	江苏省	无锡市	2023.01.31	无锡市人民代表大会常务委员会	无锡市车联网发展促进条例
68	江苏省		2023.01.30	江苏省人民政府	江苏省基础测绘管理办法（新）
69	江苏省		2023.04.27	江苏省人民政府办公厅	关于印发江苏省数字政府建设2023年工作要点的通知
70	江苏省		2023.07.01	江苏省人民政府办公厅	关于加强和优化科创金融供给服务科技自立自强的意见
71	江苏省		2023.11.29	江苏省人民代表大会常务委员会	关于促进车联网和智能网联汽车发展的决定
72	江西省		2023.01.16	江西省人民政府办公厅	关于印发江西省气象高质量发展纲要（2023—2035年）的通知
73	江西省		2023.01.30	江西省人民政府办公厅	关于印发全省深化“放管服”改革持续优化营商环境重点任务分工方案的通知
74	江西省		2023.02.17	江西省人民政府办公厅	关于进一步优化营商环境降低市场主体制度性交易成本政策措施的通知
75	江西省		2023.02.18	江西省人民政府办公厅	关于印发赣州革命老区高质量发展示范区发展规划的通知
76	江西省		2023.02.28	江西省人民政府办公厅	关于印发江西省未来产业发展中长期规划（2023—2035年）的通知
77	江西省		2023.03.16	江西省人民政府办公厅	关于印发2023年民生实事安排方案的通知
78	江西省		2023.05.20	江西省人民政府办公厅	关于加强数字赋能优化营商环境若干措施的通知
79	江西省		2023.07.17	江西省人民政府办公厅	关于印发江西省制造业数字化转型实施方案的通知
80	江西省		2023.07.20	江西省人民政府办公厅	关于印发江西省数字政府建设总体方案的通知

（续表）

序	省 / 市	市 / 区	成文 / 发布日期	发布主体	规范名称
81	江西省		2023.09.28	江西省人民政府办公厅	关于印发“赣服通”6.0 版建设工作方案的通知
82	江西省		2023.11.21	江西省人民政府办公厅	关于印发江西省推动中医药振兴发展重大工程实施方案的通知
83	江西省		2023.11.22	江西省人民政府办公厅	关于印发江西省虚拟现实与行业应用融合发展行动计划（2023—2026 年）的通知
84	江西省		2023.11.23	江西省人民政府办公厅	关于进一步深化改革促进乡村医疗卫生体系健康发展的实施意见
85	江西省		2023.11.27	江西省人民政府办公厅	关于进一步完善医疗卫生服务体系的实施意见
86	辽宁省		2023.07.21	辽宁省人民政府	关于印发《贯彻落实〈计量发展规划（2021—2035 年）〉的实施意见》的通知
87	辽宁省		2023.12.24	辽宁省人民政府	关于印发《中国（鞍山）跨境电子商务综合试验区实施方案》的通知
88	内蒙古	通辽市	2023.02.07	通辽市人民政府办公室	通辽市 2023 年优化营商环境争优年行动方案
89	内蒙古		2023.04.14	内蒙古自治区人民政府办公厅	关于印发全区一体化政务大数据体系建设工作方案的通知
90	内蒙古		2023.04.21	内蒙古自治区住房和城乡建设厅	推进城镇新能源汽车充电设施建设六条政策措施
91	内蒙古		2023.07.28	内蒙古自治区交通运输厅　财政厅	“十四五”推广应用新能源巡游出租汽车奖补实施细则
92	内蒙古		2023.09.01	内蒙古自治区人民代表大会常务委员会	内蒙古自治区建设国家重要能源和战略资源基地促进条例
93	内蒙古		2023.09.11	内蒙古自治区人民政府	质量强区建设纲要
94	内蒙古		2023.10.10	内蒙古自治区人民政府办公厅	关于印发自治区推动数字经济高质量发展工作方案（2023—2025 年）的通知
95	内蒙古		2023.11.10	内蒙古自治区人力资源和社会保障厅	内蒙古自治区数字人社建设行动具体实施方案
96	内蒙古		2023.12.29	内蒙古自治区人民政府办公厅	自治区发展改革委关于恢复和扩大消费若干措施的通知
97	内蒙古		2024.01.10	内蒙古自治区农牧厅	内蒙古数字农牧业农村牧区发展规划（2023—2025 年）
98	内蒙古		2024.01.22	内蒙古自治区人民政府办公厅	关于推进国家级经济技术开发区高质量发展的实施意见

（续表）

序	省 / 市	市 / 区	成文 / 发布日期	发布主体	规范名称
99	内蒙古		2024.01.25	内蒙古自治区工业和信息化厅	工业领域数据安全标准体系建设指南（2023 版）
100	宁夏		2023.02.07	宁夏自治区人民政府办公厅	关于印发金融服务实体经济质效提升年活动实施方案的通知
101	宁夏		2023.03.14	宁夏自治区人民政府办公厅	关于印发数字宁夏“1244+N”行动计划实施方案的通知
102	宁夏		2023.06.06	宁夏自治区人民政府	关于加强数字政府建设的实施意见
103	宁夏		2023.07.04	宁夏回族自治区人民政府、国家林业和草原局	关于印发《宁夏回族自治区科学绿化试点示范区建设实施方案》的通知
104	宁夏		2023.07.26	宁夏自治区人民政府办公厅	关于印发加快“互联网＋医疗健康”高质量发展实施方案的通知
105	宁夏		2023.08.08	宁夏自治区人民政府办公厅	关于印发宁夏回族自治区开展政务服务线上线下融合和向基层延伸试点工作实施方案的通知
106	宁夏		2023.08.18	宁夏自治区人民政府办公厅	关于印发促进人工智能创新发展政策措施的通知
107	宁夏		2023.10.08	宁夏自治区人民政府办公厅	关于印发《宁夏回族自治区教育数字化战略行动计划（2023—2027 年）》的通知
108	宁夏		2023.11.28	宁夏自治区人民政府办公厅	关于印发《进一步完善全区医疗卫生服务体系实施方案》的通知
109	宁夏		2023.12.05	宁夏自治区人民政府办公厅	关于印发《建立政务服务效能提升常态化工作机制实施方案》的通知
110	青海省		2023.02.28	青海省人民政府办公厅	关于印发青海省推进一体化政务大数据体系工作方案的通知
111	青海省		2023.03.17	青海省人民政府办公厅	关于印发支持建设海南藏族自治州国家可持续发展议程创新示范区若干措施的通知
112	青海省		2023.07.18	青海省人民政府办公厅	关于加快数字政府建设的实施意见
113	山东省		2023.07.06	山东省人民政府	关于印发实施先进制造业“2023 突破提升年”工作方案的通知
114	山东省		2023.09.14	山东省人民政府	关于印发山东省推动新能源汽车下乡三年行动计划（2023—2025 年）的通知
115	山东省		2023.11.07	山东省人民政府	关于印发山东省综合立体交通网规划纲要（2023—2035 年）的通知
116	山东省		2023.11.14	山东省人民政府	关于印发《山东省数字基础设施建设行动方案（2024—2025 年）》的通知

（续表）

序	省/市	市/区	成文/发布日期	发布主体	规范名称
117	山东省		2023.12.26	山东省人民政府	关于印发山东省新能源汽车产业高质量发展行动计划的通知
118	山西省		2023.01.09	山西省人民政府	山西省碳达峰实施方案的通知
119	山西省		2023.03.23	山西省能源局	煤矿智能化建设评定管理办法
120	山西省		2023.04.11	山西省行政审批服务管理局	网上中介超市管理办法（试行）
121	山西省		2023.05.11	山西省人民政府办公厅	关于印发山西省推进服务业提质增效2023年行动计划的通知
122	山西省		2023.06.02	山西省人民政府办公厅	关于印发山西省电动汽车充（换）电基础设施建设“十四五”规划和三年行动计划的通知
123	山西省		2023.07.14	山西省人民政府	关于促进企业技术改造的实施意见
124	山西省		2023.08.25	山西综改示范区管委会	山西综改示范区支持数字经济产业发展办法
125	山西省		2023.09.18	山西省人民政府办公厅	关于印发中国（运城）跨境电子商务综合试验区建设实施方案的通知
126	山西省		2023.12.25	山西省人民政府办公厅	关于加强科技伦理治理的实施意见
127	山西省		2023.12.28	山西省人民政府办公厅	关于系统化全域推进海绵城市建设工作的实施意见
128	山西省		2023.12.29	山西省人民政府办公厅	关于印发山西省适应气候变化行动方案（2023—2035年）的通知
129	山西省		2024.01.05	山西省人民政府办公厅	关于印发山西省数字政府建设规划（2023—2025年）的通知
130	山西省		2024.01.17	山西省人民政府	关于推动文旅产业高质量发展的实施意见
131	陕西省		2023.01.10	陕西省测绘地理信息局	《关于加强陕西省涉密测绘地理信息成果管理的指导意见》的通知
132	上海市	浦东新区	2023.02.01	上海市人民代表大会常务委员会	促进无驾驶人智能网联汽车创新应用规定
133	上海市	浦东新区	2023.06.15	上海市浦东新区科技和经济委员会	中国（上海）自由贸易试验区专项发展资金支持数据要素市场发展实施细则
134	上海市		2023.01.06	上海市科学科技部局	外籍“高精尖”人才认定标准
135	上海市		2023.03.15	上海市经济信息化委	上海市数据交易场所管理实施暂行办法
136	上海市		2023.05.25	上海市发展改革委	上海市加大力度支持民间投资发展若干政策措施

（续表）

序	省 / 市	市 / 区	成文 / 发布日期	发布主体	规范名称
137	上海市		2023.06.09	上海市交通委	上海市智慧公交顶层设计方案
138	上海市		2023.07.11	上海市绿化和市容管理局	上海市森林资源数据管理办法（试行）
139	上海市		2023.07.22	上海市人民政府办公厅	立足数字经济新赛道推动数据要素产业创新发展行动方案（2023—2025 年）
140	上海市		2023.09.20	上海市人民政府	长三角生态绿色一体化发展示范区基础地理信息数据更新暂行办法
141	上海市		2023.10.20	上海市经济和信息化委员会	上海人工智能示范应用清单（2023）
142	上海市		2023.10.26	上海市经济信息化委等	上海市促进智能机器人产业高质量创新发展行动方案（2023—2025 年）
143	上海市		2023.10.26	上海市人民政府办公厅	上海市促进商业航天发展打造空间信息产业高地行动计划（2023—2025 年）
144	上海市		2023.11.10	上海市人民政府办公厅	上海市特色产业园区高质量发展行动方案（2024—2026 年）
145	上海市		2023.11.27	上海市人民政府	上海市推动人工智能大模型创新发展若干措施（2023—2025 年）
146	上海市		2023.12.14	上海市住房和城乡建设管理委员会	关于在本市试行 BIM 智能辅助审查的通知
147	上海市		2023.12.29	上海市人民政府办公厅	关于进一步深化学习型城市建设的意见
148	上海市		2023.12.31	上海市人民政府办公厅	上海市大学科技园改革发展行动方案
149	四川省	成都市	2023.04.20	成都市人民政府	关于印发成都市智能建造试点城市建设实施方案的通知
150	四川省	成都市	2023.05.29	成都市经济和信息化局等 3 部门	关于推进成都市智能网联汽车远程驾驶测试与示范应用的指导意见
151	四川省	成都市	2023.08.15	成都高新区管委会办公室	成都高新技术产业开发区支持企业数字化智能化技术改造的若干政策
152	四川省	成都市	2024.01.18	成都市经济和信息化局	成都市进一步促进人工智能产业高质量发展的若干政策措施
153	四川省	成都市	2024.01.31	成都市住房和城乡建设局	成都市智能建造水平评价管理办法（试行）
154	四川省		2023.01.10	四川省人民政府	关于贯彻落实国务院《计量发展规划（2021—2035 年）》的实施意见
155	四川省		2023.08.15	四川省科学技术厅	四川省众创空间管理办法
156	四川省		2023.12.08	四川省人民政府	中国宜宾跨境电子商务综合试验区实施方案

（续表）

序	省 / 市	市 / 区	成文 / 发布日期	发布主体	规范名称
157	四川省		2023.12.12	四川省经济和信息化厅	四川省制造业智能化改造数字化转型供应商管理规范（试行）（征求意见稿）
158	天津市		2023.09.12	天津市人民政府办公厅	天津市加快新能源和智能网联汽车产业发展实施方案（2023—2027 年）
159	西藏		2023.06.13	西藏自治区人民政府	关于印发西藏自治区加强数字政府建设方案（2023—2025 年）的通知
160	香港		2023.07.07	香港特区政府环境及生态局	管制及削减氢氟碳化物以实施蒙特利尔议定书基加利修正案
161	云南省		2023.03.10	楚雄州人民政府	关于统筹推进城市更新的实施意见
162	云南省		2023.07.07	云南省人民政府	关于印发《国家车联网产业标准体系建设指南（智能网联汽车）（2023 版）》的通知
163	云南省		2023.09.08	云南省人民政府	关于印发电子信息制造业 2023—2024 年稳增长行动方案的通知
164	云南省		2023.11.17	云南省人民政府	关于开展智能网联汽车准入和上路通行试点工作的通知
165	浙江省	杭州市	2023.01.06	杭州市科技局	外籍“高精尖”人才认定标准
166	浙江省	杭州市	2023.04.04	杭州市人民政府办公厅	关于印发杭州市智能网联车辆测试与应用管理办法的通知
167	浙江省	湖州市	2024.01.01	湖州市交通运输局湖州市公安局湖州市经济和信息化局湖州市大数据发展管理局	湖州市智能网联车辆道路测试与应用管理实施细则

三、国外人工智能法律与政策

（一）基本概况

2023 年是生成式人工智能、大型语言模型等快速进化的一年，也是全球人工智能治理的关键一年，随着人工智能技术的迅速发展，其对社会和经济的深远影响导致对协调治理方法的需求不断增加，世界主要国家和地区在立法和政策方面取得重大进展，形成一些共识，也存在一些分歧。

1. 法律层面：人工智能治理稳步推进

自2022年底至2023年初，美国人工智能企业OpenAI研发的ChatGPT等强大的生成式人工智能技术模型实现了广泛应用。这些模型在提升工作效率、增强用户体验的同时，也带来了巨大的风险。由于市场经济的作用，可能导致模型集中在少数公司和国家手中，取代其他公司和国家的就业机会，促进就业不平等；通过数据聚合、强化偏见，加深信息不对称误导公众，引发舆论战、金融战、科技战等威胁国家安全的风险。这些风险超越国界，重新唤起了加强全球人工智能治理的呼声。在欧盟，欧盟委员会提出的《人工智能法案》（AIA）在经历了多次迭代，于2023年12月8日达成了临时协议，2024年3月13日，欧洲议会投票通过该法案。该法案根据人工智能的潜在风险和影响程度确定了各方的义务，旨在确保基本权利、民主、法治和环境可持续性免受高风险人工智能的影响，同时促进创新并使欧洲成为该领域的领导者。在美国，仅2023年一年，众议院和参议院委员会就人工智能问题举行了30多场听证会，国会提出了30多项以人工智能为重点的法案，有针对性的立法包括促进美国在人工智能研发方面的领导地位、保护国家安全、强制披露人工智能使用情况、确保美国选举免受深度造假和其他人工智能生成的错误信息影响、解决人工智能对美国工人的影响以及明确联邦政府内部使用人工智能的法案。

2. 政策层面：鼓励创新与安全监管并重

世界各主要国家和地区的政策，在鼓励技术创新应用、数据隐私保护之外，也在加强人工智能风险防范和安全监管。欧盟的政策主要致力于推动各成员国就《人工智能法案》达成共识，最终确保法案生效施行。英国政府发布了关于《人工智能监管：有利于创新的方法》人工智能监管白皮书，提出了制定有利于人工智能创新的监管框架的初步建议，概述了英国现有监管机构在其职权范围内解释和应用的五项跨部门原则。美国拜登政府发布《关于安全、可靠和值得信赖的人工智能的相关行政令》，规制解决现行法律框架下的一系列人工智能风险，政府将采取措施促进人工智能系统负责任地开发和部署，要求科技公司对人工智能安全和透明度做出自愿承诺。韩国发布《增强人工智能系统可信度的要求》等政策，落实数据系统化管理和利用要求，促进应用人工智能技术创造新的成果。

（二）法律与政策

1. 欧洲大力推进人工智能方案通过

在欧盟，继 2018 年 5 月生效的《通用数据保护条例》（GDPR）之后，欧盟立法者一直致力于出台一部综合法案加强对人工智能的监管。欧盟委员会于 2021 年 4 月提出了关于欧盟人工智能监管框架的建议，同时提出了《人工智能法案》提案草案，此后，欧洲议会和欧盟理事会和委员会针对该草案进行了多轮讨论和修订。该草案对于人工智能的定义和基于风险分级分类的监管方法等内容受到广泛关注。法案根据人工智能系统对用户构成的风险而对其进行分析与分类，将风险分为四类：不可接受的风险、高风险、有限的风险、无风险或最小风险，根据人工智能的潜在风险和影响程度确定了人工智能的义务。

2023 年生成式人工智能模型大量涌现、“智能化”水平越来越高，为人工智能的定义带来巨大考验。如何对通用人工智能模型、生成式人工智能及其引发的相关风险进行精准定义和监管，是立法者必须面对的难题，直到 2023 年 12 月 8 日，欧洲议会、欧洲理事会和欧盟委员会各方就《人工智能法案》达成临时协议，法案规定了对人工智能领域的全面监管。该法案旨在确保基本权利、民主、法治和环境可持续性免受高风险人工智能的影响，确保欧盟使用的人工智能系统安全、透明、可追溯、非歧视且符合环保要求，同时促进创新并使欧洲成为该领域的领导者。这些规则根据人工智能的潜在风险和影响程度确定了人工智能的义务。

人工智能系统应当由人而不是由自动化（automation）来监督，以防止有害后果。概括而言，《人工智能法案》根据人工智能的风险对人工智能进行分类（如表 1-7）：

（1）不可接受的风险（Unacceptable Risk）：可能会威胁人类生命、安全和权利的人工智能系统，如公共部门使用的社会评价系统、鼓励或辅助自杀等危险行为的系统等。

（2）高风险（High Risk）：可能会影响关键基础设施、教育和社会福利等公民权益的人工智能系统，如医疗辅助诊疗系统、信用评价系统中的人工智能等。

（3）有限的风险（Limited Risk）：对特定用户具有透明度义务的人工智能系统，开发人员和部署人员必须确保最终用户意识到他们正在与人工智能进行交互，例如深度伪造和聊天机器人等。

（4）最小风险（Minimal Risk）：已经被广泛运用的人工智能系统，包括垃圾邮件过滤器、电子游戏中的人工智能系统等。

法案根据人工智能的风险程度规定了提供商和用户的义务。虽然许多人工智能系统带来的风险很小，但仍需要对其进行评估。

表 1-7　欧盟《人工智能法案》风险分级及对应实例说明

风险分级	涉及场景实例	补充说明
不可接受的风险	• 操纵人类行为以规避其自由意志的人工智能系统：例如鼓励儿童危险行为的声控玩具。 • 社会评分：根据行为、社会经济地位或个人特征对人们进行分类。 • 使用敏感特征（例如政治、宗教和哲学信仰、种族、性取向、情绪）的生物识别分类系统。 • 实时和远程生物识别系统，例如从互联网或闭路电视录像中无目的地抓取面部图像以创建面部识别数据库。	出于执法目的，可能允许一些例外情况。“实时”远程生物识别系统将被允许用于有限数量的严重案件，而“后”远程生物识别系统（在明显延迟后进行识别）将被允许起诉严重犯罪，并且只有在法院批准后才能使用。
高风险	（1）用于符合欧盟产品安全立法的产品中的人工智能系统，包括玩具、航空、汽车、医疗设备和电梯等。 （2）属于特定领域的人工智能系统必须在欧盟数据库中注册： • 关键基础设施的管理和运营； • 教育和职业培训； • 就业、工人管理和自营职业机会； • 获得和享受基本私人服务以及公共服务和福利； • 执法； • 移民、庇护和边境管制管理； • 协助法律解释和法律适用。	所有高风险人工智能系统在投放市场之前及其整个生命周期都将接受评估。人们有权向指定的国家当局提出有关人工智能系统的投诉。
透明度要求	生成式人工智能，如 ChatGPT，不会被归类为高风险，但必须遵守透明度要求和欧盟版权法： • 披露内容是由人工智能生成的； • 设计模型以防止其生成非法内容。 发布用于培训的受版权保护数据的摘要。	可能带来系统性风险的高影响力通用人工智能模型，例如更先进的人工智能模型 GPT-4，必须经过彻底的评估，任何严重事件都必须向欧盟委员会报告。 借助人工智能生成或修改的内容［图像、音频或视频文件（例如深度伪造）］需要明确标记为人工智能生成，以便用户在遇到此类内容时能够意识到。

根据《人工智能法案》，以下各类人工智能系统是被“禁止的”：

- 使用潜意识、操纵或欺骗手段来扭曲行为并损害明智的决策，从而造成重大伤害。
- 利用与年龄、残疾或社会经济环境相关的脆弱性来扭曲行为，造成重大伤害。
- 生物识别分类系统推断敏感属性（种族、政治观点、工会会员资格、宗教或哲学信仰、性生活或性取向），但合法获取的生物识别数据集的标签或过滤，或执法部门对生物识别数据进行分类时除外。
- 社会评分，即根据社会行为或个人特征对个人或群体进行评估或分类，从而对这些人造成有害或不利的待遇。
- 仅根据分析或人格特征来评估个人实施刑事犯罪的风险，除非用于增强基于与犯罪活动直接相关的客观、可验证事实的人类评估。
- 通过从互联网或闭路电视录像中无目的地抓取面部图像来编译面部识别数据库。
- 推断工作场所或教育机构中的情绪，除非出于医疗或安全。
- 在执法公共场所进行“实时”远程生物识别（RBI），但以下情况除外：
    - 寻找失踪人员、绑架受害者以及遭受人口贩运或性剥削的人；
    - 防止重大且迫在眉睫的生命威胁或可预见的恐怖袭击；
    - 识别严重犯罪（例如谋杀、强奸、武装抢劫、麻醉品和非法武器贩运、有组织犯罪和环境犯罪等）的嫌疑人。

大部分义务由高风险人工智能系统的提供者或开发者承担，包括：（1）计划在欧盟投放高风险人工智能系统或投入使用的实体，无论其总部位于欧盟还是第三国；（2）在欧盟使用高风险人工智能系统输出的第三国提供商。用户是以专业身份部署人工智能系统的自然人或法人，而不是受影响的最终用户。高风险人工智能系统的用户（即部署者）有一些义务，但比提供者（或开发者）少。这些适用于位于欧盟的用户，以及在欧盟使用人工智能系统输出的第三国用户。

《人工智能法案》要求高风险人工智能系统提供商必须履行以下义务（第8—25条）：（1）建立贯穿高风险人工智能系统全生命周期的风险管理体系；（2）进行数据治理，确保训练、验证和测试数据集具有相关性、具有足够的代表性，并尽可能没有错误并根据预期目的完成；（3）起草技术文件来证明合规性，并向当局提供评估合规性的信息；（4）设计用于记录保存的高风险人工智能系统，使其能够自动记录与识别国家级风险和整个系统生命周期中的重大修改相关的事件；（5）向下游部署者提供使用说明，以确保后者合规；（6）设计高风险人工智能系统，以允许部署人员实施人工监督并达到适当水平的准确性、稳健性和网络安全性；（7）建立质量管理体系，确保合规。

《人工智能法案》明确了通用人工智能（GPAI）的相关概念：GPAI 模型是指一

种人工智能模型，包括使用大规模自我监督进行大量数据训练时，显示出显著的通用性，并且无论模型以何种方式投放市场，都能够胜任执行各种不同的任务并且可以集成到各种下游系统或应用程序中，但是不包括在市场上发布之前用于研究、开发和原型设计活动的人工智能模型。GPAI 系统是指基于通用人工智能模型的人工智能系统，能够服务于多种目的，既可以直接使用，也可以集成到其他人工智能系统中。GPAI 系统可以用作高风险人工智能系统或集成到其中。GPAI 系统提供商应与此类高风险人工智能系统提供商合作，以确保后者合规。

所有 GPAI 模型提供商必须履行以下义务：（1）提供技术文档、使用说明、遵守版权指令，并发布有关培训所用内容的摘要；（2）免费和开放许可的 GPAI 模型提供商只需遵守版权并发布训练数据摘要，除非它们存在系统性风险；（3）所有存在系统性风险（开放式或封闭式）的 GPAI 模型提供商还必须进行模型评估、对抗性测试、跟踪和报告严重事件并确保网络安全保护。

此外，当用于训练的累积计算量大于 10^{25} 浮点运算（FLOP）时，GPAI 模型就会出现系统性风险。如果其模型符合此标准，提供商必须在两周内通知欧盟委员会，例如：更先进的人工智能模型 GPT-4，必须经过彻底评估，任何严重事件都必须向欧盟委员会报告。提供商可能会提出观点，认为尽管符合标准，但他们的模型并不存在系统性风险。委员会可以自行决定，或通过独立专家组的合格预警，判定模型是否具有系统性风险。对于存在系统性风险的 GPAI 模型提供者，还必须：（1）执行模型评估，包括实施和记录对抗性测试，以识别和减轻系统风险；（2）评估和减轻可能的系统性风险及其来源；（3）跟踪、记录并向人工智能办公室和相关国家主管部门报告严重事件和可能的纠正措施，不得无故拖延；（4）确保足够的网络安全保护水平。

欧盟《人工智能法案》采用基于风险分级分类监管和治理的方法，对人工智能系统和模型在欧盟的部署、使用、提供服务设定统一的法律框架，对风险进行事前防范和监管。然而，由于人工智能技术正快速迭代升级，欧盟的立法政策是否可以实现合规监管和促进创新的兼顾，是否可以应对人工智能技术迭代和商业模式的快速演变以及由此不断衍生的新问题，仍面临巨大考验，存在很多不确定性。

在政策方面，2023 年 12 月 18 日，欧洲药品管理局（EMA）发布了《指导人工智能在药品监管中的应用的工作计划》。该计划旨在帮助欧洲药品监管网络（EMRN）探索对存在人工智能参与的药物生命周期进行评估和指导，同时利用人工智能提高工作效率，实现新药申请等评估流程和系统的自动化。

在法国，目前尚无专门的法律来规范人工智能或人工智能行业。不过，法国政府和监管机构一直积极参与欧盟层面的人工智能监管讨论，包括欧盟《人工智能法案》的立法程序。法国政府强调"数字主权"，并寻求机遇鼓励本土人工智能行业的发展，特别是鼓励初创企业开发和使用创新的人工智能技术。在人工智能治理的相关工作中，CNIL 通常与欧盟机构对人工智能采取的方法保持一致。例如，CNIL 在其官方词汇表中将人工智能定义为一种逻辑和自动化的过程，通常依赖于能够执行明确定义的任务的算法，但词汇表中还提到了欧洲议会对人工智能的定义。

2023 年 1 月，CNIL 成立了一个专门的人工智能部门（AID），由包括法律专家和工程师在内的 5 人组成。AID 的主要任务是：（1）提高对人工智能系统的理解；（2）加强 CNIL 在隐私泄露识别和预防，以及与人工智能系统实施相关风险等方面的专业知识；（3）为未来欧盟《人工智能法案》的实施做准备；（4）与人工智能生态系统中的其他利益相关者发展关系。2023 年 7 月，CNIL 推出专门针对人工智能项目的监管沙盒，促进对日益增多的人工智能研发和应用的监管。2023 年 9 月 19 日，生成式人工智能委员会成立。该委员会汇集了来自文化、经济、技术、研究等不同领域的利益相关者，以为政府决策提供信息，促进法国成为人工智能技术领先的国家。

2023 年 10 月 16 日，法国数据保护局发布了一套专门针对人工智能开发阶段的实用指南《数据保护和人工智能指南》，① 从数据保护的角度解决人工智能训练数据集的构建等研发过程中的问题。CNIL 在指南中确认了欧盟《通用数据保护条例》与人工智能研究和开发的兼容性。该指南重点关注人工智能系统的发展阶段。

该指南分为 7 个方面，其中 CNIL 指导组织采取必要的步骤，便于以与 GDPR 兼容的方式开发人工智能系统。人工智能操作指南提供了 7 个方面的指导：（1）确定适用的法律制度，例如 GDPR 或执法指令；（2）充分明确处理的目的；（3）界定人工智能系统提供者的角色，例如控制者、处理者或联合控制者；（4）明确法律依据并采

① CNIL. What is the scope of the AI how-to sheets?. *16 Oct. 2023*. https://cnil.fr/en/what-scope-ai-how-sheets.

取必要的保障措施，以确保数据处理的合法性；（5）必要时起草数据保护影响评估（DPIA）；（6）在人工智能系统设计选择中充分考虑数据保护；（7）在数据收集过程中贯彻数据保护原则，并在收集后对数据进行充分管理。

值得注意的是，根据 GDPR，人工智能系统的开发目的必须具体、明确且合法。CNIL 明确，如果人工智能系统在部署阶段的操作使用是独特的，并且从开发阶段就可以精确识别，则两个阶段中进行的处理操作原则上都追求单一的总体目的。然而，对于某些人工智能系统，例如通用人工智能系统，其操作用途可能无法从开发阶段清楚地识别出来。在这种情况下，要被认为足够精确，开发处理的目的必须以数据主体清晰易懂的方式包含有关开发的系统类型（例如大型语言模型）的信息，以及技术上可行的功能和能力（即在开发阶段可以合理预见的能力）。

CNIL 同意、合法利益、履行合同和公共利益理论上都可以作为人工智能系统开发的法律依据。控制者必须仔细评估其具体案例的最充分的法律依据。为解决人工智能系统开发的数据处理问题而进行的 DPIA，必须解决特定的人工智能风险，例如生成有关真人的虚假内容的风险或与特定于人工智能系统的已知攻击相关的风险（如数据攻击）、插入后门或模型反转等。CNIL 认为，随着时间的推移，数据收集过程中实施的数据最小化和数据保护措施可能会变得过时，必须在需要时持续监控和更新。重复使用数据集，特别是互联网上公开的数据集，可以训练人工智能系统，前提是数据是合法收集的，并且重复使用的目的与原始收集目的兼容。

在德国，2023 年 11 月 7 日，德国联邦教育和研究部（BMBF）提出了一项“人工智能行动计划”，[①] 重点是将各个领域与教育、科学和研究联系起来，加强德国和欧盟层面的整个人工智能价值链。该计划明确了德国最迫切需要开展活动的 11 个具体行动领域，为了促进人工智能发展，BMBF 将通过 50 项持续措施促进人工智能应用，重点关注研究、技术开发和基础设施发展，将向人工智能投资 16 亿欧元，为德国人工智能生态系统注入新的动力，并通过 20 项额外的人工智能举措来补充现有措施。值得注意的是，该计划独立于《人工智能法案》之外，旨在根据人工智能造成伤害的

① Bundesministerium für Bildung und Forschung. BMBF-Aktionsplan “Künstliche Intelligenz”. 7 Nov. 2023. https://www.bmbf.de/bmbf/de/forschung/digitale-wirtschaft-und-gesellschaft/kuenstliche-intelligenz/ki-aktionsplan.html.

能力对其进行监管。

在意大利，2023 年 10 月 12 日，意大利数据保护局（Garante）发布了《关于在医疗保健服务中使用人工智能的指南》。该文件以 GDPR、国家和欧盟判例法所载的原则为基础。尽管该指南重点关注意大利国家医疗保健服务，但它提供了与更广泛的医疗保健领域使用人工智能相关的考虑因素。

在合法性方面，该指南明确，健康数据处理的“重大公共利益”减损（GDPR 第 9（2）(g）条）必须以欧盟或国家法律的具体规定为基础，只有在法律明确规定的情况下才能进行分析和自动决策。Garante 强调与问责制相关的设计和默认隐私原则的重要性，认为控制者应仔细考虑整个人工智能周期的系统设计和适当的数据保护措施。此外，应适当确定所涉及的每个利益相关者的角色。

Garante 明确指出，通过使用人工智能处理健康数据以在国家层面开展卫生服务，导致系统性和大规模处理，属于“高风险”，因此需要进行数据保护影响评估（DPIA）。除其他外，DPIA 应考虑与使用算法来识别趋势并从某些数据集中得出结论以及根据分析作出自动决策相关的特定风险，例如歧视。DPIA 应仔细概述人为干预在这些决策过程中的作用。

Garante 沿用了判例法在为了公共利益而通过人工智能工具和算法处理个人数据时应用的三项关键原则，即：

- 透明度：数据主体有权了解基于自动化处理的决策的存在，并了解所涉及的逻辑；
- 人为干预：应保证能够控制、确认或反驳自动决策的人为干预；
- 非歧视：考虑到健康数据处理可能产生的潜在歧视性影响，控制者应确保使用可靠的人工智能系统，并采取适当的措施来减少不透明性和错误，并定期审查系统的有效性。

Garante 强调了与分析的开发和使用的数据量中产生的潜在偏差相关的风险，这可能会对个人产生歧视性等负面影响。控制者应通过以下措施降低风险：（1）明确人工智能生成数据和服务的算法逻辑；（2）记录为避免偏差而进行的检查以及所采取的措施;（3）监控风险。

为了确保自动化决策过程的透明度和公平性，以及在国家医疗保健服务的特定背景下，Garante 建议实施以下措施：

（1）确保法律依据的明确性、可预测性和透明度，包括开展专门的信息宣传活动，并确保数据主体行使其权利的有效方法；

（2）在进行 DPIA 时咨询利益相关者和数据主体，并至少发布 DPIA 的摘要；

（3）以清晰、简洁和易于理解的方式告知数据主体，不仅涉及 GDPR 第 13 条和第 14 条规定的要素，还涉及（i）处理是在算法的训练阶段还是在其后续应用中执行，并描述处理的逻辑和特征;（ii）使用基于人工智能的医疗保健系统是否会对医疗保健专业人员施加任何义务和责任;（iii）使用此类技术在诊断和治疗方面的优势；

（4）当用于治疗目的时，确保基于人工智能的数据处理仅根据医疗保健专业人员的明确要求执行，而不是自动执行；

（5）规范医疗保健从业人员的职业责任。

Garante 认为完全自动化决策对个人权利和自由的潜在风险，支持通过高技能的监督进行有效的人为干预，建议确保人类监督在算法的训练阶段发挥核心作用，特别是医疗保健专业人员的监督。

2023 年 11 月 18 日，德国、法国和意大利达成了重要的“人工智能监管协议”，标志着欧盟致力于促进创新并确保负责任的人工智能应用，反映出三个主要欧洲经济体为建立统一的人工智能监管方法而做出的协作努力。协议认识到过度监管对创新的潜在损害和监管不足对安全的风险，主张对人工智能的基础模型进行严格控制，旨在增强人工智能开发的透明度并落实问责制。

在英国，2023 年 3 月 29 日，英国科学、创新及科技部及人工智能办公室发布政策文件《人工智能监管：有利于创新的方法》白皮书，明确了政府将实施支持创新的人工智能监管方法的计划，英国政府将支持创新监管框架：政府将建立一个新的框架，使人工智能监管环境更加清晰和一致。该制度旨在使负责任的创新变得更加容易。利用人工智能推动增长和繁荣的能力，并提高公众对其使用和应用的信任。框架旨在建立证据基础，以便政府能够从经验中学习并不断适应以制定最佳的监管制度。

框架以5项原则为基础，指导各经济部门负责任地开发和使用人工智能：

- 安全性、保障性和稳健性；
- 适当的透明度和可解释性；
- 公平；
- 问责和治理；
- 可争议性和补救。

政府最初不会将这些原则置于法案里。对企业新的严格而繁重的立法要求可能会阻碍人工智能创新，并降低对未来技术进步作出快速、适当反应的能力。相反，这些原则将在非法定的基础上发布，并由现有监管机构实施。这种方法利用监管机构特定领域的专业知识，根据人工智能使用的特定环境调整原则的实施。在实施初期，将继续与监管机构合作，找出阻碍比例适用原则的障碍，并评估非法定框架是否达到了预期效果。

在最初的实施阶段之后，当议会时间允许时，预计将对监管机构引入法定义务，要求他们适当考虑这些原则。根据监管机构、行业和学术界的一些反馈建议，政府应该采取进一步措施来支持该框架的执行。要求监管机构考虑这些原则的职责应使监管机构在特定情况下应用这些原则时能够灵活地作出判断，同时加强其实施这些原则的授权。根据与监管机构合作并采取适应性方法的建议，如果对框架的监测表明无需立法即可有效实施，政府将不会引入此类法定义务。

在2022年人工智能监管政策文件中，英国政府提出了监管架构内的一个小型协调层。行业和民间社会支持当局确保整个人工智能监管框架一致性的意图。然而，反馈意见往往强烈主张加强中央协调，以支持监管机构解决需要跨领域合作的问题，并确保整体监管框架按预期发挥作用。确定了一些必要的中央支持职能，以确保总体框架对风险作出适当但有效的反应，同时促进整个监管领域的创新：

- 监测和评估总体监管框架的有效性和原则的实施，包括实施支持创新的程度。这将使政府能够保持响应能力并在必要时调整框架，包括在人工智能能力和最先进技术发展的背景下需要调整框架以保持有效的领域。

- 评估和监控人工智能带来的整个经济风险。
- 进行水平扫描和差距分析，以便对新兴人工智能技术趋势作出一致的反应。
- 支持测试平台和沙盒计划，帮助人工智能创新者将新技术推向市场。
- 作为框架不断迭代的一部分，提供教育和意识，让企业更加清晰，并让公民能够发出自己的声音。
- 促进与国际监管框架的互操作性。

中央支持职能最初将由政府内部提供，但将利用整个经济领域的现有活动和专业知识。上述活动既不会取代也不会重复监管机构所开展的工作，也不会涉及创建新的人工智能监管机构。

监管并不总是支持负责任创新的最有效方式。拟议的框架与各种可信赖人工智能工具相一致并得到补充，例如保证技术、自愿指导和技术标准。政府将推广此类工具的使用，正在与英国人工智能标准中心等合作伙伴合作，以确保整体治理框架鼓励负责任的人工智能创新。

为了与这些技术的全球性保持一致，英国政府还将继续与国际合作，提供可互操作的措施，激励人工智能负责任地设计、开发和应用。为了使英国成为世界上人工智能创新最具吸引力的地方并支持希望出口和吸引国际投资的英国公司，政府还将确保方法之间的国际兼容性。

2023 年 6 月 18 日，英国政府宣布成立英国人工智能基础模型工作组（AI Foundation Model Taskforce），以研究人工智能带来的安全风险。该工作组将汇集政府、行业和学术界的专业知识，将围绕人工智能的安全风险开展研究，并为更广泛的国际护栏开发工作提供信息。

2023 年 10 月 26 日，英国首相苏纳克宣布英国政府成立英国人工智能安全研究所（AISI），[①] 希望该安全研究所成为人工智能安全国际合作的工具，并且拒绝暂停人工智能技术的高级开发。该研究所是第一个由国家支持的专注于公共利益的先进人工

① Department for Science, Innovation and Technology, “Introducing the AI Safety Institute”, 17 Jan. 2024, https://www.gov.uk/government/publications/ai-safety-institute-overview/introducing-the-ai-safety-institute.

智能安全组织。其使命是尽量减少人工智能的快速和意想不到的进步给英国和人类带来的意外风险。研究所将通过开发了解先进人工智能风险并实现其治理所需的社会技术基础设施来实现这一目标。该研究所最初将执行 3 个核心功能：

第一，开发先进人工智能系统并对其进行评估，旨在表征安全相关能力，了解系统的安全性，并评估其社会影响。第二，推动基础人工智能安全研究，包括启动一系列探索性研究项目和召集外部研究人员。第三，促进信息交流，包括在自愿的基础上并遵守现有的隐私和数据监管规定，在研究所与政策制定者、国际合作伙伴、私营公司、学术界、民间社会以及更广泛的公众等其他国家和国际行为者之间建立清晰的信息共享渠道。

2023 年 11 月 1 日至 2 日，人工智能安全峰会在英国白金汉郡布莱切利公园举行。与会各方就人工智能的安全与治理形成基础性的共识，签署了《布莱切利宣言》。①宣言表示，人工智能“有潜力改变和增强人类福祉、和平与繁荣。为了实现这一点，我们申明，为了所有人的利益，人工智能应该以人为中心；以安全、值得信赖和负责任的方式设计、开发、部署和使用。我们欢迎国际社会迄今为止在人工智能领域合作的努力，以促进包容性经济增长、可持续发展和创新，保护人权和基本自由，并增强公众对人工智能系统的信任和信心，以充分发挥其潜力”。

宣言认为，人工智能产生的许多风险本质上是国际性的，因此最好通过国际合作来解决。各方决心以包容的方式共同努力，确保以人为本、值得信赖和负责任的人工智能是安全的，并通过现有的国际论坛和其他相关举措支持所有人的利益，促进合作以应对人工智能带来的广泛风险。各国应考虑支持创新和相称的治理和监管方法的重要性，以最大限度地提高人工智能的收益并考虑到与人工智能相关的风险。虽然必须在整个人工智能生命周期中考虑安全性，但开发前沿人工智能能力的参与者，特别是那些异常强大且可能有害的人工智能系统，对确保这些人工智能系统的安全负有特别重大的责任，包括通过系统评估和其他适当措施进行安全测试。鼓励所有相关行为者就衡量、监测和减轻潜在有害能力以及可能出现的相关影响的计划提供适合具体情况的透明度和问责制，特别是防止滥用和控制问题以及其他风险的放大。

① Policy paper. The Bletchley Declaration by Countries Attending the AI Safety Summit. 1-2 Nov. 2023. https://www.gov.uk/government/publications/ai-safety-summit-2023-the-bletchley-declaration/the-bletchley-declaration-by-countries-attending-the-ai-safety-summit-1-2-november-2023.

2. 美国创新与监管措施同时发力

（1）白宫更新人工智能研发战略计划。2023 年 5 月 4 日，美国白宫更新发布了《人工智能研究和发展战略计划：2023 更新版》，主要内容包括：①长期投资基础和可信 AI 研究：包括联邦机器学习、数字孪生、可持续发展的 AI 系统等；②发展有效的人 -AI 协同方法；③理解并解决人工智能应用引发的伦理、法律、社会问题：包括利用人工智能技术解决伦理、法律和社会问题；④确保人工智能系统的安全性及安全保障；⑤发展用于人工智能训练和测试的共享公共数据集和环境：发展可共享的公共数据集、先进的算力和硬件环境，促进创新与社会公平；⑥通过标准和基准衡量和评估人工智能系统：AI 系统需要适当审查和定期监测，以识别和减轻技术和社会层面风险；⑦充分了解人工智能研发人才需求；⑧扩展公私合作以加速人工智能发展；⑨为人工智能国际合作建立原则性、可协调的方法。

具体而言，更新的战略计划对原有的 8 项战略进行了较大的调整以适应人工智能的新发展，同时增加了第 9 项战略以加强人工智能研究的国际合作（见图 1-5），并将人工智能战略从管理优先战略升格为国家优先战略，以推动美国在人工智能领域保持领先地位。

战略 1：长期投资基础性和可信 AI 研究；	战略 2：发展有效的人—智协同方法；	战略 3：理解并解决人工智能应用引发的伦理、法律和社会问题；
战略 4：确保人工智能系统的安全性及安全保障；	战略 5：发展用于人工智能训练和测试的共享公共数据集和环境；	战略 6：通过标准和基准衡量和评估人工智能系统；
战略 7：充分了解人工智能研发人才需求；	战略 8：扩展公私合作以加速人工智能发展；	战略 9：为人工智能国际合作建立原则性、可协调的方法。

图 1-5　美国白宫更新后的人工智能研发战略计划内容

（2）技术标准指引可信技术开发部署。对人工智能潜在滥用或意外后果的担忧促使人们努力检查和制定标准。2023 年 1 月 26 日，美国国家标准与技术研究所（NIST）发布最终版本的人工智能风险管理框架（AI RMF），该框架提供有关何时以及如何在整个人工智能生命周期中管理风险的全面建议。

该框架以风险为管理对象，以可信为管理目标，旨在指导机构组织在开发和部署人工智能系统时更好地管理人工智能风险，避免产生偏见和其他负面后果，提升人工智能系统的可信度，保护公民的公平自由权利。其中，该框架明确，可信人工智能系统应具有7大特征，即有效且可靠（valid and reliable）、安全（safe）、稳定有弹性（secure and resilient）、负责且透明（accountable and transparent）、可理解与可解释（explainable and interpretable）、隐私增强（privacy-enhance）以及有害偏见控制下的公平（fair with harmful bias managed）。

NIST还正在开发新的AI RMF手册，其中包含企业如何在AI的数据收集、开发、部署和运营中实施RMF的具体示例。NIST AI RMF还将附带一系列案例研究，每个案例研究都将记录为减轻特定AI应用中的风险而采取的步骤和干预措施。

（3）行政令促进创新并加强风险监管。2023年10月30日，美国拜登政府发布了《关于安全、可靠和可信开发和使用人工智能的行政令》，为人工智能开发与使用安全和保障制定了新标准，旨在保护美国人的隐私，促进公平和公民权利，维护消费者和工人的利益，促进创新和竞争、兑现风险监管承诺，提升美国在世界各地的领导地位。该行政令要求包括商务部在内的联邦机构（主要是国家标准与技术研究院）、能源和国土安全部等机构发布标准和指南，并利用其现有权力（包括监管机构）来监管人工智能的使用，从而防范人工智能技术迭代引发的风险，促进人工智能创新发展。

行政令明确美国政府将从8个重点领域监管人工智能的研发和应用，以防范人工智能技术给公民权利、市场竞争和国家安全等带来的风险：

①人工智能安全新标准，开发标准、工具和测试，确保人工智能系统安全、可靠；②保护公民的隐私和自由；③促进公平和保护公民权利；④维护消费者、病患、乘客和学生等群体的权益；⑤支持美国劳动者；⑥促进创新、竞争和合作；⑦提升美国在海外的领导力，加强对军民两用的基础大模型等关键和新兴技术实施出口管制；⑧确保政府负责任且有效地使用人工智能。

值得注意的是，该行政令特别提到的一类人工智能模型——“军民两用基础模型”，其定义为“在广泛数据上训练的人工智能模型；一般采用自我监督；包含至少数百亿个参数；适用于广泛的情境；以及在对安全、国家经济安全、国家公共卫生或安全构成严重风险的任务中表现出的高水平的执行力”。目前，生成式人工智能模型很可能属于这一类。该行政令要求开发或计划开发军民两用基础模型的企业定期向政府报告：①任何与训练、开发或生产两用基础模型相关的正在进行或者计划中的活动，包括为确保训练过程（以应对复杂的威胁）的完整性而采取的物理和网络安全保护措施；②任何两用基础模型的模型权重的所有权和占有，以及为保护这些模型权重而采取的物理和网络安全措施；③任何开发的两用基础模型在相关人工智能红队测试中的表现结果。为此，该 AI 行政令要求美国国家标准与技术研究院（NIST）制定红队测试标准，以评估人工智能模型可用于有害目的的程度。

为保障各项规定有效及时落地，行政令要求美国总统行政办公室内设立白宫人工智能委员会，并针对各项具体事务，提出了一系列清晰的时间线。

（4）州立法探索鼓励与监管措施兼顾。2023 年，人工智能安全问题引起了美国执政两党的密切关注，国会举行了多场听证会，提出了多项尚未通过的有关人工智能的法案。尽管人工智能监管得到了主要科技公司和公众的支持，但通过全面的人工智能立法仍然面临挑战，无论是在实质内容上还是在程序上，各相关方都没有达成共识，因此，当前建立人工智能监管和合规框架的任务留给了各州，有些州通过立法程序制定了本州的人工智能立法。

然而，美国政府和行业利益相关者敦促各州考虑关于“管理人工智能的设计、开发和使用”的指导原则（如图 1-6），以确保人工智能系统的设计、开发和部署符合民主价值观并保护公民权利、公民自由和隐私。

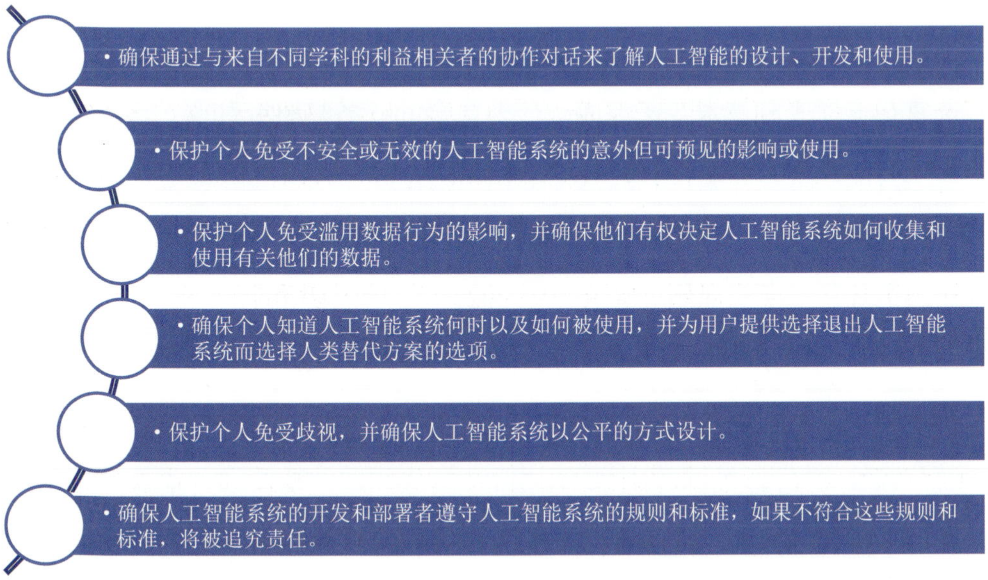

图 1-6　美国关于“管理人工智能的设计、开发和使用”的指导原则

2023年度，美国至少有25个州、波多黎各和哥伦比亚特区提出了人工智能法案，18个州和波多黎各通过了决议或颁布了立法。例如：

- 康涅狄格州要求州行政服务部对任何州机构使用的所有采用人工智能的系统进行清查、评估，确保不会导致非法歧视。立法要求制定有关国家机构使用人工智能的系统的开发、采购、实施、利用和持续评估的政策和程序。
- 路易斯安那州通过决议，要求技术和网络安全联合委员会研究人工智能对运营、采购和政策的影响。
- 马里兰州设立了“工业4.0”技术补助计划，以协助某些中小型制造企业实施新的“工业4.0”技术或相关基础设施。工业4.0的定义中涵盖了人工智能。
- 北达科他州颁布的立法，将个人定义为个人、组织、政府、政治部门或政府机构或工具，并明确该术语不包括环境因素、人工智能、动物或无生命物体。
- 得克萨斯州成立了一个人工智能咨询委员会，以研究和监控州机构开发、使用或采购的人工智能系统。此外，北达科他州、波多黎各和西弗吉尼亚州也成立了类似的委员会。

各州立法主要关注以下问题：

一是跨学科合作。为了促进跨学科合作，有些州的法案明确要求成立特别工作组或委员会等机构，研究人工智能系统对消费者的潜在影响，并确定人工智能在公共部门的潜在用途和面临的网络安全挑战；还要求该机构负责提出立法或修法建议以保护消费者。2023年，伊利诺伊州（HB3563，2023）、纽约州（AB A4969，2023和SB S3971 B，2019）和得克萨斯州（HB2060，2023）等地已颁布旨在确保人工智能的设计、开发和使用，通过与不同学科的利益相关者的协作对话获得信息的法案。例如，得克萨斯州的法案（HB2060，2023）要求设立一个人工智能咨询委员会，由公共官员和民选官员、学者和技术专家组成。该委员会的任务是研究和监控各州机构开发或部署的人工智能系统，并发布有关数据隐私和防止算法歧视的政策建议。

二是防止不安全或无效系统。加利福尼亚州（AB 302，2023）、康涅狄格州（SB 1103，2023）和路易斯安那州（SCR 49，2023）等地的法案明确保护个人免受不安全或无效但可预见影响的人工智能系统的任何意外影响，通过指示州机构分析当前使用的人工智能系统来解决这个问题，并向州长发布有关这些系统潜在的意外或新出现的影响和潜在风险的报告，且报告中要阐述旨在解决问题的政策或“道德准则”。

三是数据隐私。各州立法确保数据隐私的方法集中在消费者选择退出“分析”的能力，如果以产生“法律或其他类似的重大影响”的方式推进系统的自动化决策过程，影响可能包括对消费者的不公平或欺骗性待遇；对个人人身或财产方面的负面影响；提供金融和贷款服务、住房、保险或教育等方面的歧视性待遇等。2023 年，特拉华州（HB154，2023）、印第安纳州（SB5，2023）、爱荷华州（SF262，2023）、蒙大拿州（SB384，2023）、俄勒冈州（SB619，2023）、田纳西州（HB1181，2023）、得克萨斯州（HB4，2023）等地，已出台法案，保护个人免受不适当、不相关或未经授权使用或重复使用消费者数据等滥用数据行为的侵害，并确保个人对人工智能系统如何收集和使用数据拥有决定权。

四是透明度。各州确保人工智能系统使用透明度的方法，包括要求雇主或企业披露人工智能系统的使用时间和方式。在某些情况下，雇主可能需要在使用收集员工数据的人工智能系统之前获得员工的同意。加利福尼亚州（SB1001，2023）已通过的法案要求，确保个人了解何时以及如何使用人工智能系统。为了实现这一目标，各州要求雇主或企业披露人工智能系统的使用时间和方式。在某些情况下，雇主可能需要获得员工的同意才能使用收集员工数据的人工智能系统。

五是问责制。为了确保问责制，各州正在将合规和问责措施纳入管理人工智能系统的现有数据隐私法中。特拉华州（HB154，2023）、印第安纳州（SB5，2023）、爱荷华州（SF262，2023）、蒙大拿州（SB384，2023）、俄勒冈州（SB619，2023）、田纳西州（HB1181，2023）和得克萨斯州（HB4，2023）等地已颁布法案，确保人工智能系统的开发和部署者遵守人工智能系统的规则和标准，如果不满足这些规则和标准，将被追究责任。例如田纳西州（HB1181，2023）提出了保护与“分析”相关的各种数据隐私措施，并要求开发或部署人工智能系统的人员进行影响评估。这些评估旨在识别因收集和使用消费者数据而产生的可预见的负面或不同影响。该法案还授权田纳西州总检察长办公室对不遵守法律的人处以民事处罚。

美国政府尚未通过明确管理人工智能系统的数据隐私法，但是成立了一个工作组来研究如何“审查和定期审计自动化决策系统，以确保其公平、透明和负责”，工作组可以帮助州政策制定者在将其纳入人工智能数据隐私法之前确定有效的合规和问责框架。

（5）全面的两党法案框架仍在辩论中。对于全面人工智能监管的制度，美国国会已经出现了三个版本，其中两个由参议院提出，一个由众议院提出。

一是安全创新框架。2023 年 6 月，参议院多数党领袖查克·舒默（纽约州民主党）等 4 人共同提出了一项新的两党提案《安全创新框架》，① 旨在制定立法，促进和规范人工智能，以提高美国在人工智能开发方面的全球竞争力，同时确保对消费者和工人的适当保护。该框架包含五项政策原则（如图 1-7），目的是鼓励国内人工智能创新，同时确保有足够的护栏来保护国家安全、民主和公共安全。为了促进全面的人工智能立法，舒默建议在常规委员会程序之外设置新的政策框架和程序方法。

图 1-7　美国人工智能安全创新框架的五项政策原则

二是许可框架。2023 年 8 月，参议院司法委员会隐私、技术和法律小组委员会主席兼高级成员、参议员理查德·布卢门撒尔（D-CT）等人提出了另一种旨在建立护栏的两党立法框架“许可框架”，② 用于规制人工智能。该框架侧重于透明度和问责制，为即将到来的立法工作制定了具体原则，包括建立由独立监督机构管理的许可制

① Schumer. et al. Majority Leader Schumer Delivers Remarks To Launch SAFE Innovation Framework For Artificial Intelligence At CSIS.（2023）available at：https://www.democrats.senate.gov/news/press-releases/majority-leader-schumer-delivers-remarks-to-launch-safe-innovation-framework-for-artificial-intelligence-at-csis.

② See Blumenthal, Hawley. Blumenthal & Hawley Announce Bipartisan Framework on Artificial Intelligence Legislation.（2023）available at：https://www.blumenthal.senate.gov/newsroom/press/release/blumenthal-and-hawley-announce-bipartisan-framework-on-artificial-intelligence-legislation.

度、确保对损害承担法律责任、捍卫国家安全、提高透明度以及保护消费者和儿童。与根据指导原则制定共识立法的《安全创新框架》不同，该许可框架是以消费者隐私为中心的框架。（见图 1-8）①

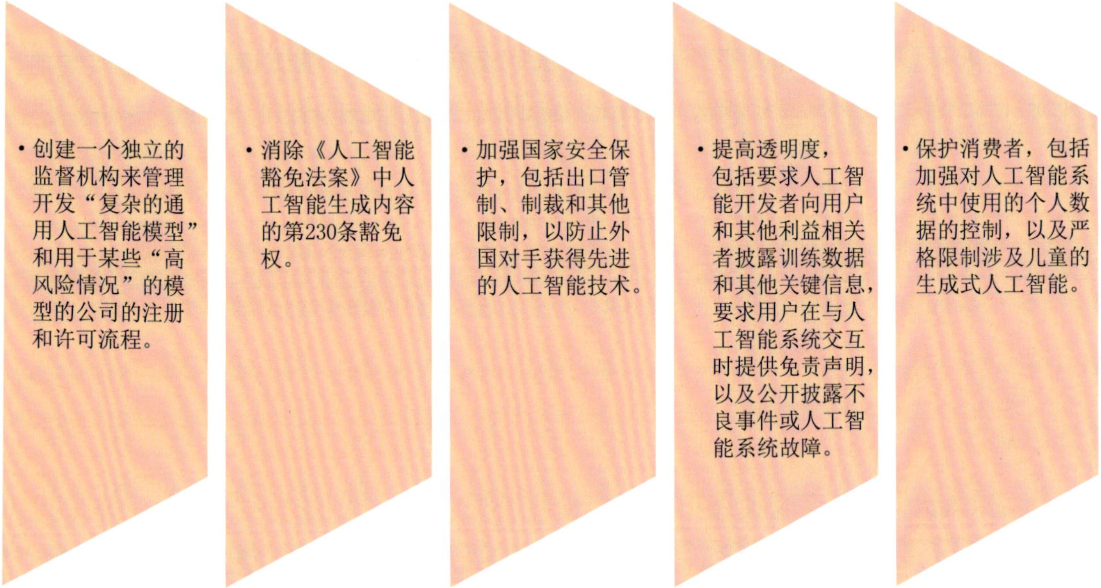

图 1-8　美国参议院“许可框架”的要点

三是专家委员会。众议院议员刘云平（D-CA）等 7 人于 2023 年 6 月提出一项《国家人工智能委员会法案》（HR4223），② 旨在创建一个专家委员会，重点关注人工智能的监管问题。这个委员会将审查美国当前的人工智能监管方法，就可能需要的任何新办公室或政府机构提出建议，并制定基于风险的人工智能框架。该小组将由来自民间社会、政府、行业的专家和劳工以及具有计算机科学或人工智能技术专长的专家组成，共同制定人工智能监管的综合框架。

3. 日本明确监管治理框架和原则

人工智能虽然具有增强创造力和创新的潜力，但也存在传播虚假信息和侵犯版权

---

① 这项“许可框架”提案是在参议员布卢门撒尔和霍利于 2023 年 6 月提出的立法《人工智能豁免法案第 230 条》之后提出的，该法案将拒绝互联网平台对人工智能生成内容造成的损害享有第 230 条豁免权。

② Ted W. Lieu. Reps Lieu, Buck, Eshoo and Sen Schatz Introduce Bipartisan, Bicameral Bill to Create a National Commission on Artificial Intelligence.（2023）available at: https://lieu.house.gov/sites/evo-subsites/lieu.house.gov/files/evo-media-document/national-ai-commission-bill.pdf.

等风险，因此需要治理以确保其安全性和可靠性。不同于欧盟严格惩罚性监管的模式，日本采取“基于软法”的方法，针对特定行业，通过非约束性指南引导企业自主参与治理，对大型平台企业通过施加透明度义务来促进人工智能治理，以实现促进技术发展的政策导向。例如，对视频游戏开发商的监管规定：

（1）披露要求。要求人工智能开发人员完全透明，要求他们披露其算法的目的、与使用数据相关的任何潜在风险以及用于训练人工智能的数据。

（2）第三方审计和透明度义务。鼓励人工智能公司依赖外部专业验证，并在用户使用人工智能时告知用户。

（3）数据保护和隐私义务。期望人工智能开发人员披露系统功能，并制定规则，从人工智能训练收集的数据中排除某些数据（草案还强调有必要披露学习数据库中包含哪些来源）。

随着 ChatGPT 等生成式人工智能的使用不断扩大，人们对人工智能带来的好处的期望不断提高的同时，有关人工智能开发和使用的安全风险越来越受到关注，人工智能的风险引起人们的担忧。如何加强对人工智能的治理正在国际论坛上广泛讨论，“广岛人工智能进程”就是在这样的背景下启动的。

日本作为七国集团（G7）主席国，提出了“广岛人工智能进程”的构想，在 2023 年 5 月广岛举行的七国集团峰会上，G7 决定推动构建“广岛人工智能进程”框架，并计划年内制定有关生成式人工智能的国际规则。随后，G7 相关部长牵头推动制定有关人工智能使用、开发和监管的国际规则，2023 年 12 月，G7 制定并推出了“广岛人工智能进程”相关的正式文件（如图 1-9）。这些“框架”和“原则”文件，

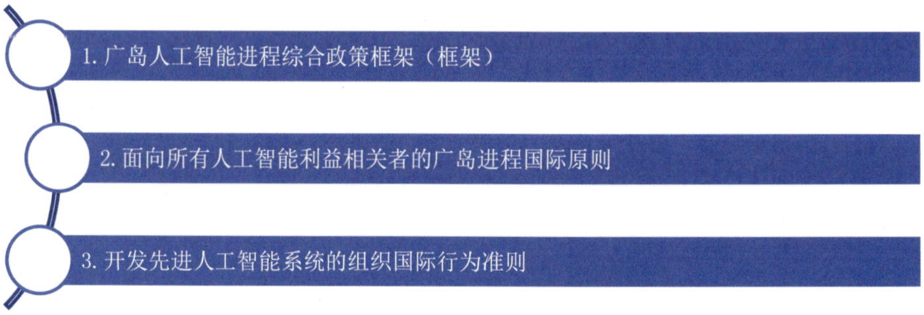

图 1-9 “广岛人工智能进程”文件包含内容

以现有的《经合组织人工智能原则》为基础，明确了从开发人员到用户的所有人工智能相关方应遵循的准则和责任，以及开发人员的指南，①以回应先进人工智能系统发展带来的优势与风险。此外，文件也明确不同的司法管辖区可以采取适宜的方法，以不同的方式执行这些原则。

（1）广岛人工智能进程综合政策框架。制定“广岛人工智能进程综合政策框架”的目的是在世界范围内传播安全、可靠的人工智能。该框架包括四个要素：将 OECD 报告定位为 G7 的共识；②将“广岛进程所有人工智能利益相关者国际指南”应用于所有人工智能利益相关者；将《先进人工智能系统开发组织国际行为准则》应用于人工智能开发公司；人工智能项目的相互合作，包括未来将建立的 GPAI 东京中心支持的项目。

（2）《所有人工智能利益相关者的广岛进程国际原则》是针对普通用户和开发企业的指南，最初仅针对开发公司定义了 11 项，但增加了与用户共享信息的要求，最终一共 12 项规定。具体如下：识别风险并采取适当措施将其推向市场；市场推出后实施漏洞和滥用对策；通过发布使用限制来确保透明度；信息共享和事件报告；组织人工智能治理和风险管理；针对物理、网络和内部威胁的措施；可靠的内容认证，例如数字水印；投资于风险研究和缓解；优先发展能够解决社会问题的人工智能；推动国际技术标准制定；保护个人信息和知识产权；分享有关新风险和漏洞的信息（针对人工智能用户）。

2023 年 4 月，日本执政党自民党“人工智能演进与实施项目组”发布了《人工智能白皮书——人工智能新时代的日本国家战略》（The AI White Paper Japan's National Strategy in the New Era of AI），其中展示了一组负责制定执政党人工智能采用战略的议员的政策提案。白皮书强调需要制定新的、全面的人工智能战略以应对国际竞争；提出了加强日本人工智能政策的 5 个具体支柱行动（如图 1-10）。

① 外務省．広島 AIプロセスに関する G7 首脳声明．（2023）. https://www.mofa.go.jp/mofaj/ecm/ec/page5_000483.html.

② OECD. *G7 Hiroshima Process on Generative Artificial Intelligence（AI）-Towards a G7 Common Understanding on Generative AI*. The University of Tokyo, 2023. Retriever from：https://doi.org/10.1787/bf3c0c60-en.

制定新的国家人工智能战略	• 日本必须建立人工智能政策的“指挥塔”，吸收国内外的专业知识，审查与研发、经济结构、社会基础设施、人力资源开发和国家安全相关的政策。
培育和加强日本的人工智能发展能力	• 日本必须投资国内人工智能模型开发、人才培养和数据资源聚合。建立“人工智能中心”将促进信息交流和社区建设。解决人工智能中的数据偏差和丰富源代码生成的训练数据也至关重要。
推进人工智能在政府领域的深度应用	• 日本的目标是通过学习国际用例、启动试点项目、举办黑客马拉松和制定指南，在管理中利用人工智能。一个专门的团队（人工智能实施支持团队）将帮助政府机构应用人工智能。
鼓励和支持私营部门利用人工智能	• 需要紧急研究人工智能对国内产业的影响，同时支持初创企业和云迁移。在私人和公共机构任命首席数据官（CDO）可以帮助人工智能利用和数据处理。人工智能治理指南和再培训计划也是必要的。
人工智能监管的新方法	• 日本必须审查外国的人工智能法规，并考虑采取法律措施来解决人工智能在人权、国家安全和民主进程等领域带来的重大风险。国家还应积极参与人工智能规则的国际讨论。

图 1-10　日本人工智能政策的具体支柱行动

白皮书通过对欧盟、美国等其他国家和地区人工智能监管的详细分析，指出了可能需要采取监管措施的重大风险的具体领域。其中包括：（1）严重侵犯公民权利；（2）国家安全；（3）严重侵犯公民民主权利。此外，白皮书敦促更多地讨论与生成式人工智能相关的知识产权法的解释，以考虑并提出制定指南和其他措施，促进人工智能技术的进步，防止其滥用并进一步发展内容产业。

此外，日本内务和通信省（MIC）与经济、贸易和工业省（METI）人工智能战略会议于 2023 年 12 月 21 日公布了《人工智能运营商指南（草案）》，该指南针对利用人工智能的各种组织，不仅包括公司，还包括国家和地方政府等公共机构、大学等教育机构以及非营利组织和非政府组织等，旨在“通过为日本的人工智能治理提供统一的指导方针，并共同创建一个既促进创新又减轻连锁风险的框架，促进人工智能的安全使用”。

纵观日本已发布的各类规范，日本的框架和原则一定程度上有助于世界解决人工智能开发的复杂性难题，日本强调透明度、问责制和公平，旨在引导人工智能技术符合道德最佳实践，同时鼓励创新和降低风险。虽然它们不具有法律约束力，但能够为行业自律树立范例。自愿合规、联合披露、第三方审计和数据保护为全球监管机构提供了平衡生成式人工智能使用与安全的方向。日本的软法策略是否有效，或者世界其他国家和地区是否会选择具有法律约束力的义务，还有待进一步观察。

4. 新加坡更新国家人工智能战略

新加坡有关人工智能的治理，主要体现在两个方面：一方面制定监管模型框架，落实具体的鼓励和监管措施；另一方面，制定国家人工智能发展战略，把握国家人工智能发展定位和方向。

在治理模型框架方面，2019 年 1 月，新加坡就发布了亚洲首个人工智能监管模型框架（草案）；2020 年 1 月，发布人工智能监管模型框架（第二版）；2022 年 5 月 25 日，新加坡发布人工智能治理评估框架和工具包——A.I. VERIFY。

在发展和治理战略方面，2019 年 11 月，新加坡发布了《国家人工智能战略（NAIS）》，计划在 2030 年建立人工智能广泛应用的智能社会，实现经济与产业升级转型，并成为全球人工智能部署与解决方案创新的领跑者。该战略发布以来，见证了人工智能领域的重大突破，带来了新产品的开发、功能的增强和变革性的交互。2023 年 12 月，新加坡发布了更新后的《国家人工智能战略 2.0（NAIS 2.0）》，对 2019 年《国家人工智能战略》进行升级，促进新加坡成为人工智能领域值得信赖的领导者与开发、部署和应用的首选地点。

新版的战略，明确了新加坡未来三到五年将在各个领域采取 15 项行动（如表 1-8），加速人工智能在先进制造、金融服务、医疗保健、教育和公共服务领域的应用，推动人工智能领域发展并最大限度地创造价值，并使个人、企业和社区对人工智能的使用充满信心和信任，从而提升新加坡经济发展水平和社会发展潜力，以适应人工智能跨领域的快速发展。

表 1-8　新加坡国家人工智能战略方向和措施

关注领域	目标方向	具体措施
行业	1. 建立新的人工智能“卓越中心”	• 鼓励人工智能生产者和用户在此开展价值创造活动 • 与行业领军企业合作，确立和促进行业卓越中心建设
	2. 加强人工智能创业生态系统	• 吸引更多创业者 • 开发更多加速器项目

（续表）

关注领域	目标方向	具体措施
政府	3. 提高公共服务生产力	• 制定人工智能战略应对挑战 • 利用人工智能优化业务线
研究	4. 更新国家人工智能研究和发展计划	• 有选择性地选择人工智能研究重点 • 促进产学研合作 • 招募顶尖人工智能研究人员 • 为研究界运行图形处理单元（GPU） • 扩大国际研究合作
人才	5. 吸引世界顶尖的人工智能创造者	• 建立专门的团队来发现他们并将他们融入新加坡的生态系统 • 创造新颖的价值主张，例如混合工作安排、兼职工作和合作伙伴关系
	6. 增加人工智能人才库（从目前约4500人增加到15000人）	• 重新设计人工智能学徒计划，以增加实习生职位 • 扩大公司实习数量 • 对全球人才保持开放态度
能力	7. 加速企业应用人工智能	• 增强企业数字化工具包 • 为人工智能业务转型提供定制支持
	8. 通过针对特定部门的人工智能培训计划提高劳动力技能	• 在行业转型图中制定有针对性的干预措施
场所营造	9. 为人工智能建立专门的物理空间	• 与人工智能生态系统代表协商共同创建该空间
计算	10. 提高高性能计算能力	• 深化与芯片制造商和云服务提供商的合作伙伴关系 • 为数据中心分配足够的碳预算和电力 • 管理一小部分新加坡 GPU
数据	11. 建设隐私增强技术（PET）和数据服务方面的能力	• 支持 PET 的研究和开发
	12. 为公共利益用例解锁政府数据	• 评估政府内部数据开发服务的可行性 • 倡导可信交叉—跨境数据流
可信环境	13. 确保适合目的的监管环境	• 更新人工智能治理框架以应对新风险 • 与合作伙伴合作，将指导方针转化为技术标准 • 为监管机构建立协调人工智能发展的通用平台 • 考虑更新更广泛的标准和法律 • 积极参与国际人工智能讨论
	14. 提高安全性和弹性基线	• 更新网络安全工具包 • 协调努力，分享最佳实践
思想和行动的领导者	15. 将新加坡打造成人工智能创新和治理领域值得信赖、有能力的国际合作伙伴	• 提高国际社会对实用和基于风险的方法的认知度 • 与选定的合作伙伴建立重要的双边关系 • 与重要的国际论坛保持一致 • 分享新加坡的经验

新加坡的人工智能治理坚持国家主导、以人为本、软法引领，创新与监管同步、技术与法治并进。早在 2017 年，新加坡就启动了《新加坡人工智能》（AISG）国家计划，通过加大投资、推进研究、培养人才和行业应用等方式推动人工智能发展。2019 年、2023 年，先后出台《国家人工智能战略（NAIS）》1.0 版和 2.0 版，深化人工智能促进经济的计划，推动产业发展。同时，新加坡政府不断创新人工智能监管工具。2019 年 11 月，新加坡金融管理局联合行业推出了人工智能评估框架 Veritas，保护银行和保险公司客户免受不公平对待。2022 年 5 月 25 日，新加坡发布人工智能治理评估框架和工具包 A.I. VERIFY，促进开发者以客观和可验证的方式评估其系统，进一步提高公众对人工智能技术的接受和信任度。

2024 年 1 月 16 日，新加坡 AI Verify 基金会（AIVF）和新加坡信息通信媒体发展局（IMDA）共同制定了《治理生成式人工智能模型的人工智能治理框架草案》（Proposed Model AI Governance Framework for Generative AI），以培育可信的生成式人工智能生态系统。该框架在现有涵盖传统人工智能的 2020 年人工智能监管模型框架基础上，进一步扩展了模型治理框架，以推动形成关于生成式人工智能治理的国际共识。

5. 其他国家人工智能相关立法

（1）韩国实施数据保护法律。从 2019 年 12 月韩国发布《国家人工智能战略》开始，到 2020 年 12 月发布《完善人工智能法律体系和监管路线图》，再到 2023 年 5 月发布《数字权利法案》（Digital Bill of Rights），韩国一直在推动人工智能监管体系的形成。韩国的人工智能治理主要通过立法来执行，并以特定行业监管机构的指南为补充，主要涉及个人信息和知识产权保护等领域。

人工智能技术的发展在个人信息领域产生了新的隐私问题。为了应对这些不断变化的隐私风险，韩国隐私事务的主要执行机构个人信息保护委员会（PIPC）于 2023 年 8 月宣布了一项题为“人工智能时代个人信息的安全使用”的政策方向。该政策旨在刺激人工智能行业发展，同时最大限度地降低个人信息泄露的风险，重点是基于原则的监管方法。

PIPC 的政策在人工智能模型或服务生命周期的各个阶段，包括规划、数据收集、培训和提供等阶段，建立了全面的数据处理标准和保护措施，提倡使用原始视频数据来提升人工智能质量，并引入"隐私安全区"系统以促进人工智能技术的安全开发和测试。

同时，该政策还启动了人工智能监管沙箱和充分性预评估系统。该充分性预评估系统形成了一个合作框架，监管机构和商业实体在其中合作制定针对新服务和技术进步的 PIPA 合规策略。只要运营环境保持不变，遵守这些合规计划的运营商就不会受到行政处罚。

2023 年 9 月 25 日，韩国科学技术与信息通信技术部（MSIT）发布了《数字权利法案》。该法案共包含 6 章 28 条，对韩国的数据应用和保护提供了明确的原则和标准，旨在建立通用数字规范的基础框架，使韩国处于全球数字领导地位的前沿。《数字权利法案》设想了国际社会和韩国共同打造一个共同繁荣的数字社会的未来，在这个社会中，数字创新伴随着其利益在所有人之间公正公平地分配，这也体现了韩国政府在数字政策方面的基本方向。为了实现这一目标，法案设置了 5 个总体原则（如图 1-11）和 23 个子原则。

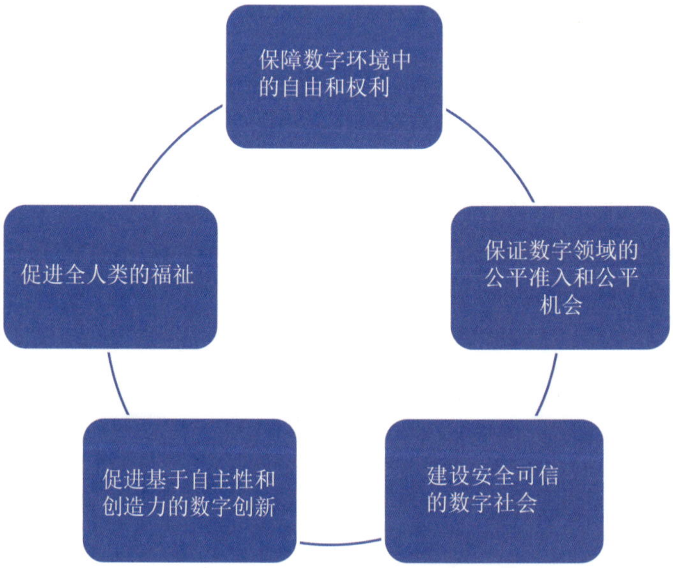

图 1-11　韩国数字权利法案的总体原则

《数字权利法案》明确了公民的基本权利，同时定义了国家、企业和个人的义务（如图 1-12）：

• 数字环境中的自由和权利保障	• 明确了公平获取数字服务的权利，包括稳定的网络环境；数字环境中的言论自由，以及尊重他人权利和公共道德的责任；防止数字技术造成的不公正歧视和偏见；访问和控制个人信息的权利；在公共领域要求非数字替代品的权利；以及从数字化参与中休息并在数字化劳动环境中安全工作的权利。
• 保证数字领域的公平访问和公平机会	• 涉及：创造公平的竞争环境，解决信息和技术垄断以及算法偏见等问题；数字资产交易的保护和保证；提供教育机会以提高数字素养并缩小数字差距；促进数据开放并扩大公共数据的获取范围；加强社会安全网，以缓解经济和社会不平等，使公众享受数字创新的好处。
• 建设安全可信的数字社会	• 涉及：确保数字技术的开发和使用符合道德规范；适当预防和管理数字风险以及相关信息的透明度；保护数字隐私；培育健康的数字环境并保护数字犯罪的受害者；保护数字空间中的儿童和青少年。
• 促进基于自主性和创造力的数字创新	• 支持：保证数字创新活动的自由；创建合理的数字监管框架并完善现有法规；鼓励公私合作促进数字创新；建立管理、预防和调解数字化转型可能出现的社会冲突的体制机制。
• 促进全人类的福祉	• 主张：国家有责任与国际社会合作，实现可持续的数字社会；扩大数字发展的国际合作；以及合作制定和执行通用数字规范的义务。

图 1-12　韩国数字权利法案规定的权利义务

《数字权利法案》与人工智能的开发和利用密切相关。虽然《数字权利法案》的原则并不总是明确提及人工智能，但它们本质上适用并与人工智能的开发和使用密切相关。

为了促进《数字权利法案》中确立的原则落地执行，韩国 MIST、文化体育和旅游部（负责版权相关事务）和国会等组织正在积极制定大量具体法案、指南和政策建议。其中，《人工智能产业振兴及信任基础建立法案》正在提交国会审议，作为人工智能领域的基础法，该法案旨在培育人工智能产业并确保其安全；该法案体现了“先许可、后监管”的原则，同时将涉及人类生命安全的关键领域的人工智能列为“高风险”，要求事先通报并实施可靠性监管措施。然而，《人工智能产业振兴及信任基础建立法案》并未涵盖《数字权利法案》的所有方面，并且由于将人工智能产业发展置于公民权利保护和人工智能安全使用之上而受到批评和质疑。

2023 年 12 月，科学和信息通信部与电信技术协会合作，制定了《增强人工智能系统可信度的要求》作为集体行业标准，包括 15 项要求，利益相关者在人工智能系统的整个生命周期中必须满足这些要求，从风险管理规划和实施到提供有关服务范围和交互主题的解释，这些要求旨在通过确保全面管理和透明运营来增强人工智能系统的可信度。

在人工智能监管以保护个人权利方面，个人信息保护委员会（PIPC）对《个人信息保护法》（PIPA）进行了修订，并于2023年9月15日生效。主要涉及以下几个方面：

第一，加强数据主体的权利，引入数据可移植权。数据主体现在可以请求将其敏感个人信息转移给自己或符合条件的第三方。它还包括被排除在自动决策之外的权利，从而使数据主体能够反对、拒绝或质疑人工智能自动决策系统的决定，这些系统可能已经处理了数据主体的个人信息，以达成影响他们的裁决。

第二，加入经济制裁的全球趋势，除了某些新引入的妨碍调查等违法行为外，以更多的行政处罚（罚款）取代刑事制裁。

第三，增加了当前向海外传输敏感个人信息的要求，并提供了额外的法律依据。

第四，调整在线服务提供商（OSP）和普通数据控制者（ODC）的合规阈值。在现已修订的PIPA之前，OSP遵循同样适用于ODC的一般规定以及PIPA中的一些“特殊规定”。现在，OSP和ODC均须遵守PIPA的所有规定。

为了鼓励人工智能和数据行业中个人信息的使用，PIPC还出台了多项政策来促进将匿名化信息用于研究目的以及将匿名化信息与其他数据结合使用。此外，为消除阻碍人工智能发展和利用的监管不确定性，PIPC发布了《人工智能时代个人信息安全利用政策方案》，为现行PIPA在人工智能环境下的解读和应用提供了指导。并与政府和私营部门合作提出了未来监管体系设计的蓝图。据此，PIPC还成立了人工智能隐私公私政策委员会，并正在试行充分性预评估系统，该系统允许计划开发和使用人工智能等新服务和新技术的企业进行咨询提前与PIPC进行法律解释，帮助它们安全地使用数据。

此外，韩国的多项法律都包含监管人工智能相关事宜的条款。例如，《信用信息使用和保护法》规定信用数据主体有权要求对自动评估和决策作出解释，包括提交有利信息的权利，以及要求更正或删除基本信息的权利。

（2）巴西探索风险治理路径。在南美洲，多个国家已经发布了促进安全和公平人工智能的指导方针，包括哥伦比亚的《人工智能伦理框架》和阿根廷的《可信人工智能指南》。自2019年以来，巴西一直是南美洲地区人工智能监管领域的领导者，一共提出了《2019年第5051号法案》《2020年第21号法案》《2021年第872号法案》三项人工智能法案，尽管这三项法案均未在国会获得通过，但 2023 年 5 月，又提出了一项新的法案《2023 年第 2338 号法案》(草案)，以取代之前的法案。

《2023 年第 2338 号法案》(草案)(以下简称法案草案) 要求实体确保透明度并减少偏见，特别是在高风险的人工智能系统中。法案草案要求进行详细的公共影响评估，概述系统的目的、风险缓解措施和参与的利益相关者，实体须对造成的任何损害承担严格责任。

法案草案明确了人工智能系统的定义，即具有不同程度自主性的计算系统，旨在利用机器学习或逻辑和知识表示来推断如何实现给定的一组目标。这个过程依赖于来自人类或机器的输入数据，并产生预测、建议或决策来影响现实或虚拟环境。

法案草案还关注赋予个人的权利，包括：获取与人工智能系统互动的事先信息的权利；对人工智能系统输出结果的解释权；对人工智能系统作出的导致法律影响或以其他方式产生重大影响的决定或预测提出异议的权利；人类参与人工智能系统决策的权利；不受歧视和纠正歧视偏见的权利；隐私权和个人数据保护权。

巴西法案草案采取与欧盟《人工智能法案》类似的方式，采用基于风险的方法，其义务取决于系统带来的风险水平。

为了确定人工智能系统的风险，该法案要求供应商在将系统投放市场或部署之前对其进行初步评估，并将评估记录在案并登记，以确保问责制和责任制。如果评估发现某个系统具有高风险，则除了治理措施外，还需要进行算法影响评估。

高风险系统是指用于以下用途的系统：关键基础设施管理和运行中的安全设备；教育和职业培训；招聘、筛选和评估求职者，以及其他就业决策，如晋升和解雇；公共和私人服务的获取和资格；信用评级和债务能力计算；确定应急调度的优先级；司法行政；自动驾驶汽车；医疗保健应用；生物特征识别系统；刑事侦查和公安；通过分析大量复杂数据来识别隐藏的关系，对犯罪进行分析研究；刑事侦查过程中证据可信度的评估；移民管理和边境管制。

此类系统必须实施透明度和数据管理措施，遵守数据保护法规、培训、测试和验证系统结果的程序以及信息安全措施。还必须遵守高风险系统的特定治理机制，例如文档、事件自动记录、可靠性和稳健性测试以及防止偏见的数据管理。

(3) 加拿大借鉴欧美治理思路。2023 年 9 月，加拿大创新、科学和工业部发布了《先进生成式人工智能系统负责任开发和管理自愿行为准则》，暂时为加拿大企业提供通用标准，并使它们能够自愿证明它们正在负责任地开发和使用生成式人工智能系统，直至正式法规生效。该规范基于加拿大《生成式人工智能系统实践准则》制定磋商过程中收到的反馈，旨在帮助增强加拿大人对这些系统的信心。

2022 年 6 月，加拿大政府提出了《人工智能和数据法案》（AIDA），作为“C-27 法案”《数字宪章实施法案》的一部分。AIDA 是《数字宪章实施法案》和确保加拿大人能够信任他们每天使用的数字技术的重要里程碑。人工智能系统的设计、开发和使用必须是安全的，并且必须尊重加拿大人的价值观。

AIDA 旨在保护加拿大人，确保加拿大负责任的人工智能发展，并在全球人工智能发展中突出加拿大公司和价值观的地位。AIDA 中基于风险的方法，包括关键定义和概念，旨在反映和符合人工智能领域不断发展的国际规范，包括欧盟人工智能法案、经济合作与发展组织（OECD）人工智能原则，以及美国国家标准与技术研究所（NIST）《风险管理框架》（RMF），同时与现有的加拿大法律框架无缝衔接。例如，AIDA 中对人工智能系统的定义与 OECD 制定的概念相一致，这些概念也体现在欧盟《人工智能法案》中。

6. 国际组织呼吁人工智能监管

（1）联合国提出数字治理设想。2023 年 5 月 25 日，联合国发布了关于《全球数字契约》（Global Digital Compact，GDC）的政策简报，阐释了推动制定 GDC 的动机、愿景、具体目标和行动建议，并对 GDC 的后续实施和审查提出了设想。《全球数字契约》提出了三点愿景：第一，缩小数字鸿沟，推进可持续发展目标；第二，对每个人开放在线空间并确保安全；第三，为人类管理人工智能。《全球数字契约》从连接所有人、避免互联网碎片化、数据保护、线上人权、歧视与误导性内容问责标准、人工智能治理、数字公共产品等议题出发，为构建一个开放、自由和安全的数字未来而制定共同原则，并为每个议题拟实现的具体目标和行动提出了建议。

对于《全球数字契约》后续的实施，简报提出两点措施：一是提出“多利益相关方的实施路径”。简报中认同成员国在推动全球框架中的主导作用，但也认为私营部门、社会组织等参与是重要的，不仅有利于全球框架所需要的治理创新，还将避免造成过于僵化和迟缓的官僚体系。同时也指出，联合国体系内现有的数字合作机制，特别是互联网治理论坛和信息社会世界峰会，以及联合国实体也将继续发挥重要的支撑作用。二是提议设立年度数字合作论坛（Digital Cooperation Forum）及其咨询小组。提出设立一个年度论坛对 GDC 的实施情况进行定期评估，同时促进多方对话与合作、信息共享，针对新出现的数字挑战和治理差距确定政策解决方案等。为支撑论坛筹备，还将组建一个由国家、非国家和联合国利益相关方成员组成的三方咨询小组。该小组具有多样性和代表性，成员将每两年轮换一次。此外，在论坛筹备过程中，可能由联合国区域经济委员会与区域组织合作推动进行区域磋商，以便反映不同区域的优先事项和视角，并针对后续行动和具体情况等进行交流。

（2）联合国发布人工智能治理报告。2023 年 12 月 12 日，联合国秘书长设立的人工智能咨询机构发布了《以人为本的人工智能治理》（Governing AI for Humanity）报告，阐明了人工智能对人类潜在益处的机会和推动因素；强调人工智能在当前和未来一段时间潜在的风险挑战；明确了解决全球治理赤字所需的原则以及满足当下需求的新功能和制度安排。

人工智能的迅速发展为人类社会带来前所未有的机遇和潜力，如推动科学发现、优化资源使用、协助完成日常任务、缓解劳动力短缺问题。然而，人工智能发展也伴随着风险，包括强化偏见、扩大监控、模糊责任边界和传播虚假信息等。全球对人工智能的关注不断增加，在获取和推动人工智能发展的数据和人才方面存在地缘战略紧张局势，引发了新的人工智能军备竞赛的讨论。同时，人工智能发展的收益和风险没有实现公平分配，其好处主要惠及少数国家、企业和个人。因此，迫切需要有效治理人工智能，确保其发展能公平惠及所有人，并通过促进可持续发展目标（SDGs）的实现来衡量治理效能。

世界各国家和地区已经制定了多项人工智能治理的指南、框架和原则，涵盖数据、模型管理和特定行业应用等方面。尽管存在共性，但在实际操作、跨司法管辖区互操作性及遵从性激励方面，全球仍未达成一致。人工智能技术的快速进步加剧了开发者、使用者与监管者之间的理解和能力差距，导致许多地区实际上依赖于自我监管。这种状况急需改变，才能更好地考虑长期风险的问题同时兼顾包容性，因此，该报告提出了国际人工智能指导原则：

I. 包容性：人工智能的管理应包容对方，由所有人管理，并为他们谋福利；

II. 公共利益：人工智能必须符合公众利益；

III. 数据治理的中心地位：人工智能治理应与数据治理和促进数据共享同步进行；

IV. 普遍化、网络化和多利益攸关方：人工智能治理必须具有普遍性、网络化，并植根于多利益攸关方的适应性合作；

V. 国际法：人工智能治理应立足于《联合国宪章》、国际人权法和其他商定的国际承诺，如可持续发展目标等。

报告明确，全球人工智能治理至关重要，联合国在其中可以发挥独特作用；治理应以原则为指导，通过明确的职能实施，确保国际、国家、行业和社区层面的协同和互操作性。

（3）ISO 与 IEC 联发风险管理指南。2023 年 2 月 14 日，国际标准组织（International Organization for Standardization，ISO）和国际电工委员会（International Electrotechnical Committee，IEC）联合发布了国际标准《ISO/IEC 23894：2023 信息技术—人工智能—风险管理指南》（ISO/IEC 23894：2023 Information Technology-Artificial Intelligence-Guidance on Risk Management）（以下简称《指南》），提供了一种全面和积极主动的方法来管理与人工智能相关的风险。

该指南就开发、生产、部署或使用利用人工智能的产品、系统和服务的组织如何管理与人工智能相关的风险提供指导，旨在帮助组织将风险管理整合到与人工智能相关的活动和职能中。此外，它还描述了有效实施和集成人工智能风险管理的流程。《指南》主要内容包括风险管理的原则、框架和流程。其中，三个附件还分别介绍了与人工智能相关的共同目标、风险来源以及风险管理流程和人工智能系统生命周期之间的映射实例。

值得注意的是，该《指南》需与《ISO 31000：2018 风险管理标准》（ISO 31000：2018 Risk Management-Guidelines）一起使用，后者为管理任何类型的风险提供了通用方法，而不仅限于某一行业或特定行业。《指南》继续沿用了 ISO 31000：2018 中关于风险管理的几个通用原则，并就如何在必要时应用这些原则提供了进一步的指导。具体而言，风险管理原则包括以下八方面：

- 整合的。风险管理是所有组织活动的组成部分。
- 结构化和全面性。结构化和全面性的风险管理办法有助于取得一致的和可比较的结果。
- 定制化。风险管理框架和流程是根据本组织与其目标相关的外部和内部环境定制的，并与之相称。
- 包容性。人工智能系统的使用会引入更多的利益相关者，需要考虑利益相关者的适当且及时的参与，融入他们的知识、观点和看法，以此提高风险意识和知情的风险管理。
- 动态的。风险管理会以适当和及时的方式预测、监控、掌握和响应这些变化和事件。由于人工智能系统的本质就是动态的——会不断地学习、完善、评估和验证，与人工智能相关的法律法规和监管要求也在随之频繁变化和更新，动态风险管理对于人工智能系统就更加重要了。
- 最佳可用信息。风险管理应明确考虑到与这些信息和预期相关的任何限制和不确定性。信息应及时地、清晰地提供给相关的利益相关方。各组织应考虑人工智能系统的内部使用，跟踪客户和外部用户对人工智能系统的使用可能会受到知识产权、合同或特定市场的限制。
- 人文因素。从事人工智能系统设计、开发或部署的组织应注意监测它们所处的人类和文化环境，应重点确定人工智能系统或组件如何与预先存在的社会模式相互作用，从而导致对公平结果、隐私、言论自由、公平、安全、保障、就业、环境和人权等方面产生广泛影响。
- 持续改进。在持续改进过程中，应考虑识别与使用人工智能系统有关的先前未知的风险，监测人工智能生态系统的性能成效、缺点和经验教训，并保持对新的人工智能研究发现和技术的认识。

（4）G20呼吁加强安全治理合作。2023年9月8日，二十国集团（G20）领导人在新德里举行会议，讨论可持续发展和绿色发展公约等众多主题的经济合作与协作，会议还讨论了隐私和信任在数字经济中的重要性以及全球人工智能监管的必要性。

此次会议上，重申了对2019年《G20人工智能原则》的承诺，并进一步同意“将采取有利于创新的监管、治理方式，最大限度地发挥人工智能的使用效益，同时兼顾使用人工智能带来的风险”。2019年人工智能原则将用于指导新全球法规的制定，该原则定义人工智能必须基于以下原则发展：

• 包容性增长、可持续发展和福祉——人工智能必须促进个人、社会和地球的增长和福祉。

• 以人为本的价值观和公平——人工智能必须尊重适用法律、人权、隐私、多样性和民主价值观，并采取保障措施保护社会。

• 透明度和可解释性——必须以透明和负责任的方式披露人工智能的使用情况，以便人们知道何时与人工智能互动。

• 稳健性、安全性和保障性——人工智能系统必须稳健、安全且有保障，并且必须持续评估和管理风险。

• 问责制——开发、部署和运营人工智能系统的组织和个人应按照这些原则对其功能负责。

“我们致力于以负责任、包容和以人为本的方式解决挑战，同时保护人民的权利和安全，从而利用人工智能造福公众。为了确保负责任的人工智能开发、部署和使用，必须解决人权保护、透明度和可解释性、公平性、问责制、监管、安全、适当的人为监督、道德、偏见、隐私和数据保护等问题”，二十国集团宣言强调，安全、有保障、值得信赖、负责和包容的数字公共基础设施（DPI），尊重人权、个人数据、隐私和知识产权，可以增强复原力，促进服务提供和创新。

二十国集团呼吁为了充分释放人工智能的潜力，公平分享其利益并降低风险，希望各国共同努力，促进国际合作并进一步讨论人工智能的国际治理。

第二部分　人工智能法治理论研究

一、概　述

开展人工智能法治理论研究旨在整合法学、哲学、伦理学、管理学、社会学等相关学科力量，推动人工智能法治体系、制度体系、实施体系建设，为人工智能安全、可靠、可控、健康发展，发挥引导、规范、促进作用。本部分研究重点围绕人工智能法治理论研究的热点问题，通过对 2023 年全年人工智能法治的研究著作、科研项目、研究论坛、研究论文、国外研究等方面情况的归纳分析，展现 2023 年中国乃至世界人工智能法治研究的现状。①

总体而言，2023 年，随着《中华人民共和国数据安全法》(以下简称《数据安全法》）和《中华人民共和国个人信息保护法》(以下简称《个人信息保护法》）的落地实施，人工智能法治进入新的研究阶段。学界对于人工智能法治的研究从必要性论证向执法、司法适用层面转变，呈现出“由虚转实”的特点。例如，因新法的适用问题而引起关注的人工智能运用中的个人信息保护问题和数据安全问题；又如人工智能运用中的算法技术和法律价值的结合问题，区块链在司法中的应用问题；还有人工智能技术在司法裁判中的运用问题、数字法治的重要发展面向问题等。

① 本部分数据来源说明：1. 人工智能法治研究著作的分析数据，主要来自当当网、京东、亚马逊等图书销售网站。2. 人工智能法治科研项目的分析数据，主要来自国家社会科学基金项目数据库、司法部官网、中国法学会官网以及教育部官网。3. 人工智能法治研究论坛的分析数据，主要来自百度搜索引擎、微信公众平台、法学创新网中的法治论坛栏目。4. 人工智能法治研究论文的分析数据，主要来自中国知网数据库。5. 人工智能法治国外研究的分析数据，主要来自 Web of Science 数据库。

在研究专著方面。专著作为最新系统的学术研究成果，通常在理论或实验上有其重要意义。本部分编者通过当当网、亚马逊、京东等图书销售网站的关键词检索，从专著出版社、专著作者和专著内容三方面逐一进行分析，并与2020年、2021年、2022年的相关数据形成对比，梳理总结得出2023年人工智能法治研究著作的基本概况。

在科研项目方面。科研项目指开展科学技术研究时的一系列独特的、复杂的并相互关联的活动，有着明确的目标或目的，必须在特定的时间、预算、资源限定内，依据规范完成。在本部分，编者选取了2023年度国家社会科学基金课题立项名单、司法部“2023年国家法治与法学理论研究项目立项课题”、中国法学会“2023年度部级法学研究课题立项名单”以及教育部“2023年人文社会科学研究一般项目立项公示”四份数据作为样本进行分析，通过数据对比，对人工智能法治科研项目的数目、层次特点和机构分布分别展开研究。

在研究论坛方面。研究论坛通常由主办方提供学术交流平台，以演讲、圆桌会议、报告、论文等形式进行思想的碰撞与融合。本部分编者通过百度、微信公众平台、相关官方论坛网站对2023年人工智能法治研究论坛进行统计与梳理，分别就研究论坛的举办时间地点、论坛举办单位、论坛主题、举办形式等内容与近几年的统计数据进行对比，总结得出2023年人工智能法治研究论坛的整体特点。

在研究论文方面。研究论文是对某个科学领域中的学术问题进行研究后形成的理论文章。为分析学界在文献方面的发展情况，在本部分中，编者对期刊数据进行基础建库、数据核验、数据处理，最终形成较为全面、科学的基础数据库和核心数据库。按关键词、刊物、作者、机构、地区、发文量、文章被引量对数据进行整合，并且通过对比往年数据，以核心作者、法学类核心期刊、研究机构、发文区域、高频热点问题等为轴点展开立体性、系统性分析。

在国外研究方面。本部分编者主要以Web of Science作为数据获取渠道，以“robot”“AI”“Artificial Intelligence”和“law”作为并列主题词进行索引，搜索得出2023年人工智能法治外文文献数据库。从热点研究方向、作者分布、地域分布以及文献用语四个部分分析比较了近年来国外人工智能法治研究的变化，以及2023年国内外相关领域研究方向与层次内容的不同，以求发现2023年国外人工智能法治理论研究情况的特点。

二、中国人工智能法治理论研究

（一）人工智能法治研究突出问题分析

1. 生成式人工智能风险的法律规制

2023年7月中国国家互联网信息办公室联合其他七个部门出台了《生成式人工智能服务管理暂行办法》，该办法的出台标志着我国对于生成式人工智能的法律规制进入了新的阶段。生成式人工智能在促进社会发展的同时带来了一系列风险，学界认为生成式人工智能的风险及法律规制主要在以下三个方面：

一是生成式人工智能知识产权风险的法律规制。生成式人工智能在收集数据的过程中常常会侵犯其他主体的知识产权，生成式人工智能生成物的知识产权归属也存在一系列纠纷，对此学者提出了以下规制路径。陈永伟认为需关注训练材料提供者的保护和生成式人工智能作品的保护可行性，并制定法律规范，明确人工智能训练中学习材料的合理使用与侵权界限，并平衡各利益方的权利与责任，根据创新性等标准和利益平衡原则，考量人工智能作品的知识产权保护。① 杨利华认为人工智能作为非人类主体，其生成的技术方案引发了关于发明人资格和专利权归属的问题，他建议构建基于"二元主体结构"的权利主体规则，将使用者作为基本的专利权主体，并考虑投资者的利益。② 总的来说，现有研究显示生成式人工智能知识产权风险的法律规制的重点在保护创新和维护现有权利体系之间寻求平衡。

二是生成式人工智能垄断风险的法律规制。生成式人工智能会收集海量的数据，具有复杂的算法，一旦在市场中具有领导地位就很难被复制，因此很容易产生垄断的风险，对此学者提出了以下规制路径。毕文轩认为新产品的每位发明者基本上最初都处于垄断地位，这个垄断地位才是他们首先向市场推出新产品和新方法的最重要的诱因，这属于"破坏性创新"，需要对其进行灵活的试验性监管，才不至于打消市场主

① 陈永伟：《超越ChatGPT：生成式AI的机遇、风险与挑战》，载《山东大学学报（哲学社会科学版）》2023年第3期。

② 杨利华：《人工智能生成技术方案的可专利性及其制度因应》，载《中外法学》2023年第2期。

体的创造积极性。[①] 袁曾认为生成式人工智能的实际掌控者与技术控制者已经成为数字空间乃至社会空间的隐性权力主体，通过不断进行全域样本的挖掘形成更为隐蔽的数据垄断，监管机构需要适用“穿透人工智能面纱”的原则确定归责路径，在查证因果关系的基础上，考察确定生成式人工智能责任背后的实际责任主体。[②] 概括地说，现有研究认为针对生成式人工智能垄断风险，相关机构需要实行试验性监管和穿透性监管。

三是生成式人工智能的数据泄露风险。生成式人工智能常常会爬取互联网上的数据并且会收集用户的对话数据用于自身更新迭代，因此很容易产生数据泄露的风险，对此学者提出了以下规制路径。邓建鹏和朱怿成认为国际层面应协同数据跨境使用规则和争端解决机制；中国应加强行政机关事前、事中、事后全链条监管，将类 ChatGPT 人工智能系统列入投入前合规评估清单，建立严格的责任制度，明确利害关系各方的侵权责任；类 ChatGPT 平台应积极履行数据安全合规义务，保护用户信息；用户应提高辨识能力，提高隐私和秘密保护意识。[③] 支振锋认为应当就生成式人工智能的监管问题调整相关法案，创立监管框架，考虑要求生成式人工智能相关企业接受系统性能、可预测性和安全性设置可解释性的外部审计，进行严格监管。[④] 简而言之，现有研究表明生成式人工智能数据层面的规制需要加强国际合作和国内监管，确保数据安全和用户隐私保护。

2. 数据确权的法律规制

随着 2022 年 12 月《中共中央　国务院关于构建数据基础制度更好发挥数据要素作用的意见》发布以来，数据基础制度特别是数据产权制度建设的重要性日益提升。法学界对于数据财产保护需要加强研究已形成共识，但对于在理论上如何正确认识数据财产权的性质，立法上如何进行制度安排等问题尚未形成共识。鉴于此，有必要深入研究数据财产权的基本理论、对数据财产权进行规范分析，提供数据财产确权的理

---

① 毕文轩：《生成式人工智能的风险规制困境及其化解：以 ChatGPT 的规制为视角》，载《比较法研究》2023 年第 3 期。

② 袁曾：《生成式人工智能的责任能力研究》，载《东方法学》2023 年第 3 期。

③ 邓建鹏、朱怿成：《ChatGPT 模型的法律风险及应对之策》，载《新疆师范大学学报（哲学社会科学版）》2023 年第 5 期。

④ 支振锋：《生成式人工智能大模型的信息内容治理》，载《政法论坛》2023 年第 4 期。

论基础，为未来数据财产权立法提供理论支撑，数据确权法律规制的理论研究主要集中在以下三方面：

一是数据确权是否需要设置排他权利。数据的价值一部分来源于其非排他性，保证数据的自由流通，可以充分发挥数据的价值，但是不设置排他权利有可能损害数据加工者等主体的相关权益，对此学者提出了以下观点。丁晓东认为应防止在公开数据上建立排他权，限制企业对数据的控制，公开数据应易于访问，不影响其价值，同时企业后台可保护数据，防止恶意行为。① 熊丙万和何娟认为数据是否需要设置排他权利，需要具体情形具体分析，在独家许可交易中，被许可人在许可范围内享有排他性使用权，许可人在许可范围内不得再度许可第三人；在禁止转许可交易中，许可人仍然保留了相应数据的排他性经营权；在担保交易中，提供担保的数据持有人的经营权也将受到相应限制。② 总体而言，现有研究认为数据确权需要根据数据的种类和具体使用数据的场景，平衡数据的开放性和排他使用性，做到促进数据流通和保护数据安全齐头并进。

二是数据确权需要确立数据的合理使用制度。数据的使用需要保证在合理的限度内，只有划定好各方对于数据使用权利的界限，才能更好地发挥数据的价值，对此学者提出了以下观点。王利明认为合理使用制度应限制数据财产权，便于个人和科研小规模使用数据，立法应确立数据合理使用规则，允许为公益等目的使用数据无需数据持有者同意，促进数据流通，满足市场外的数据需求。③ 申卫星认为在确立数据产权的基础上，按照各方贡献程度的不同，以数据产权结构性分置为线索，合理界定各方的数据权利，从而有效地维护用户权益的真实性、完整性和全面性，并且能够保证平台公司回收前期在数据商业化运营方面的巨额投资，从而形成研发投入的正向激励模式。④ 总的来说，现有研究显示数据确权一方面要通过合理使用制度来平衡数据的保护和利用，特别是对于非商业性的科研和公益用途，另一方面需要通过权利分置来确保各方在数据产权中的合理利益。

---

① 丁晓东：《数据公平利用的法理反思与制度重构》，载《法学研究》2023 年第 2 期。

② 熊丙万、何娟：《数据确权：理路、方法与经济意义》，载《法学研究》2023 年第 3 期。

③ 王利明：《数据何以确权》，载《法学研究》2023 年第 4 期。

④ 申卫星：《数据确权之辩》，载《比较法研究》2023 年第 3 期。

三是数据确权需要确认数据的财产权属性。数据的充分利用离不开对其人格属性的抽离，如果不将数据的财产属性和人格属性做切割，数据就没有办法作为财产自由流通，实现其价值，对此学者提出了以下观点。张新宝认为个人对非匿名化信息有知情、决定等权利，强化人格利益，限制企业数据使用，但不赋予个人财产权或共享权益，从而既保护个人核心利益，又减轻企业数据利用负担，实现信息保护与企业发展的平衡。① 梅夏英认为数据利用的元规则是自由和互惠利他，因此不能赋予个人数据财产权，应该把数据财产权赋予对数据集合有贡献的人。② 简而言之，现有研究表明数据的保护和利用需要综合考虑个人权益、企业利益和社会公共利益，以实现更加公正和可持续的数据治理模式。

3. 数据交易风险的法律规制

2023 年 8 月，全国信息安全标准化技术委员会发布关于国家标准《信息安全技术 数据交易服务安全要求》征求意见稿，数据交易流通体系建设逐步推进，随后各地相关数据交易的管理办法也逐步制定，数据交易日益成为政府、社会公众关注的焦点。目前，学界关于人工智能法治中的数据交易研究主要集中在三个方面：

一是数据交易的困境分析。数据资产的确权问题是我国数据交易市场发展的一大难题，确权难带来的则是交易难，目前数据要素市场存在交易“六难”问题，即标准难、确权难、定价难、互信难、交易难、监管难，对此学者提出了以下观点。彭辉认为剩余控制权的合理配置是解决数据交易不完全契约性问题的关键，剩余控制权的配置应根据交易成本的高低来决定。③ 冉高苒提出了数据分享理论，旨在建立符合社会和市场要求的数据利用规则，实现不同数据利用逻辑之间的概念与规范的协调。④ 总的来说，目前研究通过分析数据交易的困境，以期推动构建成熟的数据要素市场，为数据交易提供理论支撑和平台支持。

二是构建数据交易体系。数据流通是一个立体制度，其高效有序流通是数字经济

① 张新宝：《论作为新型财产权的数据财产权》，载《中国社会科学》2023 年第 4 期。
② 梅夏英：《数据持有在法律上意味着什么？——一个基于信息流动元规则的分析》，载《比较法研究》2023 年第 6 期。
③ 彭辉：《数据交易的困境与纾解：基于不完全契约性视角》，载《比较法研究》2023 年第 2 期。
④ 冉高苒：《数据分享理论——数据法律基础概念的厘清与再造》，载《东方法学》2023 年第 6 期。

时代的核心问题，不仅要求法律在数据确权和数据交易问题上予以回应，同时也需要构建外部治理体系，对此学者提出了以下规制途径。李依怡指出数据交易制度的构建应明确可交易数据范畴、数据提供方的信息提供义务，并要求交易平台承担审查义务与安全保障义务，通过适当的监管措施推动数据交易市场健康有序发展。① 戴昕认为应将“安全港”理念引入数据交易体系，安全港规则在交易所以集中、透明的方式施行，会更有助于合规交易模式产生溢出效应。总的来说，随着大数据、人工智能技术的进一步发展，构建合理的数据流通体系，促进数据社会正外部性的充分实现，将是一项需要不断探索与完善的长期工作。

三是完善数据交易合同规则。由于数据交易标的的特殊性，数据交易合同规则需要在不公平条款的效力、违反在先权益的效力等方面作出改变，对此学者提出了以下观点。高郦梅提出未来可以考虑设立以数据交易为基本内容的典型合同，通过定型化的权利义务维持当事人之间的利益平衡，以减轻合同订立负担，提高数据的利用效率。② 林洹民提出在数字服务合同关系当中，通过约定单方变更权条款，才不会抵触契约严守规则。③ 总体而言，要引入特殊规则或对相关合同规则作出修正，才能更好地契合当事人多样化的经济安排，满足数据交易实践的需求。

4. 人工智能法治与自动化行政

2023 年 2 月，中共中央、国务院印发了《数字中国建设整体布局规划》，指出要发展高效协同的数字政务，加快制度规则创新，完善与数字政务建设相适应的规章制度，自动化系统在行政过程中的应用日益广泛，成为数字行政研究亟需回应的重要议题。目前，学界关于人工智能法治中自动化行政的法律规制研究主要集中以下三方面：

一是构建自动化行政正当程序制度。伴随数字时代信息技术的高速发展和自动化行政的广泛应用，行政法中的正当程序正面临全方位的挑战，对此学者提出了以下规制途径。苏宁提出我国未来立法实践还需探索建立层次化的原理解释机制、标准化的记录留存机制、结构化的人工介入机制，形成技术性正当程序的完整制度方案。④ 王

---

① 李依怡：《论企业数据流通制度的体系构建》，载《环球法律评论》2023 年第 2 期。

② 高郦梅：《论数据交易合同规则的适用》，载《法商研究》2023 年第 4 期。

③ 林洹民：《数字服务合同单方变更权之规制》，载《现代法学》2023 年第 2 期。

④ 苏宇：《数字时代的技术性正当程序：理论检视与制度构建》，载《法学研究》2023 年第 1 期。

敬波提出应对数字行政发展带来的法律难题既需要从宏观上解构传统的行政管理体制，也需要从中观上重构行政管辖制度，规范数据权力，明确自动化行政边界，更需要从微观上厘清行政证据规则，嵌入正当程序，明晰法律责任，为数字政府构建基本法律框架。① 简而言之，通过一系列制度方案，对包括行政相对人在内的社会公众予以全过程、全方位的赋能，是确保人在自动化行政过程中充分享有正当程序保障的关键。

二是自动化行政的正当性与合法性。行政活动适时引入人工智能、大数据等最新技术成果建设数字政府已成为趋势，但技术上的可行性并不必然带来法理上的正当性，对此学者提出了以下观点。李晴提出建构自动化行政的正当性基础，本质是厘清自动化行政与法的关系，以是否逾越法律授权为标准，自动化行政系统可划分为非逾越系统和逾越系统。② 陈锦波提出自动化行政本身的合法性在各种挑战下可以被有效证成，机器学习算法对行政决定作出过程的参与，不会在根本上冲击最能彰显行政法治的“依法行政原则”和“正当行政程序原则”，并且机器学习算法还有助于实现“最佳行政”之目标，从而增进国家的良善治理。③ 总体而言，行政的自动化必然会使一些法律价值遭受减损，对于国家来说，涉及“成本—收益”的总体考量，自动化行政在实现“最佳行政”中具有实质合法性。

三是自动化行政中的算法风险。自动化行政中的算法权力问题凸显，原由人类承担的行政执法任务被部分或全部交由依托算法规则运行的机器完成，自动化行政促生法律代码化，并引发算法噬夺立法权现象，对此学者提出了以下规制路径。王正鑫提出需要汲取当下算法规制的理论基础与制度实践，并结合立法性算法权力的自身特征，着眼于权力内容的实体限定与权力行使方式的程序限定。④ 苏宇提出可以要求行政机关根据应用场景及权益保障的实际需要选择算法解释方案，也可以规定不同场景下算法解释所适用的标准，或根据相关行政事项的重要性及算法模型的特性，确定不同的算法解释精度要求。⑤ 总之，依托自动化行政，立法性算法权力为行政权确立行

① 王敬波：《数字政府的发展与行政法治的回应》，载《现代法学》2023 年第 5 期。
② 李晴：《论自动化行政的正当性基础》，载《环球法律评论》2023 年第 1 期。
③ 陈锦波：《自动化行政合法性证成的基本逻辑》，载《法学论坛》2023 年第 3 期。
④ 王正鑫：《“立法性”算法权力的兴起与法律规制》，载《法制与社会发展》2023 年第 2 期。
⑤ 苏宇：《数字时代的技术性正当程序：理论检视与制度构建》，载《法学研究》2023 年第 1 期。

使依据，为公民提供行为规范，从而实现从“法律之治”向“算法之治”的转变。

5. 人工智能与算法歧视

2023年1月，由国家互联网信息办公室制定的《互联网信息服务深度合成管理规定》正式开始实施，这是中国首个专门针对算法推荐的部门规章，旨在反对算法歧视等不合理应用。算法歧视是人工智能发展历程中的一项重大问题。2023年，学界对于算法歧视的研究主要集中在以下三个方面：

一是算法黑箱和算法可解释性的问题。算法可解释性是被现有算法规制理论所忽略的技术概念。算法风险的准确判断与归纳、规制工具的主次位阶性、设置合理的规制效果目标等方面，均存在不同程度的认识偏差。周翔在算法风险、规制工具和规制目标三个层面提出了改进建议，一切制度工具应考虑解释技术的可行性且要结合解释针对的用户、场景和用途设置预期。① 安晋城则在价值和规范层面提出了两个解决方案，算法透明可增进算法社会的交往、理性与信任，应将价值目标、技术基础与规范体系相互耦合，建构由柔性规范、中性规范和刚性规范组成的多层次体系。② 总的来说，现有研究主要强调引入算法可解释性理论，提高对算法风险的认识和研究，并逐步提高算法的透明度，建立多层次体系，减少以至于避免算法黑箱带来的风险。

二是算法歧视侵权的归责问题。算法是人工智能时代的基础规则和逻辑架构，算法技术的中立并不意味着算法价值或决策结果的中立，算法歧视的出现严重挑战社会公平正义理念，极有可能出现侵犯公民合法权益的问题。李丹提出构建算法歧视消费者的责任认定框架，在算法人为干预场景中坚持过错推定原则立场，在自动化决策场景中提倡无过错责任原则，区分标准要素中因果关系的成立关系与范围关系。③ 周欣怡主张将滥用预测算法行为纳入侵权法规制，滥用预测算法侵权行为过错程度分为故意与过失，并排除自甘风险免责原则，采取举证责任倒置与过错推定原则。④ 简而言

① 周翔：《算法可解释性：一个技术概念的规范研究价值》，载《比较法研究》2023年第3期。
② 安晋城：《算法透明层次论》，载《法学研究》2023年第2期。
③ 李丹：《论算法歧视消费者的侵权责任认定——基于司法裁判的实证考察》，载《当代法学》2023年第6期。
④ 周欣怡：《滥用预测算法行为的侵权法规制》，载《上海市法学会智慧法治集刊》2023年第1卷。

之，现有研究主要强调在算法歧视侵权场景中，被侵权人往往处于更为弱势的地位，法律应当向被侵权人倾斜，更加注重对被侵权人的保护，从而更好地维护社会公平正义。

三是算法歧视对弱势群体的侵害问题。算法歧视带来了一系列问题，特别是对女性求职者的平等权和劳动权造成了现实侵害。胡箫力提出，针对算法性别歧视，应在算法决策过程中引入技术性正当程序理论，建立起权力主体配合的“理解—参与”模式，有效控制算法就业性别歧视的风险，保障女性求职者的平等权和人格尊严；李志强则主张分层理论完善老年人法律制度以纠正法律本质主义年龄歧视下的制度性缺陷，建构数字孪生法律制度嵌套规制老年人歧视的“算法黑箱”，赋予老年人算法自决权以积极推动“积极应对人口老龄化”国家战略。总而言之，现有研究主要强调社会弱势群体合法权益的保护，尤其是妇女、老年人等，在算法歧视场景中更容易受到现实侵害，法律应当更加注重科技发展与弱势群体保护之间的利益平衡。

6. 人工智能与场景驱动

2023 年 2 月，中共中央、国务院印发了《数字中国建设整体布局规划》，旨在建设公平规范的数字治理生态。完善法律法规体系，加强立法统筹协调，研究制定数字领域立法规划。现有研究坚持创新引领发展，加速技术、场景和商业模式融合创新，为原始创新、关键技术突破和技术应用提供理论与实践启示。2023 年，学界主要关注场景驱动的研究在以下三个方面的进展：

一是人脸识别应用场景中技术对个人和公共利益的潜在风险。人脸识别技术在不同场景中发挥着越来越重要的作用，但也存在着潜在的风险。姜野主张加强人脸识别技术的法律规制，根据不同场景明确规制手段，并建立动态同意模式和责任体系，以兼顾信息保护和利用的平衡。① 洪延青则指出，随着人脸识别技术应用的全面发展，存在着对个人权利和公共利益的潜在威胁，应当从应用、系统、技术和信息四个方面进行路径分析，并提出相应的控制措施。② 总的来说，现有研究主要着重人脸识别技术应用现实存在的以及可能会造成的对个人合法权益与社会公共利益的侵权风

① 姜野：《人脸识别技术应用的场景化法律规制》，载《法制与社会发展》2023 年第 1 期。

② 洪延青：《人脸识别技术应用的分层治理理论与制度进路》，载《法律科学（西北政法大学学报）》2023 年第 6 期。

险，并对平衡人脸识别技术发展和应用与个人和公共利益保护提出相应解决方案。

二是自动驾驶应用场景中技术对传统刑事责任体系的冲击。自动驾驶事故中出现的过失竞合问题，由于涉及多方主体，必须在厘清自动驾驶分级基本原理的基础上才能准确判断责任的归属。蔡仙认为分配风险及确定注意义务时，要考虑各主体间的利益权衡、对汽车的现实支配程度等因素，算法黑箱不能成为放弃过失犯中预见可能性要素或者降低归因归责标准的缘由。① 王兵兵认为自动驾驶场景中，需要结合具体责任人的地位进行实质判断，应积极运用信赖原则、因果关系等理论限制处罚范围。② 简而言之，现有研究侧重对自动驾驶场景中刑事责任分配的研究，尤其是在过失责任分配方面，需要在传统过失责任理论的基础上，加入对自动驾驶技术逻辑的理解，做好对各方主体责任的平衡。

三是人工智能辅助司法场景中技术对司法体系的影响。在着力发展司法大数据预测应用的当下，提升司法质量和效率的价值目标伴随着信息安全风险、算法偏见、决策独立性降低、解释性判例体系冲击等阴霾。丰怡凯对智能辅助量刑中的程序正义问题进行了深入探讨，指出了智能量刑辅助技术带来的三重结构性风险。③ 戎静则提出立足中国实际，批判借鉴法国公开裁判信息预处理、“法官画像”禁令、以“等距法”理论更新司法范式、倡导异议裁判支持机制、提高算法透明度等经验教训，强化司法大数据中信息权的保护、确立司法智能决策有限参考原则、构建算法专业监督机制和异议裁判保护机制。④ 总而言之，现有研究主要强调人工智能辅助司法场景中，智能辅助审判往往存在着人类主体性缺失的风险，在技术应用过程中，必须要保护和强化人类法官的决策独立性。

7. 人工智能应用与数据合规

2023 年是国务院《关于构建数据基础制度更好发挥数据要素作用的意见》发布

① 蔡仙：《自动驾驶中过失犯归责体系的展开》，载《比较法研究》2023 年第 4 期。

② 王兵兵：《自动驾驶事故中过失竞合的刑事责任归属》，载《江淮论坛》2023 年第 1 期。

③ 丰怡凯：《人工智能辅助量刑场景下的程序正义反思与重塑》，载《现代法学》2023 年第 6 期。

④ 戎静：《“预测正义”能否预测正义？基于法国司法大数据预测应用的考察与启示》，载《中外法学》2023 年第 5 期。

后数据要素市场蓬勃发展的一年，也是数据合规领域的政策规则逐步完善、基础监管框架全面落地的一年，数据合规业务对企业健康有序的发展和数字经济产业竞争力的提升均产生了重要影响。目前，学界关于人工智能应用中的数据合规问题研究主要集中在三个方面：

一是数据合规体系的搭建问题。数据合规是现代企业治理体系在大数据时代诞生的新内容，企业数据合规体系构建是数据安全治理的重要组成部分。马忠法、胡玲认为企业数据合规体系构建应坚持“数据安全”为首要原则，协调数据合规制度和公司管理及内控制度之间的冲突，并建立数据和场景治理机制。① 刘品新则对数据刑事合规建设的实践规律和现实方略进行探讨，指出应当根据数据处理各环节涉及的犯罪风险，确立禁止、警示与容许的数据处理边界体系。② 由此可见，数据合规体系的构建是一个长期、动态的过程。现有研究综合考虑风险识别与评估、合规审查、合规监管和追责等多方面和多环节，力求搭建科学全面的数据合规体系。

二是数据全生命周期合规问题。获取、存储、使用数据的每一个阶段都可能引发各种数据质量问题，确保数据在整个生命周期中保持最高的质量和安全性，能同时最大限度降低成本和风险。饶传平认为，在数据获取阶段，应对不同风险行为进行分级分类，构建爬虫抓取数据法律风险的流程化管理框架，形成基于风险的合规和有效监管。③ 孙晋和帕孜丽娅·玉苏甫强调，ChatGPT 开发者和第三方服务提供者应当明确数据收集、使用、传输等环节的具体流程和要求，提升自我合规能力。④ 总而言之，现有研究聚焦于数据要素的全流程合规治理与监管，以实现数据高效流动与数据安全保护之间的平衡。

三是数据出境合规问题。随着信息技术和数字经济的发展，在国际数字贸易、金融投资等业务中不可避免地涉及数据境外流动。谢登科认为，企业在实施个人信息境

① 胡玲、马忠法：《论我国企业数据合规体系的构建及其法律障碍》，载《科技与法律》2023 年第 2 期。
② 刘品新：《论数据刑事合规》，载《法学家》2023 年第 2 期。
③ 饶传平：《论数据抓取法律风险的流程化管理》，载《东方法学》2023 年第 6 期。
④ 孙晋、帕孜丽娅·玉苏甫：《ChatGPT 对数据合规的风险叠加及法律因应》，载《法治现代化研究》2023 年第 6 期。

外提供行为时，须以个人信息的有效甄别、合法业务需求、自然人“知情—同意”和个人信息保护的多元价值为构成企业合规的要件内容，建立完善的专项合规计划。① 陈兵指出，企业参与全球数据跨境流动应坚持规范与发展并重，优化合规激励机制，以企业主动合规为切入点，推动国内立法与加强国际合作并进。② 可见，在保障数据跨境合规治理系统化、法治化、常态化的同时，学界对建立内外动态结合的数据合规交流合作机制提出了更高层次的要求。

8. 人工智能法治与算力

以数据、算法、算力为主要代表的数据生产力是一个结构复杂的系统，算力是支撑数字经济蓬勃发展的重要“底座”。《生成式人工智能服务管理暂行办法》强调要“促进算力资源协同共享，提升算力资源利用效能”，鼓励把算力真正转化为现实生产力。目前，关于人工智能法治的算力问题研究主要聚焦于以下三个方面：

一是算力专项法中的知识产权保护问题。芯片是数字产业发展的核心要素，其为人工智能、大数据、区块链等前沿技术提供底层算力支撑。刘建臣提出，芯片设计应当在立法层面摒弃先行赋权模式，整体转向责任规则式的赋权方案，即将排他性财产权降格为法定获筹权。③ 易继明、吴梓茗认为，应当通过知识产权大司法格局的构建来改革现有的专利技术确权制度，积极筹建国际信息通信产业知识产权联盟，实现国内国际双循环，为芯片产业开辟新局面。④ 由此可见，面对外部的技术封锁，未来半导体芯片领域的研究依然应当围绕知识产权布局策略展开，在法治轨道上激发创新活力，赋能新质生产力发展。

二是算力商品化及制度保障问题。算力是数字经济时代集信息计算力、数据存储力、网络运载力于一体的新型生产力。王春晖强调构建生产要素基础制度的底层逻辑，就是协调和处理与数据生产力发展相适应的数字化生产关系。⑤ 汤道路指出，对

① 谢登科：《个人信息跨境提供中的企业合规》，载《法学论坛》2023 年第 1 期。

② 陈兵：《数字企业数据跨境流动合规治理法治化进路》，载《法治研究》2023 年第 2 期。

③ 刘建臣：《从排他到获酬：芯片设计赋权模式的变革》，载《中外法学》2023 年第 5 期。

④ 易继明、吴梓茗：《美国〈2022 年芯片法〉与中国的应对》，载《陕西师范大学学报（哲学社会科学版）》2023 年第 4 期。

⑤ 土春晖：《数据与数据要素的底层逻辑》，载《中国电信业》2023 年第 10 期。

于实践中算力供给损失范围认定、算力计价等困境，亟需建立和完善算力流转标准和算力交易制度，加快算力商品的市场化进程。[①]总而言之，算力的财产属性具有独特的法律研究价值，亟待更广泛的关注和系统性探讨。

三是算力监管的制度性变革问题。算力规模的演进推动了技术的升级换代、应用的创新发展、产业的加速壮大，为在法治轨道上保护算力不被非法滥用，吕桐弢提出，有必要统筹考虑监管效益和成本，建立健全算力分级监管体系，推动政府规制与科学技术的融贯，构建多元共治的算力监管生态。[②]李俊峰、张颖认为，我国半导体芯片领域在投资、建设过程中，应当综合考虑半导体生态建设路径和危机干预规制措施，正确把握政府与市场、补贴与竞争、重点打造与普惠支持之间的关系。[③]可见，现有研究强调建立多元化监管机制，通过政府与有效市场的动态平衡实现监管合力，形成算力监管的协同治理格局。

（二）人工智能法治研究专著阐述

专著作为最系统的学术研究成果，通常在理论或实验上有重要意义。通过统计2023年国内外关于人工智能法治研究的专著出版情况（见图2-1），并与2021年度和2022年度的相关数据形成对比，对人工智能法治研究专著部分进行详细分析。以下数据均来自当当网、亚马逊、京东等图书销售网站。我们以“人工智能”和“法治”作为两大主题关键词，分别将其外延词汇排列组合后，检索出2023年国内出版人工智能法治专著共计194本，其中国外译著有22本，占比约百分之十二。近三年相比国外，我国学术界对人工智能法治的热度正迅速增长。

2023年我们在前一年的基础上，对人工智能法治专著的关键词再次进行了扩充。“人工智能”主题关键词的外延如下：新业态、人脸识别、个人信息、App、信息保护、数据安全、电子数据、网络空间、信息安全、数据交易、智能化、算法透明/黑

① 汤道路：《慈善捐赠区块链：创新、困境、挑战与制度回应》，载《数字法治》2023年第5期。

② 吕桐弢：《数字经济视域下算力盗用的双维风险及法治应对》，载《山东师范大学学报（社会科学版）》2023年第5期。

③ 李俊峰、张颖：《“欧盟半导体危机”的成因、对策与启示——围绕〈欧洲芯片法案〉的解读》，载《中国科学院院刊》2023年第2期。

箱、数字时代、大数据、智能、人工智能、数字经济、数字人权、平台区块链、科技、智慧、远程、自动、数据爬虫、数据挖潜、数据信托、元宇宙等。“法治”主题关键词的外延包括：法治、法制法规、法律、法学、法律实务、法学研究、法治发展、法律解析、安全规制、应用法律、法律规制、合规指引与规则解析、治理、司法、社会治理等。

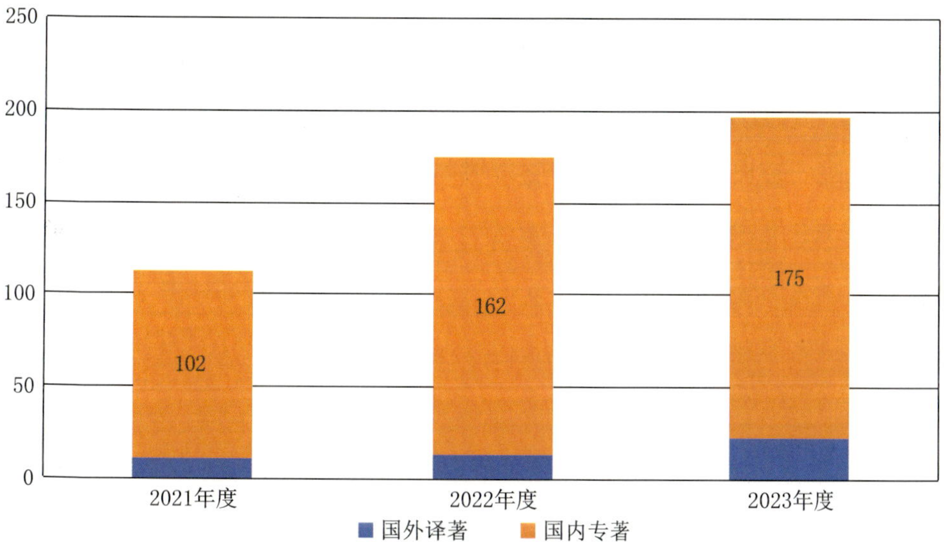

图 2-1　2021 年、2022 年、2023 年人工智能法治专著数量对比图

1. 出版社的关注度与日俱增

（1）高校出版社数量明显增加。2023 年出版人工智能法治专著的出版社数目明显增加，已增至 58 个出版社。从出版社类别上来看，仍然分为高校出版社、地方出版社和专业出版社三大类。其中高校出版社共有 23 个，约占四成，它们分别是北京大学出版社、北京工业大学出版社、北京师范大学出版社、北京邮电大学出版社、东北大学出版社、东南大学出版社、对外经济贸易大学出版社、华中科技大学出版社、清华大学出版社、厦门大学出版社、山东大学出版社、上海大学出版社、上海交通大学出版社、四川大学出版社、武汉大学出版社、西安交通大学出版社、浙江大学出版社、中国科学技术大学出版社、中国农业大学出版社、中国人民大学出版社、中国政法大学出版社、中南大学出版社、中山大学出版社。相比于 2022 年的数据统计，新增加了 2 所高校出版社。

表 2-1　2023 年出版人工智能法治专著出版社汇总（单位：本）

序号	出版社名称	出版数目	序号	出版社名称	出版数目
1	法律出版社	26	30	高等教育出版社	1
2	知识产权出版社	19	31	广东人民出版社	1
3	中国法制出版社	14	32	国防工业出版社	1
4	上海人民出版社	13	33	国家行政管理出版社	1
5	中国社会科学出版社	9	34	海洋出版社	1
6	中国政法大学出版社	8	35	华中科技大学出版社	1
7	电子工业出版社	7	36	黄河水利出版社	1
8	机械工业出版社	6	37	金城出版社	1
9	科学出版社	6	38	经济管理出版社	1
10	清华大学出版社	6	39	九州出版社	1
11	北京大学出版社	5	40	厦门大学出版社	1
12	人民出版社	5	41	山东大学出版社	1
13	人民邮电出版社	5	42	上海大学出版社	1
14	人民法院出版社	4	43	上海三联书店	1
15	浙江大学出版社	4	44	社会科学文献出版社	1
16	中译出版社	4	45	四川大学出版社	1
17	商务印书馆	3	46	武汉大学出版社	1
18	中国人民大学出版社	3	47	西安交通大学出版社	1
19	北京邮电大学出版社	2	48	现代出版社	1
20	东北大学出版社	2	49	译林出版社	1
21	光明日报出版社	2	50	中国标准出版社	1
22	上海交通大学出版社	2	51	中国财政经济出版社	1
23	中国工商出版社	2	52	中国国际广播出版社	1
24	中山大学出版社	2	53	中国科学技术出版社	1
25	百花洲文艺出版社	1	54	中国科学技术大学出版社	1
26	北京工业大学出版社	1	55	中国民主法制出版社	1
27	北京师范大学出版社	1	56	中国商业出版社	1
28	东南大学出版社	1	57	中华工商联合出版社	1
29	对外经济贸易大学出版社	1	58	中南大学出版社	1

（2）老牌出版社仍位居前列，法律出版社遥遥领先。如图 2-2 所示，法律出版社、知识产权出版社、上海人民出版社三家出版社，在 2023 年出版的人工智能法治专著最多，达到 61 本，占 2023 年全年出版的专著数量的 31%。与 2022 年、2021 年的数据相比，法律出版社和上海人民出版社出版的人工智能法治专著种数连续三年占据前位。

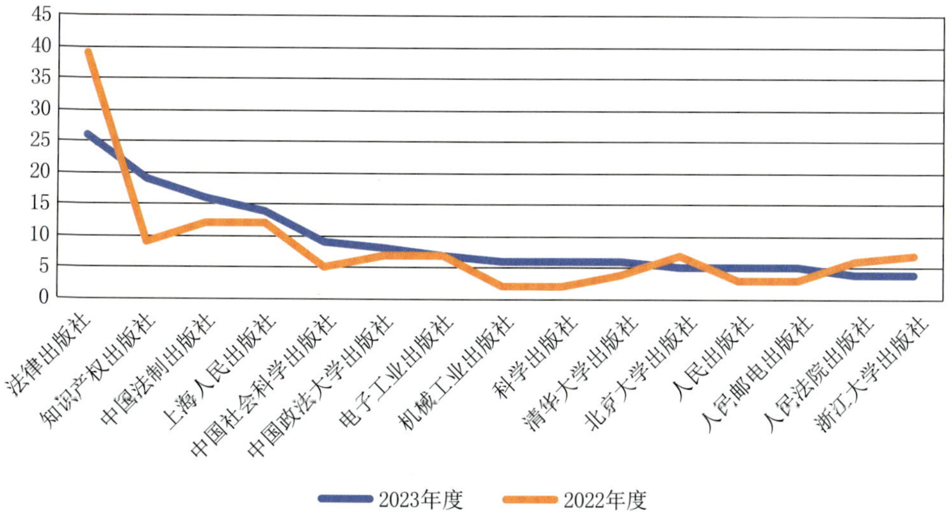

图 2-2 2022 年度和 2023 年度出版人工智能法治专著数目前 15 的出版社相关专著出版情况

（3）出版社地理分布趋于集中。北京和上海仍为出版人工智能法治专著的出版社的主要所在地。北京和上海作为全国的政治、文化、经济中心，教育基础扎实，学术氛围浓厚，因此近年来，北京和上海在人工智能法治专著出版领域，一直保持前列。2023 年，北京的出版数量同样呈压倒性态势，充分发挥了带头引领作用（见图 2-3）。

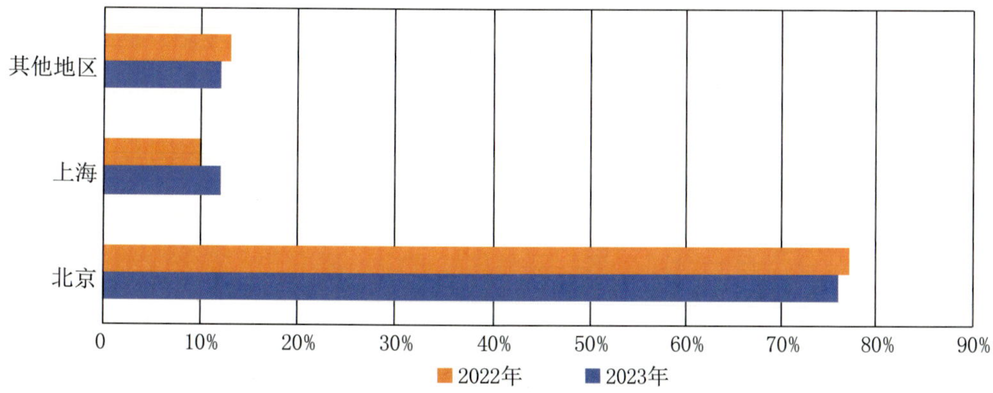

图 2-3 近两年出版人工智能法治专著的出版社地理分布情况对比

2. 作者身份多样性日新月异

（1）以非自然人身份参与编撰。除多人合著专著外，还存在着部分以法学会、课题组、研究院等非自然人身份参与编撰的作者。上海人民出版社于 2023 年 3 月出版的《权利的边界：个人信息赋权逻辑及其行使路径》一书由上海交通大学中国法与社会研究院课题组编著，上海交通大学与上海市法学会保持着紧密的合作关系。上海市法学会成立于 1956 年 12 月，是上海法学、法律界的全市性群众团体和学术团体，是上海政法战线的重要组成部分。上海市法学会作为编纂主体，致力于团结全市法学、法律工作者，以中国特色社会主义理论体系为指导，开展多学科、多门类的法学研究和法学交流，有利于人工智能法治的繁荣发展。再如《大数据时代隐私保护的挑战与思考》的作者中国科协学会学术部，不仅潜心研究理论，更注重与实践相结合，体现了人工智能法治的应有之义。

（2）法学大家广泛参与专著研写。人工智能法治专著的作者中包括了许多国内外著名的法学家。如龙卫球，现为北京航空航天大学法学院院长、教授、博士生导师，兼任最高人民法院执行咨询专家、最高人民检察院特约监督员、工信部法律顾问等职务。曾参与《民法典》《合同法》《物权法》《侵权责任法》《公司法》等立法起草或论证。他在 2023 年相继主编了《个人信息保护治理实践》《数据保护合规指引与规则解析》《网络信息法基础与前沿问题》和《数据法学原理》，对个人信息保护、数据保护合规等问题所反映的法律与制度问题展开深入研究，以期对我国相关法律制度的完善有所裨益。

再比如《世界人工智能法治蓝皮书（2023）》的主编崔亚东，时任上海市法学会党组书记、会长。《世界人工智能法治蓝皮书（2023）》一书中汇集了 2022 年度国内外人工智能法治发展的战略、政策、法律、重大理论研究、实际应用项目、典型司法案例等方面的最新资料。

国外译著中，作者多为人工智能领域的专业学者。如《隐私为什么很重要》的作者尼尔·理查兹（Neil Richards）是国际公认的隐私法、信息法和言论自由方面的专家，现任华盛顿大学法学院托马斯和卡罗尔格林法学教授，同时，他还是斯坦福互联网与社会中心和耶鲁信息社会项目的附属学者、民主与技术中心研究员、隐私案件顾问和专家。理查兹是未来隐私论坛和自由阅读基金会的董事会成员，也是美国法律研究所的成员。

3. 内容涉及领域进一步拓宽

2023 年，人工智能方面的技术研究得到了进一步拓展，相关法治领域的研究也更加深入，从而专著涉及的内容也有所增加。如表 2-2 所示，专著内容涉及：数字治理、区块链、算法安全、智慧法院、人工智能赋能、大数据、数据法学、信息保护、数字政府、智慧城市、数据市场等多个领域。2023 年人工智能法治国内外研究专著可以大致分为：人工智能法治相关领域发展情况报告、理论研究与法学教材、实务应用指南、法律解读、国外译著五部分。

最后，值得注意的是，部分作者于 2023 年完成了两本以上的人工智能法治领域研究专著，如彭诚信，现为上海交通大学特聘教授、博士生导师，任民商法学科带头人、数据法律研究中心主任，兼任中国法学会民法学研究会常务理事、上海市法学会民法学研究会副会长、《交大法学》副主编等。在 2023 年，他分别出版了《权利的边界：个人信息赋权逻辑及其行使路径》等书。

表 2-2　2023 年人工智能法治领域研究专著一览表

序号	出版时间	名　　称	作　　者	出版社
1	2023 年 1 月	元宇宙与数字资产	杨东	中译出版社
2	2023 年 1 月	隐私计算	零壹智库	中译出版社
3	2023 年 1 月	数据法学	张敏	中国政法大学出版社
4	2023 年 1 月	社交媒体中的隐私侵权问题研究	徐敬宏	中国社会科学出版社
5	2023 年 1 月	个人信息保护法一本通	法规应用研究中心	中国法制出版社
6	2023 年 1 月	数字时代的知识产权法经济学	妮娃・埃尔金科伦、伊莱・M. 扎尔茨伯格	知识产权出版社
7	2023 年 1 月	隐私为什么很重要	尼尔・理查兹	上海人民出版社
8	2023 年 1 月	人工智能伦理与治理——未来视角	未来论坛	人民邮电出版社
9	2023 年 1 月	隐私保护计算	王伟	人民邮电出版社
10	2023 年 1 月	数据主权与安全：跨境电子取证	梁坤	清华大学出版社
11	2023 年 1 月	数据安全与流通：技术、架构与实践	刘汪根	机械工业出版社
12	2023 年 1 月	数据与个人信息疑难问题法律指引——基于 215 则典型案例的分析	万波	法律出版社
13	2023 年 1 月	机密计算：AI 数据安全和隐私保护	胡寅玮	电子工业出版社
14	2023 年 1 月	制度变迁视野下的大数据技术规制原理与实践	吴伟光	知识产权出版社

（续表）

序号	出版时间	名　称	作　者	出版社
15	2023 年 1 月	法治评估与法治大数据	孟涛	法律出版社
16	2023 年 1 月	人脸识别算法、优化与信息安全	熊欣	黄河水利出版社
17	2023 年 1 月	企业合规法律法规汇编及典型案例指引	刘继承	中国法制出版社
18	2023 年 1 月	司法行政信息化建设与管理	陈雪松	华中科技大学出版社
19	2023 年 1 月	司法领域大数据、人工智能应用问题研究	叶燕杰	四川大学出版社
20	2023 年 2 月	元宇宙：数字化时代技术与商业赋能	连钧权	中国商业出版社
21	2023 年 2 月	算法治理制度之算法透明度	张凌寒	中国工商出版社
22	2023 年 2 月	算法治理制度之竞争规制	李强治	中国工商出版社
23	2023 年 2 月	网络安全与数据合规法律实务	罗振辉	中国法制出版社
24	2023 年 2 月	元宇宙：技术、场景与治理	王延川	上海人民出版社
25	2023 年 2 月	金融数据风控：数据合规与应用逻辑	李可顺	机械工业出版社
26	2023 年 2 月	算法治理：法律和道德挑战	马丁・艾泊斯	清华大学出版社
27	2023 年 2 月	数据权益资产化与监管：大数据时代的个人信息保护与价值实现	朱晓武	人民邮电出版社
28	2023 年 2 月	预见：中国信息社会的下一个十年	高万林	电子工业出版社
29	2023 年 2 月	个人信息保护比较研究	个人信息保护课题组	北京师范大学出版社
30	2023 年 2 月	领导干部数字治理能力建设	王益民	国家行政管理出版社
31	2023 年 2 月	技术侦查中个人信息保护的法理研究	田芳	法律出版社
32	2023 年 2 月	健康医疗数据立法研究	翟红丽	中国政法大学出版社
33	2023 年 2 月	个人信息保护治理实践	龙卫球	中国法制出版社
34	2023 年 2 月	数据保护合规指引与规则解析	龙卫球	中国法制出版社
35	2023 年 2 月	个人信息保护法条文解读与适用要点	孙莹	法律出版社
36	2023 年 2 月	电子商务中隐私信息保护和应用策略	梅姝娥	东南大学出版社
37	2023 年 2 月	互联 + 建筑：数字经济下的智慧建筑行业变革	朱岩、黄裕辉	知识产权出版社
38	2023 年 3 月	AIGC：智能创作时代	杜雨	中译出版社
39	2023 年 3 月	数据要素市场的法治化	周辉	中国社会科学出版社
40	2023 年 3 月	个性化信息检索中用户隐私保护模型与策略	吴宗大	中国社会科学出版社

（续表）

序号	出版时间	名　　称	作　　者	出版社
41	2023 年 3 月	数字出版内容管理	黄孝章、田姝	知识产权出版社
42	2023 年 3 月	大数据的巴别塔：智能时代的法律与正义	於兴中、张亮	上海人民出版社
43	2023 年 3 月	权利的边界：个人信息赋权逻辑及其行使路径	彭诚信	上海人民出版社
44	2023 年 3 月	欧盟个人数据保护制度——《一般数据保护条例》	Mariusz Krzysztofek	商务印书馆
45	2023 年 3 月	读懂《网络安全法》：关键要点与释义精讲	方禹	人民邮电出版社
46	2023 年 3 月	侵犯公民个人信息刑事案件裁判规则	李玉萍	人民法院出版社
47	2023 年 3 月	网络空间治理的国内法域外效力研究	李毅	光明日报出版社
48	2023 年 3 月	数字时代博物馆使用作品版权例外制度研究	付丽霞	法律出版社
49	2023 年 3 月	数字资源共建共享中的版权管理及管理及风险防范研究	邱奉捷	知识产权出版社
50	2023 年 4 月	数据合规——大数据下个人信息保护机制研究	刘蔚、宿晓盼、徐国岩、毛伊敏	中南大学出版社
51	2023 年 4 月	移动图书信息服务的读者隐私保护研究	吴宗大	中国社会科学出版社
52	2023 年 4 月	大数据发展与跨境数据保护法律适用问题研究	肖夏	知识产权出版社
53	2023 年 4 月	数字时代的网络国防建设	刘静	知识产权出版社
54	2023 年 4 月	元宇宙的秩序——虚拟人、加密资产以及法治创新	季卫东	上海人民出版社
55	2023 年 4 月	辩证元宇宙：主权、生命与秩序再造	高奇琦	上海人民出版社
56	2023 年 4 月	数字社会司法治理研究	张宏伟、洪学军	法律出版社
57	2023 年 4 月	网络空间治理研究（第二卷）	黄东东、吴渝、谢俊	法律出版社
58	2023 年 4 月	劳动人事争议智能仲裁研究	周湖勇	法律出版社
59	2023 年 4 月	发现中国区块链创新应用	尹可挺	电子工业出版社
60	2023 年 4 月	数字经济时代：大数据与人工智能驱动新经济发展	徐翔	人民出版社
61	2023 年 4 月	数字经济发展：网络、算法与数字平台	徐翔	人民出版社
62	2023 年 4 月	个人信息保护通识	王秀军	人民出版社

（续表）

序号	出版时间	名　　称	作　　者	出版社
63	2023 年 4 月	网络信息法基础与前沿问题	龙卫球	上海交通大学出版社
64	2023 年 4 月	大数据时代移动商务消费者隐私信息披露行为及风险研究	相甍甍	科学出版社
65	2023 年 5 月	信息管理视角下个人的数字囤积行为研究	赵栋祥	中国社会科学出版社
66	2023 年 5 月	大数据背景下移动社交媒体数据开放和隐私保护悖论机制	吴丹、赵江	中国财政经济出版社
67	2023 年 5 月	企业数据法律保护和规制研究	闫文军、王珊珊	知识产权出版社
68	2023 年 5 月	数字社会的法治构型	郑戈	上海人民出版社
69	2023 年 5 月	数字环境下知识产权法与反不正当竞争法的冲突与协调研究	李艳	法律出版社
70	2023 年 5 月	中国数据要案	姜启波	法律出版社
71	2023 年 5 月	数据权利刑法保护研究	李凤梅	知识产权出版社
72	2023 年 6 月	隐私、个人信息与数据保护的法律互动机制研究	杨显滨	上海三联书店
73	2023 年 6 月	数字世界的共同愿景——全球智库论携手构建网络空间命运共同体	中国网络空间研究院	商务印书馆
74	2023 年 6 月	金融科技大数据风控方法介绍：解释性、隐私保护与大数据安全	李华、袁先智、赵建彬	科学出版社
75	2023 年 6 月	个人数据保护法国别研究	张继红	法律出版社
76	2023 年 6 月	数据隐私法实务指南：以跨国公司合规为视角	狄乐达	法律出版社
77	2023 年 6 月	数字内容平台版权滥用的法律规制研究	曾田	对外经济贸易大学出版社
78	2023 年 6 月	社交媒体隐私权研究：新信息性隐私权（二）	张民安、林泰松	中山大学出版社
79	2023 年 6 月	数据主权论纲：权利体系与规制进路	冉从敬	科学出版社
80	2023 年 6 月	个人信息侵权违法性判定研究	蔡一搏	人民法院出版社
81	2023 年 6 月	被算法操控的生活	大卫・萨普特	北京工业大学出版社
82	2023 年 6 月	个人信息保护法教程	程啸、王苑	中国人民大学出版社
83	2023 年 6 月	网络与人工智能法治：跨学科的研究	刘东亮	西安交通大学出版社
84	2023 年 6 月	晒娃请三思：数字时代的儿童隐私保护	莉亚・普朗科特	上海人民出版社

（续表）

序号	出版时间	名　　称	作　　者	出版社
85	2023 年 6 月	公民个人信息保护法律指南	李梓琪、杨雪	中国法制出版社
86	2023 年 6 月	群智感知隐私保护	刘杨	北京邮电大学出版社
87	2023 年 7 月	前湖数治论坛：南昌大学数字法治研究中心研读纪实	杨峰	中国政法大学出版社
88	2023 年 7 月	2023 世界人工智能法治蓝皮书	崔亚东	上海人民出版社
89	2023 年 7 月	数字法学原理	姜伟、龙卫球	人民法院出版社
90	2023 年 7 月	金融业大数据运用与个人信息保护研究	盛学军	法律出版社
91	2023 年 7 月	网络空间治理：问题与实践	谢俊	法律出版社
92	2023 年 7 月	大数据时代个人信息的法律保护研究	王路源	东北大学出版社
93	2023 年 7 月	我的信息谁做主：自媒体侵犯隐私权的法律规制研究	高斌	中华工商联合出版社
94	2023 年 7 月	人工智能与法律解析：数字时代法律实践的新工具	凯文·D. 阿什利	商务印书馆
95	2023 年 7 月	云之安全、隐私与数字取证	陈磊、哈桑·塔卡比	高等教育出版社
96	2023 年 7 月	大数据交易的竞争法规制研究	国瀚文	中国政法大学出版社
97	2023 年 7 月	网络恐惧症：身份信任安全与互联网	爱德华·卢卡斯	人民邮电出版社
98	2023 年 8 月	平台经济发展与个人信息保护：实践反思与制度前瞻	周辉	中国社会科学出版社
99	2023 年 8 月	开放政府数据用户采纳行为及隐私风险控制研究	陈美	中国社会科学出版社
100	2023 年 8 月	付费墙：被垄断的数据	彭诚信	上海人民出版社
101	2023 年 8 月	监管数字市场——欧盟路径	彭诚信	上海人民出版社
102	2023 年 8 月	信息安全概论	李剑	机械工业出版社
103	2023 年 8 月	人脸识别侵权风险治理研究	陈瑞英	光明日报出版社
104	2023 年 8 月	公共数据市场化配置法治保障机制研究	赵加兵	法律出版社
105	2023 年 8 月	消费金融个人信息保护法律问题研究	岳彩申、孙磊	中国民主法制出版社
106	2023 年 8 月	规·据——大数据合规运用之道	于莽	知识产权出版社

（续表）

序号	出版时间	名称	作者	出版社
107	2023年8月	云链建设报告	黄进	中国政法大学出版社
108	2023年8月	悄无声息的战场：无线网络威胁和移动安全隐私	亨利·达尔齐尔	清华大学出版社
109	2023年8月	数据隐私与数据治理：概念与技术	孟晓峰	机械工业出版社
110	2023年8月	人工智能与网络法治疑难问题研究	陈海鹰	法律出版社
111	2023年8月	数智化：数字政府、数字经济与数字社会大融合	张建锋	电子工业出版社
112	2023年8月	数据保护：合规指引与规则解析	刘新宇	中国法制出版社
113	2023年8月	个人信息保护：基于GBT35273的最佳实践	中国邮政储蓄银行、中国金融认证中心	中国标准出版社
114	2023年8月	数据与监控：信息安全的隐形之战	布鲁斯·施耐尔	清华大学出版社
115	2023年8月	数字治理——探索新时代互联网司法治理之路	北京互联网法院	知识产权出版社
116	2023年8月	个人信息保护法理解与适用	程啸、王苑	中国法制出版社
117	2023年8月	个人信息盗窃法律问题研究	何培育	北京大学出版社
118	2023年8月	大数据时代隐私保护的挑战与思考	中国科协学会学术部	中国科学技术出版社
119	2023年8月	联盟链隐私与应用	李文敏	北京邮电大学出版社
120	2023年9月	大数据技术创新与专利保护	国家知识产权局专利局专利审查协作北京中心	知识产权出版社
121	2023年9月	网络空间合作治理新生态——构建网络空间命运共同体	博岚岚	知识产权出版社
122	2023年9月	数字政府建设法治保障研究	王红建	法律出版社
123	2023年9月	智慧法院建设：诉讼平台与规则	冯洋	法律出版社
124	2023年9月	全球互联网法律观察（2021—2022）	张平	中国法制出版社
125	2023年9月	算法治理：后人类时代的政治与法律	伊格纳斯·卡尔波卡斯	上海人民出版社
126	2023年9月	数据正义	莉娜·丹希克	上海人民出版社
127	2023年9月	面相金融大数据的隐私信息保护	王健	经济管理出版社
128	2023年9月	物联网安全与隐私保护	胡飞	国防工业出版社
129	2023年9月	中国区块链法治发展报告（2009—2019）	郑飞	知识产权出版社
130	2023年9月	中国人工智能法治发展报告（1978—2019）	郑飞	知识产权出版社

（续表）

序号	出版时间	名　　称	作　　者	出版社
131	2023 年 9 月	自治性隐私权研究——自治性隐私权的产生、发展、适用范围和争议	张民安	中山大学出版社
132	2023 年 9 月	数据伦理与算法伦理	李伦	科学出版社
133	2023 年 9 月	大数据战争：人工智能时代不能不说的事	何渊	北京大学出版社
134	2023 年 9 月	数字金融平台健康发展法治保障研究	李有星	浙江大学出版社
135	2023 年 10 月	数字经济治理法规检索与应用	中国法制出版社	中国法制出版社
136	2023 年 10 月	网络法治实用全书：网络安全与数字经济关联法规及权威案例指引	王竹	中国法制出版社
137	2023 年 10 月	人工智能法规检索与应用	中国法制出版社	中国法制出版社
138	2023 年 10 月	数字经济与法治	佟家栋、陈兵	社会科学文献出版社
139	2023 年 10 月	数字法学高端演讲录	周长军、郑智航	山东大学出版社
140	2023 年 10 月	大数据与审判体系和审判能力现代化研究	刘艳红、王禄生	人民法院出版社
141	2023 年 10 月	人工智能发展的竞争法治保障	陈兵	人民出版社
142	2023 年 10 月	数字化时代的法治与智能：挑战与机遇	梅中伟	九州出版社
143	2023 年 10 月	数字经济治理与合规指引	阿拉木斯、张韬	法律出版社
144	2023 年 10 月	大数据侦查法治化研究	彭俊磊	北京大学出版社
145	2023 年 10 月	数据赋能的智慧应急理论与实践	李桂华	北京大学出版社
146	2023 年 10 月	信息服务中的隐私安全管理	宛玲、郭家义	知识产权出版社
147	2023 年 10 月	隐私经济——个人数据的多维权衡	王忠	海洋出版社
148	2023 年 10 月	数字长三角战略	浙江大学数字长三角战略研究小组	浙江大学出版社
149	2023 年 10 月	旅游大数据中的隐私保护	汪永旗	浙江大学出版社
150	2023 年 10 月	数字法治：实践与变革	胡铭、周翔	浙江大学出版社
151	2023 年 10 月	如何从这个世界消失	弗兰克·埃亨	百花洲文艺出版社
152	2023 年 10 月	数据权利保护的模式与机制	余圣琪	知识产权出版社
153	2023 年 10 月	互联网背景下的表达权研究	郭春镇、张慧、王海洋	厦门大学出版社
154	2023 年 10 月	数字时代的社会法	佟丽华	中国法制出版社

（续表）

序号	出版时间	名　　称	作　　者	出版社
155	2023 年 10 月	个人信息保护法手册：条文梳理与素材	申卫星	中国政法大学出版社
156	2023 年 11 月	通用人工智能：从 AIGC 到大模型	田杰华	中译出版社
157	2023 年 11 月	论个人数据上的权利构造	吴晓倩	中国社会科学出版社
158	2023 年 11 月	车联网数据的法律治理体系研究	肖翰	知识产权出版社
159	2023 年 11 月	个人数据保护整体性进路：基于竞争法、消费者权益保护法与知识产权法的视角	莫尔・巴库姆	上海大学出版社
160	2023 年 11 月	数字时代的刑事诉讼变革	郑曦	法律出版社
161	2023 年 11 月	隐私保护的车联网身份认证机制研究与应用	郭楠	东北大学出版社
162	2023 年 11 月	数字法治概论	马长山	法律出版社
163	2023 年 11 月	面向数字产业创新的知识产权战略研究	王黎萤	中国社会科学出版社
164	2023 年 11 月	牛津通识读本系列：隐私	道恩・E. 霍尔姆斯	译林出版社
165	2023 年 11 月	G2C 场景下政府信息共享效益评价研究	龙怡	中国政法大学出版社
166	2023 年 11 月	城市大脑：杭州经典场景（2020—2021 年）	吴越	中信出版社
167	2023 年 11 月	数字化时代的基本权利保护	谢立斌	中国政法大学出版社
168	2023 年 11 月	隐私保护数据发布中不确定数据的管理方法	宋金玲、刘国华	科学出版社
169	2023 年 11 月	位置大数据隐私管理	潘晓、霍峥、孟小峰	机械工业出版社
170	2023 年 11 月	裸奔的隐私	布莱恩	广东人民出版社
171	2023 年 11 月	基于敏感度分级的个人信息开发利用保障体系研究	刘雅琦	武汉大学出版社
172	2023 年 11 月	全民监控：大数据时代的安全与隐私困境	约翰・帕克	金城出版社
173	2023 年 11 月	属性基加密的隐私保护与用户行为信任研究	田野	知识产权出版社
174	2023 年 11 月	数字经济时代公司股权实用指南	杨杰、张昌倩、冯清清	机械工业出版社
175	2023 年 11 月	个人信息保护法教程	张新宝、丁晓东	中国人民大学出版社

（续表）

序号	出版时间	名　　称	作　　者	出版社
176	2023 年 11 月	未成年人互联隐私保护研究	孟禹熙	中国国际广播出版社
177	2023 年 12 月	最高人民法院审理使用人脸识别技术处理个人信息案件司法解释理解与适用	杨万明、郭锋	中国法制出版社
178	2023 年 12 月	数字法治——党员干部关注的十大热点	佟丽华	人民出版社
179	2023 年 12 月	信息社会法治读本	高鸿钧	清华大学出版社
180	2023 年 12 月	车联网信息安全传输的数据隐私保护方法	黄大荣	科学出版社
181	2023 年 12 月	区块链法学	李想、杨锦帆	法律出版社
182	2023 年 12 月	数字化、人工智能和刑法	埃里克·希尔根多夫	北京大学出版社
183	2023 年 12 月	新时代科技法理	张文显	法律出版社
184	2023 年 12 月	大数据安全与隐私保护	冯登国	清华大学出版社
185	2023 年 12 月	数字社会的适老化支持体系建设	王杰	电子工业出版社
186	2023 年 12 月	人工智能：驯服利维坦	高奇琦	上海交通大学出版社
187	2023 年 12 月	图书大规模数字化的著作权法律问题研究	戚笑雨	法律出版社
188	2023 年 12 月	数据安全	陈铁明、翁正秋	电子工业出版社
189	2023 年 12 月	隐私信息管理体系（PIMS）标准解读	谢宗晓、董坤祥	中国科学技术大学出版社
190	2023 年 12 月	数字经济分布式治理	段伟常	电子工业出版社
191	2023 年 12 月	场景中的隐私——技术、政治和社会生活中的和谐	海伦·尼森鲍姆	法律出版社
192	2023 年 12 月	数字迷城：数字时代下的生活、自由和幸福	哈尔·阿伯尔森	现代出版社
193	2023 年 12 月	平台竞争：规制中演进	周尚君	中国人民大学出版社
194	2023 年 12 月	个人信息保护：原理与实践	丁晓东	法律出版社

（三）人工智能法治科研项目剖析

科研项目是指开展科学技术研究时的一系列独特的、复杂的并相互关联的活动，有着明确的目标或目的，必须在特定的时间、预算、资源限定内，依据规范完成。科研项目包括国家各级政府成立基金支撑的纵向科研项目（课题）、来自企事业单位的横向科研合作开发项目（课题）、纵向课题的项目经费也可反映出该课题的受重视程度。

故而本部分数据编者选自2023年度国家社会科学基金课题立项名单和省部级人工智能领域课题立项情况。省部级课题是由各省行政部门等单位，根据国家科研计划下达的科研项目，编者选取了司法部、法学会和教育部的法学类课题进行研究。为使得研究数据更加全面，编者采取了“人工智能”外延词汇作为关键词，如：大数据、算法透明、算法黑箱、数据爬虫、数据挖潜、数据垄断、元宇宙、生物识别、用户画像、数据社会、数据人权、数字贸易治理、数据信托、个人信息、数字鸿沟、数字时代、数字政府、数字化、通用人工智能、大模型、脑机接口等。

1. 课题研究占比改变较大

（1）国家社会科学基金项目中法学类课题总量增幅显著。通过对国家社会科学基金项目数据库中法学类立项课题的统计，2023年国家社会科学基金法学类立项总数为367项，其中属于人工智能法治领域的有103项，占比达到28.06%。人工智能法治研究立项占比2021年多了10.27%，较2022年多了6.38%（见表2-3）。

表2-3　2020—2023年国家社科基金法学类课题立项（单位：项）

年　份	2021年	2022年	2023年
法学立项总数	326	429	367
人工智能法治研究立项数	58	93	103
占　比	17.79%	21.68%	28.06%

近年来，人工智能法治相关的课题研究占比呈直线上升趋势，这与我国对科技创新重视程度不断提升的大环境密切相关。人工智能被提到国家战略层面，国家及各地方政府也发布多项政策法规以支持人工智能产业的发展与应用。因此，2023年人工智能法治领域的科研项目数量较往年而言，增速较快。涉及知识产权、经济法、民法、刑法等多个不同的法学方向。除此之外，在其他非法学立项项目中，通过关键词检索，搜索到149项与人工智能法治相关的立项项目。具体数据如下表2-4所示：

表 2-4　2023 年国家社会科学基金人工智能法治领域立项情况一览表

序号	课题名称	姓　名	工作单位	项目类别	所在学科
1	健全网络综合治理体系的机制、路径优化与生态格局构建	李　明	安徽大学	重点项目	马列·科社
2	强人工智能的网络意识形态风险和治理仿真研究	何凌南	中山大学	一般项目	马列·科社
3	基于数字文明建设的数字资本风险防范研究	姜淑娟	华南师范大学	一般项目	马列·科社
4	人工智能时代主流意识形态话语效能研究	冯丹娃	哈尔滨师范大学	一般项目	马列·科社
5	儒家情感主义视阈下人工智能情感的伦理风险研究	谢　瑜	西南交通大学	一般项目	哲学
6	生成式人工智能的技术风险及其防范化解的哲学研究	范毅强	南华大学	一般项目	哲学
7	数据驱动视角下系统性金融风险的混频测度、AI 预警与监管策略研究	黄岩渠	中南林业科技大学	一般项目	理论经济学
8	平台经济中算法合谋垄断的智能监管与规制政策研究	刘海英	湖南财政经济学院	一般项目	理论经济学
9	数字智能时代税收治理现代化的理论建构与实践路径	周志波	吉林财经大学	一般项目	应用经济学
10	互联网平台企业数据独占风险与多元治理对策研究	杜艮之	中共山东省委党校	一般项目	应用经济学
11	数字经济赋能中国国际循环水平提升的机理与路径研究	石庆芳	中共山东省委党校	一般项目	应用经济学
12	基于“数据二十条”的数据产品设计与市场交易机制研究	朱晓武	中国政法大学	一般项目	应用经济学
13	算法交易对资本市场微观信息结构的冲击研究	赵　越	中国社会科学院信息情报研究院	一般项目	应用经济学
14	基于深度学习的纵向风险数据动态预测与应用研究	侯雅文	暨南大学	一般项目	统计学
15	总体国家安全观视阈下的数字主权研究	蔡翠红	复旦大学	重点项目	政治学
16	大数据时代超大城市治理效能提升研究	袁振龙	北京市社会科学院	一般项目	政治学
17	社会治理现代化视阈下的警务数据开放研究	张　宁	中国人民公安大学	一般项目	政治学
18	人工智能嵌入社会治理的风险及其协同防范研究	张　铤	浙江工商大学	一般项目	政治学

（续表）

序号	课题名称	姓　名	工作单位	项目类别	所在学科
19	市域社会治理数字化赋能及风险防范研究	许一飞	中共黑龙江省委党校	一般项目	政治学
20	政府算法应用的公众接受度影响因素与提升路径研究	吴进进	深圳大学	一般项目	政治学
21	数据驱动国家治理现代化的内在机理与实现路径研究	吕小刚	中共辽宁省委党校	一般项目	政治学
22	数字治理背景下新型政商关系规制研究	陈寿灿	浙江工商大学	一般项目	政治学
23	数字赋能城市社区韧性治理的实现机制研究	朱婉菁	温州大学	一般项目	政治学
24	数字技术对政商关系的影响机制、效应评估与优化路径研究	徐越倩	浙江工商大学	一般项目	政治学
25	生成式人工智能的法律定位与分层治理研究	张凌寒	中国政法大学	重点项目	法学
26	个人数据交易的私法构造研究	彭诚信	上海交通大学	重点项目	法学
27	网络超级平台社会责任制度研究	卢代富	西南政法大学	重点项目	法学
28	数字时代人格权益民法保护的挑战与应对研究	温世扬	武汉大学	重点项目	法学
29	数字智能时代我国基本权利的体系迭代研究	陈道英	东南大学	一般项目	法学
30	数字化行政的法律治理研究	王　军	华东师范大学	一般项目	法学
31	人工智能时代完全自动化行政的法律规制研究	伏创宇	中国社会科学院大学	一般项目	法学
32	网络空间治理下回应型政府信息公开制度建构研究	孟星宇	南京师范大学	一般项目	法学
33	数字政府建设背景下行政职权优化配置研究	张峰振	江苏师范大学	一般项目	法学
34	政府信息（数据）再利用视角下政府数据授权运营实施机制的行政法研究	董　妍	天津大学	一般项目	法学
35	新行政法视野下数字平台的合规监管研究	喻文光	中国人民大学	一般项目	法学
36	智能社会中国家信息能力变迁推进治理体系转型研究	李　晟	中国海洋大学	一般项目	法学

（续表）

序号	课题名称	姓　名	工作单位	项目类别	所在学科
37	数字身份的法律保障机制研究	陆　青	浙江大学	一般项目	法学
38	算法风险侵权责任研究	杨根红	福建师范大学	一般项目	法学
39	国土空间数字化治理的法治保障研究	李祎恒	河海大学	一般项目	法学
40	区块链赋能个人数据共治共享法律机制研究	张　婷	中国政法大学	一般项目	法学
41	数字经济时代民间金融的刑事治理研究	徐　彰	南京审计大学	一般项目	法学
42	风险社会视角下医疗人工智能算法“黑箱”的法律规制研究	孙淑慧	潍坊医学院	一般项目	法学
43	数据交易领域公共法律服务现代化体系研究	张继红	上海政法学院	一般项目	法学
44	数字正义范式及其法治功能研究	张文龙	华东政法大学	一般项目	法学
45	公法视野下欧盟数字治理规则的输出机制	翟　晗	武汉大学	一般项目	法学
46	“家”民事主体制传统法律智慧在民法典中的传承与创新研究	汤建华	华中农业大学	一般项目	法学
47	“情境脆弱性”个人数据交易者的民法保护规则研究	陶　盈	首都经济贸易大学	一般项目	法学
48	平台合同纠纷中算法解释规则研究	田　峰	浙江师范大学	一般项目	法学
49	数字时代算法风险侵权责任研究	陈玉梅	贵州财经大学	一般项目	法学
50	数字时代著作权许可制度转型研究	梁九业	东北师范大学	一般项目	法学
51	数字时代著作人格权体系变革研究	厉彦冰	上海财经大学	一般项目	法学
52	全国统一数据资产登记体系研究	孟　强	北京理工大学	一般项目	法学
53	企业数据确权和流转中的登记问题研究	孙　莹	西南政法大学	一般项目	法学
54	数字时代互联网平台算法推荐的著作权问题研究	倪朱亮	西南政法大学	一般项目	法学
55	基于算法风险的互联网平台著作权侵权责任研究	徐　俊	上海市高级人民法院	一般项目	法学
56	数字经济驱动下公司法规范的调适研究	沈朝晖	清华大学	一般项目	法学

（续表）

序号	课题名称	姓　名	工作单位	项目类别	所在学科
57	数据商业化利用的反不正当竞争法规制研究	袁　嘉	四川大学	一般项目	法学
58	风险防范视阈下公共数据授权使用法律规制研究	王腊梅	重庆理工大学	一般项目	法学
59	数字化治理背景下社会救助权的法律保障研究	张雪莲	东南大学	一般项目	法学
60	老年友好型社会导向的数字适老化法律保障研究	刘为勇	江西师范大学	一般项目	法学
61	新业态下雇主算法权力的劳动基准法规制研究	张珍星	西安交通大学	一般项目	法学
62	数据安全刑事治理现代化转型机制研究	张　勇	华东政法大学	一般项目	法学
63	环境犯罪治理的数字化应对策略研究	李　梁	中央民族大学	一般项目	法学
64	总体国家安全观视阈下数据安全的刑法保护研究	孙运梁	北京航空航天大学	一般项目	法学
65	司法裁判中人工智能的应用限度及规制问题研究	张玫瑰	郑州大学	一般项目	法学
66	情感计算司法应用的法律治理研究	付　凤	中南财经政法大学	一般项目	法学
67	数字时代检察机关法律监督制度体系研究	卫跃宁	中国政法大学	一般项目	法学
68	智慧警务的法治化研究	李　亮	浙江警察学院	一般项目	法学
69	数字赋能时代刑事司法证明中的数字正义问题研究	胡向阳	中南财经政法大学	一般项目	法学
70	刑事涉案数字资产处置问题研究	初殿清	北京航空航天大学	一般项目	法学
71	智慧司法背景下涉案数字资产处置制度体系研究	李小恺	中国政法大学	一般项目	法学
72	数字正义视阈下刑事审判程序数字化法治路径研究	裴　炜	北京航空航天大学	一般项目	法学
73	国际数据跨境流动的政治化和阵营化对立以及中国的法律应对研究	洪延青	北京理工大学	一般项目	法学
74	数字化背景下法律行为制度的“再现代化”研究	王　琦	北京航空航天大学	一般项目	法学

（续表）

序号	课题名称	姓　名	工作单位	项目类别	所在学科
75	人工智能时代合同法制度的体系性更新研究	王天凡	北京航空航天大学	一般项目	法学
76	人工智能实体侵权责任研究	刘洪华	广东外语外贸大学	一般项目	法学
77	个人信息的竞争法保护疑难问题研究	吴太轩	西南政法大学	一般项目	法学
78	基于国际海事组织立法进程的中国智能船舶法律规制研究	袁　雪	哈尔滨工程大学	一般项目	法学
79	青少年数字风险的生成机理及治理路径研究	罗儒国	华中师范大学	一般项目	社会学
80	老年人融入数字社会的隐私风险及干预机制研究	陈　琳	山东科技大学	一般项目	人口学
81	数字化时代低龄老年人社会参与的内在机理与实现路径研究	沈　燕	湖北师范大学	一般项目	人口学
82	数字经济赋能流动人口市民化的效应评估与提升策略研究	褚清华	桂林理工大学	一般项目	人口学
83	数字风险背景下全球数字治理体系的构建研究	姚　璐	吉林大学	重点项目	国际问题研究
84	人工智能文艺的伦理问题研究	柴　焰	中国海洋大学	一般项目	中国文学
85	基于交互式人工智能技术（ChatGPT）的英语写作认知诊断反馈模型研究	董艳云	西安交通大学	一般项目	语言学
86	面向人工智能的语用推理研究	高文利	宁波财经学院	一般项目	语言学
87	基于 AIGC 的主流媒体智能传播机理研究	徐　琦	中国传媒大学	一般项目	新闻学与传播学
88	生成式人工智能平台的媒介伦理规范与治理研究	胡　兵	华南理工大学	一般项目	新闻学与传播学
89	生成式人工智能背景下个人信息保护的协同治理体系构建研究	李鹏翔	中央民族大学	一般项目	新闻学与传播学
90	算法推荐背景下舆论生态变迁与治理研究	蒋忠波	四川大学	一般项目	新闻学与传播学
91	算法聚合机制下网络言论的“规模化伤害”现象研究	陈秋心	苏州大学	一般项目	新闻学与传播学
92	用户群体参与视角下政府开放数据隐私风险协同治理研究	袁　静	郑州大学	一般项目	图书馆、情报与文献学

（续表）

序号	课题名称	姓　名	工作单位	项目类别	所在学科
93	由“三元悖论”走向“生态共生”的数据安全治理现代化研究	王　龙	中国人民公安大学	一般项目	图书馆、情报与文献学
94	国际科技合作中的数据安全风险识别与阻断机制研究	靳晓宏	北京市科学技术研究院	一般项目	图书馆、情报与文献学
95	人工智能生成内容的失真信息识别及传播路径研究	盛东方	山东大学	一般项目	图书馆、情报与文献学
96	信息生态视阈下社交媒体数据要素流通与隐私保护的协同机制研究	赵　江	绍兴文理学院	一般项目	管理学
97	AIGC浪潮下遗产地景区数字化转型动能分析与提升路径研究	谢仲文	泰山学院	一般项目	管理学
98	生成式人工智能驱动下网络行为风险的形成、演进及治理研究	周胜利	浙江警察学院	一般项目	管理学
99	公共数据授权运营风险识别与分类分级防范机制研究	申笑宇	重庆邮电大学	一般项目	管理学
100	数字帝国主义批判与国际数字治理中的中国话语权研究	宋建丽	天津大学	重大项目	法学
101	数据要素驱动经济增长的理论与政策研究	卢福财	江西财经大学	重大项目	理论经济学
102	数字经济时代竞争政策定位与反垄断问题研究	叶　明、许光耀	西南政法大学、广西大学	重大项目	法学
103	“数字＋算法”驱动的未来产业形态研究	史占中	上海交通大学	重大项目	法学
104	人脑智能和新一代人工智能协同推动管理创新研究	江　旭	西安交通大学	重大项目	法学
105	当代中国数字法学基本范畴体系研究	郑智航、丁晓东	山东大学、中国人民大学	重大项目	法学
106	数字经济治理体系法治化研究	赵　磊、袁达松	中国社科院法学研究所、北京师范大学	重大项目	法学
107	智能媒体对新闻真实性的挑战与治理研究	李晓静	上海交通大学	重大项目	新闻学与传播学
108	人工智能技术背景下算法传播的中国本土理论体系建构研究	陈龙、吴小坤	苏州大学、华南理工大学	重大项目	法学
109	人工智能颠覆性应用的社会影响与信息治理研究	查先进、赵　星	武汉大学、复旦大学	重大项目	法学
110	人工智能时代大国跨境数据战略竞争与中国应对研究	左晓栋	中国科学技术大学	重大项目	法学

（续表）

序号	课题名称	姓 名	工作单位	项目类别	所在学科
111	数治时代经济刑法的体系重构研究	王安异	中南财经政法大学	一般项目	法学
112	不法共犯论视野下网络共犯处罚界限研究	张开骏	上海大学	一般项目	法学
113	大国竞争背景下无人海洋系统对海战法的挑战及应对策略研究	朱 路	首都经济贸易大学	一般项目	法学
114	在线矛盾纠纷诉源治理理论构建研究	赵 蕾	华南农业大学	一般项目	法学
115	远程工作对劳动法的挑战及其应对研究	战东升	西南政法大学	一般项目	法学
116	数据资产登记制度构建研究	张 龙	烟台大学	青年项目	法学
117	公共数据权益分层构造及其合理利用研究	张运昊	东南大学	青年项目	法学
118	信用监管的兴起及其行政程序法治因应研究	蒋都都	湘潭大学	青年项目	法学
119	数据流通制度的法理基础与体系构建研究	付新华	北京交通大学	青年项目	法学
120	中国特色公共数据市场化运营的法理基础与制度构建研究	衣俊霖	上海交通大学	青年项目	法学
121	智能汽车数据共享法律制度构建研究	高完成	郑州大学	青年项目	法学
122	算法裁判正当性基准的异化与应对研究	蒋 超	南京理工大学	青年项目	法学
123	数字贸易间接税制度一体化协调研究	宫 廷	中山大学	青年项目	法学
124	数据知识产权分类分级保护的规范构造研究	刘 鑫	中南财经政法大学	青年项目	法学
125	基础性网络服务提供者义务规范的体系化研究	邓欣欣	长沙理工大学	青年项目	法学
126	私法视阈下数据商业化利用规则研究	吴桂德	北京大学	青年项目	法学
127	数据保护的知识产权治理理论与实施机制研究	张浩然	中国社会科学院法学研究所	青年项目	法学
128	算法时代网络服务提供者版权过滤义务研究	周 澎	杭州师范大学	青年项目	法学
129	数字时代的经济权力运行法治化研究	刘 凯	华南理工大学	青年项目	法学
130	我国互联网平台封禁行为的反垄断规制研究	吴佩乘	浙江大学	青年项目	法学

（续表）

序号	课题名称	姓　名	工作单位	项目类别	所在学科
131	规范数字经济领域收入分配秩序的财税协同机制研究	李乔彧	中南财经政法大学	青年项目	法学
132	数据要素市场化配置中场内注册与交易制度研究	徐　可	中国政法大学	青年项目	法学
133	功能主义视角下网络平台算法的法律规制研究	邱遥堃	首都经济贸易大学	青年项目	法学
134	已公开个人数据再隐私化研究	段卫利	西南政法大学	青年项目	法学
135	数字时代营商环境优化的行政法治问题研究	陈可翔	广东外语外贸大学	青年项目	法学
136	数字地理背景下再犯罪风险防控体系构建研究	丁　寒	中国政法大学	青年项目	法学
137	数据资产登记程序规则研究	柳婷婷	湖南财政经济学院	青年项目	法学
138	数据分类确权规则研究	包晓丽	北京理工大学	青年项目	法学
139	个人参与数据收益分配法律制度研究	魏远山	广东外语外贸大学	青年项目	法学
140	数据刑事合规的体系构建与实践运行研究	蔡　荣	南昌大学	青年项目	法学
141	毒品犯罪智慧预防体系构建研究	王晓晓	中南民族大学	青年项目	法学
142	数字化条件下新型知识产权犯罪的刑法应对研究	刘双阳	中国政法大学	青年项目	法学
143	数字化条件下新型犯罪及刑法应对研究	杨　楠	北京理工大学	青年项目	法学
144	数据竞争不法行为入罪边界的刑法解释研究	郭旨龙	中国政法大学	青年项目	法学
145	协同共治理念下网络暴力治理的法治化研究	涂欣筠	中国政法大学	青年项目	法学
146	生成式人工智能服务主体的刑事责任研究	李源粒	中国政法大学	青年项目	法学
147	中国参与全球数字税收治理的法律路径研究	蒋遐雏	中国人民大学	青年项目	法学
148	跨境数据流动风险防范法律规制研究	谭观福	中国社会科学院国际法研究所	青年项目	法学
149	司法数据跨境调取的国际规则构建研究	魏求月	北京理工大学	青年项目	法学

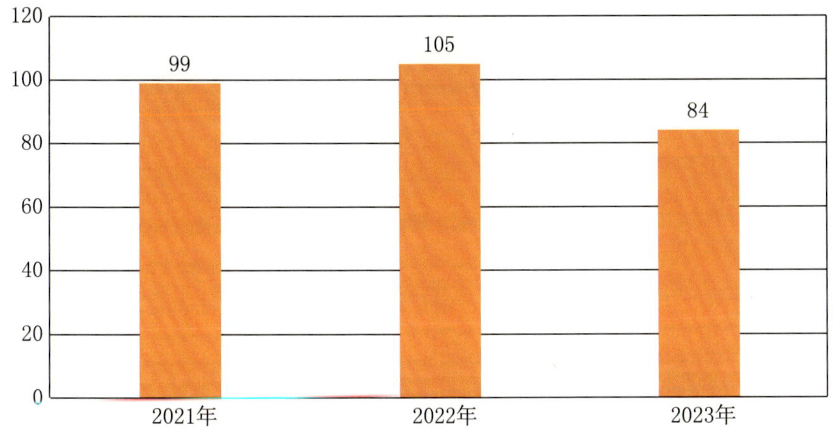

图 2-4　近 3 年省部级课题人工智能法治领域立项数对比图（单位：项）

（2）省部级课题中人工智能法治占比略有下降。通过对司法部“国家法治与法学理论研究项目立项课题”、中国法学会“2023 年度部级法学研究课题立项名单”以及教育部“人文社会科学研究一般项目立项公示”进行汇总统计后（见图 2-4），得出 2023 年省部级课题中属于人工智能法治研究的有 84 项，比 2022 年下降 20%，具体课题信息如表 2-5 所示：

表 2-5　2023 年省部级课题人工智能法治领域立项情况一览表

序号	标　　题	负责人	机　构	项目层次	所在学科
1	以习近平法治思想引领数字法治政府建设	林玫瑰	福建省司法厅	一般课题	法学
2	数据流通交易地方立法研究	胡　勇	贵州省司法厅	一般课题	法学
3	国际体育法视角下运动员数据跨境流动合作治理研究	周　童	西南政法大学	重大课题	法学
4	数字时代数量刑法学的中国构建	章　桦	西南医科大学法	重点课题	法学
5	我国通信领域频谱共享关键核心技术研发与使用的重大法律问题研究	马治国	西安交通大学	重点课题	法学
6	生成式人工智能与著作权法的逻辑回归：从“工具论”到“贡献论”	丁文杰	复旦大学	一般课题	法学
7	互联网经济领域算法型垄断行为的法律规制研究	曾　迪	西南政法大学	一般课题	法学
8	空天技术视域下亚轨道远程运输法治保障研究	张超汉	西北政法大学	一般课题	法学

（续表）

序号	标　　题	负责人	机　构	项目层次	所在学科
9	信用数据权利配置基础理论与规范构造研究	张　路	湘潭大学	一般课题	法学
10	要素市场化改革下数据交易所“国际板”法律问题研究	郑丁灏	复旦大学法学院	一般课题	法学
11	企业数据担保的法律适配路径	董泽瑞	中国政法大学	一般课题	法学
12	加快发展数字经济刑法问题研究	郭旨龙	中国政法大学	一般课题	法学
13	弱势群体生成数据权益的倾斜性保护研究	李　超	湘潭大学	一般课题	法学
14	基于信息结构分析的企业数据获取强制许可制度研究	王美舒	华东师范大学法学院	一般课题	法学
15	我国反不正当竞争法商业数据专条的制度构建	魏远山	广东外语外贸大学	一般课题	法学
16	个人信息保护公益诉讼研究	朱腾飞	司法部中国司法杂志社	一般课题	法学
17	数字赋能反腐败国际追逃追赃工作机制研究	唐　玲	中国计量大学	一般课题	法学
18	论避风港规则下生成式人工智能服务提供者的法律适用困境	李晓阳	浙江工商大学	一般课题	法学
19	生成式人工智能的责任规制	袁　曾	上海大学法学院	一般课题	法学
20	粤港澳大湾区跨境数据流动规则衔接的法治协同机制研究	卢颂馨	深圳职业技术大学	一般课题	法学
21	外国法查明实践机制研究——基于人工智能的外国法查明创新方案	郭诗雅	中国通信建设集团有限公司	青年调研课题	法学
22	人民法院以诉源智治推进社会治理现代化研究	朱福勇	西南政法大学	基础研究重点激励课题	法学
23	数字产品租赁的可行性研究	陈丽婧	华东政法大学	自选课题	法学
24	数字经济时代网络商标犯罪判定研究	付晓雅	北京理工大学	自选课题	法学
25	数据要素的权利界定与制度保障：基于效率的法律激励	谷　川	北京市水务综合执法总队	自选课题	法学
26	超越反垄断法：平台自我优待法律规制的理论转向	黄绍坤	武汉大学	自选课题	法学
27	加快发展数字经济法律问题研究——数据的反不正当竞争法保护及其展开	李　扬	中国政法大学	自选课题	法学
28	算法歧视的两幅面孔及其法律规制	李志颖	复旦大学	自选课题	法学

（续表）

序号	标　题	负责人	机　构	项目层次	所在学科
29	数字财产课税法律规则构建研究	吕铖钢	浙江工商大学	自选课题	法学
30	“个人信息侵权”方案的反思及其重塑	宁　园	武汉大学	自选课题	法学
31	数字平台算法操纵行为的规范认定及其治理	牛彬彬	湖州师范学院	自选课题	法学
32	中国数据跨境流动监管规则与公共政策目标例外	屈晓濛	西南政法大学	自选课题	法学
33	行政权算法化与算法权力化互嵌的合法性风险及其规制	邵登辉	中南财经政法大学	自选课题	法学
34	数据要素市场化配置背景下的数据产权构成要件研究	申　晨	武汉大学	自选课题	法学
35	双重识别标准下的数字遗产继承研究	唐波涛	苏州大学	自选课题	法学
36	生成式人工智能（AIGC）下的个人信息保护行政公益诉讼探索与发展	唐　林	合肥工业大学	自选课题	法学
37	数据要素市场化的知识产权范式选择	田小楚	清华大学	自选课题	法学
38	公共数据授权运营的垄断风险及其应对	王　迪	中国政法大学	自选课题	法学
39	数字经济时代私人数字货币国际监管问题研究	王家胤	中国人民公安大学	自选课题	法学
40	数字经济背景下国际数字贸易的法律规制路径研究	徐璟航	浙江省高级人民法院	自选课题	法学
41	生成式人工智能数据训练的著作权困局与出路	张　猛	沈阳师范大学	自选课题	法学
42	人工智能时代算法审计的制度建构研究	张　涛	中国政法大学	自选课题	法学
43	从创设型机制到支撑型机制：数字时代信息财产法律保护的范式转型	张浩然	中国社会科学院法学研究所	自选课题	法学
44	加快发展数字经济法律问题研究——以个人信息流通为中心	张　哲	中国应用法学研究所	自选课题	法学
45	人工智能的公法规制研究	张志远	山西大学法学院	自选课题	法学
46	数字时代涉案财物处置实体规则的体系化建构	金　燚	北京邮电大学	青年基金项目	法学
47	在线诉讼背景下地域管辖制度的变革研究	段厚省	复旦大学	规划基金项目	法学
48	个人信息可携带权的国际模式与中国路径研究	王　涵	哈尔滨工程大学	青年基金项目	法学

（续表）

序号	标　题	负责人	机　构	项目层次	所在学科
49	网络犯罪诉讼管辖机制完善研究	孙潇琳	河南工业大学	青年基金项目	法学
50	政府数据授权运营的行政法规制研究	吴　亮	华东理工大学	规划基金项目	法学
51	基于算法权和数据权的 AI 安全治理研究	廖根为	华东政法大学	规划基金项目	法学
52	数字人民币财产权的多层次法律保护研究	柯　达	华东政法大学	青年基金项目	法学
53	数据基础制度布局下个人信息商业利用权民法构建研究	王琳琳	吉林警察学院	青年基金项目	法学
54	数字经济时代数据犯罪刑法治理体系构建	杨新绿	江西财经大学	青年基金项目	法学
55	数字政府时代行政机关处理个人信息的规范建构研究	张　涛	清华大学	青年基金项目	法学
56	数字经济下数字藏品的法律属性及规制路径	康　娜	山东大学	规划基金项目	法学
57	地方公共数据协同立法研究	黄兰松	山东大学	青年基金项目	法学
58	平衡协同发展视角下二次创作的算法治理及其规制研究	张海宁	山东建筑大学	青年基金项目	法学
59	数据交易的规则构建研究	姬蕾蕾	上海交通大学	青年基金项目	法学
60	国际商事仲裁数字化及中国应对研究	冯　硕	上海政法学院	青年基金项目	法学
61	网络犯罪帮助行为的分流归责进路研究	陆一敏	上海政法学院	青年基金项目	法学
62	数据交易中的跨境数据流动法律规制研究	周　濛	深圳大学	青年基金项目	法学
63	数字时代消费者维修权与生产商知识产权的冲突与协调	张小号	西安外国语大学	规划基金项目	法学
64	智能汽车强制保险的立法模式与制度构造研究	印　通	西南财经大学	青年基金项目	法学
65	数字司法中法官诉讼关照义务研究	陈　浩	烟台大学	规划基金项目	法学
66	推荐算法侵害民事权益的责任问题研究	张　慧	浙江农林大学	青年基金项目	法学
67	数字经济促进共同富裕的经济法协同保障研究	商红明	中国计量大学	青年基金项目	法学
68	总体国家安全观视域下网络犯罪协同治理模式研究	蔡士林	中国矿业大学	青年基金项目	法学

（续表）

序号	标　　题	负责人	机　构	项目层次	所在学科
69	数字社会司法机构空间布局的系统论研究	赵毅宇	中国人民大学	青年基金项目	法学
70	金融数据治理的公私合作机制研究	毛立琦	中国人民公安大学	青年基金项目	法学
71	算法黑箱风险的分级治理机制研究	安晋城	中国政法大学	青年基金项目	法学
72	人工智能法学的理论、方法与实践研究	李　磊	中国政法大学	青年基金项目	法学
73	数据要素市场化配置的反垄断法保障研究	王　磊	中国政法大学	青年基金项目	法学
74	数字经济背景下用工关系谱系的衍变研究	许剑波	中国政法大学	青年基金项目	法学
75	算法推荐场域网络意识形态风险的生成机理与治理路径研究	闫海波	常熟理工学院	规划基金项目	马克思主义 / 思想政治教育
76	算法推荐视域下网络民粹主义的风险测度与治理机制研究	汪　勇	贵州医科大学	青年基金项目	马克思主义 / 思想政治教育
77	大数据视阈下大学生网络舆情群体极化的情绪演变机制和干预策略研究	李淑娜	山东科技大学	规划基金项目	马克思主义 / 思想政治教育
78	人工智能生成语言的治理策略和路径研究	郭书谏	同济大学	青年基金项目	语言学
79	大数据时代基于复杂性的未成年人犯罪预防评估体系研究	张婷婷	南京体育学院	青年基金项目	社会学
80	智媒体时代网络舆情风险异常识别与治理研究	刘　静	北华航天工业学院	青年基金项目	交叉学科 / 综合研究
81	智慧城市背景下数据流匹配隐私保护机制与治理路径研究	魏建好	湖南工商大学	青年基金项目	交叉学科 / 综合研究
82	生成式人工智能 ChatGPT 与人类劳动方式变革研究	齐志远	江苏科技大学	青年基金项目	交叉学科 / 综合研究
83	智能算法驱动下网络仇恨的演化机制与国际传播策略研究	卞　清	同济大学	规划基金项目	交叉学科 / 综合研究
84	类 ChatGPT 生成内容对人工智能的发展路径研究	周书仁	长沙理工大学	规划基金项目	交叉学科 / 综合研究

（3）省部级课题内容丰富。2023 年的人工智能法治领域省部级课题内容与 2023 年国家社会科学基金项目内容相比，更加多元化。经过对标题高频关键词的统计发现（见图 2-5），2023 年的人工智能法治领域省部级课题标题含“数字经济”“个人信息”“人工智能”和“算法”的最多。2023 年的人工智能法治领域省部级课题标题关键词与 2022 年相比，“人工智能”“数字经济”“个人信息”连续两年都是排名前四的关键词，这说明人工智能法治领域对这三个关键词对应的领域关注度依旧很高。“人工智能”“大数据”“个人信息”“数字经济”“平台”“算法”仍属于高频关键词，“数据交易”和“生成式人工智能”这两个关键词新成为高频关键词，这说明“数据交易”和“生成式人工智能”的研究越来越被重视。

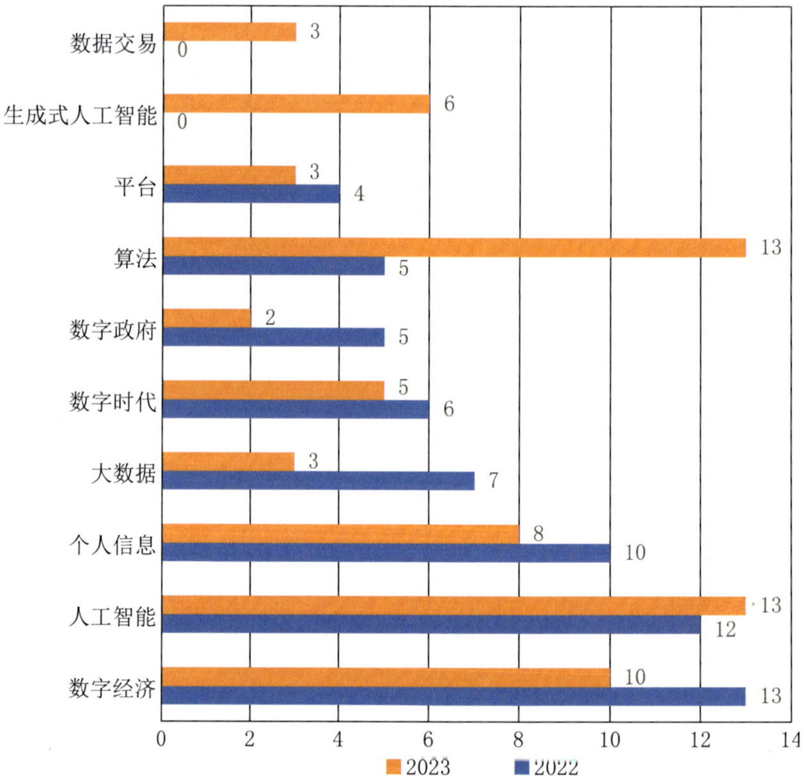

图 2-5　2022 年、2023 年省部级课题人工智能法治研究高频关键词对比（单位：篇）

2. 课题研究层次日增月盛

（1）国家社会科学基金项目。国家社会科学基金项目共有重大项目、重点项目、一般项目、青年项目、西部项目、后期资助项目和中华学术外译项目 7 个类别的立项资助项目类别。

根据对2023年国家社会科学基金项目类别的梳理得出，法学科研项目都集中于重点项目、一般项目、青年项目、西部项目四大类。2023年国家社会科学基金法学类立项重点项目共26项，一般项目共211项，青年项目57项，西部项目25项。人工智能法治领域法学类（见表2-6），重点项目共4项，一般项目共55项，青年项目共34项。非法学类项目中，重点项目共3项，一般项目有42项。总体而言，国家社会科学基金项目中人工智能法治领域仍以一般项目和青年项目为主。与2022年的数据相比，几个比较大的变化是，法学类重点项目由1项增长到4项，增幅为75%；法学类的青年项目由25项增长到34项，涨幅为36%。综合来看人工智能法治领域的法学类国家社会科学基金项目除了西部项目都有明显的增长，这说明2023年法学类国家社会科学基金项目对人工智能法治领域的关注度相对2022年有较大的提升。

表2-6　2022年、2023年国家社会科学基金项目人工智能法治领域项目类别一览表

年份 项目	2022		2023	
	法学	非法学	法学	非法学
重点项目	1	1	4	3
一般项目	62	14	55	42
青年项目	25	8	34	0
西部项目	5	0	0	0

（2）省部级课题。省部级课题方面，在司法部、中国法学会和教育部的省部级课题中，人工智能法治领域相关课题情况各不相同。

中国法学会2023年度部级法学研究课题立项名单中，重大课题5项、重点课题9项、一般课题25项、青年调研课题2项、基础研究重点激励课题2项、自选课题73项。其中人工智能法治领域的一般课题共15项，青年调研课题共1项，自选课题共23项。2023年中国法学会的部级法学研究课题立项名单中，人工智能法治领域重大课题有1项，重点课题有2项。而2022年人工智能法治领域的一般课题共17项，青年调研课题共3项，自选课题共29项。通过对2022年和2023年人工智能法治领域的课题数量进行比较发现，2023年人工智能法治领域的一般课题数量、青年调研课题和自选课题数量几乎没有变化，但重点课题与重大课题数量显著提升，都实现了

零的突破，这说明中国法学会 2023 年对人工智能法治领域的重视程度提升较大。

教育部课题申报积极。在教育部人文社会科学研究一般项目立项名单中，人工智能法治相关的课题共 39 项，其中法学类共 27 项，规划基金项目共 9 项，青年基金项目共 18 项；非法学类相关的课题共 12 项，其中规划基金项目共 1 项，青年基金项目共 11 项。总体来看，青年基金项目总数达 29 项，占比为 74%，规划基金项目共 10 项，占比为 26%。与 2022 年相比，青年基金项目总数提升了 107%，规划基金项目总数基本不变（见表 2-7），这说明教育部 2023 年对人工智能法治领域的关注同 2022 年相比显著提升。

表 2-7　2022 年与 2023 年教育部人工智能法治领域课题立项情况对比

年份 / 项目	2022		2023	
	项目数	占比	项目数	占比
青年基金项目	14	58%	29	74%
规划基金项目	10	42%	10	26%
自筹基金项目	0	0%	0	0%

2023 年司法部发布的国家法治与法学理论研究项目立项课题中，重点课题共 1 项，一般课题共 50 项。其中人工智能法治领域没有重点课题，一般课题有 2 项，总体而言与 2022 年相比一般课题由 7 项下降为 2 项，并且重点项目为零，这说明司法部在 2023 年相较 2022 年对于人工智能法治领域的立项需求有所下降。

3. 课题研究机构领先持续

通过对国家社会科学基金数据库和包括司法部、中国法学会、教育部在内的省部级法学课题中 2023 年度人工智能法治领域课题立项名单进行梳理归纳总结，得出人工智能法治领域课题研究机构的分布有以下特点。

（1）研究机构集中于华东、华北地区。2023 年人工智能法治领域科研项目的研究机构已完全覆盖全国各大地区，华北地区和华东地区仍为研究机构的主要集中地区（见图 2-6）。因为华北、华东地区的高校多，尤其是上海市和北京市各大高校师资力量雄厚，学术氛围强，课题立项数也相对较多。2023 年各个地区人工智能法治领域的研究机构分布情况相较 2022 年而言，华北地区对于人工智能法治领域的关注度提升了 6%，继续保持地区研究项目量排名第一位，这主要是由于中国政法大学、中国人民大学、清华大学、北京大学这几个华北地区的研究机构 2023 年对人工智能法治领域的关注度较高。

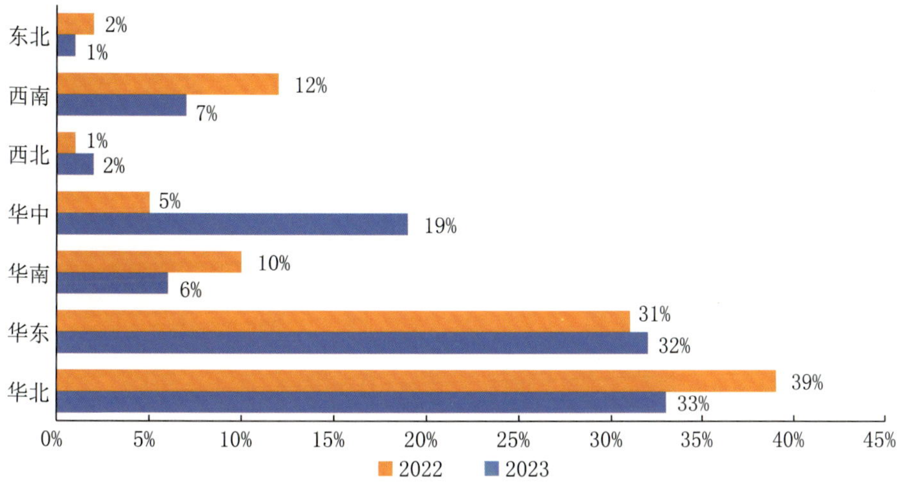

图 2-6　2022 年、2023 年各地区人工智能法治领域科研项目的研究机构分布情况

（2）主要研究机构仍为高校。如表 2-8 所示，2023 年人工智能法治领域课题的研究机构主要仍为全国各高校，政法类院校立项数目较多。如 2023 年度中国政法大学立省部级人工智能法治领域课题 9 项，西南政法大学立 4 项。其他高校如复旦大学、华东政法大学、武汉大学等，所属法学院获得的省部级人工智能法治领域课题也较多。复旦大学、华东政法大学、武汉大学都有 3 项立项课题，这说明这些综合性大学 2023 年对人工智能法治领域的关注度都比较高。

表 2-8　2023 年人工智能法治领域课题研究机构分布情况

序号	机　构	数量	序号	机　构	数量
1	中国政法大学	9	9	同济大学	2
2	西南政法大学	4	10	湘潭大学	2
3	复旦大学	3	11	浙江工商大学	2
4	华东政法大学	3	12	中国计量大学	2
5	武汉大学	3	13	中国人民公安大学	2
6	清华大学	2	14	北华航天工业学院	1
7	山东大学	2	15	北京理工大学	1
8	上海政法学院	2	16	北京市水务综合执法总队	1

（续表）

序号	机　构	数量	序号	机　构	数量
17	北京邮电大学	1	39	上海交通大学	1
18	常熟理工学院	1	40	深圳大学	1
19	福建省司法厅	1	41	深圳职业技术大学	1
20	复旦大学	1	42	沈阳师范大学	1
21	广东外语外贸大学	1	43	司法部中国司法杂志社	1
22	贵州省司法厅	1	44	苏州大学	1
23	贵州医科大学	1	45	西安交通大学	1
24	哈尔滨工程大学	1	46	西安外国语大学	1
25	合肥工业大学	1	47	西北政法大学	1
26	河南工业大学	1	48	西南财经大学	1
27	湖南工商大学	1	49	西南医科大学	1
28	湖州师范学院	1	50	烟台大学	1
29	华东理工大学	1	51	长沙理工大学	1
30	华东师范大学	1	52	浙江农林大学	1
31	吉林警察学院	1	53	浙江省高级人民法院	1
32	江苏科技大学	1	54	中国矿业大学	1
33	江西财经大学	1	55	中国人民大学	1
34	南京体育学院	1	56	中国社会科学院法学研究所	1
35	山东建筑大学	1	57	中国通信建设集团有限公司	1
36	山东科技大学	1	58	中国应用法学研究所	1
37	山西大学	1	59	中南财经政法大学	1
38	上海大学	1			

（四）人工智能法治研究论坛概论

研究论坛通常是由主办方提供学术交流平台，以演讲、圆桌会议、研讨会、报告、论文、学术沙龙等形式进行思想的碰撞与融合。研究论坛不仅能够促进相关领域人士之间的交流与研讨，还能够拓宽学术思路与领域，对学术研究发展有着极其重要的意义。

在本部分中，编者选取“(生成式)人工智能”“数字(经济)”“(大)数据”“数据安全”“区块链”“智慧”“个人信息”“算法”“自动驾驶”“数据垄断”“元宇宙”“法制法规”“司法”“理论”“法益”“规制”“法律解析”等进行排列组合，作为关键词进行检索。通过百度搜索引擎、微信公众平台、法学创新网中的法治论坛一栏中进行检索，得出 2023 年 1 月至 2023 年 12 月间国内举办人工智能法治领域研究论坛共计 157 场。如图 2-7 所示，近四年来，人工智能法治研究论坛的数量翻了一番，这与我国政策鼓励支持人工智能发展分不开。

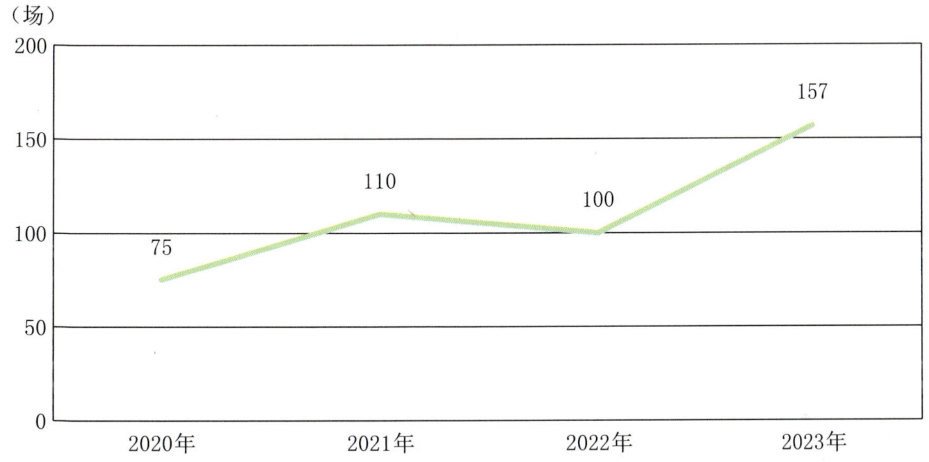

图 2-7　近四年论坛数量

1. 研究论坛数量变化趋势稳定

2023 年人工智能法治研究论坛举办数量大幅增加，远高于 2022 年，且下半年数量远超上半年。从图 2-8 可知，论坛集中于下半年。2023 上半年共举办 43 场论坛，下半年共举 114 场论坛。年初和年中因有寒暑假，较少论坛选择在这两个时间段进行。2023 年 9—12 月为论坛举办高峰期，12 月举办 27 场，11 月更是达到一个月举办 28 场论坛。主要是因为年底各地举行相关年会，并对当年的相关问题进行总结与展望。与 2022 年人工智能法治领域研究论坛数量分布相比(见图 2-9)，2023 年度每个月的举办数量几乎均有增长，下半年更是增长迅速，可以看出，论坛的成功举办有助于对本领域最新的研究成果进行展示，并充分进行思想碰撞，积极推动人工智能法治的发展。

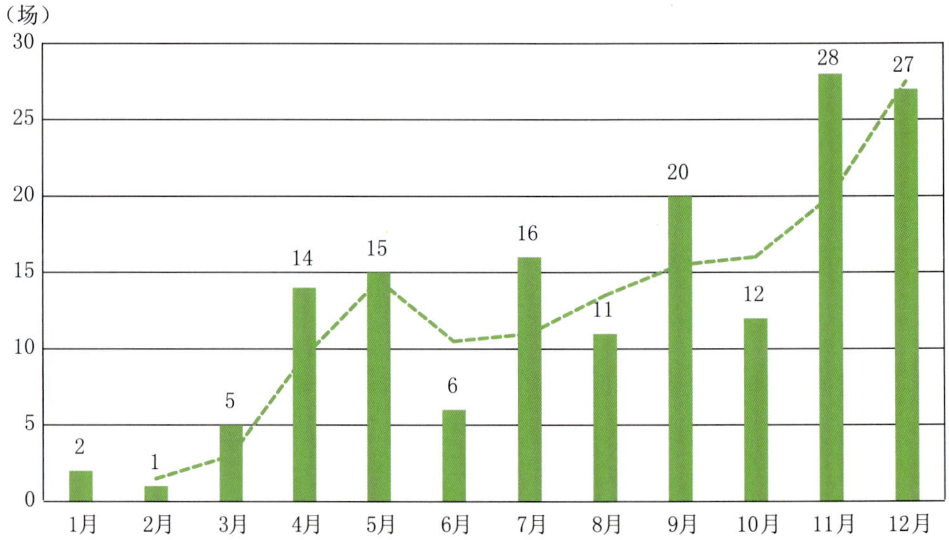

图 2-8　2023 年每月研究论坛数量分布

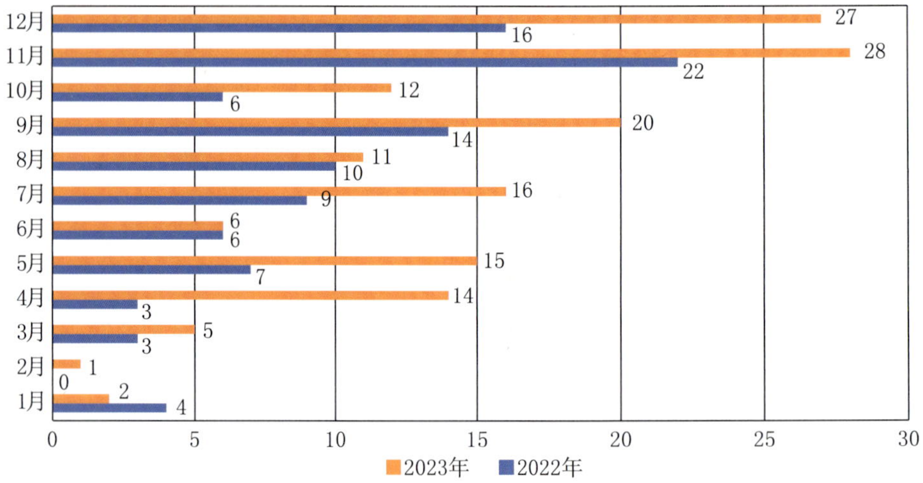

图 2-9　2022 年与 2023 年人工智能法治领域研究论坛数量分布对比图

2. 研究论坛举办地域范围扩大

（1）研究论坛集中于北京市、上海市两地，举办省份增多。在 157 场人工智能法治研究论坛中，如图 2-10 所示，论坛主要集中于北京市、上海市两地。共有 52 场论坛在北京市举办，占比高达 33%，相较于 2022 年度 46% 的占比，有所下降；共有 26 场论坛在上海市举办，占比 16.6%，相较于 2022 年度 15% 的占比，略有上升。同时，举办相关论坛的省份增多，如图 2-11 所示，人工智能法治论坛的举办地由 2022 年的 14 个省份增加至 21 个省份，说明人工智能法治在越来越多的省份成为学术讨论的重点。

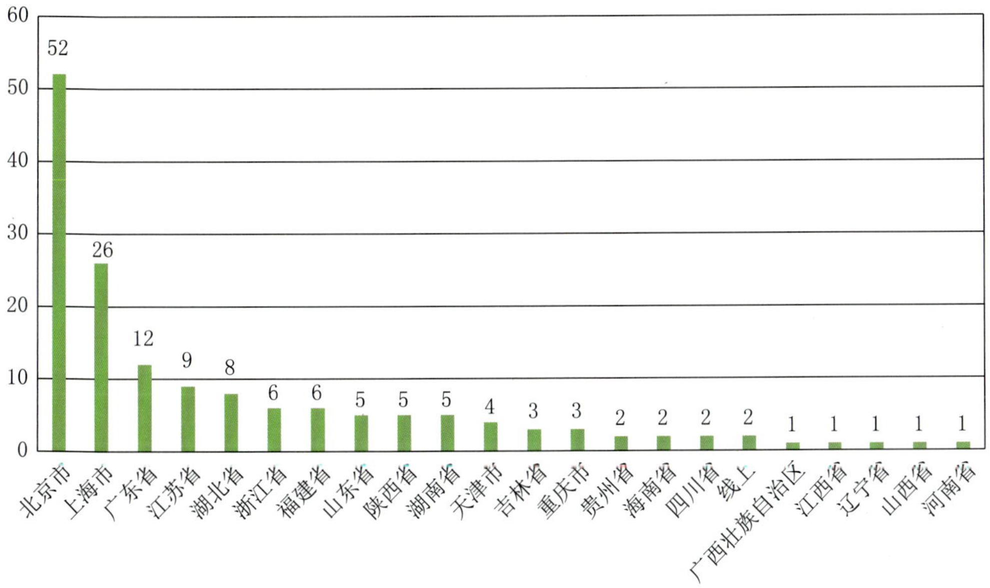

图 2-10　2023 年各省区市人工智能法治研究论坛数量

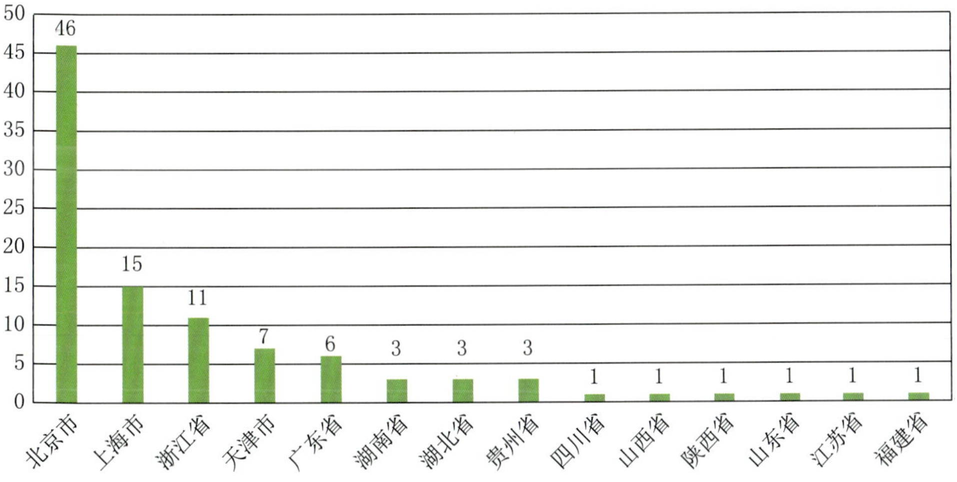

图 2-11　2022 年各省区市人工智能法治研究论坛数量

（2）二、三线及以下城市人工智能法治研究论坛逐渐增多。如表 2-9 所示，2023 年，除北京市、上海市两地以外，广东省、江苏省等地也紧随其后。其中，广东省的广州市、深圳市、汕头市、东莞市，共举办 12 场论坛；江苏省的南京市、苏州市、常州市、无锡市，共举办 9 场论坛。其他省份例如湖北仙桃、鄂州，浙江嘉兴、温州等二、三线城市也积极参与承办论坛。

2023 年人工智能法治研究论坛的举办地域呈现多元化趋势，除北京市、上海市、广州市、杭州市等一线城市外，更多的普通地级市均开始举办论坛，湖南的湘潭市，陕西的汉中市、延安市等地积极承办论坛活动。可以看出，在国家政策的推动下，全国人工智能法治的学术氛围都很浓厚。人工智能法治研究论坛的举办，能够进一步促进学术交流，激发创新思维。

表 2-9　2023 年各省区市人工智能法治研究论坛数量

地区	北京市	上海市	广东省	江苏省	湖北省	浙江省	福建省	山东省
数据	52	26	12	9	8	6	6	5
地区	陕西省	湖南省	天津市	吉林省	重庆市	贵州省	海南省	四川省
数据	5	5	4	3	3	2	2	2
地区	线上	广西壮族自治区	江西省	辽宁省	山西省	河南省	/	/
数据	2	1	1	1	1	1	/	/

3. 举办单位与日俱增提质增效

本部分中，编者统计梳理了 2023 年人工智能法治研究论坛的主办单位，由于举办论坛会耗费大量的人力物力，因此论坛大多涉及多方单位，此处将涉及论坛举办的单位都作为举办单位进行统计分析。对于举办两次及以上的单位，将分别计数。

如表 2-10 所示，2022 年人工智能法治研究论坛共有举办单位 129 个，编者将统计所得单位大致划分为 10 个大类，分别是：高等院校、公司企业、研究院所、期刊杂志社、政府机关（机构）、协会、司法机关、律所 / 律协、学会，其余的归为“其他”一类。

表 2-10　2022 年各单位参与举办研究论坛数量

单位	高等院校	学会	政府机关（机构）	研究院所	公司企业
数量	60	53	29	15	9
单位	律所 / 律协	期刊杂志社	司法机关	协会	其他
数量	8	7	7	5	3

根据图 2-10 和图 2-11，并与往年相关数据进行对比后，总结出以下特点：

（1）高等院校、学会占比优势明显，研究院所比重下降。2023 年高等院校仍为人工智能法治论坛的主要举办单位，数量达到60所，占比约31%，相较于2022年39%的占比有所下降；学会次之，共有53个学会参与人工智能法治研究论坛的举办，占比约27%，相较于2022年度7%的占比，增长明显。从原因分析，首先，高等院校和学会有大量的学生群体、学者和学术专家，他们是人工智能法治研究的中坚力量。随着各地法学会纷纷设立“数字法学研究会”“人工智能法治研究会”等人工智能法治相关研究会，对前沿法学问题的把握更加具有方向性，同时，高等院校的老师们与各地法学会联系紧密，往往能获得相关领域的最新信息，及时对新出现的问题及时展开讨论与研究。

研究院所比重下降。2022年度的统计中将高等院校、学院下设的研究中心等作为独立的研究院所进行数据统计，但本质上其仍然属于“高等院校”举办的论坛，因为其通常命名为如“中国政法大学数据法治实验室”“北京理工大学智能科技法律研究中心”等形式，依然挂靠高等院校，其研究人员大都为高校专业老师，因此应将其归属为“高等院校”举办的论坛。即使将其更换归属，2023年度，“研究院所”举办的论坛数量占比仍为8%，仅次于高等院校、学会、政府机关（机构），位列第四，研究院所的表现形式为“上海长三角商业创新研究院”“南京智盈人工智能研究院”“中关村知识产权战略研究院智能产业研究中心”等独立研究院所形式。

（2）政府机关（机构）、公司企业等举办人工智能法治研究论坛比重有增有减，整体变化不大。2023年，参与人工智能法治研究论坛举办的政府机关（机构）共有29个，占比15%，相较于2022年度的16 %，稍有下降，但总数上升；公司企业共有9个，占比达到5 %，相较于2022年度2 %的占比，有所上升；律所/律协、期刊杂志社、司法机关、协会等举办单位占比分别为4%、3%、4%、2%，变化不大。

与2022年相比，公司企业举办人工智能法治研究论坛的数量增加6个，已经连续三年增加，占比增加了3%。2023年增加了许多初次尝试举办人工智能法治论坛的公司企业。如理购（上海）企业服务有限公司于2023年7月主办了“第二届汇聚实践 智创未来 | AIGC时代下‘法律＋人工智能’企业与法律科技创新高峰论坛”，浙江大学、华为公司于2023年11月于浙江乌镇共同举办了“2023世界互联网大会乌镇峰会数字法律与治理论坛”。

（3）单一主体举办论坛仍为主要趋势。2023 年举办的 157 场人工智能法治研究论坛中，125 场是由单位独立举办的，占比约为 80%，相较于 2022 年 60% 的占比，增长近 20%，因此独立举办论坛仍是主要趋势。

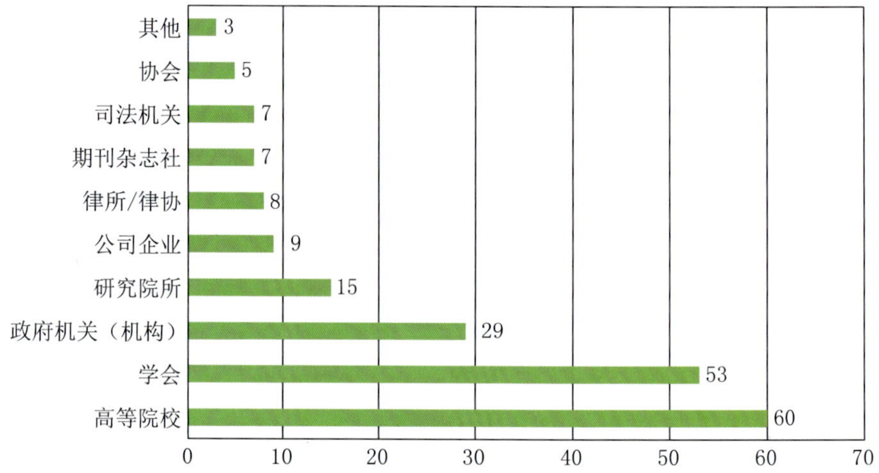

图 2-12　2023 年各单位参与举办研究论坛数量对比

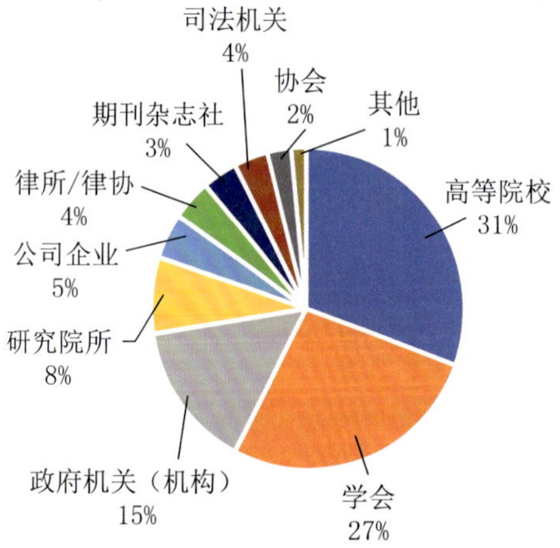

图 2-13　2023 年各单位参与举办研究论坛占比

4. 研究论坛主题内容多彩纷呈

（1）研究论坛主题多且广。2023 年人工智能法治领域研究论坛主题多且广（见表 2-11），尤其是以 ChatGpt 为代表的生成式人工智能的诞生，学术界讨论热烈，既有以人工智能、数字化治理等为背景的相关专业的研讨，还有以“数据合规”“个人信息保护”“AIGC”等时事前沿的讨论。

（2）研究论坛主题综合性增强。在 2023 年人工智能法治研究论坛中，不乏一些大型论坛之下的分论坛。这些论坛大多附属于大型技术论坛或峰会，在此类非法学论坛中设置人工智能法治领域分论坛，正是因为当前人工智能的发展所带来的各种风险急需法律知识提供安全保障。如2023年10月在湖南长沙举行的博鳌亚洲论坛全球经济发展与安全论坛第二届大会中，设置了“AIGC时代的可持续发展与风险管理”分论坛，讨论生成式人工智能的诞生对社会发展的影响，所带来的风险和挑战及如何应对。又如2023年7月由世界人工智能大会组委会办公室、上海市法学会共同举办的2023世界人工智能大会法治论坛、2023世界人工智能大会法治青年论坛，主题分别是“数字治理：生成式人工智能之法律回应”“法律：连接物理世界与数字世界”，围绕生成式人工智能的法律规制、政策框架、制度完善、技术标准体系建构、伦理与治理、合规挑战与应对、在司法领域的应用观察等话题进行探讨，丰富完善了人工智能法治理念。

表2-11　2023年人工智能法治研究论坛名称主题关键词分布

论坛关键词	论坛名称	论坛主题	举办时间
生成式人工智能	AIGC内容生态与版权保护论坛	/	2023年4月20日
	企业数据精准确权与AIGC全球合规论坛	/	2023年4月26日
	第二届汇聚实践　智创未来丨AIGC时代下“法律＋人工智能”企业与法律科技创新高峰论坛	/	2023年7月6日
	2023世界人工智能大会法治论坛	数字治理：生成式人工智能之法律回应	2023年7月7日
	“生成式法律大模型”专题研讨会	生成式法律大模型	2023年7月15日
	首届“泉城智能司法科技论坛”	生成式AI赋能司法实务	2023年9月16日
	“AIGC产业的知识产权保护”研讨会	AIGC产业的知识产权保护	2023年9月20日
	博鳌亚洲论坛全球经济发展与安全论坛第二届大会“AIGC时代的可持续发展与风险管理”分论坛	AIGC时代的可持续发展与风险管理	2023年10月29日
	“AIGC的监管策略”专题研讨会	AIGC的监管策略	2023年11月18日
元宇宙	2023元宇宙金融创新与法律服务论坛	/	2023年9月15日

（续表）

论坛关键词	论坛名称	论坛主题	举办时间
智慧法治	全国智慧法院建设应用高峰论坛	人工智能赋能智慧司法的现状与机遇	2023年1月12日
	第六届数字中国建设峰会数字政法分论坛	智治赋能政法工作现代化	2023年4月28日
	2023智慧法治学术共同体年会暨复旦大学智慧法治学术研讨会	/	2023年7月8日
自动驾驶	2023智能网联汽车法律论坛	“智能网联汽车产业发展与法律合规”和“智能网联汽车产业创新发展与政策法规升级”	2023年3月30日
	第三届国际航空航天法治论坛暨“《无人驾驶航空器飞行管理暂行条例》理解与适用”学术研讨会	《无人驾驶航空器飞行管理暂行条例》理解与适用	2023年7月21日
	自动驾驶法律规制国际系列论坛：高度自动驾驶技术法律规制之道	高度自动驾驶技术法律规制之道	2023年8月8日
人工智能法治	第三十四届全国副省级城市法治论坛	前沿科技与法治创新	2023年3月10日
	“人工智能与国家治理现代化”高端论坛	人工智能与国家治理现代化	2023年3月25日
	“智能社会背景下公安执法、刑事司法与数字法学研究”专题调研座谈会	智能社会背景下公安执法、刑事司法与数字法学研究	2023年4月11日
	“人工智能等新技术革命与知识产权法治保障”研讨会	人工智能等新技术革命与知识产权法治保障	2023年5月23日
	2023数博会“AI新范式与智能计算高峰论坛”	AI新范式与智能计算	2023年5月27日
	中国式现代化与数字治理研讨会暨陕西省法学会人工智能与大数据法学研究会2023年会	/	2023年5月27日
	第一届人工智能法治论坛	人工智能法治论坛	2023年6月10日
	“人工智能的法律规制”研讨会	人工智能的法律规制	2023年6月13日
	人工智能立法研讨会	/	2023年6月20日
	第五届“人工智能与未来法治”学术研讨会	人工智能与未来法治	2023年6月23日

（续表）

论坛关键词	论坛名称	论坛主题	举办时间
人工智能法治	人工智能、物联网与数据合规研讨会	人工智能、物联网与数据合规	2023年7月2日
	数字法治三十人论坛（2023年夏季）	人工智能的法律问题	2023年7月8日
	第37期“经济法30人论坛”：“人工智能与经济法治”研讨会	/	2023年7月15日
	国家科技创新2030——“新一代人工智能”重大项目“可信人工智能立法制度建设研究”启动暨实施方案论证会	可信人工智能立法制度建设研究	2023年7月21日
	中国人民大学首届“创新的前沿：博士研究生国际学术研讨会——法学分论坛”	/	2023年7月30日
	第十届第三期“麓峰”交叉科学论坛	/	2023年8月1日
	2023世界机器人大会“智能法律科技——促进机器人与法的良性互动”专题论坛	智能法律科技发展论坛——促进机器人与法的良性互动	2023年8月19日
	“智行中国”第五期之“AI+X赋能司法创新论坛”	AI+X：迈向垂直领域基座模型赋能新时代	2023年8月21日
	第三届北理法学博士生论坛暨智能科技青年法治论坛	/	2023年9月9日
	法务科技创新论坛	创新引领　共享法务科技新动能	2023年9月10日
	CIIS2023法律与人工智能专题论坛	/	2023年9月16日
	青岛人工智能与大数据发展论坛	数智联动　赋能未来	2023年9月19日
	“法律职业与人工智能——用人工智能重塑法律的逻辑”数智化论坛	法律职业与人工智能——用人工智能重塑法律的逻辑	2023年9月22日
	第三届粤港澳大湾区人工智能与大数据论坛	/	2023年9月22日
	“中国式现代化背景下人工智能与数字产业法律治理研究”学术研讨会暨广东省法学会信息通信法学研究会2023学术年会	中国式现代化背景下人工智能与数字产业法律治理研究	2023年9月23日
	人工智能助力法治化营商环境发展论坛暨得理法律大模型发布会	/	2023年9月26日

（续表）

论坛关键词	论坛名称	论坛主题	举办时间
人工智能法治	“人工智能法治发展”研讨会	人工智能法治发展	2023 年 9 月 26 日
	第六届智能科技法治论坛	/	2023 年 10 月 14 日
	第二届 CCF 计算法学分会年会暨第六届计算法学国际会议	数据驱动的人工智能法治	2023 年 10 月 20 日
	第一届金融法治前沿论坛暨“人工智能金融应用的法律治理”学术研讨会	人工智能金融应用的法律治理	2023 年 11 月 5 日
	2023 年人工智能法学教育论坛	科技结合法学智能推动发展	2023 年 11 月 8 日
	中国法学会立法学研究会 2023 年学术年会——第二分论坛　科技与人工智能立法	科技与人工智能立法	2023 年 11 月 11 日
	四川省法学会人工智能与大数据法治研究会 2023 年年会暨“人工智能与数据法律风险研讨会”	人工智能与数据法律风险	2023 年 11 月 11 日
	北京大学法律人工智能前沿论坛 2023	/	2023 年 11 月 18 日
	“人工智能法治与国际安全”研讨会	/	2023 年 11 月 18 日
	第十一届海峡两岸刑事法治学术研讨会	“涉人工智能的刑法问题”和“数字经济的刑法保护”	2023 年 11 月 26 日
	天津市法学会科技法分会 2023 年年会暨“科技法治促进经济高质量发展”研讨会	科技法治促进经济高质量发展	2023 年 11 月 26 日
	中国法学会网络与信息法学研究会数字企业法治沙龙　第二期“人工智能科技创新与规范发展”	人工智能科技创新与规范发展	2023 年 12 月 2 日
	福建省人工智能学会 2023 年学术年会暨第二届闽台非遗数字化保护与智能处理学术会议	通用智能与语言模型	2023 年 12 月 2 日
	2023 数字经济与人工智能法律热点论坛	/	2023 年 12 月 5 日
	第三届知产前沿人工智能论坛（IFAF 2023）	智能时代的知识产权保护与创新价值	2023 年 12 月 8 日
	“智慧法治的中国经验”研讨会暨《法律人工智能导论》新书发布会	智慧法治的中国经验	2023 年 12 月 15 日

（续表）

论坛关键词	论坛名称	论坛主题	举办时间
人工智能法治	2023（第四届）网络法治论坛——人工智能时代的网络与数据治理暨公益大讲堂	人工智能时代的网络与数据治理	2023年12月23日
大数据治理	贵安新区大数据法律实务交流会	/	2023年3月30日
	第八届中国法社会学年会（2023）暨第五届大数据与司法研究学术研讨会	/	2023年5月31日
	2023中国数字经济创新发展大会数字数据可信流通创新应用发展论坛	数据可信流通创新应用发展	2023年8月18日
数据法治	电子数据的司法运用和前沿理论高端论坛	电子数据的司法运用和前沿理论	2023年3月30日
	反电信网络诈骗法视角下的数据合规研讨会	/	2023年4月1日
	第四届联合国世界数据论坛	拥抱数据　共赢未来	2023年4月24日
	2023年新型数据中心研讨会	/	2023年5月9日
	第六届中国数据安全治理高峰论坛	数安新征程，共探治理路	2023年5月18日
	新型数据信托研讨会	个人数据赋能数字经济	2023年5月22日
	首届数据权益保护实务论坛	数据权益的司法保护	2023年5月27日
	首届2023中关村论坛——数据安全治理与发展论坛	/	2023年5月28日
	第三届中国网络与数据法治50人论坛	/	2023年7月7日
	2023中国网络文明大会数据安全与个人信息保护论坛	强化数据安全保障体系　推进数字文明新发展	2023年7月19日
	东莞大数据产业高质量发展大会——数据安全与合规研讨会	/	2023年8月17日
	2023世界计算大会“应用牵引　数据赋能”数字经济论坛	应用牵引　数据赋能	2023年9月16日
	中国商业法研究会2023年年会暨“数据与商业法治的发展”学术研讨会	数据与商业法治的发展	2023年10月21日
	第三届全球金融科技大会暨第五届成方科技论坛“金融科技数据合规的法律治理”	金融科技数据合规的法律治理	2023年11月9日

（续表）

论坛关键词	论坛名称	论坛主题	举办时间
数据法治	2023全球数商大会数据要素合规流通论坛	/	2023年11月25日
	第六届“迈向数据法学”研讨会	迈向数据法学	2023年12月9日
	“陕西省法学会互联网法律与治理研究会2023年年会暨公共数据制度助推市域社会治理现代化”研讨会	公共数据制度助推市域社会治理现代化	2023年12月9日
	“用工场景下的数据处理与算法管理：理论与实践”研讨会	用工场景下的数据处理与算法管理：理论与实践	2023年12月10日
	第七届“啄木鸟数据治理论坛”	“数据为本，AI向善”	2023年12月19日
	第二届数据法治高峰论坛“数据法治与经济社会高质量发展”学术研讨会	数据法治与经济社会高质量发展	2023年12月23日
	“数字中国新时代　数据安全新征程”数据安全论坛	数字中国新时代　数据安全新征程	2023年12月26日
	第六届中国数据法律高峰论坛“可信数据流通架构”	可信数据流通架构	2023年12月27日
个人信息保护	个人信用信息法律规制研讨会	个人信用信息的法律规制	2023年2月15日
	第十九届“创新与法治”论坛——个人信息保护与大数据治理学术研讨会	个人信息保护与大数据治理	2023年4月9日
	个人信息保护法适用重大疑难问题专家研讨会	/	2023年4月19日
	中国社会法学研究会2022—2023年年会第七分论坛“个人信息、人工智能与劳动法治”	个人信息、人工智能与劳动法治	2023年11月18日
区块链法治	“区块链司法的实践与探索”学术研讨会	区块链司法的实践与探索	2023年11月18日
	2023CCF中国区块链技术与应用高峰论坛	区块链与数据安全	2023年12月15日
	CCF广州举办珠江论坛：第五届区块链与数据治理前沿论坛	/	2023年12月17日
数字法学	“繁荣发展数字法学”研讨会	繁荣发展数字法学	2023年8月15日

（续表）

论坛关键词	论坛名称	论坛主题	举办时间
数字法学	“新文科建设背景下的数字法学建设”研讨会	新文科建设背景下的数字法学建设	2023 年 8 月 28 日
	数字法学学科建设座谈会	/	2023 年 9 月 9 日
	第二届“数字法学与数字司法”高端论坛	数字法学的争锋与应答	2023 年 9 月 18 日
	中国法学会民法学研究会 2023 年会分会场“民法基础理论及民法典总则编暨数字法学专场”第二分会场	民法基础理论及民法总则编暨数字法学专场	2023 年 9 月 23 日
	2023 世界互联网大会乌镇峰会数字法律与治理论坛	/	2023 年 11 月 9 日
	江苏省法学会数字法学研究会 2023 年年会暨第七届司法大数据研究与应用研讨会	/	2023 年 11 月 24 日
	2023 京沪律师论坛：国际、数字、绿色、高质量发展	国际、数字、绿色、高质量发展	2023 年 12 月 2 日
	第四届“未来法治与数字法学”国际论坛	未来法治与数字法学	2023 年 12 月 16 日
数字法治	“数字经济：电子身份识别的法律承认与人工智能的应用”国际学术研讨会	数字经济：电子身份识别的法律承认与人工智能的应用	2023 年 1 月 16 日
	数法融生　智领未来——第七届新兴法律服务业高峰论坛	数法融生　智领未来	2023 年 4 月 15 日
	全国“数字检察的理论与实践”主题研讨会	“数字检察的理论与实践”	2023 年 4 月 20 日
	“实务刑法论坛”第五期：数字经济时代著作权刑事保护司法实务研讨会	数字经济时代著作权刑事保护司法实务	2023 年 4 月 20 日
	第一届“数字法治青年论坛”	数字城市与法治转型	2023 年 4 月 22 日
	第一届辽宁数字经济法治论坛	/	2023 年 4 月 23 日
	天府中央法务区法治协同发展论坛	推进司法职能和法律服务融合发展，提升规模集聚效应	2023 年 4 月 25 日
	“数字经济国际规则创新与在线争议解决”国际研讨会	数字经济国际规则创新与在线争议解决	2023 年 5 月 11 日

（续表）

论坛关键词	论坛名称	论坛主题	举办时间
数字法治	2023律师法学研讨会暨数字时代律师发展论坛	/	2023年5月13日
	中国数字经济发展与法治建设论坛	/	2023年5月20日
	数字法学学科建设与数字法治实践人才培养联合学术研讨会	/	2023年5月20日
	山东大学数字生活与未来法治青年论坛暨山东大学博士后交叉创新论坛“数字时代的智能司法”学术研讨会	数字时代的智能司法	2023年5月27日
	2023年国别区域法治论坛暨“比较法视野下数字法治的未来”学术研讨会	比较法视野下数字法治的未来	2023年6月3日
	首届中国数字法学高峰论坛	/	2023年6月10日
	2023世界人工智能大会法治青年论坛	法律：连接物理世界与数字世界	2023年7月7日
	2023法律科技大会	数智融合万象更新	2023年7月14日
	山东社科论坛——“数字法治与山东高质量发展”	数字法治与山东高质量发展	2023年7月19日
	2023中国互联网大会“App治理和用户权益保护论坛”	App治理和用户权益保护	2023年7月20日
	中国法学会网络与信息法学会2023年年会暨第一届数字法治大会分论坛	习近平法治思想中的数字法治理论和习近平总书记关于网络强国的重要思想中的法治要义	2023年8月19日
	“推进数字时代法学建设，加强数据权益法治保护”高端与谈会	推进数字时代法学建设，加强数据权益法治保护	2023年8月22日
	第十届“新兴权利与法治中国”研讨会	数字法治的理论建构与实践探索	2023年8月25日
	渝中区第二期法学沙龙暨“数字政法的创新与发展”研讨会	数字政法的创新与发展	2023年9月5日
	技术、法律与社会的交汇数字时代的司法治理检察论坛	外滩大会——数字时代的司法治理检察分论坛	2023年9月6日
	“数字医疗时代医药行业合规的机遇与挑战”学术研讨会	数字医疗时代医药行业合规的机遇与挑战	2023年9月17日

（续表）

论坛关键词	论坛名称	论坛主题	举办时间
数字法治	首届深圳律师创新合作论坛（2023）分论坛“法治护航数字经济高质量发展”论坛	法治护航数字经济高质量发展	2023年9月24日
	第五届全国科际法学论坛暨“数字社会的法律、人文与科技”研讨会	数字社会的法律、人文与科技	2023年10月13日
	2023年第三届“数字法治与智慧司法”国际研讨会	数字法治与智慧司法	2023年10月21日
	湖南省·湖北省法学会行政法学研究会2023年年会	数字法治政府建设	2023年10月21日
	“天津论坛2023”分论坛	法治赋能数字治理	2023年10月21日
	“数字中国与地方立法”学术研讨会	数字中国与地方立法	2023年10月22日
	第三届“科技与法治”论坛	科技与法治	2023年10月28日
	第三届“数字法治与社会发展”研讨会	中国式现代化与数字法治建设	2023年11月4日
	中国法学会经济法学研究会2023年年会暨第三十一届全国经济法理论研讨会	因应数字时代经济法发展挑战	2023年11月4日
	新业态与平台责任前沿问题研讨会	新业态与平台责任前沿问题	2023年11月17日
	第三届“中原经济法治论坛”暨“数字经济高质量发展的法治保障”学术研讨会	数字经济高质量发展的法治保障	2023年11月18日
	“数字经济的司法保护”研讨会	数字经济的司法保护	2023年11月22日
	2023年数字科技法治大会暨中国科学技术法学会第十九届“创新与法治论坛”	/	2023年11月24日
	第二届全球数字贸易法治论坛	/	2023年11月24日
	湖北省法学会犯罪学研究会2023年年会暨“数字时代背景下犯罪治理问题研究”高端论坛	数字时代背景下犯罪治理问题研究	2023年11月24日
	2023年上海市法学会财税法学研究会年会暨“智慧税务建设中的法律问题研究”专题研讨会	智慧税务建设中的法律问题研究	2023年11月25日
	2023年首都法学家沙龙——数字时代首都法治人才培养的机遇与挑战研讨会	数字时代首都法治人才培养的机遇与挑战	2023年11月29日
	“数字时代诊所法律教育新发展”研讨会	数字时代诊所法律教育新发展	2023年12月2日

（续表）

论坛关键词	论坛名称	论坛主题	举办时间
数字法治	首届智慧法治高峰论坛暨第九届数量法学论坛	/	2023 年 12 月 2 日
	江苏省法学会互联网与信息法学研究会 2023 年年会“互联网与信息权利前沿问题学术研讨会”暨“第八届知识产权法蠡湖论坛”	互联网与信息权利前沿问题	2023 年 12 月 2 日
	数智思享嘉法治论坛暨上海法院数字经济司法研究实践基地第三批典型案例研讨会	/	2023 年 12 月 8 日
	第三届数字正义论坛“国家治理能力现代化进程中数字治理与传统治理的沟通与衔接”	国家治理能力现代化进程中数字治理与传统治理的沟通与衔接	2023 年 12 月 9 日
	2023 年“钱塘法治论坛暨数字法治与营商环境建设”学术研讨会	数字法治与营商环境建设	2023 年 12 月 10 日
	能动司法视域下数字法治发展与数字法院建设研讨会	数字法院建设	2023 年 12 月 13 日
	“数字法治建设推进执法司法制约监督现代化”研讨会暨湖北省法学会仙桃法学研究会 2023 年会	数字法治建设推进执法司法制约监督现代化	2023 年 12 月 16 日
	第十三届中国信息安全法律大会	敏捷治理　智慧执法　数字安全	2023 年 12 月 27 日
	2023 数字安全与法治论坛	法治引领　数安护航	2023 年 12 月 28 日
网络法治	第二十期公司法务论坛“网络数据安全及个人信息保护新规——合规与争议解决”	网络数据安全及个人信息保护新规——合规与争议解决	2023 年 5 月 9 日
	第七届网络空间治理与传媒法治建设高峰论坛暨“何微新闻奖”学术论坛	网络空间治理与智能传播	2023 年 10 月 13 日
	2023（第九届）中国互联网法治大会	守正创新　依法强网	2023 年 10 月 31 日
	第六届中国网络法治高端论坛“网络治理的时代命题与制度因应”学术研讨会	网络治理的时代命题与制度因应	2023 年 11 月 19 日
	第七届“中国网络法治三十人论坛”	“网络治理新问题与理论应对”“新兴数据权利与规范供给”和“新型人工智能与法律规制”	2023 年 11 月 25 日
	第一届全国科技法治本硕博论坛——网络法治与中国式现代化学术研讨会	网络法治与中国式现代化	2023 年 11 月 26 日

（3）“生成式人工智能”“网络法治”“数字法学”成为新高频关键词。如图 2-14 所示，2023 年有“生成式人工智能”“网络法治”“数字法学”等新高频关键词。其中，2023 年初，以 ChatGpt 为代表的生成式人工智能横空出世，其强大的数据学习和处理能力不断迭代，迅猛发展。我国《生成式人工智能服务管理暂行办法》于 2023 年 5 月 23 日国家互联网信息办公室 2023 年第 12 次室务会会议审议通过，以论坛的形式对前沿科技引发的复杂法律问题进行探讨，为相关领域的学者提供充分交流和思想碰撞的平台。

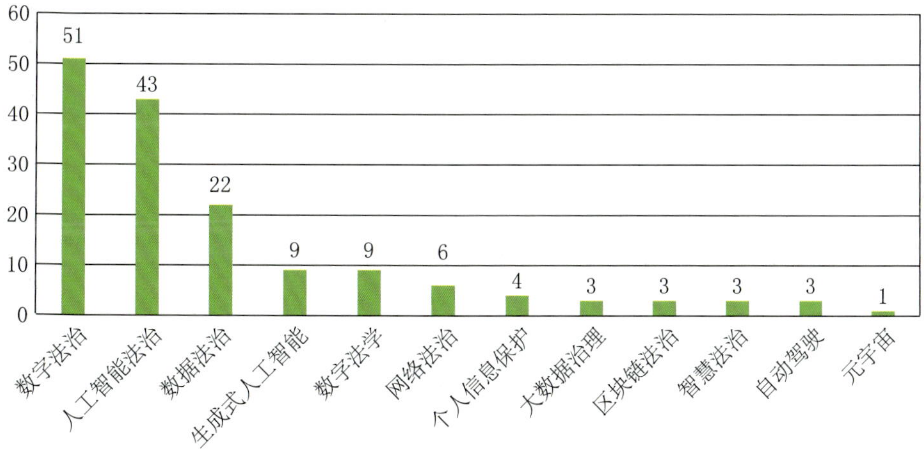

图 2-14　2023 年人工智能法治研究论坛名称高频关键词对比

（五）人工智能法治研究论文概况

研究论文是反映某一领域学术研究水平的主要指标，也是社会公众了解相关行业领域最新发展态势的重要渠道。因此，统计和分析人工智能法治领域的研究论文发表的数量与质量意义重大。

1. 数据检索规则

（1）检索途径。本报告的数据来源是中国知网数据库。

（2）检索日期。检索期限为 2023 年 1 月 1 日至 2023 年 12 月 31 日。

（3）检索方式。本次检索采取 4 种途径，尽可能地扩大检索范围以防遗漏，最后删除重复项和逐条筛选确认。检索词众多，在此只列明关键几项。

方式一：以“篇名 / 关键词 / 摘要”为检索范围，分别以“人工智能”“大数据”“个人信息保护”“元宇宙”“区块链”等为检索词进行检索；在检索结果中，以发表年度 2023、中文数据库为条件进行二次筛选；在检索框内再以“法律”为关键词进行“结果中检索”，最终得到相应数据。

方式二：以“主题”为检索范围，分别以“人工智能”“大数据”“个人信息保护”“元宇宙”“区块链”等为检索词进行检索；在检索结果中，以发表年度 2023、中文数据库、法学学科为条件进行二次筛选，最终得到相应数据。

方式三：以“摘要”为检索范围，分别以“人工智能”“大数据”“个人信息保护”“元宇宙”“区块链”等为检索词进行检索；在检索结果中，以发表年度 2023、中文数据库、法学学科为条件进行二次筛选，最终得到相应数据。

方式四：根据 CSSCI 来源期刊目录（2022—2023）中的法学学科部分，通过对 24 本法学 CSSCI 期刊（南大核心）的目录进行逐条筛选，结合论文主题、篇名、关键词、摘要等信息，最终得到相应数据。

（4）检索过程。检索分成两个步骤。一是基础数据汇总建库，删减重复项；二是数据核验。

第一，建立数据库，删减重复项。通过检索范围、发文时间、检索词的搭配，分组检索和统计数据，最终得到 4977 条有效基础数据。

第二，数据核验。数据核验主要是为了排除一些套用了人工智能领域关键词，但主要内容相关度较低的文献。主要采用确认内容后小组讨论、多人投票的方式确定是否将存疑文章纳入统计，最终得到有效数据 4977 条。

（5）数据处理说明。第一，作者所在省份的确定。按作者所在机构所在地的省份来确定，如果注明多个机构，以第一个注明机构所在地的省份确定；如果一篇文章有多位作者，以第一作者所在机构所在地的省份确定。

第二，数据可能存在的误差。是数据搜集误差，因检索词不可穷尽，最终的数据库存在一定误差；二是数据初步处理误差，用不同的主题和关键词进行检索时会出现大量重复论文，因此在数据处理时以篇名是否重复来删减重复项，可能导致标题完全相同的不同文章被剔除的情形。

第三，对于数据可靠性的说明。基础数据是建立在尽可能穷尽人工智能法治领域的相关词进行无差别检索的基础上的，应在检索结果中通过人工浏览关键词、摘要和文章主要内容删除相关度极低的文章，尽可能使数据覆盖度足够全面和准确。

2. 法学 CSSCI 期刊作者群构建

（1）数据来源和分析。在文献计量分析中，通常需要寻找 CSSCI 期刊作者群，以便发现该研究领域的骨干力量。发文量和被引量是 CSSCI 期刊作者评价体系中最基本的指标，编者对运用发文量和被引量两个指标来对 CSSCI 期刊作者进行综合测评，以充分考虑论文数量和质量。经统计，2023 年法学 CSSCI 期刊人工智能相关文献共计 428 篇，选取前 68 名发文在 2 篇以上的候选作者进行分析。

第一，计算候选人发文量和被引量的折算指数（候选人平均发文量与平均被引量指 68 名候选作者的发文量与被引量的平均值）。

候选人发文量折算指数 =（候选人发文量 / 候选人平均发文量）×100。

候选人被引量折算指数 =（候选人被引量 / 候选人平均被引量）×100。

第二，计算候选人的综合指数。本书将发文量和被引量权重值分别定为 0.8 和 0.2，则候选人的综合指数的计算公式为：

候选人综合指数 = 候选人发文量折算指数 ×0.8 + 候选人被引量折算指数 ×0.2。

第三，根据候选人综合指数的大小，对 58 名发文在 2 篇以上的候选作者进行排序。

第四，选取综合指数≥ 60（60 即为综合指数平均值 100 的合格点）的作者为法学 CSSCI 期刊作者群的一员。

（2）描述性分析

表 2-12　2023 年人工智能法治领域 CSSCI 法学类期刊作者发文量排名（单位：篇）

序号	作　者	发文量	作者单位	序号	作　者	发文量	作者单位
1	丁晓东	11	中国人民大学	7	张凌寒	3	中国政法大学
2	程　啸	5	清华大学	8	张　欣	3	对外经济贸易大学
3	申卫星	4	清华大学	9	王利明	3	中国人民大学
4	刘宪权	4	华东政法大学	10	高富平	3	华东政法大学
5	林洹民	4	浙江大学	11	张新宝	3	中国人民大学
6	郭旨龙	4	中国政法大学	12	郑智航	3	山东大学

（续表）

序号	作 者	发文量	作者单位	序号	作 者	发文量	作者单位
13	唐林垚	3	中国社会科学院	41	沈 斌	2	华中师范大学
14	胡 铭	3	浙江大学	42	罗 翔	2	中国政法大学
15	刘品新	3	中国人民大学	43	熊 波	2	华东政法大学
16	王禄生	3	东南大学	44	郑志峰	2	西南政法大学
17	邱遥堃	3	首都经济贸易大学	45	韩旭至	2	华东政法大学
18	郑 曦	3	北京外国语大学	46	熊丙万	2	中国人民大学
19	朱晓峰	3	中央财经大学	47	张守文	2	北京大学
20	查云飞	3	浙江大学	48	刘 冰	2	华北电力大学
21	周汉华	2	中国社会科学院	49	左卫民	2	四川大学
22	王 迁	2	华东政法大学	50	高一飞	2	浙江工商大学
23	刘艳红	2	中国政法大学	51	刘 鑫	2	中南财经政法大学
24	毕文轩	2	东南大学	52	蒋遐雏	2	中国人民大学
25	谢登科	2	吉林大学	53	张 涛	2	清华大学
26	周维栋	2	中共中央党校	54	周 翔	2	浙江大学
27	王 玎	2	北京电子科技学院	55	曹权之	2	中国人民大学
28	许 可	2	对外经济贸易大学	56	李夏旭	2	清华大学
29	彭诚信	2	上海交通大学	57	吴思远	2	华东政法大学
30	彭 錞	2	北京大学	58	陈锦波	2	中国政法大学
31	武 腾	2	中央财经大学	59	冉克平	2	武汉大学
32	马平川	2	北京大学	60	张玫瑰	2	郑州大学
33	邢会强	2	中央财经大学	61	卞建林	2	深圳大学
34	张素华	2	武汉大学	62	崔国斌	2	清华大学
35	杨志琼	2	东南大学	63	钭晓东	2	浙江大学
36	喻海松	2	最高人民法院	64	李爱君	2	中国政法大学
37	雷 磊	2	中国政法大学	65	程金华	2	上海交通大学
38	赵精武	2	北京航空航天大学	66	黄 锫	2	同济大学
39	苏 宇	2	中国人民公安大学	67	罗 英	2	湖南大学
40	吴 亮	2	华东理工大学	68	张 迪	2	华东政法大学

首先，筛选出2023年法学CSSCI期刊中发表2篇以上文章的候选作者68位，并对其进行发文量的统计（见表2-12），其中丁晓东发文最多有11篇，其研究的大

方向是“个人信息”“隐私数据”“生成式人工智能”方面；接下来是程啸发文有 5 篇，大方向是“个人数据”“网络平台”；其次是申卫星、刘宪权、林洹民、郭旨龙，发文各 4 篇，大方向也是“个人信息”“平台责任”。68 位作者研究内容中出现频率最高的是“生成式人工智能”“平台责任”“个人数据”，分别代表研究人工智能相关技术运用过程中可能出现的个人数据被滥用情形，研究平台不合理使用个人信息应当承担的责任，以及生成式人工智能可能产生的风险以及治理路径这三个大的方向。其次，根据上述前三步对 68 位法学 CSSCI 期刊作者候选人进行分析，候选人平均发文量和平均被引量分别为 2.58 和 7.11，较 2022 年的平均发文量有所增长，而平均被引量呈下降趋势。最后，通过第四步筛选，68 名候选作者的综合指数均大于合格点，即可确定法学 CSSCI 期刊作者群 68 人。根据作者综合指数降序排名，如表 2-13 所示：

表 2-13　2023 年人工智能法治领域法学 CSSCI 期刊作者综合指数排名

序号	作　者	发文量	被引量	综合指数	作者单位
1	丁晓东	11	170	530.5	中国人民大学
2	程　啸	5	29	190.45	清华大学
3	张凌寒	3	84	184.2	中国政法大学
4	申卫星	4	23	152.15	清华大学
5	周汉华	2	80	148	中国社会科学院
6	刘宪权	4	18	146.9	华东政法大学
7	张　欣	3	39	136.95	对外经济贸易大学
8	林洹民	4	3	131.15	浙江大学
9	郭旨龙	4	2	130.1	中国政法大学
10	王利明	3	31	128.55	中国人民大学
11	高富平	3	30	127.5	华东政法大学
12	张新宝	3	26	123.3	中国人民大学
13	郑智航	3	25	122.25	山东大学
14	王　迁	2	55	121.75	华东政法大学
15	唐林垚	3	24	121.2	中国社会科学院
16	胡　铭	3	21	118.05	浙江大学
17	刘艳红	2	51	117.55	中国政法大学
18	刘品新	3	16	112.8	中国人民大学

（续表）

序号	作　者	发文量	被引量	综合指数	作者单位
19	王禄生	3	10	106.5	东南大学
20	邱遥堃	3	4	100.2	首都经济贸易大学
21	郑　曦	3	3	99.15	北京外国语大学
22	朱晓峰	3	3	99.15	中央财经大学
23	毕文轩	2	33	98.65	东南大学
24	谢登科	2	33	98.65	吉林大学
25	查云飞	3	0	96	浙江大学
26	周维栋	2	30	95.5	中共中央党校
27	王　玎	2	26	91.3	北京电子科技学院
28	许　可	2	26	91.3	对外经济贸易大学
29	彭诚信	2	24	89.2	上海交通大学
30	彭　錞	2	24	89.2	北京大学
31	武　腾	2	24	89.2	中央财经大学
32	马平川	2	23	88.15	北京大学
33	邢会强	2	23	88.15	中央财经大学
34	张素华	2	23	88.15	武汉大学
35	杨志琼	2	18	82.9	东南大学
36	喻海松	2	18	82.9	最高人民法院
37	雷　磊	2	17	81.85	中国政法大学
38	赵精武	2	17	81.85	北京航空航天大学
39	苏　宇	2	16	80.8	中国人民公安大学
40	吴　亮	2	16	80.8	华东理工大学
41	沈　斌	2	14	78.7	华中师范大学
42	罗　翔	2	13	77.65	中国政法大学
43	熊　波	2	13	77.65	华东政法大学
44	郑志峰	2	12	76.6	西南政法大学
45	韩旭至	2	11	75.55	华东政法大学
46	熊丙万	2	10	74.5	中国人民大学

（续表）

序号	作　者	发文量	被引量	综合指数	作者单位
47	张守文	2	10	74.5	北京大学
48	刘　冰	2	9	73.45	华北电力大学
49	左卫民	2	9	73.45	四川大学
50	高一飞	2	8	72.4	浙江工商大学
51	刘　鑫	2	7	71.35	中南财经政法大学
52	蒋遐雏	2	5	69.25	中国人民大学
53	张　涛	2	4	68.2	清华大学
54	周　翔	2	4	68.2	浙江大学
55	曹权之	2	3	67.15	中国人民大学
56	李夏旭	2	3	67.15	清华大学
57	吴思远	2	3	67.15	华东政法大学
58	陈锦波	2	2	66.1	中国政法大学
59	冉克平	2	2	66.1	武汉大学
60	张玫瑰	2	2	66.1	郑州大学
61	卞建林	2	1	65.05	深圳大学
62	崔国斌	2	1	65.05	清华大学
63	钭晓东	2	1	65.05	浙江大学
64	李爱君	2	1	65.05	中国政法大学
65	程金华	2	0	64	上海交通大学
66	黄　锫	2	0	64	同济大学
67	罗　英	2	0	64	湖南大学
68	张　迪	2	0	64	华东政法大学

统计数据表明：按照综合得分 60 分以上作为法学 CSSCI 期刊作者群一员，可得出目前我国人工智能法治领域法学 CSSCI 期刊作者共 68 人，较 2022 年增加 10 人，增幅明显（见表 2-14）。此外，我国人工智能法治领域法学 CSSCI 期刊作者群共 68 人，共发文 170 篇（此处统计时，如合作的论文，则为一篇），占 2023 年我国人工智能法治领域法学 CSSCI 期刊总文献量（428 篇）的 39.71%，与 2022 年相比有大幅度提升。这在一定程度上说明我国人工智能法治领域的法学 CSSCI 期刊作者群体已经形成，并且群体质量和数量均在迅速扩增。

表 2-14　2022 年与 2023 年人工智能法治领域法学 CSSCI 期刊作者群比照表

类　别	2022 年（共计 58 人）	2023 年（共计 68 人）
仅入选 2022 年	赵炳昊、张卫平、任颖、刘权、王锡锌、张吉豫、田野、高志宏、孔祥俊、毛逸潇、侯利阳、马长山、王伟、陈景辉、梅夏英、朱振、单勇、陈爱飞、郑佳宁、杨力、王苑、陈越峰、田思路、衣俊霖、王首杰、王华伟、杨凯、王燃、苏青、刘辉、姜程潇、高景峰、陈可翔、张牧君、冯晓青、夏庆锋、关保英、齐延平	—
两年均入选人工智能法学 CSSCI 期刊作者群	丁晓东、王利明、刘宪权、刘艳红、程啸、张新宝、许可、苏宇、彭錞、林洹民、张凌寒、赵精武、唐林垚、张涛、雷磊、胡铭、邢会强、左卫民、郑曦、郑智航	
2023 年新入选	—	申卫星、周汉华、张欣、郭旨龙、高富平、王迁、刘品新、王禄生、邱遥堃、朱晓峰、毕文轩、谢登科、查云飞、周维栋、王玎、彭诚信、武腾、马平川、张素华、杨志琼、喻海松、吴亮、沈斌、罗翔、熊波、郑志峰、韩旭至、熊丙万、张守文、刘冰、高一飞、刘鑫、蒋遐雏、周翔、曹权之、李夏旭、吴思远、陈锦波、冉克平、张玫瑰、卞建林、崔国斌、钭晓东、李爱君、程金华、黄锫、罗英、张迪

由表 2-14 可知，2022 年和 2023 年均入选人工智能法学 CSSCI 期刊作者群的共有二十位，分别是丁晓东、王利明、刘宪权、刘艳红、程啸、张新宝、许可、苏宇、彭錞、林洹民、张凌寒、赵精武、唐林垚、张涛、雷磊、胡铭、邢会强、左卫民、郑曦、郑智航，而其他作者均仅有 1 年入选。通过对比上述二十位两年入选法学 CSSCI 期刊作者群作者的发文量变化（见图 2-15）：一是部分作者 2023 年的发文量多于 2022 年，如丁晓东、程啸、张凌寒、林洹民、郑智航、唐林垚、胡铭、郑曦，说明 2023 年他们对人工智能领域的法学研究比 2022 年更加深入；二是部分作者 2023 年的发文量与 2022 年没有变化，如邢会强、雷磊、赵精武、左卫民、张涛，说明他们对人工智能领域的法学研究始终保持稳定的关注度；三是部分作者 2023 年的发文量少于 2022 年，如刘宪权、王利明、张新宝、刘艳红、许可、彭錞、苏宇，说明他们对人工智能领域关注较早，研究较为深入透彻。

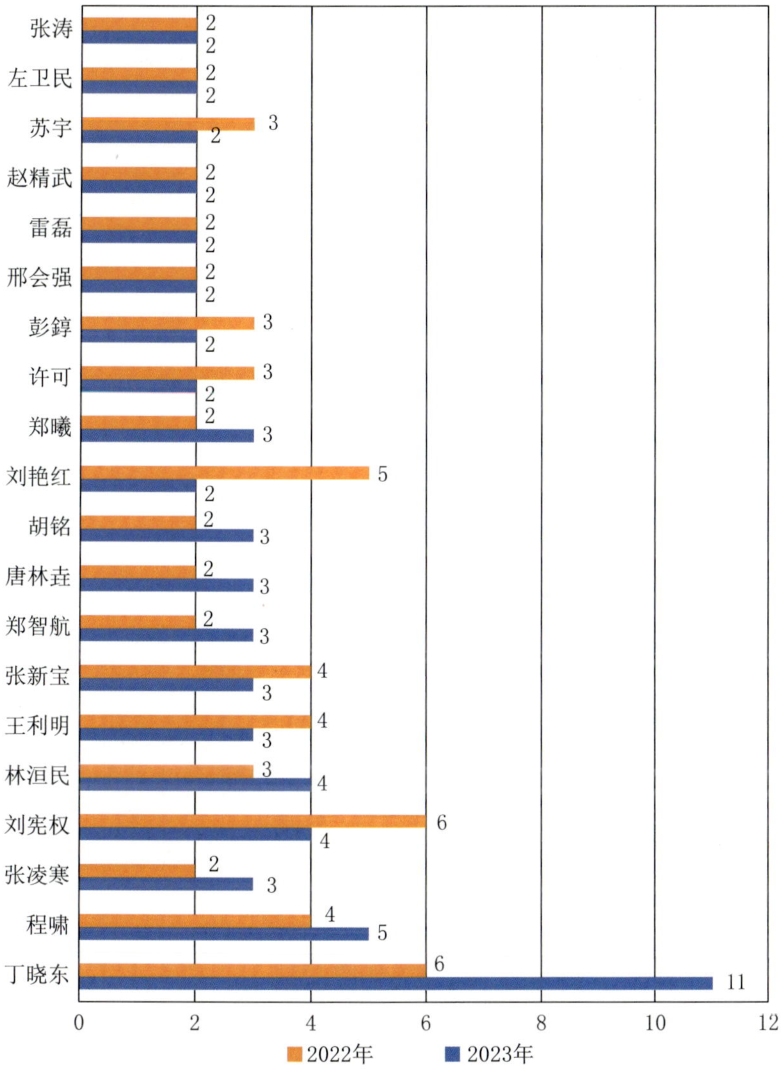

图 2-15　2022 年与 2023 年均入选人工智能法学 CSSCI 期刊作者群作者的发文量变化（单位：篇）

3. 研究刊物分析

（1）研究刊物选择。为对前沿技术和法律规范的融合有切实研究的专业学术成果表示肯定和进行有据的分析，增强人工智能法治领域研究结果的权威性，在 2023 年度，我们对 5405 条有效检索数据的刊物进行分析时，集中分析法学 CSSCI 期刊上有关人工智能的研究成果。在最新的 CSSCI 来源期刊目录中法学类共有 24 种正式刊物，经检索，2023 年人工智能法治领域发表期刊为法学 CSSCI 期刊的论文累计共 428 篇，在全年的有效数据在 5405 篇中占据 7.92%，平均每个刊物 17.83 篇文章。可见，法学 CSSCI 期刊在人工智能法治领域的关注度高于一般刊物。下文将对最新法学 CSSCI 期刊中 2023 年度的 428 条数据进行分析并与 2022 的数据进行比较。

（2）法学 CSSCI 期刊分析。通过对 2022 年人工智能法治领域 CSSCI 期刊发文量统计和对 2023 年人工智能法治领域 CSSCI 期刊发文量统计（见图 2-16），我们对 2022 年、2023 年人工智能法治领域 CSSCI 期刊机构发文量排名变化进行了分析（见表 2-15）。其中东方法学在人工智能法治领域发文量保持不变，连续两年稳居第一，体现了其在人工智能法治领域研究上的领跑地位。有 10 所期刊机构的发文量排名有所上升，分别是比较法研究、行政法学研究、法律科学（西北政法大学学报）、法制与社会发展、中国法律评论、法学研究、现代法学、国家检察官学院学报、法学论坛、政治与法律，其中排名上升超过 10 位的机构有两所，分别是中国法律评论上升排名 17 位以及法学研究上升排名 11 位。有 10 所期刊机构的发文量排名有所下降，分别是华东政法大学学报、政法论丛、中国法学、法商研究、法学评论、中外法学、

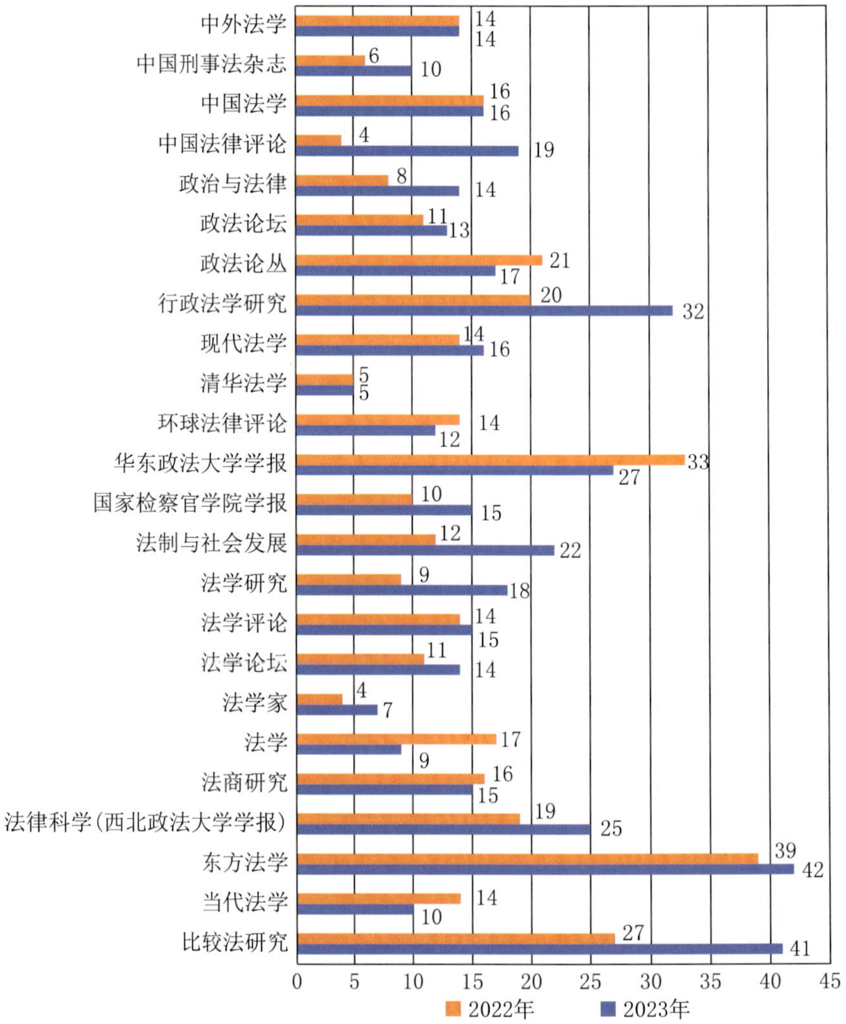

图 2-16　2022 年与 2023 年人工智能法治领域 CSSCI 期刊发文量统计（单位：篇）

政法论坛、环球法律评论、当代法学、法学、清华法学，其中排名下降超过 10 位的机构有两所，分别是当代法学下降排名 10 位以及法学下降排名 15 位。

表 2-15　2022 年、2023 年人工智能法治领域 CSSCI 期刊机构发文量排名变化（单位：篇）

2022 年期刊发文量排名		2023 年期刊发文量排名	
1	东方法学	1	东方法学—
2	华东政法大学学报	2	比较法研究↑ 1
3	比较法研究	3	行政法学研究↑ 2
4	政法论丛	4	华东政法大学学报↓ 2
5	行政法学研究	5	法律科学（西北政法大学学报）↑ 1
6	法律科学（西北政法大学学报）↓ 3	6	法制与社会发展↑ 9
7	法学	7	中国法律评论↑ 17
8	法商研究	8	法学研究↑ 11
9	中国法学	9	政法论丛↓ 6
10	当代法学	10	现代法学↑ 3
11	法学评论	11	中国法学↓ 2
12	环球法律评论	12	法商研究↓ 4
13	现代法学	13	法学评论↓ 2
14	中外法学	14	国家检察官学院学报↑ 4
15	法制与社会发展	15	法学论坛↑ 1
16	法学论坛	16	政治与法律↑ 4
17	政法论坛	17	中外法学↓ 3
18	国家检察官学院学报	18	政法论坛↓ 1
19	法学研究	19	环球法律评论↓ 7
20	政治与法律	20	当代法学↓ 10
21	中国刑事法杂志	21	中国刑事法杂志
22	清华法学	22	法学↓ 15
23	法学家	23	法学家
24	中国法律评论	24	清华法学↓ 2

4. 研究机构分析

根据表 2-16，对人工智能法治领域文章第一作者所在机构单位性质的统计，可以判断人工智能法治领域 2023 年度的研究机构分布情况。在 4977 条有效数据中，占据研究机构最大比重的是高等院校，其是科研的主要力量，有效数据为 3970 条，占比达到 79.77%。作者所属单位为国家机关的有效数据有 399 条，占比达到 8.02%，主要包括法院、检察院、公安机关、司法厅局等。报刊 / 杂志社的有效数据有 331 条，占比达到 6.65%。企业的有效数据有 131 条，占比达到 2.63%。研究所的有效数据为 78 条，占比达到 1.57%。事业单位有效数据为 47 条，占比达到 0.94%。另外党内机关、社会团体、国际组织等机构也就各自行业领域的人工智能发展情况在法治方面的反映做出了一定的研究成果，有效数据共有 21 条，总占比为 0.42%。

表 2-16　2023 年人工智能法治领域研究机构单位性质分布表

机　构	高等院校	国家机关	报刊 / 杂志社	企　业	研究所	事业单位	其他
数量（个）	3970	399	331	131	78	47	21
占比（%）	79.77%	8.02%	6.65%	2.63%	1.57%	0.94%	0.42%

表 2-17　2022 年人工智能法治领域研究机构单位性质分布表

机　构	高等院校	国家机关	研究所	党　校	其他
数量（个）	3372	163	137	11	177
占比（%）	87.36%	4.22%	3.55%	0.28%	4.59%

图 2-17 展示的为 2023 年与 2022 年人工智能法治领域文章研究机构的对比，结合表 2-17，可以看出，高等院校仍然是科研的主体，从发文数量来看，有效数据增长明显，但占比有所下降；国家机关对人工智能法治领域的研究也愈加重视，占比由

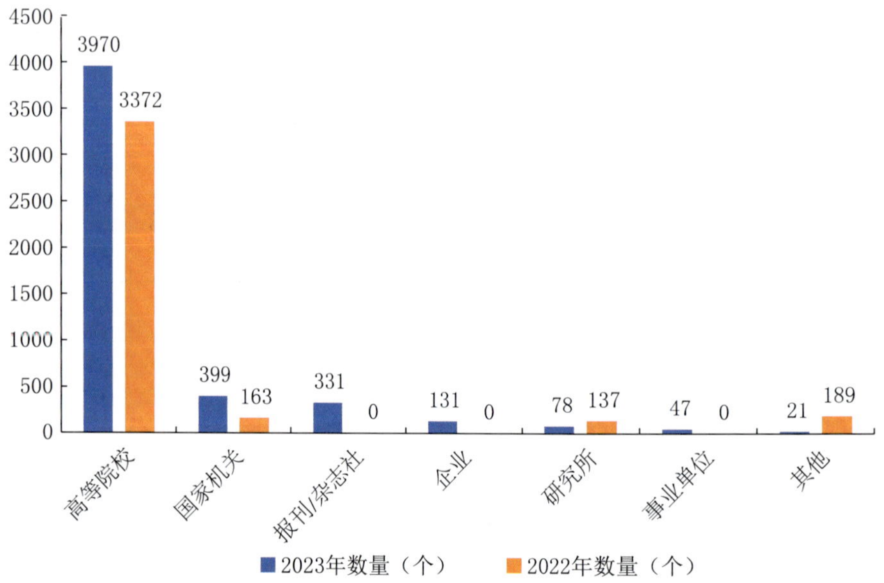

图 2-17　2023 年与 2022 年人工智能法治领域研究机构对比

2022年度的4.2%增至8.02%，增幅明显。从客观原因来判断，2023年度，随着人工智能行业的发展，各行各业对人工智能法治均有所重视，体现在不同行业关注度的提升、体现在发文总数的提升，总发文量增加了1000余篇，达到4977篇，人工智能法治研究向纵深处发展。

5. 发文区域分析

（1）描述性分析。表2-18展示的是2023年人工智能法治领域发文区域分布状况，根据作者所在机构确定地区，并且将未标注地域和国外文件剔除后，梳理得出4949篇论文，并依据发文量对地区进行排名，可以较为直接地看出全国范围内人工智能法治领域研究成果的地理分布。其中成果数量排在前三名的是北京市、上海市和江苏省，其中北京市以1399份研究成果占据明显优势；上海市成果594份，江苏省成果293份。整体来看，2023年的研究成果与往年相比大幅增加，有效数据由2022年的3860篇，增至2023年度的4949篇，增长1089篇，北京增加了596篇，上海增加了266篇，北京、上海两地贡献了增长的绝对多数，其他省份有增有减，总数略增，变化不大。

表2-18　2023年各省、自治区、直辖市、特别行政区人工智能法治领域成果总量表（单位：篇）

序号	地　区	发文量	同比增长	序号	地　区	发文量	同比增长
1	北京	1399	596	18	吉林	71	−57
2	上海	594	266	19	河北	60	−33
3	江苏	293	17	20	广西	59	−32
4	湖北	269	73	21	江西	58	−13
5	重庆	231	70	22	贵州	48	−19
6	浙江	226	98	23	新疆	47	9
7	广东	223	77	24	山西	46	10
8	山东	168	−13	25	甘肃	41	−73
9	河南	164	32	26	海南	22	10
10	湖南	145	67	27	云南	22	−28
11	陕西	124	25	28	青海	19	−11
12	安徽	113	−21	29	澳门	13	5
13	辽宁	109	−15	30	内蒙古	7	−22
14	四川	103	28	31	宁夏	4	−2
15	天津	96	28	32	西藏	3	0
16	福建	93	32	33	台湾	2	2
17	黑龙江	73	−16	34	香港	2	−1

（2）东中西部区域分析。表 2-19 展示的是 2023 年人工智能法治研究领域论文的东中西部区域分布情况，其中东部地区共计 3283 篇，占总数的 66.6%，西部地区共计 644 篇，占比 13%，中部地区共计 1005 篇，占比 20.4%。从比重上来看，东部地区占据绝对优势，经济发达地区如北京市、上海市、江苏省、浙江省、广东省等都属于东部地区，其发文量占比较大，相对来说，西部地区发文总数 644 篇，和东部地区差距明显。

表 2-19　2023 年人工智能法治领域论文的东中西部区域分布情况（单位：篇）

东　部		西　部		中　部	
北京	1399	重庆	231	湖北	269
上海	594	甘肃	41	河南	164
江苏	293	陕西	124	湖南	145
山东	168	四川	105	安徽	113
广东	223	贵州	48	吉林	71
浙江	226	云南	22	广西	59
辽宁	109	新疆	47	江西	58
河北	60	宁夏	4	山西	46
海南	22	青海	19	黑龙江	73
天津	96	西藏	3	内蒙古	7
福建	93				
合计	3283	合计	644	合计	1005
总　计			4932		

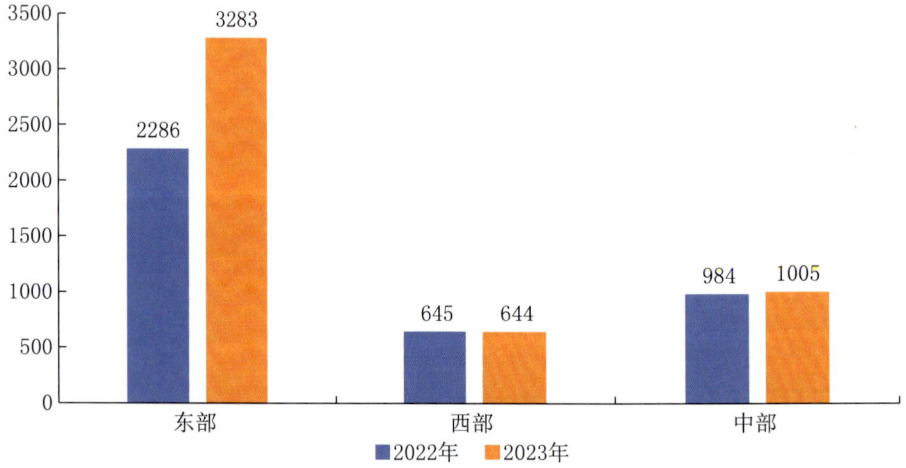

图 2-18　2022 年与 2023 年人工智能法治研究领域论文的东中西部区域总发文量比较

图2-18展示的是2022年与2023年人工智能法治研究领域论文的东中西部区域总发文量比较。由图可知，2023年人工智能法治研究领域发文总量较2022年虽然呈增长趋势，但中部地区增长不大，西部地区甚至略有下降；从占比上看，东部地区占比增长幅度大，中西部地区占比均有所下降。

6. 研究高频热点词分析

见表2-20，通过对文章关键词进行整理和分析，得出了高频关键词的分布情况，在此取出频数为35次以上的共计36个关键词。其中频数最多的关键词是“人工智能”，其频数多达365次，“数字经济”和“个人信息保护”频数也较多，分别是218次和194次，紧随其后的还有“个人信息”“大数据”“数据安全”“区块链”“ChatGPT”“生成式人工智能”和“法律规制”，频数都是100次以上。

表2-20　2023年人工智能法治领域高频关键词分布情况

序号	高频关键词	频数	序号	高频关键词	频数
1	人工智能	365	19	数字政府	57
2	数字经济	218	20	知识产权	53
3	个人信息保护	194	21	反垄断法	52
4	个人信息	188	22	平台经济	50
5	大数据	169	23	数字检察	46
6	数据安全	144	24	版权保护	45
7	区块链	135	25	数据跨境流动	45
8	ChatGPT	130	26	隐私权	43
9	生成式人工智能	125	27	数字时代	42
10	法律规制	107	28	电子数据	41
11	算法	95	29	个人数据	41
12	元宇宙	89	30	数据共享	41
13	数据治理	85	31	智能合约	37
14	著作权	78	32	数字化	36
15	个人信息保护法	74	33	侵犯公民个人信息罪	35
16	数据	71	34	侵权责任	35
17	反垄断	64	35	数据要素	35
18	NFT	59	36	知情同意	35

总的来看，在人工智能领域，关键词主要包括人工智能、数字经济、个人信息、大数据、数据安全、区块链、法律规制、算法、元宇宙、数据治理、反垄断、知识产权等。此外，对技术要求度较高的领域关键词主要包括区块链、ChatGPT、生成式人工智能、算法、元宇宙、智能合约等。从全部数据来看，2023 年人工智能领域中法治领域的研究最关注数据治理与数据安全方面的法律规制，以及对隐私权和个人信息保护等发展方向的思考。相比前几年，法律工作者仍然主要关注两方面内容，一是人工智能的兴起给法律界带来的新兴问题；二是人工智能在法律界的应用及相应立法。

通过对比 2022 年人工智能法治领域高频关键词分布情况（见表 2-21），2023 年的人工智能法治领域高频关键词相比 2022 年来说变动较大，主要呈现出以下几个特点：

（1）2023 年人工智能法治领域论文所涉及的关键词范围进一步扩充和细化。经统计，2023 年人工智能法治领域论文所包含的关键词共计 9414 个，较 2022 年增长 1755 个，全面覆盖各个部门法，如民商法领域的“数据产权”“信息自决权”“数据分类分级”，刑法领域的“人工智能犯罪”“非法获取计算机信息系统数据罪”“刑事数据流动”，行政法领域的“数字政府”“数字检察”“大数据法律监督”，经济法领域的“数字经济”“数字货币”“监管沙盒”，刑事诉讼法领域的“刑事数据调取”“智能量刑”“非羁码”，民事诉讼法领域的“智慧司法”“虚拟法庭”“云存储”，知识产权法领域的“数字版权”“人工智能生成物”“版权归属”，国际法领域的“数据可携权”“数据跨境”“数字经济伙伴关系协定”，等等。内容涵盖了社会治理方方面面，可谓包罗万象，体现了人工智能法治领域发展的多元化趋势。

（2）2023 年人工智能法治领域论文所涉及的关键词较 2022 年更加细化。最明显的表现就是“生成式人工智能”这一关键词在 2023 年人工智能法治领域的出现，频数总计高达 125 次，该现象导致“人工智能”这一关键词被进一步细化，其被更专业具体的名词表述所替代，意味着生成式人工智能的新发展将引起学界对人工智能话题的又一波关注和热议。与此类似，“算法”这一关键词也被更细化的表述所替代，如“智能算法”“加密算法”“轴辐类算法”“个性化推荐算法”“算法备案”“算法定价”“算法歧视”“算法推荐”“算法黑箱”“算法治理”，等等。这一趋势极大反映了 2023 年人工智能法治领域向纵深发展的规律，体现出更强的专业性和学术性。

（3）2023 年人工智能法治重点领域较 2022 年有所出入，通过对比 2022 年与 2023 年人工智能法治领域高频关键词发现，2022 年上榜的区块链技术、法律保护、民法典、人脸识别、互联网等退出榜单，ChatGPT、生成式人工智能、NFT、数字政府、知识产权等加入榜单，这一系列人工智能法治研究领域的热点变动表明，学者们的研究已经不再局限于传统的人工智能领域，而是更加积极推动新兴前沿学科与法律的融合，特别是生成式人工智能的产生和应用，不仅给各个领域带来了新的机遇，也给整个社会提出了新的风险与挑战。此外，通过对比榜单发现，2023 年为响应以数字法治推进中国式现代化的倡议，“数字政府”“数字检察”“数字时代”“数字化”等关键词高频出现，这充分说明理论界对数字技术赋能现代化建设的高度重视，将智能技术与政法工作深度融合，创新执法办案模式，提升司法监督效能，以信息化推进国家治理体系和治理能力现代化。

（4）与往年相比，个人信息、个人信息保护、隐私权、数据安全、数据治理等的词频仍在榜单上居高不下，这进一步说明保护个人信息在人工智能时代的重要性，理论界积极促进个人信息保护与利用、数据发展与数据安全之间的平衡，在推动人工智能技术发展的同时，绝不侵犯公民个人权利，可见，未来加强智能时代数据安全保护仍然是人工智能法治研究的重点之一。

表 2-21　2022 年与 2023 年人工智能法治领域高频关键词对比

2022 年	2023 年
人工智能；个人信息；大数据；个人信息保护；区块链；法律规制；数字经济；个人信息保护法；数据安全；算法；隐私权；数据治理；反垄断；法律保护；元宇宙；区块链技术；民法典；侵权责任；智能合约；著作权；互联网；平台经济；人脸识别；数据；版权保护；个人信息权；反垄断法；法律风险；隐私保护；大数据时代	人工智能；数字经济；个人信息；个人信息保护；大数据；数据安全；区块链；ChatGPT；生成式人工智能；法律规制；算法；元宇宙；数据治理；著作权；个人信息保护法；数据；反垄断；NFT；数字政府；知识产权；反垄断法；平台经济；数字检察；版权保护；数据跨境流动；隐私权；数字时代；电子数据；个人数据；数据共享；智能合约；数字化；侵犯公民个人信息罪；侵权责任；数据要素；知情同意

注：标绿部分为 2022 年被更替内容；标红部分为 2023 年更新内容。

三、国外人工智能法治理论阐发

关于国外人工智能法治理论研究，编者通过 Web of Science 对 2023 年人工智能法治领域相关的文献进行了数据检索。在 Web of Science 中分别以“robot”“AI”“Artificial

Intelligence”和“law”为并列主题词进行索引，得到了 2023 年共有 3554 篇文献记录。编者以该项数据源作为外文数据库，与往年相关数据和国内论文相关数据进行对比，以求发现 2023 年国外人工智能法治理论研究情况的特点。

从整体数量上来看，2023 年人工智能法治领域国外研究相关的文献篇数比 2022 年所统计的 2112 篇多了 1442 篇，增加了 68.28%。与国内相关文献大幅增长相比增速更为明显。这与国外对人工智能领域的研究时间维度、范围广度与内容深度都有密切关系。伴随着我国近两年对人工智能领域的重视与关注不断升温，故相关法治研究数量呈稳定上升趋势。

1. 研究概况分析

对通过 Web of Science 进行检索后所得的 3554 篇文献进一步研究，发现 2023 年人工智能法治领域国外研究方向主要呈以下特点：

（1）热点方向变化明显。因国外的人工智能研究趋于成熟，因此学术界更偏向于在人工智能实际应用层面进行探讨。如图 2-19 所示，2023 年人工智能法治研究排名前 4 的方向分别是：Business & Economics（商业经济学）、Psychology（心理学）、Social Sciences（社会科学）和 Environmental Sciences & Ecology（环境科学与生态学）。

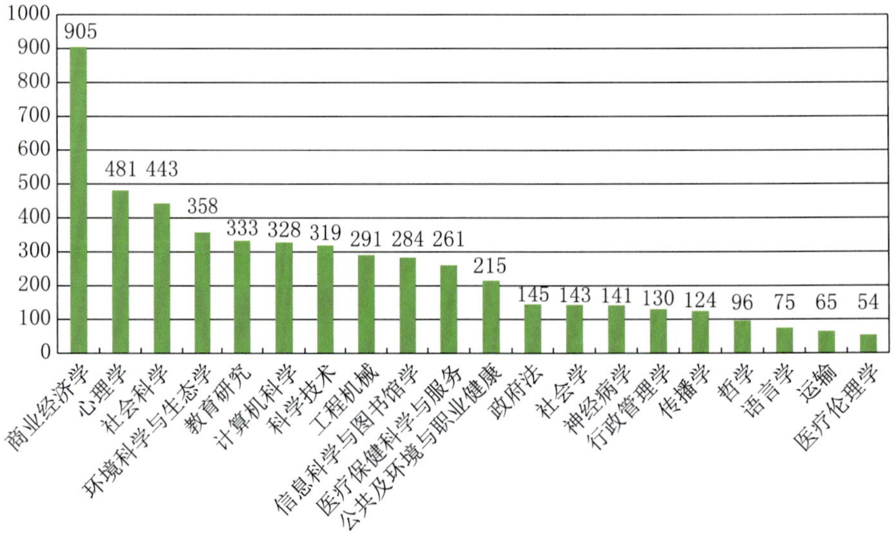

图 2-19　2023 年国外人工智能法治研究热点方向

如表 2-22 所示，与往年相关数据相比，排名前 4 的热点方向发生巨大变化，“商业经济学”研究方向首次出现在前 4 榜单中，且文献数量从 2022 年的 41 篇增长至

2023年的905篇，数量远超排名第二的“心理学”方向。往年占据热点前4的“自动控制系统”研究方向，在2023年相关文献中的比重急剧减少，而“社会科学”和“环境科学与生态学”后来者居上。由此可见，国外人工智能的法治研究逐渐从关注生产力设备和自动化技术的传统视野中脱离出来，随着算法的不断优化和智能算力的大幅提升，机器开始以主体身份参与到各种人类智能活动的创造中，人工智能技术在多个领域取得全面应用。这一趋势与国内情况大有不同，根据前文统计情况所示，2023年人工智能法治领域高频关键词排名前4的分别是：人工智能、数字经济、个人信息保护和个人信息。国内目前对人工智能法治这一新兴领域的研究更偏向于理论研究。

表2-22 近年来人工智能法治研究热点方向对比

排名	2019年及以前	2020年	2021年	2022年	2023年
1	自动控制系统	自动控制系统	自动控制系统	工程机械	商业经济学
2	机器人	工程电气电子类	工程机械	计算机科学	心理学
3	计算机学	机器人	计算机科学	自动控制系统	社会科学
4	工程学	工程类多学科	机器人	政府法	环境科学与生态学

（2）研究领域不断扩展。除了一些固有热点领域外，2023年也新增了部分新热点领域。如“传播学”“哲学”“语言学”“医疗伦理学”等都是首次出现在排名前20的热点研究方向中，尽管这些方向的研究文献数量不多，但是以上研究方向的出现体现了2023年在国外人工智能法治理论研究中所涉及的领域是不断扩展的，并开始从技术应用层面向社会科学层面发展，立足于多学科交叉视野，关注人工智能在现实发展过程中的场景应用。可以看出，与国内相比，近年来国外人工智能法治研究更趋向于专业化和综合化，尝试从不同的专业角度进行探索，为解决实际问题提供不同的思考路径，以促进人工智能法治的自身突破和创新发展。

（3）研究重点趋向实务。如图2-19所示，2023年国外人工智能法治研究领域中，法律相关的“政府法”方向文献有145篇，排在第十二位。与往年数据相比，所占比重由2022年的13.92%减至2023年的4.08%，但在国外整体偏于实际运用研究的情况下，“政府法”相关文献比重仍维持在一定水平。由此可见，2023年作为充满突破性技术飞跃的一年，生成式人工智能的快速发展广泛影响医疗、教育、金融等领域，同时也带来了全新挑战。人工智能的复杂性和未来存在的潜在风险，导致政府机构对新兴技术监管保持一种谨慎的态度，考虑到人工智能更新换代速度很快，现在仍不确定进一步的发展动向，政府机构希望通过发布管理办法或制定相关措施积累经验，待条件成熟后再针对应用中的实际问题，制定或修改专门的法律进行严格监管。人工智能法治理论的研究与实务界紧密相连，法律与政策的更迭以人工智能具体使用情况可能引发的后果为导向，极大影响着学术界，法治研究的重点也趋向于实际应用，对法律与政策以更加谨慎的态度对待。

（4）发文作者变化较大。如图 2-20 所示，2023 年人工智能法治领域国外研究发文前 20 的作者，所发篇数从 7 至 21 篇不等。发文量最大的 Kim J. 在 2023 年发文达到 21 篇。与 2022 年统计数据相比，发文作者变化明显，2022 年排名前 20 的作者中仅有 4 位仍出现在 2023 年的发文量前 20 作者名单中。此外，2022 年人工智能法治领域国外研究发文最多的 Li Y.，发文量从 2022 年的 20 篇减少到 2023 年的 8 篇，位列第十六名。

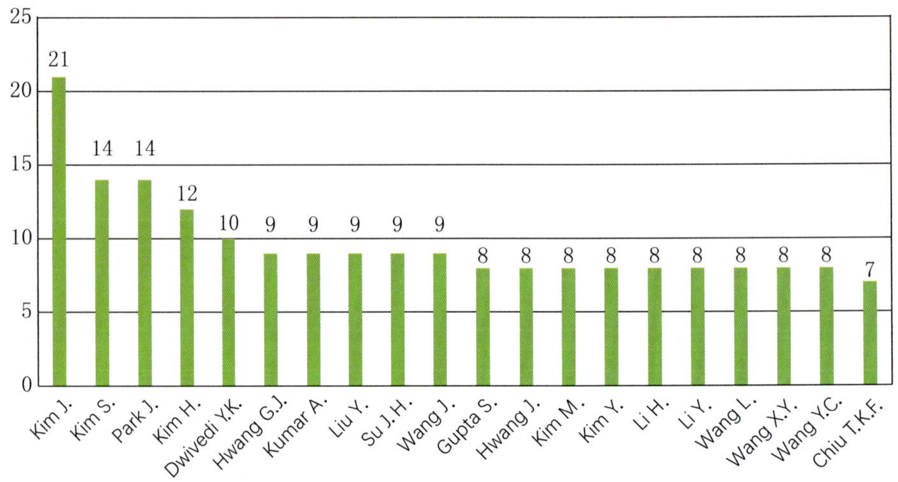

图 2-20　2023 年国外人工智能法治研究领域发文前 20 的作者（单位：篇）

2. 地域结构分析

作者的地域分布可以反映各国对人工智能法治研究的关注度。如表 2-23 所示，2023 年排名前 10 的国家分别为：美国、中国、英国、德国、澳大利亚、韩国、意大利、加拿大、西班牙和印度。与 2022 年人工智能法治研究发文量前 10 的国家相比，韩国超越法国，进入前十榜单。其余九国仍然在榜，尽管九国的内部排名有所变化，但足以体现以上九个国家近两年来对人工智能法治领域的研究仍保持着高度的热情。

表 2-23　2022 年与 2023 年国外人工智能法治研究发文量前 10 的国家对比
（标绿部分为被替换地区；标红部分为新上榜地区）

2022 年	2023 年	2022 年	2023 年
中国	美国	西班牙	韩国
美国	中国	德国	意大利
英国	英国	加拿大	加拿大
意大利	德国	法国	西班牙
印度	澳大利亚	澳大利亚	印度

整体而言，首先，发文前 10 的国家中以发达国家居多，如美国和英国，其在 2022 年和 2023 年的统计数据中都始终保持在前五名。其次，中国、印度虽不属于发达国家，但均为人口大国。尤其是我国近几十年来经济发展迅速，这为人工智能法治领域的研究打下了坚实的经济基础。我国在人工智能法治领域的发文量上一直处于领先地位，2023 年的发文量更是达到了 751 篇，占比为 21.13%，发文量再创新高。人口大国意味着更广阔的市场，对人工智能的需求也会远高于其他国家。可以预见，拥有稳定经济基础和巨大需求量的我国，在未来人工智能法治领域研究的所占比重会持续稳步提升。

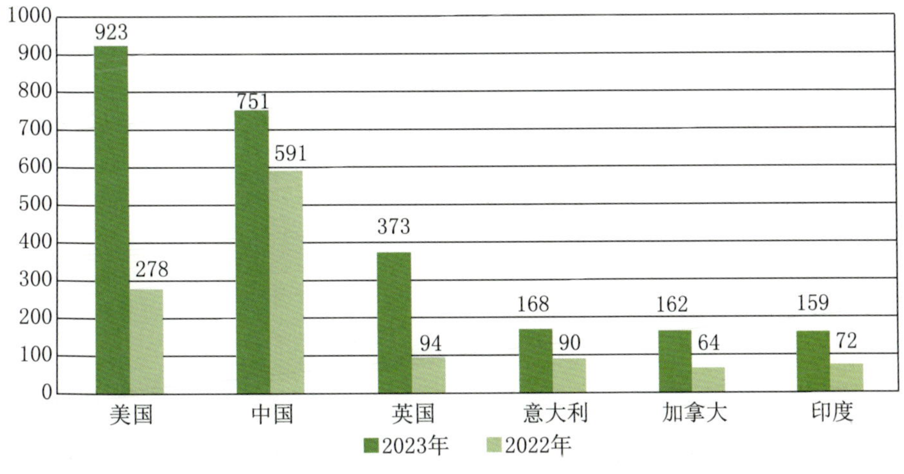

图 2-21　2022 年和 2023 年人工智能法治领域作者地域分布对比（单位：篇）

3. 文献用语分析

如图 2-22 所示，通过对 3554 篇人工智能法治领域的文献进一步分析发现，其中 3535 篇的语言都为英文，占比达到 99.47%。德语文献有 7 篇，俄语文献有 5 篇，西班牙语文献有 4 篇，法语、葡萄牙语以及荷兰语表述的文献各有 1 篇。虽然中国作者所发文章占比高达 21.13%，但在所用语言上，几乎所有中国学者都采用了英语这一语言。同样地，发文排名前列的韩国、意大利、印度等国学者，也都未选择本国母语，而是以英语进行学术探讨。可以看出，英语作为国际通用的语言，被广泛使用于人工智能法治研究领域，大多数学者倾向于选择英语作为文献用语，以便于进行国际学术研究和交流，使得研究成果更容易被全球的学者所理解和接受。

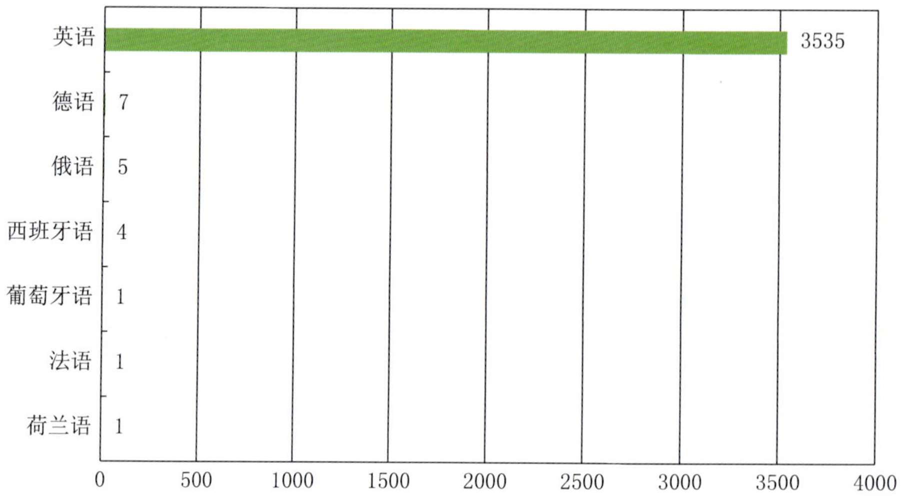

图 2-22　2023 年国外人工智能法治领域文献所用语言分布（单位：篇）

第三部分　人工智能法治应用

一、概　述①

本部分所述人工智能法治应用，以2023年1月至2023年12月为时间界限，以官方网站、官方媒体和官方微信公众号为搜索渠道，辅以百度、Google、Bing等搜索引擎，以包括但不限于“人工智能”“AI”“智慧法治”“数字化”“大数据”“云计算”“区块链”“物联网”“生成式人工智能”为关键词进行检索，对中国和国外人工智能在立法、执法、司法和法律服务等法治领域的应用进行分析。

1. 人工智能立法应用

中国人工智能立法应用呈联动发展态势，“智慧人大”平台运用Spring Cloud微

---

① 本部分数据来源说明：1. 中国人工智能立法应用的数据主要源自全国人大官方网站、31个省级行政区的人大官方网站、31个省级行政区的政府官方网站、微信公众号以及相关调研报告，同时辅以百度、Bing、Google等搜索引擎进一步扩大检索范围；国外人工智能立法应用的内容主要源自Google、Bing、百度等搜索引擎。2. 中国人工智能司法应用数据主要源自最高人民法院和最高人民检察院官方网站及微信公众号、31个省级行政区的高级人民法院和省级检察院官方网站及微信公众号、百度等国内搜索引擎的检索；国外人工智能司法应用的内容主要源自Bing、Google等搜索引擎、国外司法部门官方网站的检索。3. 中国人工智能执法应用数据主要源自公安部官方网站、31个省级行政区的政府官方网站、公安厅官方网站及微信公众号、综合行政执法局官方网站及微信公众号；国外人工智能执法应用的内容主要源自Bing、Google等搜索引擎、BBC、NPR等新闻媒体、Google Scholar等学术网站。4. 中国人工智能法律服务应用的数据主要分为公共法律服务部分和企业法律服务部分。公共法律服务部分的数据主要源自31个省级行政区的司法厅（司法局）官网、法律服务网和微信公众号；企业法律服务部分的数据主要源自19家主要人工智能企业的官方网站及微信公众号，企查查、天眼查等征信备案网站内容。国外人工智能法律服务应用的内容主要源自各国政府官方网站，Bing、Google等搜索引擎和微信公众号关键词搜索。

服务架构、多端访问与数据库共享等技术，实现多功能集成、多主体联动，各地级市及区县也涌现出许多人工智能立法应用系统，呈现省级平台与基层平台联动建设的趋势。国外人工智能立法应用政策模拟系统表现突出，美国、英国、新加坡依托机器学习技术实现法律政策的效果模拟及事先预测，从而提升立法质量。与此同时，立法者运用人工智能技术可能引发的算法公正性与数据安全问题也是关注的焦点，多个国家致力于探索相应的规制路径。

2. 人工智能司法应用

中国人工智能司法应用技术与场景的结合更加紧密，江西省高级人民法院通过“政法协同区块链”打造司法机构协同可信机制；苏州市相城区法院运用自然语言处理和深度学习技术助力司法文书生成；北京市海淀区检察院构建“轻罪治理图鉴”监督模型实现对类案研判的监督。国外人工智能司法应用呈现包容和审慎并行的趋势。爱沙尼亚司法部研发小额索赔纠纷“机器人法官”、美国哥伦比亚的法官使用ChatGPT撰写判决书等实例，显示了人工智能法官的落地可能性，但同时也引发了民众对裁判角色变革的争议。

3. 人工智能执法应用

中国人工智能执法应用进一步研发新兴技术。上海市浦东新区依托数字孪生技术优化水利管理体系；青岛市公安局运用中科链源开发的“SAFEIS 安士区块链 AI 信息作战系统”打击虚拟货币犯罪，在环境保护、犯罪打击场景实现技术新突破。国外人工智能执法应用逐步放宽技术适用限制，美国纽约警方重新投入使用曾被禁用的 Digidog，法国通过新法案扩大智能化监控技术的适用，英国多地区采用 ANPR 技术打击交通违法行为。与此同时，如何规避技术风险、保护个体权利也成为面临的重要问题。

4. 人工智能法律服务应用

中国人工智能法律服务应用向功能集成化发展，全国共计 21 个省份整合资源新建一站式“法治超市”，多地建立起数字法治综合应用；企业研发的“供应商管理场景电子签约解决方案”“企业智检 4.0”等系统能够实现合同全流程管理、企业风险全方位防控。国外人工智能法律服务应用充分运用生成式人工智能技术，Contract Matrix、Onit Catalyst for Contracts、Zuva contracts AI 等系统使合同起草与审查更加智能化，My Jr、Law Vu 等系统则能够实现更加精确的自然语言处理。

二、人工智能立法应用

（一）中国人工智能立法应用

1. 应用地域分析

通过对全国 31 个省级行政区的人工智能立法应用数量进行统计，2023 年度全国人工智能立法应用数量为 90 个。总体来看，东部地区人工智能立法应用数量居首，占全国人工智能立法应用数量的 47%（见图 3-1），浙江省、上海市、山东省分别位列该地区前三位，其中，河北省较上一年度进步明显（见图 3-2）。西部地区应用数量位居第二，总数量占全国的近三分之一，内蒙古自治区、四川省、青海省与贵州省位于西部地区前列（见图 3-4）。中部地区、东北地区人工智能立法应用数量虽不及东部地区与西部地区，但较上一年度而言都在稳步推进。在中部地区，湖北省、河南省、安徽省位列前三，各省之间的差距较小（见图 3-3）。在东北地区，黑龙江省以较大优势位列第一（见图 3-5）。

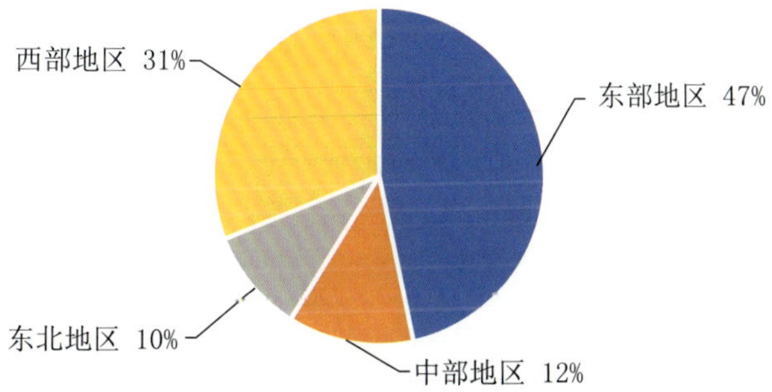

图 3-1　全国人工智能立法应用数量地域占比分析

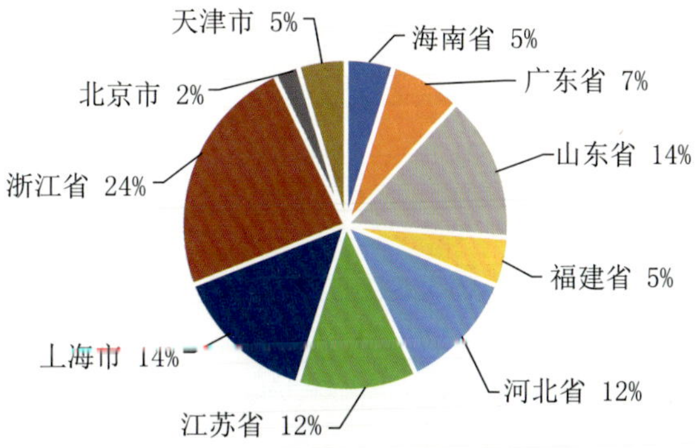

图 3-2　东部地区人工智能立法应用数量占比分析

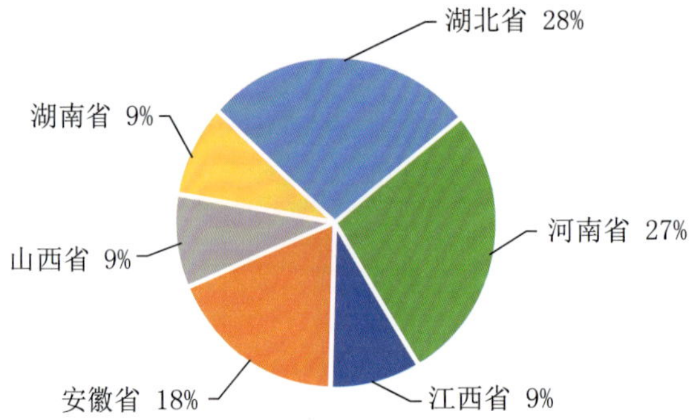

图 3-3　中部地区人工智能立法应用数量占比分析

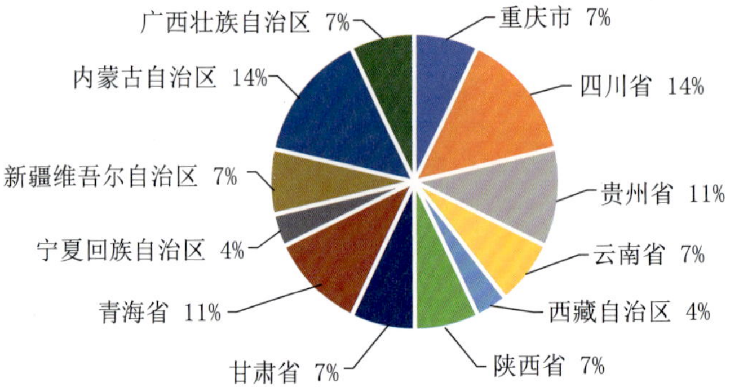

图 3-4　西部地区人工智能立法应用数量占比分析

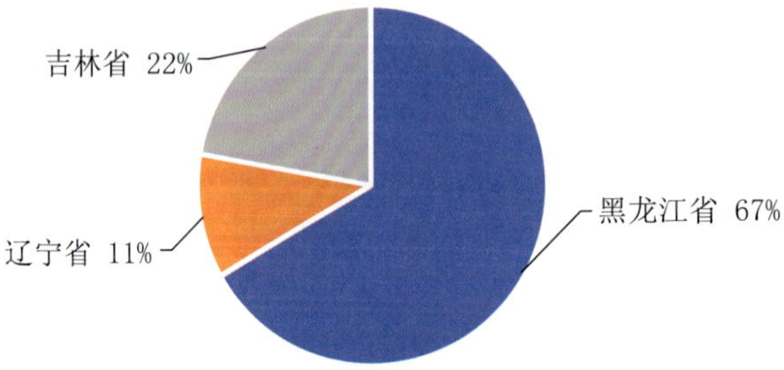

图 3-5　东北地区人工智能立法应用数量占比分析

（1）东部地区、西部地区人工智能立法应用深浸基层，创新性显著。2023 年度人工智能立法应用在东部地区、西部地区的发展势头强劲。东部地区各省市积极响应号召，依托各省智慧人大建设的基础优势，开发相关人工智能立法应用并落实到基层，立法应用范围趋于完整，建设趋于成熟。上海、江苏、山东等省市以地级市为单位，结合基层群众自治组织开展相关建设，效果显著。在东部地区 10 个省级行政区的 42 项人工智能立法应用中，地级市完成的项目高达 34 项，占 81%。此外，西部地区的人工智能立法应用也多平铺到了各基层，形成了有层次的系统与网络。例如，昆明市已建成的多层次基层立法联系点系统，其所延展的18个市人大常委会基层立法联系点实现了全市所有县（市）区全覆盖，各基层立法联系点通过建立“立法意见网上征集平台”，实现线上线下双通道收集意见建议。

从人工智能立法应用的创新性上看，东部地区、西部地区的人工智能立法应用有诸多亮眼之处。例如浙江省杭州市富阳区在相关政府侧、民企侧、院校侧设立“3+N”立法协商活动阵地，建设“线上涉法诉求综合征集平台”；杭州律协作为市人大常委会和市政府立法联系点，建立网上“立法建议直通车”，累计为《杭州市优化营商环境条例》《杭州市社会信用条例》《杭州市质量促进办法》等40多部法规、规章草案提出立法建议近1000条；贵州省法规规章规范性文件数据库暨贵州省人大系统备案审查信息平台为构建全覆盖的备案审查监督体系提供了信息化支撑，实现贵州省涉及1589家主体制定的9038件法律文件按照标准入库。2023年度十四届全国人大一次会议表决通过了关于修改《立法法》的决定，“浦东新区法规”写入新修订的《立法法》。浦东新区人大常委会为更好参与立法工作，根据浦东新区法规变通性、创新性等特点，聚焦从法规需求提出到立法成果应用的全流程，优化了系统设计，为“智慧人大”平台增设了法治保障系统。

（2）中部地区、东北地区在人工智能立法应用领域稳步探索。中部地区和东北地区在人工智能立法应用领域稳步推进，通过一系列积极探索，不断优化和完善地方治理体系。中部地区对过去应用的功能进行创新迭代，例如江西省同步推进建设、应用、完善三方面的工作，“数字人大”在1.0阶段打基础、2.0阶段扩展服务的基础上，开启了强化应用建设的3.0阶段，搭建县（市、区）人大分厅，实现三级人大全覆盖。郑州市的“智慧人大”2.0实现了基础信息支撑平台的统一管理和多个业务平台的相互融通，提升了地方人大工作的透明度。

在东北地区的9个人工智能立法应用项目中，备案审查和法规规章规范性文件数据库应用占据了近半数的显著比例。与过去相比，该地区在立法工作中对规范性文件等基础数据管理加强布局，不仅规模有所扩大，应用场景和功能也更加多样，文件管理逐渐精细化。例如吉林省2022年度仅有北大法宝提供的长春市人大规范性文件智能辅助平台，而2023年度吉林市行政规范性文件监督管理项目入选全国法治政府建设示范项目，其规模有所扩展，省级法规规章规范性文件数据库也正式上线运行。黑龙江省法规规章规范性文件数据库通过“全省事App”和“龙政通App”与企业群众、机关干部分别对接，通过AI算法实现文件高效检索和精准关联展示。

中部地区和东北地区在整体应用数量上相对偏少，主要原因是其倾向于在现有基础上进行改进，整合利用资源。中部地区主要在现有数字人大基础上扩展应用，而东北地区则对法规规章规范性文件数据库进行完善。

2. 应用场域分析

人工智能立法应用根据立法活动的基本程序可以分为三个阶段：法律草案形成阶段、法律草案审议和表决阶段与立法后评估阶段。人工智能辅助立法虽然贯通立法的各个阶段，但基于其“辅助性”而非“主导性”的特点，将技术嵌入立法是一个由浅及深、不断改进和完善的过程。

在人工智能立法全流程辅助平台建设上，2023年度北大法宝、正宇软件等企业持续助力立法机关。北大法宝在2023年度大模型能力提升，新增智能问答、智能写作、智能立法、智能助手等产品，依托ChatGPT等生成式人工智能技术建设大模型服务基座，完成对文心一言、ChatGLM、讯飞星火等多种大模型的适配。北大法宝智能立法辅助平台（通用版）作为提供符合业务需求的智能辅助工具，涵盖智能起草辅助、智能比对、版本比对、格式生成、一键清样五大系统，助力河北省人大常委会智慧立法平台、甘肃省人大常委会基层立法联系点服务平台、青海省人大常委会立法与监督系统、山东省司法厅立法智能化信息平台的建设。

（1）法律草案形成阶段。法律草案的形成阶段主要涉及智能起草辅助、意见征集、文件审核、条文比对、纯净稿生成等功能。2023年度人工智能技术在法律草案形成阶段的应用主要体现在民意征集和助力人大代表履职方面。

① 通过大数据技术助力民意征集与反馈。与传统立法模式相比，人工智能技术颠覆了传统的民众被动接受法律的模式，如今每个公民都可以参与到立法意见的收集与表达中。通过人工智能立法应用系统，立法者与民众在立法上能够保持共识。一方面，人工智能立法应用通过大数据技术征求立法建议与收集汇总民众意见，例如重庆市、陕西省西安市、云南省昆明市等地区利用“立法意见征集平台”更大范围地征求意见，通过数据化整理，汇总梳理普遍性的群众意见，以可视化的形式体现民众关心的立法需求。另一方面，人工智能立法应用还通过智慧媒体、智慧平台等拓宽

反映渠道，使立法建议更具科学性、专业性与针对性，其中较具特色的是杭州律协建立的“立法建议直通车”与“3 + N 阵地”，充分发挥专家、律师、企业的专业知识和业务经验，产业发展的前端后端实现对接，立法活动的多方沟通更为有效。人工智能立法应用在草案形成阶段实现民意征集的两种方式，使意见反馈的内容更加全面与科学。

② 人大数字化平台迭代更新提升立法能力。积极推进“智慧人大”数字化履职平台建设，开创了新时代人大代表履职的新局面。人大代表履职服务平台是各级人大代表依法履职、与群众交流互动的平台，旨在实现代表履职服务的透明化、流程可视化、信息公开常态化、代表和群众交流便捷化，为人大代表的工作提供各类支撑。各地区的数字人大、人大代表履职平台的建设早已开展，2023 年度主要是对于平台的升级优化，完成了“智慧人大 2.0”“数字人大 3.0”等迭代，进入“强应用”阶段，场景更加全面、功能更加强大，各地区逐步实现多元一体化服务，优化立法草案形成阶段的调研论证、组建专班等程序，为辖区人大代表密切联系群众和履职互动交流提供了便捷、智能、高效的服务路径。

（2）法律草案审议和表决阶段。法律草案的审议是指在相关会议期间对列入会议议程的法律草案进行审查和讨论并提出建议、批评和意见。法律草案的表决则是指在相关会议上对列入会议审议的法律草案表示赞成、反对或者弃权的决定。2023 年度人工智能在法律草案审议和表决阶段的运用主要体现在会务工作信息化、综合系统中专设立法审议模块两大方面。

① 会务工作信息化水平得以提高。履行法律草案审议和表决职责的流程属于会务工作中的一部分，会务工作信息化水平提高为立法工作带来了极大便利。统计结果显示，智能会务应用的形式多体现为无纸化会议系统与各式各类的电子系统。基于法律草案审议和表决所需的会务工作，可从性质及流程上将智能会务应用分为会议材料和会间制度两个板块。一方面，会议材料的信息化使得会议更加精简高效。例如，山东省博兴县、青海省甘德县等安装启用了集签到、表决、测评等人大常用功能于一体的“无纸化会议系统”，工作质效得到提升。“无纸化会议系统”最突出的特点在于以电子化形式实时显示会议材料、表决结果等内容，满足了参会人员对会议材料预读预审和对表决结果即时知晓的需要。

另一方面，会间制度的智能化使得会议效率提升。例如，在宁波市十六届人大三次会议和宁波市政协十六届二次会议中，宁波市在使用“电子阅文系统”推送相关会议材料后，还相继通过“电子表决系统”表决议案和决议，使用“电子选举系统”进行大会选举和政府民生实事项目表决，与此同时还辅助使用“浙里甬人大”等数智应用为代表履职提供更多服务。济南市人大常委会的“数字人代会”也采用了新颖的“简会会议系统”，该系统集成按键报名、区块化排座、阅文审议、移动表决、签到、档案管理等多种功能，实现了会务工作程序化、模块化、标准化，极大提高了工作效率。

② 综合系统中专设立法审议模块。人工智能在法律草案审议和表决阶段的运用还体现在新增立法审议模块。较为典型的是北大法宝为青海省人大常委会建设的“青海智慧人大立法与监督系统”。该系统系重点围绕青海省人大常委会立法和监督工作的立项、起草、审议等各业务环节而设置，有助于实现立法全流程的在线操作和监控，便于数据共享，助推青海立法和监督工作的进一步深化。在该综合立法与监督系统中，“立法审议”便是专门设置的模块之一，意在实现立法项目审议审查工作的便捷和高效智能。此外，河北省沙河市人大常委会打造的“数字人大综合管理服务系统”专设“民生实事”应用场景，录入市人大会议上票决的数十项重点民生实事项目情况，人大代表可线上实时看、查、评、督，实现了年度民生实事项目从征集、筛选、征求意见、审议、票决到监督评价等全流程的数字化。

（3）立法后评估阶段。在立法后评估阶段，人工智能应用主要表现在规范性文件数据库和备案审查两个方面，规范性文件数据库作为备案审查的重要工具，能够集中存储和展示各类法规、规章和规范性文件，为审查工作提供全面的信息支持，以便能够快速检索到相关文件，确保立法的效果与初衷相符。

① 行政规范性文件数据库的规模和功能全面扩展。2023 年度的数据库建设收录了更多法规、规章和规范性文件，使得备案审查能够触及更广泛的法律文本，确保审查无遗漏，实现了法规文件的集中存储、快速检索和有效管理。规范性文件数据库的建设也是为了更好地服务于备案审查工作，同时满足公众对规范性文件查询和监督的需求。黑龙江省法规规章规范性文件数据库 2023 年 10 月正式上线试运行，截至 2023 年年底，已收录法规、规章、规范性文件 10138 件，市民可线上查阅，还可以

检索国家法律法规数据库、国务院政策文件库、国家行政法规库、全国省级人大和省级政府文件库。

在推进数据库建设的过程中，各地根据自身实际情况，设计了多种功能，以提高数据库的便利性。许多数据库融入了新技术，如微信小程序、App 等移动访问方式，以及微信扫码阅读和下载功能，公众可以通过多种途径访问数据库。在江苏省法规规章规范性文件数据库中，用户可根据文件的效力位阶、制定机关、时效性和发布年份对文件进行筛选，还可以在微信小程序中查看数据库内容。一些数据库还引入了语音播放功能，为视力不便的用户提供便利。

② 备案审查系统智能化程度增加。通过智能化手段提高审查工作的准确性和时效性，从而维护法治统一。人工智能在备案审查中通过整合自然语言处理和大数据分析技术，实现了对规范性文件的自动匹配、比对和分析，提高了审查工作的效率和准确性。系统能够自动识别文件中的潜在问题，生成初审意见，并辅助审查人员与文件制定机关进行有效沟通，形成正式的审查意见。此外，系统的监测预警功能增强了审查的主动性和预防性，而意见征集与统计分析功能则为政策制定提供了宝贵的数据支持，整体上提升了备案审查工作的透明度和公众参与度。广东省已经建立起全省统一的备案审查信息平台，该平台具有智能辅助审查功能，可自动将审查的规范性文件与上位法进行智能匹配和比对分析，发现可能存在的问题并自动标记显示，最后通过平台的审批功能形成审查意见，在线与制定机关沟通并督促其纠正。

3. 技术侧重分析

（1）Spring Cloud 微服务架构搭建智慧人大新模式。Spring Cloud 是目前国内使用最广泛的微服务框架，作为一套完整的微服务解决方案，基于 Spring Boot 框架，集成各种微服务功能组件并将这些组件自动装备，从而简化了开发者的代码量，提供良好的开箱即用体验。Spring Cloud 常见的组件包括：服务注册发现、统一配置管理、服务远程调用、统一网关路由、服务链路监控以及流控、降级、保护（见图 3-6）。微服务架构降低了服务间的耦合，有较强的容错性，即单个服务问题不影响其他服务正常使用，有利于服务升级扩展。Spring Cloud 凭借其分布式系统模式提供的简单且易于接受的编程模式，多运用于智慧人大平台的建设中，以帮助构建弹性的、可靠的、协调的应用程序助力立法。

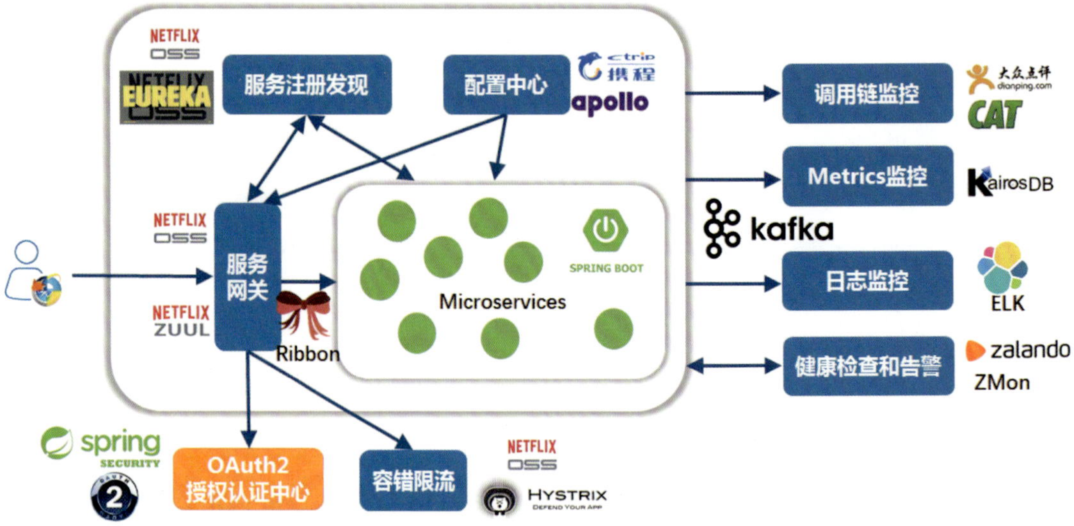

图 3-6　Spring Cloud 微服务架构①

Spring Cloud 在立法中的应用主要体现在利用其微服务架构的特点来构建智慧立法或智慧政务平台。在这样的应用场景中，Spring Cloud 提供了一种灵活、模块化的方法来开发和管理立法过程中的不同服务和应用。第一，在立法系统中，可能包含多个服务，如文档管理、议案提交、政策分析等。Spring Cloud 的 Eureka 组件可以作为服务注册中心，例如河南省郑州市的“智慧人大”2.0 就采用了 Spring Cloud 微服务架构，以“1 + 6 + 11”的模式运行，其中“1”代表一个基础信息支撑平台，它通过统一门户管理，成为所有子系统信息交流和服务提供的核心枢纽。“6 大业务平台”涵盖了立法大数据管理、规范性文件备案审查、融媒体宣传、代表履职服务、联网监督和机关智能化办公等关键领域。这确保了在服务数量增加时，服务之间的通信仍然高效、可靠。

第二，立法系统中的服务可能需要根据不同的环境，例如开发、测试、生产等场景进行配置。Spring Cloud Config 提供了一个中央化的配置管理解决方案，它允许开发者将配置信息存储在外部存储系统中，所有的服务都可以动态读取配置信息，从而简化了配置管理。2023 年度立法平台通过 Spring Cloud 中央化的配置管理等功能组件实现无缝融通，使得数据流转和服务调用更为高效。从议案的提交、审查到最终的督办执行，所有环节都可以通过平台实现高效的信息化管理，极大提升了立法工作的效

① 《基于 Spring Cloud 的微服务架构分析》，载 https://mp.weixin.qq.com/s/bY3MsjH_Ha0jfD8cJMpjmw。

率和质量。

第三，在立法系统中，服务之间可能需要进行相互调用。Spring Cloud 的 OpenFeign 组件提供了一种声明式的 Web 服务客户端，简化了服务之间的 HTTP 调用过程，并且集成了负载均衡功能，提高了系统的可用性和扩展性。例如河南省郑州市“智慧人大”2.0 运用微服务架构，使得各个服务模块可以独立更新和扩展，这为随政策变动和技术发展而进行的系统升级提供了便利。这种设计不仅保证了系统的稳定性和可维护性，还确保了系统能够快速响应新的立法需求和挑战。

第四，Spring Cloud Gateway 可以作为立法系统的 API 网关，它处理所有进入系统的请求，并根据路由规则将请求转发到后端的微服务。这不仅提供了一种统一的入口点，还可以实现跨域处理、请求过滤等功能。河南省郑州市“智慧人大”2.0 的“11 个联网监督子系统”利用 Spring Cloud 的技术优势，使这些子系统可以跨越不同层级，从市到乡镇，实现立法活动的全面监控和管理。

总体而言，Spring Cloud 为“智慧人大”提供了一种可靠、可扩展的微服务架构，使得不同的服务程序可以独立开发、部署和升级，提高了系统的整体灵活性和可维护性。在智慧立法平台的建设中，Spring Cloud 凭借其中央化的技术优势，为人工智能立法应用提供了一个理想的技术选择，以支持复杂立法活动的数字化和自动化。

（2）多端访问的立法数据库共享技术提升立法工作效率。数据库共享是指多个用户或系统之间共享和访问同一个数据库资源的过程。这种共享可以通过网络实现，使不同地理位置的用户或不同平台的应用程序都能够读取、写入和管理数据库中的数据。其特点是同时保证多用户访问和数据一致性，允许多个用户同时连接到数据库，执行查询、更新和其他操作，确保所有用户能够看到数据库的最新状态。

一方面，将信息平台联通至各层级和各部门，能够做到备案审查工作的业务协同，在多端访问的同时，对数据库上每个文件都量身定制了区块链证书，赋予每个文件数字化身份，将每一次访问和操作留痕。广东省就建立了全省统一的备案审查信息平台，纵向联通全国人大和省市县乡五级人大及各委员会，横向联通各级政府及其部门、监委、法院、检察院，实现政府内部信息共享。另一方面，将数据库与公众对接，便于公众查阅法规规章规范性文件。黑龙江省法规规章规范性文件数据库就建立了政府和公众两端式数据库，包括对接群众的“全省事 App”。

4. 发展特点分析

（1）数据库及备案审查平台持续推进建设。人工智能技术能够自动化地整合和管理大量的立法数据，包括法律文本、历史修订记录、相关案例等。通过机器学习算法，人工智能可以从这些数据中识别关联性并提供相关立法建议。数据库建设充分考虑数据库便利性、稳定性、安全性，重视新技术应用，探索数据上传、审核发布、版面设计、检索查询等相关流程和功能，提供权威、便捷的规范性文件查询检索和立法文件备案审查平台。各地结合实际，在数据库功能设计上主要提供查询、检索、下载、更新、意见建议反馈等功能。

在设置数据更新方面，有的数据库与备案审查信息平台相衔接，与信息平台的升级进行统筹考虑，保持数据常新。在建议审查方面，有的考虑在数据库首页和单个文件列表页面中设置审查建议提交功能，并与备案审查信息平台后台连通。在公众查阅方面，大多平台提供了精准检索、模糊检索和文件主题分类检索功能，有的提供WPS、OFD、PDF、HTML等多种标准文档格式，还有的提供长者模式，方便公众查阅使用。此外，许多数据库除了可以通过PC端登录互联网进行访问之外，还可以通过手机（微信小程序、App等）访问数据库，有的提供语音播放功能，有的提供智能问答“小助手”，对公众的问题进行解答、反馈和指引等。

随着新法规的不断出台和旧法规的修订或废止，数据库需要快速响应这些变化。人工智能技术可以帮助自动检测新的立法活动，及时更新数据库内容以保证各项数据的时效性。人工智能立法应用可以辅助法律专家进行法规文件的备案审查工作，通过自然语言处理技术分析法律文本，识别潜在的法律问题和冲突，从而提供精准的审查支持。此外，人工智能还可以分析公众对立法的反馈，为立法者提供可行的建议。最后，利用人工智能技术，可以优化审查建议提交流程，自动分类和汇总建议，甚至预先评估建议的相关性和紧急性，从而提高审查工作的效率。综上所述，人工智能在数据库及备案审查平台的建设中，展示了其在数据分析、透明度提升和效率优化方面的强大潜力。

（2）人工智能辅助立法实现多主体、多路径联动。人工智能辅助立法并非一般科技在立法领域内的简单应用，稍有不慎便会对法的权威与正当性造成不当减损。因此，人工智能辅助立法需要通过多主体、多路径的联动，深化科技与法律的融合。具体而言，科技人才应当与立法工作人员等多主体秉持共建共治的原则，聚合优势，互弥缺隙，共同形成切实完善、兼顾共通的方案。从全国来看，技术人员与立法机关、司法机关等多主体的交流与配合较为常见，与科技公司、信息中心、司法厅、法工委的配合也较为典型。海南自贸港的法制创新组团便是一个科技人才与立法机关人员搭档配合的良好例证。在这个法制创新组团中，既有在建设国家法律法规数据库方面具备丰富工作经验的科技人才，也有长期从事立法相关工作的来自司法厅、法工委等的机关人员。组团中的科技人才与立法机关人员分处于立法程序的各个节点，充分发挥各自专业优势，共同形成建设方案、数据标准，并积极配合做好立项论证、功能开发、数据上载等工作，最终形成数据库并进一步测试。此外，在广东省备案审查信息平台的建设中，北大法宝为其提供了技术支持，相关信息平台已延伸至全省所有市县乡使用，构建了全省备案审查工作互联互通、信息共享和业务协同的新格局。

5. 未来趋势分析

（1）探索动态化的立法快速响应机制。随着未来算力的显著提升，结合不断进步的机器学习、自然语言处理（NLP）和知识图谱构建技术，立法快速响应机制将变得更加灵活和迅速。机器学习算法能够分析和学习历史立法案例和当前社会数据，为立法者提供定制化的决策支持；NLP 技术则使从大量文本资料中提取法律知识、监测社会情绪和预测法律影响成为可能；而知识图谱构建技术将确保新法律与现有法律体系的无缝对接，避免潜在的法律冲突。这些技术的融合应用，将极大提升立法过程的效率，使立法者能够快速制定出既符合法律原则又适应社会需求的规定，确保法律体系的及时更新。

人工智能技术在立法领域的应用预示着法律适应机制的未来发展趋势，即法律体系将更加动态灵活、反映社会需求。一方面，随着社会的发展和技术的进步，现有的法律可能变得不再适应新的社会现实。在面临突发事件或紧急情况时，人工智能可以辅助快速制定临时性规定，通过预先设定的规则和逻辑框架，迅速生成符合法律原则的临时性规定，为应对紧急情况提供法律支持。另一方面，在整体的立法基础上进行实时监测分析，人工智能可以辅助立法者对现有法律进行审查和修订，确保法律体系与时俱进。这有助于立法机关及时发现法律实施中的问题和不足，为立法修订提供科学依据。人工智能技术可通过大数据分析持续监测法律实施的效果和社会热点，实时收集和分析法律实施的反馈信息，分析法律条文与现实情况的匹配度，提出修订建议，甚至模拟法律变更后的社会影响。

（2）利用生成式人工智能提升法律文本草拟质量。北大法宝目前正在探索ChatGPT在立法中能够发挥什么作用，包括能否解决专业性、政策性较强的立法问题等前沿问题。尽管生成式人工智能在图像、文本生成等方面取得了显著进展，但其在法律领域的应用仍处于初步阶段。北大法宝目前开发的智能起草辅助系统，已经用于起草法律、法规、规章、规范性文件等。该系统已经引进了生成式大模型工具GPT，为起草工作提供了先进的智能辅助。生成式人工智能模型具备持续自我学习和适应的能力，能够根据立法者的反馈和新的法律实践不断优化其性能。其中自然语言处理技术使得生成式人工智能可以理解和运用复杂的法律语言，进而提高法律文本的清晰度和精确度。由于立法文本的专业性、复杂性，立法领域还没有大规模应用此技术，但在未来该技术有可能融入立法过程中，生成连贯、逻辑性强的文本内容，提升法律文本的生成效率和质量。

（3）将逐渐破解人工智能辅助立法的安全风险。随着人工智能技术在立法中的参与程度日益加深，未来人工智能立法应用将会更加重视人工智能风险，并对此进行相应技术及法律规制。现阶段人工智能辅助立法存在立法过程中主体歧视、算法黑箱难以溯源、数据主体隐私安全受损等潜在风险。① 首先，以算法为中心的人工智能应用系统存在算法偏见与歧视，主要体现为对某些群体观点的忽略。针对这一问题，2023年度上海市、浙江省、江西省等省份开展了相关实践，例如采用多种形式的“全省特殊人群民意征集”渠道保证特殊群体的民意征集反馈，但仍存在可以提升的空间，例如在未来逐步实现特殊人群民意征集的应用覆盖。其次，算法黑箱难以溯源的问题在人工智能立法应用中也有体现，经过算法运算后得到的立法结果，经过了哪些运算过程、立法意见如何被归类、如何被吸纳等问题，目前都无法作出明确的回答。2023年度浙江省、江苏省、福建省、广东省、安徽省、湖北省、黑龙江省等地区就这一问题已有所关注，建立了动态法律法规数据库及备案审查平台，在进行

① 参见赵精武：《生成式人工智能应用风险治理的理论误区与路径转向》，载《荆楚法学》2023年第3期；陈吉栋：《以风险为基础的人工智能治理》，载《法治研究》2023年第5期。

算法分析时记录生成过程，使人工智能立法应用能够解释立法条文是否合理，保障生成文件可溯源。未来将会更加注重溯源的管理与应用，使立法全流程留痕、可解释。最后，数据主体隐私安全受损的风险是目前较难解决的问题。例如在大量收集民意的过程中，个人数据被过度收集的风险也会随之升高。针对数据主体的隐私安全问题，相关技术和实践在执法等领域已经有了较好的探索，未来将会在立法领域有所应用。

（二）国外人工智能立法应用

1. 立法应用各阶段充分使用机器学习技术

机器学习（Machine Learning，ML）、3D 模型（3D model）等人工智能技术可以助力立法的不同领域和各个阶段。首先，在数据分析和政策制定方面，通过分析历史数据，机器学习模型可以帮助识别政策变化的潜在影响，预测政策执行的结果。例如在社会保障领域，通过分析大量的社会经济数据，机器学习模型可以预测特定政策对贫困率、就业率等指标的可能影响，为立法者提供科学依据。2023 年度此项技术的应用更加成熟和广泛，在美国、英国等地已经有用机器学习模型来检测公共政策的例子。① 此外，通过机器学习技术，可以快速检索和分析大量法律文件，包括以往的法案、判例等，为立法提供参考。例如，法律研究人员可以使用这些技术快速找出与新法案相关的既有法律规定，确保新法案的兼容性和一致性。②

其次，在仿真模拟方面，在城市规划的有关立法中，3D 模型技术能够创建复杂环境的高精度仿真。立法者可以借此评估交通系统等特定建设项目对城市布局和环境的具体影响，以指导立法决策。此外，这一技术也在财政预算和资源分配方面有所应用，即利用机器学习对大量经济数据进行分析，结合 3D 模型对资源分配方案进行可视化演示，可以帮助立法者更精确地预测政策执行的经济效益，从而更好地优化资源配置，2023 年度新加坡的“虚拟新加坡 3D 模型”（Virtual Singapore）表现尤为

① Billy Perrigo, The 3 Most Important AI Innovations of 2023, https://time.com/6547982/3-big-ai-innovations-from-2023/.

② Daniel Faggella, AI in Law and Legal Practice：A Comprehensive View of 35 Current Applications, https://emerj.com/ai-sector-overviews/ai-in-law-legal-practice-current-applications/.

突出。①

最后，在公众参与和反馈方面，利用自然语言处理、机器学习等技术可以自动分析公众意见，从社交媒体、在线论坛等来源汇总公众对即将实施法案的看法和建议，帮助立法者了解公众的需求和反馈，以更好地调整和完善法案。②

机器学习模型的优势在于，它们不仅能够输出每种干预措施可能产生什么结果，而且也能输出这些结果可能在哪些群体中发生，从而基于以上内容生成政策指导建议。在传统立法中，立法者很难知道所制定的法律法规政策与它们旨在实现的效果之间的关系，在人工智能立法辅助系统的帮助之下可以具象化地展现这一关系。虽然这些复杂的人工智能模拟系统也无法作出准确的价值判断和最佳选择，但一定程度上也能为立法提供指导建议，使立法者关注相关具体解释和假设，从而提高立法质量。随着技术的不断进步，机器学习技术可能会成为立法过程中不可或缺的一部分，为分析数据、公众互动提供了一种新方法。

2. 利用人工智能增加议会工作透明度及决策科学性

人工智能技术不仅能帮助议会增强内部运作的透明度，还能改善民众对议会工作的理解和参与。例如新西兰议会创建了虚拟会议（special virtual committees），不丹、巴西、毛里求斯和英国等使用数字工具进行远程 / 混合议会会议。③通过安装和运行数字系统基础设施，实现远程会议、以电子方式访问审议所需的文件、以电子方式投票、直播会议、视频记录会议和数字化跟踪法案修正案等功能。④为了确保人工智能应用的科学性和合理性，议会持续评估人工智能技术应用的实际效果。例如 2023 年度希腊对人工智能技术在议会中的 210 个应用和主题的相关性与优先级进行研究，收集和评估了一系列关于在议会中使用人工智能的建设性建议，并对相关数据进行汇总

---

① Jet Lü, How's AI/ML Improving the Legislative Processes, https://www.linkedin.com/pulse/hows-aiml-improving-legislative-processes-jet-l%C3%BC-4tw4e.

② Melissa Heikkilä, Four Trends That Changed AI in 2023, https://www.technologyreview.com/2023/12/19/1085696/four-trends-that-changed-ai-in-2023/.

③ Inter-Parliamentary Union, Parliaments After the Pandemic：New IPU e-Parliament Report, https://www.ipu.org/node/12073.

④ Patrick Kabuya, Blythe Michelle Antonelli, Kafu Kofi Tsikata, e-Parliament Systems and the Future of Parliaments, https://blogs.worldbank.org/en/governance/e-parliament-systems-and-future-parliaments.

处理。① 简言之，人工智能技术不仅可以使议员的决策及立法更加明智，也能让公众更好地参与和监督立法工作。

3. 人工智能辅助立法的风险及应对

全球的人工智能立法应用不断更新迭代的同时，人工智能辅助立法所致的数据安全、算法歧视、监管缺位等风险也逐渐显现。2023 年 6 月，在美国共和党总统候选人罗恩·德桑蒂斯（Ron DeSantis）参与的总统竞选活动中，其发布的一段视频包含人工智能生成的前总统唐纳德·特朗普（Donald Trump）拥抱安东尼·福奇（Anthony Fauci）的虚假图片，使得选民难以区分材料是由人工智能生成还是由真实人类生成。② 除了刻意利用人工智能生成不真实材料的情形，人工智能在"无意"中也会创建虚假内容。例如，2023 年 6 月，在加拿大多伦多一位市长候选人的竞选平台上，一张显然不符合常理的照片出现在其竞选材料中，由此引发了选民对其竞选材料真实性的质疑。随后，相关照片被承认系由人工智能生成的虚假图像。相关学者指出，其中的风险在于该平台并没有事先透明地传达或披露相关图像系由人工智能生成的事实，而是直接默认让选民相信它们是真实的。③

上述例子只是冰山一角，但从中也不难窥见，若对人工智能监管不力，将会影响包括立法在内的诸多特定事项，相关国家对此采取了系列措施：一是实施可行的高精度系统验证人类活动，并特别注意可访问性和数据隐私；二是修改适用的法律和规则，使各机构有权无视由系统自动传送的有关法规提案的意见书；三是建立监管措施，规范政府使用人工智能分析、总结或汇总公众意见，以及对法规、公共政策的起草提供实质性帮助的行为；四是持续开展针对已知选民的调查，以获取有关计

① Jörn von Lucke, Fotios Fitsilis, Using Artificial Intelligence in Parliament, https://dl.acm.org/doi/10.1007/978-3-031-41138-0_12.

② Shannon Bond, DeSantis Campaign Shares Apparent AI-generated Fake Images of Trump and Fauci, https://www.npr.org/2023/06/08/1181097435/desantis-campaign-shares-apparent-ai-generated-fake-images-of-trump-and-fauci.

③ Hannah Alberga, Three-armed Person Mistakenly Exposes AI-generated Images in Toronto Mayoral Plaform, https://www.cp24.com/mobile/news/three-armed-person-mistakenly-exposes-ai-generated-images-in-toronto-mayoral-platform-1.6439392?cache=.

划实施的反馈意见。[①] 这些措施在一定程度上能够尽可能地规避人工智能带来的诸多风险。

在人工智能立法应用的各个阶段，各个国家也采取了相应的措施。首先，在立法审议和表决阶段，2023 年，IPU（Inter-Parliamentary Union）与 ASGP（Association of Secretaries General of Parliaments）合作发布了《议会数字化转型指南》(Guide to Digital Transformation in Parliaments)，该指南介绍了世界各地议会利用数字化工具提高工作能力的实例。[②] 具体而言，巴西的“Ulysses System”内设了电子参与模块，[③] 极大地提升了便捷性；美国的亚利桑那州提出了一则关于选票处理和电子裁决及其限制的相关法案，要求电子投票裁决功能应通过相关逻辑和准确性测试，并且不得包含任何人工智能或学习软件。[④] 尽管这一法案已被否决，但从中能看出亚利桑那州对人工智能辅助立法风险的考虑与衡量。

其次，在政府适用自动化决策系统方面，美国的加利福尼亚州[⑤]、马萨诸塞州[⑥]、康涅狄格州[⑦] 等多个州都要求相关政府对其正在使用的高风险自动决策系统进行盘点，以及成立自动化决策委员会或工作组对政府适用自动化决策系统的使用情况、标准及限制、风险以及保障措施等出具报告与建议。其中，加利福尼亚州于 2023 年

① Mekela Panditharatne, Daniel I. Weiner, Artificial Intelligence, Participatory Democracy, and Responsive Government, https://www.brennancenter.org/our-work/research-reports/artificial-intelligence-participatory-democracy-and-responsive-government.

② Inter-Parliamentary Union, New Guide Will Empower Parliaments to Embrace Digital Transformation, https://www.ipu.org/news/press-releases/2023-09/new-guide-will-empower-parliaments-embrace-digital-transformation.

③ Jet Lü, How's AI/ML Improving the Legislative Processes? https://www.linkedin.com/pulse/hows-aiml-improving-legislative-processes-jet-l%C3%BC-4tw4e?trk=news-guest_share-article.

④ Carroll, 2023 AZ S 1565, https://custom.statenet.com/public/resources.cgi?id=ID: bill: AZ2023000S1565&ciq=ncsl&client_md=009f86572673187364f38c98b0425a99&mode=current_text.

⑤ Dodd, Senator Hurtado, 2023 CA S 313, https://custom.statenet.com/public/resources.cgi?id=ID: bill: CA2023000S313&ciq=ncsl&client_md=b0847d775babc9989a22f566a2f23bab&mode=current_text.

⑥ Garballey, 2023 MA H 64, https://custom.statenet.com/public/resources.cgi?id=ID: bill: MA2023000H64&ciq=ncsl&client_md=cd99e1101aceb4a114004822b8e3035a&mode=current_text.

⑦ Joint Committee on General Law, 2023 CT S 1103, https://custom.statenet.com/public/resources.cgi?id=ID: bill: CT2023000S1103&ciq=ncsl&client_md=783378b6b29fa00fdab69672348011c6&mode=current_text.

4月10日所修订的法案，主要注重提示与披露，要求任何利用生成式人工智能直接与自然人沟通的国家机构，须按照规定向该自然人发出通知与提供指示，以说明其系正在通过人工智能与国家机构进行互动。① 马萨诸塞州则是在 Chapter 7D of the General Laws 中新增加了相关条文，设置委员会专门对相关风险及规范进行研究，该委员会应评估联邦政府对自动决策系统的使用，并就适当的法规、限制、标准和保障措施向立法机构提出建议。② 康涅狄格州于2023年7月1日起生效的相关法案也规定，国家机构若采用人工智能系统应符合一定的标准，如在实施人工智能系统之前评估其可能产生的影响、确保人工智能系统不会导致对任何个人或群体的非法歧视等。③

三、人工智能司法应用

（一）中国人工智能司法应用

1. 应用地域分析

2023年度全国人工智能司法应用数量为267个，相较于上一年度增加30.2%，人工智能司法应用保持加速发展态势。东部地区发展最为强劲，西部地区发展态势良好（见图3-7）。具体而言，在东部地区，江苏省和浙江省为并列新增数量最多的省份，合计占比为32%；上年度数量相对较少的海南省在2023年度司法增速较快；广东省持续保持相对稳定的状态（见图3-8）。中部地区司法应用数量在全国占比较少，各省份新增数量总体相差不大，江西省数量最多，在中部地区占比25%（见图3-9）。西部地区司法应用数量地区分布差异最大，青海省相对领先，在西部地区占比19%（见

① Dodd, Senator Hurtado, 2023 CA S 313, https://custom.statenet.com/public/resources.cgi?id=ID: bill: CA2023000S313&ciq=ncsl&client_md=b0847d775babc9989a22f566a2f23bab&mode=current_text.

② Garballey, 2023 MA H 64, https://custom.statenet.com/public/resources.cgi?id=ID: bill: MA2023000H64&ciq=ncsl&client_md=cd99e1101aceb4a114004822b8e3035a&mode=current_text.

③ Joint Committee on General Law, 2023 CT S 1103, https://custom.statenet.com/public/resources.cgi?id=ID: bill: CT2023000S1103&ciq=ncsl&client_md=783378b6b29fa00fdab69672348011c6&mode=current_text.

图 3-10）。东北地区司法应用数量在全国占比最少，其中黑龙江省和吉林省数量接近，辽宁省则相对较少（见图 3-11）。

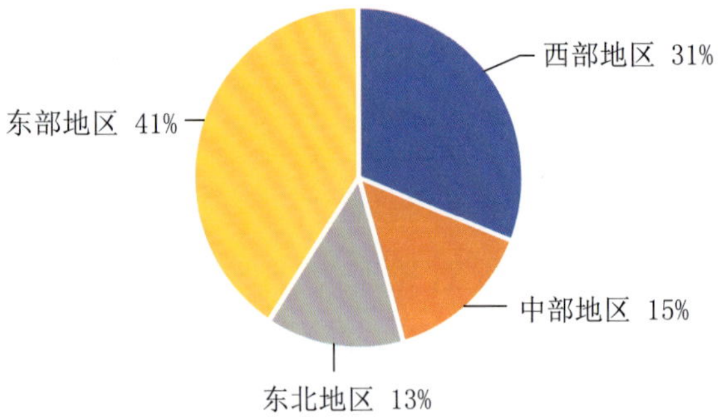

图 3-7　全国人工智能司法应用数量地域占比分析

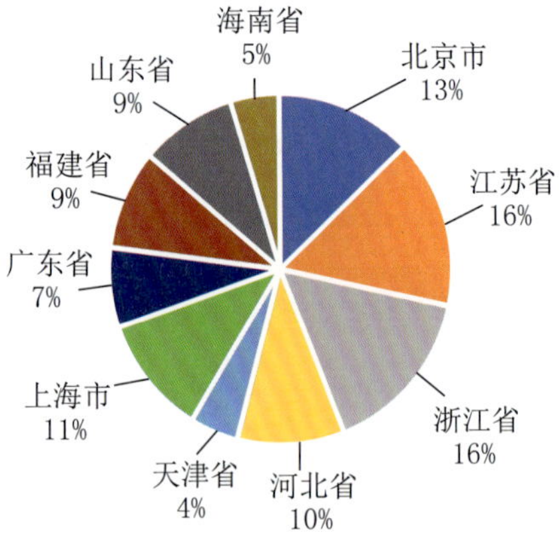

图 3-8　东部地区人工智能司法应用数量占比分析

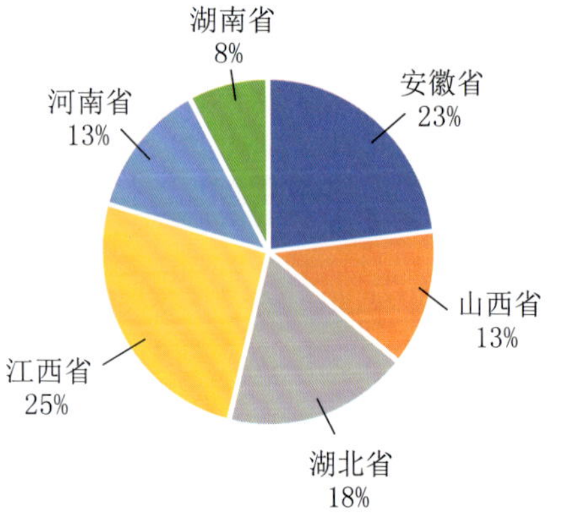

图 3-9　中部地区人工智能司法应用数量占比分析

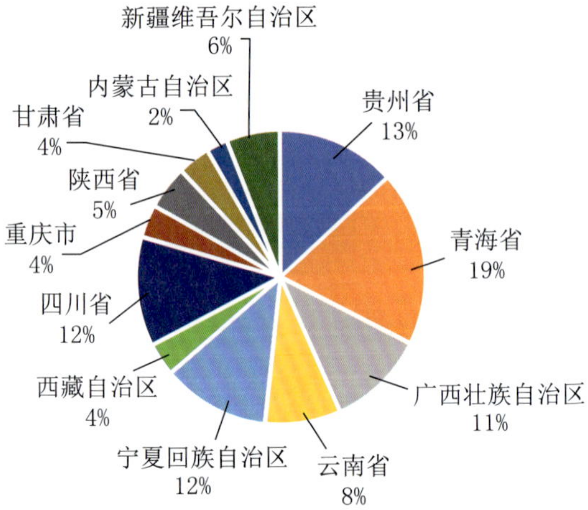

图 3-10　西部地区人工智能司法应用数量占比分析

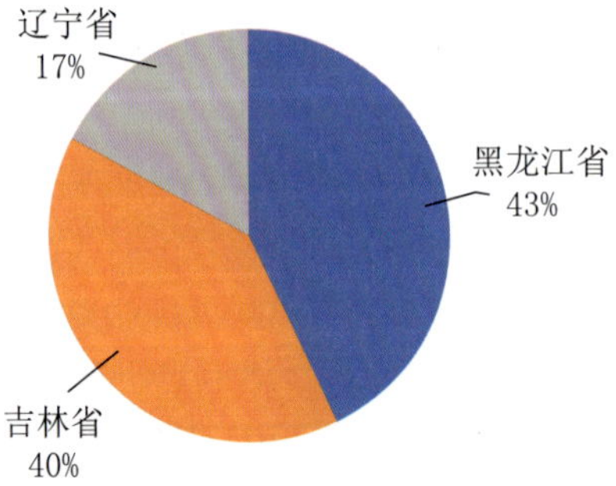

图 3-11　东北地区人工智能司法应用数量占比分析

（1）东部地区人工智能司法应用场景更加细分。东部地区基于经济飞速发展和技术研发领先的双重优势，在人工智能司法应用的场景上不断细分，尤其是在金融领域表现突出。一方面，司法应用逐步向垂直领域细化发展，诸如执法鉴定委托、轻微刑事和解、基层纠纷在线化解、妇女权益保护法律监督、银行资金交易监管等领域。另一方面，东部地区各省份持续在金融监管上发力，例如上海金融法院的金融市场案例测试机制，可以为企业金融创新提供更具稳定性的规则预期、更具前瞻性的风险防范和更具专业性的诉源治理；浙江省人民检察院的金融领域监督治理应用（“融”易治），能实现金融风险分级监测，破解金融风险中非法集资事件的防控、治理和监督问题；海南省海口市龙华区人民检察院的“海南自由贸易港经济金融风险识别与防范法律监督系统反洗钱”子系统模型，能够有效防范自贸港建设中的金融风险。

此外，技术与场景的创新融合更加紧密。例如河北省大厂检察院运用“数智平台＋无人机取证”办案新模式，通过公益诉讼检察大数据智能化应用中心与无人机远程视频互联，指挥无人机完成拍照录像、高空面积测量等工作，完整地固定现场证据，实现记录勘验取证全过程。广东省南海法院利用机器人流程自动化技术实现文档识别与分类、跨系统的数据录入，完成电子卷宗的自动录入和归档工作，具备自动接案、提起总对总查询、二次分案、诉前调解、案件调解外呼等功能，形成高效的协同机制。

（2）中部地区基础性技术发展与新兴科技应用同步推进。中部地区基于人口资源集中、经济差异较大的特点，呈现出基础性技术和新兴技术同步推进的趋势。一方面，中部地区部分省份司法基础性技术的应用范围持续扩大，如山西省朔州法院实现庭审录音录像全覆盖，打破庭审时空限制，实现跨地域、跨网络、跨系统深度融合；江西省宜春市袁州区法院的“解纷码＋网格法庭”，在实体化入驻矛盾纠纷多元化解中心的基础上，打造立体一站式纠纷解决供给链；安徽省肥西县法院“共享法庭”的建设，通过“一屏一线一终端”打破传统法庭的时间、空间限制，将调解指导、网上立案、在线诉讼、普法宣传、基层治理等法治服务送到群众家门口。

另一方面，中部地区各省份也积极探索并应用新兴技术。江西省鄱阳县检察院“涉酒驾、醉驾保险理赔”法律监督模型，汇集了本地区交通事故保险理赔判决书、事故责任认定书、来自第三方的酒精检测数据以及保险公司提供的保险理赔和解数据等，把分散的数据按规律链动起来，实现关联分析，对异常案件“精准画像”，助力检察机关开展类案监督和多案纠错；河南省安阳市人民检察院的“个案全流程监管平台”对案卡、文书、流程实现全方位动态监管，达到全面、实时、常态化的智能监管效果；武汉东湖新技术开发区人民法院全流程运用人机协同模式推进司法集约化，是该省首家实现“人机协同”智能辅助办案模式的基层法院。

（3）西部地区侧重生态环境的智能监管。西部地区存在经济发展和环境保护的双向需求，司法技术赋能环境保护是西部地区的鲜明特色。贵阳市中级人民法院建设的大数据环境司法保护研究基地，通过软件定义摄像机（Software-Defined Camera，SDC）和人工智能技术构建环境监管智能模式，通过智能边缘计算，助力复杂环境人工智能快速部署和视频采集分析，提升全领域生态感知能力和监管能力；成都市检察院推出的“违法抽取地下水公益诉讼类案”监督模型，成功实现年均减少违法抽取地下水 580 余万吨的社会效果；重庆市南岸区法院推出的“南岸生态环境保护数智融合平台”，集环资庭审、法治宣传、生态科普、修复监测、跨界平台、形象展示、综合会议等多功能于一体，成为全国首个正式投用的数字生态司法实践基地。

（4）东北地区将技术运用于土地资源保护。东北地区土地资源丰富，第一产业占比相对较大，东北地区各省对于耕地资源保护也最为重视。黑龙江省齐齐哈尔市检察院研发“黑土地涉税涉补”大数据法律监督模型，通过对占地、纳税、惠农补贴等数据碰撞分析，批量发现监督线索；黑龙江省林口县检察院创新“种子产业”数字检察模型，积极加强与相关职能部门的协作联动，通过大数据分析溯源治理种业乱象；黑龙江省农垦检察机关研发的北大荒数字农业智慧服务平台（SMART 数字农业系统），增设“数字巡田”功能，通过平台向公益诉讼指挥中枢传输现场拍摄图片、无人机巡飞图像和卫星定位信息，根据线索类型将线索实时分流到各个业务部门，畅通公众参与检察监督的信息渠道。

2. 应用场域分析

（1）智慧审判。①智能化辅助审判水平进一步提升。智能化辅助审判，是指将人工智能建设成果作为审判工作的替代性工具，为法官司法裁判起到辅助作用，例如查询和推送关联案件、推送法规条文及类案信息、辅助生成司法文书、裁判结果预测与量刑参考、智能庭审等。从整体上看，2023 年智慧审判处于替代性辅助的中坚应用阶段，与初级应用阶段相比，该阶段更重视数据处理和算法建模，试图帮助法官处理更加复杂的任务，例如帮助法官生成司法文书、帮助法官进行卷宗归档、辅助法官进行证据审查等。

第一，在全流程辅助办案方面，人工智能为法官裁判案件全过程提供技术支持。广东省佛山市南海区人民法院研发数字机器人中心，针对审判事务性工作需要建立“数字助理团队”，在审判工作中开发排期信息录入、电子送达、案件归档、打印寄件回执等机器人流程，依托数字机器人建立电子卷宗数据链条，推进要素式文书和裁判文书辅助生成。吉林省松原市中级人民法院形成审判辅助集约化管理“1—3—5”工作架构，由智能审判辅助管理中心、智能审判服务中心、智能集约送达中心三个中心组成的审辅集约核心办公区各司其职、相辅相成，促进审判辅助事务更加集约化、规范化。河南省安阳市中级人民法院上线“易策”审判辅助决策系统，运用数字体检的方式，对内服务审判执行，对外通过数据分析、数字管理预警社会治理风险。

第二，在辅助事务性工作方面，人工智能技术着力提升法院信息化水平。2023年度各地法院不断更新优化电子卷宗管理，无纸化办案进程加速实现。山东省临沂市中级法院研发单套制电子卷宗管理系统，结合数据灾备云系统，实现电子卷宗“收、管、存、用”，确保卷宗真实性、完整性。贵州省高级人民法院开展电子卷宗“单套制”归档改革，助力完善全流程网上办案体系。甘肃省高级人民法院研发电子卷宗随案同步生成和深度应用系统，对电子卷宗进行结构化要素提取，并将提取的要素自动回填到审判业务系统中，实现一键立案、结案和文书信息自动生成，大幅提升录入准确度。

② 人工智能应用研发更具问题导向性。2023年度人工智能技术研发应用着重从特定案件类型和需求出发，提供针对性的智能化解决方案。第一，为解决大量破产案件耗时长的难题，上海市第三中级人民法院研发破产全流程网上办案系统，实现案件办理全程可见可控，案件办结即可生成完整有效的“个案成绩单”，大幅减轻集中大批量复核数据的压力。第二，为切实解决执行难题，吉林省延边朝鲜族自治州汪清县人民法院研发“E联办”平台，该平台集中统一办理执行查控和司法协助业务，强化各单位间的执行联动，围绕被执行人下落、财产信息等情况开展精准化、高效化查控机制。第三，为更高效审判金融类案件，东莞市第一人民法院松山湖法庭升级金融智

能审判系统，实现“一键立案、一键分案、一键排期、一键文书上网、一键送达、一键结案”，打通金融类案件审理全链条。

（2）智慧服务。①一站式诉讼服务平台智能化水平进一步提升。2023年度各法院借助平台对纠纷解决进行全程管控、数据采集、信息共享，实现各类资源线上融合与共享共用，助力多元化纠纷解决机制发展。例如，黑龙江省佳木斯市中级人民法院建立“云法庭+警法诉讼服务共享平台”，利用移动互联网、人工智能、司法大数据等信息化技术，打造集网上立案、云间庭审、普法宣传、基层治理等18项功能于一体的服务平台。四川省高级人民法院的12368智慧诉讼服务平台提供诉讼咨询、案件查询、立案监督、联系法官、预约转办、意见建议、投诉举报、涉诉信访8大主要业务一号通办，建立诉求工单跟踪问效、闭环管理的办理机制。

② 在线调解更加人性化、高效化。2023年度在线调解的流程步骤进一步模块化，当事人和调解员可错时、异步处理纠纷，各类调解程序可以在线上完成集中办理，程序更加便捷。福建省三明中院采用“跨境、隔空、错时”异步调审工作法，建立涉侨纠纷在线诉调对接机制，从委派、委托调解员，开展调解工作、达成调解协议，到申请司法确认，全流程实现线上办理。山东省淄博市高青县人民法院的“E+智慧法庭”基于诉前、执前案件由各乡镇及街道办事处“先行调解”的模式，将法院互联网法庭下移至基层，通过法官在线指导，实现矛盾纠纷前端化解。

（3）智慧执行。①财产查控系统实现涉案财产“查、扣、冻、划”线上办理。法院在执行案件中，查找被执行人财产线索是关键。通过财产查控系统，办案人员可以在短时间内通过互联网查控被执行人遍布全国范围内的财产。2023年度各地法院积极研发财产查控系统，实现涉案财产查封、扣押、冻结和扣划线上办理，大幅节约办案成本。例如，吉林省延边朝鲜族自治州汪清县人民法院的“E联办”以执行法官需求为导向，坚持“集约化+信息化”，实现从“各团队多人线下跑”到“一人一键一终端线上办”，有效解决被执行人难找、被执行财产难查、协助执行难求等难题。福建平潭法院涉案房产“e拍即得”协同执行机制，开通不动产司法查控专线，将以往材料递转的“线下长跑”变为“线上交互”，切实提高执行效率。湖南高院的不动产网络查控系统可在线发起不动产的查询、查封、续封、解封等请求，结果线上可取，大大缩短查封用时，提升了执行效率。

② 无纸化办案向深度应用模式转变。2023年度智慧执行在无纸化办案方面加速推进，在卷宗材料数字化处理、智能提取信息要素、文书自动生成等基础功能之上，实现了全流程线上派单、线上办理、线上流转、线上留痕。湖北省武汉市中级人民法院执行全流程无纸化办案，引入审判电子档案、执行卷宗自动导入、格式文书自动生成、执行音视频自动存证、自动加盖电子院印，推动执行工作高效开展。河北保定中院应用全流程“无纸化办案”的智慧执行模式，实现纸质材料的电子化、全案文书电子化、审批流程电子化，大幅节约时间，也降低了纸张耗材等办案成本。

（4）智慧管理。①法院审判工作质效评估实现可视化与可量化。2023年度各地法院不断打造审判管理平台，通过在不同应用场景中展示收结案情况、长期未结案件情况、案件审限情况、长期未结监管、司法工作成果等，为科学决策提供数据支撑。例如，辽宁法院的审判执行质效管理平台，从质量、效率、效果三个维度，通过一审服判息诉率、超12个月未结案件占比、法定审限内结案率、判后答疑等数据，为全省法院研判形势、查找问题、制定对策、考核评优等工作提供了重要的科学抓手。河南法院的“智慧画像”系统，通过智能化抓取审判流程系统、信访系统、综合部门工作系统等数据，从法院、业务庭室、综合部门，到法官、法官助理、书记员、行政人员层层递进，刻画全院部门、干警的工作画像。

② 法院与政府部门有效衔接、共建共享。法院与政府部门数据共享、联动合作在提高数据使用效率和促进数据创新等方面具有重要意义。通过数据共享，各部门可以避免数据的重复收集和处理，提高数据的利用效率，使司法数据价值得到充分挖掘。通过联动合作，不同的部门或组织之间可以相互启发，打造新的数据应用，提升司法机关信息化水平。例如，福建省厦门市中级人民法院建立诉非联动信息化平台，实现厦门中院、厦门市司法局等单位与各区中心之间的数据共享和业务协同，实现全市矛盾纠纷信息和社会治理事项统一归集、流转处置、精准研判。海南省检察院的无人机三级联动指挥系统实现与海南省政务数据交换平台的对接，共享公益诉讼所需线索数据，为案件办理、检察建议撰写提供全面客观的数据支撑。

（5）智慧检务。2023年度各地检察机关多措并举推进智慧检务建设，以检察大模型驱动法律监督整体提质增效，智慧检务应用主要特征体现在智慧检务项目研发推进、智慧检察体制建设创新和大模型技术应用落地三大方面。

① 持续推进智慧检务应用平台建设。2023 年度各地检察机关在智慧检务应用平台建设方面持续发力，搭建一体化数字检察智慧平台。在检察线索检索业务上，江苏省如东县检察院自主研发的“如 e 智”法律监督线索研判平台，推动监督效果由个案办理向类案集中监督、领域系统治理方向转变，成功办理大量司法救助和公益诉讼类案件。在个案流程监督业务上，云南省楚雄彝族自治州检察院的“检察监督数据可视化平台”，将数据分析可视化呈现，助力开展劳动报酬讨回、批量漏缴环境保护税查处等工作。在刑事监管业务上，黑龙江省哈尔滨南岗人民检察院的“非羁押人员动态管控平台”，通过数字化平台实现共享机制建设，与业务部门对接检察业务需求，打造刑事司法“数字化监管”新模式。

② 智慧检察跨部门协同合作得到加强。数字检察体系蓝图的构建，离不开多部门间的数字化协同和业务联动。在检察机关与公安侦查机关的协同合作方面，江苏省检察院持续推进侦查监督与协作配合机制，全省检察与公安实现侦监协作和检警协同。在检察机关与法院系统的协同方面，河南省新乡市检察院深化运用“两法衔接”平台、政务服务平台、天眼查、账单分析系统等大数据分析工具，开展线索挖掘和类案办理。在检察机关内部协同方面，上海市虹口区检察院建立“检调对接一件事”系统，通过检调对接系统的建设解决调解遇到的难题。

③ 多场景广泛运用法律大数据模型。大数据法律监督模型是检察机关依托数字化技术，通过数据建模发现风险点与监督点，实现智慧监督的重要方式。首先，在互联网新型知识产权保护场景方面，北京检察院的“滥用作品信息网络传播权恶意诉讼”类案大数据法律监督模型，通过调取知识产权民事诉讼司法文书、社会新闻报道、企业工商登记信息中的案由、主体身份、授权证据名称、裁判结果等重要因素，形成筛查关键词，并据此设计模型规则，发现知识产权民事诉讼案件中滥用权利、伪造授权虚假诉讼等监督线索。其次，在养老金等社会保障场景上，江西省萍乡市莲花县人民检察院研发的“公益诉讼督促违规发放养老保险金整改案”类案监督模型，将已死亡离退休人员、服刑人员名单与社保机构养老金领取情况进行比对，通过交叉比对筛选出违规领取养老金人员名单，保障基本养老金安全规范运行。最后，在自然资源保护场景上，成都市检察院研发的“违法抽取地下水公益诉讼”类案监督模型，通过针对高耗水行业用水标准计算出企业理论用水值，通过获取实际用水值进行数据比

对，筛查企业违法取水用水的公益诉讼线索。

3. 技术侧重分析

（1）运用区块链技术打造司法机构协同可信机制。区块链技术具备去中心化、透明、开放和不可篡改等特点，通过引入区块链技术，实现协同案件和材料全息上链，建立跨单位互认互信新体系。一方面，人民法院与其他部门可通过区块链技术实现高效协同办案。例如江西法院打造“政法协同区块链”，结合政法协同业务需求和法院刑事审判工作特点，实现以电子卷宗为核心的全面线上办理模式，探索在政法协同办案领域解决材料安全、防范篡改等风险。另一方面，区块链技术能够有效提高法院案件在线流转效率和数据可信水平，链式结构可以保障司法文书传递过程中的可靠可信。例如江苏省苏州市相城区人民法院建立可信司法电子材料送达机制，针对电子送达中可能存在的效力风险，引入一种稳定、中立的数据存储和验证技术，将电子送达过程中产生的数据加以固定，为电子送达提供有效的技术解决路径。

（2）人工智能视觉技术提升智能检察监测水平。人工智能视觉技术在智能检察监测的应用，主要包括视频结构化、人工智能识别和抽帧压缩三项关键技术。视频结构化是一种基于视频内容信息提取的技术，对视频内容按照语义关系，采用时空分割、特征提取、对象识别等处理手段，组织成可供计算机和人类理解的结构化信息的技术。人工智能识别技术是指利用人工智能对图像进行处理、分析和理解，以达到类似人类识别各种不同目标和对象同样效果的技术。抽帧压缩是一种减少视频中的帧数来降低视频文件大小的视频压缩技术。例如江苏省如皋市检察院搭建“鹰眼”法律监督模型，有效解决了监管场所普遍存在的监控录像多、检察人员少、数据利用难等问题，实现证据和线索的自主检索。依托该模型，检察官精准发现日常监管和在押人员权益保障等方面存在的“两违”线索，准确率达 91.2%。内蒙古高院启用“案款智能监控平台”辅助法官工作，对发放审批环节进行风险监控，对不明款项数据进行多要素匹配智能识别，执行案款的发放效率得到大幅提升。

（3）自然语言处理和深度学习技术实现司法文书生成应用。智能研判系统文书生成依托大数据和人工智能技术基础，实现案情梳理、研判辅助、相似案例推荐和智能生成裁判文书功能，核心的技术包括自然语言处理技术和机器学习技术。自然语言处理技术用于理解和处理文本数据，可以实现输入文本的语义解析和理解；深度学习技术借助文本特征提取的预训练，实现字段取值预测或自然语言描述生成。自然语言处理技术基于嵌入式的表征学习方法强调在嵌入空间中表示法律事实和知识，并将深度学习方法用于相应的任务。例如哈尔滨中院研发的“刑事智能研判系统”，系统会通过辅助量刑功能，最终生成附加辅助量刑裁判说理的裁判文书。研判系统通过自然语言处理技术自动提取被告人信息要素，基于深度学习对案件事实、证据和争议焦点等内容进行分析，协助法官完成关联分析、事实认定和法律关系认定，并通过责任认定辅助功能生成裁判文书。

4. 发展特点分析

（1）管理平台和诉讼服务建设更加集约化、智能化。2023 年度各地法院积极运用“互联网 + 司法”思维，深入推进综合性平台建设。首先，在智慧监督管理平台建设方面，上海法院积极打造数字法院监督管理平台，形成“场景申报、数字建模、推广评查、嵌入测试、核验反馈、优化完善”六步走全闭环工作模式，大大缩减模型构建时间，实现应用场景可视化配置。截至 2023 年 11 月 9 日，上海市法院已申报应用场景 2300 多个，完成数字建模 544 个。辽宁法院搭建审判执行质效管理平台，平台可以自动生成、统计、分析审判执行工作运行态势所需数据，从质量、效率、效果三个维度，评估、量化全省法院审判执行工作。其次，在智能化诉讼服务平台建设方面，四川法院构建 12368 智慧诉讼服务平台，设置人像互动的“5G 视频窗口”，实现“面对面”业务办理，同时具备集中接听、统一受理、分类处置、一号通办等功能，服务更加高效便捷。浙江省青田县人民法院构建一站式多元纠纷解决和诉讼服务体系，优化“代理见证 + 视频确认”在线委托模式和“视频 + 庭审”瑕疵文书补正模式，为涉侨跨境纠纷当事人简化诉讼委托办理手续、畅通跨境立案渠道。

（2）数字化技术与基层法庭工作深度融合。2023 年度数字化技术不断向基层派出法庭延伸，“共享法庭”“智慧法庭”充分利用区块链、智能语音机器人、云呼中心等技术，实现服务事项全程无纸、一键申请、实时分析等功能。浙江省松阳法院古市法庭建设“人民法庭 + 共享法庭基层解纷一件事”数字化项目，安排法官在线调解，实时展示矛盾受理、化解的全过程。安徽省金寨县人民法院南溪法庭创建智慧法庭，建立“线上 + 线下”新模式，“线上”打造具备本地庭审、平台调解、互联网庭审等多功能于一体的智慧法庭，“线下”通过现场调解、上门办案等方式，最大限度为当事人减少诉累。

（3）检察大数据监督模型的业务场景进一步深化结合。2023 年 8 月至 10 月，最高人民检察院组织开展全国检察机关大数据法律监督模型竞赛，各地检察机关通过该竞赛，展现了大数据法律监督模型在数字检察建设上的强大助力。从业务流程上看，法律监督模型的实现流程可以总结为“典型个案分析、案发规律梳理、数据共享归集、数据碰撞比对、类案线索研判、移送线索核查、开展精准监督、跟踪督促落实、推动社会治理”。

首先，从应用落地广度上看，2023 年度各地区的检察机关在模型检察应用技术上的探索都有亮点表现。在东部地区，浙江省委政法委通报了第 6 批数字法治好应用评选结果，包括浙江检察机关参与打造的全域数字法治监督应用（市域平台）、刑罚执行监督（刑罚执行监督自动预警）、执法鉴定委托一件事、金融领域监督治理（“融”易治）、国财监护、轻微刑事案件和解六大模型。在中部地区，江西省萍乡市莲花县人民检察院的“公益诉讼督促违规发放养老保险金整改案”类案监督模型、山西省人民检察院的“刑罚变更执行数字化”检察监督模型表现突出。西部地区的典型案例有云南省楚雄州检察针对偷逃税违法行为的“环保税分析模型”、贵州省黔南布依族苗族自治州人民检察院的“审前未羁押被告人判处死刑后未交付执行”法律监督模型。东北地区典型案例包括黑龙江省齐齐哈尔市检察院的“黑土地涉税涉补”大数据法律监督模型、大连市甘井子区人民检察院的“向未来”未成年人综合保护智能监督模型。

其次，从业务场景上看，2023 年度大数据法律监督模型主要应用在侦察监督、行政检察、刑事公诉检察、案件管理等方面。在侦查监督业务领域，大连检察院研发的“遗漏前科错误判决类案监督模型”，共碰撞判决信息 8 万余条，筛查监督线索 200 余条。在行政检察业务领域，北京市检察院研发“涉安全生产特种作业操作证类案法律监督模型”，高效查扣辐射全国的伪造特种作业操作证书、发现假冒国家官方网站、处理各类违法视频和文字。在刑事公诉检察领域，北京市海淀区检察院构建“轻罪治理图鉴”监督模型，通过自动提取轻罪案件数据，开展碰撞分析，形成“轻罪电子地图”。在案件管理业务领域，广东省清远市检察院搭建大数据资源库，对法律监督模型获取的案件线索实时监控、即时研判、同步移交、跟踪督办。

（4）法检与企业合力共促法检智慧创新。2023 年度法院、检察院与企业持续深化合作，共同研发人工智能司法应用。例如福州市人民检察院与人民银行福州支行共同研发并应用人民银行资金交易监管大数据系统；甘肃省高级人民法院联动中移互联网有限公司打造法院互联网综合业务平台；上海市人民检察院与小包公企业合作研发“智能量刑预测系统”；江西省高级人民法院与科大讯飞股份有限公司共建人工智能创新实验室；湖南省株洲市中级人民法院与湖南银行研发“一案一码”执行款二维码收款系统；重庆法院与中国电信重庆公司共同研发“全渝数智法院 TV 版”。

5. 未来趋势分析

（1）生成式人工智能在法院适用的场景将逐步拓展。生成式人工智能的快速发展，不仅给传统的审判模式带来结构性变革，也深刻影响着智能司法演进的历程，其在法院各业务场景的适用将逐步拓展。生成式人工智能与司法领域的深度融合，重构了司法审判中提取案件焦点、生成庭审提纲、预测审判结果、进行量刑预警、生成裁判文书等业务工作。相较于判别式人工智能对数据分类判别的预处理逻辑，生成式人工智能基于已有的法律规定、先前判决和本案证据，通过提取关键事实和证据，生成诉讼文书的主体内容，再根据法律规定的形式要求制作符合规范的诉讼文书。在我国智慧法院系统中，如苏州市相城区人民法院推出的人工智能辅助办案系统，可以有效地帮助法官从海量案件中快速精准掌握案件核心要素。在未来发展阶段，系统自主学习的能力将进一步加强，拓展对更多类型案件的辅助审判能力。同时，现阶段法律大模型更多集中于商业探索阶段，多家企业均有发布面向法律行业的大模型。在未来发展阶段，在司法系统中批量引入成熟的生成式人工智能产品辅助司法业务成为可预见的趋势。

（2）大数据监督模型在检察场景的应用将更为深化。大数据监督模型在推进检察场景智能化的过程中意义重大。在实现诉源治理方面，北京市检察院研发的“轻罪治理图鉴”监督模型，通过自动提取轻罪案件数据，开展碰撞分析，形成“轻罪电子地图”助力超大城市司法治理；在精准化量刑建议的认罪认罚方面，浙江省宁波市鄞州区检察院研发轻微刑事案件和解应用，解决刑事案件中普遍存在的重复调解、信息流转不畅、调解能力受限等弊端，探索形成轻刑案件“一揽子”调处机制。《中共中央关于加强新时代检察机关法律监督工作的意见》明确提出，要加强检察机关信息化和智能化建设。现阶段智慧检察法律监督大模型还存在诸如原始数据获取困难、数据质量有待提高、场景化和地方化数据短缺等问题。在未来发展阶段，大数据监督模型将在各地持续推广应用，基于场景差异拓展引入“科技外脑”辅助技术供给，构建全面涵盖“四大检察”各个业务场景的新标准。

（3）多模态数据建模将不断优化司法证据呈现方式。基于多模态的模型融合和跨模态表示学习，在未来发展阶段，将实现不同类型数据之间的整合和共享，从而更好地利用关联信息，完整地反馈司法证据的全貌，促进司法证据使用途径和展示方式不断优化。多模态数据建模可以同时处理包括文本、图像、音频等多种类型数据，促进智慧司法证据呈现方式的智能化。一方面，多模态数据建模可以助力“展示性证据”实践发展，为解说原证据或者案件情况提供可视材料，通过模型、照片、X 光片、案发现场动画等方式对言词证据或实物证据的展示，便利裁判者对原证据的理解。例如在美国“Commonwealth v. Serge”案中，就利用了计算机生成案发现场的展示动画。① 另一方面，多模态数据建模还可以结合 3D 打印技术和 VR 技术等实现证据可视化展示方式。例如北京一中院的“出庭示证可视化系统”，该系统利用 VR 技术演示被告人持刀刺杀被害人的案发过程；山东省青岛市中级人民法院打造的“智能 3D 证据管理系统”，该系统采用 3D 扫描建模技术和区块链技术模式实现证据可视化。在未来，依托多模态大模型的技术发展，文本、图像、音频等不同类型数据实现更大程度的融合，言词证据、实物证据、视听资料等证据类型也将有更为多样的跨模型可视化展示方式。

（二）国外人工智能司法应用

1. 生成式人工智能与司法工作深度融合

自美国 OpenAI 公司推出 ChatGPT 后，生成式人工智能技术水平高速发展，其在司法领域也得到了广泛运用。首先，在法律检索方面，生成式人工智能通过其语言模型（LLM）超越传统检索，检索不再是手动键入关键词，而是会话搜索，并且可以快速生成摘要等文本。例如，非洲的虚拟助理和聊天机器人可以帮助用户浏览法律程序，回答基本的法律问题并提供初步指导。② 英格兰和威尔士司法系统基于大型语言

① Supreme Court of Pennsylvania, Commonwealth v. Serge, 896 A.2d 1170（Pa. 2006）, https://www.courtlistener.com/opinion/2074658/com-v-serge/.

② Metassebia Hailu Zeleke, Insight—AI and Africa’s Legal Industry, https://furtherafrica.com/2024/04/01/insight-ai-and-africas-legal-industry/.

模型可以快速生成案件内容的简短摘要，为法官准备案件节省时间。①

其次，在提供法律建议方面，生成式人工智能技术基于已有的法律规定、先前判决和本案事实生成法律建议。例如，2023 年，美国的 Harvey AI 汇集特定的法律信息，包括判例法和参考材料，以提供专门的法律建议。② 阿根廷的 RoboLawyer 可以即时为用户提供针对个案需求的法律建议。③ 南非的 AI Lawyer 可以实时提供准确、最新的法律信息和建议。④

最后，在数据预测方面，生成式人工智能根据以前的法院判决，对律师所代理案件的结果进行评估和预测。例如，美国的 Premonition 分析大量过去的案例数据来预测未来的案例结果，使律师能够在和解、辩诉交易和其他法律策略方面作出更明智的决定。⑤2023 年 10 月，墨西哥研发的“警报、干预、监测”（AIM）应用通过分析囚犯之间的互动，预测囚犯自杀、自残等有关风险。⑥2023 年 7 月，加拿大的 Blue J Legal 平台基于大量的税务和相关事项的判决数据库，在预测相关案件方面也显示出很高的准确性。⑦

对于生成式人工智能被广泛应用于司法领域的情况，目前大部分国家都持积极态度，认为人工智能技术能够使司法流程自动化、便捷化，因而大力推动生成式人工智能的研究，如美国成立人工智能联盟，韩国举办“超大型人工智能（AI）发展会议”并发布有关 AI 发展的新计划。与此同时，生成式人工智能的算法黑箱、算法歧视、算法偏见等技术性缺陷，引发了公众对司法公信力、司法公正、司法责任制的质疑。

---

① Rt. Hon Lord, Speech by the Deputy Head of Civil Justice: Future Visions of Justice, https://www.judiciary.uk/speech-by-the-deputy-head-of-civil-justice-future-visions-of-justice/.

② Can AI Give Legal Advice, https://www.clio.com/resources/ai-for-lawyers/ai-legal-advice/.

③ PECUNIO VC, RoboLawyer: The Innovative Legaltech Firm Redefining Legal Aid, https://medium.com/@Pecunio/robolawyer-the-innovative-legaltech-firm-redefining-legal-aid-519cff2124b4.

④ South Africa's First AI Lawyer is Here, https://legalinteract.com/ai-lawyer/.

⑤ Can AI Give Legal Advice, https://www.clio.com/resources/ai-for-lawyers/ai-legal-advice/.

⑥ Francis Toye, Revolutionising Prison Environments: AIM Application Targets Suicide and Self-Harm, https://justice-trends.press/revolutionising-prison-environments-aim-application-targets-suicide-and-self-harm/.

⑦ Dušan Vasić, Maja Anđelković, Vladan Stanković, Artificial Intelligence and the Legal Profession Between Cooperation, Competition and Confrontation, International Journal of Economics and Law, No.38, Vol.13, 2023, p.85.

因此，美国和欧盟等国家也对人工智能制定了许多限制性规范，比如，欧盟的《人工智能法案》和美国《关于安全、可靠和值得信赖的人工智能的相关行政令》。美国联邦最高法院首席大法官约翰·罗伯茨指出，在认识到人工智能深度影响司法裁判的同时，也要对人工智能的司法应用保持适度的警醒，充分认识到人工智能无法取代法官在司法过程中的审慎判断。①

2. 司法大数据分析技术得到进一步发展

2023年度大数据技术有四大发展方向，即混合云存储的云计算方向、结合数据管理流程的DataOps方向、机器学习方向、将图像或文本向量转化的向量相似性搜索方向。②大数据分析技术能够将大规模数据中隐藏的信息和知识挖掘出来，为司法活动提供依据，提高运行效率。司法大数据的应用主要包括预测法律纠纷结果、衡量犯罪嫌疑人的社会危害性以确定保释金数额、预测再犯可能性作为量刑和批准假释的依据、辅助律师审阅、自动检索、分析撰写合同以及文本纠错等方面。③司法数据资源数字化和数据挖掘技术革新化，为司法大数据分析提供了广泛的发展基础。2023年度，国外人工智能司法领域中的大数据分析技术发展情况具有以下显著特点。

第一，底层数据库的建设加速推动司法数字化的进程。2024年1月，英国科林·比尔斯（Colin Birss）大法官提到，英国具有供法官访问数据库并查找案件的统一文件管理系统，并有所谓"工作分配工具"和"司法案件管理器"协助法官登录并查看待处理案件。④随着司法数字化改革，所有诉状都以电子形式存在，司法底层数据库的建立，为后续自然语言理解和机器学习技术的提升打下了坚实的基础。

第二，大数据分析技术极大提升了人工智能在司法调研和管理决策上的应用深

① ［美］约翰·罗伯茨：《美国联邦法院2023年年终报告》，黄斌、杨奕译，载《人民法院报》2024年1月5日，第8版。

② Mei Hong, Du Xiaoyong, Jin Hai, Cheng Xueqi, Chai Yunpeng, SHI Xuanhua, Jin Xiaolong, Wang Yasha, Liu Chi, Big Data Technologies Forward-Looking, https://www.infocomm-journal.com/bdr/EN/10.11959/j.issn.2096-0271.2023009.

③ Avaneesh Marwaha, Seven Ways Artificial Intelligence Can Benefit Law Firms, https://www.legalwebdesign.com/7-ways-artificial-intelligence-can-benefit-your-law-firm.

④ Lord Justice Colin Birss, Speech by Lord Justice Colin Birss: Is a Focus on Data the Way to Improve Access to Justice in a Multifaceted World, https://www.judiciary.uk/speech-by-lord-justice-colin-birss-is-a-focus-on-data-the-way-to-improve-access-to-justice-in-a-multifaceted-world/.

度。例如墨西哥的 UEBA 系统在司法系统的“监狱安全”“智能分类”“自动立法分析平台”三个领域适用。① 该系统使用人工智能和机器语言来分析历史数据记录，处理包含数字、文本、音频和视频的数据，可以自主问题发现，并自动调整系统以作出合理的“智能自动决策”。

第三，类案搜索成为大数据分析技术的重要适用方面。类案检索需要考量用户行为、案件相关性、搜索意图等因素，不同案件情形下，所需要检索的相关性准则、评价指标、排序策略等均存在个性化差异，大数据分析技术的发展有效地突破了类案检索中的障碍。如 IBM 创建了一个名为 OLGA 的人工智能助手，可以提供案例分类、提取元数据，并协助法官和书记员更快地筛选数千个文档，并使用特定的搜索标准从各种文档中找到相关信息。② 但是如何深层次把握法官检索需求、建立起裁判文书用词和语义词意的深层次关联，实现对法律应用、裁判标准等需求的深层次满足仍有待进一步探索。

第四，技术与司法垂直场景的结合逐步深入。一是大数据分析技术与警务司法场景相结合，德国警务部门通过收集和分析警务司法大数据，实现警务风险的预先关注和机制预防。③ 二是大数据分析技术与医疗司法案件相结合，如德国巴登—符腾堡州司法部门使用自然语言理解等人工智能技术，帮助处理个性化病例案件，并将其分类为不同病例组进行分析。④ 三是大数据分析技术与移民事务场景相结合，如澳大利亚新南威尔士大学凯哈·里森（Kay Harrison）教授研发的难民判例量化分析系统，对澳大利亚移民评估局和联邦巡回法院和家庭法院进行的数万项审查的决策，进行了定

① Robert Lim, The Use of Artificial Intelligence in the Mexican Justice System, https://justice-trends.press/the-use-of-artificial-intelligence-in-the-mexican-justice-system.

② Eckard Schindler, Judicial systems are turning to AI to help manage vast quantities of data and expedite case resolution, https://www.ibm.com/blog/judicial-systems-are-turning-to-ai-to-help-manage-its-vast-quantities-of-data-and-expedite-case-resolution/.

③ von Prof. Dr. Carsten Momsen, Implications and Limitations of the Use of AI in Criminal Justice in Germany, https://www.jura.fu-berlin.de/fachbereich/einrichtungen/strafrecht/lehrende/momsenc/mitarbeiter_innen/momsen_carsten/momsen-implications-and-limitations-of-the-use-of-ai-in-criminal-justice-in-germany.pdf.

④ Eckard Schindler, Judicial systems are turning to AI to help manage vast quantities of data and expedite case resolution, https://www.ibm.com/blog/judicial-systems-are-turning-to-ai-to-help-manage-its-vast-quantities-of-data-and-expedite-case-resolution/.

量研究。① 该研究利用数据处理技术，结合团队自主开发的编程脚本，从已发表的案例中提取信息，成为国际上首次应用人工智能来进行难民判例研究及决策的尝试。

第五，隐私保护和数据偏见成为大数据分析技术应用的关注重点。一方面，随着大数据技术的发展，有关数据的个人隐私保护监管在不断加强。法国成为世界上第一个将人工智能驱动的监控合法化的欧盟国家，但是基于该技术存在的一项“面部识别”选项，法国各地举行示威活动以抗议人工智能监视法案。② 关于大数据分析技术下的隐私保护，欧盟《人工智能法案》将“基于敏感特征的生物识别”等系统作为不可接受的人工智能风险，如何平衡人工智能技术发展与公民隐私保护是利益权衡的重点问题。③ 另一方面，机器学习应用的现实难题之一就是数据偏见。在人工智能领域，当一个模型的训练数据存在偏差时，该模型的预测结果很难准确地反映现实情况，而且数据偏见有时又很难完全消除，因为每个个体在收集和解释数据时都可能带有某种先入为主的偏见或理解框架。人类法官可以尽可能地思考并避免这种偏见，但是机器学习中训练的数据存在偏见是不易察觉且无法自主改正的。然而，认识并努力减少这些偏见对于提高决策和预测的准确性来说至关重要。

3.“人工智能法官”的出现已初步具备现实可能性

随着机器学习、自然语言处理、专家系统、视觉处理、多模态技术、机器人科学等多个领域的飞速发展，“人工智能法官”的发展已经初具现实基础，但变革性的裁判方式将引发法官裁判权割让的争议。一方面，对于“人工智能法官”的态度，支持方认为人工智能可以通过技术手段提高审判效率，保障同案同判的实体正义。在域外实践中，人工智能单独作出司法裁决可以成为法庭裁决的主要参考，如 2023 年 3 月，在印度 Punjab & Haryana 高等法院审理的一起谋杀案中，法官参考 ChatGPT 关于犯罪

① Kay Harrison, Leveraging AI-driven technologies improves access to justice for people seeking asylum, https://www.unsw.edu.au/law-justice/our-research/impact/leveraging-ai-driven-technologies-improves-access-justice-people-seeking-asylum.

② brussels times, All-out assault on privacy: France is first EU country to legalise AI-driven surveillance, https://www.brusselstimes.com/430820/all-out-assault-on-privacy-france-is-first-eu-country-to-legalise-ai-driven-surveillance.

③ European Parliament, Artificial Intelligence Act: MEPs Adopt Landmark Law, https://www.europarl.europa.eu/news/en/press-room/20240308IPR19015/artificial-intelligence-act-meps-adopt-landmark-law.

严重性、被告人的犯罪历史、案件的证据强度等因素的回答，作出了拒绝被告人保释申请的裁决。[①] 甚至有的法庭会直接认可人工智能的回答并作为司法裁决的最终结果，如2023年1月美国哥伦比亚的法官胡安·曼纽尔·帕迪拉·加西亚（Juan Manuel Padilla Garcia）使用ChatGPT撰写了自闭症儿童医疗保险费用支付的判决，但是该事件引发了较大争议。[②]

另一方面，“人工智能法官”在预训练裁判文书数据来源合法、裁判文书中的要素权重配置、训练模型的伦理价值中立性上面临着挑战，否定方认为“人工智能法官”的算法裁判主体地位面临程序正义不足、人文关怀缺失、涉及隐私安全、主体可问责性缺失四大伦理障碍。2023年6月，美国曼哈顿联邦法院法官P. 凯文·卡斯特尔（P. Kevin Castel）惩处了两名律师在提交的案件材料中运用六个虚假案例引证的行为，该案例均由ChatGPT编造生成。[③] 需要承认的是，人工智能在帮助律师们获取关键信息方面有巨大的潜力，但人工智能法官短时间很难彻底取代人类法官。

综合来看，人工智能法官在有关量刑和保释裁判中已经有了不小的突破，但是更多国家则保持相对中立的态度。有些国家在审判类型上进行限制，允许人工智能在特定案件中发挥裁判主体的作用，如爱沙尼亚司法部设计了一名“机器人法官”来裁决少于7000美元的小额索赔纠纷，第一次试点测试仅为解决合同纠纷领域，后续将视适用效果考虑扩展到其他索赔领域中。[④] 人工智能适用于量刑、小额诉讼等领域，既是因为该领域的风险评估具有客观化数据基础，也因为基于算法的风险评估技术具有定量性、科学性的特征，但在刑事案件“排除合理怀疑”的定罪证明标准下，内心确信的要求难以通过数字精准量化，人工智能法官难以满足此种高度主观性的证明过程

① Brian Flood, Indian Judge Asks ChatGPT to Help Decide Bail for Murder Suspect, https://www.foxbusiness. com/media/indian-judge-asks-chatgpt-decide-bail-for-murder-suspect.

② Purvish M. Parikh, Dinesh M. Shah, Kairav P. Parikh, Judge Juan Manuel Padilla Garcia, ChatGPT, and a Controversial Medicolegal Milestone, https://ijmsweb.com/judge-juan-manuel-padilla-garcia-chatgpt-and-a-controversial-medicolegal-milestone.

③ Benjamin Weiser, Here What Happens When Your Lawyer Uses ChatGPT, https://www.nytimes.com/2023/05/27/nyregion/avianca-airline-lawsuit-chatgpt.html.

④ Inipagistudio, AI in the Judicial System: Possible Uses And Ethical Considerations, https://insights.advocates.ke/ai-in-the-judicial-system-possible-uses-and-ethical-considerations.

要求。① 因此，人工智能法官仍有待漫长的实践探索。

四、人工智能执法应用

（一）中国人工智能执法应用

1. 应用地域分析

2023年度各省级行政区人工智能执法应用的总量是199个。从地域来看，东部地区保持绝对优势，实力最为强劲（占比43%），西部地区次之（占比37%），中部地区再次（占比11%），东北地区靠后（占比9%）（见图3-12）。与上一年度相比，总体占比态势变化不大，中部地区存在小幅下降，东北地区有所增长。尽管如此，由于各地区所涵盖的省级行政区数量不同，绝对数量占比的分布并不能客观反映地区实力。因此，通过比较各地区应用数量平均值（各地区人工智能执法应用总量/省级行政区总数）可以看到，东部地区的平均值为9.10，即本年度东部地区中每个省级行政区平均新增人工智能执法应用数量为9.10个；其次是东北地区，平均值约为6.00；再次是西部地区，平均值约为5.67；最后是中部地区，平均值为3.17。在平均值比较中，东部地区优势明显，东北地区优于西部地区，中部地区次之。综合两种比较方式，2023年度东部地区的人工智能执法应用数量仍保持优势，中部地区稳中求进，西部地区与东北地区发展势头迅猛。

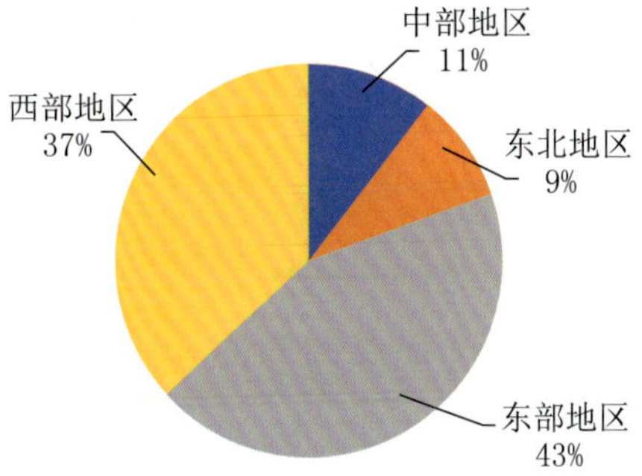

图3-12 全国人工智能执法应用数量地域占比分析

① 左卫民：《AI法官的时代会到来吗——基于中外司法人工智能的对比与展望》，载《政法论坛》2021年第5期。

（1）东部地区和中部地区在生态环保和交通执法领域实现新突破。2023 年度东部地区人工智能执法应用数量为 89 个，上海市、浙江省延续往年发展态势，依托长三角人工智能产业联盟，稳居东部及全国前列（见图 3-13）。中部地区人工智能执法应用数量为 18 个，往年较落后的省份积极发力，安徽省、江西省、山西省的增幅亮眼，位居本地区前三（见图 3-14）。综合而言，东部地区和中部地区在生态环境、交通运输等执法领域的数字技术应用数量增加，不断优化治理能力。

首先，在生态环境领域，东部地区与中部地区在矿产资源执法和水务执法领域表现突出。第一，东部与中部地区存在历史遗留的矿山生态修复和保护问题，基于“绿色矿山”的理念，多省份新建矿产资源智慧管理体系。东部地区如江苏省自然资源厅建立了“天空地一体化”矿产资源智慧监管体系，综合运用卫星遥感、无人机航摄和地面站点监测等技术，分析矿山生态保护修复情况、矿区生态系统现状及发展趋势。中部地区如河北省自然资源厅于 2023 年 1 月完成了河北省矿产资源监管系统一期研发任务，该系统利用卫星遥感、三维可视化分析等技术，可快速发现矿产资源开发疑似违法违规问题的线索。第二，东部地区基于水资源充足的区位特征，以及城市用水需求量大、水源管理情况复杂等特点，执法部门更多聚焦于水务管理智慧系统建设。山东省泰安市岱岳区大数据中心和生态环境分局以物联网、大数据为基础，形成“水环境智慧管理平台”，实现精准监管、应急响应、数据分析、问题上报与处置一体化的非现场执法。莆田市涵江区水利局建设“智慧河湖”可视化监控系统，通过在河道沿岸布设全彩摄像头实时发现和报告问题，并依托该系统及时查处违法行为，为河道精细化管理提供强有力的技术支撑。

其次，交通执法领域的人工智能应用数量继续增加。为精准打击交通违法行为，东部地区与中部地区的人工智能执法工作以“人工智能巡查设备”与“智能预警模型”作为重点发展方向。第一，东部地区与中部地区的商业贸易活动频繁，运输车辆需求量大，为打击客运、货运车辆的交通违法行为，多省份积极推进“线上 + 线下”融合执法的新举措。江苏省交通综合执法局全面投入运行江苏省交通运输综合执法管理系统，通过电子巡查的方式实现了“线上 + 线下”融合执法。浙江省宁波市交通执法队推出数智远程执法“1+N+1”模式，即：1 名执法人员与 N 名执法辅助人员现场处置，指挥中心数字执法室 1 名执法人员远程执法，执法人员全程连线，有效减轻了现场处置压力。第二，为解决运输车辆难以实时监管的问题，“智能分析预警模型”能够有效辅助执法人员对运输车辆的违法行为进行线上执法。江苏省徐州市交通运输综合行政执法支队建立智能分析预警模型，对违法车辆自动研判、自动预警，助力执法人员对非法营运车辆实施精准查处。湖北省依托省级“交通运输综合行政执法管理平台”，结合全省高速公路静态底层地图，自动研判通行全省高速公路的违法超限运输车辆。

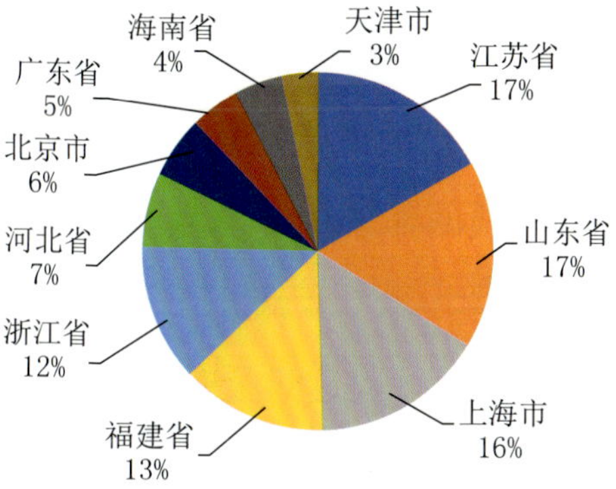

图 3-13 东部地区人工智能执法应用数量占比分析

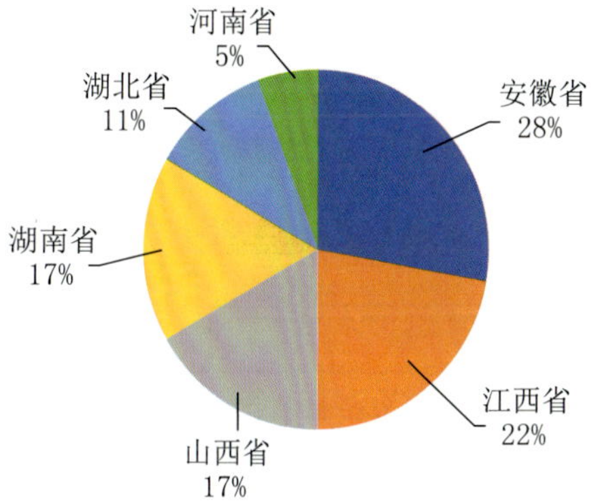

图 3-14 中部地区人工智能执法应用数量占比分析

（2）西部地区与东北地区完善警情预测功能应用。2023 年度西部地区人工智能执法应用数量为 68 个，四川省、广西壮族自治区、贵州省、陕西省、甘肃省增幅明显。四川省在本年度全面发力，取代重庆市往年的领先地位，位居西部首位。广西壮族自治区在西部地区持续稳居第二，保持良好发展势头。总体来看，西部地区各省份都保持强势劲头，积极看齐乃至赶超东部地区（见图 3-15）。东北地区人工智能执法应用数量为 18 个，其中辽宁省、黑龙江省的人工智能执法应用处于优势位置，且应用数量占比均有增长（见图 3-16）。

在犯罪预防场景，西部地区与东北地区增加警情智能预警应用，并推进智能执法功能深度融合和警务平台一体化建设。第一，西部与东北地区致力于打造良好社会治安环境，多省份在原有警务平台之上新增警情预测功能。例如陕西省宝鸡市公安局在原有智慧派出所平台的基础上，增加了视觉超算模型系统、警情感知模型与隐患预警模型，通过热力图预测警情高发区域和警情高发类型，从源头上有效减少了寻衅滋事等违法行为与潜在犯罪行为的发生。哈尔滨市公安局在“情指中心”设置了“一体化指调平台”，依托事发现场监控、无线图传、智能分析等技术，执法人员得以及时发现警情，对所有巡逻警车实时在线指挥，实现从被动应对向主动预警转变。

第二，为进一步促进执法工作环节衔接畅通，多地区积极推进警务平台一体化建设，从而实现高效精准执法。例如山西省太原市推出5G智能化“慧治理”平台，将警情发现、指挥调动、线上处置、执法监督融为一体，通过指挥调度中心的实时调度，执法队员得以对平台派单的案件和辖区群众反映的问题作出快速反应，在15分钟内抵达现场开展执法，确保及时高效处置问题。云南省玉溪市公安局红塔分局积极推进“警务一体化实战化体系”建设，通过打造统一的指挥调度平台，汇聚警情处置、案件办理全流程中各类警务数据资源，同时协调刑侦、经侦、治安等多警种联动执法，切实提高了问题解决和警情处置的效率。

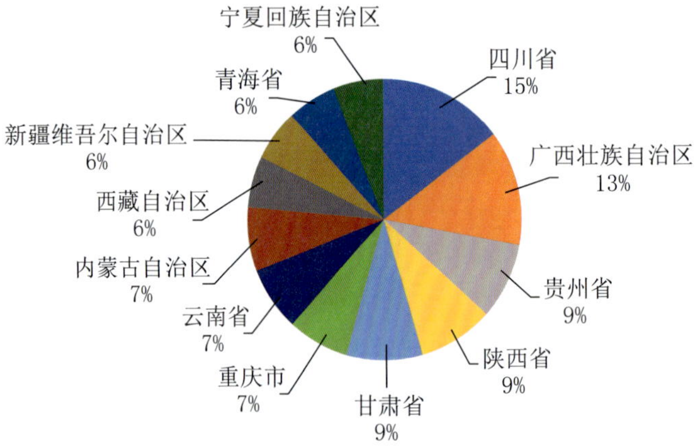

图3-15　西部地区人工智能执法应用数量占比分析

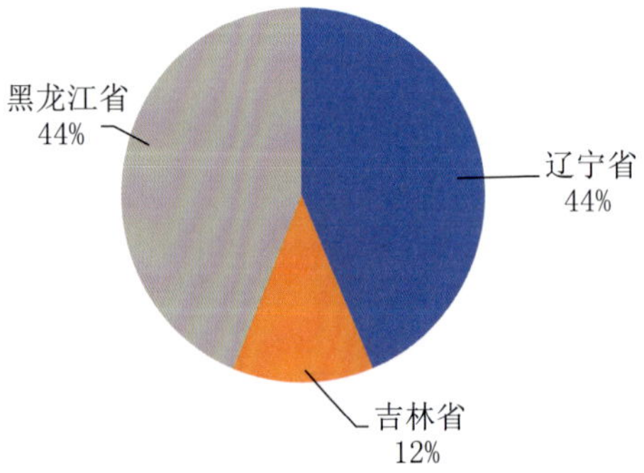

图3-16　东北地区人工智能执法应用数量占比分析

2. 应用场域分析

2023年度人工智能执法应用延续往年场域范围，涵盖治安防控、规范执法、服务群众、情报研判、破案打击、监狱管理6个场域，在6个场域下又涵盖了不同的具体应用场景。其中治安防控场域下的子场景最多，但相较往年出现了一些变化，包括交通执法、市域治理、食品（药品）管理、生态环保、安全检查、版权执法、边境管理、网络监管、犯罪预防、应急管理、校园安全、外贸管控、医疗监督共13个子场景，其中，外贸管控和医疗监督是新出现的子场景。大部分应用可同时涉及多个应用场域，故应用场域总数量高于全国31个省级行政区的数量统计。

在应用场域占比方面，同往年一致，治安防控场域排名第一，且占比远超其他场域，高达67%。这是因为治安防控场域与公众的日常生活息息相关，且相关人工智能技术较容易在实践中得到适用，同时近年来各地区的智慧城管建设也进一步促进了其占比的提高。其次是服务群众场域（11%）、规范执法场域（8%）和破案打击场域（8%），这是由于人工智能执法的基层化主要围绕治安和便民两大主题开展，以提高基层治理能力为核心目的。位列前四的应用场域累计占比达94%，可视为人工智能执法应用的主要场域（见图3-17）。2023年度规范执法场域占比相较上一年度下降明显，仅为9%，这是由于自2021年度以来，全国各省市均已完成“一网统管”平台建设，人工智能规范执法应用成效明显，因此本年度主要是对平台进行系统化升级与扩大辖区应用范围。综合来看，本年度各省人工智能执法应用的重心是精细化治理，聚焦的场域主要集中在治安防控。

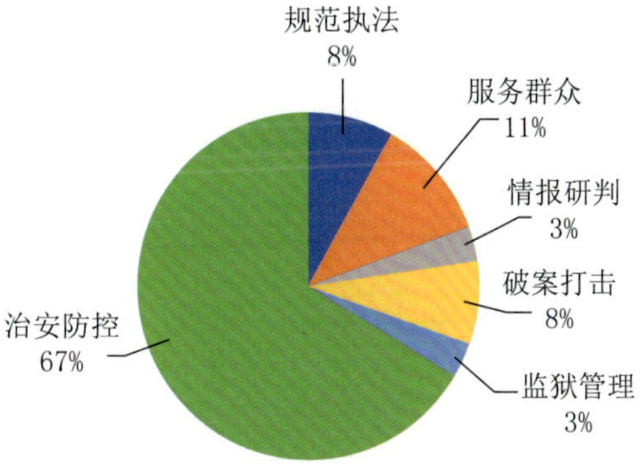

图3-17　全国人工智能执法应用场域占比分析

（1）交通执法与外贸管控场景实现多元化治理。2023年度，治安防控场域共有13个子场景的应用，交通执法和市域治理子场景的革新最为突出。交通执法子场景运用人工智能技术赋能全警，多元发展应用新生态。第一，在客运车辆驾驶员动态监控方面，西安市交通运输综合执法支队通过建设实时动态监控系统，采用北斗、GPS

双模定位，掌握营运车辆的实时位置、行使轨迹等信息，并通过车载摄像头对客运车辆内部情况进行监控、监听、视频回放等，便于事故分析。同时，通过“语音+屏显”的双提醒，对驾驶员的违规行为进行预警，有效降低了客运车辆交通事故率。第二，在城市运力调度方面，南宁市通过建设公交都市智能化系统，实现了对公交车的车辆、线路、司机、站点等信息进行实时动态监测和调度指挥；通过升级整合出租汽车监管平台，实现了巡游车、网约车双业态一体化监管，在运力监测、应急指挥、车辆调度方面发挥了重要作用。第三，在电动车规范管理方面，青海省乌兰县公安局交通管理大队安装“安骑”智慧交警电子抓拍语音提示系统，全天24小时对非机动车闯红灯、不按规定佩戴安全头盔、违法载人、逆向行驶等交通违法行为实施抓拍，基于视频分析技术，自动获取违法行为人的信息，点对点向违法行为人发送提醒短信。

外贸管控子场景的应用是指，各地海关为顺应国际贸易发展、维护供应链安全稳定的新形势，结合人工智能技术针对跨国贸易、边境贸易中进出口货物的合法性、安全性等问题开展的市场监管类执法应用。第一，针对外贸集装箱危险货物安全性监管问题，上海海事局与上海海关研发了“危险化学品伪瞒报逃漏检智能筛选模型”，对危化品申报、存储、运输等过程开展风险分析，建立进出口易制毒化工品、危化品归类自动布控模型，强化精准识别能力，实施靶向打击。江苏省南通市交通运输综合行政执法支队完善危险货物码头智能视频监控系统建设，探索库区智能机器人安全巡检，开展港口危货企业“全面体检”，进一步规范了港口危险化学品货物作业。第二，为提高外贸货物过关效率，上海市浦东机场海关通过集成智能审图、同屏比对、视频监控、实时对讲、远程下线核查等功能的在线检查操作台，实现了对进出口快件的在线检查全流程智能化。福州海关为保障锂电池高效验放，上线“出口锂电包装智慧监管业务场景”，利用智能识图等技术，实现对企业锂电包装工序的数据和图像信息的有效抓取和比对评估，有效降低产品现场查验和开箱检验比例。

（2）医疗监督场景加速推进监管平台建设。在医疗监督场景，人工智能技术正不断深入线上监管工作，“智慧卫监”取得新突破。第一，监督智慧平台整合了医疗卫生和公共卫生等多场景，便于一站式监督。例如珠海市卫生健康局建立“智慧卫监”综合监管平台，覆盖水质、空气质量、宾馆消毒、放射卫生、职业卫生、医疗废物等多个在线监测场景，能够实现数据存储与证据追溯、精密仪器在线监测、监测超标预警等功能。深圳市“智慧卫监”平台的监管场景更为集中，覆盖了生活饮用水、游泳场所水质、医疗废物、放射卫生和餐饮具集中消毒五大在线监测信息系统，便于及时纠正违法情况。

第二，放射诊疗是医疗卫生领域中对受检者影响较大的诊疗方式，多地区建立了放射卫生场景的智能监管系统。例如青岛市崂山区建设了山东省首个“放射诊疗防护用品规范使用AI取证系统”，实时抓取、自动评估和判断识别结果，并及时通过平台发出预警提醒，执法人员据此对违法行为进行调查取证。福建省莆田市卫生计生监督所推出了“智慧卫监”放射卫生在线监测预警平台，设置电离辐射在线监测点，对异常数据实时上报，建成放射卫生信息资源库，实现对重点监管数据的远程查阅和自动化分析。

（3）市域治理场景直击垃圾处理、城市扬尘的市容管理痛点。在市域治理场景，人工智能技术在城管执法过程中的应用数量增加，各地致力于建设智慧城管平台实现非现场执法。在城市市容管理的智能化方面，城管执法人员利用智能技术打击各类城市乱象，维护文明和谐的城市秩序，营造整洁优美的城市风貌。第一，违法倾倒垃圾行为是城管执法工作的重点对象，“智慧城管平台”能够有效解决城市垃圾非法倾倒的管理缺位问题。在生活垃圾的监管方面，浙江省诸暨市综合行政执法局打造的“智慧城管”平台完善“空中城管”巡查采集机制，使乱扔乱倒垃圾等城市乱象得以快速解决；山东省济南市城管局智慧城管中心利用无人机对违规倾倒建筑垃圾行为进行监管，高效查处违法行为。在厨余垃圾的监管方面，重庆市江北区通过研发垃圾收运智慧化监管平台，并配备了装有车载读卡器的餐厨垃圾收运作业车辆，以及内嵌RFID芯片的餐厨桶，从而实现对餐厨垃圾清运全过程进行实时监管，精确掌握餐厨垃圾流向。

第二，道路积尘程度是衡量城市清洁度的重要维度之一，道路积尘监测设备能够高效解决城市扬尘问题。哈尔滨新区城市管理和行政综合执法局创新研发“城管一体化作业监管考评系统”，对道路积尘监测车配备多种采集传感器以收集数据，并通过综合分析仪智能解析道路积尘数据，实现街路环境的智能监测和快速治理。苏州市同样采取“监测车”的设计，借助“道路积尘负荷移动监测车”开展积尘走航监测工作，该设备在正常行驶过程中能够自动、快速、实时地监测不同道路类型，实时分析道路扬尘积尘负荷数据，确定污染问题严重的区域和时段，有助于执法人员精准溯源并进行靶向治理。

（4）破案打击场域聚焦农业、生态、走私场景的违法案件侦破。2023年度破案打击场域共有3个子场景，分别为农业场景、生态场景、走私场景，该场域本年度应用主要表现在针对上述子场景下的非暴力违法犯罪案件的调查与侦破。

第一，人工智能目标检测与研判技术被广泛用于农业场景案件侦破。以江苏省扬州市为例，扬州市建立了农业综合行政执法指挥中心，依靠智慧中心，并通过执法车船巡查、无人机巡飞、视频监控、红外线检测、人工智能研判等技术手段，实现对各类农业违法行为的精准追踪与打击。除此之外，广西壮族自治区市场监督管理局在自然资源广西卫星技术应用中心的协助下，运用人工智能目标检测与人工目视解译的技术手段，实现了对假冒伪劣化肥案件的高效打击。

第二，生态场景多元化运用各类技术实现违法案件精准办理。福建省古田县在重点公共区域、重要林区等重点部位布建智能天网，利用无人机无线图传巡查，织起生态风险防范和社会治安防控的防护之网，成功破获非法采矿案。浙江省衢州市生态环境局2023年以来，通过自动监控、用电监管、卫星遥感、无人机巡查、走航监测及大数据分析等科技手段，办理环境违法案件30余件。

其三，走私场景聚焦烟草假冒走私类案件打击。沂南县市场监督管理局依托“701”信息化平台实施智慧监管，利用大数据、云平台等技术对寄递领域涉烟信息进行实时筛查，助力涉烟案件侦破工作，实现有重点、有针对性的高效监管。成都新都区烟草专卖局创新运用人工智能目标检测技术，搭建YOLOv5算法，结合MATLAB交互式程序设计，开发涉烟包裹识别程序“悟空侦查员”，辅助办案人员精准高效识别涉烟包裹。

3. 技术侧重分析

（1）机器人流程自动化技术赋能智慧警务。机器人流程自动化技术（Robotic Process Automation，RPA）是一种新型的人工智能虚拟流程自动化机器人。RPA的核心是通过自动化、智能化技术来替代人进行重复性、低价值、无须人工决策等固定性流程化操作，从而有效提升工作效率，减少错误。首先，RPA技术具有广泛的应用场景，以广州市天河区公安分局为例，其利用RPA技术在警用无人机管控预警、接处警风险提醒、视频运维、微信 AI 绘图、自动化排查装备故障等领域部署了 RPA 机器人，大大提升警务处理效率。其次，RPA 技术具备强大的警力支援功能。安徽省马鞍山市公安局运用该技术，使民警可通过“数字战警”支援中心申请具备真实民警属性的“数字战警”，在数字世界虚拟出相同警号的“数字人分身”。该分身通过学习可掌握与民警相同的岗位技能，并可以完成数据核查、布控预警、分析研判、报表制作等各项信息化应用任务，提供“7×24”小时大规模、常态化数字警力支援服务。

（2）数字孪生技术优化水利体系管理。数字孪生技术通过创建物理系统的数字副本，实现对物理系统的实时模拟和预测，从而提高系统的管理和控制能力。数字孪生技术主要由三个部分构成：物理实体、虚拟模型和数据连接。借助数字孪生技术建立的数字孪生水利体系结构，其最重要的组成部分是物理水利与数字孪生。其中物理水利与数字孪生技术的物理实体相对应，包括水利对象与水利治理管理活动。数字孪生则与数字孪生技术的虚拟模型对应，由数字孪生水利工程、数字孪生水网以及数字孪生流域构成（见图 3-18）。

在数字孪生水利体系中，虚拟模型是核心。以上海市浦东新区水闸管理事务中心建设的数字孪生水利体系为例：第一，数字孪生水利工程能够提升水利综合治理能力。浦东新区水闸管理事务中心紧密围绕“水资源管理与调配、防汛防台、综合养护”等核心业务，利用数字孪生技术，整合构建浦东新区水利数据底板，搭建水利模型库、知识库，全面打造浦东新区河道流域全要素数字化场景映射，提升水利管理全

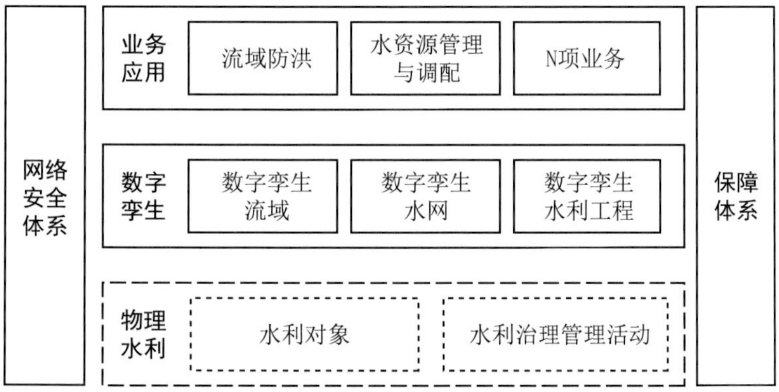

图 3-18　数字孪生水利体系结构图[①]

① 参见蔡阳：《数字孪生水利建设中应把握的重点和难点》，载《水利信息化》2023 年第 3 期。

过程“预报、预警、预演、预案”智能化模型辅助决策能力。第二，通过建设数字孪生水网可以实现对河道水文水质的实时监管。基于 GIS+BIM 空间数据底板集成实时水文水质、气象、闸门调度、预报和河道工情数据，实现了数字孪生水闸创新管理新模式。第三，通过建设数字孪生流域能够进一步提高流量预报准确性。通过搭建浦东新区精细化二维河网水动力与工程调度模型，应用典型暴雨的实测数据率定模型参数，提升在线模型精度及预报准确性，构建自主可控的浦东新区水文模型，实现地表产汇流全过程快速模拟。

4. 发展特点分析

（1）“三农”相关执法工作中的数字技术应用不断增加。农业、农村和农民问题一直是我国政府工作的重中之重。在此背景下，人工智能执法应用不断向农资管理、农产品质量管理、农村生态环境执法等领域渗透，执法部门利用数字技术推动乡村治理创新，这与乡村振兴战略相契合，也是农业农村现代化的必然要求。

首先，“智能监管平台”逐渐在乡村治理中发挥作用。例如，在农村集体资产经营监管方面，上海市农村集体“三资”监管平台于 2023 年 11 月试运行，青浦区农村经营管理站及其下辖的华新镇也已加入平台，平台可完成农村集体资产年报等自动化分析，华新镇农经监管人员可以在事前对大额资金和集体建设用地使用进行审核、事中和事后对资产台账、土地补偿费收支等资金流向情况进行监管。在农产品质量安全智慧监管方面，安徽省淮北市濉溪县临涣镇农业农村局打造“农安康智慧监管平台”，将种植、养殖主体等生产主体信息、生产记录档案、投入品购买、合格证出具等信息统一录入平台，确保农产品在生产全过程中符合质量安全要求。

其次，人工智能执法在农业综合执法、农村生态环境执法领域有所拓展，第一，在农业综合执法领域，“农业综合执法指挥平台”有助于整合执法力量，提升工作效率。例如江苏省连云港市下属各县区农村均已建设农业综合行政执法指挥中心，通过系统平台、移动执法箱和执法记录仪，执法人员可以实现线上巡检与实时指挥调度。云南省保山市下辖的龙陵县组建农业行政执法指挥调度中心，不仅实现了行政执法统一调度，也能同步开展执法主体信息录入、执法程序流转、执法活动监督、执法决定实时推送等工作。第二，行政机关可以借助生态管理平台提高乡村生活环境。浙江省嘉兴市洪合镇新建“生态智慧化管理平台”，实现餐饮隔油池及工业垃圾临时转运中心的高效监管；山东省胶州市洋河镇将农村环境整治工作融入“基层治理数字指挥平台”，执法人员可以了解巡查任务、区域范围、人员排名和巡检记录的实时情况，也可以对辖区内环境卫生、垃圾分类、改厕问题进行实地上传和精准处置。

（2）区块链技术在治安防控、破案打击场域的应用增加。区块链是一种分布式数据库技术，由一系列数据块连接而成，每个区块都包含一定数量的交易记录等数据，并通过密码学方法与前一个区块链接起来，形成一个不断增长的链条。2023年度，区块链技术的应用主要体现在两个方面。第一，基于区块链技术具有的可追溯性和不可篡改特征，强化治安防控场域下食品管理的来源追查和责任追究。以云南省市场监督管理局与云南移动共同打造的“云南省重点食品（产品）安全信息区块链追溯平台”为例，其将消费者、企业、监管端共同纳入平台，在包括食品生产、食品经营、餐饮等环节的全产业链中建立食品安全追溯体系，有效提升食品质量安全保障水平。

第二，区块链技术有助于提高打击虚拟货币案件的执法能力。近年来，我国虚拟货币犯罪数量逐年递增，区块链技术对于打击利用虚拟货币实施的洗钱、诈骗、传销和赌博等犯罪具有关键作用。在加密货币交易平台监管领域，“海盾虚拟加密货币研判分析设备”由公安部第三研究所与欧科云链合作研发，其以区块链链上数据为核心，覆盖了国内外多家加密货币交易平台、矿池等机构，运用机器学习、数据建模、相似度算法等关键技术和专项分析工具，帮助办案人员快速把握资金流向、关系脉络、追踪嫌疑人。在通过虚拟货币实施的诈骗、传销和赌博犯罪领域，中科链源开发“SAFEIS 安士区块链 AI 信息作战系统”，其利用图计算多特征模型，可以将“SAFEIS 安数”链上数据中的交易信息以及地址标签挖掘整合成点，计算生成不限层级的全币种全链路网状图，并自动学习其中包含的信息，快速精准挖掘犯罪分子资金链条，最终实现对链上地址的实控人做到精准识别，从而更有效地打击犯罪、保护公私财产安全。

5. 未来趋势分析

（1）高性能计算的“四算聚变”将助力算力提升。2023年度全球各地高性能计算集群迎来向2.0架构（CPU + GPU）的升级潮，高性能计算集群、量子计算、云计算和边缘计算的“四算融合”也成为高算3.0演进的新趋势。随着高性能计算机群不断引入Web服务和容器化等云计算技术，以及云计算平台开始提供分布式高性能虚拟机服务，两者技术栈开始迅速同化；传统高性能计算与量子计算的融合，成为未来高性能算力跃升的高潜路径；量子计算系统的扩展引入了集群的思路，量子云平台将成为量子计算软件开发和应用探索的重要基础设施；高性能、低功耗的芯片技术是高性能边缘计算的基础，云边协同的分布式架构将成为高性能计算未来的典型架构之一。这四种算法在高性能计算中的应用，能够有效提升计算机的运算能力、存储容量和网络传输速度，满足大规模、高密度、高并发的计算需求。

目前，四算技术除量子计算外在执法领域均有应用。首先，高性能计算集群被用于对庞大的犯罪数据集进行并行处理，帮助分析人员从大数据集中找出犯罪的关键模式、规律和趋势。其次，安徽省依托云计算技术建立“5G 云执法”远程指挥调度系统，实现对现场执法工作的全流程智能监管和全过程跟踪。最后，百度智能交通基于边缘计算推出 AIR 智能道路系统，实现对全量交通对象、违法行为、交通流量、交通事件、预警信息的实时检测。综合来看，四算技术并没有实现很好的融合，而是分散于各个具体的应用领域，抑制了计算效率的提高。在未来，量子计算技术很有可能被用于金融领域监管，如该领域数据的加密和解密，以提供更高的信息安全性。除此之外，其在气象预报、密码破译、矿业监管等领域均能有所建树。而“四算融合”的趋势在未来不仅具有广泛的应用空间，如在科学计算、水文预报、影像处理等各领域的应用，还能为大模型与指挥系统等智慧软件运行提供可靠的硬件与软件支撑，使算力实现飞跃。

（2）我国将探索反洗钱领域的人工智能监管。在世界范围内，各金融组织的反洗钱手段主要依靠金融监管机构进行人工审查与调查追踪，效率低且风险判断正确率低，审查第一阶段，超过 95% 的风险警报属于误判。在国际层面，2023 年 6 月 21 日谷歌云推出反洗钱产品“AML AI”，极大优化了金融机构调查工作流程。这款工具可用来帮助金融领域的客户筛选和报告潜在的可疑活动，还可以提供全面的风险评分视图。目前，国际上汇丰银行通过使用 AML AI 为核心的反洗钱交易监控系统，显著提高了反洗钱检测能力，内部风险预警准确率提高了 2—4 倍，误报率降低了 60%。

在国内层面，反洗钱领域的人工智能监管建设依然还处于初级阶段，实践范围较小。在企业端，慧安金科将与 ChatGPT 同源的半监督与无监督机器学习、深度学习引入反洗钱系统中，不断开发反洗钱特征指标体系建设、反洗钱各业务场景的监督模型、反洗钱可疑资金网络识别等一站式解决方案。除此之外，部分中小银行已经开始尝试利用人工智能技术开展反洗钱业务，如浙商银行采用的新一代数智反洗钱系统以“控风险、提质效、减人工”为主线，强化人工智能、生物识别、大数据、知识图谱等新技术运用，实现对洗钱风险的全方位监测、场景式分析、精准化识别和智能化管控。在互联网和大数据时代，网络经济犯罪已形成复杂的产业链，监管变得愈加困难。在未来，可以通过完善数据收集模式、创建数据网络、优化数据筛选机制完善人工智能监管系统，作为人工智能核心技术之一的无监督、有监督、半监督机器学习技术、深度学习算法技术等在反洗钱领域有广泛的应用场景。

（二）国外人工智能执法应用

1. 多国将智能机器人用于犯罪预防

目前全球大部分国家都面临着犯罪率上升的问题，多国警方积极引进智能机器人参与警务工作，以期提高犯罪预防能力，有效降低犯罪率。美国纽约警察局引进机器狗 Digidog 与 K5 自主安全机器人（ASR）。其中 Digidog 是具备远程控制、高度机动的 K-9 机器人，主要用于人质谈判、反恐事件和其他高风险情况，其因有侵权风险在 2021 年曾被禁用，但于 2023 年重新投入使用。K5 自主安全机器人可在室内和室外的密闭区域进行自动巡逻，并在遭遇紧急事件时实时向警方、急救人员反馈现场情况。该技术已在警察部门、购物中心、大学校园以及其他需要巡逻的地区得以应用。① 在新加坡，智能机器人被用于机场安检巡逻。新加坡警察部队在樟宜机场投入使用警察巡逻机器人。巡逻机器在发生事件时可以部署临时干预措施，例如信号灯、警报器和扬声器，可以在警察到达之前拉起警戒线或警告旁观者。公众还可以轻松激活机器人正面的按钮，直接与警方联系。在西班牙，马拉加警察部队增添机器狗，该机器狗可以在巡逻时完成证件排查工作。② 在迪拜，警方推出了自动驾驶巡逻车 Robocop，这款巡逻机器人可通过先进摄像系统捕捉完整的 360 度视图，并利用嵌入式人工智能技

① NYPD Adds “Spot”, the Robot Dog, to Force and More Tech, https://www.nbcnewyork.com/news/local/say-hello-to-spot-the-robot-police-dog-joining-the-nypd/4230665/.

② Watch as Malaga Police Show off Their New AI-Powered Crime-Fighting Robot “Dog”, https://www.surinenglish.com/malaga/malaga-city/watch-malaga-police-show-off-their-new-20240319162600-nt.html.

术精准检测和分析可疑行为，识别人脸和车牌。除此之外，该巡逻车还配备了可拆卸空中无人机，以覆盖车辆无法侦测到的区域。[①]

2. 人脸识别技术监管进一步加强

人脸识别技术在执法领域的应用进一步扩大。在英国，警察正在大幅增加人脸识别技术的使用量，据数据统计，伦敦大都会警方和南威尔士警方已经在 22 个不同的场合使用了实时人脸识别系统。[②] 例如，一名被通缉的性犯罪者在查尔斯国王加冕典礼上被人脸识别技术确认与通缉嫌疑人的脸部图像相符后被捕。[③] 在美国，面部识别技术被全国各地的警察广泛使用。例如，迈阿密警方使用 Clearview AI 面部识别技术识别了一名拒绝向警方透露姓名的流浪人员并最终将其逮捕。[④] 然而人脸识别技术带来的潜在风险也是不可忽视的，如误认导致抓捕对象错误、侵犯民众隐私、种族歧视等问题引发了社会的热议，致使各国纷纷采取相关行动，以限制人脸识别技术的扩大使用。

首先，美国通过政府部门监管与司法判例来限制对人脸识别技术的滥用。根据美国政府问责署发布的数据，其审查了美国国土安全部和司法部等七个机构，其中有四个机构因没有要求员工接受面部识别技术的有关培训而被要求停止使用人脸识别技术。[⑤] 面部识别技术在可能帮助解决犯罪和识别未知嫌疑人的同时，也存在提供错误信息的可能，错误识别将导致逮捕和起诉无辜者。2023 年 6 月，美国新泽西州检察官在人脸识别技术显示一名男子与嫌疑人“可能匹配”后，指控该名男子持械抢劫，但州法院裁定检察官必须向被告提供有关所用面部扫描软件的详细信息，包括其工作原理、源代码及其错误率等。法院称面部识别是“一种新颖且未经测试的技术”，认为随意将其认定为证据将剥夺被告享有正当程序的权利，除非他能够获得警方用来识别

① AI-powered Robot Police Take to the Streets in Dubai, https://wired.me/technology/dubai-police-ai-robocop/.

② Police Use of Face Recognition is Sweeping the UK, https://www.wired.com/story/uk-police-face-recognition-expansion/.

③ Police Use of Facial Recognition: Factsheet, https://homeofficemedia.blog.gov.uk/2023/10/29/police-use-of-facial-recognition-factsheet/.

④ Miami Police Used Clearview AI Facial Recognition in Arrest of Homeless Man, https://reason.com/2024/01/19/miami-police-used-clearview-ai-facial-recognition-in-arrest-of-homeless-man/.

⑤ Facial Recognition Technology: Federal Law Enforcement Agency Efforts Related to Civil Rights and Training, https://www.gao.gov/products/gao-24-107372.

他身份的原材料并测试其可靠性以实现辩护。①

其次，欧盟通过出台相关法案以实现对欧洲各国人脸识别技术应用的限制。《人工智能法案》对人工智能系统进行分类分级监管，提出了四种风险类型，即不可接受的风险、高风险、有限风险和极低风险。总体而言，该法案强调以风险预防为导向，通过事前评估、事中监测、事后救济的多元路径，分级监管人工智能系统并规避其可能带来的风险，同时强调个人赋权和外部问责的协同治理。据有关机构预测，在该法案生效后，欧盟范围内部分人工智能用途将被禁止，如禁止执法机构使用推断某人政治观点或性取向等敏感特征的系统，以及在公共场所使用实时面部识别软件，或通过抓取互联网来创建面部识别数据库，但是，在打击恐怖主义或绑架等严重犯罪时除外。② 例如，法国在筹备 2024 年奥运会期间广泛部署了全面的算法视频监控以及无人机，但面部识别技术因《人工智能法案》的生效而被禁止使用。③

3. 智能化监控技术逐步扩大应用

2023 年度，用以识别违法行为的监控技术应用仍在增加，该项技术包括实时监控和自动分析两项功能，有时与面部识别技术相结合。在打击违法行为方面，英国 Plymouth④、Lincolnshire⑤ 和 Merseyside⑥ 地区警方均使用摄像监测车以监控交通违法行为，人工智能发现的违法行为将由警方进行双重检查；Sheffield 警方采用 ANPR 自动车牌识别技术捕捉路口违规情况。⑦ 在预防和打击犯罪方面，美国纽约警方部署配

---

① Victory! New Jersey Court Rules Police Must Give Defendant the Facial Recognition Algorithms Used to Identify Him, https://www.eff.org/zh-hans/deeplinks/2023/06/victory-new-jersey-court-rules-police-must-give-defendant-facial-recognition.

② Melissa Heikkila, The AI Act is Done. Here's What Will (and won't) Change, https://www.technologyreview.com/2024/03/19/1089919/the-ai-act-is-done-heres-what-will-and-wont-change/.

③ AI is Powering a Revolution in Policing, at the Olympics and Beyond, https://www.washingtonpost.com/world/2023/12/18/ai-france-olympics-security/.

④ New Police CCTV van in Plymouth Aims to Improve Safety, https://www.bbc.co.uk/news/uk-england-devon-68722521.

⑤ Lincolnshire Police Use Unmarked HGV to Spot Driving Offences, https://www.bbc.co.uk/news/uk-england-lincolnshire-68138560.

⑥ Merseyside Police: AI Used to Detect Driving Offences, https://www.bbc.co.uk/news/uk-england-merseyside-67365823.

⑦ Sheffield: New Cameras to Enforce Law Around Yellow Box Junctions, https://www.bbc.co.uk/news/uk-england-south-yorkshire-68574563.

备摄像头的遥控飞机来监控大型集会活动。①旧金山警方在 Outside Lands 音乐节期间进行 42 小时现场监控，5 人因盗窃、扒窃和拒捕而被捕。②但是，该项技术使用范围的扩张和警方权力的扩大引发了民众的担忧。

社会各界对智能化监控技术的质疑主要包括两个方面：第一，该项技术存在滥用风险，警方可以通过其他手段避开公众对监控技术的民主监督，这增加了侵犯公民隐私和自由的可能性。例如，旧金山警方通过访问半私人性质的监控设备或自动驾驶汽车收集的数据以打击犯罪，③这类监控数据并未进行公开披露，可能在秘密状态下侵犯公民的隐私。第二，智能化监控技术可能导致算法歧视与计算结果不准确的风险。如加利福尼亚州警方根据嫌疑人的 DNA 创建嫌疑人的面部图像，并结合人脸识别技术创建“最可能的匹配”以辅助破案，这不仅侵犯了犯罪嫌疑人的隐私，也可能侵犯面部特征类似的公民的权利。

尽管存在上述风险，由于智能化监控技术在打击犯罪方面的有效性，多国在立法层面降低了该技术的应用门槛。美国多地出台法案减少了适用智能化监控技术的限制。美国旧金山市立法者对该项技术的态度从否定向部分肯定转变。④2023 年 10 月，旧金山市以 60% 的票数通过了“Police Department Policies and Procedure and Use of Technology”提案，其中允许旧金山警察局自由安装公共安全摄像头和部署无人机，同时放宽了旧金山警方在安装新监控前必须获得监事会批准的要求。⑤另外，美国圣

① N. Y. P. D. Will Use Drones to Monitor Labor Day Celebrations, https://www.nytimes.com/2023/09/01/nyregion/drones-labor-day-nypd.html?searchResultPosition=4.

② San Fransico police are Using Cameras to Fight Crime More Than Ever Before. Is It Working? https://www.sfchronicle.com/sf/article/breed-surveillance-camaras-18603519.php.

③ San Francisco Police’s Live Surveillance Yields Almost 200 Hours of Spying–Including of Music Festivals, https://www.eff.org/deeplinks/2024/02/san-francisco-polices-live-surveillance-yields-almost-200-hours-spying-including#:～: text=February%202%2C%202024-, San%20Francisco%20Police’s%20Live%20Surveillance%20Yields%20Almost%20200, Spying%E2%80%93Including%20of%20Music%20Festivals&text=A%20new%20report%20reveals%20that, to%20non%2Dcity%20surveillance%20cameras.

④ 5 Years After San Francisco Banned Face Recognition, Voters Ask for More Surveillance, https://www.wired.com/story/san-francisco-banned-face-recognition-voters-ask-for-more-surveillance/.

⑤ Stop Secret Surveillance Ordinance, https://www.sf.gov/sites/default/files/2024-01/PoliceCommission11024-Q3%202023_SFPD%20Use%20of%20Non-City%20Entity%20Cameras%20Live%20Monitoring_12.27.2023.pdf.

地亚哥市议会于 2024 年初投票削减了许多旨在确保执法监控技术透明度的条款，以减少执法行为的障碍。①

法国立法者出台新法案，扩大了智能监控技术的适用范围。法国国民议会于 2023 年 4 月通过了新法案，允许在 2024 年巴黎夏季奥运会和残奥会期间使用算法监控视频（algorithmic video surveillance）和无人机进行大规模人工智能监控；② 此外，法国国民议会于 2023 年 7 月通过法案，条款之一允许执法人员"在其所有者或持有者不知情或同意的情况下"监控间谍活动嫌疑人的智能设备，但仅限于涉及恐怖主义、有组织犯罪和其他可判处五年或以上监禁的非法活动的嫌疑人。③ 可见，在技术的有效性和其可能带来的潜在风险之间，域外立法者的态度从消极排斥转向在一定条件下探索应用。

五、人工智能法律服务应用

（一）中国人工智能法律服务应用

1. 应用地域分析

（1）公共法律服务。2023 年度全国人工智能公共法律服务应用共 219 个，统计方法继续精确到设区的市一级。其中，西部地区的人工智能公共法律服务应用数量最多，东部地区次之，中部地区再次，东北地区最少（见图 3-19）。东部地区人工智能公共法律服务应用数量为 86 个，其中较为突出的省份有：上海市 22 个、浙江省 17 个（见图 3-20）。总体数量较 2022 年度降低，浙江省大幅降低，天津市增加较多，上海市、福建省在数量上略微上升。中部地区人工智能法律服务应用数量为 20 个（见图 3-21）。西部地区人工智能公共法律服务应用数量为 102 个，其中较为突出的省份

① San Diego City Council Breaks Trust, https://www.eff.org/deeplinks/2024/03/san-diego-city-council-breaks-trust.

② AI is Powering A Revolution In Policing, at the Olympics and Beyond, https://www.washingtonpost.com/world/2023/12/18/ai-france-olympics-security/.

③ Lawmakers Approve Bill Allowing French Police to Locate Suspects by Tapping Their Devices, https://apnews.com/article/france-surveillance-digital-devices-suspects-6018bdb2aee36ef373209555f5ec0019.

有：内蒙古自治区 25 个、宁夏回族自治区 15 个、四川省 11 个、新疆维吾尔自治区 10 个（见图 3-22）。东北地区人工智能法律服务应用数量为 11 个（见图 3-23）。

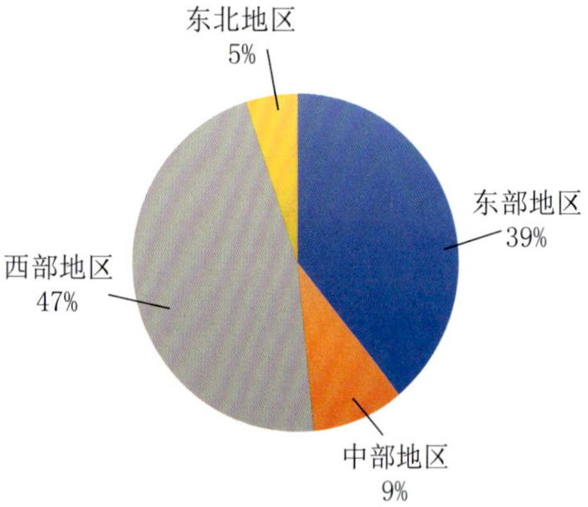

图 3-19　全国人工智能公共法律服务应用数量占比分析

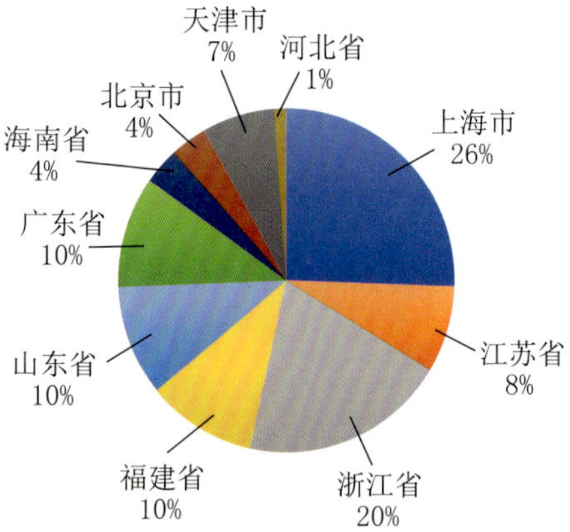

图 3-20　东部地区人工智能公共法律服务应用数量占比分析

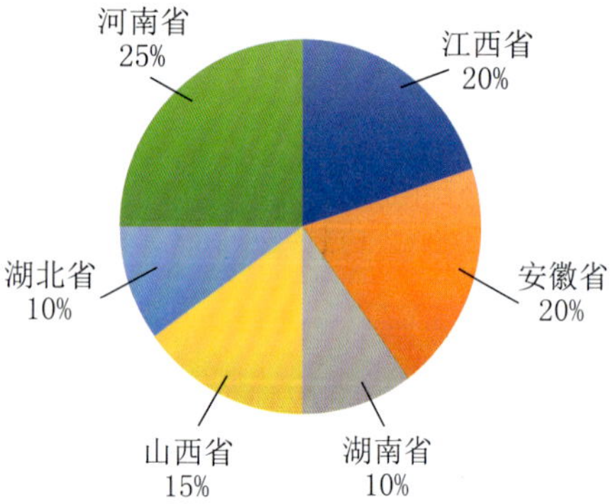

图 3-21　中部地区人工智能公共法律服务应用数量占比分析

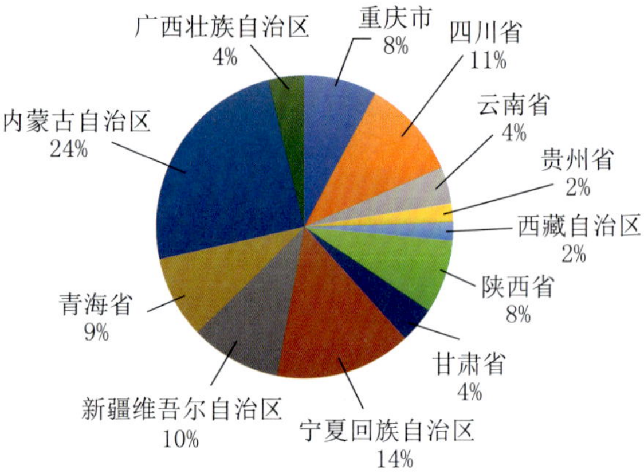

图 3-22　西部地区人工智能公共法律服务应用数量占比分析

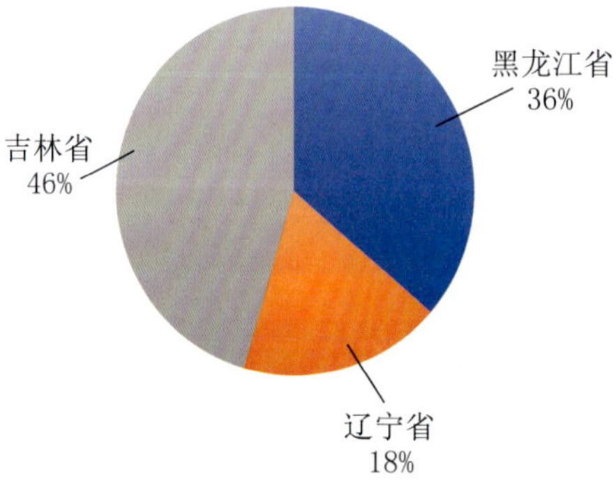

图 3-23　东北地区人工智能公共法律服务应用数量占比分析

相较于2022年度，全国范围内人工智能公共法律服务应用总数增加了22个，东部地区占比首次降为第二位，占比39%，西部地区有较大提升，总体占比为47%，高于中部地区和东北地区。总体而言，东部地区人工智能公共法律服务应用的建设和运营种类较为多样，西部地区数量增加较多，东北地区也有所发力，中部地区在种类上进行了丰富。

司法部发布的《全国公共法律服务体系建设规划（2021—2025年）》对新形势下的法律服务提出了新要求，要加快推进公共法律服务均衡发展，建成覆盖全业务全时空的法律服务网络，提高全民法治意识和法治素养。2023年度全国公共法律服务应用数量呈增长态势，公共法律服务建设向着多元化、均衡化、体系化发展。

① 东部地区应用范围扩大，地级市持续发力。相比2022年度，东部地区的省份在更多的地级市运用了人工智能技术，涉及主播法治宣传、比对证据、终端机、咨询平台等方面。在法治宣传方面，北京市怀柔区使用AI主播“怀小法”，通过以案释法、知识点播、法律解析等形式，进行法治宣传。浙江省嘉兴市建立“快普”智创平台向普法志愿者提供“数字人+N”普法视频融合生成服务。在人工智能比对证据方面，上海市长宁区建设“一网通办”长宁旗舰店平台，全面构建起智能问答、数据核验、信息复用、多端联动的在线应用新场景。在终端机方面，上海市青浦区建立“AI法治青浦”普法平台，实现人机对话场景下的法律解答。在咨询平台方面，江苏省无锡市司法局建立“AI+5G”智慧普法咨询平台。

在往年人工智能法律服务相对薄弱的山东省和天津市，2023年度山东省在枣庄市、泰安市、济宁市、烟台市、东营市、淄博市在人工智能公共法律服务方面均有探索，其中枣庄市使用“法治枣庄智慧平台”，建成非诉讼纠纷化解服务平台。济宁市以“济宁公共法律服务”为中枢，集App、微信端、智慧终端等为一体。天津市在武清区、和平区、东丽区和津南区共4个市辖区均引入了公共法律服务智能终端机。同时，终端机与区公共法律服务中心实现联通，可随时通过视频连线区中心值班律师。

② 中部地区出台多项政策支持人工智能公共法律服务应用。中部地区虽然在应用数量上不及东部和西部地区，但在人工智能法律服务应用上做到了各个层级都有保障，各个地区共享服务成果，对人工智能法律服务应用也出台了多项政策予以支持。《湖北省推进人工智能产业发展三年行动方案（2023—2025年）》明确提出，实

施以武汉、襄阳、宜昌三大科创中心为核心支撑，以“光谷”“车谷”“网谷”三大区域载体为先导引领，以产业底座、融合应用、行业服务三大核心领域为突破方向的“333”发展路径；武汉市东湖高新区在政策扶持高新技术及产业的发展下，发挥优势研发法官工作台、智慧驾驶舱、科技法庭，使各项事务从人工检查向智能监管转变。河南省省委、省政府在2023年底出台《河南省新一代人工智能产业链培育行动方案（2023—2025年）》，力争在人工智能新赛道上跑出加速度、抢占制高点，政法系统公布40条便民利民举措，加快“数字法治、智慧司法”建设，在部门联动、科技赋能、优化服务上下功夫。

③ 西部地区深耕基层治理，服务应用向村（社区）延伸。2023年度西部地区的应用数量首次破百，主要在街道、农村广泛铺设法律服务设施。重庆市沙坪坝区已建立46个红岩市民综合调解站集合资源整合服务，引入人工智能科技手段辅助，为辖区群众提供“多调合一”的一站式调解服务，实现22个镇街全覆盖。宁夏回族自治区吴忠市研发吴忠法宝App，实现与“我的宁夏”信息共享，同时为569个村（居）配备智能终端；中卫市沙坡头区文昌镇打造“专业法律人才+互联网+智能法律服务自助终端”法律服务新模式，将村（社区）顾问工作与“三大平台”建设工作有效衔接，投放法律服务智能终端，有效降低群众享受公共法律服务的成本，提高服务效能。此外，西部地区的应用在形式上限于智慧公共法律服务亭、公共法律服务终端机等，上述种类的应用占西部地区应用总数的37%。例如青海省完成综治中心、矛盾纠纷调解中心、信访接待中心、公共法律服务中心、诉讼服务中心五大中心资源整合，2023年度的9个应用中有5个形式为终端机、服务亭，未来在其他应用品类的研发推广上仍存在较大进步空间。

④ 东北地区均配备智能终端机与热线咨询类平台，功能继续完善。东北地区三个省份均配备公共法律服务智能终端机与热线咨询类平台，并对公共法律服务智能终端机和咨询类平台的相关功能进行完善。首先，吉林省的辽源市和松原市均使用“吉法智”智能终端机，集触摸屏、工控、计算机等技术于一体，与大数据、法律知识图谱、人工智能等技术相结合；长春市升级了“12348”公共法律服务热线平台，实时显示法律咨询情况，包括当日接听总量、服务时长、热点监控、重点监控等。其次，辽宁省的营口市采用了“互联网无人律所”设备，群众可迅速查找相关的法律法规和

判例，并快速提供解决方案；丹东市完善了热线电话“12348”和法网平台，对热线服务进行全流程监控。最后，黑龙江省打造了各市均可使用的网络平台“公共法律服务中心民营企业专线”；黑河市投入使用了普法与公共法律服务触摸一体机。

（2）企业法律服务。企业法律服务部分主要以国内 19 家①主要的人工智能法律服务企业（机构）为研究对象，相比 2022 年度数字有所变化，新增了 9 家在 2023 年推出新的人工智能法律服务应用的企业，以及对已有人工智能法律服务应用进行改进的企业。总体数量减少的原因是，有 17 家企业在 2023 年度未发布新的人工智能法律服务应用，故未纳入统计范畴。总体来看，2023 年是大模型快速发展的一年，各种技术的迭代和发展，为大模型应用到实际场景起到了极大的促进作用。

① 东部地区企业法律服务发展势头强劲。2023 年度，19 家主要的人工智能法律服务企业均属于东部地区，其中注册地为北京的公司占比最高（42%），注册地为广东省的公司占比次之（21%）。一方面，北京的高校较多，科技人才储备较多，更便于企业与高校合作。例如北京幂律智能科技有限责任公司与清华大学自然语言处理实验室合作开发多个法律大模型，如 OpenCLaP 法律预训练语言模型，可以作为下游自然语言处理任务的模型参数或者模型输入以提高模型的整体性能。另一方面，广东省具有较多的人工智能相关科技企业，例如赛为智能、全志科技、云从科技，可以提供人工智能技术支持。同时政策支持人工智能发展的力度较大，如国家发改委公布《横琴粤澳深度合作区鼓励类产业目录》鼓励发展人工智能等产业，广东省人民政府发布《关于加快建设通用人工智能产业创新引领地的实施意见》、深圳市人民政府印发《深圳市加快推动人工智能高质量发展高水平应用行动方案（2023—2024 年）》等。

② 东部地区提供法律服务的企业研发领域多样。东部地区提供人工智能法律服务的企业研发领域多样。第一类是专门提供法律咨询、诉讼服务的专业法律企业，如

① 19 家主要的人工智能法律服务企业分别是：北京北大英华科技有限公司（北大法宝）、律品汇科技（北京）有限公司、盈科律师事务所、无锡中铠信息咨询服务有限公司、北京人人律智能大数据科技有限公司、北京慧云数智科技有限公司、中元智航律政科技（北京）股份有限公司、北京市律典通科技有限公司、南京国础科学技术研究院有限公司、北京幂律智能科技有限责任公司、赢火虫软件科技（上海）有限公司和赢火虫信息科技（上海）有限公司、上海秘塔网络科技有限公司、上海瀛东律师事务所、浙江法之道信息技术有限公司、杭州天谷信息科技有限公司、广东博维创远科技有限公司、深圳法大大网络科技有限公司、法狗狗（深圳）科技有限公司、睿律智能科技有限公司。

盈科律所的律兜—数字普法体验站和盈科 AI 无人律所。第二类是专门研究法律科技垂直细分领域的法律科技企业，如中元智航研发了智慧乡村普法宣传系统、智慧乡村普法宣传终端、智慧校园普法宣传系统。第三类是专注于前沿科技的企业，如南京国础科学技术研究院有限公司，其辅助公共部门开发了苏州远程公证系统、公共法律服务一体机。不同类型的企业利用各自优势，让人工智能法律服务在数据、技术方面得到深化发展。

2. 应用场域分析

（1）公共法律服务。结合司法部印发的《公共法律服务事项清单》和各地人工智能法律服务应用的实践，人工智能法律服务主要分为以下 10 个场域：法律援助、法治宣传、法律咨询、法律检索、纠纷调解、仲裁服务、公证服务、司法鉴定、法律便利服务和其他。通过对各地近年人工智能法律服务应用的观察，各地在实践中将司法鉴定与公证服务相区分的情形居多，故 2023 年度将原有的“公证和司法鉴定”场域分为“司法鉴定”和“公证服务”两个独立场域。此外，“仲裁服务”亦成为近年来较为多见的与纠纷调解相衔接的应用场域，因此吸收成为 2023 年度新的独立场域。2023 年度，法律咨询与法律便利服务两个场域继续保持较高的占比，纠纷调解、法治宣传、公证服务三个场域占比均超 10%，法律援助紧随其后（见图 3-24）。与 2022 年度相比，2023 年度各个场域呈现出多元化、均衡化的发展态势。

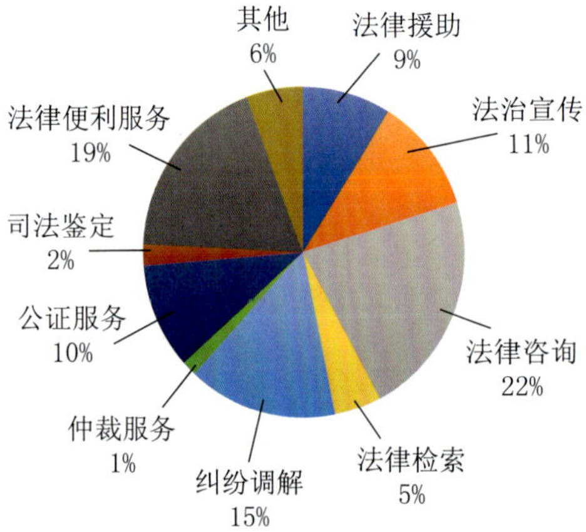

图 3-24　人工智能公共法律服务应用场域数量占比分析

① 多功能集聚构建一站式“法治超市”。2023 年度，“法治超市”在各地涌现增长，将法律服务产品化，整合资源提供一站式法律服务。全国共有 21 个省份新建法

治超市，如东部地区的江苏常州、天津袁州，中部地区的安徽铜陵、江西宜春，西部地区的新疆石河子，东北地区的辽宁大连、吉林白城。其中以辽宁大连为典型：截至2023年9月，大连市1690个社区（村）“法治超市”累计开展法律咨询2.7万次，成功调解矛盾纠纷2万余件，组织开展法治宣传1.9万次，提供指引和代办法律援助、公证、行政复议、民事诉讼等法律事务640余次。上海“科创宝山”、广东琶洲法律集聚区公共法律服务中心、安徽“池州智格”等公共法律服务平台高度智能化、数字化，一站式集成多功能，“小超市”显现法治“大能量”。

② 提供专属场景定制化法律服务。2023年度各地依托人工智能技术，挖掘多个法律服务细分场景，通过定制化服务提升公共法律服务的精准性、有效性、实用性。如海南省专门为见义勇为这一行为场景定制公证法律服务中心，运用人工智能、大数据、区块链等技术，解决见义勇为相关事项的证据存证和固化问题，协助和引导志愿者提高证据意识，固定和保存见义勇为事件中的证人证言和视听资料。成都东部新区企业法律服务平台建立企业法治需求清单，根据企业的具体法治需求，“点对点”开展免费法治体检，针对问题开“处方”。

（2）企业法律服务。2023年度人工智能企业法律服务在“法律检索”场域中新增子场景“法律调研报告”。“法律便利服务”场域新增子场景“合同审查”。“其他”场域新增子场景合同签署、法治资讯、公共法律服务业务指引。2023年度，法律便利服务与法律咨询两个场域继续保持较高的占比，法律检索（占比17%）有明显增多（见图3-25）。

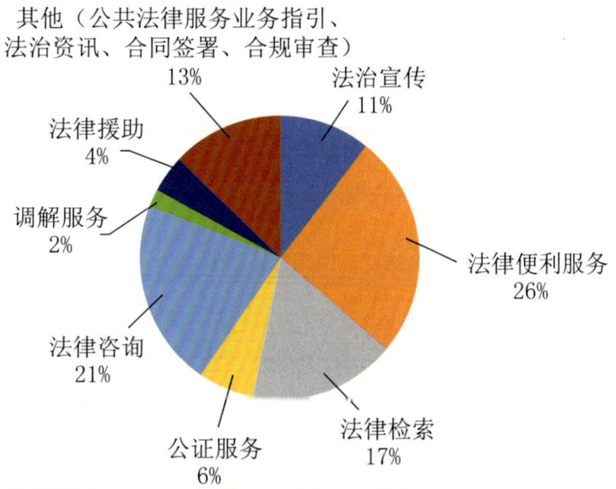

图3-25 人工智能企业法律服务应用场域数量占比分析

① 法律检索场域提供更翔实的内容服务。在法律检索场域，多家公司提供融合法规和类案的调研报告服务，理解用户自然语言提问的能力有所提升，提供的内容也更为翔实。2023 年度公共法律服务在一次性解决用户法律需求上持续突破，让查询者使用日常语言即可获得全面的检索结果。例如在内容层面，律品汇研发的 AI 虚拟律师服务系统可以深度理解咨询需求，理清回复逻辑，在海量判例记忆中搜寻素材，并将对素材的理解融会贯通，最后生成合格的法律咨询回复；北京慧云数智提供的法大慧云借助自然语言处理和深度学习技术，可以实现智能问答、法律文书自动生成。在服务层面，律品汇的 AI 虚拟律师服务系统能够仅凭自然语言提问就获得准确的咨询回复；北京慧云数智科技提供的法大慧云在用户输入相关信息后的十几秒内自动化处理合同审查、法律咨询等事务。

② 电子签名在多种特殊场景展开运用。2023 年度电子签名适用于更多特殊的场景，如医疗、跨境交易、供应商管理。具体而言，在医疗场景下，e 签宝研发的医疗电子签名“医签宝”覆盖医护、患者、管理等各类签署场景。在跨境场景下，e 签宝研发的 eSign Global 跨境签署平台根据全球各大区的法律法规，为用户提供签署建议。在供应商管理场景下，法大大联合明道云正式推出“供应商管理场景电子签约解决方案”，双方通过系统集成应用，将供应商管理、供应商身份认证、电子签名、电子合同、电子印章、电子模板、批量签署以及数据存证等功能全面嵌入采购全生命周期管理场景，实现供应商管理相关合同全流程数字化。

3. 技术侧重分析

（1）超级计算赋能法律服务应用。超级计算的“超级”体现在异乎寻常的计算速度、超级庞大的并行规模、解决的“超级”问题上。超级计算机的建设需要电子芯片、计算机系统、内存、存储、电源和冷却系统，以及基础软件、应用软件等方面的技术积累和集成。近年来，中国超级计算机发展迅速，超级计算机也被广泛运用于智慧城市、人工智能等各个领域，形成了多学科交叉的平台。例如武汉超算中心建成投运，在用数据中心达 144 个，扎实的数字基础设施成为数字湖北建设的有力支撑。浙江省桐乡市“数字普法人”应用是全国首个运用人工智能和虚拟现实技术创新推出的数字化普法新场景。该应用依托一体化智能化公共数据平台（IRS），借助“乌镇之光”超算中心特有优势，通过大数据建模、数字人技术应用，重点打造普法需求动态感知、普法内容精准触达、普法产品智能生成三大场景。“乌镇之光”超算中心每秒能进行181.9千万亿次计算，3440台超级计算机采用国际领先的沉浸式相变式液冷技术，昼夜不停地运转，被广泛运用于智慧城市、人工智能等各个领域。

（2）一体化数字资源系统（IRS）贯通法律服务。一体化数字资源系统即一体化智能化公共数据平台的管理服务系统，可实现应用、数据、云网、组件和感知等数字资源的统筹集约，实现数字资源全量化编目、一体化申请、智能化开通、全周期管理。2023年度涌现出众多法律服务大模型、大系统，除上述提到的“数字普法人”应用之外，浙江全省建立起数字法治综合应用（见图3-26），福建省、重庆市依托一体化数字资源系统建立数字法治系统，推动法律服务业务协同更加高效，集成应用场景不断拓展。上海市卢湾公证处、徐汇公证处、上海道客网络科技有限公司、菁钰（上海）数字科技有限公司共同启动全国首个公证大模型项目，推动公证大模型的持续研发。

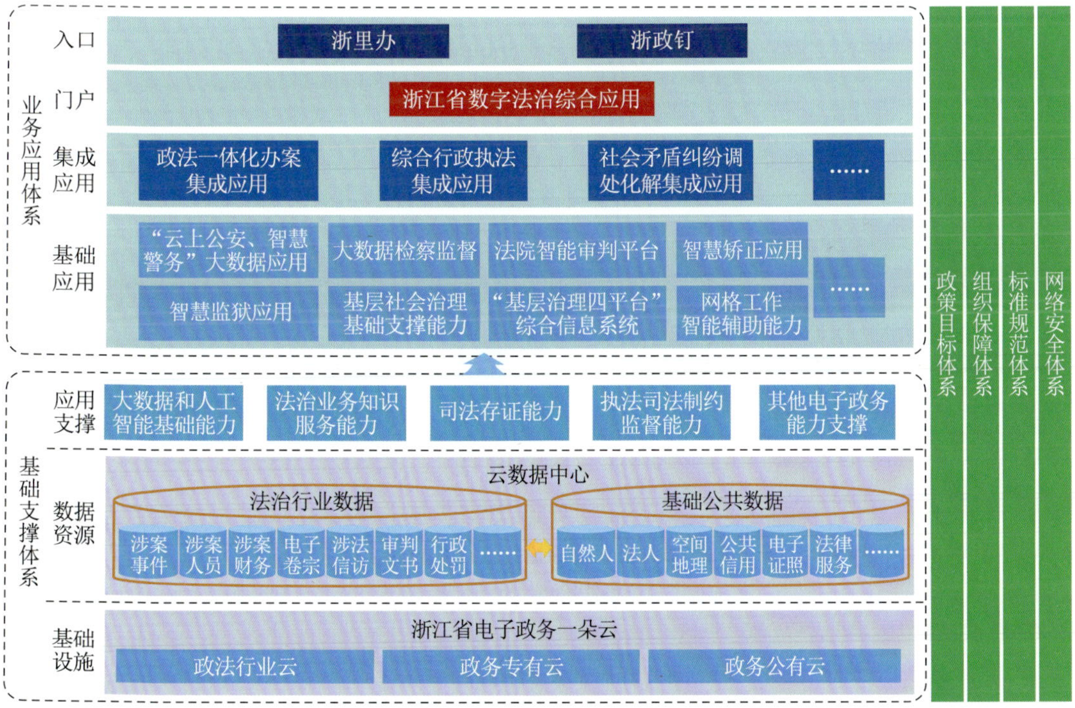

图3-26 浙江省数字法治系统框架①

① 中共浙江省委全面深化改革委员会《浙江省数字化改革总体方案》（浙委改发［2021］2号）。

4. 发展特点分析

（1）公共法律服务的服务对象进一步细分。2023 年度公共法律服务的服务对象更加细化，从群众到专业运用法律的律师、律所。对于群众而言，主要应用场域包括法治宣传提高群众法治意识、查询静态的法律条文和案件判决、登记不动产，如安徽省黄山市不动产登记中心推出的“徽易登”手机 App 在不动产登记上实现全流程网办。对于律师和律所而言，苏州张家港市司法局邀请第三方软件公司开发的律师行业规范监督管理系统，通过律所管理、律师管理、文件通知、案件管理、案件抽查、重大事项报告、其他事项、统计分析和移动端的功能模块建设，使各律师事务所将律师代理的案件全部录入监督管理系统。

（2）企业法律服务产品满足多元需求。企业提供的法律服务产品能够满足多元化的需求，既有满足普遍需求、全国范围内均有使用的产品，也有满足某个省市特定需求而仅在该省市应用的产品。对于全国范围内均有使用的产品，如中元智航研发的“企业智检 4.0”与全国各地的律所、企业进行合作，其能够防控企业法律风险，匹配律所获得客户的需求。对于满足特定省份需求的产品，南京国础科学技术研究院有限公司受江苏省司法厅委托研发的江苏省远程公证系统主要在江苏省运用，该系统主要分为公证员端、当事人微信小程序端和手机 App 端。

5. 未来趋势分析

（1）开源普及促进行业技术共享。开源（Open Source）是指将人类可读的源代码提供给公众使用、研究、修改、增强和重新分发，这是一种在软硬件开发、数据与信息共享中广泛采用的开放式协作模式。“十四五”规划明确指出，要支持数字技术开源社区等创新联合体发展，完善开源知识产权和法律体系，鼓励企业开放软件源代码、硬件设计和应用服务。政企联合推动法律服务领域技术共享的趋势愈发明显。法大大与广州市南沙公证处基于数据加密技术、数字签名技术、时间戳技术及 CA 认证技术四大关键技术，为全球溯源中心管理系统提供了安全高效的电子公证报告服务。e 签宝开发的 AI PaaS，结合大模型能力、行业专业数据和深入客户的行业优势，实现了在合同全生命周期管理上的全面升级，把签署能力、模板能力、页面能力向数字化生态伙伴全面开放，推动电子签名加速普及。人工智能法律服务领域的开源普及，将进一步促进技术创新与共享，使系统算法和模型变得可见和可审查，提升决策的透明度、公正性，还有助于降低技术门槛。

（2）大语言模型、全球溯源推动公证转型升级。在公证领域，大语言模型因具有更强大的理解和生成能力，正在引领全新的科技革命。目前，菁钰（上海）数字科技有限公司研发的人工智能公证助理已构建起较完备的公证行业知识库和语料库，能够有效完成问题解答、多语种翻译、内容生成等功能，为下一阶段进一步实现公证咨询中的智能交互积累了经验。同时，浙江 e 签宝推出 eSign Global 跨境签署平台，在确保数据安全、合同合法有效的前提下，大幅提升跨境签署及合同管理效率。在未来，公证领域基于电子签名、电子单据服务，依托大预言模型，将构建起更强大的数字化基础能力，助力企业数字化转型和社会数字化升级。

（3）智能平台助力基层服务网格化。在未来，各地将借助信息技术共享平台，整合政府资源和社会力量，下沉至网格单元，提高法律服务效率。“十户长”机制是青海省果洛藏族自治州智青松多镇在长期的牧区乡村治理实践中摸索出来的成功经验，该机制结合各村的地理位置和牧户居住分散的实际，按照就近连片的原则，在每个区域内将牧民居住相对集中的 10 户左右分为一户区，设立一名“十户长”。果洛藏族自治州十户联防智慧管理平台以信息化为支撑，纵向贯通县乡村组和“十户长”，横向联通重点行业部门，实现基层社会管理应用可视化、扁平化、智能化，提高政策信息上传下达和“十户长”的工作效率。湖北省黄冈市黄梅县纵深推行“综治中心 + 网格化 + 信息化”治理模式，以基层微治理“大小网格长”为切入点，探索出解答市域社会治理现代化模式。网格化使基层治理由街镇社区进一步向下延伸，为公共法律服务的精细化落实搭建了新平台。

（二）国外人工智能法律服务应用

1. 生成式人工智能新模型助推法律服务应用更新

2023 年被称为生成式人工智能的突破之年，随着自然语言处理等技术取得显著进展、大模型应用领域得到拓宽，人工智能法律服务应用也取得一定创新。OpenAI 发布最新版本的 ChatGPT-3.5 语言模型后，诸多数据库与技术公司选择直接集成 ChatGPT-3.5 开发和更新人工智能法律服务平台。计算机辅助法律服务公司 LexisNexis 推出 Lexis+AI 产品，利用大型语言模型进行法律问题研究、文档生成和案件摘要。[①] eDiscovery Assistant 公司更新平台功能，以支持用户检索判例法摘要的需求，降低法律研究成本。Fastcase 公司研发的 Docket Alarm 结合 GPT-3.5 自动汇总复杂案卷中的 PDF 诉讼文件。[②]

还有公司基于其他新兴大语言模型，聚焦合同管理细分领域，自行或合作研发、更新法律服务平台。英国企业 ContractPodAi 综合多家公司技术模型，除 ChatGPT 外，还依托其自有人工智能技术以及 Microsoft Azure、IBM Watso 新建人工智能服务中心 Leah。[③] 英国律师事务所 Allen & Overy 与微软、Harvey 合作推出名为 ContractMatrix 的人工智能合同起草与审查工具，支持用现有模板起草、审查和分析合同，可节省合同谈判工作的时间，同时集成微软的 Power Apps 功能，使用户更便捷地创建、编辑和共享合同文件。[④]Onit 公司推出由生成式人工智能驱动的自研合同管理软件 Onit Catalyst for Contracts，利用生成式人工智能技术实现合同生命周期的自动化，帮助公司从合同的创建、审批、签署、执行到续约或终止的整个过程实现自动化，提高合同管理的效率。[⑤] 加拿大企业 Zuva 基于自身人工智能技术，推出合同审查工具 contracts AI 的免费版本，审查类型聚焦于租赁、供应商、公司尽调、信贷、雇佣，以及客户合同中的修订、运营、财务、隐私条款。[⑥] 此外，11 家全球律师事务所联合律师培训公司 SkillBurst，合作开发生成式人工智能的培训内容，指导法律从

---

① LexisNexis Announces Generative AI Platform Lexis+ AI, Automating Search, Drafting and Summary Tasks, https://www.law.com/legaltechnews/2023/05/04/lexisnexis-announces-generative-ai-platform-lexis-ai-automa ting-search-drafting-and-summary-tasks/?slreturn=20240403234335.

② Docket Alarm Incorporates GPT-3.5 to Auto-Summarize PDF Litigation Filings in Complex Dockets, https://www.law.com/legaltechnews/2023/01/31/docket-alarm-incorporates-gpt-3-5-to-auto-summarize-pdf-liti gation-filings-in-complex-dockets/.

③ Meet Leah, ContractPodAi's New Hub of Legal AI Services, https://www.businesswire.com/news/home/20230320005205/en/Meet-Leah-ContractPodAi%E2%80%99s-New-Hub-of-Legal-AI-Services.

④ A&O launches SaaS partnership with Microsoft and Harvey, https://www.aoshearman.com/en/news/ao-launches-saas-partnership-with-microsoft-and-harvey.

⑤ Onit Introduces Generative AI-Powered Contract Management Software that Empowers Users to Maximize Their Impact, https://www.onit.com/news/onit-introduces-generative-ai-powered-contract-management-software-that-empowers-users-to-maximize-their-impact/.

⑥ Zuva Launches Free AI-Powered Contracts Review Tool, https://www.lawnext.com/2023/03/zuva-launches-free-ai-powered-contracts-review-tool.html.

业者如何有效使用新兴工具。①

随着生成式人工智能大语言模型的迭代，法律服务应用的自然语言识别技术更上一个台阶，能够更加精确识别用户指令。美国企业 Harvey 依托 GPT-3 技术，通过自然语言识别新技术提供指令，供律师进行法律检索、编辑与研究。加拿大企业 Thomson Reuters 的生成式人工智能新项目能够支持用户以自然语言提出复杂的法律研究问题，通过引用 Westlaw 数据库提供综合回答；② 其开发的 Luminance Autopilot 能够代替律师完全自主地协商、谈判、审查合同，无需人工参与。③ 加拿大 Jurisage 公司研发的 MyJr 使用 GPT-3.5 Davinci 模型，使用户可以像与同事交谈般和模型“聊天”。④ 新西兰公司 LawVu 开发新的人工智能辅助工具，使用微软 Azure OpenAI 的最新生成式人工智能和语言模型，具有自然语言处理功能，帮助客户更高效地执行合同。⑤

2. 跨国合作加快建设人工智能基础设施

多国通过引进高新企业技术，加快建设人工智能基础设施。新加坡、沙特阿拉伯、苏丹与跨国企业合作推出智能政府云集群，部署建设人工智能基础设施。新加坡智慧国家和数字政府办公室与谷歌云合作推出人工智能政府云集群，利用谷歌云人工智能技术软件，构建人工智能应用程序。如新加坡政府技术局（GovTech）的开放政府产品（OGP）团队利用谷歌云在 Vertex AI 上的 PaLM API 为公务员辅助聊天机器人 PAIR 提供支持。⑥ 在沙特阿拉伯，华为云利雅得推出数据、人工智能和云原生三大类 68 个云服务，具有高可用、低时延、安全的特点，能够满足各行各业的需求。⑦

① SkillBurst, https://www.skillburst.com/genai.

② Practical Law Now Has Generative AI, https://legal.thomsonreuters.com/en/c/practical-law/now-with-generative-ai.

③ Luminance Showcases World’s First Completely AI-Powered Contract Negotiation, https://www.luminance.com/news/press/20231107_luminance_showcases.html.

④ MyJr From Canadian Startup Jurisage Lets Researchers “Chat” With Case Law, https://www.law.com/legaltech news/2023/02/22/canadian-generative-ai-product-lets-researchers-chat-with-caselaw-397-68761/.

⑤ LawVu Reimagines in-House Legal Capabilities with Microsoft Azure OpenAI, https://news.microsoft.com/en-nz/2023/08/16/lawvu-reimagines-in-house-legal-capabilities-with-microsoft-azure-openai/.

⑥ Smart Nation and Digital Government Office Partners with Google Cloud to Launch Artificial Intelligence Government Cloud Cluster, https://www.smartnation.gov.sg/media-hub/press-releases/31052023/.

⑦ 新华网：《华为云在沙特阿拉伯正式开服》，载 http://www.news.cn/2023-09/04/c_1129845238.htm。

在苏丹，阿曼交通、通信和信息技术部（MTCIT）与德国软件公司SAP SE建立合作伙伴关系，引入苏丹首个私有云数据中心，帮助该国利用云计算、机器学习等先进技术，加快数字化转型和创新。①

3. 国际合作促进各国人工智能战略更新

在人工智能后发国家，各国立足本国国情制定人工智能战略，为推动人工智能法律服务落地做好前期准备。多米尼加与拉丁美洲和加勒比地区开发银行（CAF）、中美洲经济一体化银行（BCIE）合作制定该国首部（同时也是加勒比地区首部）人工智能战略。② 卢旺达③、塞内加尔④和贝宁的人工智能战略则为撒哈拉以南非洲首次出台。古巴、牙买加等国出台首部本国的人工智能战略，古巴聚焦人工智能应用的道德法律框架，致力于将人工智能与商品服务生产、公共管理等领域结合，解决数据组织、数据结构、数据管理、基础设施等诸多问题。⑤ 牙买加全面分析国内人工智能现状，包括研发活动、采用水平及各经济部门面临的挑战，探索与人工智能相关的新兴领域。⑥

此外，南北合作持续推进人工智能法律服务及智能政府建设。塞内加尔在德国国际合作机构（German Corporation for International Cooperation，GIZ）"FAIR Forward"项目、世界经济论坛（The World Economic Forum）、非盟—欧盟数字促进发展中心（AU-EU Digital for Development Hub）的支持下，制定人工智能发展战略。⑦ 肯尼亚

---

① SAP Announces Launch of Oman's First Data Center for Private Cloud, Empowering the Sultanate's Vision 2040, ps://news.sap.com/mena/2023/06/sap-launch-omans-first-data-center-for-private-cloud/.

② Final ENIA-Estrategia Nacional de Inteligencia Artificial de la Republica Dominicana, https://agendadigital. gob.do/wp-content/uploads/2023/10/Final_ENIA-Estrategia-Nacional-de-Inteligencia-Artificial-de-la-Republica-Dominicana-.

③ The National AI Policy, https://www.minict.gov.rw/index.php?eID=dumpFile&t=f&f=67550&token=6195a532 03e197efa47592f40ff4aaf24579640e.

④ Ministère de la Communication, des Télécommunications et du Numérique, http://www.numerique.gouv.sn/mediatheque/documentation/la-strat%C3%A9gie-ia.

⑤ Cuba Towards a Strategy for the Development of Artificial Intelligence, https://cubasi.cu/en/news/cuba-towards-strategy-development-artificial-intelligence.

⑥ Jamaica Information Service: Government to Set Up AI Task Force, https://jis.gov.jm/government-to-set-up-ai-task-force/.

⑦ Ministère de la Communication, des Télécommunications et du Numérique, https://www.numerique.gouv.sn/mediatheque/documentation/la-strat%c3%a9gie-ia.

与 GIZ “FAIR Forward” 项目、全球可持续发展数据伙伴关系（The Global Partnership for Sustainable Development Data）合作制定发布该国《人工智能从业者指南》（AI Practitioners' Guide），旨在消除人工智能技术障碍、加强从业者相关技术知识，为人工智能制定政策框架。①

相关国际组织对制定人工智能战略持支持态度。2023 年 11 月，联合国教科文组织发布首个关于以符合伦理要求的方式运用人工智能的全球框架——《人工智能伦理问题建议书》（Recommendation on the Ethics of Artificial Intelligence），智利、乌拉圭、科特迪瓦②、纳米比亚③和卢旺达④等国与联合国教科文组织合作，以《人工智能伦理问题建议书》为基础，制定及更新国家层面的人工智能制衡措施，建设符合伦理规范的人工智能。由乌拉圭电子政务、信息与知识社会机构（Agencia de Gobierno Electrónico y Sociedad de la Información y del Conocimiento）领导的项目整合和阐明了特定部门的战略、政策、资源、基础设施和举措，加强数据和人工智能体制、发展战略、建立技术团队、发展国家基础设施、建立持续的技术监控周期。⑤智利科学、技术、知识和创新部（MinCiencia）与联合国教科文组织围绕人工智能更新国家人工智能政策。⑥

---

① Equipping Kenya's AI Community for Fair and Ethical Sustainable Development, https://www.data4sdgs.org/blog/equipping-kenyas-ai-community-fair-and-ethical-sustainable-development.

② Societe Nationale de Developpment Informatique, https://sdecure.sndi.ci/Interdit.xml.

③ Namibia Will Focus on Ethical AI Development Under Unesco's Guidance, https://www.observer24.com.na/namibia-will-focus-on-ethical-ai-development-under-unescos-guidance/#:～: text= Namibia%20will%20focus%20on%20ethical%20AI%20development%20under%20UNESCO%27s%20guidance,-Observer%203%20weeks&text=More%20than%2080%20representatives%20from,Intelligence%20（AI）% 20in%20Namibia.

④ Supporting Rwanda's Bold Steps Towards Responsible and Ethical AI, https://www.unesco.org/en/articles/supporting-rwandas-bold-steps-towards-responsible-and-ethical-ai.

⑤ Uruguay adhiere a la Recomendación de ética de Inteligencia Artificial de UNESCO, https://www. gub.uy/agen cia-gobierno-electronico-sociedad-informacion-conocimiento/comunicacion/noticias/uruguay-adhiere-recomen dacion-etica-inteligencia-artificial-unesco.

⑥ Actualización de la Política de Inteligencia Artificial: Más de 300 personas participaron en los siete talleres realizados por el Ministerio de Ciencia, https://www.minciencia.gob.cl/noticias/actualizacion-de-la-politica-de-inteligencia-artificial-mas-de-300-personas-participaron-en-los-siete-talleres-realizados-por-el-ministerio-de-ciencia/.

第四部分　人工智能司法案件分析

一、概　述

人工智能最新理论研究发现，人类从出生就似乎带有很多固有的“归纳偏见”，使得人类能够迅速掌握核心概念、秉承人类天性，这样与生俱来的禀赋使得机器学习望尘莫及。机器擅长于达到“回顾性要求”，但很难达到“前瞻性要求”，即难以考虑社会发展的各种可能性以及未来的变革。因此，人工智能越来越广泛地扮演辅助决策的角色，人工智能领域已经普及了以“人机协作”为核心的发展模式。通过算法、算力、数据、知识的四维建构，人类能力的边界不断拓展。其中，算法、算力、数据（算料）是驱动人工智能发展的核心要素，无论是生成式人工智能，还是芯片以及存储硬件升级，都是围绕着这三个方面协同发展，通过对司法案件中关于“三算”的审判执行情况分析，可以从一定程度上展现技术变革驱动力的实践样态，挖掘司法数据潜力，并为社会治理提供决策参考。

有鉴于此，《蓝皮书》编辑部将“人工智能司法案例分析”作为蓝皮书的重要内容，《蓝皮书（2024）》司法案件分析团队[①]以“数据、算法、算力”为关键词，以

① 国外案例数据来源：一是搜索引擎，包括谷歌、必应等。二是法律数据库，包括 Westlaw、HeinOnline、Beckonline、Casetext、LexisNexis、Law360、Docketalarm、GDPRhub、ProQuest、FindLaw 等。三是各国的裁判文书网，包括欧盟法院网站、德国联邦法院网站、日本裁判所网站、德国联邦宪法法院网站、法国立法网、韩国国家法律信息中心官网、韩国大法院官网、美国加利福尼亚北区地方法院官网、美国版权局网站等。四是权威媒体网站，包括日本读卖新闻网站、日本 NHK 网站、日本每日新闻网站、韩国朝鲜日报网、韩国中央日报网、西班牙法律网、德国联邦政府网、德国联邦议院网、洛杉矶时报网站、纽约时报网站、华盛顿邮报网站等。

2023年1月1日至2023年12月31日为时间界限，对世界范围涉及人工智能的裁判文书进行分析和研判。相关裁判文书的来源涉及三个方面：一是案件主体涉及人工智能，主要关系到人工智能相关产业经济，以及人工智能相关主体地位；二是案件事实涉及人工智能，包括人工智能相关的行为和事件，具体又包括物理层、规则层、内容层所引发的纠纷；三是案件客体涉及人工智能，例如个人数据、爬虫算法、云平台（算力）等新兴技术产物涉及的实践争议，表现出人工智能技术的介入对司法价值判断的影响，例如在个案中平衡行动自由与权益保护。

其中，中国人工智能司法案件共检索到91864起，数据来源主要为威科先行法律信息库。此外，共筛选出国外人工智能司法案例46起，涉及美国、英国、德国、日本、韩国等国家。

二、中国人工智能司法案件分析

本部分以司法数据统计为基础，进行可视化数据分析以及对策建议研究，以期为国内人工智能法律研究工作提供基础性素材。例如通过人工智能相关司法案件的地域、诉讼主体、标的、案件类型等方面情况，可以反映出人工智能技术整体的实践状况，以及相关治理问题的发展态势。

（一）人工智能司法案件来源分析

1. 上海涉人工智能案件数量激增

通过对涉人工智能司法案件地域分布的数据进行分析，并与《蓝皮书（2023）》的数据进行对比，可以得知2023年我国涉人工智能司法案件仍呈现向全国各地拓展态势，其中上海以15223的案件数位居榜首，约占全国总案件量的16.73%；广东位居第二，占比14.62%；湖北位居第三，占比8.02%。从整体上看，涉人工智能司法案件主要分布区域仍相对集中于东南沿海地区及个别经济发展水平较高的内陆省市，涉案地域分布的扩散程度受到人工智能技术地域发展差异的影响。值得注意的是，上海近一年涉人工智能案件数量增长较为明显（全国占比增加了10.71%），而北京相关案

地域	案件数	占比
上海	15223	16.73%
广东	13304	14.62%
湖北	7297	8.02%
北京	5998	6.59%
辽宁	5132	5.64%
山东	4866	5.35%
浙江	4320	4.75%
陕西	4094	4.5%
湖南	3236	3.56%
河南	2875	3.16%

图 4-1　涉人工智能司法案件地域分布（前十名）

件数量则出现明显下降（全国占比减少了 3.78%）。这可能与上海立足人工智能发展高地，大力发展人工智能应用以及创新发展有关，除了宏观层面的促进法措施以外，还频繁出台了细分领域诸如《上海市推动人工智能大模型创新发展若干措施（2023—2025 年）》等具体意见，使得产业发展更为活跃。

2. 中基层法院管辖为主、标的额偏小

涉人工智能司法案件以中基层法院管辖为主，标的额集中于 50 万元以下区间。据统计，2023 年涉人工智能司法案件中共有 79.65% 由基层人民法院受理，占比最大。中级人民法院受理的案件数量占比约 16.61%。中基层法院对案件的大量受理，有利于推进形成涉人工智能司法案件的类型化裁判规则，需要统筹进行总结和归纳，进一步在实践中为人工智能应用提供法律支撑和保障，提供明确的预期和指引。

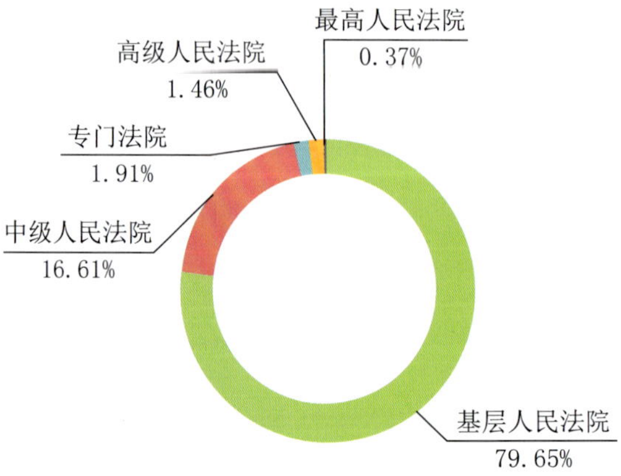

图 4-2　涉人工智能司法案件法院级别分布（前十名）

与中基层法院管辖情况相对应，在案件总量中有 83.17% 的案件标的额为 50 万元以下（含 50 万元）。这一特点与中小企业在经济活动中的整体占比较为契合，人工智能产业不仅存在聚光灯下的龙头企业，更有大量中小企业助推发展。出现争议纠纷的基础是普遍活跃的社会经济活动，通过该项司法数据可以看出，人工智能为整个经济体成员带来普惠性的经济增长点。

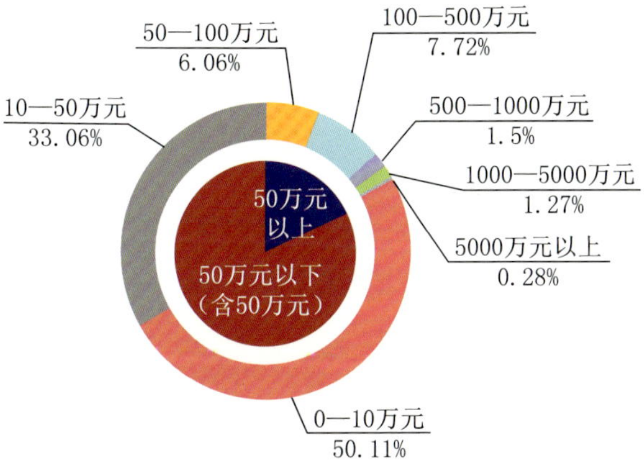

图 4-3　涉人工智能司法案件标的额分布

3. 服判息诉率提升

2023 年，我国涉人工智能司法案件中约有 73.15% 的案件适用一审程序，16.82% 适用二审程序。这表明大部分涉人工智能司法案件都能够查清案件事实，正确适用法律。相比 2022 年，一审比重进一步提升、二审比重进一步下降，表明了一审判决大多能够满足诉讼当事人的期望和需求，一定程度上反映了一线法官在人工智能等现代科技方面的司法能力以及群众工作能力有所提升。

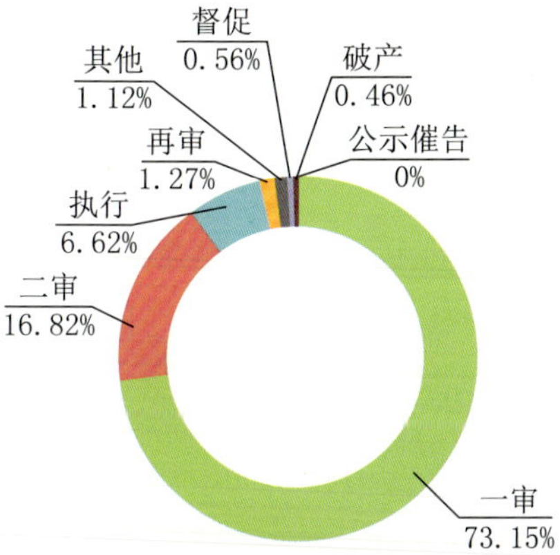

图 4-4　涉人工智能司法案件适用程序情况

4. 自然人与法人之间的纠纷较为集中

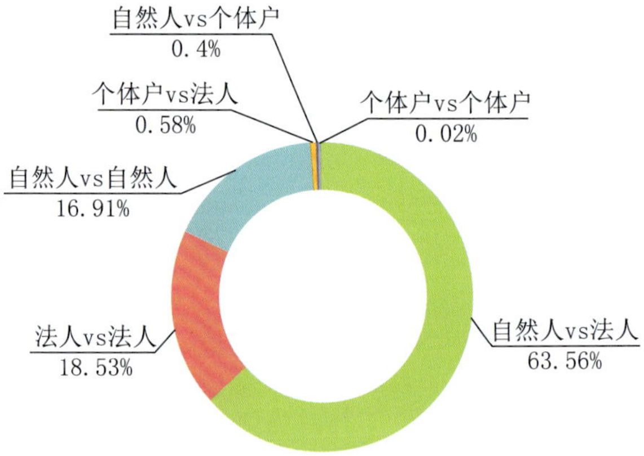

注：本图中个体户为个体工商户的简称，法人为法人及其他组织的简称。

图 4-5　涉人工智能司法案件诉讼主体类型

由图 4-5 可见，2023 年中国涉人工智能案件诉讼案件中，自然人与法人之间的纠纷比重为 63.56%，法人与法人之间的纠纷比重为 18.53%，自然人与自然人之间的纠纷比重为 16.91%，并且存在个体工商户参与少量诉讼的情况，体现出诉讼主体多元化的趋势，人工智能技术应用的影响力进一步下沉。值得注意的是，诉讼纠纷多发生于自然人与法人之间，由于商事主体相比于自然人而言更具有资本、技术等方面的资源禀赋优势，具有更强势的交易地位和更优势的谈判地位，因此自然人往往很难真正平等对话和解决问题，从而诉诸法律。相比而言，力量均质的自然人与自然人之间、法人与法人之间，显然存在诉讼以外更有效率的争议解决方式。

（二）人工智能司法案件诉讼案由分析

2023 年全国涉人工智能案件民事、行政、刑事、执行占比分别为 84.34%、0.70%、8.95%、6.02%，相关数量及案由分布情况见下图。

1. 涉人工智能民事案件占比最大

涉人工智能案件中民事案件的占比为全部案件的 84.34%，虽较 2022 年有所下降，但仍是数量最多的诉讼类型。其中，数量最多的是合同与准合同纠纷，其后依次为侵权责任纠纷、知识产权与竞争纠纷。由此可见，与数据、算法、算力等人工智能要素相关最为紧密的现象，就是人工智能发展相关行为侵犯了以知识产权为代表的公民权

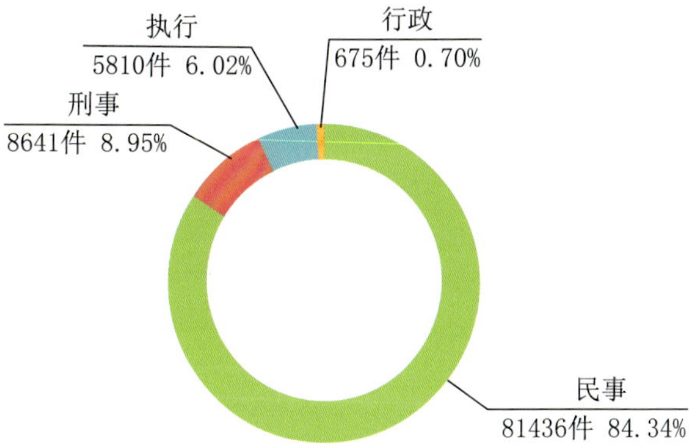

图 4-6　涉人工智能司法案件诉讼类型分布

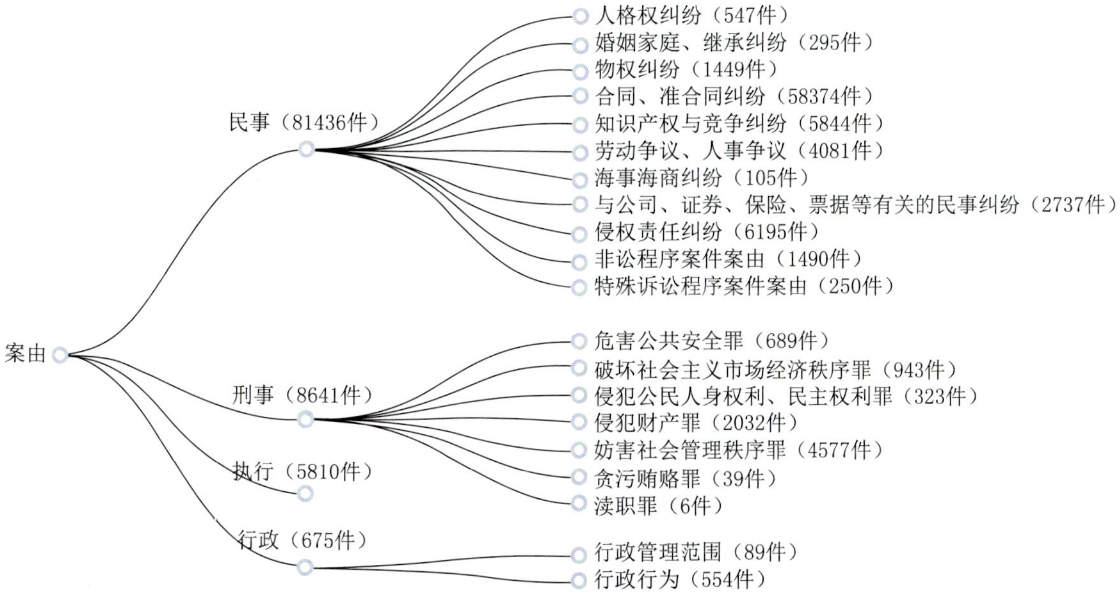

图 4-7　涉人工智能司法案件案由分布

益，这是司法活动需要重点关注的领域。此外，还有劳动和人事争议，以及与公司、证券、保险、票据等有关的民事纠纷较为常见。涉案诉讼类型多样，行业领域广泛。

第一，合同在调整涉人工智能、数据等方面的新型财产关系中发挥重要作用。

合同及准合同纠纷位居首位。例如在甲科技公司诉乙网络公司服务合同纠纷案[①]中，涉及遭平台算法处罚的榜单优化服务的流量真伪及合同效力的认定问题。移动应用程序注册、下载过程中形成的数据流量属于电子数据，各方当事人对数据流量真伪

① 一审：上海市嘉定区人民法院（2021）沪 0114 民初 19771 号民事判决书；二审：上海市第二中级人民法院（2022）沪 02 民终 9215 号民事判决书。

意见不一的，作为数据持有者的移动互联网服务商应当提供能够反映该数据流量来源，具有可识别性、完整性的证明文件，并应排除数据流量增长的虚假意向。移动应用程序开发者与移动互联网服务商以提高应用程序在移动客户端应用商店排行榜排名为目的，采用特殊方法规避平台算法规则、制造虚假数据流量，而遭平台下架处罚，且未能举证证明数据流量真实性的，应认定存在流量欺诈。该行为损害消费者网络权益，破坏公平有序的市场竞争秩序，违背公序良俗，移动应用程序开发者与移动互联网服务商订立的服务合同应依法认定为无效。法院在审理过程中，特别关注电子数据的来源验证和完整性保护。通过要求数据持有者提供原始数据载体的印证，法院确保了数据流量的真实性和合法性。

在王某诉某技术公司、某信息服务公司网络服务合同纠纷案[①]中，法院认为用户对电子邮箱账号及电子邮件数据享有权利，原告作为用户基于与被告之间的服务协议享有案涉电子邮箱账户的使用权。依据日常生活经验，电子邮件可能包括的文字、图片、视频、音频、文档、收发时间、通讯录等各种内容，上述内容极有可能构成“可以识别个人身份”的信息，是以电子形式记录下来的民事主体的生物信息和社会痕迹，是稍加整理就可直接定位到某个具体个人的带有强烈个人特征的数据集，在特定情况下还具备人格权属性。因此，电子邮箱用户应对电子邮件享有相应的民事权利或权益。但如前文所述，该等权利或权益，并非确然为原告所主张的“所有权”。本案中，所涉电子邮件已经全部删除，且各方均认可无法恢复，原告亦未举证证明被删电子邮件的具体情况。在原告主张权利的客体已经客观消失且不能确认具体内容的情况下，不宜就原告对电子邮件的权利或权益性质尤其是“所有权”进行认定。“清空邮箱”条款的效力未经提示说明则无效，案涉“清空邮箱”条款的内容与免费邮箱用户有重大利害关系，作为提供格式条款的一方应当采取合理的方式提示用户注意，被告提供邮箱服务是作为市场主体的经营行为，不能因其“免费”即免除应承担的法律责任。

第二，侵权责任纠纷主要体现智能社会中公民权益遭侵害后的损害填补以及风险预防。

侵权责任纠纷位居第二，同时还存在相当数量的人格权纠纷。例如在个人信息访

① 北京互联网法院2023年度十大典型案件之一，https://mp.weixin.qq.com/s/gq2Aq__fJCgowR215aP-cA，2024年4月8日访问。

问记录查阅复制案①中，判断某项信息是否属于个人信息，应从识别和关联两个角度切入，不能一概而论地将关联关系作为依据，从而抑制社会对信息的利用需求。识别，即从信息到个人，由信息本身的特殊性识别出特定自然人，个人信息应有助于识别出特定个人。关联，即从个人到信息，如已知特定自然人，由该特定自然人在其活动中产生的信息，如个人位置信息、个人通话记录、个人浏览记录等，即为个人信息。本案中，不论从识别还是关联角度，对个人信息的访问记录都难以被定义为个人信息，一方面，被告对用户身份证号码等个人信息的展示采取了内容替换、SHA256等脱敏、加密技术，访问者难以识别该身份证号属于原告，另一方面，访问记录也不具备关联特征，不是本案原告在其活动中产生的信息。因此，该访问记录不属于原告的个人信息，仅为被告企业的内部管理信息，原告无权查询。

在广州互联网法院审理的一起涉“人脸识别”个人信息保护民事公益诉讼案②中，系全国首例“人脸识别”民事公益诉讼案件。本案中法院明确了个人信息的法律保护范围，尤其是对于人脸信息这类生物识别信息的特别保护。法院认为，通过非法手段获取、买卖、使用公民个人信息，利用人工智能技术伪造人脸识别认证的行为，都严重侵犯了公民的个人信息安全和信息自决权。法院进一步指出，涉案人员的行为不仅违反了实名制网络安全管理制度，而且对社会公共利益造成了损害。因此，法院在民事公益诉讼中要求其承担赔偿责任和进行公益补偿，体现了对个人信息权益的严格保护和对侵权行为的严厉打击。此外，法院还积极探索了如何通过技术手段有效停止侵权行为，如建议采取将侵权NFT数字作品打入地址黑洞的方式，以及要求侵权者进行警示教育和公益宣传等行为补偿，这些措施不仅有助于修复受损的公共利益，也提高了社会公众的个人信息保护意识。

在公益诉讼起诉人杭州市萧山区人民检察院诉虞某个人信息保护民事公益诉讼案③中，法院认为人脸信息属于敏感个人信息中至为重要的生物识别信息，关系到每

---

① 北京互联网法院（2022）京0491民初22720号民事判决书。

② 最高人民法院司法案例研究院：《这起涉“人脸识别”民事公益诉讼案，判了！》，https://mp.weixin.qq.com/s/f9t6AofleJVjGFonH8VnIg，2024年4月8日访问。

③ 最高人民法院司法案例研究院：《滥用“AI换脸”，还卖教程，法院：赔偿公益损失并道歉》，https://mp.weixin.qq.com/s/zpm5_BfhjdJGGo5km1Xwbg，2024年4月8日访问。

个个体的人格尊严、人身安全和财产安全。滥用人脸信息牵涉不特定社会群体的公共利益。虞某使用换脸软件（技术）深度合成伪造视频和图片，未经相关信息主体同意，大量搜集、提取、替换、合成、存储他人人脸敏感信息等个人信息，并将深度合成伪造视频、图片发布于2000多人的多个社交软件群组中，同时，为他人提供不特定主体的人脸替换定制服务，并为牟利对外销售换脸软件、传授换脸技术教程，获得非法利益数万余元，上述行为构成对个人信息权益的侵害。虞某将合成伪造的视频、图片在人数众多的网络群组中发布，传播可能性高、影响范围大，使得潜在社会不特定群体可能成为受侵害对象，更可能导致公众形成“眼见不为实”的心理预期，破坏互联网数字世界中社会共同体信任，损害相关领域的社会公共利益。对于换脸软件等深度合成技术应用的规制应当从其参与者入手，包括发明者、应用者、传播者等方面，以规制深度合成技术使用目的为路径，实现深度合成技术的合理使用，避免该技术对个人、社会、国家造成诸多方面的风险。

第三，以知识产权与竞争利益为代表的财产权益保护，是人工智能司法保护的重要内容。

知识产权与竞争纠纷位居第三。例如魔珐（上海）信息科技有限公司与杭州四海光纤网络有限公司侵害著作权、表演者权及不正当竞争纠纷案[①]中，涉及全国首例“虚拟数字人”纠纷。虚拟数字人系包括人工智能技术在内的多领域技术的集合产物，体现了开发设计者的智力劳动和个性化选择，是作者进行创作的工具，其本身不具有作者身份，即使该类人工智能生成的内容构成具有独创性的作品，其权利也不归属于虚拟数字人。真人驱动型虚拟数字人系经过实时语音生成及智能穿戴式装备的动作捕捉而成，在构成职务表演的前提下，所产生的表演者权可依法或依约归属于虚拟数字人的经营者。

北京某科技公司、浙江某科技公司与襄阳甲科技公司、襄阳乙科技公司、湖北某科技公司不正当竞争纠纷案[②]中，体现了数据与算法驱动下虚构数据的互联网专条兜

---

① 一审：杭州互联网法院（2022）浙0192民初9983号民事判决书；二审：杭州市中级人民法院（2023）浙01民终4722号民事判决书。

② 一审：杭州铁路运输法院（2022）浙8601民初731号民事判决书；二审：杭州市中级人民法院（2023）浙01民终4707号民事判决书。

底条款规制。计算机软件通过模拟人工操作，制造虚假的点击量、评论数、关注数，骗取短视频平台流量分配，干扰平台算法推荐机制的有效运行，妨碍或破坏了平台短视频的管理、运营、商业推广的正常运行，扰乱短视频市场的竞争秩序，构成《反不正当竞争法》第 12 条第 2 款第 4 项规制的不正当竞争行为。

李某与刘某侵害著作权纠纷案[①]中的生成式人工智能纠纷，系“AI 文生图”著作权侵权第一案，就涉案作品的权利归属而言，著作权法规定作者限于自然人、法人或非法人组织，因此人工智能模型本身无法成为我国著作权法规定的作者。原告为根据需要对涉案人工智能模型进行相关设置，并最终选定涉案图片的人，涉案图片是基于原告的智力投入直接产生，而且体现出原告的个性化表达，因此原告是涉案图片的作者，享有涉案图片的著作权。从涉案图片生成过程来看，原告通过提示词对人物及其呈现方式等画面元素进行了设计，通过参数对画面布局构图等进行了设置，体现了原告的选择和安排。原告通过输入提示词、设置相关参数，获得了第一张图片后，继续增加提示词、修改参数，不断调整修正，最终获得涉案图片，这一调整修正过程体现了原告的审美选择和个性判断。在无相反证据的情况下，可以认定涉案图片由原告独立完成，体现出了原告的个性化表达，因此涉案图片具备“独创性”要件。

绍兴衡尚科技有限公司、上海鲸赢网络科技有限公司、胡某与淘宝（中国）软件有限公司、浙江淘宝网络有限公司、上海欢猴网络科技有限公司不正当竞争纠纷案[②]中，搬家软件未经授权爬取淘宝商品数据，构成不正当竞争。涉案商品数据系淘宝公司基于授权从商家原始信息中合法取得，淘宝公司为商品数据的收集、存储、维护、管理和保护投入了大量的成本，形成了经处理、生产、加工而成的，包含了不特定商品的、规模化的电子数据集合，具有超出原始信息内容的增量价值，为其带来经营收益和竞争优势，属于淘宝公司核心数据资源，其对此整体商品数据集合享有竞争性合法权益。商家作为原始信息的生成者、上传者，即使对原始信息享有相应权利，并不必然吸收、对抗或者消灭平台对于相应数据所享有的权益。被诉侵权行为采取了绕过淘宝平台反爬措施及验证机制等不正当技术手段，未经授权访问并复制搬运数据，破坏了淘宝公司合法持有的数据集合的完整性、可用性，侵害了淘宝公司的数据资源持

① 北京互联网法院（2023）京 0491 民初 11279 号民事判决书。
② 浙江省高级人民法院（2023）浙民终 1113 号民事判决书。

有权益。

2. 执行案件占比下降

2023 年执行案件占涉人工智能总案件量的 6.02%，其比例相较于 2022 年有了一定程度下降（2022 年为 8.56%）。在涉人工智能案件总数上涨的过程中，部分案件执行难的问题在近一年有所缓解。

3. 刑事案件主要集中于对数据资源的不当利用

涉人工智能刑事案件占涉人工智能总案件量的 8.95%。

在不当利用数据方面，严厉打击电信网络诈骗等违法犯罪活动。例如在“曾某、钟某华、王某等 67 人诈骗、偷越国（边）境、帮助信息网络犯罪活动案”① 中，被告人曾某、钟某华、王某等人以非法占有为目的，采用虚构事实的方法，在境外利用电信网络技术手段，骗取不特定多数人财物，数额特别巨大，其行为已构成诈骗罪；违反国（边）境管理法规，偷越国（边）境，情节严重，其行为已构成偷越国（边）境罪，依法应数罪并罚。随着技术的发展，违法犯罪现象呈现科技化、隐蔽化、跨境化等特征，人民法院主动作为，实现了对犯罪链条的全面和精准打击。

在侵害数据财产方面，承认并保护具有经济价值的新型财产权益。例如在“印某某盗窃案”② 中，Steam 是一个全球性的数字游戏平台，Steam 账号是登录游戏平台的有效身份凭证。2022 年 8 月 29 日，被告人印某某通过游戏直播平台添加被害人李某微信，双方签订协议约定印某某所有的 Steam 账号以 15500 元转让给李某，后双方于同日完成转账和交付。2022 年 10 月 29 日，被告人印某某在本区某快餐店内通过申诉找回已出售的 Steam 账号，并于 2022 年 11 月 3 日将该账号以 13000 元再次出售，次日被告人印某某被被害人李某扭获，并在到案后如实供述了上述事实。法院经审理认为，印某某以非法占有为目的，秘密窃取他人财物，数额较大，其行为已触犯刑法，构成盗窃罪。本案系被告人通过申诉方式秘密取回已转让的游戏账号致使受让人财产损失的案件。涉及数字经济案件中网络虚拟财产的占有状态认定、侵害账号类数据形态权益的行为定性、侵占网络游戏账号的犯罪金额认定等热点问题。网络游戏账号作为网络虚拟财产，数字技术赋予了其娱乐休闲的使用价值，且在市场经济中会转化成

① 宁夏回族自治区固原市中级人民法院（2023）宁 04 刑终 116 号民事判决书。

② 上海市嘉定区人民法院（2023）沪 0114 刑初 133 号民事判决书。

经济价值，还体现了游戏玩家投入的时间和金钱成本。

4. 行政案件主要涉及知识产权审查

涉人工智能案件中行政案件占比为0.7%，主要集中在因知识产权等行政申请被驳回后的复审行政纠纷，争议焦点主要集中在对案件事实基础的审查。例如在“某股某公司、中华人民共和国国家知识产权局专利行政管理（专利）行政案”①中，由于补充实验数据不应被接受，公开的内容不足以证明预期技术效果。就接受补充实验数据的积极条件而言，通过补充实验数据拟直接证明的待证事实应该在原专利申请文件中明确记载或者隐含公开，即要求“待证事实”在原申请文件中是明确的或者本领域技术人员能够直接、毫无疑义确定的，如“待证事实”本身在原专利申请文件中并未明确记载或者隐含公开，而是过于宽泛、含糊不清，需要通过补充实验数据进一步确定“待证事实”本身，则该补充实验数据不应予以接受。就接受补充实验数据的消极条件而言，由于未公开具体化合物结构，不能充分证明其与现有技术相比具有更佳的技术效果，采用补充实验数据说明具体化合物结构，并非仅仅用补充实验数据说明化合物的技术效果，实际上是利用补充实验数据补充原申请文件并未充分公开的内容，弥补原始申请文件已然存在的固有缺陷，不满足补充实验数据采信的消极条件。

5. 我国法院对新型社会问题也作出了审慎判断

关于涉及公共利益的原始、公开数据赋权问题，②法院认为数据的原始属性决定了其承载的信息更接近于未经加工的基础信息，而数据的公开属性决定了应充分考虑社会公众获取该类信息的自由，故对于原始、公开信息，要充分保障整个社会对该类信息资源的合理利用，以维护信息公平和促进更大范围的创新。由于融某公司的收集、汇总行为并未在原始和公开数据的基础上体现较高的劳动附加价值，相较于确认权益对社会公众获取公共信息的损害，其请求确认享有权益的正当性依据不足。涉案数据为原始、公开数据，数据发布后无论对错，即进入自由流通阶段，基于这种公开、自由流通的客观情况，即便使用相同数据，甚至是错误的相同数据，也不足以说明使用人的数据直接来源于融某公司。

---

① 最高人民法院（2022）最高法知行终15号行政判决书。

② 广东省深圳市中级人民法院（2022）粤03民终4682号民事判决书。

关于流量经济中的自媒体账号权属纠纷问题，①法院认定婚后注册并运营的自媒体账号，因其能够带来经济效益，具有财产属性，应视为夫妻共同财产。尽管自媒体账号的运营具有较强的个人人身属性，但在离婚案件中，应当采取账号归运营者所有并给予另一方经济补偿的方式进行分割。账号的具体价值可通过双方协商或委托专业机构评估确定。法院的裁判体现了对网络虚拟财产权益的保护，同时也考虑到了自媒体账号运营的个人特性和市场变化的不确定性。在处理新型财产分割问题时，应灵活运用法律原则，结合案件具体情况，采取合理的分割方式，以实现公平合理的财产分配。

关于死者个人信息权益保护问题，②在自然人李某死亡的前提下，四原告作为李某的近亲属，主张李某的个人信息权益应当满足以下条件：针对李某的相关个人信息；为维护四原告自身的合法、正当利益；李某生前未另有安排。四原告要求四被告提供李某的考勤记录等特定个人信息，属于对李某的相关个人信息行使权利；经查上述个人信息可能涉及李某死亡原因，四原告已经据此另案起诉，四原告系通过对李某的个人信息主张权利来维护自身利益，并且不违反法律规定和公序良俗；本案并无证据显示李某生前对其死后近亲属如何行使对其个人信息的权利作出相应安排，四原告有权对李某相关个人信息主张权利。然而，四原告直接登录李某账号行使权利不符合合法、正当、必要的原则，网络服务提供者在处理死者个人信息时应合法、必要、正当，不应不加任何限制地允许近亲属以一切手段对死者的相关个人信息主张权利。对于死者生前个人网络账号而言，该账号内还可能涉及第三人的隐私、个人信息，直接允许近亲属登录死者账号查看相关内容可能侵犯第三人的相关权利，并涉及案外第三人的个人信息、商业信息等内容，因此深圳某公司作为网络服务提供者不允许四原告直接登录李某账号行使权利并无不妥。

（三）国内司法案件特征分析

由于数据相关问题是人工智能相关司法案件的共通点，此类案件所涉代码、知识

① 最高人民法院司法案例研究院：《离婚时，拥有大量粉丝的自媒体账号归谁？》，https://mp.weixin.qq.com/s/O_Al-PUXhF8UxCRbgD66og，2024 年 4 月 8 日访问。

② 北京互联网法院（2021）京 0491 民初 47643 号民事判决书。

以及商业秘密等财产性权益具有无形性、可复制传播和可重复利用等共性特点，使用行为也无须物理上的占有，在司法保护方面需要区别于传统的动产、不动产等有形物的保护思路。

1. 区分积极保护与消极保护两种路径

在目前的法律框架下，司法实践对于涉人工智能案件中的权益保护选择会给予权益的性质予以区分。对权益的主动处分按照合同法规则予以保护，对侵害权益行为的被动防御则根据具体情形在民法典物权编、侵权编、知识产权法和竞争法体系下进行责任救济，从而在此基础上形成了积极保护和消极保护两种司法路径。积极保护更侧重于维护数字时代对合法权益的积极利用期待，典型如新型数字服务合同的权利义务判断，数据虽然不能成为对价，但提供数据的行为可以作为给付的客体；消极保护更侧重于维护数字时代对合法权益的消极防御期待，典型如个人信息权益保护，个人虽然不享有任意支配权，但可以基于自主利益享有对个人信息一定程度的控制力，并受到个人信息保护相关法治体系的周延保护。

2. 区分数字化财产权益与财产化数据权益

数字化财产权益是传统财产权益基于数字化转型而形成的衍生利益，突破了物理空间的限制而具有新型特点，例如数字农业中农产品的线上营销、网络游戏中的虚拟道具，都依托于现实世界的有形财产（例如物理服务器），基于数字化行为而实现了财产权益的延伸。按照实际用途，网络虚拟财产可以分为“代币型”和“代物型”两大类，对其权利保护方式虽无明确规定，但与物权保护方式具有更多相似性，包括设定用益物权和担保物权等，可以参照适用民法典物权编、侵权编、合同编相关规定。但其特殊之处在于，部分网络虚拟财产需要依附于特定的网络服务而存在，而相关服务协议通常会对网络虚拟财产的转让进行限制。也有部分网络虚拟财产可以独立于特定网络服务而行使权利。如基于区块链等“去中心化”技术发行的虚拟币及NFT数字产品，其存续和转让不会受到特定网络服务运营者以及账号人身属性的限制。即使存于特定的注册账号内，也可独立于注册账号进行转让，无需网络服务运营者同意，因而司法实践中一般按照物权进行排他性保护。随着数字化辅助技术和创作应用场景日益多样化，人工智能、网络游戏、短视频和直播等新业态兴起，传统知识产权法的适用面临不少挑战。例如，著作权法尚未将游戏等新型数字产品单独设定为一类作品。对其整体的保护难以按照独立的作品类型进行认定，而对其中的文字、美术、音乐、动态游戏画面等可分割成独立作品的组成元素，进行单独认定、分类保护。司法实践中，就将游戏场景和动态画面作为视听作品进行保护。

财产化数据权益则是针对内容无法构成特定财产权客体的数据信息，只要具有生产或经营资源的价值，都可以成为狭义数据财产权益的客体。对于具有“非公知性”的技术、经营等商业信息数据，可以通过采取保密措施等方式将其“升级”为商业秘密，适用反不正当竞争法进行保护。《关于审理侵犯商业秘密民事案件适用法律若干问题的规定》明确“权利人请求保护的信息在被诉侵权行为发生时不为所属领域的相关人员普遍知悉和容易获得的”，应当认定为“不为公众所知悉”，但“将为公众所知悉的信息进行整理、改进、加工后形成的新信息”除外。需要注意的是，“非公知性”需排除已属公共资源范畴的数据信息，相应的技术或经营信息必须是该主体创造性劳动或合法继受他人创造性劳动的成果，对理应属于他人或公共领域的经营信息，即使当前的相关公众并不知悉，也不应简单认定为“非公知性”。商业秘密的排他支配性不是绝对的，不具有对抗善意第三人的效力。第三人可以善意地使用通过自行研发、反向工程等正当手段获得的商业秘密。对于未构成商业秘密的信息数据，经营者可因其合法处理或经营等行为享有财产权益。《关于构建数据基础制度更好发挥数据要素作用的意见》明确提出“数据资源持有权、数据加工使用权、数据产品经营权”分置的数据产权制度框架。数据财产权应定位为“与以所有权为核心的物权以及知识产权这两种已有的财产权相并列的新型财产权益”，其最显著的特点在于不具有排他独占性，不得排除和对抗他人对数据的合理使用，不得利用数据优势形成的市场支配地位实施垄断行为。①

三、国外人工智能司法案例分析

《蓝皮书》案例分析团队检索了上千个国外涉人工智能司法案件，进行关键要素

① 参见顾全:《涉数据形态财产权益纠纷裁判方法论》，载《东方法学》2024 年第 2 期。

的提取以及典型性分析，共筛选出46份典型判决，涉及国家包括美国、英国、德国、日本、韩国等国家。分析团队在个案研读基础上，对国外案例的裁判文书内容进行了逐个翻译和要素式整理。

（一）涉人工智能司法案件的域外特征

国外涉人工智能司法案件同样集中在数据、算法、算力三个方面。在案由方面，根据案涉权益的不同，可以区分为算法知识产权、数据财产权益、基于算力的竞争性权益、公民人格权益等不同类型。在行业方面，人工智能渗透进社会领域的方方面面，主要涉及智能制造、智能交通、智能医疗、智能教育、智能金融、公共安全等领域。在技术方面，主要包括智能算法和智慧应用两种类型的技术。前者是智慧和知识的生成技术，如深度学习技术；后者是智慧和知识的应用技术，如区块链以及智能合约技术。在权利客体方面，产生了新型权利客体，以及传统权利客体的新型样态，例如数据、算法、智能作品等不同层级的智能表现形式。

2024年3月，“全美律师协会商法分会商业与公司诉讼委员会”发布了《美国2024年人工智能与区块链最新发展报告》（Recent Developments in Artificial Intelligence and Blockchain Cases 2024），梳理了2023年美国审结的人工智能与区块链相关判例并作出总结。在人工智能领域，审判焦点是以“算法侵权指控”与“合理使用抗辩”之间的紧张关系为中心，开展的知识产权等财产权益的争夺战。处于人工智能发展前沿的主要参与者将继续在纠纷化解的过程中，推进技术发展并促进相关法律领域的构建（例如Elon Musk在加州法院起诉OpenAI这一新型案件）。关于人工智能算法及其使用，诉讼机构关注度集中在“偏见、透明度和个人隐私”方面，正如广受关注的Aviana航空公司和米歇尔案所表明的那样，法院越来越重视建立裁判规则以规范生成式人工智能在各方面的使用道德。在区块链领域，政府坚持将比特币以外的所有加密货币认定为证券，并对零售交易所和发行商采取执法活动。区块链所宣扬的去中心化承诺，已经逐步被高度中心化的项目所取代，并受到华尔街和传统金融业长期存在的经济诡计的影响，零售投资者很容易遭受欺诈和误导。

结合各国人工智能相关司法案件的处理现状，我们认为可以从算法可归责性、数据处理的正当性、算力使用的合理性三个方面对相关司法经验进行提炼和总结。

（二）涉人工智能司法案件的域外经验

国外涉人工智能案件的案件焦点通常集中于对科技风险与责任归属的论证，审查人工智能等技术对自然人权利的侵犯程度，从后果出发并结合主观和客观方面综合判断责任的归属。在实体法适用上，人工智能尚无法成为法律关系的主体，如作为专利权等权利主体，无法直接承担风险责任。在诉讼过程中，法官会考虑到公共利益与个人权益保护之间的关系，判断特定背景下二者的交叉情况，强化个案说理、填补法律漏洞。

1. 算法可归责性方面

侧重对行为目的以及行为方式合法性的审查，刺破技术外衣实质审查相关技术应用行为的正当性。

第一，关于人工智能主体性问题，在日本虚拟人名誉权纠纷中出现了侵权和解金。在日本第四大虚拟偶像团体与诽谤旗下 Vtuber 的侵权人名誉权纠纷案[①]中，因诽谤虚拟主播“勇气千寻”，诽谤者承担 120 万日元和解金。2023 年 2 月 1 日，运营虚拟 YouTuber 事务所“にじさんじ”的彩虹社（ANYCOLOR）发布公告，对公司所属的 VTuber（最初专指在 YouTube 平台上的虚拟主播，后来泛指各种虚拟主播）“勇气千寻（勇気ちひろ）”遭受诽谤中伤的事件进行了说明。“勇气千寻”是隶属于彩虹社的虚拟数字人，从 2018 年以来作为虚拟主播活跃在各游戏平台和电竞平台上。在游戏“Apex 英雄（Apex Legends）（日本著名电竞游戏）”中取得了令人瞩目的成果，参加了以 CR 杯（由知名电子竞技战队 Crazy Raccoon 举办的游戏 APEX 比赛，参赛者包括职业选手和热门主播）为代表的各种比赛。侵权者曾在推特上多次发布例如“勇气千寻的心坏掉才好（勇気ちひろの心は壊れた方がよい）”“这家伙就是毒（こいつは毒だ）”等诽谤中伤勇气千寻的言论。彩虹社认为该用户的行为侵害了勇气千寻的名誉权，向法院提起诉讼，要求平台运营商公布侵权者信息。法院支持了

① 日本资讯：《日本虚拟主播的诽谤者承担高额赔偿》，https://mp.weixin.qq.com/s?__biz=MzU3NTkzMTkwNw==&mid=2247486461&idx=1&sn=f002655976d43e81568ef4958c5c7599&chksm=fd1ad891ca6d5187e62cc23e44445cf33fa4b389ccf2e39d1cd3f1a4c33252b756f1d60b28cc&scene=21#wechat_redirect，2024 年 4 月 10 日访问。

该请求，随后彩虹社基于平台披露的发布者信息，与发布者达成和解。由侵权者承担120万日元的赔偿，并约定若侵权者未于规定日期前支付该赔偿金的，将需要赔偿370万日元。

第二，使用生成式人工智能撰写论文将无法申请硕士课程结业。在AI学术舞弊案①中，德国慕尼黑行政法院（VG München）裁定，如果一名学生在申请硕士课程的过程中使用人工智能撰写所需的论文，这种行为构成欺诈，可能导致其入学申请被拒绝。法院审理后认为，由于申请人未能提供足够的证据证明其论文是独立完成的，且存在明显的证据表明该论文是由AI生成的，因此申请人的入学申请不符合学术诚信的要求，故驳回了申请人的请求，并要求申请人承担诉讼费用。提交由AI生成的论文作为申请材料的一部分，违反了学术诚信的原则，因此学生不能通过这种方式获得入学资格。

第三，ChatGPT不构成演绎侵权作品，受版权保护的作品与ChatGPT输出之间未被证明存在实质性相似。在Tremblay v. Openai, Inc.案（23-cv-03223-AMO）②中，美国作家Mona Awad和Paul Tremblay于北加利福尼亚地区法院以OpenAI为被告，在一项拟议的集体诉讼中主张ChatGPT侵犯了其根据《版权法》享有的专有权，理由是ChatGPT使用大语言模型未经其同意提取其作品内容作为训练素材，若OpenAI的语言模型必须从原告和其他人作品中提取并保留在其中表达的信息才能运行，那么OpenAI本身就是侵权演绎作品（derivative work）。针对原告提出的若干诉请，法官奥尔金（Olguin）驳回了替代性侵犯版权的索赔，理由是原告没有证明他们受版权保护的作品和ChatGPT的输出之间存在实质性相似，将AIGC简单看作是演绎侵权作品（infringing derivative work）是不充分的，此外原告关于不当得利和违反《数字千年版权法》（DMCA）的指控也被驳回。然而，OpenAI仍面临未经作者许可使用受版权保护书籍而违反不正当竞争法的指控。关于OpenAI删除版权管理信息的指控，奥尔金

① https://beck--online-beck-de-s--zhe.cnu100.rbltsg.top/Dokument?vpath=bibdata%2Fents%2Fbeckrs%2F2023%2Fcont%2Fbeckrs.2023.42327.htm&anchor=Y-300-Z-BECKRS-B-2023-N-42327&jumpType=Jump&jumpWords=BeckRS%2B2023%252c%2B42327&readable=Suche%2Bnach%2BFundstelle%253a%2BBeckRS%2B2023%2B%2B42327.

② https://www.latimes.com/entertainment-arts/books/story/2023-07-01/mona-awad-paul-tremblay-sue-openai-claiming-copyright-infringement-chatgpt.

法官指出原告未提供相关事实，而 ChatGPT 输出的摘要中亦包括对作者名字的引用。类似地，Sarah Silverman 关于 LLaMA 使用其受版权法保护的作品而构成侵权的主张也被驳回，理由是其未能“证明直接侵权的门槛”。

第四，在公共职权领域应用智能算法需要基于明确的法律授权。在 Monocam 系统采集数据的合法性审查案件[①]中，德国特里尔地方法院在一起案件中裁定，使用 Monocam 系统进行的交通监控行为构成了对个人信息自主权的侵犯，因为该系统在没有法律依据的情况下收集了驾驶者的个人数据。法院认为，尽管 Monocam 系统的使用旨在提高道路安全，防止因分心驾驶（尤其是使用手机）而导致的交通事故，但系统的使用必须基于明确的法律授权。在本案中，由于缺乏这样的法律授权，Monocam 系统的使用被视为不合法。然而法院也指出，如果 Monocam 系统在有法律依据的情况下收集数据，那么这些数据可以作为证据使用。

第五，通过算法自动拦截广告的程序，不构成对原告版权的侵犯。在广告拦截器与作弊机器人案件[②]中，德国汉堡高等地方法院对网站是否能够作为计算机程序受到版权法保护持有疑问。法院认为，如果网站嵌入了如 Java Applets 和 PHP 代码这样的软件组件，这些组件是否对网站源代码“至关重要”是判断网站是否构成计算机程序的关键。使用广告拦截器并不构成对网站的未经授权复制，因为用户在使用广告拦截器时，相关的 HTML 文件和其他元素是在网站运营商的同意下加载到用户的工作内存中的。此外，广告拦截器并不修改存储在工作内存中的数据，它只是影响程序的执行流程，而不对程序实质进行干预。

---

① https://beck--online-beck-de-s--zhe.cnu100.rbltsg.top/Dokument?vpath=bibdata%2Fents%2Fbeckrs%2F2023%2Fcont%2Fbeckrs.2023.28916.htm&anchor=Y-300-Z-BECKRS-B-2023-N-28916&jumpType=Jump&jumpWords=BeckRS%2B2023%252c%2B28916&readable=Suche%2Bnach%2BFundstelle%253a%2BBeckRS%2B2023%2B%2B28916.

② https://beck--online-beck-de-s--zhe.cnu100.rbltsg.top/Dokument?vpath=bibdata%2Fzeits%2Fgrur%2F2024%2Fcont%2Fgrur.2024.32.1.htm&anchor=Y-300-Z-GRUR-B-2024-S-32&readableType=2&VorgaengerDokumentStreffer3=Entscheidungsbesprechung%20von%20Dr.%20Henrik%20Timmann%20zum%20Anordnung%20v.%2024.08.2023%20-%20UPC%20CFI%201%2F2023&VorgaengerDokumentFullname=bibdata%2Fzeits%2Fgrur%2F2024%2Fcont%2Fgrur.2024.29.1.htm&jumpType=Jump&jumpWords=GRUR%2B2024%252c%2B32&readable=Suche%2Bnach%2BFundstelle%253a%2BGRUR%-2B2024%2B%2B32.

2. 数据处理正当性方面

侧重对处理活动的必要性展开论证，并基于数据处理与权益保护之间的利益平衡关系判断责任归属。

第一，在涉及公共部门职权时，重点审查数据处理的合宪性基础。在国家法律对警察自动处理数据的授权情况审查案件①中，德国联邦宪法法院认为自动化数据处理对于个人数据的分析或评估构成了对个人基本权利的干预。根据 Hessisches Sicherheits- und Ordnungsgesetz（HSOG）第 25a 条和 Hamburgisches Polizeigesetz（HmbPolG）第 49 条②所规定的警察自动化数据分析或评估的权限，未能提供足够的干预门槛，因此这些规定在宪法上是不可接受的。这些规定允许警察在没有足够具体化的危险情况下，对大量个人数据进行分析或评估，这超出了宪法所允许的范围。因此，法院宣布这些规定在宪法上是无效的，并给予了一定的过渡期以供立法机关进行修正。

第二，数据持有者需要履行安全保障义务，阻止非法访问行为，避免个人数据泄露。在个人信息泄露案件③中，韩国首尔高等法院认为原告作为初级在线学习服务运营商，未能妥善控制对个人信息处理系统的访问，存在管理上的疏忽。法院认为，原告与 A 公司共用数据库访问控制方案，未能有效阻止非法访问，导致个人信息泄露，因此原告应承担相应的法律责任。《个人信息保护法》并未要求违反安全措施义务与个人信息泄露之间存在直接因果关系，且在本案中，原告的违法行为与个人信息泄露之间已有足够的关联性。在本案中，法院强调了个人信息处理者必须采取充分的安全措施以保护个人信息不被泄露的法律义务。法院在判决中综合考虑了原告的过失程度、违法行为的性质、持续时间以及造成的损害规模等因素，认为个人信息保护委员会在处罚时并未滥用自由裁量权。法院的判决也提醒了个人信息处理者应当加强对个人信息的保护措施，避免因管理不善而导致的个人信息泄露事件。

第三，对电子信息客体应当采取规范目的性扩张解释，围绕法规范的宗旨予以判

---

① https://beck--online-beck-de-s--zhe.cnu100.rbltsg.top/Dokument?vpath=bibdata%2Fzeits%2Fnjw%2F2023%2Fcont%2Fnjw.2023.1196.1.htm&anchor=Y-300-Z-NJW-B-2023-S-1196&jumpType=Jump&jumpWords=NJW%2B2023%252c%2B1196&readable=Suche%2Bnach%2BFundstelle%253a%2BNJW%2B2023%2B%2B1196.

② 这些规定授权警察在预防严重犯罪的背景下，对存储的数据集进行自动化的数据分析或评估。

③ https://www.scourt.go.kr/portal/dcboard/DcNewsViewAction.work?gubun=44.

断。在文件出示令案件[①]中，韩国首尔高等法院认为即便信息以电子形式存储于数据库中，而非以传统文件形式保存，相关信息仍受文件出示令的约束，必须予以出示。法院认为，电子信息与纸质文件在本质上并无区别，电子信息的可提取性和可打印性意味着其可以方便地转换为文件形式。因此，将文件出示令的适用范围局限于信息的保存形式是不合理的。根据《民事诉讼法》第 344 条的规定，电子形式的信息亦属于文件出示令的标的物。在民事诉讼中，法院支持原告要求被告提供以电子形式存储的信息的请求，即使这些信息未以传统文件形式存在。法院进一步指出，从数据库中提取受文件出示令约束的信息对被告而言是一项简单且不会带来重大负担的任务，因为这是被告在其控制的信息集合中选择特定信息范围的行为。因此，被告有义务根据法院的命令提取并出示相关信息。这一裁判原则强调了信息的可访问性和透明度，确保了诉讼当事人能够获取必要的信息以维护其合法权益。

第四，对个人唯一标识的行政管理不违反个人信息保护制度。在个人番号禁止使用请求案［令和 4 年（オ）第 39 号］[②]中，日本法院认为个人番号法旨在通过行政机构等有效管理信息，提高行政效率和公正性，并减轻国民的负担。个人番号法对个人番号的使用和特定个人信息的提供设定了严格的限制，并且只有在特定情况下才允许例外。此外，法院还强调了个人番号法对于信息提供网络系统的规定，确保了信息的安全性和保密性。法院最终裁定，行政机构基于个人番号法使用特定个人信息的行为并未超出正当行政目的的范围，因此没有违反《宪法》第 13 条所保障的个人隐私权。法院还指出，个人番号法的制度和技术措施足以防止个人信息的不当泄露或使用，因此原告关于侵犯隐私权的主张没有得到法院的支持，上诉被驳回。

第五，在行为自由和隐私权益发生冲突时，需要评估禁止相关行为时是否产生信息自主权的实质性改善。在使用软件应用程序处理员工数据的纠纷案件[③]中，原告是

---

① https://www.scourt.go.kr/portal/dcboard/DcNewsViewAction.work?gubun=44.

② https://www.courts.go.jp/app/files/hanrei_jp/846/091846_hanrei.pdf.

③ https://beck--online-beck-de-s--zhe.cnu100.rbltsg.top/Dokument?VPath=bibdata%2Fzeits%2Fnza-rr%2F2023%2Fcont%2Fnza-rr.2023.264.1.htm&ReadableType=Parallelfundstellen&HLWords=on&JumpType=SingleHitJump&JumpWords=VG%2BHannover%2BUrt.v.9.2.2023&Readable=Suche%2Bnach%2BGericht%253a%2BVerwaltungsgericht%2BHannover%2Bund%2B%2526%252339%253bUrt.v.9.2.2023%2526%252339%253b.

一家在C市运营的物流中心，使用手持扫描器实时记录员工的工作步骤，并通过软件FCLM和ADAPT对这些数据进行评估，这些软件应用程序能够记录和评估员工在不同工作流程上的表现，并为管理层提供关于员工绩效的反馈。被告方认为这种做法侵犯了雇员的隐私权，并发布了禁止令。原告方对此提出了法律挑战，最终法院裁定原告方胜诉。德国汉诺威行政法院在其裁决中明确了以下几点：根据《数据保护指令》（RL 95/46/EG）、《德国数据保护法》（DS-GVO）第68条第1款以及《德国联邦数据保护法》（BDSG）第26条第1款第1项，雇主通过软件应用程序FCLM和ADAPT处理雇员绩效数据是合法的。为了控制物流过程、对员工进行资格认证、提供客观反馈以及作为人事决策的基础，处理雇员绩效数据是必要和适当的。被告方的禁止令是不成比例的。它不适合保护雇员的信息自主权，因为它只是禁止雇主不断收集和评估雇员的绩效数据。即使雇主暂停数据处理，雇员的信息自主权也不会因此得到实质性的改善。

3. 算力使用的合理性方面

侧重对生产要素投入的权利基础判断，以及资源分配依据的实质性审查。

第一，算力等支持性服务在考虑市场竞争的同时需要兼顾服务的稳定性。在纠正命令请求诉讼案件（대법원 2023. 12. 21. 선고 2020 두 50348 판결）[①] 中，算力连接路径变更构成“无正当理由限制使用电气通信服务的行为”。甲方株式会社作为全球社会关系网服务的内容提供商，因《电气通信事业法》中附加通信事业者所面临的《电气通信设施费相互连接标准》修订，导致其需向国内通信公司支付更多费用。甲方为应对这一变化，将部分连接途径从国内转向海外网络服务提供商，此举引发了国内Facebook用户遭遇连接延迟和视频播放故障等问题。广播通信委员会认为甲方的连接路径变更构成“无正当理由限制使用电气通信服务的行为”，违反了《电气通信事业法》第50条第1款第5项的规定，并向甲方下达了纠正命令及罚款命令。然而法院认为，考虑到争议条款即旧《电信事业法施行令》第42条第1项所规定的禁止行为，其解释和适用必须严格限制，不得对行政处分的相对人产生不利影响。根据辞典定义及法律规定，“限制”一词应理解为对使用的时间、方法、范围等方面的规定限制，

① https://www.law.go.kr/precSc.do?menuId=7&subMenuId=47&tabMenuId=213&query=#licPrec238905.

或实际上无法达到正常的使用程度。综合考虑旧《电信事业法》中“限制”一词的其他用法，即使使用本身是允许的，但如果使用受到了推迟或不便，也应在法律解释中予以考虑。综合来看，甲方的连接路径变更行为并不符合“使用限制”情形。

第二，基于算力的加密货币收益需要缴纳所得税，加密货币交易平台需要符合税务审计的要求。在加密货币征税案[①]中，德国联邦财政法院（BFH）在其裁决中确认，根据《德国所得税法》（EStG）第23条第1款第1项和第2项，以及《德国所得税法实施条例》（AO）第39条，个人通过出售或交换加密货币（如比特币、以太币、门罗币等）所获得的收益，属于私人买卖交易的范畴，应当缴纳所得税。法院进一步明确，加密货币被视为经济商品，其买卖或交换行为构成经济商品的转移，因此产生的收益应纳入所得税的征税范围。此外，法院还指出，对于加密货币的税务处理不存在规范性执行缺陷，即税法规定是明确的，税务机关有权要求加密货币交易平台提供相关信息以便于税务审计。

第三，加密货币投资辅助行为如果属于好意施惠，则不承担民事责任。在加密货币投资致损案件[②]中，法兰克福高等法院（OLG Frankfurt A. M.）在其裁判中探讨了作为好意施惠进行的加密货币投资的责任问题。法院认为，如果一方在没有明确的法律约束意愿的情况下，无偿地帮助另一方进行加密货币投资，且投资方意识到了投资的风险，那么在投资亏损时，提供帮助的一方不应承担责任。法院进一步指出，加密货币不被视为《德国民法典》（BGB）第90条定义的“物”，因此，与所有权相关的法律条款不适用于加密货币。此外，法院还认为，由于加密货币不符合《德国民法典》中关于物权或债权的定义，因此加密货币投资不构成对任何绝对权的侵犯，也就不存在侵权责任。最后，由于缺乏法律约束意愿，也不存在合同关系，因此不存在基

---

① https://beck--online-beck-de-s--zhe.cnu100.rbltsg.top/Dokument?vpath=bibdata%2Fzeits%2Fdstr%2F2023%2Fcont%2Fdstr.2023.435.1.htm&pos=2&hlwords=on.

② https://beck--online-beck-de-s--zhe.cnu100.rbltsg.top/Dokument?vpath=bibdata%2Fzeits%2Fjus%2F2023%2Fcont%2Fjus.2023.964.1.htm&anchor=Y-300-Z-JUS-B-2023-S-964&readableType=2&VorgaengerDokumentStreffer3=Aufsatz%20von%20Prof.%20Dr.%20Christian%20Hattenhauer&VorgaengerDokumentFullname=bibdata%2Fzeits%2Fjus%2F2023%2Fcont%2Fjus.2023.954.1.htm&jumpType=Jump&jumpWords=JuS%2B2023%252c964&readable=Suche%2Bnach%2BFundstelle%253a%2BJuS%2B2023%2B%2B964.

于合同履行的损害赔偿责任。

第四，服务器位于境外时，如果能够证明涉案系统行为是在境内实施的可以实施境内管辖。在株式会社 Dwango 与 FC2 等公司专利侵权纠纷案［2022 年（ネ）10046 号］[①] 中，日本知识产权高等法院认为即使服务器位于国外，如果能够证明生产网络型系统的行为是在日本境内实施的，则该行为构成日本《专利法》中的“生产”。法院考虑了生产涉案系统的具体方式、位于日本境内的涉案系统的构成部分实现的专利发明的功能或作用、通过使用涉案系统获得专利发明效果的地点，以及使用涉案系统对专利权人经济利益的影响等因素。这一判决确认了在某些条件下，即使服务器位于国外，也可能构成对互联网类系统日本专利权的侵犯。

① 吉井将太郎：《日本专利法的域外效力：服务器设置在境外的网络系统是否可能侵犯日本专利权？》，https://mp.weixin.qq.com/s/9vqqw3riyFLN-7OFlGD5rg，2024 年 4 月 10 日访问。

第五部分　人工智能法治发展专题报告

一、通用人工智能语境下智能法律行为研究报告*

（一）问题的提出

2022 年 11 月以来，以 ChatGPT 为代表的生成式人工智能震动世人，它能够理解语义及人类意图，开展逻辑分析与推演，多模态内容生成，创制代码，展现出超越常人的强智能。自此，一系列颠覆性智能技术如图文生成模型、具身多模态大模型喷涌，①宣告着通用人工智能时代的降临。随着通用人工智能广泛运用并融入社会系统，社会行为必将快速智慧化，促使法律行为巨变，智能化尤为显著。智能法律行为展现诸多新模式、新形态，传统理论难以充分解释。本文在探析智能法律行为演化及新特点的基础上，检视传统理论，厘定智能法律行为的体系地位，梳理其行为效力要素，最后尝试构建效力体系框架。

（二）智能法律行为的演化及特点

智能时代，法律行为空间大大拓展，不限于物理世界，延伸至基于互联网的虚拟

---

* 郭少飞，河南师范大学法学院副教授，博士生导师。
本文系河南省哲学社会科学规划年度项目（项目批准号：2021BFX027）的阶段性成果。

① 参见曹建峰：《迈向可信 AI：ChatGPT 类生成式人工智能的治理挑战及应对》，载《上海政法学院学报（法治论丛）》2023 年第 4 期。

世界，双重空间交错共生，相互渗透。在传统法律行为之外，智能技术驱动生成的法律行为共时并立，颇具智能色彩，特点鲜明。

1. 智能化与机械化：智能法律行为的双重律动

智能时代，移动互联网催生海量数据，数据密度增强，算力提升，算法改进，人工智能水平显著提高，尤其当下生成式人工智能能力强大，强智能奇点已来。人类行为智能化，由智能体直面人，人得以从稳固的社会网络中松脱，同时从对受动机器的依赖或曰强制中抽离，闲暇时光有所增加，但机器取代人，不工作的无用阶层产生。① 总体上，智能时代包括法律行为在内的社会行为加速濡染智能色彩，呈现浓烈的智能化特点。

人工智能助益人类之余，加剧人的生存困境。智能终端、移动互联令人的社会生活轨迹完全暴露；大数据技术全面收集个人数据信息，实施精准数据画像，人已无隐私可言，成为“赤裸裸的人”。② 人被技术更加全面地透析、预测、诱导、规训、定型甚至操控，行为机械化加剧。

总之，受智能技术深度影响，法律行为呈智能化、机械化双重律动。智能化系法律行为新样态；机械化乃技术反噬人的后果，肇始于机器革命，强大的智能技术凸显了此一态势。对此，必须体察智能法律行为的技术性、程式化甚至固化，破解个人结构性力量孱弱、地位持续下坠的困境。

2. 智能法律行为的特点

在法律行为智能化演进的过程中，行为场景、方式、进程、结果、主体及其核心要素意思表示发生重大变化，智能法律行为呈现诸多新特征。

（1）虚实同构，人机交互。智能时代，空间多重，既有自然世界，也有赛博空间，形成虚拟—现实、线上—线下、数据—物理的双重空间架构。当下，双重空间融合，数字化及信息技术压缩了时空距离，人、物全息呈现，并被高度感知，社会高度互联互通，高度智能化。③

① 参见［美］尼古拉斯·卡尔：《玻璃笼子：自动化时代和我们的未来》，杨柳译，中信出版集团2015年版，第32—39页。

② 参见［法］马尔克·杜甘、克里斯托夫·拉贝：《赤裸裸的人：大数据，隐私与窥视》，杜燕译，上海科学技术出版社2017年版。

③ 参见汪玉凯：《智慧社会与国家治理现代化》，载《中共天津市委党校学报》2018年第2期。

人工智能与其物质载体相容，具身化硬体化；或以软体形态立于虚拟空间，通过终端与人交互。人类与智能体、智能机器共处，“在智能体与人、环境等要素共同构成的人机系统中，人机交互呈现出新的特点，智能体表现出越来越强的‘自主性’，而人却主动地放弃选择的自由”。①

（2）数据驱动，算法控制。当下，人工智能由大数据、大模型、大算力驱动。大数据是全体数据，混杂不精确，难以处理，而基于算法，智能体能够利用大数据，所用数据量远超人类个体，再加上超级算力，人工智能水平大幅跃升。数据驱动智能实现，也驱动智能行为，智能行为目前是基于概率模型的数据输出或行为反馈，许多符合法律行为构成要素。

大数据价值的实现需要算法算力。算法是计算或运算方法。大数据动态混杂，大多非结构化，需要算法提炼。算法及算力影响数据的利用效能，进而决定人工智能水平。当下，智能体依靠算法，行为进程由算法控制，算法根据输入（提示，prompts）调整输出结果，改变智能体行为。

（3）意思复合，自主消解。智能意思表示生变，突出表现为意思复合。其中，智能体行为既非自己意思，因其系人类意志产物；亦非人类意思镜像，因其自主学习、自我进化，超乎人类认知；更非开发设计者、制造者、运营者、使用者的单一意思，乃意思叠加，应归于多方。

人类自主意思在智能法律行为中消解。随着数据规模持续增加，算法升级、算力增强，智能体所属平台的优势愈发凸显。用户陷入智能技术之网，无法脱身，且因智能体正确便捷，主动委身，按算法决策行事。人的自主意思渐渐退场，依附智能体，算法统治产生。

（4）形态多样，后果混合。智能时代，智能体崛起，法律行为形态愈发多样。基于智能互联网，主体陌生匿名常态化，交易对象扩及全球联网之人，不确定性大增。甚至，整个行为发生于虚拟空间，主体身份标识、交易客体、支付手段、行为通道等皆数字化和虚拟化。

多样态法律行为聚合反应，行为属性及特点各异。有些虽然外显为单一行为，却

① 宋春艳、李伦：《人工智能体的自主性与责任承担》，载《自然辩证法通讯》2019 年第 11 期。

处于行为之网，牵连性、混合性显著；有些行为加总，呈现组织化特征；已有组织在虚拟空间又可离散为诸多行为，算法终将能够单独控制绝大多数形态的实体。①

（三）智能法律行为新型行为论

智能法律行为独特性显著，致使既有法律行为认知框架难以套用，有必要基于演化之行为模式、结构、特点等，厘定智能法律行为基本地位，从而为法律行为理论变革尤其效力判断奠立基础。

1. 传统法律行为否定论

在传统理论中，自由意志、理性、自治等概念统一于法律行为（意思表示），特别是意志信念在德国民法典文本中处处可以发现其痕迹。② 毋庸置疑，意思表示被视为理性主体自由意志的表征，至今处于法律行为理论核心。

传统法律行为通常发生于现实世界，处于同一时空之中，以人际间直接的现场交易为主，意思表示与行为一体。而智能法律行为，除了虚实同构，在时空关系上与现实的传统法律行为不同之外，本质差异在于经由智能体的对外表示与人的内心意思之间的必然联系断裂。

2. 特殊法律行为否定论

在近代民法转向现代民法的进程中，意思表示学说持续演化，发展出无表示却产生表示效力的诸多情形，构成特殊法律行为。其一，法定沉默作为意思表示。法定沉默“把一个意思表示加在一个人头上，而这个人（可能）根本就不曾做出过这个意思表示”，若法律为当事人意思解释留有空间则系“意思推定”；若“法律把一个确定的后果与‘沉默’相联系，而不为当事人意思的个别解释留下余地”，则系“意思拟制”。在法律视域里，意思表示可以不论当事人真实意思。其二，无需意思表示的法律行为。此等行为没有意思表示却产生表示效力，如基于社会典型行为的法律行为、已经开始履行的长期法律关系。无需意思表示的法律行为经由推断或曰规范性构造，被意思表示俘获。

作为意思表示的法定沉默、可推断的意思表示在形式上显然无法覆盖智能法律行

---

① Lynn M. LoPucki, Algorithmic Entities, 95 Wash.U.L.Rev.887（2018）.

② ［德］罗尔夫·克尼佩尔：《法律与历史》，朱岩译，法律出版社 2003 年版，第 6、46 页。

为，它们在行为形态、方式、内容等方面差异显著。但是，此间呈现的法定化方式、法律拟制或推断方式，在方法论上为深化认识智能法律行为、拓展法律行为理论，提供了一种想象空间和具体指引。

3. 电子法律行为相似论

随着信息技术发展，与互联网、计算机程序、电子数据处理设备密切相关的电子化自动化意思表示产生，在理论上再次回归人的意志。我国《民法典》第469条第3款规定了电子数据交换、电子邮件等数据电文方式的意思表示。

电子法律行为理论为信息自动化时代固定意思装置设定、交易行为认知提供了新框架和新范式。实际上，把自动化装置呈现的行为方式与特点归属于人，仍然不脱离人的认识范畴，但在时空关系中意思与行为已经可以分离。与之相较，智能法律行为的智能性大大超越自动化范畴及意义，意思不再完全固定，具有较强的不可预见性、不可解释性。

4. 新型法律行为肯定论

智能法律行为中意思复合、因果性断裂，行为或行为承载的意志是人的还是智能体的，潜藏着巨大的混沌状态，试图找寻一种确定性反而不确定。基于意志、意思的传统法律行为理论根植之社会系统的复杂性不确定性剧增，更加凸显法律行为理论的局限性，它必须随智能社会变迁持续革新。

总之，智能法律行为之新，在于行为核心的重大演化，无法通过传统的行为人—意思—表示—后果的线性关系进行充分认识，既有理论的解释力确有不足，需要新的理论框架，总体表现为以客观主义外观主义为主、融合传统法律行为理论范式的综合模式。

（四）智能法律行为效力要素厘定

智能法律行为复杂多样，如何确定行为效力，进而厘清责任归属，备受关注。既有理论及制度不具备完全适用性，有必要根植智能法律行为特性，廓清智能法律行为效力要素。

1. 现行效力要件的适用性省思

现行法律行为生效要件蕴含着明确的线性因果论：具有相应行为能力的行为人，

对外表达内心真实意思，设立、变更或终止法律关系。依此，理性主体自主决策，自己表示，自己行为，亦自担责任。然而，智能法律行为脱序，内在向度多，诸因素聚合，意思叠加，难以深度厘清其因果联系，可否沿用既有要件存疑。三要件中，消极地不违法、不违背社会主义核心价值观是承认行为效力的底线，是从反面评价行为。就通用人工智能而言，人机边界模糊、人的存在或自由异化等，① 导致行为有悖法律或核心价值观，则无效。智能法律行为一旦发生消极情形，无效即可，在适用方面与传统法律行为没有本质区别。② 然而，行为人及行为能力认定、意思表示真实性判定，面临极大困难。其中，行为人能力要件应基于智能法律行为主体认知度确定是否必需。同样，意思表示真实要件的适用应当慎重，其与主体是否可知紧密相关。

总体上，主体不可知的两方智能体法律行为，无需适用主体行为能力、意思表示真实等效力要件，完全导向法定客观进路，以行为本体为准。但主体可知的智能法律行为，仍适用上述两要件，效力判定需要梳理作为直接行为者的智能体与背后之人的意思契合度，评估人的行为能力充分度。此需厘定智能体与背后之人的关系。

2. 基于人与智能体关系的效力要素梳理

在事实层面，按照人对智能体的依赖程度，可发现人与智能体处于高度依赖或自由松散的关系状态，抑或介于两者之间。具体而言，人工智能设置后，人把事务完全交给智能体，不介入干预，智能体自主，与使用者交互。此种智能体可谓独立型。人参照智能体作出决策，虽仍由智能体实施行为，但系基于人的意思的智能行为，人对行为实施发挥决定性作用，智能体仅系工具。此类智能体可谓参考型。人依赖智能体，完全按智能体意思实施行为，此乃依赖型。人与各类智能体之间，关系有别。

独立型智能体由人部署，系人的意思装置。人有以智能体作为直接行为者，与使用者交互之意。在智能体运行正常，符合背后之人认知的情形，可确认智能体行为蕴

① 参见周玄、赵建超：《人工智能的伦理困境与正向规约》，载《江西社会科学》2022 年第 10 期。

② 参见王春业：《技术与制度良性互动下的我国数字法治政府建设》，载《南通大学学报（社会科学版）》2022 年第 6 期。

含人的意思，若智能体以人的名义开展活动，类似于代理，智能体系代理人，背后之人乃被代理人，智能体行为后果归于背后之人；智能体以自己名义对外实施行为，则与间接代理相若，可参酌适用相关规则。

参考型智能体是人的参考，人发出指示命令或直接操控智能体实施行为。此时，智能体行为是人的意志的反映，可直接归属于人。至于超越预期的行为，参照上述独立型智能体论述，亦应归于人。在依赖型智能体情形，人听命于智能体，智能体决策系行为的源泉，虽然人获悉行为内容，但依然难以简单地认定人同意或授权智能体实施行为，从而将行为归责于人。此种关系模式下，可借鉴部分无行为能力制度，认定行为人在此情形系无行为能力人。① 相对人善意，不知晓表意人依赖智能体，则无碍智能法律行为效力。

总之，对于主体不可知的智能法律行为，不论智能体背后之人的行为能力，无所谓意思表示真实，若直接相对方是智能体，仅需从行为客观结果的价值契合度、利益均衡性、合法性等判定效力；若直接相对方是人，则需考量该人的行为能力与意思真实性，以充分保护人的权益。对于主体可知的智能法律行为，区分独立型、参考型、依赖型智能体，厘定智能体与背后之人的关系，并根据相对方是否知道或应知、善意或恶意，确定行为效力判定要素。

（五）智能法律行为的效力认定

智能法律行为模式多样，人的意志的行为结构功能差异较大，有必要立足各类智能法律行为，分类型厘清其效力状态。智能法律行为以双方行为为主，亦有单方行为、合同行为等，本文据此展开效力分析，尝试提出效力体系框架。

1. 智能单方行为的效力

单方行为是基于一方意思表示即可成立的行为，分为有相对人与无相对人两类，发生财产效果、身份效果等。② 智能单方行为效力认定需要综合考虑相对人保护、利益属性、法律效果等。

① 参见郭少飞：《智能时代法律行为理论难题及应对——以 ChatGPT 为背景》，载《东岳论丛》2023 年第 6 期。

② 参见王泽鉴：《民法总则》，北京大学出版社 2009 年版，第 242 页。

（1）有相对人的智能单方行为效力。此类行为通常在意思表示到达相对人时生效。一般而言，当事人经由智能体作出单方行为，仍以相关表示到达时间为生效时间。而当智能体脱离一方预期，自行实施单方行为，或行为人依赖智能体等，相对人善意，单方行为依然有效。但在主体不可知情形，衡诸客观结果，可认定为效力待定，由一方行为人确认，不同意则行为无效，由此相对人遭受损害，行为人应承担赔偿责任。对于认领等身份行为，由于法律后果是在当事人之间产生身份关系，主体应相互了解，智能单方行为必须主体可知，否则不宜赋予身份法效力。

（2）无相对人的智能单方行为效力。该类行为如遗嘱、捐助、权利抛弃，因仅系行为人意思的表达，不涉及相对人利益保护，可结合传统理论中特定行为的效力要件，注重行为人意思真实性辨识，如果难以辨认，可根据法定制度处理，或拟制推定行为意思。具体而言，需线上线下融合实施的单方行为，仅有线上意思表示，不发生相应行为效力。此外，行为人受欺诈、胁迫、重大误解等，经智能体实施无相对人的单方行为，因基本无需保护信赖利益，可基于意思表示真实性要件，允许行为人撤销。

2. 智能双方行为的效力

双方行为因当事人意思表示一致而成立。智能双方法律行为的行为人相互可知与否、双方是否利用智能体不同，对效力认定影响重大。可区分四类智能双方行为，展开效力分析。

第一，主体不可知、一方智能体的行为及效力。该行为的一方是智能体及背后之人，直接相对方是人。经由智能体发出的意思表示遵循客观进路，以相对人接收及理解的内容为准。智能体背后之人遭受第三方欺诈、胁迫，存在重大误解等，通常不影响表示效力，除非相对人知道或应知，主观上非善意。由于人是另一方当事人，就行为总体而言，应考量人的相应行为能力和意思表示的真实性，行为能力欠缺、意思表示不真实或不自由等效力瑕疵事由适用于该类行为。但因主体不可知，应无通谋虚伪适用余地。智能体被劫持或控制，进而实施行为，因背后之人既有专业人士，亦有非专业人士，不宜一律从严认定行为有效，令背后之人担责，应细分处理。

第二，主体不可知、两方智能体的行为及效力。行为双方不可知，均由智能体作出表示，行为效力判断不论背后之人的行为能力、意识表示真实性，而是从行为的合法性、利益均衡性、价值契合度等综合判断，① 对行为客观结果进行法律校正。

第三，主体可知、一方智能体的行为及效力。行为一方直接当事人是人，适用现行法律行为效力要件判定行为效力。然而，行为主体虽然可知，但事实上相对人不知，亦不应知，应以客观的智能体表示外观为准，不再考虑背后之人的行为能力、意思表示真实性。在主体可知，且相对人知道或应知的情形，行为效力判定需要穿透智能体，及于背后之人，考量其行为能力与意思表示。

第四，主体可知、两方智能体的行为及效力。行为主体虽可知，但事实上不知或不应知，行为效力判定参酌主体不可知及双方智能体行为。若行为一方知道或应知相对的智能体背后之人，则后者行为能力、意思表示瑕疵影响行为效力，而该一方的瑕疵事由原则上不影响行为效力，但具体仍应根据其与智能体关系确定。若双方均知道或应知，则双方主体能力、意思表示瑕疵，无论通谋虚伪、欺诈、胁迫或重大误解等，皆有适用余地。行为效力可能是无效、可撤销、效力待定等。一旦行为最终无效，契约情形可适用缔约过失责任制度。

3. 智能合同行为的效力

合同行为由同一内容的多个意思表示合致成立，需全部意思表示一致系共同行为，多数意思表示一致乃决议行为。

其一，就共同行为而言，当下尚无单纯智能体参与的实例，但智能体参与公司决策甚至作为董事的事例已经出现，② 全面经由智能体表达成员意思的未来可期。实践中，匿名陌生的多方主体可在线设立去中心化组织或者去中心化自治组织。前者是一组按照由代码构造并在区块链上执行的协议相互联结的人，后者则是以某种方式自我

① 参见董文：《算法错误侵害的社会化救济进路探讨》，载《上海大学学报（社会科学版）》2023 年第 2 期。

② See Tobias D. Krafft, Katharina A. Zweig, and Pascal D. Konig, How to Regulate Algorithmic Decision-making：A Framework of Regulatory Requirements for Different Applications, Regulation & Governance（2022）16, 119—136.

决策的事物。[①]其中，发起人确定设立行为内容，构造组织模式等，处于主导地位，且为人所知，若存在重大误解等，将影响行为效力；若实行欺诈，则行为可被撤销，甚至无效。而出资人，无论是否利用智能体，链上均不可知，其瑕疵事由无碍设立行为效力。

其二，对于决议行为，当前去中心化自治组织实现了匿名在线决策。自智能决议行为角度，提案者、投票者均匿名，其意思表示的判定取向客观外在行为，根据多数决、程序决规则，成员个人意思表示、行为瑕疵不直接影响决议行为的成立与生效。由此，依照既定程序和方式形成组织或团体意思的决议行为生效，对不同意或未投票的成员亦有拘束力。

另需注意，决议行为瑕疵事由主要表现在程序、内容两大方面，效力样态多元。首先，不成立。组织未召开会议或未表决作出决议，投票数量不合格或结果未达标作出决议等，即使从行为外观，也难以认定行为人意思，或意思根本不存在，则决议行为不成立。其次，可撤销。从智能决议行为外观进行客观判断，意思形成或表示存在瑕疵，行为可撤销。最后，无效。在我国，决议行为无效常因违反法律、行政法规的强制性规定，违背公序良俗。

（六）结语

数智时代，通用人工智能奇点已来，由其驱动的智能法律行为正在持续演化，呈现诸多新特点。面向新型智能法律行为，基于自由意志、自主意思的传统法律行为理论遭遇挑战，解释力不足，应加速转型。鉴于智能体在法律行为中的功能作用、结构地位差异颇大，有必要开展场景化理论分析。最终，经由对基于通用人工智能的智能法律行为的效力评价，融合正向引导与负面控制，实现通用人工智能安全风险治理。[②]

---

① Vitalik Buterin, DAOs, DACs, Das and More: An Incomplete Terminology Guide, ETHEREUM BLOG (May 6, 2014).

② 参见陈兵：《生成式人工智能可信发展的法治基础》，载《上海政法学院学报（法治论丛）》2023年第4期。

二、通用人工智能技术提供者义务研究报告*

（一）问题的提出

人工智能高阶质变形态的通用人工智能技术正展现出具象曙光。人们惊讶地发现，ChatGPT-4 不仅在自然语言的处理能力上无与伦比，同时具有整合多学科知识解决复杂问题的能力，这正是通用人工智能技术应用能力的初阶呈现。①2023 年 4 月 28 日召开的中共中央政治局会议中强调重视通用人工智能的发展并关注其应用风险的防范。②2023 年 7 月 13 日，我国国家网信办等七部门联合发布《生成式人工智能服务管理暂行办法》(以下简称《暂行办法》)。《暂行办法》在数据审查、网络信息安全、违法内容监控等提供者义务设定方面欠缺合理性。提供者处于该技术的运行前端，对其设定合理的义务框架将有助于该项技术在免受不当裹挟的状态下得到良性运转。效率和安全会影响义务设定的价值倾向，需要谨慎考虑。

（二）风险时代的智能技术与提供者义务设定的基本前提

应考虑到在风险时代技术发展的现实需要下，适度容忍合理风险的必要性。在这个需要同时拥抱人工智能与人类智慧的时代，③二者无法实质共存的零和博弈思维应得到扭转。人工智能应用风险具有共生性、时代性和全球性，④这也提示法律规制的方向应选择边发展边治理的折中路线。

1. 适度容忍应用风险的现实理由

一是实现通用人工智能技术专利布局的迫切需要。虽然算法模型一般不属于可专

---

* 李彤，南京航空航天大学人文与社会科学学院副教授，法学博士。
本文系国家社会科学基金重点项目“构筑国家竞争新优势视域下超大型平台的反垄断法规制研究”（项目批准号：22AFX019）阶段性研究成果。

① 就生成式人工智能是否属于通用人工智能技术这一问题尚存争议。本文认为通用人工智能技术可含纳生成式人工智能技术。以 ChatGPT4 为代表的翘楚产品在常识储备、推理和理解能力、跨界任务处理等方面已迈出了通用人工智能技术发展中的重要一步。

② 谷业凯：《重视通用人工智能发展》，载《人民日报》2023 年 6 月 26 日，第 5 版。

③ 人工智能的发展有利于增强人类能力。参见于海防：《人工智能法律规制的价值取向与逻辑前提——在替代人类与增强人类之间？》，载《法学》2019 年第 6 期。

④ 参见吴汉东：《人工智能时代的制度安排与法律规制》，载《法律科学》2017 年第 5 期。

利的客体，但算法模型与应用的结合有可能会形成专利客体，如谷歌已获得了一些关于深度学习的 AI 专利。① 为了防止形成跨国专利壁垒，我国在该领域的技术专利布局存在现实需要。

二是通过通用人工智能技术掌握国际话语权的现实需要。保障国内该技术快速发展是大势所趋。从保证国家安全、实现文化输出、避免意识形态渗入的侧面看，对国内相关技术研发的主动性和时效性提出了较高要求。

三是针对通用人工智能技术应用风险谨慎评估的客观需要。应用风险存在扩大解释的可能性，应避免英国 1895 年《红旗法案》的适用悲剧再次重演。该法规定，每辆上路的汽车必须有三位驾驶员，其中一位须在车前 50 米摇动红旗作为危险警示，车辆时速不得超过 4 英里。② 对车辆时速限制到 1896 年才提高到时速 14 英里，1903 年进一步提升为时速 20 英里，同时取消了红旗警示规则。③ 长期的强力限制使英国错失了行业发展的良机。安全与效率始终相携相伴，过于偏重一方所付出的代价是昂贵的。

2. 适度设定提供者义务的策略底线

不可否认，通用人工智能在数据安全、信息保护、伦理价值维护等方面会存在一定滥用风险。2023 年 4 月 3 日，斯坦福大学以人为本人工智能研究所（Stanford HAI）在发布的《2023 年人工智能指数报告》中指出几款典型的通用人工智能“系统容易产生幻觉，经常存在偏见，可能被用于邪恶目的，伴随着技术发展带来了复杂的道德挑战”。④ 对具有广泛应用场景和卓越处理能力的通用人工智能进行必要法律规制已形成广泛共识。

一是面向技术的国际规制底线。欧盟《人工智能法案》的出台过程并不顺畅，体现了妥善压制风险和促进技术革新双重目标下的规制困境。因此，在通用人工智能技

---

① 王田：《知己知彼，应对 AI 专利壁垒》，载《中国知识产权报》公众号，2019 年 8 月 21 日。

② 刘庆传：《读懂“红旗法案”》，载《理论之光》新华日报社公众号，2017 年 9 月 12 日。

③ See Ken Oliphant, Tort Law, *Risk, and Technological Innovation in England,* McGill Law Journal, Vol. 59, Special Issue（2014）, p.829.

④ See Nestor Maslej, Loredana Fattorini, Erik Brynjolfsson, John Etchemendy, Katrina Ligett, Terah Lyons, James Manyika, Helen Ngo, Juan Carlos Niebles, Vanessa Parli, Yoav Shoham, Russell Wald, Jack Clark, and Raymond Perrault, “*The AI Index 2023 Annual Report*,” AI Index Steering Committee, Institute for Human-Centered AI, Stanford University, Stanford, CA, April 2023, p.2.

术的国内规制进路上，应充分考虑国际视域中的规制底线，力求从合规利用角度化解应用风险。

二是判断技术的运行底线。通用人工智能技术的效能发挥需要依赖一定的先决条件。比如该技术是基于数据的智能，对提供者在数据训练环节中的义务设定不能导致技术运行所需的必备数据要素被不当剥离。

三是衡量技术的逻辑底线。该技术所对应的较强智能状态的形成逻辑与人类智慧的生成过程截然不同。后者一般遵循从特殊到一般的体验式过程。而前者服从于贝叶斯定理，先对应答内容进行概率性判定，后通过模型运转再验证回答的可靠性。[①]贝叶斯定理中对先验概率的处理有明显不足。现阶段通过对人脑运行样态的真实观察与完美复制来促成类人智能尚有诸多技术难题。[②]可考虑从弥补技术缺陷的可行性角度出发，合理设定优化技术过程中的主体义务。

（三）精准风险管控与提供者义务规制的正当逻辑

应将提供者从可以被解除规制的场域中解放出来，通过共治链条和集中革新来达成化解应用风险的目标，同时不对行业发展造成消极阻碍。

1. 共治型精准管控驱动提供者义务重整

一是风险共治渠道的社会化建构。综合治理应贯彻系统化思维，需要技术应用链条上的多主体实现通力配合。这意味着该技术的部分治理责任应由政府、平台、用户等其他主体承担。

二是风险管控策略的效率化应用。风险控制效率的提升仰赖于发现风险速度较快及有效应对方案的快速生成，而提供者义务的一体化设置不能匹配效率化的要求。通用人工智能应用可能引发的风险损害类别是多样的，[③]应从风险产生的原因是否可归

---

① 张龑：《用“人文化成”模式治理 ChatGPT》，载《法治周末报》公众号，2023 年 5 月 11 日。

② 参见于海防：《人工智能法律规制的价值取向与逻辑前提——在替代人类与增强人类之间》，载《法学》2019 年第 6 期。

③ 机器人所造成的损害可分为不可避免的损害、故意降低成本的损害、缺陷驱动的损害、滥用的损害、不可预见的损害、系统型损害。Mark A Lemley, Bryan Casey, *Remedies for Robots*, 86 University of Chicago Law Review 1311（2019）, pp.1327—1341. 鉴于通用人工智能的具象化将形成拥有高阶智慧的机器人，因此通用人工智能的应用损害可对照机器人所产生的损害类别。

责于提供者入手来对应差异化的义务设定。

三是风险规避行为的精准化规制。需考虑在庞大数据库中获得所有权利方的授权是否过于困难，是否没有精准考虑技术革新和发展的客观需要。① 应结合具体场域的应用需求来匹配精准化的行为要求。

2. 聚焦风险状态的规制理念与提供者义务重构

一是依据风险的可容忍程度来区分底线义务与倡导行为。建立提供者义务设定的底线思维，依据已知风险和控制能力的实际状态来划定行为红线。在强制实现存在一定现实障碍的规制领域，则可通过明确最佳倾向的方式引导提供者朝着存在更优解的方向努力。

二是考量风险的损害情况来区分公共侵扰与私权受损。美国法上的公共侵扰一般涉及损害公共权利或损害大量人员利益的公共属性，如加利福尼亚州将公共侵扰界定为对整个社区、临近地区或相当多的民众造成损害。② 上述灵活界定方式使依托公共侵扰理论来解释通用人工智能技术可能造成的，带有公共属性的应用损害具有可行性。

三是确认风险的来源方向来区分技术缺陷与系统问题。督促提供者履行技术更新义务有助于消除应用风险。该技术的应用风险也来自多重因素的衔接错位，如数据权利制度的不健全影响着数据训练环节的合规性，庞大的用户群体及其不可预控的使用行为。这属于社会运行的系统性风险，③ 很难通过简单加重提供者义务来实现规制目标。

3. 区分规制理念赋能提供者义务的张力实效

一是强制要求与软性引导的互通融合避免提供者义务的封闭性。提供者义务可能随着技术的发展和应用场域的变动而产生一定的变化，仅有强制规范不利于迎合实际变化进行及时呼应，而软性引导的柔化规范则为义务内容的延展提供了可靠指引。

---

① See Mark A. Lemley, *Bryanpp Casey: Fair Learning*, 99 Texas Law Review 743（2020—2021）, pp.748—749.

② See Albert C. Lin：*Dodging Public Nuisance*, 11 UC Irvine Law Review 489（2020—2021）, pp.492—493.

③ 参见张富利：《全球风险社会下人工智能的治理之道——复杂性范式与法律应对》，载《学术论坛》2019 年第 3 期。

二是可做到的行为纳入与难做到的行为排除增强提供者义务的可实现性。在义务设定上充分考虑现阶段的技术发展需要和提供者的实际能力范围，针对当前难以实现的部分，换之以倡导性规范，这也有利于进一步消弭应用风险。①

三是建立在多元共治基础上的主体区分设定模式提升提供者义务的协同性。提供者享受到技术红利，但并不是唯一的获益方，用户、政府、平台等技术应用链条上的其他主体也应通过义务设定的方式参与治理链条。

（四）风险层级的评估维度与提供者义务的标准设定

鉴于通用人工智能技术广泛的应用场景和多主体的参与链条，可贯彻动态评估的思路，以固有维度为基本要素，以变量维度为浮动因子，对应用风险层级进行综合判定，后根据风险度高低的当前判定结果来联动提供者义务区分规制的强弱标准。②

1. 风险层级的固有维度与提供者义务标准的协同

风险层级的固有维度涉及应用场景与技术结合后的风险情形中的风险程度有差异化表现，③会协同影响提供者义务的标准设定。

从传播属性上看，对带有公共属性的传播模式需要硬性的严格规制。利用互联网信息制造对立，诱导冲突，并服务于特定政治目标的做法并不罕见。④根据2018年11月中央网信办发布的《具有舆论属性或社会动员能力的互联网信息服务安全评估规定》，面向社会公众应用、具备舆论影响能力的通用人工智能技术显然也应落入安全评估的范畴。

---

① 如在损害发生后，不是立足于追究责任而是偏向于原因查找和技术更新的空难事故调查就较好地促进了航空业的发展，使飞机逐渐成为当今世界最安全的交通工具。

② 欧盟“将人工智能风险分为不可接受的风险、高风险、有限的风险和极小的风险四级，对应不同的监管要求”。王卫：《欧盟〈人工智能法案〉进入最终谈判阶段》，载《法治日报》2023年7月3日，第6版。本文认为对风险层级的认定可依据固定要素和变量因子进行综合性的动态评估，不宜固化认定结论。

③ 如通用人工智能提供的虚假信息在教学场域中的风险明显大于普通聊天场景中的风险。再如在自动武器系统中，通用人工智能作出错误决策可能造成重大人员和财产损失的风险后果远远大于在普通聊天场景中虚假信息对个人认知的影响。

④ 参见商建刚：《生成式人工智能风险治理元规则研究》，载《东方法学》2023年第3期。

从应用领域来看，对通用人工智能技术硬性限制的管控需要，一方面来自其服务内容与某些应用领域的底线要求相悖。如在受教育者利用该技术完成作业的过程中，该技术的运行促成了与教育活动的目标本质背道而驰的消极效果。另一方面，该技术也对应着无法获得主导性地位的领域，比如在涉及价值判断的司法裁判领域，该技术只能作为辅助性的工具。①

从违规应用的社会损害力而言，应从公私法分立的角度进行义务内容的硬性区分。如对存在违反国家强制标准和影响社会公共利益可能的应用风险情形，需加强提供者的审核义务。而如涉及人格权、知识产权等民事权利受损，对相关侵权信息的审查义务可考虑被动路线。②

2. 风险层级的变量维度与提供者义务标准的呼应

风险层级的高低还会随着提供者技术控制力、用户鉴别力和外部监管力的大小发生继发变动，构成了应用风险层级的变量维度，并对提供者区分规制标准的设定造成动态影响。

（1）提供者的技术控制力与规制标准的对照。提供者较强的技术控制力可显著降低应用风险层级。对提供者的义务设定不能通过提升用户方的注意义务来得到对应缩减，缺乏专业知识的用户没有了解技术原理的有效通道。③另外，当前通用人工智能仍缺乏实质创造力，其整体驱动还会受制于人，④这表明提供者的主导控制能力并没有得到根本改变。虽然提供者需要对技术的应用风险负责，但对没有技术控制能力的主体施加义务的做法因超出了必要的能力范围，显然导致法律适用效果的落空。

（2）用户的鉴别力与区分规制标准的界定。如同充斥大量鱼龙混杂信息的互联网的状态类似，通用人工智能所提供的快速而多样的生成内容也存在违规可能，可参照网络服务提供者义务设定中的避风港原则。理由是提供者既不是违规信息生成的触发

---

① 参见周维栋：《生成式人工智能类案裁判的标准及价值边界》，载《东方法学》2023 年第 3 期。

② 《AI 换脸：好玩儿，也好惹官司！》，载《人民法院报》2022 年 12 月 15 日，第 3 版。

③ See Frank Fagan, Saul Levmore, *The Impact of Artificial Intelligence on Rules, Standards, and Judicial Discretion*, 93 Southern California Law Review 1（2019—2020），p.22.

④ See Jane C. Ginsburg, Luke Ali Budiardjo, *Authors and Machines*, 34 Berkeley Technology Law Journal 343,（2019）, pp.402—403.

主体，也无法全面快速获知违规信息，一般情形下的主动审查义务应被排除。对鉴别能力较强的用户，可考虑倾向形式审查的弱标准。

（3）监管方的管控力与区分规制标准的划定。鉴于通用人工智能技术应用风险可能是提供者并未发觉或难以自控的，该技术的合规运行还会受制于外部监督的常态化和规则化。但外部监管同样面临海量数据审查、算法模型评估的现实困境，同时受制于监管力量配置、经验积累等方面存在能力波动空间。对不涉及公共利益、不会引发严重损害的应用环节，应防止太多的监管介入。另外，要求对代码进行全面完整的备案甚至公开的可行性也不高。①算法黑箱的破除还会受制于认知局限，②因而无法通过完善监管做到绝对透明化。

（五）通用人工智能技术提供者义务的优化重构

提供者义务的区分规制应充分考虑适度容忍应用风险的基本前提，以应用风险精准管控的逻辑为导引，在对应用风险层级进行固有维度和变量维度的综合动态研判的基础上，结合技术发展的现实需要，合理优化相关义务内容。

1. 提供者数据审查义务的优化

欧盟《通用数据保护条例》提出了“经由设计的数据保护”，其中第25条第1款规定数据控制者应采用恰当的技术手段。③这表明将数据合规处理的义务施加在有能力处置数据的数据控制者之身，使其按照现实情形和实际能力来实施恰当处置措施具有合理性。这为提供者数据审查义务的区分设定提供了重要思路。

一是在审查主体上，将该项义务局限在具有相关技术能力的提供者。如提供者仅是技术服务中介平台，其数据审查义务应转化为在提供服务前备案真正负责数据训练和优化主体信息，在发现数据违规后对相关责任主体负有告知义务。

二是在审查内容上，应集中于对数据来源合法性的确认，包括但不限于确认信息是否来自可信数据库，是否排除明显包含权利标记的数据，是否排除未经授权以网络

① 参见衣俊霖：《数字孪生时代的法律与问责——通过技术标准透视算法黑箱》，载《东方法学》2021年第4期。

② 参见刘泽刚：《论算法认知偏差对人工智能法律规制的负面影响及其矫正》，载《政治与法律》2022年第11期。

③ 参见郑智航：《人工智能算法的伦理危机与法律规制》，载《法律科学》2021年第1期。

爬虫等不当方式所获得的可确权数据等。[①] 但上述审查应以形式审查为表征。

三是在审核方式上，考虑到海量数据使用情景及数据多重流转环节的复杂性，提供者不需对数据本身的合法性承担主动逐个审核的高强度义务。

2. 提供者审核生成内容义务的优化

应明确提供者对生成内容进行主动审核的类型和方式。在审核领域上，主要针对风险度高、容错度低的应用领域。在审核方式上，提供者可通过招聘提示工程师或其他适当方式定期模仿用户群的使用习惯，对违规信息的生成状态进行有效纠错。另外，提供者的预先标记行为已可达到提示风险的目标，同时鉴于违规信息的产生源头还有使用者，因此不宜由提供者承担单纯的生产者责任。

如发现违规生成内容是因技术缺陷造成的，提供者应立刻采用屏蔽、删除、过滤等必要措施进行内容隔离并在合理时间内通过优化算法模型等方式避免违规内容的再次生成。其中的合理时间应考虑行业内相关技术完善所需的平均时间来确认。但在违规生成内容的产生原因不明的情形下，提供者应通过向主管部门和专业委员会报送情况的方式来寻求可能的解决方案。

3. 提供者监管用户行为义务的优化

提供者监管用户行为义务的实现应以其对用户身份信息的识别义务为前提，即提供者可在用户行为导致技术运行失控时追溯到相关用户，并对低自控力和低鉴别能力的用户进行有效保护。由此在用户接入相关服务时，提供者应采集可以识别用户身份的必要信息，包含姓名、身份证号、联系方式等关键信息。

应设定提供者对用户行为规制的底线义务。提供者应采用关键词屏蔽、不当问题预警提示等相关合理方式避免用户试图通过不当提问获取违背社会主义核心价值观、有助于实施违法犯罪行为等不可容忍的违法生成内容。

应明确提供者对鉴别能力较弱用户群体的高强度义务。针对未成年人这类群体，可仿照《未成年人保护法》第75条，确立单独的统一未成年人通用人工智能使用身份认证系统，建立互动内容的负面清单，避免未成年人利用该技术获得违规信息。同时，应对未成年人使用时间进行必要限制。针对六十周岁以上的老人，提供者应在注

① 参见丁晓东：《数据到底属于谁？——从网络爬虫看平台数据权属与数据保护》，载《华东政法大学学报》2019年第5期。

册中细化提示操作流程，提高老人使用程序的便利度。

应强调的是，提供者对实名用户利用生成内容的后续违法行为没有主动监管义务，这已明显超出提供者的管控能力。

4. 通用人工智能技术提供者接受监管义务的优化

一方面，通过强化外部监管可达成避免该技术的无序野蛮增长。一是在高风险的应用领域，应进行严格限制，如在自动武器装备、教育教学、司法裁判、学术研究等敏感领域的适用需经过全面细致的安全评估。与国外保守倾向相比，我国法院对在司法实践中应用人工智能技术抱有更乐观的态度。① 我国地方政府如深圳在普通高校毕业生的落户审批上已经实践无人自动秒批。② 这种宽松态度和实践倾向放置在具有更高类人智能的通用人工智能之上会进一步放大应用风险。具体而言，该项技术依托智能算法给定生成内容，可直接适用的特性更强，因此在高风险领域掌握决策能力的风险程度更高。③ 应明确设置禁止或限制应用的负面领域清单。在涉及限制进入的应用场域时，一是提供者应向监管部门主动提供能够充分确保技术安全的研发资料并详细阐释技术机理。二是提供者就所采用的算法模型应主动接受安全性评估，有效规避存在高上瘾性、高错误率等显著缺陷的相关技术进入应用环节。三是负责数据训练的提供者应就相关能耗状态接受监管，主动向相关部门准确汇报真实的耗能情况。提供者为便利上述强监管目标的实现，应主动配合备案，提供完整资料和接受定期实质审查。

另一方面，如通用人工智能技术适用场景具有目标用户鉴别能力强、非依托公共平台等低风险因素，则应免除提供者接受高频率和高强度的管控义务，一般只需进行应用场景的备案即可。另外，在专利保护尚未完备的情形下，不能强制要求提供者公开源代码。当为安全审查目的获取类似源代码等不宜公开的相关信息时，监管机构应有完善的保密机制。

5. 提供者技术伦理驯化义务的优化

科技伦理是新科技发展过程中需要特别关注的关键要素，是化解新技术风险的必

① 参见郑曦：《人工智能技术在司法裁判中的运用及规制》，载《中外法学》2020 年第 3 期。
② 参见汪庆华：《人工智能的法律规制路径：一个框架性讨论》，载《现代法学》2019 年第 2 期。
③ 参见张凌寒：《算法权力的兴起、异化及法律规制》，载《法商研究》2019 年第 4 期。

备选项。2023年3月中共中央办公厅、国务院办公厅印发了《关于加强科技伦理治理的意见》，其中要求加强源头治理，将科技伦理贯穿在科技活动的全流程和全环节。对人工智能的伦理化要求来自非技术中立的特征，故“人工智能的发展并不能以技术中立为由来回避它的商业偏好、善恶价值和社会风险”。① 通用人工智能应用风险的重要来源之一也可以归结为技术本身的伦理失当状态，而智能状态的提升与道德标准的要求有同向关系，② 提供者就此应负有伦理驯化义务。该项义务主要涉及价值观建构和人文内化，旨在使技术应用走出人文荒漠，避免价值脱缰，成为内在向善的技术方案，但价值观建构和人文内化两方面在社会秩序和利益维系的效用以及实施难度上并不完全相同，由此应对应不同的行为规制层级。

强化提供者对技术符合核心价值观、保障国家安全的驯化义务。在实现方式上，提供者应定期就上述目标的达成状况展开自查自纠，在接受外部实质审查时，应说明为了达到上述目标所采用的必要措施、测试方法及可信效果。这是技术应用的底线所在，也是提供者承担社会责任的重要体现。

倡导提供者对技术实现人文内化的驯化要求。通用人工智能具有类人化的智能表现，但其不具有依赖持续经验累积和反馈式学习的文化内在，此时可通过具有倾向性的数据训练使技术内容符合本国的人文特征。但在这一侧面只倡导不强制的原因在于，一是人文内化的内容太多，常常挂一漏万，未必可达到内容全面驯化的目标。二是人文内化过程中的价值判断会涉及一些灰色地带，很难用非黑即白的方式来进行驯化，比如类似电车难题的场景。③ 三是人文内化的内涵外延存在模糊性，难以匹配需要明确行为界限的义务内容。可参考2021年9月国家新一代人工智能治理专业委员会发布的《新一代人工智能伦理规范》的要求来推动行业内确认人文内化的标准策略。

在常规实现渠道上，可要求相关企业内置专门机构来实现技术伦理驯化要求。国外科技公司已存在相关实践。④ 而国外相关科技公司对伦理部门进行裁撤的做法也在

① 马长山：《人工智能的社会风险及其法律规制》，载《法律科学》2018年第6期。
② 参见刘宪权：《人工智能时代机器人行为道德伦理与刑法规制》，载《比较法研究》2018年第4期。
③ 参见陈景辉：《人工智能的法律挑战：应该从哪里开始？》，载《比较法研究》2018年第5期。
④ 曹建峰：《互联网巨头的AI伦理实践》，载《法治周末报》公众号，2022年5月18日。

引发公众对技术安全性的担忧。[①] 需从规则设定上保障相关义务实现的稳定性，应使科技伦理审查部门成为人工智能开发者的标配，构成保障通用人工智能技术安全的内在力量。

（六）余论

无论人类社会中的应对情绪是恐惧还是接受，通用人工智能的发展已势不可挡。在与浩瀚宇宙和强大自然抗争的过程中，人类始终存在对不受束缚自由生活的向往以及对无所不知和有问必答智能状态的向往。在更有力量和更为便捷的智能工具的加持下，人类对一切的未知获得掌控力的希冀朝着变现的方向被快速推进着。虽然风险始终存在，但收获与代价同向而行实在过于常见。因此，风险不足以成为抗拒新变化的理由。

与此同时，审慎与理性的观察也非常重要。以往的技术运行都仰赖于占据智力高位的人类，但通用人工智能不仅能完成人类生活中的常规任务而且具有类人的创造力，而且还不知疲倦，可以在持续学习中精进能力，这对人类社会的冲击是前所未有的。没有行动边界的自由往往会引发颠覆性的失序状态，所以对通用人工智能进行法律规制和伦理引导也箭在弦上。

为此，从可能制造危险的源头出发，合理设定通用人工智能提供者的义务框架是保障该项技术合规发展的钥匙之一。具体而言，立法者需要依托于能够做到的实际情况，谨慎推进对数据使用、算法模型、用户行为、技术更新与伦理化等方面的系统综合治理。

三、生成式人工智能应用失范的法律规制研究报告 *

（一）问题的提出

不同于侧重分析与判断的决策式人工智能，生成式人工智能凭借深度学习与生成

① 微软在 2023 年 1 月裁撤了整个 AI 道德伦理团队，旨在使产品尽快推向市场，但其声称仍有部门负责相关事务，而谷歌、亚马逊和推特等公司也有类似的裁员行动跟进。

* 龙柯宇，西南政法大学民商法学院副教授、法学博士。

算法，通过检查训练示例以最大限度地利用现有数字内容的分布模式，从而生成不同于学习样本的、多样化的、具有原创性的新内容。① 总的来说，生成式人工智能的崛起是数据、算法和算力共同作用的结果，② 其中，神经网络算法的大规模使用系最为关键的因素。当下，生成式人工智能主要应用于消费端（通过内容生成，提升消费者效用）和产业端（加速自动化，促进技术进步和新要素创造），③ 其典型代表便是 ChatGPT、社交机器人（Social Bots）等聊天机器人模型。具体来说，ChatGPT 是一款基于 Transformer 架构训练出的 GPT 系列的自然语言处理工具，其本质是一种"大数据 + 机器学习 + 模拟演练 + 微调变换 + 加工输出"的人机智能交互应用程序。而社交机器人则是一种经由编程的、按照一定算法运行的计算机程序，其伪装成社交媒体平台的真实用户，通过关注、发帖、点赞、评论、分享等交互方式，实现商业引流、舆论引导的目的。④

网络空间本应是现实社会关系在虚拟时空得以存续和延伸的一个场域，但恶意的生成式人工智能却企图在各个维度最大限度地模仿和贴近人类，并利用数据空洞和社交网络"弱连接"的特性，渗透进真人用户群体，再"一本正经地兜圈子"，或者伪造出大量网友对某一话题或人物的同意或反对意见，进而制造热门话题，最终达致某种精心设计的社会影响，其对互联网生态造成的负面效应委实不可小觑。

党的二十大报告提出，要健全网络综合治理体系，推动形成良好网络生态；要健全国家安全体系，强化网络、数据等安全保障体系建设。《生成式人工智能服务管理暂行办法》则明确了国家对生成式人工智能产业的支持和鼓励态度，并首次就相关监管治理（包括准入资格、安全评估、责任义务、处罚措施等）给予了较为详尽的规定。基于此，有必要穿透生成式人工智能的技术表层，将零散式的法律责任探究代之以体系化的逻辑考量，铸就对此类人工智能由表至实的科学规制路向。

---

① See Mlađan Jovanović and Mark Campbell, *Generative Artificial Intelligence: Trends and Prospects*, 55 Computer 107, 107—108（2022）.

② 参见蓝江：《生成式人工智能与人类未来生存境遇》，载《中国社会科学报》2023 年 3 月 7 日，第 4 版。

③ 参见陈永伟：《超越 ChatGPT：生成式 AI 的机遇、风险与挑战》，载《山东大学学报（哲学社会科学版）》2023 年第 3 期。

④ Vgl. Jens Milker, *»Social-Bots« im Meinungskampf*, ZUM 2017, S. 216.

（二）生成式人工智能的技术样态考

1. 生成式人工智能的技术逻辑与行为特征

在技术路径上，生成式人工智能可以通过经验学习和技术性模仿，实现从生成到创造层面对人类的“超模拟”，其所使用的生成模型主要包括生成对抗模型、自回归模型、变分自编码模型、流模型以及扩散模型。此处以社交机器人为例阐释生成式人工智能的技术架构与传播特质。

新型的社交机器人主要具有如下行为特征：（1）可以利用互联网为自己的社交媒体档案收集数据和图片，创造出真实性的外观样态；（2）能够模拟人类用户的行为，例如定期更新社交媒体账户状态，通过撰写讨论帖、回答问题等方式与人类用户进行互动，学习人类用户在一天中发帖和转贴的时间模式；[①]（3）通过针对性的训练，可以就社交网络中的某些语句作出程式化的回应；（4）具备较强的反检测能力，在缺少技术辅助的情况下，普通的人类用户很难识别社交机器人的真实身份；（5）社交机器人与辅助机器人（如智能数字助理）在目标设置方面存在差异性，但它们的技术基础都是相通的。自主性、反应性和机动性这三个根本特征使得社交机器人颠覆了过去以“真人”为主参与的社交媒体规则，代以“机器”逻辑来改变传播生态，进而形成一个崭新的人机耦合网络空间。

2. 法律规制与技术中立的廓清

回到生成式人工智能的技术涵摄，其不过是由自动化算法程序驱动的、能与真人用户进行交互的话语生成机器，背后仍然离不开人的操控和设置。技术不可能永远停留在现象层面，其行为射程和效用状态必然是服务于技术提供者和使用者的特定利益需求的。所谓技术的中立永远无法保证对应行为的合法性，更毋宁实现科技的伦理“善”。在生成式人工智能的自动运行过程中，技术既能够以“参与者”的身份实现与真人用户的虚拟社交——此种社交并非传统的“刺激→反应”模式，而是建立在平等基础上的一种主体间的连接关系——还可以作为“技术媒介”按需驱动和改变社交网络动态结构，进而有目的地配置相关网络资源，高效把控目标受众接触信息源的

① See Yuede Ji, et al., *Combating the Evasion Mechanisms of Social Bots*, 58 Computers & Security 230, 235（2016）.

渠道；其间，技术将不可避免地会遭遇墨菲定律，技术风险由可能性变为现实的破坏性事件。事实上，类ChatGPT人工智能在同作为法律主体的受众个体及该个体的行为发生关联时，由于算法偏见的存在以及程序模块背后可能的资本裹挟，极易导致网络炒作（虚假高人气）、侵犯网络隐私、恶意发帖跟评、制造垃圾邮件、编写恶意软件，实施不正当的商业营销等一系列社会副作用的发生。它们经由“技术研发—算法设定—数据处理—作出行为”这一线性流程，最终实现了对人的主体性的僭越，对社交网络空间的信息流处理能力造成极大干扰，并置“价值理性”于不顾，这早已超脱了现象层面的技术问题，成为一个典型的对真人用户行为干预的技术算法，需要进行法律层面的规范评价。

（三）生成式人工智能的信息表达检视

1. 生成式人工智能作为基于算法的信息发布者

就ChatGPT的信息生成本质而论，它就是一个基于人类反馈的强化学习的大型神经网络，一个通过相关技术人员的“海量数据投喂”而被训练得具有黑格尔式辩证法逻辑的对话模型，一个可能会编造事实、误导公众的知识生产方式。① 尤其是当ChatGPT嵌入数字政府治理环节时，那些貌似由技术代码作出的行政决策，实则体现的仍是该应用背后设计者与开发者的主观意志与价值选择，进而不可避免地会导入偏见与歧视，冲击数字政府的行政伦理。

相较于ChatGPT，应将社交机器人的信息传递视为一种间接的个人网络意见表达，经由“数字公共广场”（Digital Public Square）起到影响阅听人情感、形成阅听人意见与激发阅听人行为的效用。② 毕竟，信息的具体呈现形式包括了那些由人透过资讯科技系统而制成并传送的讯息，借此可以推知个人强烈的表意性。根据自动化意思表示原则，社交机器人自动创建的内容应归属于其使用人，视为他在这一特定时刻直

① ChatGPT通常只会生成与用户输入的提问指令在语义上关联性最强的内容，而且不会像搜索引擎那般标明相关信息的具体出处，更不会对生成内容本身的合理性予以价值判断，这就导致其对公众产生的误导性可能会更大。

② Vgl. Jens Milker, *“Social-Bots” im Meinungskampf*, ZUM 2017, S.216 ff.

接发表了该网络言论。① 唯有不同的是，关于此种言论是否、何时以及如何发出的决策过程通过编程在时间上被提前了，并转化为抽象的标准。像上文提到的外出通知邮件，其创建者在事前也并不知道它们将被发送给谁以及何时发送。

此外，有必要对社交机器人编程员及其用户的匿名性问题进行一个说明。众所周知，社交机器人在社交媒体上的身份是编程员人为创建的，旨在误导阅听人相信该信息发布出自一个真正的人类用户，这明显是一种身份欺骗行为；而基于算法的不可追踪性，该编程员很难被追责。即便如此，在信息学视阈下，表意人仍是有权自由决定表达方式和表意环境的，以使相关信息表达得以最广泛地传播或产生最大化的影响。② 申言之，法律是允许表意人使用辅助技术——诸如通过有倾向性的算法编程而达致假名或匿名的目的——而为信息表达行为的。此外，匿名表达还可以从一般人格权中推导出来，③ 它也符合信息自决权所内涵之数据避免原则的要求。加之匿名表达是互联网固有属性，若是强制使用真实身份传播讯息，将不利于促进公共讨论和意见交流。④ 还需指出的是，如果社交机器人冒用他人真实身份发表言论，应被视为一种故意的错误引用行为，是对他人一般人格权的侵犯，应追究社交机器人使用者的相应法律责任。

2. 生成式人工智能信息表达的法律边界

有的生成式人工智能从一开始就是被故意设计出来以欺骗误导受众或者扭曲正常网络秩序的，“先天恶意”使其发表的信息多与事实相悖或损害第三方合法权益，甚至仅仅是为了制造信息噪音，⑤ 这就涉及此类人工智能信息表达的法律边界问题（也称为“受保护范围”）。

就普遍排除在法律保护范围之外的生成式人工智能自动生成的信息类型而言，我

① Vgl. Alexander Milstein & Matthias Lippold, *Suchmaschinenergebnisse im Lichte der Meinungsfreiheit der nationalen und europäischen Grund-und Menschenrechte*, NVwZ 2013, S.182, 184.

② Vgl. BVerfG, NJW 2003, 1109（1110）.

③ Vgl. Jens Kersten, *Anonymität in der liberalen Demokratie*, JuS 2017, S.195.

④ See Florian Zumkeller-Quast, *Die Nutzung von Socialbots als Identitätstäuschung*? https://www.juwiss.de/2-2017/, abgerufen am 11 Oktober 2022.

⑤ See Emilio Ferrara, et al., *The Rise of Social Bots*, 59 Communications of the Association for Computing Machinery 96, 96—99（2016）.

国《宪法》第 33 条和第 51 条提供了概括的方向性规定，而《网络安全法》《全国人民代表大会常务委员会关于维护互联网安全的决定》《互联网信息服务深度合成管理规定》《互联网上网服务营业场所管理条例》《计算机信息网络国际联网安全保护管理办法》《移动互联网应用程序信息服务管理规定》《网络信息内容生态治理规定》等法律法规和部门规章则采取列举的方式给予了具体的行为指引。值得一提的是，《生成式人工智能服务管理暂行办法》第 4 条明确规定，提供和使用生成式人工智能服务，应当遵守法律、行政法规，尊重社会公德和伦理道德，坚持社会主义核心价值观，防止出现歧视、生成虚假信息和实施不公平竞争，尊重他人合法权益。

（四）规制生成式人工智能的理念厘定

1. 彰显与强化人的主体地位

在传播实践层面，由于社交机器人很难被通信相对方识别为计算机程序，因此其背后的操控者能够以一种不为人知的方式干扰网络讨论的正常态势。而对于标榜“理性、中立、公允、客观、全面”的 ChatGPT 来说，其早已被研发公司预设了政治立场和价值取态，只是它隐藏得较深；甚至有时候，此种语言模型会被用作自动生成不计其数的虚假或者低可信度的信息，从而制造话题暗中操控社会舆论。①

在对生成式人工智能进行法律规制时，必须高举人的主体性大旗，打破技术的暗箱操作，使此类人工智能应用更符合以人为本的基本要求，“了解人们想要什么或需要什么并更改设计以确保获得最佳结果和用户体验，这是以用户为中心的‘良好设计’的核心所在”。②

2. 基于风险防范的监管权力在场

在叙事法学视域下，生成式人工智能或引发一系列新的社会风险，并深刻影响社会治理的规范性和效用性。首先，其对信息源的稀释与污染——譬如通过生成或转发

① See Josh A. Goldstein, et al., *Generative Language Models and Automated Influence Operations: Emerging Threats and Potential Mitigations*, https://www.arxiv-vanity.com/papers/2301.04246/, visited on 2 April 2023.

② See Elisa Giaccardi & Johan Redström, *Technology and More-Than-Human Design*, 36 Design Issues 33, 42 (2020).

大量内嵌关键词或标签的帖子来反向满足网络爬虫的需求，再通过搜索引擎优化策略便可轻松操纵社交网络平台的内容推荐与排名——使得人们获取真实、高质量信息的成本愈发增高。其次，该类人工智能可以根据窥视的目标用户的背景资料，通过负面的、教唆式的语言表达或评论，触发相对封闭的网络社群的神经敏感点，形成群体模仿与群体感染。再次，伴随生成式人工智能在网络领域的不断蔓延，会对个人信息与数据安全带来极大隐患。由于 ChatGPT 的训练需要大量的数据支撑（必然也包含了私人信息），当存在技术问题或者使用不当、管控不力时，就必然会出现数据的过度采集、窃取、泄露、滥用、偷渡等一系列问题，数据安全岌岌可危。

概言之，由生成式人工智能引致的上述诸多社会风险具有极强的不确定性、无边界性和规模化效应，其绝非人类个体用户或社交网络平台所能防范和处置的，强有力的法律监管更为必要。相关监管部门，作为网络空间这一公共产品秩序维护的义务主体，理所当然地应积极应对、干预与督导，承担起“网络看门人”的应尽职责，而非退居幕后，全然相信自组织逻辑下的网络秩序。

3. 算法伦理的嵌入与推广

生成式人工智能的本质就是算法，而任何算法又必然建立在对周遭客观事物的认知基础之上，若无正确的伦理规范指引，算法便会毫无规则意识与诚信观念可言。由此，有必要对生成式人工智能背后的算法进行一种以一定的伦理规范为标准、着眼于实现算法正义的“元规制”。此种规制的具体要求应包括：（1）监管部门或行业协会需出台相关算法伦理规范指引，使算法嵌入价值敏感性设计。同时，应鼓励算法设计者与伦理学家展开深入合作，以公平、安全、透明、非歧视的伦理价值观驾驭算法应用，践行“技术向善”的理念导向。（2）通过设置审慎义务、发布算法质量与检查报告、算法问责机制等举措来引导算法发展，降低算法滥用的发生概率。然后，应建构规范化的算法伦理审查制度，将与算法相关的主体紧密联系起来，以社会主义核心价值观为指南，以算法程序正义为重心，协同打造有利于人类福祉的、可持续发展的生成式人工智能运作生态。（3）应关注算法的商业道德导向，构筑伦理为先导的利益平衡机制，防止生成式人工智能通过制造信息茧房，触发不良商业信息的非公正传播，导致不正当的商业营销。（4）相关算法设计需在网络空间得以适度公示并接受技术监管部门的审查。同时，要培养社交网络真人用户与算法社会相匹配的算法素养，使其对于算法风险有基本的认知与防范能力，凸显个体对算法的自主性。

（五）规制人机社交场域的进路肃理

1. 技术治理与法律规制的双管齐下

社交网络与传统物理空间存在极大区别，不能用传统物理空间的法律治理逻辑去解决社交机器人的规范使用问题。当然，技术治理也非某一完全新生事物，只是由于新技术的应用而被寄予了另一番治理逻辑和时代内涵罢了。就生成式人工智能的技术治理而言，主要应把握如下四个方面的特质：（1）治理的风口从结果处置转移至事前控制和行为预防，依据有二：一是此类人工智能在网络空间的存在已属常态，其造成的损害往往较为严重；二是网络空间固有的无边界性和传播蔓延性使得此类人工智能所生损害很难挽回，而这种损害又无法用既有损害计算法予以估算，更无法移转至加害人。（2）国务院印发的《新一代人工智能发展规划》提出，要建立健全人工智能监管体系，实行设计问责和应用监督并重的双层监管结构，实现对人工智能算法设计、产品开发和成果应用等的全流程监管。《生成式人工智能服务管理暂行办法》延续了上述文件从技术研发到使用的全过程、全要素的监管逻辑，并额外确立了安全评估、算法备案、预训练、优化训练、标注合规等具体制度安排。这意味着，对生成式人工智能的技术治理倒逼了行政管理模式和治理理念的革新，以技术治理驱动治理效能的提升成了监管者进行精准治理和有效治理的重要依赖路径。（3）不能将生成式人工智能所生内容纯粹转化为数字、编程、算法等问题，否则容易滋生人对技术的过度依赖，技术异化也随之发生。技术的开发与应用应遵循普遍的伦理道德框架，以增进社会福祉和推进人的自由全面发展为导向，这也是社会治理价值合理性与技术工具理性相融合的不二选择。[①]（4）技术治理倡导效率优先的理念，追求相关治理的便捷性、高效性和投入成本最低化。例如，可以利用研发成本较低，但具有正向社会功能的社交机器人充当社交网络平台的社区管理员，赋予其治理能动性，并定期对其进行技术维护和升级。值得一提的是，机器人管理员还可以依靠算法，定期向用户传达社交网

① 参见谢瑜、谢熠：《大数据时代技术治理的情感缺位与回归》，载《自然辩证法研究》2022 年第 1 期。

络管理规约等平台管理信息，或者利用其社交属性，深入不同社区版块，积累不同群体的语料素材，进而对违法信息予以科学辨明，切实做好网络常态化管控工作并提升应对突发舆情事件的综合能力。

需要注意的是，对生成式人工智能的技术治理必须恪守应有的效用边界，在边界范围之内发挥治理的价值和功能，边界之外则需凸显法律规制的普适性，包括法律对技术的归化。质言之，生成式人工智能的治理应当采取技术治理与法律规制同步进行的方式，此种二元共治模式重新检视和诠释了技术与法律的辩证关系，将关注点置于两者的价值协同和功能互补上。须知，技术治理正深刻影响着法律规制的路径、边界和组织结构，为其提供强有力的智力支持和科技支撑，而法治实践中的人文主义关怀又会“反哺”技术治理，使其能够得到有效归化。

2. 迈向过程性规制的监管模式

对于生成式人工智能的监管，如若仍将网络行为的现实社会危害性作为衡量指标，通过业务许可、专项审查（整治）等方式来实现内容管理，这是不可取的。在数字化时代，此种监管模式主要存在两大弊端：第一，过于强调规制社交网络用户的显性失范行为，却忽略了 ChatGPT 和社交机器人这样的人工智能通过算法技术进行数据归类和数据关联，对民事主体的合法权益、舆论安全秩序等所产生的隐性威胁或不当损害。第二，忽视了网络技术的迅猛发展以及网络架构设计的即时性和无序性所导致的社交网络的去中心化和扁平化现象。

为了防范和化解生成式人工智能所生之风险隐患，有必要转向于一种过程性规制，即通过规制数据和算法，达成对生成式人工智能应用失范的科学治理。不同于以往侧重于对信息类型和内容进行审查的做法，过程性规制更为关注的是信息的产生、在网络中的传播、在社交同温层的影响力、信息的排名指标等事项，进而避免陷入对信息实体价值予以判断的沼泽。风险社会下，规制生成式人工智能的出发点和落脚点应定位于打破算法垄断下的封闭网络社群，保障信息传播路径的畅通，维护正常的交流秩序，防止此类人工智能通过信息轰炸，有目的地放大特定用户言论抑或话题影响力，同时也剥夺了其他网络用户的平等发声机会以及个人观点的自主形成。

根据中共中央、国务院印发的《法治政府建设实施纲要（2021—2025 年）》的相关规定，在对生成式人工智能进行过程性规制时，有如下几个方面要特别引起注意：（1）不能单纯以流量和热度作为是否采取相应规制举措的判断标准，应利用技术手段对相关智能机器人所发信息予以辨明和澄清，破除互联网用户对其的被动型认知依赖，并在线下面对面地收集群众意见建议，以此真正践行“从群众中来，到群众中去”的群众路线。（2）需加强对算法推荐的监管，因为生成式人工智能常常利用算法推荐来扩大声量，炒作虚假信息，最终对目标群体施以不正当影响。（3）算法技术的迅猛发展与其相对滞后的归责机制以及差异化的裁判标准之间的鸿沟愈发凸显。① 为了促进生成式人工智能在技术层与合规层的协调并进，追求算法正义，应落实相关开发者和使用者的算法安全主体责任，赋予其信息披露义务，并建立行之有效的问题反馈机制。人工智能的算法设计必须遵循一定的伦理标准和规则，应在监管部门处就算法服务提供者的名称、服务形式、应用领域、数字模型、算法范式、建模方法、算法自评估报告等信息进行备案，并接受包括设计目的和策略议程等方面的安全评估。在国家人工智能治理专业委员会于2021年9月25日发布的《新一代人工智能伦理规范》中，明确提出了增进人类福祉、促进公平公正、保护隐私安全、确保可控可信、强化责任担当、提升伦理素养6项基本伦理要求，这些均为生成式人工智能的算法治理提供了坚实的政策依据。（4）这里所谓的过程性规制隐含了对各类网络平台的监管职责。监管部门可以通过制定信息发布政策、设置信息技术服务标准、开展信息安全服务资质认证、限制或禁止通过生成式人工智能传播非法信息等举措，实现对数据化信息场的强有力管控。（5）根据《互联网信息服务算法推荐管理规定》第23条的规定，应由网信部门会同电信、公安、市场监管等有关部门建立算法分级分类安全管理制度。此种监管能够有效地将一般监管事项与特殊监管事项区分并紧密结合起来，促使行政部门出台更具针对性的行政规章制度，强化执法效能，提升行政执法精准性，对生成式人工智能这样具有舆论属性和社会动员能力的重点对象进行严格的风险管控，同时也要避免因过度监管而对算法创新造成的不利影响。

3. 平台的公共职责与监管可能性

由于网络平台行使管理职权具有明显的单方性、命令性、强制性和跨国家主权

① 参见商建刚：《算法决策损害责任构成的要件分析》，载《东方法学》2022年第6期。

性，因此其可以凭借话语权力和技术手段，科学构建起防止生成式人工智能应用失范的制度规则。平台相应的监管措施主要表现为三个方面：（1）建立健全诚信化举报机制。一方面，鼓励和调动平台用户以匿名方式主动报告可疑事件；另一方面，平台需对该举报机制的绩效进行定期评估并据此予以相应改进，同时要明确对网络举报志愿者的奖励规则。（2）增强风险意识，主动防御生成式人工智能可能带来的网络危害。平台应积极使用新科技检测手段，辅之以人工核查，科学识别和拦截恶意生成式人工智能账号，并视具体情形采取删除信息、贴标签或通知等处置措施。（3）定期发布《透明度报告》（Transparency Report，很多社交网络平台都会发布该声明，意在披露各种与用户数据、记录或内容相关的统计信息），并对算法数据予以审计，确保其公正性、完整性和准确性。此外，平台应引入通过算法识别智能聊天机器人的应用程序，并利用验证码 Cookie 以查验用户是否为人类，以此避免其对真人用户进行有目的地搭讪。

（六）结语

本文对于生成式人工智能法律规制的探讨主要是框架性、方向性、原则性的，大量深入的理论和实证研究尚待进行，诸如多方共治格局下，对于包括新闻媒体、社会公益组织、行业协会、公民个人等在内的社会深度监督的研究，唯有如此方能最终形成系统性的治理解决方案。虽然身处第四次工业革命时代，现实逐渐为数据和符号所替代，而在这些数据和符号背后，依然是无穷无尽的数据和符号，“现代的真实已由技术性活动重构”，① 这也使得生成式人工智能在虚拟网络空间中的角色与功能都愈发多样性，对其进行解读梳理，有助于我们去窥探、拷问和理解技术创新与法律规制在法理层面的关系，以及应以何种范式来规制，亦即既有法律规范如何在人机交互的网络生态中展开解释与适用。

① ［加］厄休拉·M. 富兰克林：《技术的真相》，田奥译，南京大学出版社 2019 年版，第 73 页。

四、论生成式人工智能的数据安全风险及回应型治理 *

（一）问题的提出

随着传感器、数字存储、计算机、通信和互联网等技术的迅猛发展，数据、算法和算力加持的“智能时代”悄然来临，为国家治理、产业发展、个人生活带来了新的机遇。然而，伴随机遇而来的还有全场景、大规模数据应用对国家安全提出的严峻挑战。数据不仅是重要的商业资源，其所蕴藏的重要情报价值更是昭示了对国家安全和战略能力的重要意义。① 习近平总书记在党的二十大报告中深刻指出：国家安全是民族复兴的根基，社会稳定是国家强盛的前提。增强维护国家安全能力……筑牢国家安全人民防线。数据安全作为国家安全体系中的一个重要组成部分，应当受到高度关注。

作为人工智能重大发展成果的 ChatGPT 横空出世，引发了未来科技发展和社会生产生活的本质性变革。与此同时，这一技术也蕴涵着极大的数据安全风险。ChatGPT 语料库数据的获取、语言模型训练、语料库数据存储等各个环节都涉及庞大体量的数据处理，其设计者可以通过对上述任意一个环节的恶意操控，损害其他主权国家的数据安全利益，给国家带来潜在威胁。有鉴于此，本文拟在生成式人工智能应用各个环节中，对其数据安全风险进行详细剖析，同时结合当下数字时代的背景和生成式人工智能技术本身的特点，探讨生成式人工智能数据安全风险治理的范式转型，最后提出生成式人工智能应用中数据安全风险的回应型治理路径，以期对该领域的数据安全问题作出更为深入的研究与分析。

（二）生成式人工智能应用中的数据安全风险

生成式人工智能强大的学习能力来自海量数据汇聚形成的语料库，而语料库数据

---

* 钭晓东，浙江大学光华法学院教授，新时代枫桥经验研究院教授、博士生导师。
本文系国家社科基金重大招标项目“加快推进生态治理体系与治理能力现代化研究”（项目批准号：20&ZD091）、台达集团中达环境法学教育促进计划“党的二十大精神研究阐释”专项课题“数字赋能生态治理中国式现代化及其法治保障”、中央高校基本科研业务费专项资金的阶段性研究成果。
① 参见蔡翠红：《国际关系中的大数据变革及其挑战》，载《美国问题研究》2014 年第 5 期。

的输入、运算、存储与输出均可能引致不同程度的数据安全风险。厘清生成式人工智能应用中的数据安全风险，是明确风险规制治理需求的基本前提。

1. 数据输入端：语料库非法获取风险

生成式人工智能语料库的构建和更新分为被动和主动两种形式。被动的语料库构建与更新指用户通过对话框自行输入信息，系统自动将该类信息保存并纳入语料库。以ChatGPT为例，用户在首次注册账号时收到来自系统的数据收集提示，若其点击弹窗“下一步”即视为对个人数据收集并用于语料库更新的同意许可。而主动的语料库构建与更新则包括数据爬虫、图书数字化、收集学术文献数据等方式，其中以数据爬虫为主。

无论是被动的数据“输入—收录”还是主动的数据爬取，均可能引致语料库的非法获取。对于用户自行输入数据信息而言，尽管根据OpenAI用户协议，OpenAI负有删除有关用户个人身份信息这部分内容的义务，但该协议并未明确删除方法及其具体行使，也就是说此类信息在实践中仍可能被保留并用于模型训练，构成对个人知情同意权和删除权等个人信息权益的侵害。对于数据爬虫而言，根据我国《数据安全法》第32条规定，ChatGPT等生成式人工智能系统爬取我国境内数据应严格遵守我国数据保护相关规定，若出于非法目的爬取我国数据或采取其他恶意手段爬取我国数据，则明显超出正当性边界，构成语料库的非法获取。① 当前，生成式人工智能需要不断扩充数据库来提高回复文本的准确性，非法数据爬虫作为数据获取的霸权行为之一，日益构成国家安全的严重隐患。

2. 数据运算端：训练数据偏见风险

生成式人工智能文本生成由其自然语言模型决定，而自然语言模型在本质上取决于算法选择以及用于模型训练的庞大数据库，这使得模型开发者能够通过裁剪数据库或操控算法的方式，将自己的偏好植入训练数据，从而使输出的文本呈现某种价值观。②

研究者大卫·罗扎多（David Rozado）通过与ChatGPT多次对话得出结论：与其他语言模型一样，ChatGPT并不是一个没有偏见的工具。它对世界的“认识”取决于算法，或者说设计者所作的决定，例如，使用哪类数据进行文本训练或使用何种生

① 参见吴玄：《数据主权视野下个人信息跨境规则的建构》，载《清华法学》2021年第3期。

② 参见王少：《ChatGPT介入思想政治教育的技术线路、安全风险及防范》，载《深圳大学学报（人文社会科学版）》2023年第2期。

成方式进行内容回复。[①]这就带来一个可怕的问题：生成式人工智能开发机构可能出于特定的政治目标或其他利益考量，使用带有偏见的数据样本进行语言模型训练，使生成的回复文本完全符合其意识形态标准，从而“潜移默化”地影响用户，使用户思想或行为偏好向着有利于自身方向发展。2016 年微软的聊天机器人 Tay 被黑客攻击，并被恶意操作，在网上传播种族主义和仇恨言论便是先例。可见，生成式人工智能中的数据偏见风险将可能带来极为严重的安全后果。在当今全球各种思潮、文化和价值观念相互碰撞的背景下，人工智能技术面临着被政治操纵、用作意识形态宣传的风险，应当对此始终持谨慎态度。

3. 数据存储端：数据泄漏风险

生成式人工智能需要从大量数据中学习和生成模型，海量数据的处理无疑将扩大其攻击面，相应地，数据泄漏风险的发生概率和影响范围也随之增大。就在 GPT-4 最新发布之际，出现了严重技术漏洞，部分用户表示看到了其他人的历史搜索记录标题。针对这一事件，OpenAI 首席执行官 Sam Altman 发文，对此“感觉十分糟糕”。

从泄露原因来看，一是生成式人工智能模型本身可能存在未知的安全漏洞，攻击者则可以利用漏洞进行攻击，如修改模型的输出、篡改模型的训练数据、窃取模型的参数等，[②]从而导致泄露。二是将用户主动输入的数据信息用作进一步迭代的训练数据，并在未来版本作为内容输出，为又一重大风险源。例如，ChatGPT 中输入的文本可能包含用户的信用卡信息和密码等敏感信息，而模型可能会学习到这些信息并在未来版本中间接泄露出来。上述语料库数据泄漏风险具有高频性、渐进性的特点，生成式人工智能通常拥有庞大的数据体量，这决定了一旦发生数据泄露事件，将造成难以挽回的损害后果，包括但不限于大范围的隐私和著作权侵权、不正当竞争或商业秘密泄露甚至侵害“国家秘密”安全。

4. 数据输出端：恶意内容生成风险

生成式人工智能具有极高的泛化和生成能力，但从其技术本质来看，生成内容是

---

① See Gehrmann, S, et. al., *Investigating Gender Bias in Language Models Using Causal Mediation Analysis*, 33 Advances in Neural Information Processing Systems 12388 (2020).

② See Sebastian G., *Do ChatGPT and Other AI Chatbots Pose a Cybersecurity Risk?: An Exploratory Study*, 15 International Journal of Security and Privacy in Pervasive Computing 1 (2023).

基于对语料库的学习和预测，是一种经验的再现，并非从语义和逻辑角度进行推理和判断的产物。[①] 换言之，生成式人工智能为用户提供的最终信息只是在海量信息筛选后给出的单一化且标准化的内容，对于内容本身的真实性和准确性，其无法进行判断。这一特点可能导致生成式人工智能产生大量虚假信息，甚至被利用来生成恶意内容，对人们的思维和行为产生误导和负面影响。如果恶意行为者或团体获得了 ChatGPT 的访问权限，可能会利用该技术生成虚假、不端或仇视性的信息，甚至从事创造暗网市场脚本、生成钓鱼电子邮件、编写恶意软件等非法活动。[②] 当前已经出现了利用生成式人工智能实施犯罪的案例，可以预料的是，随着生成式人工智能技术的日益成熟，这种类型的犯罪案例将会越来越普遍。如果被恶意利用，生成式人工智能技术可能被用来制造虚假的政治信息，破坏选举、操纵政治舆论，以此干扰国家的政治稳定。还可能被恶意用于攻击重要基础设施，如金融、能源和交通系统，对国家的经济和社会发展造成巨大的威胁。

（三）生成式人工智能数据安全治理的范式转型

从社会发展的历程来看，生成式人工智能带来的数据安全风险经历了从无到有、由轻及重的过程。与此同时，安全观念也在不断演变和发展，从最初关注传统安全、网络主权以及强调绝对安全，逐渐发展到关注总体安全、数据主权，并提倡相对安全。这种安全观念演变直接影响了生成式人工智能数据安全风险治理模式的转变。

1. 从单一安全转向总体安全

生成式人工智能本身涉及的数据安全并非从一开始就被承认，而是经历了较长的历史变迁。20 世纪 70 年代开始，随着经济、能源、环境等问题的出现和日益严峻，基于“战争与和平”范式的“传统安全”逐渐向以“发展与和谐”为导向的“非传统安全”转变。2002 年，《中国的国防》白皮书首次将非传统安全问题列为国家安全的重要组成部分。与此同时，大数据时代悄然而至，伴随着数字技术带来的各种机遇和

---

① See Hacker P, Engel A, *Mauer M., Regulating ChatGPT and other Large Generative AI Models*, https://arxiv.org/abs/2302.02337.

② See Dash B, Sharma P., *Are ChatGPT and Deepfake Algorithms Endangering the Cybersecurity Industry? A Review*, 10 International Journal of Engineering and Applied Sciences 1（2023）.

挑战，数据安全问题逐渐走进大众视野，并日渐彰显出对国家安全和社会公共利益的重大影响。2021年，全国人大常委会正式颁布《数据安全法》，明确提出“维护数据安全，应当坚持总体国家安全观”，对数据安全进行了全方位、系统化的规定。

正是在数据安全备受瞩目的时代背景下，生成式人工智能的出现进一步促进了大规模的数据交换和存储，再一次将数据安全问题推向风口浪尖。生成式人工智能应用中的数据安全风险，尤其危及国家数据主权、国家意识形态安全、国家网络空间安全等问题不容忽视。若说，非传统安全的兴起促进了我国关于“国家安全”的思维转变，则生成式人工智能的出现则将对“国家安全”带来更深一层的变革与重构，将迫使“国家安全”理念基于现代科技的发展而变得更为全面综合。同时也须我们审时度势，将生成式人工智能置于总体安全、大局观下予以风险规制，以助力国家总体安全保障。

2. 从网络主权转向数据主权

生成式人工智能数据安全治理的根本指针在于坚持数据主权，而要理解数据主权，则须从更为广阔的范畴——“网络主权”着手。2015年我国《国家安全法》第25条首次以法律形式明确“网络空间主权”，2016年《网络安全法》第1条开宗明义申明了“维护网络空间主权”的立法主旨，将网络主权提到空前高度。究其原因，随着互联网迅速发展和普及，信息技术在政治、经济和文化等领域应用逐渐成为国际安全格局重大变化的关键因素之一。在这一时期，信息攻击、操纵和破坏以软暴力的形式不断威胁着社会稳定和安全，成为全球面临的共同挑战之一。①为此，各国政府开始采取行动，将信息安全作为一项紧急任务，与计算机和网络紧密结合在一起，作为法律治理重点。

直到网络发展进入大数据时代，数据作为基础性战略资源之一，逐渐被赋予更高的价值。信息安全问题也由此转化为数据安全问题，②并在国家层面引起越来越多关注。此时，数据主权作为一种新兴概念应运而生，其核心思想是国家对境内数据拥有控制权和管理权，并且必须加强对数据的监管和保护。在这种背景下，生成式人工智

① 参见王世伟：《论信息安全、网络安全、网络空间安全》，载《中国图书馆学报》2015年第2期。

② 参见杨蓉：《从信息安全、数据安全到算法安全——总体国家安全观视角下的网络法律治理》，载《法学评论》2021年第1期。

能作为一种新型的数据生成和分析技术，面临着打破国家控制权和管理权的风险，似乎成为争夺数据主权的一个关键武器。因此，生成式人工智能治理的重点不再是信息内容，而是数据这一信息载体。唯有充分认识数据的价值和作用，才能精准把控生成式人工智能的风险要害，从而有针对性地进行治理。

3. 从绝对安全转向相对安全

传统的绝对安全观念源自对安全问题的一种理想化思考，即安全风险可以通过完全预测、计算和控制，达到确定的安全状态。然而，根据社会学家乌尔里希·贝克（Ulrich Beck）的观点，现代化进程中科技和经济全球化的发展所带来的各种风险难以预测和计算。这些风险不受时间、空间和社会界限的限制，无法完全消除。[①] 在这种情况下，绝对安全观已变得不再合适。一旦人们对此形成了正确认识，“相对安全”便取代“绝对安全”，成为生成式人工智能风险治理的理性目标。

总体国家安全观辩证地认识了安全与发展的关系，强调“发展是安全的基础，安全是发展的条件”，从而放弃追求绝对安全，保障相对安全。[②] 在数字化浪潮中，数据成为经济和社会发展的重要基石和创新驱动力。我国的《网络安全法》和《数据安全法》均明确规定了数据开放和利用的政策支持，特别强调了匿名化数据的自由利用。[③] 生成式人工智能以数据为燃料，为人类提供了前所未有的创造力和生产力，在未来，生成式人工智能将会在内容创作、图像生成、语音合成、自然语言处理、医疗诊断等多个领域发挥重要作用。因此，我们需要辩证看待其中的数据安全与发展问题，采取相应措施保障数据安全，并利用好这一宝贵资源推动社会的可持续发展。

（四）生成式人工智能数据安全风险的回应型治理

面对生成式人工智能正逐步呈现的弥散性扩张数据安全风险，尽快构建全方面、多层次、重实效的生成式人工智能数据安全法治体系已刻不容缓。而这无疑更是当前

---

① 参见薛晓源、刘国良：《全球风险世界：现在与未来——德国著名社会学家、风险社会理论创始人乌尔里希·贝克教授访谈录》，载《马克思主义与现实》2005 年第 1 期。

② 参见朱雪忠、代志在：《总体国家安全观下的知识产权安全治理体系研究》，载《知识产权》2021 年第 8 期。

③ 参见许可：《数据安全法：定位、立场与制度构造》，载《经贸法律评论》2019 年第 3 期。

国家高水平安全时势诉求的内在应有之义。

1. 输入端：以风险管控为核心，强化数据安全风险应对机制

数据安全范式的核心要素是"可控性"，强调将数据的大规模流动、聚合和分析纳入风险管控过程。① 因此，需要从源头进行风险控制，避免重要数据被非法纳入生成式人工智能语料库，进而被不当关联和聚合分析。

首先，针对以非法数据爬虫为主的攻击风险，需要采取主动防御措施，预测、发现和防范潜在的安全威胁，实现数据被动出境的主动管理。建立境外网络攻击监控和调度平台是实现主动防御的关键一步。通过建立境外网络攻击监控和调度平台，可以结合信息技术实现数据动态的实时在线监控，从而准确快速判断网络爬虫、撞库等网络攻击风险，为数据安全预警和应急处置提供信息。其次，生成式人工智能语料库数据获取规则应当明确。ChatGPT 既未公开其数据获取方式，也未标明语料库数据获取来源，致使中文数据库来源的合法性和数据爬取的合理性无从判别。为确保个人隐私和国家安全得到保障，生成式人工智能应用准入的另一关键是披露其语料库数据获取方式和数据来源。最后，除了做好数据被动出境的预防，对待 ChatGPT 等国外开发的生成式人工智能主动进入我国市场，也应当持谨慎态度，可从安全评估、数据获取、合规审查等方面进行制度强化，将可能存在的非法数据获取行为阻挡在市场准入这一步。

2. 运算端：以算法解释为关键，完善算法运算透明原则

算法难以理解（inscrutability）和非直觉性（non-intuitive）的特点为生成式人工智能输出文本背后的价值判断蒙上一层面纱，带来了意识形态安全风险，而算法透明原则正是要揭下这层面纱，使算法露出真实面貌。② 算法透明原则是指通过公开和披露算法的设计原理、数据输入输出等要素，增强算法的可解释性和可问责性，以达到保障算法公正性和可信性的目的。③ 算法解释权是算法透明原则最为关键的内容。《生成式人工智能服务管理暂行办法》第 19 条首次对算法解释作出了规定，该项规定在

① 参见刘金瑞：《数据安全范式革新及其立法展开》，载《环球法律评论》2021 年第 1 期。

② 参见苏宇：《优化算法可解释性及透明度义务之诠释与展开》，载《法律科学（西北政法大学学报）》2022 年第 1 期。

③ 参见汪庆华：《人工智能的法律规制路径：一个框架性讨论》，载《现代法学》2019 年第 2 期。

人工智能算法安全风险应对方面无疑是一个巨大进步，但其中的局限性也十分明显。例如，有权要求人工智能服务提供者就算法进行解释说明的主体仅涉及监管机构，而未明确涵盖其他相关方，这可能导致其他重要利益相关者，尤其是个人信息主体的权益无法得到保障。

而反观欧盟地区和美国，已经较早地践行了算法透明原则并将算法解释权法定化。在2020年，英国信息专员办公室发布了《人工智能决策说明指南》，其中涵盖了AI决策说明的六种类型，为算法解释提供了详细指导。需要注意的是，受制于算法逻辑和系统功能天然的复杂性，① 算法的可解释性仍然存在一定限度，生成式人工智能中算法透明原则的落实不能完全依赖于可解释权，还应辅之以算法影响性评估等事后规制措施。此外，除了以算法透明原则的落实来回应恶意内容生成风险，还应当做好事后应对与惩处，尤其是要求平台建立辟谣和举报机制，并对违法传播虚假有害信息者采取停止传输等限制措施。②

3. 存储端：以重要数据安全为中心，夯实数据管理保障机制

针对生成式人工智能数据存储端的重要数据泄漏风险，可从事前的数据保护与事后的应急处理两方面入手，夯实生成式人工智能数据管理保障机制。

生成式人工智能开发机构应构建起全面的数据处理环境安全防护体系，使其语料库数据始终存储于安全的环境。由此展开的数据处理环境安全保护义务的构成至少包括以下两个方面：其一，数据分级保护义务。按照《数据安全法》关于数据分类分级保护的要求，生成式人工智能技术服务提供者应依据数据的来源、价值、敏感程度和影响程度等对语料库数据进行分类分级，并据此对重要数据、核心数据采取更高等级的保护措施。其二，数据风险监测和评估义务。根据《数据安全法》第29条、第30条规定，生成式人工智能开发机构在我国境内开展数据处理活动应当加强风险监测，同时还应当对其数据处理活动定期开展风险评估，并向有关主管部门报送风险评估报告。

确立生成式人工智能开发机构数据处理环境安全保护义务可以提高其数据安全保护能力，并有助于建立全方位、多层次的语料库数据管理体系。然而，即使如此，仍

---

① 参见汪庆华：《算法透明的多重维度和算法问责》，载《比较法研究》2020年第6期。

② 参见张凌寒：《深度合成治理的逻辑更新与体系迭代——ChatGPT等生成型人工智能治理的中国路径》，载《法律科学（西北政法大学学报）》2023年第3期。

然不能完全避免数据泄露等安全事件的风险。因此，生成式人工智能开发机构需要建立健全应急预案，以及及时响应、处置和报告数据安全突发事件。应急预案的制定应当遵循《数据安全法》等法律法规要求，包括但不限于数据安全责任人及应急响应团队成员的职责和权限、应急响应措施和流程、应急预案的检验和完善等内容。

4. 输出端：从技术、标准、法律三元层面，优化生成内容治理体系

恶意内容生成风险广泛存在于生成式人工智能数据输出端，如同一种渐进式的毒瘤，对人工智能技术发展和社会稳定、国家安全造成威胁。为此，需要从技术、标准和法律三元层面，优化生成内容治理体系。其一，在技术层面，应当加强对生成式人工智能算法的研究，改进其生成机制，以确保其生成的数据符合道德和法律标准。生成式人工智能开发机构还可以通过训练和调整生成式人工智能模型，提高其识别和过滤恶意内容的能力，从而降低恶意内容生成的风险。其二，在标准层面，由于人工智能技术的快速发展和广泛应用，国际标准制定一定程度上滞后于技术发展和应用，也影响了标准的实施和应用效果。因此，标准完善的问题仍然需要进一步关注。一方面，由于恶意内容生成风险是一个全球性的问题，需要制定统一的标准和规范，以便不同国家和地区之间进行协调和合作；另一方面，标准和规范应当具有可操作性和可实施性，能够为研究人员和从业者提供具体的指导和帮助。其三，除了在技术和标准层面进行治理外，应针对恶意内容生成风险加强相应的立法和监管。我国《互联网信息服务深度合成管理规定》针对加强对恶意内容生成风险的管理和治理提供了详细和具体的法律依据。《生成式人工智能服务管理暂行办法》更是通过多条规则对生成内容的准确性、合法性、正当性以及违背规定应承担的责任进行规定。未来，我们需要进一步加强对上述规定的执行和监督，确保其有效实施，促进生成式人工智能技术的健康发展。

（五）反思与展望：应对非传统安全的未来之路

科技革命的发生往往会对国家力量对比、地缘政治结构以及社会治理等多个方面产生深远影响，进而也就会从多个领域对国家安全治理造成根本性的挑战。[①] 生成式人工智能的出现印证了这一观点。在这一背景下，针对技术本身的风险进行回应型治

① 参见阙天舒、张纪腾：《人工智能时代背景下的国家安全治理：应用范式、风险识别与路径选择》，载《国际安全研究》2020 年第 1 期。

理固然重要，积极洞察国际大环境和整体安全形势的深刻变化，及时对我国国家安全战略作出调整也尤为迫切。当前，随着技术革命的深入，国际安全形势和格局已发生重大变更。一方面，非传统安全日益涵盖政治、经济、文化、社会、生态等多个领域，涉及地缘关系、身份认同、利益分歧、网络安全、话语权、价值观等多种方面；① 另一方面，传统安全和非传统安全呈现相互渗透、相互转化的状态，在一定的条件下还可能互为目的和手段。有鉴于此，我国应从国内与国际两个层面出发，秉持全球治理的理念，协同应对当前安全形势，加强非传统安全领域法治建设，提升风险应对能力；同时，积极参与国际规则制定，提高我国在全球风险治理中的话语权和影响力。

五、元宇宙中数据财产权的法律性质 *

元宇宙属于用户共建性的虚拟世界，其特征是自我配置、沉浸式体验和虚实融合。虽然元宇宙是脱离现实世界之外的虚拟空间，但其运转规则很大程度上已经获得了现实化。特别是元宇宙的经济系统不能完全脱离（而是相对接近）现实世界社会的经济系统规则。因此，元宇宙中的社会规范（尤其是财产规范）应在一定程度上与现实世界的规范相契合，并可以借助现实世界的理论来构建。

通过教义学方法对元宇宙中财产的法律性质进行研究，有助于将元宇宙中的财产私法规范在一定程度标准化、制度化。目前，数据的法律性质在理论界一直存有不同的学说且暂无定论，如“所有权说”“债权说”“独立的新型权利说”等，这对于辨析由数据构成的元宇宙之概念的私权性质产生很大阻碍，尤其是元宇宙财产问题。需要说明的是，关于数据的法律性质在各学说中的优劣将不再进行深入探讨，而是基于“数据财产权”概念来直接立论，② 进而讨论元宇宙中财产的法律性质。

① 参见谢贵平、章雅荻：《和合共治：外部非传统安全威胁应对的中国智慧与探索》，载《西南政法大学学报》2023 年第 1 期。

* 姜程潇，北京大学法学院博士研究生。

本文系教育部哲社重大攻关项目“数据法学内容和体系研究”（项目批准号：20JZD020）的阶段性研究成果。

② 参见姜程潇：《论数据双层结构的私权定位》，载《法学论坛》2022 年第 4 期。

（一）元宇宙中数据财产权的相关概念辨析

澄清元宇宙虚拟世界运作过程中所涉及的基础概念，对于构建相应的法律体系非常重要。在探讨元宇宙中财产权利的构建之前，还需要说明该权利可能涉及的权利主体，从而建立更符合私法教义学逻辑的权利性质和法律关系的框架。

1. 服务器实体、服务端、个人电子设备以及客户端之区分

现实世界中元宇宙服务器所有权（或租赁服务器的使用权）的所有并非意味着元宇宙服务端的权利的所有。元宇宙实体的权利是通过元宇宙服务端的服务器来实现和保障的。该服务器是作为存储、管理和提供数据、服务和资源的计算机系统，具备大容量的存储空间和高速的网络连接能力。服务器的主要功能是实现服务端与客户端的网络链接，并根据请求提供相应的数据或服务。与之相对应的概念是用户所使用的个人电子设备，用户可通过个人电子设备中的客户端进入服务端。因此，服务器实体、服务端、个人电子设备以及客户端是四个不同的概念。其中，这些概念又可以分为两组。存在物之实体的服务器以及个人电子设备，而相对的服务端以及客户端更是类似于通向虚拟空间的电子钥匙。

这样区分电子空间的权利和实体物的权利也符合私法规律。以数据加工企业为例，作为专门处理数据的企业，其主要业务是将原始数据转化为可用于决策和分析的有用信息。在此过程中，通常数据加工企业与客户之间的关系是承揽合同关系。所有提供的数据（材料）储存于承揽人（数据加工企业）的服务器（或硬盘）中。但是，这并不能说明数据上的权利就不归属于定作人（客户）。以数据交易平台为例，作为一种在线平台，其旨在促进数据买卖。数据交易主要涉及数据供给方、数据需求方和数据交易平台这三类主体。① 在数据交易过程中，数据交易平台应被认定为数据财产权准占有辅助人。② 数据交易平台在交易端提供交易媒介的服务，数据产品可通过该媒介寻找交易相对人。在该过程中，数据交易平台与数据财产权人存在从属关系，数据交易平台的作用也仅为提供交易媒介以帮助该交易。因此，数据交易平台对于该数

---

① 参见杨东、高清纯：《双边市场理论视角下数据交易平台规制研究》，载《法治研究》2023 年第 2 期。

② 参见姜程潇：《论数据财产权准占有制度》，载《东方法学》2022 年第 6 期。

据的准占有的事实上的控制并不足以构成占有人的地位，而应被视为占有辅助人。换言之，在讨论数据财产权权利或法律关系之时，并不涉及现实世界各种电子设备上的权利。

2. 元宇宙所涉及的数据之分类

将元宇宙所涉及的数据分为两类：一类数据为元宇宙中财产的数据，这一部分数据的处理会影响各用户的元宇宙数据财产权；另一类数据为元宇宙中非财产的数据，这一部分数据主要是辅助元宇宙运作。例如，被采集的个人信息数据或元宇宙后台分析的数据等，其处理或被干涉并不会影响元宇宙用户的数据财产权。从整体上讲，元宇宙中所有财产的数据财产权是一种元宇宙中财产的概括数据财产权。该概括数据财产权在具体分类上又可以分为元宇宙中用户的数据财产权以及元宇宙中"无主"的数据财产权。元宇宙服务端的权利和元宇宙客户端的权利应存在本质上的区别，在教义学构造之上需要根据不同的功能，指出其不同的性质与特征。

（二）元宇宙中用户财产的法律性质

1. 元宇宙客户端对元宇宙用户财产的法律性质

元宇宙是一个虚拟的数字世界，其用户可以创建、交换与拥有数字资产和数据。用户在元宇宙中创造的数据可能包括数字艺术品、虚拟土地、虚拟货币等。这些数据代表了用户的创造和劳动成果。此外，用户应该有权决定如何使用、交易和保护他们的数据财产，并有权阻止他人未经许可使用或盗窃他们的数据。对于元宇宙用户来讲，其对在元宇宙中自身的数据财产权的支配和排他性应与现实社会中的情况相似。在现实社会中，个人对于自己的财产享有一定的支配权。在这一点上，私法通过物权法与知识产权等相关的财产支配权体系来实现。① 因此，在元宇宙中，用户对其数据财产权的法律性质也应该符合类似法律效果。

基于上文对数据财产权证成，数据财产权是一种支配、排他的权利。元宇宙客户端对数据财产权具备两类权利内容。在权利积极权能方面，元宇宙用户拥有使用权能（广义）以及变价权能，从而确保能够自由使用其数据财产。这包括对数字艺术品、

① 参见温世扬：《财产支配权论要》，载《中国法学》2005 年第 5 期。

虚拟土地、虚拟货币等的使用和享受。用户可以展示、出售、转让或以其他方式使用他们的数据财产，从中获得收益或满足自身需求。元宇宙用户对自身的数据财产权还拥有消极权能。在功能上，消极权能是积极权能行使之必要条件，是确保积极权能能够被行使的可能性。因为当数据财产权被不法干涉时，数据财产权的积极权能将不能正常行使。因此，消极权能对数据财产权提供可能的救济路径，排除他人对数据财产权的积极权能的不当干涉。

数据财产权的权能并非无限扩张的，它也需要一定的限制。数据财产权需要遵守权能的限制规范，以确保其积极权能的行使具备一定的自由空间，并通过施加义务来保证这个自由空间的范围具备一定的稳定性和合理性。① 首先，用户在元宇宙中的数据财产权应该能够合理自由地使用和变价，但需要承担合理的限制和对干涉的容忍。② 其次，当不同用户之间的数据财产权的积极权能在行使过程中出现冲突时，需要通过适当的义务来调整权能的范围。例如，在元宇宙中，房屋所有权的相邻关系可能引发元宇宙中用户数据财产权之间的法律问题，需要通过适当的义务来协调不同数据财产权之间的积极权能范围。此外，数据财产权在行使过程中也应考虑元宇宙虚拟社区的公共利益。公共利益的理解可能因不同的元宇宙社区类型和构建而有所不同。对于这一点，需要参考元宇宙使用条款、行为准则、内容审核标准等规范，理解和平衡数据财产权与元宇宙社区公共利益之间的关系。

需要注意的是，虽然数据财产权人对该数据财产具备支配性和排他性，但这样的支配和排他性构造与一般的生活经验有所不同。一般而言，物权具备外部特征。物权的公示原则通常可以让外部人对该物权权利人、权利客体以及权利内容有所认知。③ 例如，电脑所有权人通过自己对该财产客体的"占有"，从而公示自身对该财产客体的应受到绝对性原则性质的法律保护。④ 因此，从占有状态推导出所有权状态基于社会经验存在一定的合理性。然而，元宇宙用户对自身数据财产权的支配并不是仅通过

① 参见王泽鉴：《民法物权》，北京大学出版社 2009 年版，第 111—115 页。

② 参见［德］鲍尔、施蒂尔纳：《德国物权法》（上册），张双根译，法律出版社 2004 年版，第 239 页。

③ 参见史尚宽：《物权法论》，中国政法大学出版社 2000 年版，第 579 页。

④ 参见［德］鲍尔、施蒂尔纳：《德国物权法》（上册），张双根译，法律出版社 2004 年版，第 58 页。

元宇宙客户端来对其进行准占有。元宇宙用户需要客户端与服务端的链接方可对自身数据财产权进行使用。因此，元宇宙用户对其元宇宙数据财产权的支配需要元宇宙服务端的一种“配合”。同时，基于用户对其数据财产权的支配和排他性应与现实社会中的情况相对应原则，这一种服务端配合支配元宇宙用户的法律地位应该从属于元宇宙用户的地位。因此，这与现实世界社会经验的区别也是构建元宇宙服务端对元宇宙用户数据财产权的法律关系必须考量的重要要素。

虽然元宇宙中存在特殊的对财产客体的公示性质，但并不影响“善意取得”理论的适用。在元宇宙，用户基于自己的客户端以及服务端的配合来呈现对财产的公示力。因此，当元宇宙用户处分自己的数据财产权时，受让人的“信赖”是基于出让人对元宇宙客户端的控制以及服务端允许交易的可操作性。元宇宙的数据财产权权属反映于服务端的服务器中，因此，元宇宙服务端并没有合理的理由来配合元宇宙用户无权处分他人财产。这似乎意味着元宇宙世界中不存在无权处分之情形。我们观察如下两则案例：案例一，元宇宙用户A将自己数据财产权转让给元宇宙外部第三人B后，元宇宙用户A再向元宇宙用户C无权处分已经转让给元宇宙外部第三人B的数据财产权；案例二，元宇宙外部第三人B盗用元宇宙用户A的客户端无权处分数据财产权于元宇宙用户C。从内部外部结合的视角来看，则会出现无权处分之情形，从而构成从无权利人处取得数据财产权的基础条件。

在理论上，真实权利与意思是财产取得原则的基础。① 不过，权利的外观并不一定能够客观反映真实的权利状态。因此，在私法对财产动态与静态保护过程中，并不一定完全保护权利的真实性。但是，这样一种对动态的保护并不是无限扩张的，在对动态保护价值衡量中，理论上需要考量其中的归责因素，即与因主义、危险主义等。② 对于同样是属于无权处分的案例一和案例二，应通过教义学方法在结果上给予区分。

2. 元宇宙服务端对元宇宙用户财产的法律性质

虽然元宇宙服务端的权利人构架了元宇宙的虚拟世界，但元宇宙服务端的权利人

① 参见［德］维尔纳·弗卢梅：《法律行为论》，迟颖译，法律出版社2013年版，第7页。

② 参见孙鹏：《民法上信赖保护制度及其法的构成——在静的安全与交易安全之间》，载《西南民族大学学报（人文社科版）》2005年第7期。

并不拥有元宇宙中用户的数据财产权。从主体之间的法律关系来看，在最初的元宇宙中，用户的数据财产权通常是由元宇宙服务端的权利人通过数据创作者来确定的。元宇宙服务端的权利人对于元宇宙的虚拟世界运营上的权利似乎显示元宇宙服务端的权利人拥有元宇宙中用户的数据财产权。基于用户对其数据财产权的支配和排他性应与现实社会中的情况相对应原则，笔者对该法律关系持否定态度。

在元宇宙虚拟世界中，用户可以购买房屋等其他道具。如果元宇宙服务端的权利人拥有元宇宙中用户的数据财产权，那么他们可能会声称所有的这些数据财产权都归他们所有，而用户具有使用这些财产的权利。这些权利问题在一定程度上可以通过建立元宇宙服务端的权利人和用户之间的租赁法律关系来解决。但是，从私法中的“买卖不破租赁”规范价值与其法律效果的确立来看，其反映了债之关系对权利人在财产客体支配上的局限性。① 此外，另一种可能的处理方法是通过用益权的方式来构造元宇宙服务端权利人与元宇宙用户之间的财产关系。不过，用益权理论虽然一定程度上满足元宇宙的用户对财产的使用，但用益权规定自身限制了元宇宙用户对财产的自由处分。② 用益权是在一定的时间内对属于他人的财产享益的权利，在时间维度上再一次限制了元宇宙用户对财产客体上的支配能力。换言之，所讨论的元宇宙服务端的权利人拥有元宇宙数据的概括财产权的权利构造方式，可能会导致元宇宙用户在虚拟世界中所做的投资和努力变得没有保障，一定程度上丧失了对自己虚拟财产的支配能力。

笔者认为，从教义学构造角度看，服务端权利人对服务器中的元宇宙用户的数据财产权处于准占有辅助人地位。在要件上，元宇宙服务端权利人与元宇宙客户端用户通过服务合同建立了一种特定关系（提供用户使用元宇宙服务），这种关系满足准占有人与准占有辅助人之间的从属关系特征。在功能上，元宇宙服务端的权利人在准占有辅助人的地位上，还享有准占有人的自力防御权，这可以有效保护元宇宙数据免受不当干涉。换言之，在第三人侵害盗取他人客户端账号过程中，元宇宙服务端的权利人可以排除第三人对元宇宙中数据财产权的不当干涉行为。准占有辅助人的自力防御

① 参见朱虎、张梓萱：《买卖不破租赁：价值的确立、贯彻与回调》，载《苏州大学学报（法学版）》2022年第3期。

② 参见［德］鲍尔、施蒂尔纳：《德国物权法》（上册），张双根译，法律出版社2004年版，第701页。

权具有限缩性，元宇宙服务端权利人不能对数据财产权准占有人（用户）行使。这样的法律关系也确保了元宇宙服务端权利人排除他人干涉的能力，同时也确保了用户对数据财产权绝对准占有控制。

需要强调的是，这样的辅助人地位是不具备占有保护请求权的。因此，仅具备准占有辅助人的地位是否足够值得讨论。在占有理论上，占有人通过占有保护请求权保护其自身的占有利益。被侵夺占有的占有人享有占有返还请求权，同理被妨害占有之占有人享有占有妨害（除去与防止）请求权。① 若用户 A 的元宇宙财产遭受“侵权”或“妨害”，考虑到元宇宙财产的支配和排他性应与现实社会中的情况相似这一原则，应充分尊重占有人或本权人对请求权是否行使的意愿。从这一点上来看，服务端权利人对于此种情况的发生应持有消极的法律效果也符合占有辅助人无占有资格的消极性质。② 相对于元宇宙中财产的数据财产权而言，当非元宇宙中财产的数据财产权被不当干涉时，元宇宙服务端权利人的法律地位则并不属于占有辅助人。元宇宙服务端的权利人具备积极性权利（消极权能）去排除该妨害。

最后，基于准占有人（用户）与准占有辅助人（服务端）之间的指令与服从关系，用户在任何时间均可以通过指令转移“数据财产权”准占有。例如，用户 A 客户端将自身元宇宙中的画册处分给用户 B 客户端，则用户 A 可以命令服务端进行这一虚拟财产的“交付”。基于服务端对用户 A 与用户 B 均存在服务（从属）关系，服务端地位可以理解为出让人的辅助人以及买受人的辅助人，从而变动该虚拟财产的权属关系。在实际操作上，该法律关系变动表现为服务端对该虚拟财产的数据进行处理。

综上所述，元宇宙服务端权利人对元宇宙用户财产的权利属于非支配权的相对性权利，该法律关系属于元宇宙服务端权利人与特定元宇宙客户端用户之间的特定法律关系。在该特定的法律关系中，元宇宙服务端权利人通过与客户端用户之间达成使用元宇宙协议等，从而使双方可以相互主张权利。此外，需要明晰的是服务端权利人运营管理元宇宙的权利并不代表完全地对元宇宙中财产的支配，即其不构成支配权。

①② 参见王泽鉴：《民法物权》，北京大学出版社 2009 年版，第 518 页。

（三）元宇宙中无主财产的法律性质

1. 元宇宙中无主财产与无主物之区别

元宇宙中“无主”的数据财产权一定程度上对应着现实世界中的无主物之概念。因此，在构造元宇宙“无主”的数据财产权之前，有必要厘清无主物在私法构造中的理念和规范。在理念上，无主物之概念起源于“无人所有”这一概念表达。对于一个财产客体来说，其是尚未属于任何主体的财产。① 例如，在森林捕获野生动物的问题、被遗忘的埋藏物被探险家发现、被抛弃的财产等。当该森林被认为是无主领地，如果有人在森林中捕获或猎杀野生动物，根据“先占原则”，他们可以主张对这些野生动物的所有权。② 同理，如果有人在探险或挖掘活动中发现被遗忘或埋藏物或被抛弃的财产，也可能通过先占原则获得对这些财产的所有权。由于元宇宙的虚拟世界规则在很大程度上是基于现实化的需求所构造的，因此元宇宙中的财产也会存在“无人所有”的情形。例如，元宇宙用户在元宇宙中打猎捕获野生动物、探险发现宝藏等。当这些“无人所有”的虚拟财产处于未被捕获或发现时，是否仍沿袭无主物概念之理念？

笔者认为，元宇宙中无主财产的理念（元宇宙中的无主数据财产权）与无主物之理念存着不同之处。无主物之理念认为“无人所有”意味着“尚未归任何人所有”（in nullius adhuc dominium pervenerunt）。由于并不存在相对应权利人，意味着并没有规范来对该财产进行保护。对于元宇宙中的无主财产而言，从元宇宙内部来看，该财产对于每一个元宇宙用户均属于无主状态。但该财产对于元宇宙服务端权利人来说，并不属于无主状态。虽然服务端权利人不能通过自身地位对元宇宙进行不当干涉，服务端权利人应尊重元宇宙中的财产状态的稳定性。但从元宇宙外部来看，元宇宙中的无主财产可能会被外部第三人进行不当干涉。若沿用无主物之理念，那么将缺少对这样干涉行为进行救济的规范。因此，元宇宙中的无主财产之理念应区别于无主物之理念，应基于元宇宙自身的特别之处，进行相应的教义学构造。

---

① 参见徐国栋：《罗马法中的无主物制度与中国民法典中无主物概念的丢失与寻回》，载《社会科学辑刊》2020 年第 6 期。

② 参见史尚宽：《物权法论》，中国政法大学出版社 2000 年版，第 123—127 页。

2. 元宇宙服务端对元宇宙中无主财产的法律性质

首先，元宇宙服务端权利人对于元宇宙中的无主财产的数据财产权具备准占有人之地位。其次，关于本权，若元宇宙中存在基于元宇宙服务端权利人与元宇宙用户之间的规则而创设的无主数据财产权，元宇宙服务端权利人应取得该数据财产权的本权。若元宇宙用户端以及服务端均没有人拥有数据财产权本权的话，那么将无法妥善解决外部第三人不当干涉之情形。当无人拥有本权之时，救济方式仅适用占有保护之请求权规则。但通过本权强化的占有，占有人可以就不当干涉的行为主张不当得利或损害赔偿请求权。换言之，具有本权的占有将可以更好地保护对应的数据财产权。

在本权构造上，存在两种构造方式：第一，元宇宙服务端权利人取得数据财产权。第二，元宇宙服务端权利人从元宇宙用户处取得本权。若适用第二种构造方式，那么就需要讨论该本权是从某一元宇宙用户处取得还是从元宇宙用户集体之处取得。但无论是单个用户还是集体构造方式，基于“逻辑一秒钟”的民法原则，[①] 元宇宙用户（或用户集体）均曾是无主财产的数据财产权人。换言之，元宇宙用户（或集体）首先是数据财产权人，其次是服务端取得本权，最后某一元宇宙用户取得该数据财产权。这样的构造未免显得重复和复杂。因此，建议采取第一种构造方式，即对于元宇宙中的无主数据财产权来说，元宇宙服务端权利人拥有准占有人地位和数据财产权权利人地位。

3. 元宇宙客户端对元宇宙中无主财产的法律性质

基于对元宇宙用户的利益考量，元宇宙用户应具备权利来排除第三人以及元宇宙服务端权利人对元宇宙中的无主数据财产权的不当干涉。需要解释的是何为元宇宙服务端权利人的不当干涉。例如，当元宇宙用户 A 在探险取得财宝的过程中，临近取得财宝之时，元宇宙服务端权利人对该财宝进行不当干涉。此时，用户 A 应有救济自身利益的途径。并且，因为用户 A 是临近取得财宝之人，用户 A 的救济上被保护的价值应大于其他用户。对于其他用户来说，他们被保护的利益并不满足“临近”这一情形。

笔者认为，各用户对于元宇宙中的无主数据财产权均拥有“期待权”。[②] 该期待

---

① 参见杨代雄：《民法上的“逻辑一秒钟”》，载《中外法商评论》2021 年第 1 期。

② 参见纪海龙：《所有权保留担保权构成下保留卖主的合同解除权》，载《政治与法律》2023 年第 4 期。

权是基于元宇宙用户对取得该无主的数据财产权存在一些条件，例如完成任务等。虽然元宇宙服务端权利人是该数据财产权人，但用户对于该数据财产权已经超出债之关系之地位。以所有权保留买卖为例，期待权随着买受人支付价款越多，其所需要保护的价值越高。这一点正好符合上述“用户 A 临近取得财宝”这一逻辑。此外，该期待权在理论上也能够起到元宇宙用户对抗外部第三人的不当干涉这一功能。①

六、去中心化自治组织犯罪的形态剖析与治理对策 *

去中心化自治组织（Decentralized Autonomous Organizations，DAOs）是一种由智能合约和区块链技术构建的组织形式，其权力和决策机制分散化，由参与者共同决策。当前，去中心化自治组织犯罪存在两种基本类型，表现为黑客攻击、非法交易、洗钱犯罪、虚假 ICO、庞氏骗局等不同的具体犯罪形态。对于利用去中心化自治组织实施的犯罪，我国刑法在否定去中心化自治组织犯罪主体地位的同时，承认其作为犯罪工具的定位。在去中心化自治组织犯罪的刑法规制中，去中心化自治组织不同成员的刑事责任认定、利用去中心化自治组织实施犯罪中的帮助行为正犯化、作为犯罪工具的“去中心化自治组织”的合理处置等值得深入探讨。同时，为了更好地应对去中心化自治组织犯罪带来的挑战，有效防范与打击此类新型犯罪，还需在法治层面完善去中心化自治组织犯罪的刑法规制，同时在技术层面利用区块链技术实现“以彼之道，还施彼身”。

（一）去中心化自治组织的技术原理与发展概况

去中心化自治组织是基于区块链技术和智能合约实现的一种去中心化、自治化的组织形式。组织的运作依靠所有去中心化自治组织成员的积极参与、共同管理和治理。其运作方式是通过去中心化自治组织成员的投票和表决来进行，智能合约将投票

① 参见王洪亮：《所有权保留制度定性与体系定位——以统一动产担保为背景》，载《法学杂志》2021 年第 4 期。

* 林竹静，上海市人民检察院法律政策研究室三级高级检察官，法学博士。

结果转化为去中心化自治组织的具体行动，从而实现去中心化自治组织的目标。去中心化自治组织成员可以提出提案、投票、审批、分发资金等，所有这些决策都通过去中心化自治组织成员的表决进行。构建一个去中心化自治组织，主要有以下三个步骤：（1）设计去中心化自治组织的智能合约：在去中心化自治组织中，规则执行是由智能合约自动完成的，一旦系统开始运行，原则上就不需要人工管理，也不受人为因素影响。[①] 智能合约定义去中心化自治组织成员的身份和权利，以及去中心化自治组织的决策流程、投票方式、成员资金管理和组织治理的机制。（2）发布去中心化自治组织代币：去中心化自治组织代币是去中心化自治组织治理和资本金融的基础。去中心化自治组织代币可以使用区块链技术的代币标准（如 ERC-20、BEP-20 等）进行发行。去中心化自治组织代币可以用来进行投票、分红、权益证明等操作。（3）招募去中心化自治组织成员：去中心化自治组织成员是去中心化自治组织的核心，去中心化自治组织成员需要有共同的目标和价值观念，能够共同管理和运营去中心化自治组织。成员可以通过购买去中心化自治组织代币获得去中心化自治组织成员身份。

2016 年 4 月 30 日，构建去中心化自治组织的第一次试验在以太坊正式启动。然而，由于代币调用代码中存在一个小漏洞，导致其被黑客攻击并损失了近三分之一的资产，最终引发了以太坊的硬分叉，导致该组织解体，去中心化自治组织发展旋即陷入低谷。[②] 最近几年，随着去中心化自治组织在安全性方面取得长足进步，如 Moloch Dao 等新一代的去中心化自治组织采用了更加简化的程序代码，尽可能减少了系统漏洞，其他去中心化自治组织也再未出现类似 The DAO 的严重漏洞事件，去中心化自治组织的发展重现蓬勃态势，越来越多的项目和社区开始应用和探索去中心化自治组织模式，不仅在加密货币和金融领域，还在艺术、社交和科学研究等各个领域中得到应用。例如，Moloch DAO、Aragon 和 DAOstack 等知名的去中心化自治组织平台能够为客户提供用户友好界面，帮助用户创建和管理自己的去中心化自治组织。MakerDAO、Compound 和 Aave 等知名的“去中心化金融自治组织”（DeFi DAOs）

① 陈加友：《基于区块链技术的去中心化自治组织：核心属性、理论解析与应用前景》，载《改革》2021 年第 3 期。

② 李涛、丹华、邬烈瀚：《区块链数字货币投资指南》，中国人民大学出版社 2017 年版，第 41 页。

通过自动化的智能合约和去中心化的金融协议，提供更加开放、透明和可访问的金融服务。此外，治理实验和不断创新也在推动去中心化自治组织的进一步发展，探索更有效与包容的治理机制。

（二）去中心化自治组织的合法性与治理风险

在去中心化自治组织的合法性方面，近年来已经取得了一些进步。尽管去中心化自治组织的法律地位仍然存在一定的不确定性，但一些国家和地区已经开始对去中心化自治组织进行法律认可和监管。如瑞士政府于2020年通过了一项新的区块链法律，为去中心化自治组织提供了法律地位和监管框架，允许其作为法人实体进行运营。[①]马耳他于2018年通过了一系列区块链和加密货币相关的法律，其法律框架为去中心化自治组织提供了法律地位，允许其作为法人实体进行注册和运营。[②]美国佛蒙特州在2018年通过了一项法案，允许设立"区块链有限责任公司"（Blockchain Based LLC）。[③]这种新型形式的公司在满足了去中心化自治组织的去中心化要求的同时，也提供了一种法律实体来确保治理和合规性。

此外，一些国家和地区的监管机构也开始与去中心化自治组织合作，提供指导和支持。例如，美国证券交易委员会（SEC）通过发布指导方针来说明去中心化自治组织代币是否被视为证券，并解释了在去中心化自治组织运作过程中可能适用的法规要求。[④]这种监管机构的参与有助于为去中心化自治组织提供更明确的合规指南，提高其合法性和可接受性。这使得去中心化自治组织被越来越多的企业接受，并在实践中得到更广泛的应用。当然，作为一种全新的组织形式，目前去中心化自治组织在法律和治理层面仍面临相当大的不确定性。例如，法律监管风险：由于去中心化自治组织是一个全新的组织形式，目前在绝大多数国家还没有明确的法律框架和规定。因

① 参见《瑞士通过〈区块链法案〉》，搜狐网，https://www.sohu.com/a/418512717_100217347，2023年7月31日访问。

② 参见《马耳他总理宣布确定三项加密货币法案的通过》，新浪财经，http://finance.sina.com.cn/blockchain/coin/2018-07-05/doc-ihevauxk4998740.shtml，2023年7月31日访问。

③ 郭少飞：《主体论视域下人工智能侵权责任承担构想》，载《地方立法研究》2023年第3期。

④ 参见邓建鹏、李铖瑜：《美国对虚拟货币证券性质的认定思路及启示——以SEC诉瑞波币为视角》，载《新疆师范大学学报（哲学社会科学版）》2022年第1期。

此，去中心化自治组织存在着法律监管的不确定性和风险。在某些国家和地区，去中心化自治组织可能会被视为违反相关法律法规，从而面临监管和处罚。治理不完善风险：去中心化自治组织的治理和管理机制是由智能合约和投票方式实现的，这种机制可能会面临一些技术和管理上的挑战，如智能合约的漏洞或去中心化自治组织成员的不合理行为等。这些问题可能会导致去中心化自治组织的运转受到损害或失败。

截至目前，我国对于去中心化自治组织尚未明确表态，尚无专门针对去中心化自治组织进行监管和法律规定的制度框架。然而，我国政府对于加密货币和区块链技术的态度是积极的，一直将区块链技术视为重要的创新驱动力量，大力支持和推动区块链技术发展。我国政府还制定了一系列区块链相关政策和法规，以促进区块链技术的应用。尽管如此，目前我国对于“首次代币发行”（Initial Coin Offering，ICO）① 和加密货币交易存在限制和禁止。这主要是出于对金融风险和投资者保护的考虑。因此，对于与加密货币和ICO相关的去中心化自治组织，将会面临监管和审查的风险。值得注意的是，我国政府的政策和立场可能随着时间的推移而变化。随着对去中心化自治组织的认知和了解不断深入，我国政府可能会制定更具体的监管政策，以确保其合法性与合规性。

（三）去中心化自治组织犯罪的基本类型与典型案例

1. 利用去中心化自治组织实施的犯罪

虽然包括我国在内，目前多数国家并不承认去中心化自治组织的合法性，但这并不排除有人利用去中心化自治组织或类似性质的组织形式实施犯罪的可能性，当然更不排除在刑事法律层面对此类犯罪进行规制的必要性。在去中心化自治组织中，交易可以匿名进行，通过智能合约自动执行，不受中心化机构的限制和监管。由于去中心化自治组织运作的匿名与难以追踪，可能导致一些去中心化自治组织成员或管理者

① ICO 指的是首次代币发行（Initial Coin Offering），是一种筹集资金的方式。在 ICO 中，项目方会发行一种新的加密货币代币或数字资产，并在市场上出售，以筹集项目发展所需的资金。ICO 通常在区块链平台上进行，投资者可以用其他加密货币或法定货币购买这些代币。参见《ICO 的优势以及应用场景》，腾讯云开发者社区，https://cloud.tencent.com/developer/techpedia/1813，2023 年 7 月 31 日访问。

恶意操纵去中心化自治组织活动和资产，将其用于黑客攻击、非法交易、洗钱等犯罪场景。（1）黑客攻击：2020年，黑客利用智能合约中的系统漏洞攻击去中心化金融平台（DeFi）中的去中心化借贷协议Lendf.Me，并盗取了大量的数字货币转移至自己账户。Lendf.Me团队在事后进行了修复并对受害者进行了赔偿。①（2）非法交易：典型案例是丝路网（Silk Road），这是一个暗网网站，提供用比特币等加密货币进行非法交易的服务，如销售性虐待儿童的视频内容。2015年，Silk Road的创始人Ross Ulbricht因涉嫌创立和运营Silk Road被美国纽约州联邦法院判处终身监禁。②（3）洗钱犯罪：犯罪分子可能利用Uniswap、MDEX、JustSwap、SushiSwap、DOTC等去中心化交易所（DEX）或DeFi借贷协议进行洗钱。2020年库币（KuCoin）被盗的代币就是通过去中心化交易所洗白转走的。③

2. 利用虚假去中心化自治组织实施的犯罪

一些犯罪分子会通过伪造或仿制去中心化自治组织的方式进行诈骗。他们主要通过社交媒体、电子邮件等途径，邀请人们加入一个伪装成去中心化自治组织的虚假组织，并承诺高额回报或奖励。当用户参与或投资后，犯罪分子就会掌握用户的个人信息和资金，并利用这些信息进行诈骗。（1）虚假ICO：2021年5月，一个名为“Iron Titanium Token”（TITAN）的新兴加密货币项目在去中心化交易所PancakeSwap④上线。项目发布后突然崩溃，使得许多投资者损失惨重。事后，Iron Titanium Token被发现是由一名匿名的黑客创建的，并且该项目的智能合约中存在漏洞，导致黑客

---

① DeFi Lendf. Me Loses $25 Million to Hackers in Second Attack，URL: https://www.coindesk.com/defi-lendf-me-loses-25-million-to-hackers-in-second-attack, Last Access Time: July 16, 2023.

②《丝路网站创始人被判终生监禁罚金1.8亿美元》，科技资讯，http://www.techweb.com.cn/internet/2015-05-30/2158834.shtml，2023年8月1日访问。

③ KuCoin是一个全球性的加密货币交易平台，成立于2017年，总部位于新加坡。该平台提供多种数字货币的交易对，并支持用户使用多种法定货币进行充值和提现。相关事件参见《OKLink库币安全事件回顾：CeFi联冻，黑客转向DeFi出货》，界面新闻，https://www.jiemian.com/article/5054340.html，2023年8月1日访问。

④ PancakeSwap是一个基于Binance Smart Chain的去中心化交易所，类似于以太坊上的Uniswap。它由一支开发团队创建，旨在提供更便宜和更快的交易服务。PancakeSwap允许用户进行交换、添加流动性、挖矿和赚取奖励，同时也支持一些其他的DeFi功能。参见《PancakeSwap（CAKE）：币安智能链（BSC）上的自动化做市商》，中金网，https://www.cngold.com.cn/202302011074954041.html，2023年8月1日访问。

可以轻松地攻击该项目并盗取投资者的资金。[①]（2）庞氏骗局（Ponzi Scheme）：以PlusToken庞氏骗局为例，PlusToken的违法行为长期存在，直到2019年案发。其业务范围涉及数字货币钱包、交易和投资管理等领域，吸引了大量投资者和用户。该项目声称的高额回报和数字货币钱包服务都是虚假的，其实质是利用庞氏骗局的方式，从大量的投资者那里骗取资金，并通过新投资者的资金来支付其他投资者的回报。随着事件的曝光和调查，PlusToken被指控为世界上最大的数字货币庞氏骗局之一。[②]

（四）我国刑法对去中心化自治组织的工具定位

1. 去中心化自治组织的犯罪主体地位否定

去中心化自治组织作为一种新兴的组织形式，与传统的中心化组织存在明显区别。在我国刑法，合法成立的组织在实施犯罪时可能被视为“犯罪主体”，但对于去中心化自治组织来说，是否也应这般定性与其特殊的运行模式有关。在去中心化自治组织实施的犯罪中，去中心化自治组织的行为是由智能合约驱动的。智能合约由人类编写并设计，代表了编写者在智能合约中表达的某种目的。如果编写者知道或预见到自己的智能合约将被用于违法犯罪行为，即将犯罪意图注入智能合约，那么这个“去中心化自治组织”本质上就是为实施犯罪而设立。按照我国刑法关于单位犯罪的规定，这种“去中心化自治组织”本身就不应该视为我国刑法所规定的单位犯罪中的“单位”。此时，在去中心化自治组织在智能合约驱动实施犯罪的情况下，应认定该犯罪行为是由智能合约设计与部署的自然人或组织所实施。犯罪既遂则是在行为人设计并部署完成智能合约之时。在智能合约完成部署之后，去中心化自治组织在智能合约操纵下自动运行的行为，应视为犯罪结果发生后的犯罪延续状态，而非犯罪实施行为。

---

① “Iron Titanium Token”项目智能合约中的漏洞导致黑客攻击，并使得投资者的大量资金被盗取。该事件在加密货币社区引发广泛讨论。参见CNBC：https://www.cnbc.com/2021/06/16/crypto-project-iron-finance-collapses-from-terrible-titans-tokens.html, CoinDesk: https://www.coindesk.com/iron-finance-titan-token-trading-collapses-90-minutes-after-launch，2023年8月1日访问。

② PlusToken是一个类似于传销的加密货币诈骗项目。这个项目在2018年开始，它声称是一个加密货币钱包，向用户提供高额的投资回报，并通过推荐新成员来获得更高的回报率。The $2 Billion Crypto Scam that Led to Surging Bitcoin Selling Pressure, URL: https://www.coindesk.com/plus-token-explainer, Last Access Time: July 16, 2023.

如果去中心化自治组织的智能合约是合法合规设计并部署的，由于执行过程完全由代码控制，去中心化自治组织不可能自主生成犯罪意图。因此，如果作为去中心化自治组织成员的自然人或组织利用去中心化自治组织进行犯罪行为，则去中心化自治组织本身不应被视为犯罪主体。当然，根据不同国家或地区的法律规定，利用去中心化自治组织实施犯罪行为的个人或组织，应承担相应的法律责任。实践中，去中心化自治组织通常会采用去中心化自治和社区治理的方式来维持组织的正常运作。社区成员可以通过投票、讨论等方式来共同决定组织的行为，从而形成共识，避免个别成员的违法行为对整个组织造成影响。

2. 去中心化自治组织的犯罪工具定位

相比于将去中心化自治组织拟制为“犯罪主体”，将其视为“犯罪工具”更为恰当。进入数字时代，犯罪手段和手法不断进化，利用区块链网络实施的犯罪更少借助有形工具，而是各类数字化平台与组织架构。这些平台架构本质上也是无形的犯罪工具，是犯罪分子实施犯罪的重要手段。例如，基于区块链与智能合约技术搭建的，用于非法交易、洗钱等犯罪活动的去中心化自治组织，该组织存在的目的就是犯罪分子可以在网络上更为隐蔽地进行交易、募集成员、洗钱。使用去中心化自治组织作为犯罪工具，可以在一定程度上避免组织内部成员的身份暴露和犯罪证据的泄露。同时，去中心化自治组织的成员之间可以实现匿名交易、传输和沟通，也进一步增加了司法取证的难度。

（五）去中心化自治组织犯罪刑法规制中的重要问题

1. 去中心化自治组织不同成员的刑事责任认定问题

去中心化自治组织的成员可以分为以下两类：一类是去中心化自治组织创始人、开发团队；另一类是去中心化自治组织成员。虽非去中心化自治组织成员，但在组织构建发展中发挥了重要作用的人员也有两类：一类是去中心化自治组织贡献者；另一类是去中心化自治组织顾问。在利用去中心化自治组织实施犯罪的情况下，各成员的刑事责任需要根据其在犯罪行为中的具体角色来确定。智能合约开发者和系统维护者一般拥有更高的技术能力，因此可以在去中心化自治组织中扮演更为重要的角色。智能合约开发者在设计和编写智能合约时，应当遵守法律法规和相关规定，确保智能合约的合法性和安全性。如果开发者出于犯罪目的设计部署智能合约，或者因疏忽导致智能合约存在重大漏洞进而导致犯罪行为的发生，智能合约开发者应当负主要的刑事责任。系统维护者负责去中心化自治组织的平台运行和维护，他们在维护系统时应当发现和制止非法活动。如果系统维护者明知去中心化自治组织平台上存在非法活动，但未采取有效措施制止，或者蓄意不予制止，甚至故意纵容犯罪活动的发生，应当承担相应的刑事责任。普通参与者在犯罪中的角色作用则相对较小，他们可能只是在去中心化自治组织中参与了一些行为，但并没有直接参与犯罪行为的实施。因此，他们在刑事责任上较之前面两者相对较轻。普通参与者如果明知去中心化自治组织平台上存在非法活动，却仍然参与，或者为非法活动提供帮助和支持，其应当承担相应的刑事责任。

2. 利用去中心化自治组织实施犯罪中的帮助行为正犯化

在去中心化自治组织中，由于其分散化和匿名性等特点，犯罪行为人之间往往没有明确的组织结构和指挥关系，无法满足传统共同犯罪认定规范中的“共同”要素。就目前的主流观点而言，我国采取了共犯从属说，即被帮助者实行行为必须首先符合某一具体犯罪的构成要件，才能追究实行帮助行为人的刑事责任。帮助行为正犯化认为帮助行为具有独立性，不依赖于正犯的实行行为抑或正犯成立犯罪，可以突破共犯从属说的限制，通过立法将某些特殊的帮助行为独立成罪。在现实司法的角度，利用去中心化组织实施犯罪的跨时空性、隐蔽性，使得在发生此类犯罪时，往往不能将正犯抓获，进而不能追究正犯的刑事责任，根据共犯从属说，将无法追究帮助行为犯罪分子的刑事责任，使其逃脱法网。利用去中心化自治组织实施犯罪中的帮助行为正犯化可以突破共犯从属说的限制，在一些难以查明正犯的案件中，对实施帮助行为的犯罪分子予以制裁，符合罪责刑相适应原则。

3. 作为犯罪工具的“去中心化自治组织”的合理处置

对于犯罪工具，我国刑法规定了“没收”作为一种处理方式。实践中，对于危害社会公共安全的犯罪工具，一般都会进行销毁处理。然而，对于本来是用于合法目的的去中心化自治组织，只是被人不当利用的，我们不应该“销毁”去中心化自治组织本身。例如，如果一个去中心化自治组织本来是为了促进社会公益事业而存在，但被个别成员利用于非法活动，刑事司法机关应当对个体实施惩罚，而不是对整个组织进行打击，只有在犯罪行为涉及整个组织本身，或者该组织的存在本身就是为了实施犯罪活动时，才应考虑对该组织进行解散或其他相应处理。建议应尽快明确去中心化自治组织的法律属性，严格界定组织的合法用途与非法行为，并加强对此类组织在涉及投资和资金流动等领域的监管和审查，以防止其被滥用于犯罪活动。同时，刑事司法机关在保护社会安全的同时应当尊重组织的正当发展和各方面的利益，并依据法律明确的原则进行合理的处置。只有这样，才能有效地平衡各方面的利益，并确保去中心化自治组织的健康、有序发展。

（六）防范和打击去中心化自治组织犯罪的具体建议

1. 法治层面：完善去中心化自治组织犯罪的刑法规制

（1）研究出台相关的专门立法与司法解释。在立法和司法层面，司法解释的出台将为去中心化自治组织犯罪行为提供明确的法律定义与刑事责任。这可以规范涉去中心化自治组织运作的市场秩序与社会秩序，提高防范与打击涉去中心化自治组织犯罪的刑罚精准度与效率。在治理层面，出台司法解释也将使相关部门可以更为精准地进行去中心化自治组织监管，预防和打击去中心化自治组织违法与犯罪。

（2）研究与完善相应的证据规则。由于去中心化自治组织的匿名性和隐蔽性，其涉及的犯罪行为比较难以收集足够的证据。要在制度层面解决去中心化自治组织犯罪所面临的取证固证难题：首先，规范证据收集程序是确保证据合法性的关键。制定明确的证据收集程序可以确保执法机关在收集证据时遵循规定的程序和权限，明确收集的时间、地点、方式和相关记录。这有助于防止证据收集过程中的滥用和不当行为，同时确保犯罪行为的证据得到适当的保护。其次，加强证据链的构建也是完善证据规则的重要一环。针对去中心化自治组织以区块链等技术为基础的特点，执法机关可以要求在证据收集过程中充分记录和保存相关的区块链交易信息，确保证据的完整性和可追溯性。这有助于构建清晰的证据链，进一步增强证据的可信度和说服力。

（3）加强对去中心化自治组织的监管和合规审查。对去中心化自治组织的强监管和合规审查是维护金融安全、预防犯罪行为的重要措施。许多国家的金融监管机构已要求加密货币交易所和去中心化金融平台遵守反洗钱和反恐融资的规定，并推行用户身份验证和KYC（了解你的客户）实名制。具体而言，这些机构要求去中心化自治组织的成员提供真实身份信息，以增加交易的可追溯性和可控性，防止其被用于非法行为。实际案例也证明了加强对去中心化自治组织的监管和调查的必要性。

（4）打造国际合作机制，形成共同治理的力量。可以建立类似于国际刑警组织的机构，在全球范围内建立通信和情报共享网络，以促进各国执法机关在侦办去中心化自治组织犯罪案件中的相互协作。此外，可以制定类似于FATF的标准和规范，要求各国在去中心化自治组织犯罪防控方面加强合作，共同打击跨国犯罪行为。通过制定跨国证据协作机制和打造国际合作机制，不仅可以在打击去中心化自治组织犯罪方面发挥重要作用，还可以促进国际社会的交流和合作，推动全球治理体系的升级和完善。

2. 技术层面：利用区块链技术“还施彼身”预防与打击犯罪

（1）建立去中心化自治组织的身份认证系统。区块链技术可以提供一种可信且不可篡改的身份验证机制，确保参与者的身份信息和交易的真实性。通过建立去中心化的身份认证系统，可以减少诈骗和欺诈的可能性，保证参与去中心化自治组织的人都是有诚信的。

（2）建立去中心化自治组织的交易记录和监管系统。区块链技术可以建立一个不可篡改的交易记录和监管系统，确保参与者的交易行为公开透明且可追溯。这将防止去中心化自治组织进行洗钱和操纵市场等非法活动。

（3）建立去中心化自治组织的社区治理机制。区块链技术可以实现去中心化的社区治理机制，让社区成员与管理者更加紧密地交流和监督，使去中心化自治组织能够更加有效地预防犯罪行为，进而提升社区的稳定性和可持续发展能力。

第六部分　人工智能法治人物专访

一、抓住机遇，迎接挑战，全球人工智能治理下的中国路径

观点：

人工智能竞争不仅是前沿技术之争，而且是规则先发优势之争。抓住参与国际规则制定的机遇，紧跟国际规则制定的目标，探索人工智能治理的中国路径，从而提升我国在全球人工智能治理中的影响力。

张凌寒：法学博士，中国政法大学数据法治研究院教授，博士生导师，曾为康奈尔大学访问学者。担任联合国高级别人工智能咨询机构（UN High Level Advisory Body on AI）专家，中国法学会互联网与信息法学会理事，中国婚姻法学会理事，公安部网络安全法律咨询委员会委员，工信部信息通信科学技术委员会专家委员、中国信息安全法律委员会专家委员，曾参与我国多项人工智能和算法、数据与平台治理相关法律法规的立法咨询工作。

蓝皮书：2023 年 10 月 26 日，联合国秘书长安东尼奥·古特雷斯在纽约总部宣布，正式成立联合国高级别人工智能咨询机构，您成为 39 名来自政府、私营部门、学术研究领域的专家之一。您作为来自中国和学术界的专家，觉得我们可以发挥哪些

作用？

张凌寒：人工智能正在成为引领未来变革的战略性技术，在重塑生产方式、优化产业结构、提升生产效率、赋能千行百业的同时，也带来了安全、隐私、公平等问题和挑战。

联合国高级别人工智能咨询机构曾提出于2023年年底在三个领域提出初步建议：一是人工智能的国际治理；二是对风险和挑战的共同理解；三是利用人工智能加速实现可持续发展目标的关键机遇和推动因素。我相信这也是联合国高级别人工智能咨询机构将长期关注的方面。

放眼全球，新一代人工智能技术的可持续发展不仅是技术层面的竞争，也是法治软实力的竞争。随着人工智能产业的突破性发展以及联合国人工智能咨询机构的成立，人工智能国际治理的紧迫性日益凸显，世界主要国家和经济体纷纷在监管建设、国际合作、产业发展、政策研究等多个层面加大投入，希望发挥在国际人工智能治理中的主导作用。

中国作为最大的发展中国家经济体，在2023年10月发布了《全球人工智能治理倡议》，彰显了我国在全球人工智能治理中的共同体理念和大国担当。我国在人工智能安全风险全球化背景下，重视人工智能治理的国际合作与交流，积极参与制定人工智能有关国际规则、标准，推动构建开放、公正、有效的全球人工智能治理机制，并积极贯彻我国《全球人工智能治理倡议》中“以人为本”的人工智能治理主张，“高擎发展旗帜，彰显人本主义”，探索人工智能治理的中国路径，提升我国在全球人工智能治理中的影响力。

蓝皮书：中法在2024年5月7日发布了《中法关于人工智能和全球治理的联合声明》，之后中美也首次展开人工智能政府间对话。对于这些中外合作与交流，您觉得还有哪些进一步推进和深化的工作？

张凌寒：一方面，人工智能技术具有很强的跨国性，同时中国与法国及欧盟，都是目前人工智能相关立法及国际合作中重要的国家和地区，相互之间的交流与合作对人工智能全球治理意义重大，而依托联合国层面就提供了一个很好的平台。就如中法联合声明中所提出的：“双方还将依托联合国层面开展的工作，致力于加强人工智能治理的国际合作以及各人工智能治理框架和倡议之间的互操作性，例如依托在联合国秘书长人工智能问题高级别咨询机构内或在联合国教科文组织《人工智能伦理问题建议书》的基础上开展的工作。”

另一方面，人工智能立法的国际竞争具有高度的复杂性，人工智能领域国际交往日益频繁、经济与技术发展联系日益密切，所以也需要在国际合作中很好地回应国家治理的主要主张，在国内针对人工智能立法需要具备广阔的国际视野。

蓝皮书：您能更为具体谈一下中美欧之间在人工智能立法与全球治理之间的异同吗？

张凌寒：我们看到近两年来，很多国家开展了人工智能治理活动，出台大量法规、政策、指导性文件，国家的竞争重点已从科研投入、产业布局和市场争夺进一步延伸到国际规则制定和国际治理影响力领域。有专家认为，在全球AI合作治理缺席的情况下，中美欧三方主要力量可能会向全球推进各自对人工智能时代的不同愿景、争夺对未来技术的控制权并扩大自身在数字世界的势力范围，其他国家则面临进入哪个势力范围的选择。

具体而言，欧盟希望利用自身市场规模和规则制定能力，延续《通用数据保护条例》的“布鲁塞尔效应”在未来人工智能全球治理中赢得话语权。美国“AI白宫行政令”强调了“在人工智能领域扩大双边、多边和多方利益攸关方的合作”的重要性，旨在将美国定位为人工智能政策的全球领导者。欧盟与美国追求制度的“率先出台”，注重制度出台速度的领先性以及制度的独特性，不仅期望自己的制度成为本国或本区域的人工智能监管依据，而且期望自己的制度能够影响到其他国家和地区人工智能治理规则的制定和产业发展。很显然，率先出台法规具有较强的制度溢出效应。人工智能竞争不仅是前沿技术之争，而且是规则先发优势之争。

中美之间在人工智能治理理念和措施上存在共识，也存在较大区别。在理念上，中国《全球人工智能治理倡议》和多份立场文件主张立足人类共同福祉，“以人为本”；美国的“AI白宫行政令”则明确主张美国国家利益本位，“确保美国在AI领域的领先地位”。中国《全球人工智能治理倡议》主张关注发展中国家的利益，支持各个国家在人工智能领域的发展权；美国则专注于其盟友（like-minded）利益，主张合作建立国际框架来管理全球人工智能的发展和应用。在具体制度上，美国“AI白宫行政令”强调关键基础设施和仅与政府分享安全“红队测试”标准（通过即为安全），反对披露模型权重等技术信息。中国目前的生成式人工智能大模型监管则主要聚焦透明度制度，如备案制度要求披露包含语料库来源和内容权重等多维的技术信息。

我国在《全球人工智能治理倡议》中提出，各国均有“平等发展和利用人工智能的权利”，主动为国际人工智能治理规则的形成贡献中国方案，为技术后发国家谋求主动提供了可借鉴的制度路径，有助于避免人工智能强化技术壁垒、加深数字鸿沟。国际合作应兼顾横向合作与纵向合作。横向合作旨在确定覆盖人工智能整个社会技术环境的最低要求，凝聚全球人工智能治理共识，主要体现为促成人工智能的共同定义、制定兼容性的国际原则、建立跨国治理协调机制等。纵向合作应围绕特定领域开展，依托部分贸易协定和国际经济论坛。

总的来说，目前主要国家就人工智能在国际贸易的影响和应对已经展开长期对话，但人工智能算力基础设施建设、人工智能标准制定和人工智能数据安全治理等事项还有待更深入的国际合作。中国的涉外法治建设不仅应立足于建立健全反制裁、反干涉、反制“长臂管辖”等阻断域外不当法律管辖和适用的法律制度，而且应成为体现中国人工智能治理理念、主张与规则的代表作；不仅要有力应对遏制和打压，而且应成为中国人工智能治理的国际制度名片。

蓝皮书：正如您所说，人工智能技术具有很强的跨国性，人工智能立法的国际竞争具有高度的复杂性。目前中国新能源汽车与自动驾驶、移动通信及大数据相关智能设备的应用受到一些国家在隐私权等方面的质疑，您认为我国的人工智能立法如何应对域外的遏制，如何讲述中国的人工智能治理故事，阐述中国的理念制度？

张凌寒：人工智能技术将国家安全与国际和平带入新一轮的蜕变期，使“安全”与“和平”超出了传统政治议题的范围，成为政治、经济和技术三位一体的复合型问题。人工智能给我国发展带来了机遇，但也面临被个别国家通过“污名化”以阻碍我国企业出海发展、参与全球科技治理的困境。

在涉外法治建设层面，我国的人工智能立法一方面应对域外的遏制予以回击，另一方面需推广自己的理念制度。中国涉外法治建设应该建立一套妥当的、符合国家利益和国际法治价值的管辖攻防体系，兼顾短期防御与长期防御、个案防御与体系防御、有效防御和适度反击。抓住参与国际规则制定的机遇，紧跟国际规则制定的目标。国家竞争力的胜出最终依赖于全球博弈视野下的国家能力的相对优势，这既包括技术与产业优势，也包括制度治理优势，尤其是一个国家参与全球治理的能力优势。

在国际合作层面，我国现行法律中已有较多的有关国际合作的成功立法例，人工智能治理领域国际合作的迫切需求也应在我国的人工智能立法中有所反映。在各领域的国际标准和规则制定中，大力宣传国家的核心理念，同时应充分关注其他国家的治理诉求和治理逻辑，并将其吸纳至中国人工智能治理理念之中，进而为制定符合大多数国家利益的国际人工智能规则做好理论准备。

在国际博弈层面，需回应可能的长臂管辖与制裁打压。各国高度重视人工智能立法对域外效力的争夺，如欧盟《人工智能法案》规定了属人、属地和实质判断等多个管辖标准，只要对欧盟市场提供产品或者开展服务，或其产品的输出物有可能在欧盟被销售，甚至位于欧洲的用户可能因使用其产品受到不利影响，均受其管辖。中国的人工智能立法可以合理拓宽域外管辖范围，通过管辖权条款赋予中国执法机构和司法机构域外管辖的权力。

蓝皮书：2024 年 3 月 16 日公布了由 7 家研究机构携手起草的《中华人民共和国人工智能法（学者建议稿）》。您作为起草专家组牵头人可否介绍下其亮点？

张凌寒：本次建议稿最大的亮点是从各项制度设计上促进产业发展。在目前全球激烈竞争的格局下，“不发展是最大的不安全”。我国人工智能产业“领先的追赶者”的独特国际生态位要求我们在技术和产业的国际竞争中必须以发展为制度设计的主要目标，安全问题也需要通过技术发展来回应和解决。因此，建议稿中设立“促进与发展”专章，也在监督管理、责任设置等方面对此予以充分考虑，减轻人工智能产品和服务提供者的义务，对产业创新予以一定的容错空间和责任豁免。我认为建议稿事实上成为一部能够灵活适应技术发展进步的敏捷治理法案，为我国人工智能的立法与实施提供了宝贵的治理思路。

蓝皮书：2024 年的世界人工智能大会及世界人工智能大会法治论坛即将到来，您认为大会可以在哪些方面持续推进全球数字治理与交流合作？

张凌寒：我觉得在互联网治理与科技治理中，中国累积了较为丰富的本土经验，形成了自己的法治理念。三十年来，在网络信息传播权、个人信息保护、算法治理、生成式人工智能等几个重要技术变革的治理节点上，中国从学习者、跟随者逐渐成为并行者，对我国网络、科技治理的制度安排和规制实践进行学理化、逻辑化和系统化的总结提炼。批判性吸收外来学理，合理借鉴域外制度，完善本土法律制度。在从规则遵守者到规则制定者视角转变下，对人工智能治理这一全球公共性法治议题给出更好的理论回应。

二、以治理选择应对多样性的不确定未来：人工智能全球治理的合作与竞争

观点：

人工智能技术路线的多样性造成了未来的不确定性，通用人工智能对几乎所有技术与产业的溢出性影响，也使得人工智能全球治理上升为国际社会关心的重要议题。我们需要充分认识人工智能技术发展的开放性本质，看到基于其多重影响而在各层面开展国际合作的可能性，从而倒逼人工智能技术的发展走向，最终使国际合作与竞争走向大家所期待的方向。

贾开：上海交通大学国际与公共事务学院长聘副教授、清华大学产业发展与环境治理研究中心研究员、上海交通大学中国城市治理研究院研究员。2020年作为主要执笔人参与国家人工智能伦理道德标准的起草工作。

蓝皮书：在2023年第一届人工智能安全峰会发布的《布莱切利宣言》中认为，AI的许多风险本质上是国际性的，因此“最好通过国际合作来解决”。同样在欧盟《人工智能法案》和中国《生成式人工智能服务管理暂行办法》中显示，在人工智能治理背景下进行算法治理已经成为世界各国的共识。您认为如何从算法治理角度思考全球人工智能治理？

贾开：我认为可以从微观视角和宏观视角在三个层面进行思考。一是人工智能多重技术路线演化及其在产业中的赋能应用，这将为多层次国际合作打开新空间；二是人工智能国内、国外治理框架的相互影响与同步演化，这是决定人工智能发展应用未

来的关键机制；三是人工智能全球治理的溢出性影响，在全球数字化转型背景下，该领域的治理演化将扩散至其他技术领域的竞合博弈。

蓝皮书：对于第一个层面您是如何理解的？

贾开：第一个层面的基础是人工智能多重技术路线演化及其在产业中的赋能应用，关键是具体领域的算法治理。当前的解决办法是从分级分类入手并进行风险评估，进而发展为一般性的风险管理框架。在此基础上，监管部门或业务主管部门能够识别不同领域中人工智能应用风险类别的差异性，进而可预先构建治理工具箱并准备相应治理工具，以提升治理的针对性和精准性，从而实现一定程度的敏捷应对，但随之而来也有不少挑战。

蓝皮书：您所认为的主要挑战包含哪些内容？

贾开：这涉及第二个层面国家因素与国际合作和国际竞争。随着第一层面技术路线的发展，指导人工智能治理的执行机制也会随之受到影响，从而带来监管能力、监管视野、治理框架的改变。像大模型这样颠覆性技术的突破，甚至会改变我们传统的隐私治理框架，并形成新的治理逻辑。

面对人工智能技术的飞速发展从而不断产生新的治理需求，近年来，在全球人工智能治理实践中呈现出重视“分类”的新趋势，如欧盟、中国都强调根据治理对象特征匹配差异化的治理工具。在分级分类中，由于在不同领域的治理问题中所面临的监管需求各异，所以需要针对不同对象体现不同的分级分类设置思路。简单来说，美国按照领域进行相对自由的纵向风险分类，欧盟按照横向风险分类。在欧盟的《人工智能法案》中将人工智能系统的风险划分成不可接受的风险、高风险、有限风险和轻微风险四种类型，并针对不同类型施加了不同的监管措施。而我国从理论研究出发对人工智能进行第三种视角的分类，可以看作是斜向分类，按照领域将风险划分为相近类型，并在不同领域中按照共性体现出差别。所以，人工智能治理实践中对于风险分级分类管理的重要起点是根据不同的治理对象找到分类维度，并在理论上体现演绎过程，从而找到匹配工具。

蓝皮书：您所说的分类维度包含哪些内容？

贾开：包含两方面的维度。其一是技术维度，按照相同技术或者按照相同逻辑区分相近技术进而合并为技术大类。其二是应用属性的维度，也就是要考虑治理对象面对的是个人权益还是社会集体权益。

蓝皮书：您认为未来人工智能分类治理框架应当如何纳入宏观层面相关因素的考量，重点纳入哪些宏观层面因素，纳入这些因素对框架有何益处？

贾开：当前围绕数字技术监管的讨论往往重视探索现状下的风险及其应对，却忽略了技术本身具有多重发展路径并因此可以通过改变技术前提进而实现治理目标的可能性。

所以在第三个层面，我们应该思考如何在更宏大的背景下思考算法治理框架，思考算法“政治性”。目前，算法治理正在从学术研究问题逐渐扩散为公众认知、公共决策的热点议题，但受限于算法技术逻辑的复杂性和不可见性，围绕算法治理的相关讨论往往会不自主地陷入“技术决定论”误区。但技术发展史的研究表明，技术受其所处环境影响反复证明了技术发展、演化过程的“政治性”，而从技术政治视角对算法发展逻辑的分析可能有益于增加对算法治理创新的启示。

蓝皮书：您所认为的算法“政治性”及其治理应该是怎样的？

贾开：应从微观视角出发，依托治理框架，进而以大视野进行整体上的思考。算法治理目前主要还处于针对现有现象进行回应的阶段，并在此演化过程中体现出政治性。所以在算法治理中需要综合考虑社会、技术、组织、制度乃至概念、认知模型等多方面因素。在此过程中，不应仅考虑某项技术的性能或功能问题，还要将技术放回到组织方式、生产过程、制度结构中，去考察技术的演化路径和影响机制。

在制度层面需要考虑到技术创新背景下，制度规则可能出现的多样性变革。例如在版权制度方面，开源软件等新型软件生产方式催生了新的版权制度形式，所以技术本身的多样性、技术所处组织结构和制度规则的多样性，应该统合起来加以考虑。很多时候我们之所以选择某项人工智能技术并不完全基于技术优劣的判断，也并非基于商业选择，而是在多样性技术路线中进行选择，这往往体现为政治过程。从这个角度出发，人工智能治理的分级分类框架演化和国际治理同样会呈现出“政治性”的特征。

蓝皮书：所以在您看来，全球人工智能治理最终能帮助实现全球的合作与共同发展。

贾开：之所以能有这样的巨大期待，是基于人工智能技术的两个本质条件。一是人工智能发展的多样性造成了未来的不确定性，使得世界各国都将面临类似问题。二是人工智能技术对几乎所有技术与产业的溢出性影响，使得人工智能全球治理将与国际合作的方方面面紧密关联。对于前一点，我们可以从今年来不断突破预期的技术创新感受到；而对于后一点我们可以从国际会议与国家交往中人工智能治理越来越成为一个舞台中心话题感受到。

我认为在探讨未来全球人工智能治理中重要的一点是要意识到，人工智能发展的未来，或者说人工智能技术发展路线及技术应用的未来是具有多样性、差异性的，并没有唯一的发展模式。正因为人工智能技术的开放性，所以造成了其影响与后果的不确定性。我们所说的“政治性”特征也将体现得越来越明显，由此需要在此基础上去探索人工智能治理的范式和机制。在此基础上，不仅是国家之内还是国家之间就人工智能治理进行对谈、政治合作才会更具有意义。在全球人工智能过程中，我们不仅要看到国家之间基于政策与技术的竞争性，还要看到合作的空间，充分认识人工智能技术发展的开放性本质，看到基于其溢出效应在各层面国际合作的可能性，从而倒逼未来人工智能技术的走向，最终使国际合作与竞争走向大家所期待的方向。

三、《上海市数据条例》的设想与期待

观点：

通过地方立法对数据财产权益进行保护，能真正激活数据这一新型生产要素的经济价值，充分调动市场主体开发、生产高质量基础性数据及数据产品的积极性。同样，数据的价值在于流动。在《上海市数据条例》发布实施后，特别是疫情后社会经济发展的需求，对于数据的流动也应更多体现“海纳百川”的态度。

张继红：上海政法学院教授，中国法学会银行法学研究会常务理事，中国国际经济法学会理事，上海市法学会金融法研究会理事，上海市法学会法学期刊研究会理事。

蓝皮书：《上海市数据条例》已经于2022年1月1日起施行。《上海市促进人工智能产业发展条例》也于2022年发布实施，两部地方性法规力求在最大程度促进数据流通和开发利用，为城市数字化转型提供基础性制度保障。您作为全程参与《上海市数据条例》起草工作的专家，为何上海要率先进行地方综合性数据立法？

张继红：2021年11月25日，《上海市数据条例》由上海市第十五届人民代表大会常务委员会第三十七次会议全票通过，也就是同一天，上海数据交易所揭牌成立。作为国内首部省级人大制定的数据条例，把数据纳入了法治的轨道。

在我们制定《上海市数据条例》之初，就面临“什么是数据、数据权益是什么、要不要保护、怎么保护”这一系列的基础性问题，而数据权益保护是其中最难啃的骨头。一方面是在起草组调研时企业对数据权益保护问题的期盼，另一方面则是上位法对数据权益规定的缺失。就此问题，时任上海市人大常委会主任、党组书记蒋卓庆多次召开专题会议，时任上海市人大常委会副主任肖贵玉带队向全国人大和国家有关部门请示，同时到深圳、浙江等地进行调研走访。2021年5月27日，上海市政府办公厅、市经信委、市人大财经委召开“数据立法研讨会”，邀请来自北京、浙江、山东、深圳等省市、高校、科研机构以及企业代表，进行专题研讨。在第一次征求意见稿提出后，我们收到了整整64页的反馈意见。第12条就是在这一次次征询意见、观点的激烈碰撞、反复打磨修改中最终形成。该条采用了“个人信息具有人格权益”与“数据具有财产权益”的表述，明确区分了信息与数据，对“自然人、法人和非法人组织在使用、加工等数据处理活动中形成的法定或者约定的财产权益”进行保护，真正激活数据这一新型生产要素的经济价值，充分调动市场主体开发、生产高质量基础性数据及数据产品的积极性。

同时，对未来数字经济发展中“有关数据创新活动取得的合法财产权益”进行了正面肯定，明确了“流汗原则”，《上海市数据条例》不能成为非法数据活动的保护伞，必须基于法律规定以及合同约定明确其合法性，蒋卓庆主任在综合听取各方意见后，增加了“有关数据创新活动取得的合法财产权益”，充分体现了立法的前瞻性和包容性。

蓝皮书：在《上海市数据条例》中，同样对公共数据的定义及划分进行了明确。在法规制定中，我们是如何考虑的？

张继红：对于公共数据的定义，大家都曾有过不同意见。在企业代表、专家学者、行业主管部门参加的调研座谈会上，有代表提出，公共数据的范围不能过于宽泛，担心一旦划入“公共数据”，这些数据就有被公开、共享的风险。还有观点认为，水、电、煤、公共交通等领域已实行企业化运营，成了企业数据，不应当纳入公共数据。通信主管部门代表则认为，通信数据涵盖通话时长、位置信息、通话内容等个人隐私及信息，不宜纳入公共数据进行管理。

对于上述争议，时任上海市委常委、常务副市长、市政府党组副书记陈寅和肖贵玉副主任牵头召开双组长会进行了专题研究，结合上海市公共数据已有的实践基础，厘清了公共数据的范围，即“本市国家机关、事业单位，经依法授权具有管理公共事务职能的组织，以及供水、供电、供气、公共交通等提供公共服务的组织，在履行公共管理和服务职责过程中收集和产生的数据”。同时，在征询国家有关部门意见的基础上，对于那些有争议的和较为敏感的、但又对于本市公共管理和服务意义较大的数据，如运行经费由本市各级财政保障的单位、中央国家机关派驻本市的相关管理单位以及通信、民航、铁路等单位在依法履行公共管理和服务职责过程中收集和产生的各类数据，采用“参照公共数据的有关规定执行”的方式，立法过程不仅凝聚了共识，还找到了体现各方意愿和要求的最大公约数。

蓝皮书：《国民经济和社会发展第十四个五年规划和2035年远景目标纲要》中提出“开展政府数据授权运营试点”，浙江、四川、成都等省市也做了初步探索。然而，对于要不要授权运营、采用何种授权运营模式，分歧依然存在。我们对此是如何认识的？

张继红：在走访调研的过程中，有的代表认为授权运营就是一种新形式的行政垄断，无异于“新瓶装旧酒”；有的则坚持授权要采用许可方式，被授权机构只能是一家或几家国有背景的企业。在反复听取来自技术、法律、公共管理、数据治理等领域的专家意见基础上，立法起草组最终将“公共数据的授权运营”写入条例，同时为了给后续如何具体操作留下制度空间，规定“市政府办公厅应当组织制定公共数据授权运营管理办法”。即条例明确认可并建立本市公共数据授权运营机制，开辟出一条与开放、共享不同的公共数据利用通道，让那些懂技术、懂场景应用的被授权市场主体“依托统一规划的公共数据运营平台提供的安全可信环境”实施公共数据的开发利用，形成价值含量更高、更匹配市场的数据产品和服务，向全社会提供。

蓝皮书：我们注意到，在《上海市数据条例》中列出了“个人信息特别保护”，我们对此是如何考虑的？

张继红：我认为在“个人信息特别保护”的立法过程中特别能体现“以人民为中心”的立法思想。我们在立法起草组开展调研走访的过程中，经常会被问到这样一些问题：“我经常会接到骚扰电话、营销短信，这部条例有没有保护我的个人信息？”“下载手机App的时候，如果点‘不同意’，就无法进行下一步，我能对这些隐私政策说不吗？”“进小区还要刷脸，我的信息是不是被过度采集了？”事实上，在政府提交的条例草案议案中，个人信息保护的相关内容并没有纳入条例框架内。肖贵玉、上海市人大财经委主任戴柳为此事专门召开立法协调会，希望慎重考虑这些问题。经过立法起草组无数个日夜兼程，最终“个人信息特别保护”不仅成为专门一节，并就上述问题作了针对性的规范，明确规定“处理者在提供产品或服务时，不得以个人不同意处理其个人信息为由，拒绝提供产品或者服务”；第23条还特别加了一款，“不得以图像采集、个人身份识别技术作为出入该场所或区域的唯一验证方式”。

蓝皮书：前不久有关特斯拉FSD自动驾驶即将落地中国的消息，涉及我国数据跨境流通政策，在《上海市数据条例》中有哪些对于未来发展的前瞻设计，您对未来有关数据管理有哪些期待？

张继红：特斯拉上海超级工厂位于临港新片区，是中国首个外商独资整车制造项目，同时也是特斯拉首个海外工厂。特斯拉的FSD是基于神经网络的人工智能算法，通过大量训练来模仿人类开车，并作出相应的决策和操作。其自动驾驶算法根据传感器感知的信息直接输出控制结果，模仿人类驾驶员的操作，将“规则驱动”的算法转变为“数据驱动”的算法，从而简化模型训练。其中就涉及大量数据的搜集与传输，其安全、数据隐私、监管等多方面挑战也亟需解决。尽管在2023年浦东新区人民政府已经出台了《上海市浦东新区促进无驾驶人智能网联汽车创新应用规定》及实施细则，具体到数据跨境流通还需要更多的政策支持。

2021年4月，中共中央、国务院制定《关于支持浦东新区高水平改革开放打造社会主义现代化建设引领区的意见》中提出“建设国际数据港和数据交易所”。如何落实中央交给浦东的任务，如何提供一个安全、可信的数据交易环境，为未来全国乃至全球数据流通提供基础性制度保障，成为数据条例规则设计的重中之重。

为此，上海市人大财经委、市大数据中心、市司法局等单位专门走访了上海证券交易所、上海数据交易中心等机构以及特斯拉、亿通国际等企业，就未来上海数据交易所和国际数据港的建设规划、性质、运作模式等问题听取多方意见。有代表提出，“我们认为浦东新区就是要在数据改革方面作出探索性、创新性的尝试”。这些意见最后吸纳到条例中，不仅增设“浦东新区数据改革”专章，明确规定“本市按照国家要求在浦东新区设立数据交易所并运营”以及“根据国家部署，推进国际数据港建设”，还“支持浦东新区探索与国家有关部门建立数据共享使用机制”。

数据的价值在于流动。在《上海市数据条例》发布实施后，特别是疫情后社会经济发展的需求，对于数据的流动也应更多体现“海纳百川”的态度。具体到智能网联汽车，可以按照类型区分数据，其中将不涉及国家安全及个人隐私的低风险数据列入白名单，推动数据流动。为了具体落地执行《上海市数据条例》第69条低风险跨境流动数据目录即“正面清单”制度，2024年5月17日中国（上海）自由贸易试验区临港新片区数据跨境场景化一般数据清单及清单配套操作指南对外公布。首批一般数据清单包含智能网联汽车、公募基金、生物医药三个领域，涉及智能网联汽车跨国生产制造、医药临床试验和研发、基金市场研究信息共享等11个场景，具体划分成64个数据类别、600余个字段。通过在临港新片区内制定正面清单，不仅能够较好地解决长期困扰企业“哪些数据可以出境”的问题，为企业在数据跨境流动领域提供了相对清晰的政策支持和具有较强可操作性的指引，还可以为进一步探索数据跨境流动监管制度提供实践经验，对我国参与国际数据治理、促进数据跨境有序自由流动具有很强的现实意义。

我认为在涉及民生的人工智能技术应用上还会进行更多的法规政策探索。如在算法中如何体现对劳动者权益的保护，避免数据歧视。促进出台生物识别技术、人脸识别技术应用的细化规定，使之符合法规伦理。在数据流通和使用上更为强调长三角区域协同发展等。

第七部分　人工智能法治专题采访

一、生成式人工智能的回应型治理

钭晓东：浙江大学教授、博士生导师，环境资源与能源法律研究中心主任，新时代枫桥经验研究院常务副院长。

蓝皮书：近期，ChatGPT、Sora 等生成式人工智能模型的横空出世，再一次引发了学界对数据安全乃至国家安全的忧虑。在您看来，生成式人工智能应用中的数据安全风险主要有哪些？

钭晓东：生成式人工智能强大的学习能力离不开海量数据汇聚形成的语料库，语料库数据的输入、运算、存储与输出均可能引致不同程度的数据安全风险，在数据输入端为语料库非法获取风险，数据运算端为训练数据偏见风险，在数据存储端为数据泄露风险，在数据输出端为恶意内容生成风险，这些数据安全风险贯穿应用的全过程，兼具瞬时性和破坏性，直接或间接地挑战着我国数据主权，在考虑扩充其使用范围以便利生产生活的同时，也应认真审视其背后的国家安全问题，并对其中的数据安全风险及时进行治理。

蓝皮书：生成式人工智能应用中数据安全风险的回应型治理路径有哪些？

钭晓东：面对生成式人工智能正逐步呈现的弥散性扩张数据安全风险，构建全方面、多层次、重实效的生成式人工智能数据安全法治体系已刻不容缓。而这无疑也是当前国家高水平安全时势诉求的内在应有之义。

在输入端，建立以风险管控为核心，强化数据安全风险应对机制。从实现风险源头的有效控制角度看，有以下两点思路：一是在数据分类分级基础上，加强数据的被动出境治理，避免重要数据被非法纳入生成式人工智能语料库，进而被不当披露和聚合分析；二是完善生成式人工智能的市场准入制度，从源头降低该类应用的安全风险。在运算端以算法解释为关键，完善算法运算透明原则。欧盟地区和美国已经较早践行了算法透明原则并将算法解释权法定化。其启示意义在于生成式人工智能中算法透明原则的落实不能完全依赖于可解释权，还应辅之以算法影响性评估等事后规制措施。此外，除了以算法透明原则的落实来回应恶意内容生成风险，还应当做好事后应对与惩处，尤其是要求平台建立辟谣和举报机制，并对违法传播虚假有害信息者采取停止传输等限制措施。在存储端，建立以重要数据安全为中心，夯实数据管理保障机制。针对生成式人工智能数据存储端的重要数据泄露风险，可从事前的数据保护与事后的应急处理两方面入手，对生成式人工智能系统开发机构科以数据处理环境安全保障义务和数据安全突发事件应急义务，夯实生成式人工智能数据管理保障机制。在输出端，建立从技术、标准、法律三元层面，优化生成内容治理体系。在技术层面，应当加强对生成式人工智能算法的研究，改进其生成机制，以确保其生成的数据符合道德和法律标准。在标准层面，制定规范化的技术标准可以规范生成式人工智能的研究、开发、应用等环节，提高生成式人工智能技术的安全性和可靠性，从而确保输出内容符合公序良俗、法律法规的要求。此外，还应针对恶意内容生成风险加强相应的立法和监管。

蓝皮书：您对于我国下一步生成式人工智能的回应型治理还有哪些建议？

钭晓东：一方面，由于人工智能技术的复杂性和隐蔽性，监管部门和执法机构在检测和防范恶意内容生成风险方面存在一定的难度，也存在一定的滞后性；另一方面，对于人工智能技术恶意内容生成风险的处罚措施较为单一，主要集中在罚款和停业整顿等行政处罚上，对于一些严重违法行为，如恶意传播虚假信息、侵犯他人隐私等，缺乏更具震慑力的刑事处罚。

我国《互联网信息服务深度合成管理规定》为加强对恶意内容生成风险的管理和治理提供了详细和具体的法律依据。《生成式人工智能服务管理暂行办法》更是通过多条规则对生成内容的准确性、合法性、正当性以及违反规定应承担的责任进行规定。未来，建议我国进一步完善相关法律法规，需要进一步加强对上述规定的执行和监督，推进以"'风险预防规则'和协同治理模式为核心的全过程治理"，加强对生成式人工智能技术的监管和执法，同时加强对相关违法行为的惩罚力度，确保对恶意内容生成风险的及时发现和有效打击。此外，还需要加强与国际社会的合作，借鉴国际先进经验，共同推进生成式人工智能技术的安全发展和管理。进而立足国家及全球的传统安全、非传统安全视角，重点关注新型战略新疆域领域及其数据安全的重大前沿命题，尤其是重点关注诸如网络安全领域、资源能源安全领域、生物安全领域、生态安全领域、粮食安全领域等战略新疆域及其数据安全的重大前沿命题，及时予以相应的法治保障制度机制设计与配置，以积极有效与及时回应时代之问和时势诉求。

二、在创新与透明度之间，实现通用人工智能发展

陈兵：南开大学法学院教授、博士生导师，南开大学竞争法研究中心主任，数字经济交叉科学中心研究员。中国新一代人工智能发展战略研究院特约研究员。

蓝皮书：随着近期生成式人工智能技术的飞速发展，人工智能数据安全保障已经成为新的关注焦点。您认为需要关注哪些方面？

陈兵：当前移动互联网个人信息保护实践对于必要性原则的解释非常严格，以最大程度地避免数据的不当收集与汇聚。这种"严防死守"的数据合规思路是否适合未来的人工智能应用场景值得探讨。

蓝皮书：当前数据保护与数据利用成为新一代生成式人工智能发展中的基础性关键问题，您认为如何统筹两者之间的关系？

陈兵：近年来我国对于人工智能等新技术逐渐迈入常态化监管阶段。数据是喂养算法的原料，可谓人工智能的基础，数据安全的重要性不言而喻。同时，生成式人工智能作为大模型，对数据规模有更大的要求，更需要着重考虑加强数据安全保护、降低数据安全风险方面的需求。

从移动互联网到我们正在步入的人工智能时代，虽然数据利用一直在向更广更深的方向发展，但各类新技术应用仍将隐私保护作为价值对齐的重要方面。应明确隐私和数据安全的真谛从来就不是对数据的使用进行各种限制，或者人为提高数据使用门槛，而在于通过高水平创新提升市场竞争质量、建立健全相关法律机制和更加强大的技术安全措施来切实保障用户隐私与数据安全，在夯实数据安全保护的基础上，促进数据开发开放和流通使用，实现有力保护与有序利用之间的双向奔赴和同向发力。

蓝皮书：生成式人工智能服务的快速发展，不仅表明大模型对数据规模和参数量需求的爆炸性增长，也表明算法迭代的复杂程度极大提高，算法的透明度与可解释性受到了前所未有的挑战。面对来势汹汹的算法危机，您认为应该采取哪些应对措施？

陈兵：我认为应围绕人工智能算法构建综合治理体系，针对人工智能算法进行专门性、系统化治理。

首先，应健全预防算法歧视的法律法规体系及规制机制，重点关注算法源头数据集以及训练数据样本来源是否合法、是否达到一定规模、是否具有完整性与代表性，避免数据层面的不完善导致算法歧视。服务提供者需要及时检查并更新相应数据，对存在歧视性的特定数据内容予以剔除，同时保证数据来源达到一定规模并具有完整性。一方面，可通过《网络安全法》《数据安全法》等法律规范，为算法治理活动明确合理边界，赋予服务提供者相应的注意义务。另一方面，可以通过对特定领域如人脸识别、算法推荐的专门立法实现对人工智能应用中算法活动的精准监管，形成对特定应用领域中算法风险的间接识别和应对。

其次，在保证算法透明度与可解释性的同时重视创新。面对生成式人工智能服务，应积极回应人工智能算法相关的技术属性和应用规律，对人工智能算法治理的基本策略有所掌握和判断。《生成式人工智能服务管理暂行办法》规定了服务提供者安全评估制度，并规定有关主管部门依据职责对生成式人工智能服务开展监督检查。以上规则的建立对生成式人工智能算法的透明度提出了要求，但是我认为，一方面，面对参数量和算法隐层的剧增，算法公开透明的技术难度显著增加；另一方面，透明度的提升很有可能会损害研发、应用主体的创新积极性，因此，建议保证创新与透明度之间的平衡。

蓝皮书：您建议在全国范围内成立自治性行业监督管理委员会，对人工智能技术行业进行业务指导和监督，对此是如何考虑的？

陈兵：委员会可以利用专业层面的优势，将分类分级监管原则贯彻落实，根据人工智能的应用场景对算法进行分级治理，辅助监管部门完成算法备案、算法审计及算法问责等工作，在此基础上推动通用人工智能技术在内容生成上的合理适用，在规范适用中不断完善通用人工智能算法的开发、使用及治理。

此外，通过委员会的设立吸纳各方面专家和代表，可以更好地联动人工智能技术标准、伦理规则及法律制度之间的协同，搭建技术、伦理及法治的三融合治理模式，促进我国人工智能高水平创新发展。

三、以系统性治理，应对生成式人工智能应用失范风险

龙柯宇：西南政法大学民商法学院副教授、法学博士。

蓝皮书：在2023年发布的《生成式人工智能服务管理暂行办法》中不仅明确了国家对生成式人工智能产业的支持和鼓励态度，并首次就包括准入资格、安全评估、责任义务、处罚措施等相关监管治理给予了较为详尽的规定。您对此是如何看待的？

龙柯宇：随着人工智能技术的迅速发展，由生成式人工智能引致的诸多社会风险具有极强的不确定性、无边界性和规模化效应，其绝非人类个体用户或社交网络平台所能防范和处置的，所以强有力的法律监管更为必要。相关监管部门作为网络空间这一公共产品秩序维护的义务主体，理所当然地应积极应对、干预与督导，承担起“网络看门人”的应尽职责，而非退居幕后，全然相信自组织逻辑下的网络秩序。

蓝皮书：有观点认为，类ChatGPT人工智能可以自动化信息输出实现技术中立，您认为政府监管和法律规范在其中要扮演什么样的角色？

龙柯宇：事实上，类ChatGPT人工智能的负面影响已经对社交网络空间的信息流处理能力造成极大干扰，并置“价值理性”于不顾，这早已超脱了现象层面的技术问题，成为一个典型的对真人用户行为干预的技术算法，需要进行法律层面的规范评价。

生成式人工智能的自动化信息输出并非一个完全随机的纯粹技术过程，相反，作为“传声筒”，它是基于早前给定的算法而发生。当ChatGPT嵌入数字政府治理环节时，那些貌似由技术代码作出的行政决策，实则体现的仍是该应用背后设计者与开发者的主观意志与价值选择，进而不可避免地会导入偏见与歧视，冲击数字政府的行政伦理。

所谓技术的中立永远无法保证对应行为的合法性，更不用说实现科技的伦理“善”。技术中立的托词无法为此类人工智能的应用失范进行开释，作为一种内容生成技术，它的行为射程和效用状态体现的仍然是背后设计者和使用者的主观意志与价值选择。

蓝皮书：您认为应如何处理与平衡技术治理和法律规制的关系？

龙柯宇：为了防范和化解生成式人工智能所生之风险隐患，有必要转向一种过程性规制，即通过规制数据和算法，达成对生成式人工智能应用失范的科学治理。不同于以往侧重对信息类型和内容进行审查的做法，过程性规制更为关注的是信息的产生、在网络中的传播、在社交同温层的影响力、信息的排名指标等事项，进而避免陷入对信息实体价值予以判断的沼泽。风险社会下，规制生成式人工智能的出发点和落脚点应定位于打破算法垄断下的封闭网络社群，保障信息传播路径的畅通，维护正常的交流秩序，防止此类人工智能通过信息轰炸，有目的地放大特定用户言论抑或话题影响力，同时也剥夺了其他网络用户的平等发声机会以及个人观点的自主形成。

生成式人工智能的本质就是算法，而任何算法又必然建立在对周遭客观事物的认知基础之上，若无正确的伦理规范指引，算法便会毫无规则意识与诚信观念可言。所以有必要对生成式人工智能背后的算法进行一种以一定的伦理规范为标准、着眼于实现算法正义的“元规制”。

蓝皮书：您所说的“元规制”包含哪些方面？

龙柯宇：我建议此种规制的具体要求应包括以下几部分。首先，监管部门或行业协会需出台相关算法伦理规范指引，使算法嵌入价值敏感性设计。同时，应鼓励算法设计者与伦理学家展开深入合作，以公平、安全、透明、非歧视的伦理价值观驾驭算法应用，践行“技术向善”的理念导向。

其次，通过设置审慎义务、发布算法质量与检查报告、算法问责机制等举措来引导算法发展，降低算法滥用的发生概率。然后，应建构规范化的算法伦理审查制度，将与算法相关的主体紧密联系起来，以社会主义核心价值观为指南，以算法程序正义为重心，协同打造有利于人类福祉的、可持续发展的生成式人工智能运作生态。

再次，应关注算法的商业道德导向，构筑以伦理为先导的利益平衡机制，防止生成式人工智能通过制造信息茧房，触发不良商业信息的非公正传播，导致不正当的商业营销。

最后，相关算法设计需在网络空间得以适度地公示并接受技术监管部门的审查。同时，要培养社交网络真人用户与算法社会相匹配的算法素养，使其对于算法风险有基本的认知与防范能力，凸显个体对算法的自主性。

无论在学界抑或实务界，针对生成式人工智能应用失范的担忧总不绝于耳，采取预防性的措施和因应性的制度实属必要。毕竟，法律体系存在的终极意义就在于追踪并规范那些可以通过技术治理的哪怕是发生可能性极小或者影响力极弱的各类风险的每一个环节流程。目前，对于生成式人工智能法律规制大量深入的理论和实证研究尚待进行，诸如多方共治格局下，对于包括新闻媒体、社会公益组织、行业协会、公民个人等在内的社会深度监督的研究，唯有如此方能最终形成系统性的治理解决方案。

第八部分 《世界人工智能法治蓝皮书（2024）》调研问卷及分析

《世界人工智能法治蓝皮书（2024）》调研问卷

尊敬的（先生 / 女士）：

诚邀您参加本次问卷调查。

2018 年 8 月，国家主席习近平在致 2018 世界人工智能大会的贺信中指出："新一代人工智能正在全球范围内蓬勃兴起，为经济社会发展注入了新动能，正在深刻改变人们的生产生活方式。把握好这一发展机遇，处理好人工智能在法律、安全、就业、道德伦理和政府治理等方面提出的新课题，需要各国深化合作、共同探讨。"如何应对人工智能带来的风险与挑战，处理好这一新课题？人工智能法治应运而生。构建人工智能法治体系、营造人工智能法治环境、规范保障人工智能安全可靠可控健康发展，已成为社会共识。自 2018 年起，上海市法学会每年在世界人工智能大会上主办"世界人工智能大会法治论坛"，得到了中国法学会、最高人民法院、最高人民检察院、上海市委的高度重视和大力支持，论坛取得了丰硕成果，在国内外产生较大影响。自 2019 年起，上海市法学会、浙江清华长三角研究院、华东政法大学、上海政法学院联合编写并发布《世界人工智能法治蓝皮书》，为繁荣人工智能法学研究，构建人工智能法治体系，营造人工智能法治生态，推动人工智能全球治理，促进国家人工智能战略落实，提供智力支撑。2021 年上海市法学会、上海人民出版社与世界著名科学出版社德国 Springer 出版社签署战略合作协议，联合出版《蓝皮书》英文版，向世界发行。

为更加全面、客观、翔实反映人工智能法治发展现状，特邀请您参加此次问卷调查。

对您提供的信息及您的个人信息，我们将严格保密，仅供测评时使用，不会转为他用。

上海市法学会、浙江清华长三角研究院、华东政法大学、上海政法学院
《世界人工智能法治蓝皮书》编辑部
2024 年 4 月

第 1 题　您的年龄是？　［单选题］

第 2 题　您的工作所在地是？　［填空题］

第 3 题　您的职业是？　［单选题］

第 4 题　您关注国内外近年来发布的有关人工智能发展的政策性、法律性文件吗？　［单选题］

第 5 题　2023 年 12 月，欧洲议会、欧盟成员国和欧盟委员会三方就《人工智能法案》达成协议。对此，您认为？　［多选题］

第 6 题　2023 年末北京互联网法院判决了 AI 生成图片相关领域著作权第一案。对此您是否认同？　［多选题］

第 7 题　2023 年 10 月 25 日，国家数据局正式揭牌。您认为国家数据局需要尽快推动哪些方面工作？　［多选题］

第 8 题　2023 年 8 月 15 日国家互联网信息办公室等七部门联合发布的《生成式

人工智能服务管理暂行办法》正式施行，这也是我国首个针对生成式人工智能产业的规范性政策。对此，您认为哪些方面比较重要？　[多选题]

第 9 题　您认为人工智能应用中最迫切需要立法的领域是？　[多选题]

第 10 题　您认为人工智能司法应用在多大程度上帮助了您的工作？　[单选题]

第 11 题　从您的审判工作经验看，您认为人工智能技术在法院审判工作中的作用是？　[单选题]

第 12 题　您在使用人工智能司法应用时，是否感受到运行出现错误，或者产生算法歧视、大数据杀熟？　[单选题]

第 13 题　您如何看待执法中使用人工智能技术对隐私产生的影响？　[单选题]

第 14 题　如果您遇到人工智能技术的损害，比如人脸信息被滥用或者盗用，您会用什么途径维护自己的权益？　[多选题]

第 15 题　2023 年 10 月 18 日，中央网信办发布《全球人工智能治理倡议》，“倡议”提出，发展人工智能应坚持相互尊重、平等互利的原则，各国无论大小、强弱，无论社会制度如何，都有平等发展和利用人工智能的权利。11 月 1 日至 2 日，包括英国、美国、欧盟、澳大利亚和中国等在内的 28 个国家和地区共同签署并发布了首份人工智能监管声明《布莱切利宣言》。对于世界人工智能治理，您认为？　[多选题]

第 16 题　您对“2023 世界人工智能大会法治论坛”的了解程度如何？　[单选题]

第 17 题　您建议 2024 年《世界人工智能法治蓝皮书》还需要关注哪些问题？　[填空题]

《世界人工智能法治蓝皮书（2024）》调研问卷数据汇总

本次调研问卷填写时间为2024年4月20日—5月25日。调查问卷通过上海市法学会公众号、各省市法学会调查问卷函、部分高校涉人工智能法学专业师生推荐等方式填报，采用问卷星系统。共收到有效填写问卷数2975份。

第1题　您的年龄是？　［单选题］

选　项	小计	比　例
18—25	686	23.06%
26—30	413	13.88%
31—40	791	26.59%
41—50	707	23.76%
51—60	315	10.59%
60以上	63	2.12%
本题有效填写人次	2975	

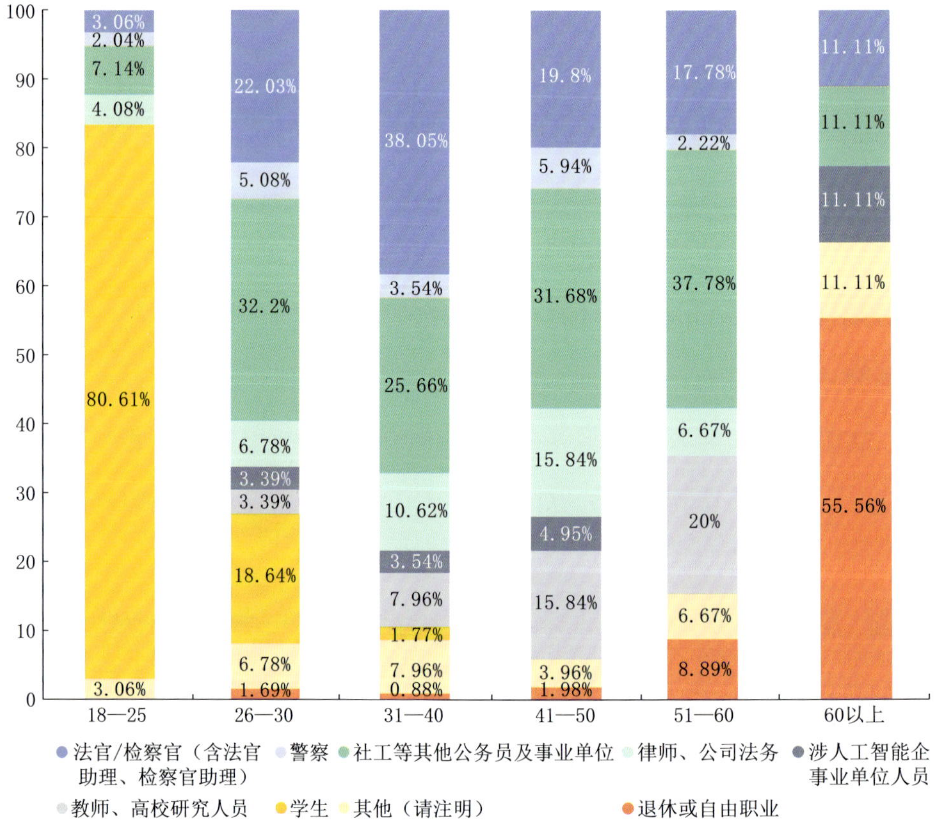

本次调研对象主要集中在 31—50 岁及 18—25 岁，年龄结构较为合理。

在 18—25 岁群体中，数量最多的为学生群体。25 岁以上及 60 岁以下群体，在社工等其他公务员及事业单位人员中年龄分布较为平均，法官群体集中在 31—40 岁。

第 2 题　您的工作所在地是？　［填空题］

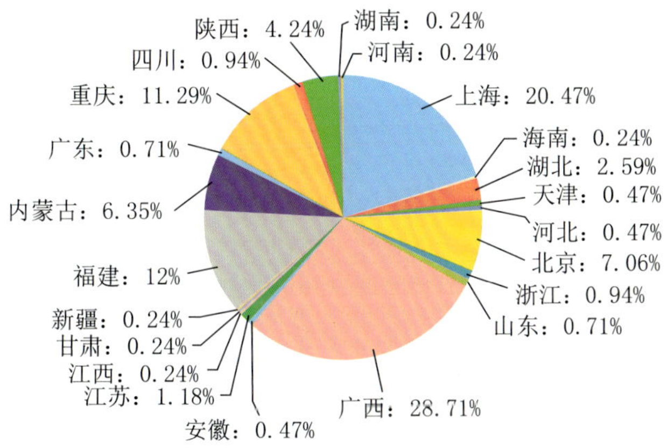

第 3 题　您的职业是？　［单选题］

选　项	小计	比　例
法官 / 检察官（含法官助理、检察官助理）	616	20.71%
警察	112	3.76%
社工等其他公务员及事业单位人员	735	24.71%
律师、公司法务	273	9.18%
涉人工智能企事业单位人员	84	2.82%
教师、高校研究人员	252	8.47%
学生	644	21.65%
其他（请注明）	168	5.65%
退休或自由职业	91	3.06%
本题有效填写人次	2975	

第 4 题　您关注国内外近年来发布的有关人工智能发展的政策性、法律性文件吗？　［单选题］

选　　项	小计	比　　例
非常关注，阅读过政策和法律性文件内容	686	23.06%
关注，看过相关内容介绍及新闻报道	1120	37.65%
听说过，具体没关注	854	28.71%
不了解	252	8.47%
如果有关注，您最为关注哪部法律	63	2.12%
本题有效填写人次	2975	

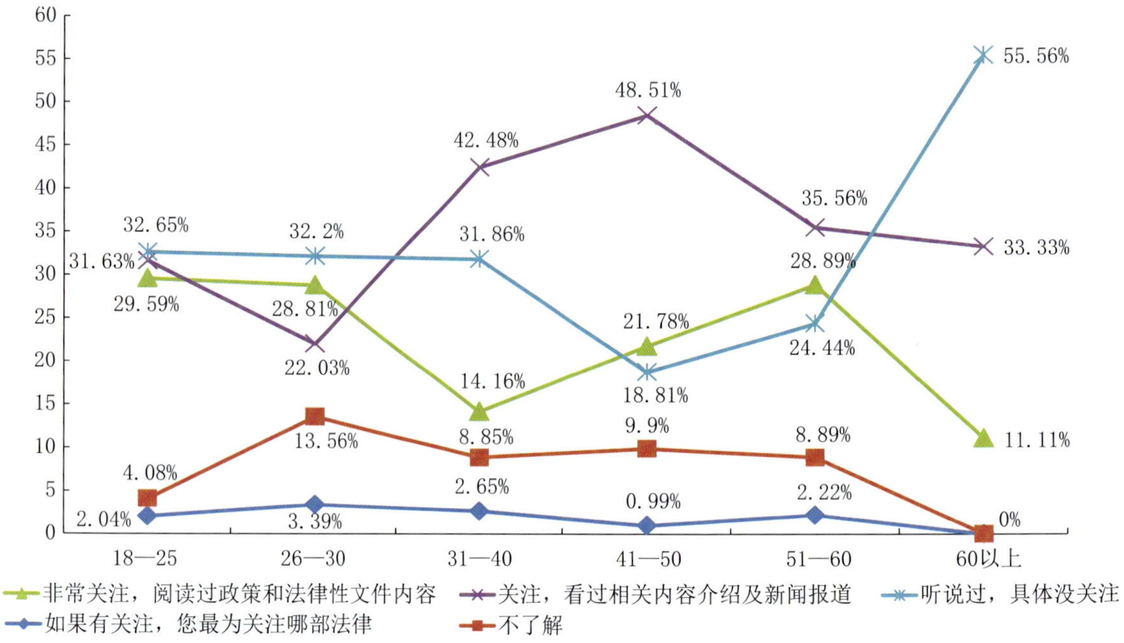

对于政策性、法规性文件的问卷回答中，“非常关注”与“关注”的比例最高，并在近三年调查中保持高位平稳。（2022年“非常关注”23.69%、“关注”41.12%，2023年“非常关注”18.2%、“关注”36.4%）“具体没关注比例”也较高，达到28.71%。显示有超过四分之一群体对于新发布的有关人工智能发展的政策性、法律性文件仅仅停留在新闻了解程度。

在年龄群体中，41—50岁群体关注与了解程度最高，达到70.29%。

在职业群体中，涉人工智能企事业单位人员和教师、高校研究人员关注与了解程度最高。

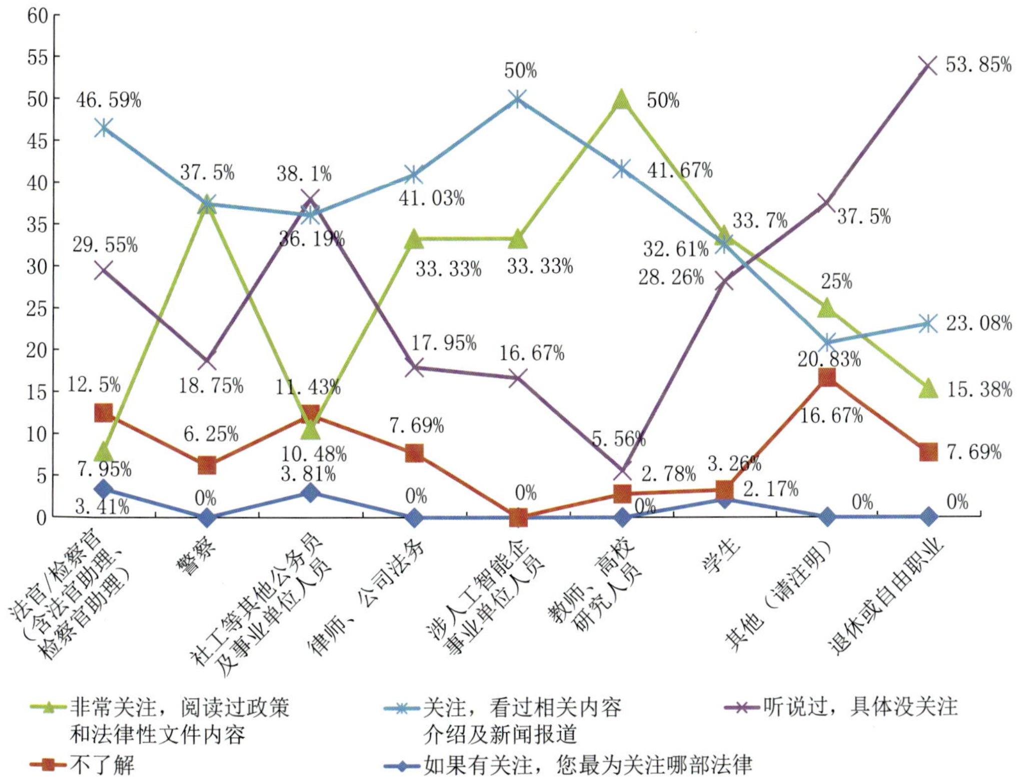

第 5 题 2023 年 12 月，欧洲议会、欧盟成员国和欧盟委员会三方就《人工智能法案》达成协议。对此，您认为？ ［多选题］

选 项	小计	比 例
欧洲推动人工智能立法很有必要	819	27.53%
中国也应该尽快进行类似立法工作	1582	53.18%
中国应基于自身实际谨慎立法	1743	58.59%
中国可以先进行地方立法与部门立法	1323	44.47%
没有想法	91	3.06%
不清楚	189	6.35%
我有其他想法	7	0.24%
本题有效填写人次	2975	

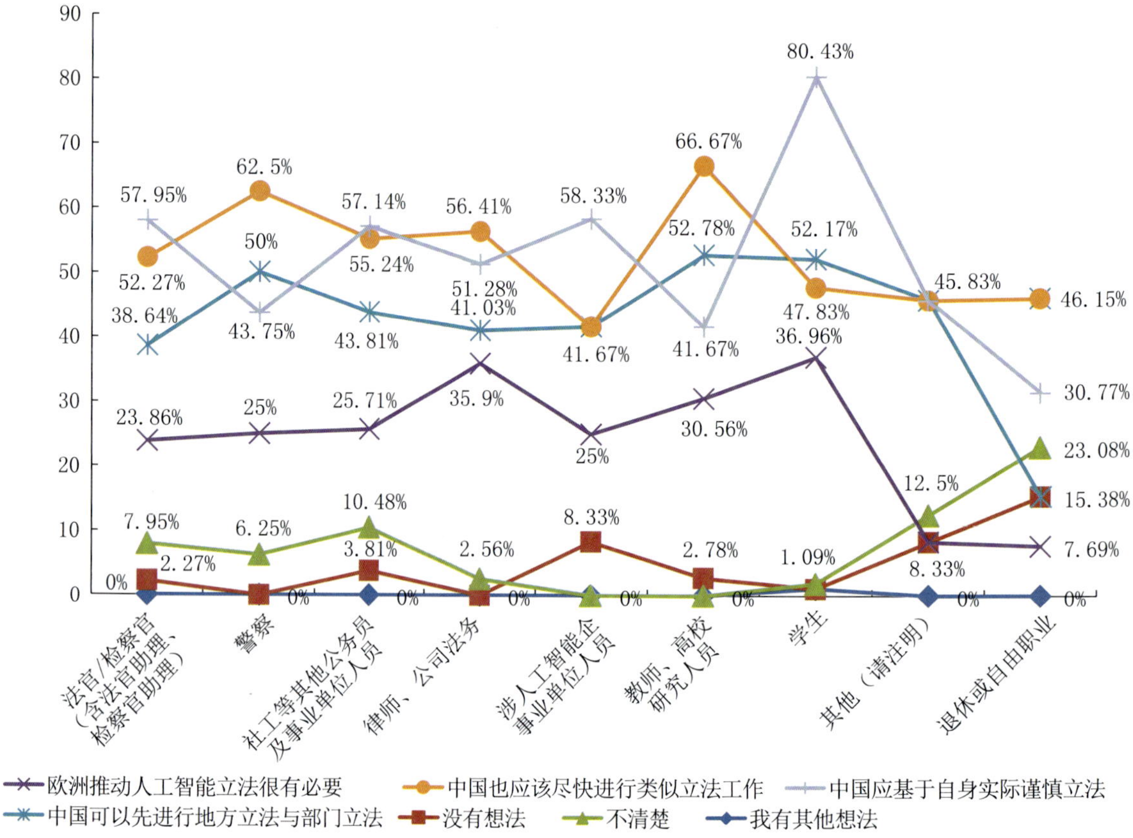

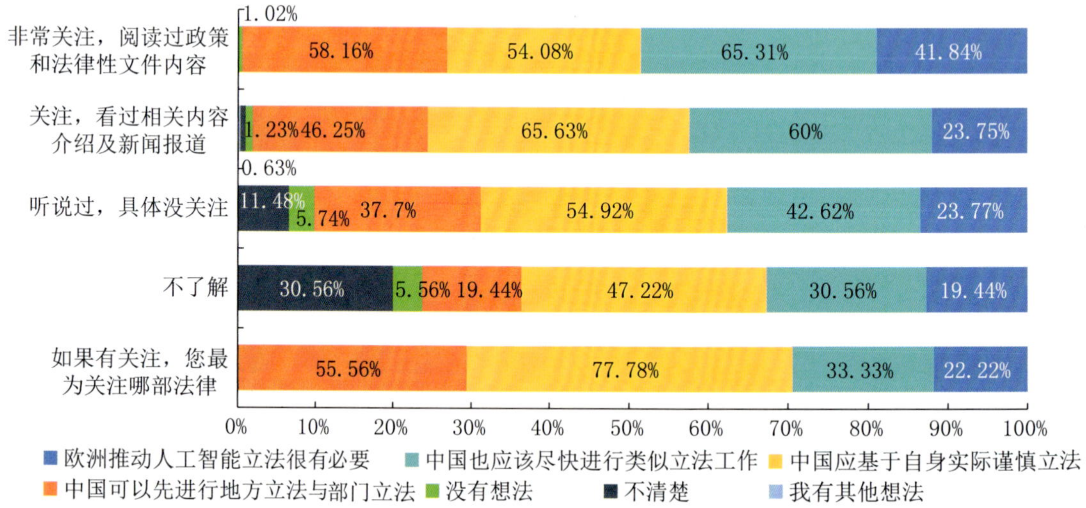

对欧盟达成《人工智能法案》问卷回答，在所有选项中，“中国也应该尽快进行类似立法工作”为第二（53.18%），“中国应基于自身实际谨慎立法”为第一（58.59%），显示出调查者较大的分歧性。通过与问题四交叉对比分析显示，越是对政策法规了解的群体，越是支持中国尽快立法（选择“尽快立法”的

依次为“非常关注”65.31%，“关注”60%，“没有具体关注”42.62%，“不了解”30.56%）。

在学生和18—25岁群体中，“中国应基于自身实际谨慎立法”比例最高。“中国也应该尽快进行类似立法工作”的认同度随对政策法规关注程度递减。显示越是对政策法规了解，越是支持中国尽快进行人工智能立法。

在职业分类中，教师、高校研究人员有66.67%支持中国尽快立法，有41.67%支持谨慎立法。而在法官/检察官群体中呈现谨慎立法（57.95%）大于尽快立法（52.27%），在学生群体中有80.43%选择谨慎立法。

第6题 2023年末北京互联网法院判决了AI生成图片相关领域著作权第一案。对此您是否认同？ ［多选题］

选项	小计	比例
经过人对AI工具“生成物”进行调试、选择等过程后所形成的结果被认定为作品，进而可以受到著作权法保护	1232	41.41%
使用者利用AI工具从事“文生图”的过程，被认定为创作作品全过程中的一个部分	917	30.82%
现阶段AI系统在法律上不具有主体地位，只能被视作一种创作工具；人依旧在法律上被作为作品的作者	1499	50.35%
利用人工智能生成的内容是否构成作品，需要视个案情况而定，不能一概而论	1373	46.12%
没有关注	393	13.18%
其他观点	10	0.47%
本题有效填写人次	2975	

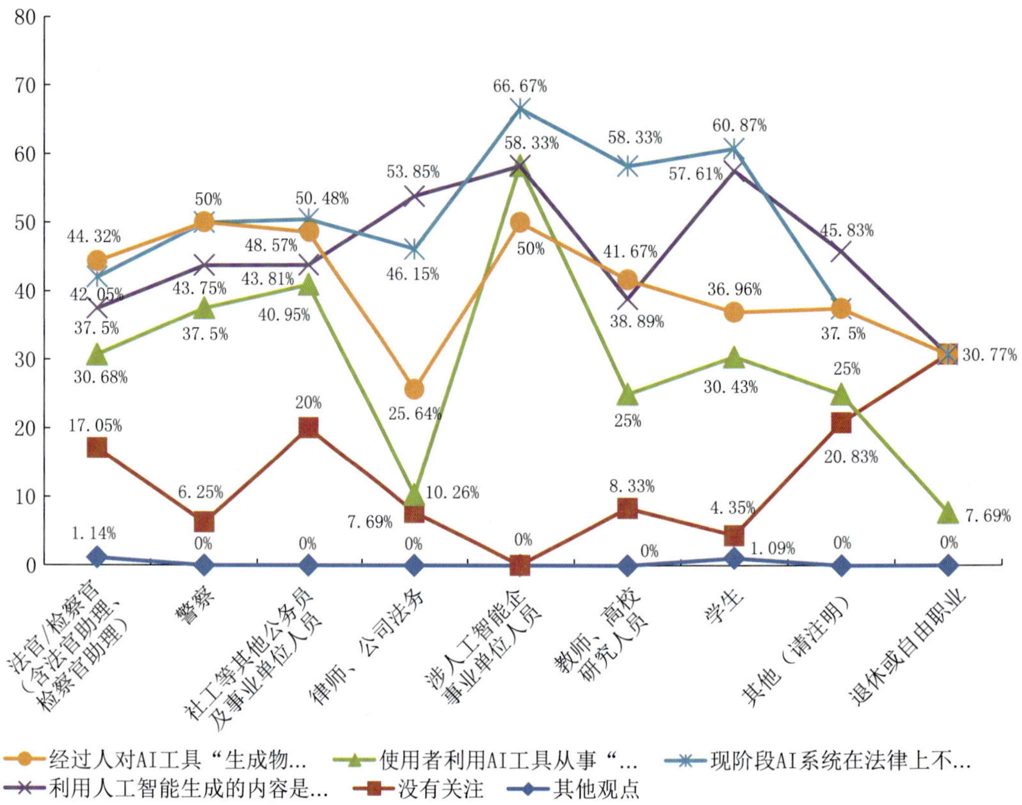
80
70
60
50
40
30
20
10
0
44. 32%
42. 05%
37. 5%
30. 68%
17. 05%
1. 14%
50%
43. 75%
37. 5%
6. 25%
0%
50. 48%
48. 57%
43. 81%
40. 95%
20%
0%
53. 85%
46. 15%
25. 64%
10. 26%
7. 69%
0%
66. 67%
58. 33%
50%
0%
58. 33%
41. 67%
38. 89%
25%
8. 33%
0%
60. 87%
57. 61%
36. 96%
30. 43%
4. 35%
1. 09%
45. 83%
37. 5%
25%
20. 83%
0%
30. 77%
7. 69%
0%
法官/检察官（含法官助理、检察官助理）
警察
社工等其他公务员及事业单位人员
律师、公司法务
涉人工智能企事业单位人员
教师、高校研究人员
学生
其他（请注明）
退休或自由职业
经过人对AI工具“生成物...
使用者利用AI工具从事“...
现阶段AI系统在法律上不...
利用人工智能生成的内容是...
没有关注
其他观点

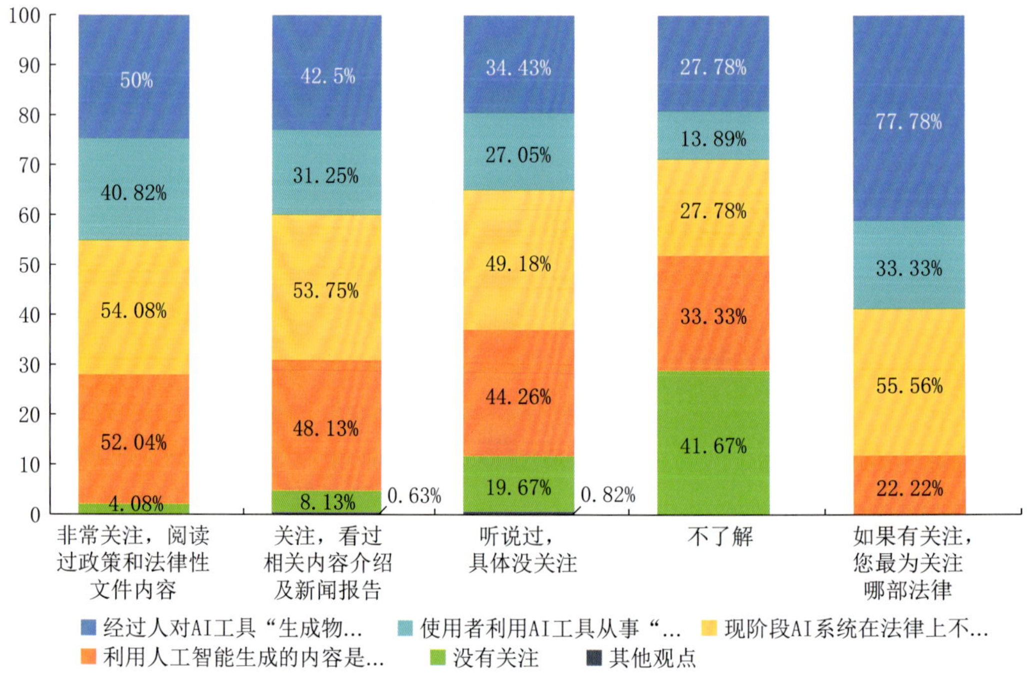
100
90
80
70
60
50
40
30
20
10
0
50%
40. 82%
54. 08%
52. 04%
4. 08%
42. 5%
31. 25%
53. 75%
48. 13%
8. 13%
0. 63%
34. 43%
27. 05%
49. 18%
44. 26%
19. 67%
0. 82%
27. 78%
13. 89%
27. 78%
33. 33%
41. 67%
77. 78%
33. 33%
55. 56%
22. 22%
非常关注，阅读过政策和法律性文件内容
关注，看过相关内容介绍及新闻报告
听说过，具体没关注
不了解
如果有关注，您最为关注哪部法律
经过人对AI工具“生成物...
使用者利用AI工具从事“...
现阶段AI系统在法律上不...
利用人工智能生成的内容是...
没有关注
其他观点

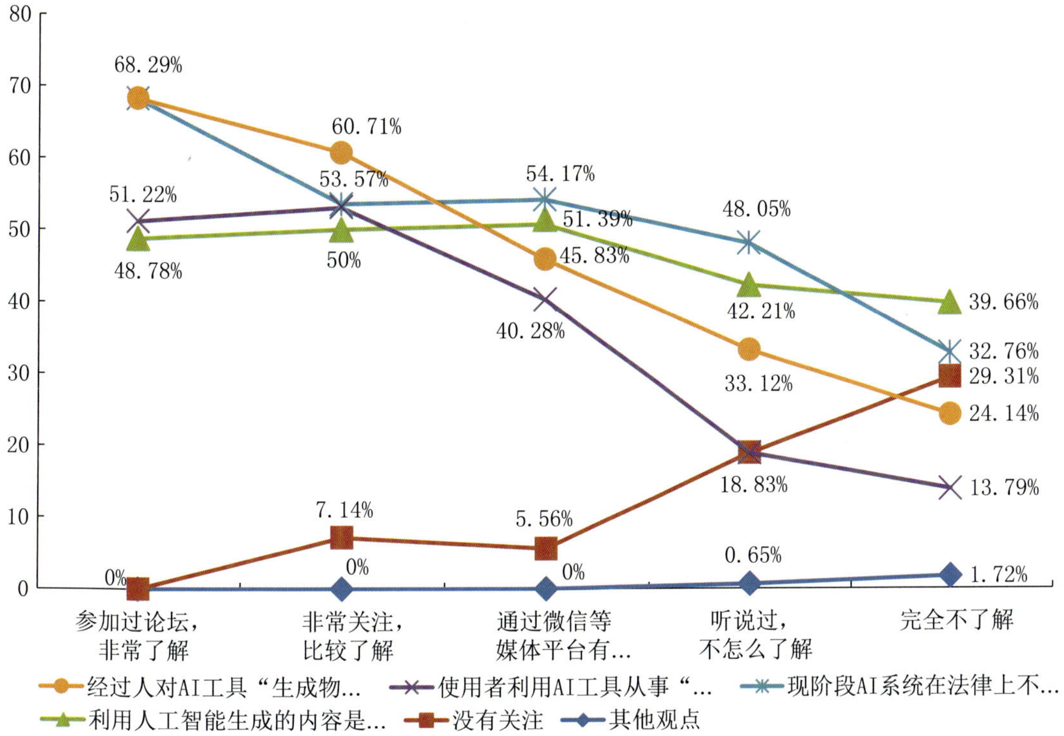

针对 AI 生成图片相关领域著作权第一案，认同“现阶段 AI 系统在法律上不具有主体地位，只能被视作一种创作工具；人依旧在法律上被作为作品的作者”超过半数，为 50.35%。

在职业中，律师、公司法务和涉人工智能企事业单位人员对事件的关注度非常高（在 84 名参与问卷的涉人工智能企事业单位人员全部关注了此案），“经过人对 AI 工具‘生成物’进行调试、选择等过程后所形成的结果被认定为作品，进而可以受到著作权法保护”认可上差异较大。

参与世界人工智能大会程度越高越认同案件的判决，而政策法规关注度高的群体对案件态度更趋多元化。

第 7 题　2023 年 10 月 25 日，国家数据局正式揭牌。您认为国家数据局需要尽快推动哪些方面工作？　［多选题］

选　　项	小计	比　　例
协调推进数据基础制度建设	1568	52.71%
创新数据治理模式	1280	43.06%
统筹数据资源整合共享和开发利用	1624	54.59%
推动完善数据流通交易	1176	39.53%
明确与保护数据产权	1463	48.71%
其他	35	1.18%
对此不太清楚	189	6.35%
（空）	15	0.47%
本题有效填写人次	2975	

在“认为国家数据局需要尽快推动哪些方面工作”的问卷回答中，认同“统筹数据资源整合共享和开发利用”“协调推进数据基础制度建设”“明确与保护数据产权”的为前三项。在各职业中，法官/检察官认同度最高为“统筹数据资源整合共享和开发利用”（61.36%），最低为“推动完善数据流通交易”（37.5%），在涉人工智能企事业单位人员中，呈现出更为高的“统筹数据资源整合共享和开发利用”（66.67%）认同度，更为低的“推动完善数据流通交易”（25%）认同度。作为可能实际操作的两大群体，显示出现阶段数据更多的在“共享和开发利用”，而难以“流通交易”。

第 8 题　2023 年 8 月 15 日国家互联网信息办公室等七部门联合发布的《生成式人工智能服务管理暂行办法》正式施行，这也是我国首个针对生成式人工智能产业的规范性政策。对此，您认为哪些方面比较重要？　［多选题］

选　　项	小计	比　　例
进一步鼓励生成式人工智能技术在各行业、各领域的创新应用	1638	55.06%
支持各类组织在生成式人工智能技术创新、数据资源建设、转化应用、风险防范等方面开展协作	1834	61.65%
推动生成式人工智能基础设施和公共训练数据资源平台建设	1722	57.88%
明确了生成式人工智能服务提供者应当依法开展的活动、遵守的规定，以及具体的服务规范，落实了监督检查和法律责任	2114	71.06%

（续表）

选　项	小计	比　例
支持企业级生成式人工智能技术进一步发展的同时，也鼓励生成式人工智能在不同行业、领域的应用，构建应用生态体系，加速生成式人工智能应用生态发展	1841	61.88%
其他	0	0%
不了解	250	8.47%
（空）	23	0.71%
本题有效填写人次	2975	

在对《生成式人工智能服务管理暂行办法》的问卷回答中，“明确了生成式人工智能服务提供者应当依法开展的活动、遵守的规定，以及具体的服务规范，落实了监督检查和法律责任”为最高选项，显示出更为偏向政策法规方面的管理规范。

第 9 题　您认为人工智能应用中最迫切需要立法的领域是？　［多选题］

选　项	小计	比　例
金融领域	861	28.94%
生成式 AI	1365	45.88%
自动驾驶	1022	34.35%
医疗领域	967	32.47%
教育领域	679	22.82%
大数据与数据交易	1708	57.41%
行业企业垄断等不正当竞争	875	29.41%
隐私权保护	1778	59.76%
没有必要专门立法	35	1.18%
其他	27	0.94%
本题有效填写人次	2975	

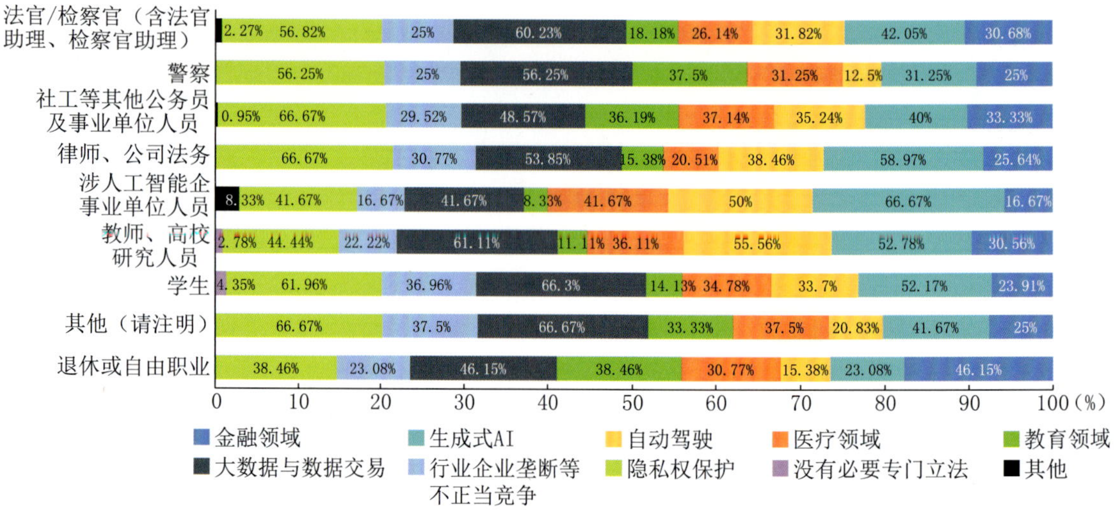

在认为“最迫切需要立法的领域”中选择“隐私权保护”（59.76%）、大数据与数据交易（57.41%）领先其他选项较多，体现出目前大众对这两个领域较高的关注和较强的立法需求。

在职业分类中，涉人工智能企事业单位人员最为关注“生成式 AI”（66.67%），对“医疗”（41.67%）“自动驾驶”（50%）关注度较高，同样对该两项领域关注度高的为教师、高校研究人员。

第 10 题　您认为人工智能司法应用在多大程度上帮助了您的工作？　［单选题］

选　项	小计	比　例
帮助巨大	610	20.47%
有一定帮助	1806	60.71%
没有帮助	98	3.29%
拖累了我的工作	5	0.24%
没有接触	456	15.29%
本题有效填写人次	2975	

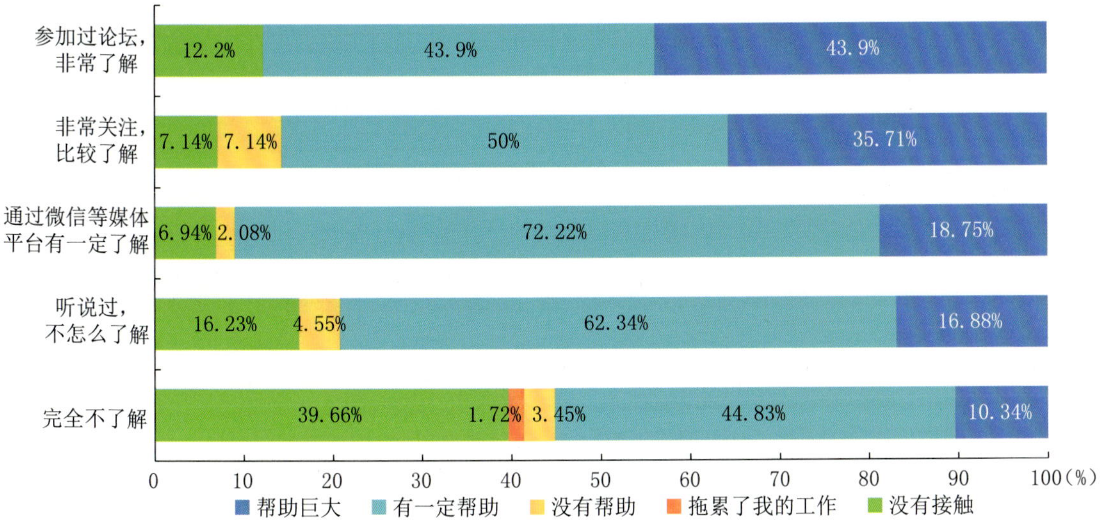

在“认为人工智能司法应用在多大程度上帮助了您的工作中”，“有一定帮助”为60.71%，“帮助巨大”为20.47%，相比历年调查结果，“有一定帮助”有大幅提升，“帮助巨大”略有下降（2022年为56.51%和23.35%，2023年为55.3%和23.4%）。关于“帮助巨大”的一个推测是近年来人工智能司法应用的不断深入，带来增加感的相对降低。

而参与世界人工智能大会与人工智能司法应用评价呈现正相关关系，在非常关注人工智能大会群体中有35.71%认为“帮助巨大”。

在地域差异中，上海、北京、广西、河南、内蒙古、福建等省市评价较为正面，认为“帮助巨大”均在20%以上，河北、江苏评价负面的比例相对较高。

第11题 从您的审判工作经验看，您认为人工智能技术在法院审判工作中的作用是？ ［单选题］

选项	小计	比例
必不可少的正面作用	154	25%
有些帮助但不是必须使用	329	53.41%
对审判工作产生负面影响	0	0%
不好说	133	21.59%
本题有效填写人次	616	

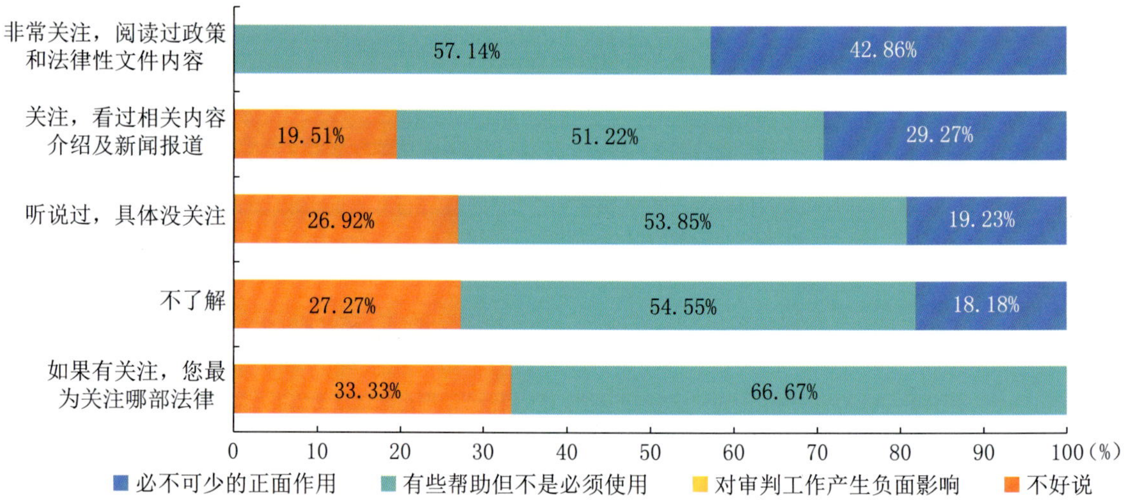

该问题为限定法官/检察官群体回答。从结果看，没有表示负面影响（0%），相比法官/检察官群体历年中对“拖累工作”的负面表示（2022年3.57%，2023年2.3%）有了较大进步。

选择“有些帮助但不是必须使用”（53.41%）的比例最高，选择“不好说”（21.59%）的比例也较高。参与世界人工智能大会与正面评价呈现正相关关系。

第12题　您在使用人工智能司法应用时，是否感受到运行出现错误，或者产生算法歧视、大数据杀熟？　［单选题］

选　项	小计	比　例
经常感受到	856	28.71%
有时感受到	1140	38.35%
极少感受到	230	7.76%
从未感受到	76	2.59%
没有接触	673	22.59%
本题有效填写人次	2975	

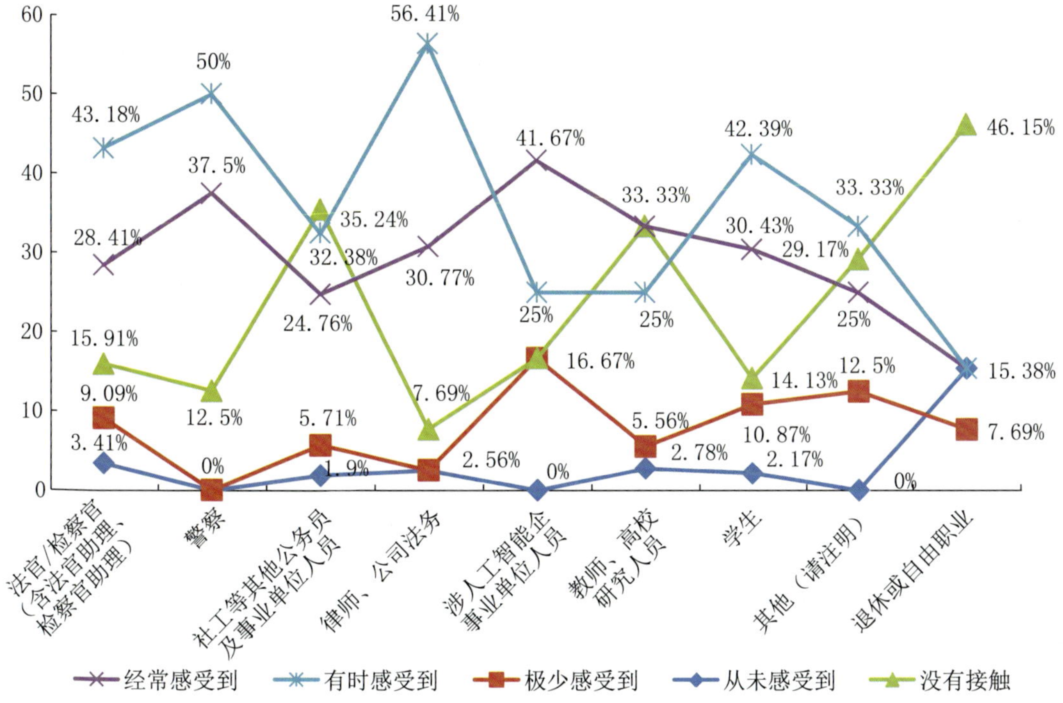

对于使用人工智能司法应用出现运行错误、产生算法歧视、大数据杀熟“经常感受到”为 28.71%，“有时感受到”为 38.35%，相比 2023 年均有一定幅度提升（2023 年“经常感受到”25.59%，“有时感受到”33.81%，2022 年“经常感受到”32.49%，“有时感受到”35.96%）。

在职业群体中，律师、公司法务人员与警察为“经常感受到”和“有时感受到”最高的群体。之所以这两类不同群体之间选择趋同，可能还需要对“运行错误、产生算法歧视、大数据杀熟”等不同类型进行区分，以做进一步的分析。

第 13 题　您如何看待执法中使用人工智能技术对隐私产生的影响？　［单选题］

选　项	小计	比　例
司法需要，不担心	511	17.18%
隐私得到了较好保护	252	8.47%
担心人工智能的使用有泄露隐私的风险	2037	68.47%
没有感受	175	5.88%
本题有效填写人次	2975	

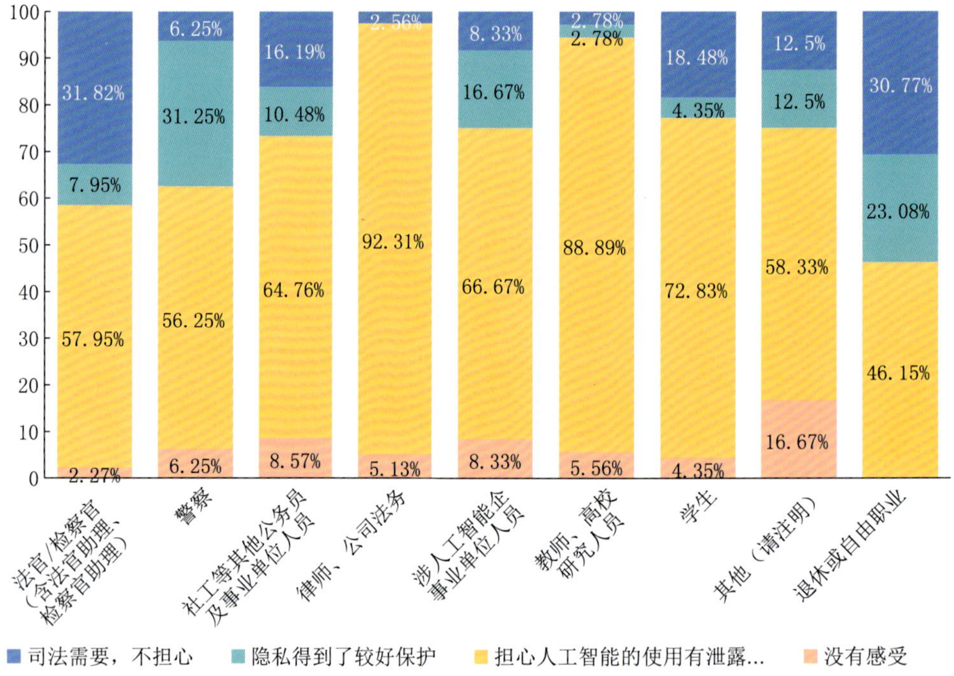

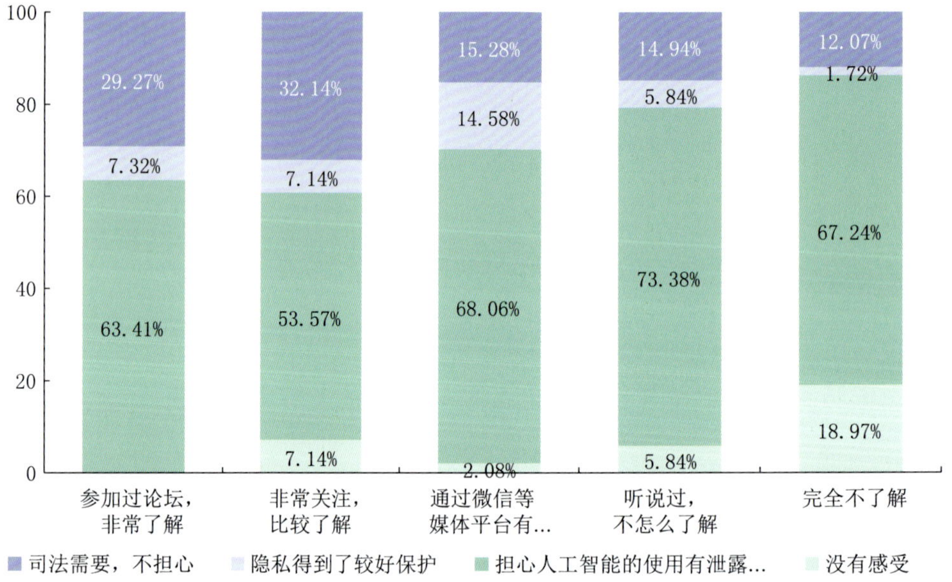

在“如何看待执法中使用人工智能技术对隐私产生的影响”中选择“担心人工智能的使用有泄露隐私的风险”最高，达到68.47%，且值得注意的是在律师、公司法务人员（92.31%）和教师、高校研究人员（88.89%）中担心的比例尤其高。

同样值得注意的是该选项相比历年同样有较大增长（2022年48.73%，2023年44.41%）。

推测可能的原因是对人工智能相关问题进行简单关注但没有深入了解所以增加了对隐私问题的担忧。一个支持的结果是参与世界人工智能大会产生了较为显著的正面影响，该群体大幅减低了对隐私问题的担忧（在“非常关注、非常了解世界人工智能大会”群体中，“担心隐私风险”的比例最低为53.57%，与其他群体相比至少低10%以上）。

在“完全不了解世界人工智能大会”群体中，选择“没有感受的”最高。一个可能的原因是该群体在日常中较少接触人工智能相关领域（退休或自由职业者群体中对世界人工智能大会了解程度最低，“完全不了解”30.7%，“不怎么了解”38.46%）。

第14题　如果您遇到人工智能技术的损害，比如人脸信息被滥用或者盗用，您会用什么途径维护自己的权益？　［多选题］

选　项	小计	比　例
去法院起诉	182	61.41%
向政府部门举报	1638	55.06%
与企业协商	986	33.18%
网络平台自我维权	1498	50.35%
有心无力	683	23.29%
其他	78	2.59%
本题有效填写人次	2975	

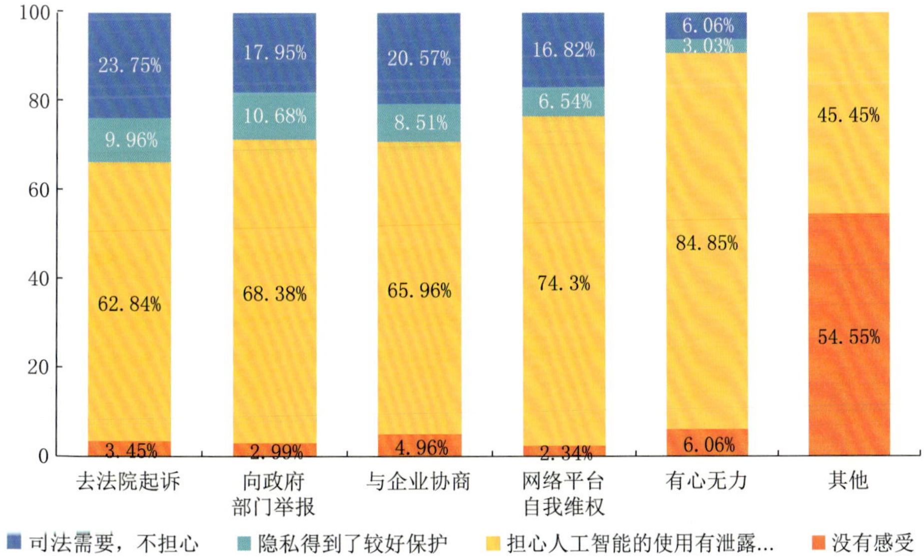

“在遇到人工智能技术的损害，用什么途径维护自己的权益”中，“去法院起诉”（61.41%）比例最高，“向政府部门举报”（55.06%）“网络平台自我维权（50.35%）也超过半数选择，“与企业协商”（33.18%）较低。

其中，选择“有心无力”（23.29%）相比历年（2022 年 24.37%，2023 年 17.76%）选择略有降低。

在职业区分中，“去法院起诉”中最高为“警察”（81.25%），其后为“法官 / 检察官”（69.32%），而“教师、高校研究人员”最低（36.11%），该群体选择“有心无力”比例最高（41.67%）。

在年龄区分中，18—25 岁群体最为倾向“网络平台自我维权”（60.2%）。

第 15 题　2023 年 10 月 18 日，中央网信办发布《全球人工智能治理倡议》，“倡议”提出，发展人工智能应坚持相互尊重、平等互利的原则，各国无论大小、强弱，无论社会制度如何，都有平等发展和利用人工智能的权利。11 月 1 日至 2 日，包括英国、美国、欧盟、澳大利亚和中国等在内的 28 个国家和地区共同签署并发布了首份人工智能监管声明《布莱切利宣言》。对于世界人工智能治理，您认为？　［多选题］

选　项	小计	比　例
倡议和声明意义重大	1281	43.06%
应该尽快展开合作	1385	46.59%
文件和口号，没有意义	364	12.24%
人工智能技术风险被夸大了，没有必要	280	9.41%
人工智能技术风险由国家管控，国际合作没有实质意义	483	16.24%
面对人工智能对人类构成潜在的灾难性风险，携手共建人工智能监管体系的愿望很好，但落实很难	1750	58.82%
不了解	203	6.82%
我有其他想法	29	0.94%
（空）	7	0.24%
本题有效填写人次	2975	

对于世界人工智能治理问题，问卷显示，一方面参与者认为意义重大（“倡议和声明意义重大”43.06%，排名第三），另一方面认为落实很难（58.82%，排名第一）。此外，“应该尽快展开合作”为第二大选项（46.59%）。

“没有实际意义”（16.24%）和“没有必要”（9.41%）“没有意义”（12.24%）合计为37.89%，显示出完全否定的数量较高。

此外，矛盾情绪较浓。一方面选择了“意义重大”，另一方面又认为“落实很难”，甚至选择“没有实质意义”等否定性选项。显示出对于世界人工智能国际合作认可度高但对可执行性较为悲观。

在职业群体中，“学生”群体选择“落实很难”比例最高（73.91%），“涉人工智能企事业单位”群体选择“应该尽快展开合作”比例最高（75%）。

第16题 您对“2023世界人工智能大会法治论坛”的了解程度如何？ ［单选题］

选　项	小计	比　例
参加过论坛，非常了解	287	9.65%
非常关注，比较了解	196	6.59%
通过微信等媒体平台有一定了解	1008	33.88%
听说过，不怎么了解	1078	36.24%
完全不了解	406	13.65%
本题有效填写人次	2975	

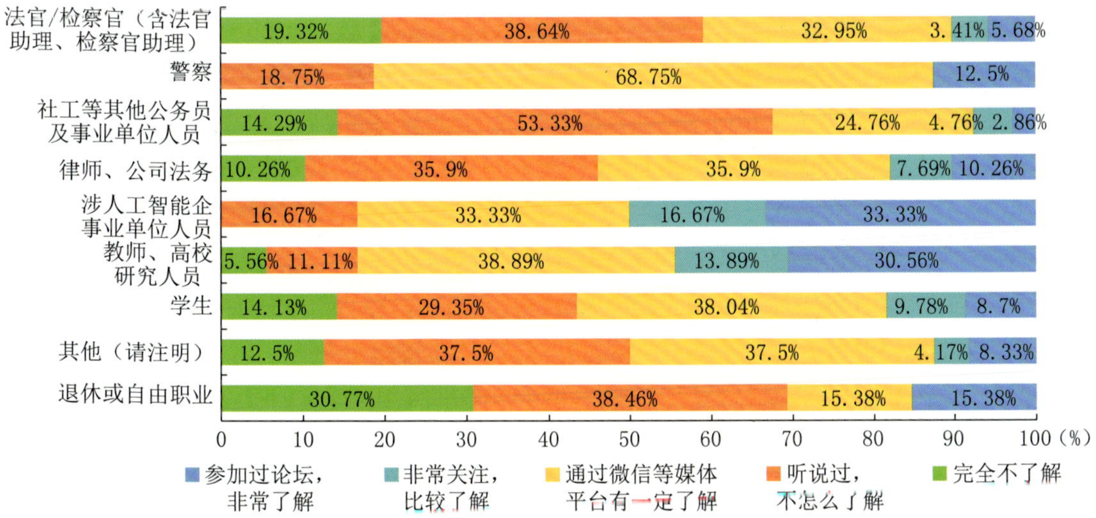

对世界人工智能大会的参与度与了解程度与对人工智能态度正相关，在涉及人工智能技术运用和人工智能治理方面也呈现出较为明显的积极态度与正面评价。

同时，之所以对人工智能治理呈现积极态度，一个推测是认同积极治理能更有效推动人工智能技术应用，而不是简单的一禁了之。

参与人员中，“参加过论坛，非常了解”比例有所上升（2024 年 9.65%，2022 年 8.29%，2023 年 5.45%），但“听说过，不怎么了解”数值依然较大，历年基本维持在 30% 以上（2022 年 30.54%，2023 年 35.24%），“完全不了解”人数稳定。考虑到本问卷发放渠道已经偏向法学及对人工智能关注人群，说明世界人工智能大会可以针对法治问题推出更为直观与便捷的内容产品，使得在知晓大会的同时，进一步熟悉大会的具体内容，进而增加传播度与参与度。

第 17 题　您建议 2024 年《世界人工智能法治蓝皮书》还需要关注哪些问题？　［填空题］

在提出关注问题的建议中，“隐私保护”是提及频率最高的内容，与 2023 年最为关注“隐私”相同。在其中具体包括“人脸识别技术应用与限制”“生成式人工智能与隐私权保护”“个人信息保护”。此外，比较多提及的内容还包括民生方面内容，如“人工智能与居民劳动就业保障”“数据安全与产业发展”“生成式人工智能与知识产权”。在法官检察官群体中最为关注“涉人工智能新案例的介绍与讨论”“世界人工智能法治发展情况”，学生与教师研究者群体中最为关注“人工智能伦理秩序”“人工智能取代人类”。涉人工智能公司群体最为关注“人工智能在产业化规模化中的应用”“新出台法律法规对行业发展与监督”问题。

附　录

附录一　人工智能政策法规一览
（2023.1—2023.12）

中　国

《生成式人工智能服务管理暂行办法》（2023.7）

《网络安全标准实践指南——生成式人工智能服务内容标识方法》（2023.8）

《上海市推动人工智能大模型创新发展若干措施（2023—2025 年）》（2023.10）

《上海人工智能示范应用清单（2023）》（2023.12）

欧　盟

《人工智能责任指令》（2023.3）

《人工智能法案》（临时协议）（2023.12）

《欧洲芯片法案》（2023.7）

巴　西

《人工智能法案》(2023.5)

美　国

《人工智能研究、创新和问责法案》(2023.11)

《人工智能风险管理框架 1.0》(2023.1)

《关于安全、可靠和值得信赖的人工智能的相关行政令》(2023.10)

英　国

《促进创新的人工智能监管框架》白皮书（2023.3）

全球 AI 安全峰会与《布莱切利宣言》(2023.11)

法　国

《人工智能行动计划》(2023.5)

德　国

《2023 人工智能行动计划》(2023.11)

加拿大

《人工智能与数据法案》及其“配套文件”(2023.3)

韩 国

《人工智能责任法》(2023.2，审议中)

《提升人工智能系统可信度的要求》(2023.12)

越 南

《个人数据保护令》(2023.4)

附录二　人工智能法治研究机构一览（2023.1—2023.12）

一、国内（新增）机构

1. 中共中央、国务院印发《党和国家机构改革方案》，部署组建国家数据局，明确了国家数据局的使命：负责协调推进数据基础制度建设，统筹数据资源整合共享和开发利用，统筹推进数字中国、数字经济、数字社会规划和建设等。（2023.3）

2. 中国社科院法学研究所高度重视人工智能法律研究，成立了网络与信息法研究室，同时在中国社会科学院大学法学院成立数字法学教研室，开设网络法、人工智能伦理和法治导论等课程，在科研和教学方面都取得了突出成果。期待通过立法，健全人工智能治理体系，形成科学的治理机制，有效监管人工智能的开发和应用，防止技术滥用或不当使用，以法治思维和方式推动人工智能技术健康发展。（2023.12）

二、国际（新增）机构

1. 联合国秘书长古特雷斯宣布成立人工智能高级别咨询机构（High-level Advisory Body on Artificial Intelligence），为国际社会加强对人工智能的治理提供支持。（2023.12）

2. 美国国家人工智能倡议办公室（National Artificial Intelligence Initiative Office）成立，该办公室负责协调各部门的人工智能研究和开发，促进人工智能在国家安全、经济、医疗等领域的应用，同时也关注人工智能的伦理和法律问题。（2023.5）

3. 英国科技投资人和人工智能（AI）专家伊恩·霍加斯（Ian Hogarth）领导英国人工智能基础模型工作组（AI Foundation Model Taskforce），以研究人工智能带来的安全风险，让英国不仅成为知识中心，而且成为全球人工智能安全监管的地理中心。（2023.6）

4. 英国设立人工智能管理局，确保相关监管机构关注到人工智能，确保相关监管机构在人工智能方面的方法一致，协调对相关立法的审查，包括产品安全、隐私和

消费者保护，以评估其是否适合应对人工智能带来的挑战和机遇。（2023.11）

5. 欧盟成立人工智能办公室（AI Office），设在欧盟委员会内，负责监督最先进的人工智能模型，促进制定新的标准和测试实践，并在所有欧盟成员国执行共同规则。该机构可能类似近来英国和美国宣布建立的人工智能安全机构。（2024.1）

6. 欧盟设立独立专家组成的科学小组（Scientific Panel of Independent Experts），将就 GPAI 模型和高影响力 GPAI 模型向人工智能办公室提供建议，帮助制定评估基础模型能力的方法，并监测与基础模型相关的潜在重要安全风险。（2024.1）

7. 欧盟设立人工智能委员会（AI Board），由欧盟成员国代表组成，将作为欧盟委员会的协调平台和咨询机构，同时促进法案的实施（例如设计实践守则）；和面向利益相关方的咨询论坛（advisory forum），为人工智能委员会提供专业技术支持。（2024.1）

8. 韩军最高人工智能（AI）研究机构——国防 AI 中心成立，该中心隶属于国防科学研究所，由 100 多名民间研究员和 10 多名军方人士组成，主要负责研发基于 AI 的战场感知技术、有人 / 无人武器作战体系（MUM-T）等，并支持各军种积极利用 AI，国防部将以该中心成立为契机，进一步加强军民合作，推动 AI 等民间高端技术深入应用至军事各领域。（2024.4）

9. 日本政府新设立的“人工智能战略会议”机构，是一个跨部门、跨行业的国家级决策机构，其成员包括精通人工智能技术的学者和研究人员、法律相关领域的专家及负责人工智能业务的政府公务人员等。主要负责人工智能技术的研究开发、应用普及和相关法律规则制定等战略决策。（2023.5）

10. 俄罗斯经济发展部选出 6 家大学和科学组织作为新的人工智能研究中心，分别是布洛欣国家肿瘤医学研究中心、萨马拉大学、圣彼得堡国立大学、新西伯利亚国立大学、国立核能研究大学和下诺夫哥罗德国立大学。到 2026 年，每个新的人工智能研究中心将获得 6.32 亿卢布（约合 4968 万元人民币）的资金，用于研发癌症早期检测软件、无人机使用安全系统、工业生产智能平台和城市管理及领土发展管理框架等人工智能项目。（2023.12）

附录三　人工智能法治重要著作一览（2023.1—2023.12）

一、国内专著

《数据与个人信息疑难问题法律指引——基于 215 则典型案例的分析》

本书由万波著，法律出版社于 2023 年 1 月出版。

《个人信息保护治理实践 》

本书由龙卫球著，中国法制出版社于 2023 年 2 月出版。

《数据要素市场的法治化 》

本书由周辉著，中国社会科学出版社于 2023 年 3 月出版。

《权利的边界：个人信息赋权逻辑及其行使路径》

本书由彭诚信主编，上海人民出版社于 2023 年 3 月出版。

《大数据的巴别塔：智能时代的法律与正义》

本书由於兴中、张亮著，上海人民出版社于 2023 年 3 月出版。

《数字社会的法治构型》

本书由郑戈著，上海人民出版社于 2023 年 5 月出版。

《个人数据保护法国别研究》

本书由张继红著，法律出版社于 2023 年 6 月出版。

《2023 世界人工智能法治蓝皮书》

本书由崔亚东主编，上海人民出版社于 2023 年 7 月出版。

《制度变迁视野下的大数据技术规制原理与实践》

本书由吴伟光著，知识产权出版社于 2023 年 9 月出版。

《数据权利保护的模式与机制》

本书由余圣琪著，知识产权出版社于 2023 年 10 月出版。

《大数据与审判体系和审判能力现代化研究》

本书由刘艳红、王禄生著，人民法院出版社于 2023 年 10 月出版。

二、国外专著

《欧盟个人数据保护制度——〈一般数据保护条例〉》

本书由［波兰］马里厄斯·里奇斯托弗克著，商务印书馆于 2023 年 3 月出版。

《个人数据保护整体性进路：基于竞争法、消费者权益保护法与知识产权法的视角》

本书由［美］莫尔·巴库姆著，上海大学出版社于 2023 年 11 月出版。

《监管数字市场——欧盟路径》

本书由［意］安东尼奥·尼基塔著，上海人民出版社于 2023 年 8 月出版。

《数据正义》

本书由［英］莉娜·丹希克著，上海人民出版社于 2023 年 9 月出版。

《个人数据保护整体性进路：基于竞争法、消费者权益保护法与知识产权法的视角》

本书由［德］莫尔·巴库姆著，上海大学出版社于 2023 年 11 月出版。

《牛津通识读本系列：隐私》

本书由［英］道恩·E. 霍尔姆斯著，译林出版社于 2023 年 11 月出版。

《数字化、人工智能和刑法》

本书由［德］埃里克·希尔根多夫著，北京大学出版社于 2023 年 12 月出版。

附录四　人工智能法治重要会议（论坛）一览（2023.1—2023.12）

一、国内会议（论坛）

1. 全国智慧法院建设应用高峰论坛

2023 年 1 月

北京

2.“数字经济：电子身份识别的法律承认与人工智能的应用”国际学术研讨会

2023 年 1 月

广东

3. 2023 智能网联汽车法律论坛

2023 年 3 月

北京

4.“人工智能与国家治理现代化”高端论坛

2023 年 3 月

北京

5. 第六届数字中国建设峰会数据法治论坛

2023 年 4 月

福建

6. 全国“数字检察的理论与实践”主题研讨会 2023 年 4 月

江苏

7. “实务刑法论坛”第五期：数字经济时代著作权刑事保护司法实务研讨会

2023 年 4 月

上海

8. 首届 2023 中关村论坛——数据安全治理与发展论坛

2023 年 5 月

北京

9. 第五届“人工智能与未来法治”学术研讨会

2023 年 6 月

北京

10. 2023 世界人工智能大会法治论坛

2023 年 7 月

上海

11. 数字法治三十人论坛

2023 年 7 月

上海

12. 第三届国际航空航天法治论坛暨“《无人驾驶航空器飞行管理暂行条例》理解与适用”学术研讨会

2023 年 7 月

北京

13. 2023 世界人工智能大会法治青年论坛

2023 年 9 月

上海

14.“数字法学与数字司法”高端论坛

2023 年 9 月

北京

15. CIIS2023 法律与人工智能专题论坛

2023 年 9 月

江西

16. 博鳌经安论坛

2023 年 10 月

浙江

17. 第二届“数字法治与社会发展”高端论坛

2023 年 10 月

上海

18. 第五届全国科际法学论坛暨“数字社会的法律、人文与科技”研讨会

2023 年 10 月

浙江

19. 第三届“科技与法治”论坛

2023 年 10 月

江苏

20. 北京大学法律人工智能前沿论坛

2023 年 11 月

北京

21. 第一届全国科技法治本硕博论坛——网络法治与中国式现代化学术研讨会

2023 年 11 月

北京

22. 2023 世界互联网大会乌镇峰会数字法律与治理论坛

2023 年 11 月

浙江

23. 2023 全球数商大会数据要素合规流通论坛

2023 年 11 月

上海

24. 第十一届海峡两岸刑事法治学术研讨会

2023 年 11 月

上海

25. 第六届“迈向数据法学”研讨会

2023 年 12 月

北京

26. 第四届“未来法治与数字法学”国际论坛

2023 年 12 月

北京

二、国际会议（论坛）

1. World Artificial Intelligence Cannes Festival

2023 年 2 月 9 日—11 日

法国

2. 19th ICAIL-International Conference on Artificial Intelligence and Law 2023（ICAIL 2023）

2023 年 6 月 19 日—23 日

葡萄牙

3. Open Data Science Conference

2023 年 11 月 1 日—3 日

英国伦敦

4. World Summit AI

2023 年 10 月 9 日—10 日

加拿大

5. AI & Big Data Expo

2023 年 10 月 1 日—2 日

美国

6. Machine Learning Prague

2023 年 10 月 5 日—6 日

匈牙利

7. Artificial Intelligence：Crime, Security and International Regulation

2023 年 11 月 9 日

美国

8. 2023 Antitrust Fall Forum

2023 年 11 月 9 日

美国

9. SICL 2023-SCIENTIFIC INTERNATIONAL CONFERENCE FOR LAW

2023 年 11 月 21 日

约旦

10. Fifth Edition of The Athens Roundtable

2023 年 11 月 30 日—12 月 1 日

美国

附录五　人工智能法治应用典型事例一览（2023.1—2023.12）

依照人工智能法治应用领域的不同，对过去一年间发生的应用事例可以从立法、执法、司法领域进行简要回顾。

一、立法应用

国家互联网信息办公室会同国家发展和改革委员会、教育部、科学技术部、工业和信息化部、公安部、国家广播电视总局发布了《生成式人工智能服务管理暂行办法》(以下简称《办法》)，这是生成式人工智能领域的重大立法进展。在适用范围上，《办法》强调其规制对象为“向境内公众”提供生成式人工智能服务，将未向境内公众提供服务的生成式人工智能技术的研发、应用排除出适用范围，减轻了模型研发阶段与企业内部应用的合规负担。在监管路径上，《办法》提出了对生成式人工智能服务试行“包容审慎和分级分类”的监管思路，强调应当统筹协调多部门作为监管机关依职权加强管理。此外，在美国对华技术“脱钩”“卡脖子”，中国企业获取先进芯片、算力存在诸多障碍的大背景下，《办法》针对业界在研发、应用生成式人工智能中面临的实际问题，提出了一系列利好创新的政策鼓励措施。

欧盟成员国、欧盟理事会及议会就《人工智能法案》的具体条款组织“三方会谈”，进行多次谈判，并于2023年12月9日达成有关《人工智能法案》的临时协议。《人工智能法案》的立法宗旨之一在于维护公平的人工智能竞争环境并有效保护欧盟个人的自由等基本权利。为了实现前述目标，《人工智能法案》确立了较为广泛的适用范围且具备域外效力：一方面，尽管某企业并非欧盟实体，只要其将人工智能系统在欧盟境内投入市场或投入使用，也需适用《人工智能法案》。另一方面，人工智能系统最终在市场发挥作用，除人工智能系统提供者外，离不开部署者、分销者等利益相关主体的参与。因此，人工智能系统价值责任链的相关主体均可能成为《人工智能法案》的规制对象。

二、司法应用

2023年10月，由智慧司法技术总师系统、浙江大学、上海交通大学等联合发布的行业首个《法律大模型评估指标和测评方法（征求意见稿）》(以下简称《标准》)问世，围绕语言理解、知识问答、内容生产、逻辑推理四个维度，定义了法律大模型所需要的12项能力体系，还从性能指标对大模型的响应速度、有效性等提出了要求，对法律大模型提出了全面的规范化要求。《标准》发布不久后，10月24日，科大讯飞正式对外发布了基于讯飞星火认知大模型打造的星火法律大模型，这也是行业首个完全对标《标准》的法律大模型。讯飞星火法律大模型定制化开发了司法程序问答、法律文书摘要、证据链分析等在内的12项行业能力，在通用能力上完全匹配《标准》要求，并发布了法律咨询、法律助手、笔录精简、辅助办案4个应用级产品。

2023年12月12日，英国的司法官网发布了《人工智能司法人员使用指南》[Artificial Intelligence（AI）Guidance for Judicial Office Holders]（以下简称《指南》)，旨在协助法官、书记员等司法人员在司法中使用人工智能。《指南》的发布是在人工智能于社会中的应用不断扩大、人工智能与司法的相关性也不断增强的背景下，英国司法系统认为有必要揭示人工智能在司法中应用的诸风险并进行官方指引。《指南》的发起人包括英格兰和威尔士首席大法官Carr Walton男爵夫人、卷宗首席大法官Geoffrey Vos爵士、法庭高级庭长Keith Lindblom爵士以及民事副审判长Colin Birss大法官，最终由跨辖区的司法团队在与所有司法官员磋商后制定。

三、执法应用

2023 FCTS“网络犯罪打击治理实战技术研讨会”（以下简称“2023 FCTS研讨会”）由中国人民公安大学网络空间安全与法治协同创新中心主办，作为2023 CCS成都网络安全大会的重要主题会议之一。百应科技受邀成为本次大会的战略合作伙伴，同百度安全、蚂蚁集团、360数字安全等企业一同亮相数字安全成果特展，展示AI反诈领域前沿实践和创新成果。百应科技携将AI能力与政府反诈业务场景深度融合应用的百应安盾电信网络诈骗预防平台及解决方案，在浙江、上海、江苏、山东、广东等多省市公安部门推广应用，与超 290 个市 / 区 / 县公安单位达成合作，各地公安网诈案发量环比、同比均有明显下降。

2023 年 6 月，钦奈警察局启动印度首支“警用无人机部队”。该部队拥有 20 多名训练有素的警察人员和 9 架无人机，通过配备热成像、人工智能系统等设施的无人机，进行高空监视及犯罪活动的快速侦查。

附录六 人工智能司法典型案例一览（2023.1—2023.12）

1. AI 生成图片著作权侵权案

李某某使用 AI 系统通过输入提示词生成涉案图片并经过后续修改、调整后发布于小红书平台。刘某某在百度百家号发布的文章《三月的爱情，在桃花里》中使用了前述李某某主张权利的图片。后李某某就此提起侵犯著作权之诉。2023 年 11 月 27 日，北京互联网法院作出一审判决，认为在创作中利用了人工智能技术的涉案图片具备独创性，可以被认定为作品，应受到著作权法保护。双方对该判决均未上诉。判决作出后，多国媒体纷纷跟进报道，判决要旨被译作多种文字。

该案为 AI 生成图片相关领域著作权第一案。判决首先确立了现阶段 AI 系统在法律上不具有主体地位，只能被视作一种创作工具；人依旧在法律上被作为作品的作者。其次，使用者利用 AI 工具从事“文生图”的过程，被认定为创作作品全过程中的一个部分。更进一步，经过人对 AI 工具“生成物”进行调试、选择等过程后所形成的结果被认定为作品，进而可以受到著作权法保护。判决在事实认定和法律适用方面确立的几个关键性结论，对于未来人工智能相关案件的裁定无疑具有重要的参考价值。该案判决对产业发展的激励作用和整体社会效果也是积极的。

2. 天津某公司诉北京某公司侵害作品信息网络传播权纠纷案

该案系北京互联网法院第一起适用知识产权惩罚性赔偿的案例。惩罚性赔偿制度是提高侵权代价、遏制侵权行为的重要手段。在 2023 年 12 月召开的第五次全国法院知识产权审判工作会议上，最高人民法院院长张军强调，要坚持严格保护理念，重在依法从严惩治、依法及时救济，显著提高侵权代价和违法成本。该案体现了北京互联网法院落实严格保护、激励创新创造的坚定态度与坚强决心，明确传递加强知识产权司法保护力度的强烈信号。

北京互联网法院一审判决被告北京某公司赔偿原告天津某公司经济损失 50000 元及合理开支 175 元。后被告北京某公司提起上诉。北京知识产权法院二审判决驳回上诉，维持原判。

3. 夏某诉北京某电子公司网络服务合同纠纷案

原告曾接到自称为被告公司客服的来电，对方准确报出了原告完整的身份证号。原告主张其为被告用户，来电系由于被告违法泄露公民个人隐私信息，为排查账号安全、寻找个人信息泄露原因，原告向被告客服电子邮箱发送邮件，提起个人信息查阅请求，要求查阅、复制账号近期的登录信息、个人身份证号码的查阅记录。被告辩称其采取了符合业界标准的安全防护措施保护个人信息，原告可以依法向信息处理者查阅或者复制其个人信息。被告向原告提供了其登录信息，辩称查阅复制权的客体应当是个人信息，本案原告所主张查阅的“查阅、下载本人身份证号码的完整访问记录”，并不属于个人信息，原告无权要求查询。

本案涉及对个人信息范围及查阅复制权限的认定。个人信息主体能否要求个人信息处理者披露特定时段的获取个人信息的访问记录，应当判断个人信息主体主张的访问记录是否构成个人信息，如构成则其可依据《个人信息保护法》和个人信息处理协议获取该访问记录，如不构成则反之。不论从识别还是关联角度，个人信息处理者对个人信息的访问记录都难以被定义为个人信息，仅为被告企业的内部管理信息。本案确立个人信息主体无权要求获取个人信息处理者对个人信息的访问记录的规则，对于保护企业数据权益和商业秘密具有积极作用。

4. Intercept Media Inc. v. OpenAI, Microsoft

原告主张：一是被告 OpenAI 违反《著作权法》第 1202 条（涉及 CMI 的有关规定，内容源于数字千年法 DMCA）。被告 OpenAI 在训练其 ChatGPT 产品时，复制了原告受著作权保护的新闻作品，而未提供原作者、标题或著作权信息，被告主观存在故意。另外，被告 OpenAI 在开发 ChatGPT 的过程中，向被告 Microsoft 公司分享了未包含作者、标题、著作权和使用条款信息的原告作品的副本。二是被告 Microsoft 违反了《著作权法》第 1202 条。被告 Microsoft 创建了原告新闻作品的副本，移除了 CMI，并将其用于训练 ChatGPT 和 BingAI 产品的训练，且被告主观上存在故意。

这个案例强调了著作权法在数字时代保护创作者权益方面的作用，作品的复制和分发变得异常容易。在利用技术进行创新的同时，必须尊重和保护知识产权，确保所有行为都在法律允许的范围内进行。

5. Authors Guild v. OpenAI

原告为美国作家协会以及包括《权力的游戏》原著作者乔治·R. R. 马丁（George R.R. Martin）在内的17位美国著名作家对被告OpenAI发起集体诉讼（也是此前美国著名著作权案件“谷歌图书馆案”的原告）。原告主张被告在未经授权的情况下，使用原告作家的著作权作品训练其大语言模型，使得其大语言模型可以基于这些未经授权的小说输出相应结果，并可能生成总结、复述以及模仿这些作品的衍生作品。

这个案例反映了在数字时代著作权保护面临的新挑战，以及法律如何努力适应这些变化以保护创作者的权益。同时，它也提醒了科技公司在使用受保护作品进行技术开发时，需要更加谨慎和透明。

6. The New York Times Co. v. Microsoft, OpenAI

2023年12月27日，纽约时报公司向OpenAI及Microsoft提起诉讼，指控两家公司的人工智能技术非法复制了数百万篇《纽约时报》的文章，以训练ChatGPT和其他服务，为人们提供即时信息访问，而这项技术正与《纽约时报》竞争。

这个案例强调了在技术快速发展的今天，法律专业人士、技术开发者和创作者之间需要进行更多的沟通和合作，以找到保护著作权和促进技术发展的平衡点。同时，它也提醒了所有利益相关者在进行技术开发和使用时，必须遵守法律规定，尊重他人的知识产权。

附录七　人工智能法治大事件
（2023.1—2023.12）

2023年以来，随着人工智能技术的飞速发展，司法改革和法律信息化的持续推动，“人工智能 + 法治”成为创新创业的重要方向，人工智能在法治领域的各种应用和解决方案已逐步进入公众视野，并悄然改变着现行法律体系的运作机制。以下为简要摘列：

- 美国通过《人工智能风险管理框架1.0》（2023.1）
- 中国《互联网信息服务深度合成管理规定》生效（2023.1）
- 中国发布《数字中国建设整体布局规划》（2023.2）
- 加拿大宣布制定《人工智能与数据法案》并发布预告性配套文件（2023.3）
- 英国发布《促进创新的人工智能监管框架》白皮书（2023.3）
- 意大利禁止用户接入ChatGPT（2023.3）
- 欧盟宣布成立ChatGPT特别工作组（2023.4）
- 巴西提出《人工智能法案》（2023.5）
- 中国发布《中国法治实施报告》（2023.7）
- 中国颁布《生成式人工智能服务管理暂行办法》（2023.7）
- 美国联邦贸易委员会正式对OpenAI展开调查（2023.7）
- 中国发布《网络安全标准实践指南——生成式人工智能服务内容标识方法》（2023.8）
- 美国成立生成式人工智能公共工作组（2023.8）
- 韩国发布《人工智能时代个人信息安全使用指南》（2023.8）
- 美国参议院举办首届人工智能洞察论坛（2023.9）
- 中国颁布《科技伦理审查办法（试行）》（2023.9）
- 中国发布《全球人工智能治理倡议》（2023.10）
- 中国国家数据局正式揭牌（2023.10）
- 联合国成立人工智能咨询机构（2023.10）
- 美国颁布《关于安全、可靠和值得信赖的人工智能的相关行政令》（2023.10）

- 七国集团发布《组织开发先进人工智能系统的国际指导原则和行为准则》（2023.10）
- 英国举办首届全球人工智能安全峰会（2023.11）
- 中国首例 AI 生成图片侵权案（2023.11）
- 2023 人工智能合作与治理国际论坛（2023.12）
- 欧盟通过《人工智能法案》(2023.12）
- 中国首例 AI 声音侵权案依法公开审理（2023.12）
- 新加坡发布《国家人工智能战略 2.0》(2023.12）
- 加拿大发布《生成式人工智能技术的基本原则：负责任、可信和隐私保护》（2023.12）
- 联合国人工智能高级别咨询机构发布临时报告《以人为本的人工智能治理》（2023.12）
- 英国最高法院裁定 AI 不能成为专利发明人（2023.12）

图书在版编目(CIP)数据

世界人工智能法治蓝皮书. 2024 / 崔亚东主编. 上海 : 上海人民出版社, 2024. -- ISBN 978-7-208-19000-9

Ⅰ. D912.174

中国国家版本馆 CIP 数据核字第 2024MZ6297 号

责任编辑 张晓玲 夏红梅
美术编辑 夏 芳
封面设计 北京高高国际文化传媒有限责任公司

世界人工智能法治蓝皮书(2024)
崔亚东 主编
叶 青 刘晓红 黄开胜 施伟东 副主编
上海市法学会
浙江清华长三角研究院
华东政法大学
上海政法学院
编

出　　版 上海人民出版社
（201101 上海市闵行区号景路 159 弄 C 座）
发　　行 上海人民出版社发行中心
印　　刷 上海盛通时代印刷有限公司
开　　本 889×1194 1/16
印　　张 30
字　　数 481,000
版　　次 2024 年 7 月第 1 版
印　　次 2024 年 7 月第 1 次印刷
ISBN 978-7-208-19000-9/D·4351
定　　价 265.00 元